500 JAHRE POST

THURN UND TAXIS

500 JAHRE POST

Ausstellung anläßlich der 500jährigen Wiederkehr
der Anfänge der Post in Mitteleuropa
1490–1990

Fürstliches Marstallmuseum
Regensburg, Emmeramsplatz 5
12. Mai bis 29. Juli 1990

THURN UND TAXIS

Impressum

Veranstalter
S.D. Johannes Fürst von Thurn und Taxis

Durchführung der baulichen und technischen Arbeiten
Klaus Würschinger, Fürst Thurn und Taxis Rentkammer

Gestaltung und Architektur der Ausstellung
Volker Albus, Bad Soden/Taunus

Konzept und wissenschaftliche Ausstellungsleitung
Dr. Martin Dallmeier, Fürst Thurn und Taxis Zentralarchiv – Hofbibliothek

Katalog
ISBN 3-8242-9965-8

© Alle Rechte bei Fürst Thurn und Taxis Zentralarchiv, Regensburg
Herstellung: Paul Kieser GmbH Druckerei und Verlag, Bereich Faksimile-Offizin, Neusäß/Augsburg
Redaktion: Dr. M. Dallmeier und E. Probst, Regensburg
Umschlaggestaltung: KMS-Graphic, München
Satzherstellung: Fotosatz Miehle, Augsburg
Lithographien: Günter Mayr Repro-Technik GmbH, Donauwörth

Filmproduktion
TopTV GmbH, München

Videoclips-Produktion
Filmproduktion Gerhard Auer & Norbert Kranz, Freiburg i. Br.

Inhaltsverzeichnis

Geleitwort 9

Vorwort 10

Mitarbeiter am Katalog 12

Leihgeber 13

V. Albus, Zur Konzeption und Architektur der Ausstellung *500 Jahre Post – Thurn und Taxis* 15

Einführung zum Thema und Katalog:
- M. Dallmeier, Die kaiserliche Reichspost und das fürstliche Haus Thurn und Taxis (1490–1806) 21
- E. Probst, Die thurn und taxisschen Lehenposten im 19. Jahrhundert (1806–1867) 47

Katalog:

A. Anfänge und Frühzeit der Post
- I. Innsbrucker Zeit 1490–1500/1517 61
- II. Brüsseler Zeit 1501–1540 65

B. Thurn und Taxis – Die Inhaber der Post
- I. Cornello – Venedig – Rom 71
- II. Compagnia et Società Tassis 75
- III. Die kaiserliche Reichspost. Wegbereiter für sozialen und gesellschaftlichen Aufstieg 83
- IV. Residenzen
  - *a. Brüssel* 91
  - *b. Frankfurt am Main* 95
  - *c. Regensburg* 102

C. Kaiserliche Reichspost und fürstliche Lehenposten im politisch-wirtschaftlichen Spannungsfeld zwischen Frühkapitalismus und Reichsgründung
- I. Kaiser und Reich, Oberhaupt und Glieder des Reiches 108
- II. Rheinbund und Deutscher Bund 119
- III. Postgeneralat der Spanischen Niederlande 139
- IV. Postverhältnisse zum Ausland
  - *a. Frankreich* 145
  - *b. Schweiz* 153

D. Organisation, Dienstbetrieb und Dienstleistungen der Thurn und Taxis-Post
- I. Organisation und Dienstbetrieb 166
- II. Posthäuser, Poststationen und Postämter 182
- III. Postbeamte und Postpersonal 193
- IV. Verkehrswesen und Verkehrsmittel
  - *a. Briefposten* 207
  - *b. Personenbeförderung und Fahrposten* 214
  - *c. Kurswesen* 223
  - *d. Schiffspost – Dampfschiffahrt* 238
  - *e. Eisenbahn – Bahnposten* 251

V.	Reisen und Schreiben	264
VI.	Reisebegleitungen – Hofreisen	272
VII.	Tax- und Rechnungswesen – Portofreiheit – Lotterie	283
VIII.	Zeitung und Zensur	297
IX.	Die Post in Krisenzeiten	
	a. Post im Krieg – Feldpost – Militärpost	306
	b. Seuchen – Pest – Cholera	314
	c. Raub – Diebstahl – Betrug	327

E. Boten der Städte und Landesherren – Konkurrenten der Post 332

F. Thurn und Taxis – Philatelie, eine Tochter der Post 341
    I.   Vorphilatelie: Als es noch keine Briefmarken gab 342
    II. Entwürfe, Essays und Druck von Postwertzeichen 348
    III. Thurn und Taxis – Briefmarkenzeit.
        Ein *Philatelistisches Alphabet* von der Auslandspost bis zur Zustellungsurkunde 361

G. Thurn und Taxis Philatelie – modern.
Das Fortleben der Taxis-Post in der modernen Philatelie:
Deutschland – Europa – Übersee 370

Stammtafel 386

Abkürzungsverzeichnis 388

Abgekürzt zitierte Literatur 389

Bildnachweis 392

Geleitwort

In den Räumen des klassizistischen fürstlichen Marstallgebäudes innerhalb des Fürstlichen Schlosses zu Regensburg findet vom Mai bis Juli 1990 eine Ausstellung *500 Jahre Post – Thurn und Taxis* über die Geschichte der mitteleuropäischen Post und die damit auf das engste verbundene historische Leistung meiner Familie statt. Anlaß dazu ist das 500jährige Jubiläum der Anfänge des internationalen Postwesens in weiten Teilen Europas: In Österreich, Deutschland, Italien, Belgien und Spanien.

Diese schon von Zeitgenossen gewürdigten Leistungen meiner Vorfahren liegen nicht wie bei vielen anderen europäischen Adelsfamilien im politisch-militärischen Bereich, sondern in diesem Dienstleistungsunternehmen, beim Aufbau, der Entwicklung und Ausgestaltung neuer Kommunikationssysteme, nämlich beim neuzeitlichen Postwesen. Bis zum erzwungenen Ende unseres Engagements in der Post durch die politischen Veränderungen im Vorfeld der Gründung des deutschen Nationalstaates hatte meine Familie auch in schwierigen Krisenzeiten – ich erinnere an die Spanisch–Niederländischen Wirren, den Dreißigjährigen Krieg, die Napoleonische Epoche oder das Revolutionsjahr 1848 – jene für ein fruchtbares menschliches Zusammenleben notwendigen kommunikativen Verbindungen durch großes Organisationstalent, persönlichen Einsatz und ein ausgeprägtes Familienbewußtsein aufrecht erhalten. Dies auch sehr zeitig nicht nur für die damals herrschenden Dynastien und ihre Verwaltungen, sondern in grundsätzlicher Erwägung zum Wohle der Allgemeinheit.

Die Besucher dieser Ausstellung sollen sich anhand der zahlreichen Dokumente, Gemälde, Graphiken, Medaillen und musealen Exponate ein anschauliches Bild über die Geschichte der Post und der Familie Thurn und Taxis als Inhaber dieses Amtes machen.

Bedeutsam erscheint mir dabei der Gedanke, daß dieses unser Postunternehmen schon in den ersten Jahrzehnten den kleinstaatlichen Rahmen der neuzeitlichen Territorien überwand, nicht nur überregional, sondern in europäischen Dimensionen dachte und agierte: Ein Gedanke und ein jahrhundertealtes Ziel, das gerade in Hinblick auf die angestrebte europäische Einigung 1992 nichts an Aktualität und Hoffnung eingebüßt haben dürfte.

Mit dieser Ausstellung richtet das Fürstliche Haus Thurn und Taxis erstmals ein kulturelles Unternehmen dieser Größenordnung aus. Ich freue mich über diese großartige Ausstellung meines Hauses zum Jubiläumsjahr *500 Jahre Post* und wünsche ihr viele Besucher, die mannigfaltige Eindrücke über die historische Leistung meiner Vorfahren, über die wechselvolle Geschichte dieses unseres über 377 Jahre geleiteten Unternehmens, aber auch den Alltagsproblemen des größten Dienstleistungsunternehmens der Neuzeit aus dieser Regensburger Ausstellung mitnehmen mögen.

Allen, die zum Gelingen der Ausstellung beigetragen haben, spreche ich meinen herzlichsten Dank aus.

Regensburg, Fürstliches Schloß im März 1990

Johannes Fürst von Thurn und Taxis

Vorwort

500 Jahre Post – ein Jubiläum, das die Geschichte einer Familie und einer Institution dokumentiert, wie sie für beide in dieser engen und langen Symbiose einzigartig sein dürften. Entweder glitt die Leitung solcher Wirtschaftsunternehmen aus der Epoche des Frühkapitalismus schon sehr bald den Unternehmensgründern aus den Händen – oder wirtschaftliche Unwägbarkeiten, politische oder gesellschaftliche Veränderungen bewirkten das Ende ihrer unternehmerischen Aktivitäten.

Das Fürstliche Haus Thurn und Taxis hingegen war über 377 Jahre, zwar mit einigen finanziellen und personellen Rückschlägen, aber nie mit einem völligen Ausscheiden im Unternehmen *Post* tätig; zunächst bei der kaiserlichen Reichspost und der Post in den spanisch–österreichischen Niederlanden, dann im 19. Jahrhundert durch die thurn und taxisschen Lehenposten in den deutschen Mittelstaaten.

Diese Ausstellung *500 Jahre Post – Thurn und Taxis* umfaßt vorrangig jene fast vier Jahrhunderte fürstliches Postunternehmen. Sie will in einer Überschau diesen Aspekten gerecht werden und durch die Vielzahl der Ausstellungsstücke von dieser *Postepoche* ein abgerundetes, vielleicht auch in manchen Teilbereichen neues Bild zeigen. Die nachfolgenden postgeschichtlichen Abschnitte *Deutsche Reichspost* und *Deutsche Bundespost* finden nur am Rande Berücksichtigung. Dabei war in der Vorbereitungsphase eine Überlegung, daß diese jüngeren Zeiten der Posthistorie mit ihren modernen Kommunikationsmitteln zum einen nicht mehr vom Fürstenhaus und seiner Verwaltung mitgestaltet werden konnten, zum anderen diese Aspekte besser und kompetenter in den Jubiläumsveranstaltungen der heutigen staatlichen Postverwaltungen herausgestellt wurden.
Historische Ausstellungen erfreuen sich zunehmender Beliebtheit der Allgemeinheit. Die Ausstellung *500 Jahre Post* hat einen allgemeinhistorischen Schwerpunkt. Den roten Faden durch die Ausstellungsräume mit fast 1200 qm Ausstellungsfläche bietet vor allem der Inhalt vieler einschlägiger und aussagekräftiger Dokumente zu weitreichenden politischen und rechtlichen Vorgängen, aber auch zur postalischen Alltagskultur. Gemälde, Graphik und museale Gegenstände können dabei diese Geschichte der Post nur bildlich ergänzen und für den Besucher veranschaulichen. Die eingehende Beschreibung vor allem der Dokumente im umfangreichen Katalog zur Ausstellung soll auch dem allgemein interessierten Besucher den inhaltlichen Zugang zu den fast 700 Exponaten erleichtern.

Die vorgegebenen Räumlichkeiten des Marstallmuseums und architektonische Konzeption dieser Ausstellung bevorzugten eine Gliederung der Ausstellung im engeren Sinn in fünf große Abschnitte:
A. Die Frühzeit der Post, die Anfangsjahre zu Innsbruck, die den Anlaß zu dieser Jubiläumsausstellung bildeten.
B. Die Geschichte des Hauses Taxis, seit 1649/50 des Hauses Thurn und Taxis als Unternehmer und Inhaber dieses Reichspostamtes.
C. Das Verhältnis dieser thurn und taxisschen Post zum Kaiser, den Reichsständen, den ausländischen Postverwaltungen und – im 19. Jahrhundert – zu den Regierungen der Deutschen Bundesstaaten.
D. In diesem Abschnitt wird ausführlich das innere Funktionieren und Wirken eines derartig großen Unternehmens beleuchtet, und
E. es darf bei einem Gesamtüberblick die Philatelie nicht fehlen, die zwar nur 15 Jahre der insgesamt 377 Jahre Postgeschichte *Thurn und Taxis* umfaßt, aber nicht nur bei den Philatelisten und Sammlern *Altdeutscher Staaten* hohe Achtung genießt.

In sachlicher Ergänzung dazu werden in der großen Reithalle des Marstallmuseums zwischen den beiden eigentlichen Ausstellungsflügeln einige besondere Themenkreise wie Verkehrsmittel, Posthorn, Postuniformen und die Philatelie herausgestellt.

Dem Fürstlichen Haus Thurn und Taxis in Regensburg als privaten Veranstalter dieser Ausstellung ist es eine liebenswürdige Pflicht, allen jenen an dieser Stelle zu danken, die innerhalb und außerhalb des Hauses mit ihren speziellen Kenntnissen und Fähigkeiten zum Gelingen dieser Ausstellung ihren Beitrag geleistet haben.

Danken möchte ich vor allem den privaten und institutionellen Leihgebern des In- und Auslandes, die den oft nicht leichten Herzens erfüllbaren Wünschen nach bestimmten Exponaten zugestimmt haben sowie den internen und externen Mitarbeitern an diesem Katalog. Nur dadurch war es möglich, die Ausstellung im vorgesehenen Umfang zu realisieren.

Ebenfalls nicht unerwähnt sollen die zahlreichen freiwilligen Mitarbeiter und Helfer bleiben, die zur terminlich äußerst knapp kalkulierten Fertigstellung der Ausstellung viele Stunden ihrer Freizeit geopfert haben.

Die Bauabteilung des Fürstlichen Hauses bei der Rentkammer – mit ihrem Bauhof samt den einzelnen Handwerksbetrieben – unter Leitung von Herrn Würschinger hat ebenfalls großen Anteil daran, daß die aufwendige Umgestaltung des Marstallmuseums für die Belange dieser Ausstellung termingerecht ihren Abschluß fand und der repräsentative Rahmen für die Exponate verwirklicht werden konnte. Der mit der technischen Konzeption, Architektur und dem Design der Ausstellung beauftragte Architekt, Herr Volker Albus, Bad Soden/Taunus, hatte für die an ihn herangetragenen inhaltlichen Wünsche der Ausstellungsleitung immer ein offenes Ohr. Allein diese äußerst fruchtbare kooperative Zusammenarbeit zwischen Architekten, Ausstellungsleitung und Bauabteilung ermöglichte schließlich dieses für ein privates Unternehmen ohne speziellen museums- und ausstellungstechnischen Unterbau schwierige Unterfangen einer derartig dimensionierten Ausstellung, zumal zugleich noch innerhalb von vier Monaten ein eigenes Museumscafe verwirklicht wurde.

Ausstellung samt Katalog verweisen noch auf viele fleißige Hände. Die graphischen Kartenskizzen besorgte mit äußerster Akribie und großem persönlichen Engagement Herr Werner Münzberg in Regensburg-Burgweinting. Für die Drucklegung des Kataloges, der trotz terminlicher Anspannung durch Qualität, Umfang und Bebilderung besticht, darf Herr Herbert Müller vom Paul Kieser Verlag, Augsburg-Neusäß, nicht unerwähnt bleiben. Die Stiftung für Postgeschichte und Philatelie, Bonn, ermöglichte durch einen namhaften Druckkostenzuschuß eine Bebilderung des Kataloges über das ursprünglich vorgesehene Maß hinaus.

Schließlich sei noch das Personal der Fürst Thurn und Taxis Hofbibliothek und des Zentralarchivs erwähnt, allen voran Herr Erwin Probst und Herr Hugo Angerer, die durch ihre tatkräftige Beteiligung, sei es bei der Erstellung der Katalogbeiträge, der technischen und organisatorischen Vorbereitung der Ausstellung, zusätzliche Arbeiten und Aufgaben auf sich genommen hat.

Diese tatkräftige, persönlich engagierte und bereitwillige Hilfe und fachliche Unterstützung vieler Regensburger Kollegen und Mitarbeiter war in den vergangenen Wochen der Hektik, mit verschiedensten Fragestellungen und unterschiedlichsten Problemlösungen ein ermunterndes Zeichen, aber auch zugleich Ansporn und Verpflichtung.

Über allen diesen Aktivitäten zum Gelingen der Ausstellung stand jedoch das persönliche Interesse S.D. des Fürsten und I.D. der Fürstin, die durch manche Anregung, durch ihr persönliches Interesse an der Ausstellung diesen Teil der Familiengeschichte mit ideellen und finanziellen großzügigem Wohlwollen erheblich mitgestalteten.

Für die Ausstellungsleitung und Herausgeber

Dr. Martin Dallmeier, Regensburg

Herausgeber des Katalogs und wissenschaftliche Leitung der Ausstellung

Dr. Martin Dallmeier, fürstlicher Archivdirektor

Mitarbeiter am Katalog

Volker Albus	= V.A.	Bad Soden/Taunus
Hugo Angerer	= H.A.	Regensburg
Dr. Martin Angerer	= M.A.	Regensburg
Dr. Peter Germann–Bauer	= P.G–B.	Regensburg
Dr. Martin Dallmeier	= M.D.	Regensburg
Dr. Artur Dirmeier	= A.D.	München
Paul E. Heiniger	= P.H.	Bern
Felix Lethaus	= F.L.	Duisburg
Dr. Klaus Meyer	= K.M.	Oelde
Werner Münzberg	= W.M.	Regensburg–Burgweinting
Erwin Probst	= E.P.	Regensburg
Rudolf C. Rehm	= R.R.	Stein a. Rhein
Manfred Schnell	= M.S.	Hamburg

Die am Ende der Einleitung zu den einzelnen Katalogabschnitten stehenden Bearbeiter–Siglen beziehen sich auf den gesamten Katalogteil, sonst auf den einzelnen Katalogeintrag.

Leihgeber

Das Fürstliche Haus Thurn und Taxis dankt allen Museen, Archiven, Bibliotheken, Institutionen und Persönlichkeiten für die Leihgaben, Fotografien und Faksmilie, die sie entgegenkommenderweise für diese Ausstellung zur Verfügung gestellt haben.

Aachen, Museum Burg Frankenberg
Augsburg, Staats- und Stadtbibliothek
Bern, Museum PTT
Bern, Schweizer Landesbibliothek
Bernkastel-Kues, Herr Dietmar J. Hübner
Bolligen, Stiftung Schloß Jegenstorf
Bonn, Bundesministerium für Post und Telekommunikation, Wertzeichenarchiv
Bonn, Bundesministerium für Post und Telekommunikation, Deutscher Postdienst
Brüssel, Bibliothèque Royale Albert 1er
Brüssel, Ministerie van Verkeerswezen en van Posterijen, Telegrafie en Telefonie, Regie der Posterijen
Brüssel, Musée Communal
Brüssel, Musées royaux d'Art et d'Histoire
Brüssel, Musées royaux des Beaux-Arts de Belgique
Coburg, Kunstsammlungen der Veste Coburg
Düsseldorf, Stadtgeschichtliche Sammlungen, Schiffahrtsmuseum
Eisenstadt, Burgenländische Landesregierung, Kulturabteilung
Frankfurt, Deutsches Postmuseum
Frankfurt, Historisches Museum
Frankfurt, Stadtarchiv
Freiburg i. Br., Herr René Simmermacher
Fürstenfeldbruck, Herr Ludwig Weiß
Füssen, Stadtverwaltung
Goslar, Stadtarchiv
Heidelberg, Deutsches Apotheken-Museum
Herrliberg, Herr Hans von Meyenburg
Ingolstadt, Deutsches Medizinhistorisches Museum
Innsbruck, Tiroler Landesarchiv
Innsbruck, Tiroler Landesmuseum Ferdinandeum
Köln, Historisches Archiv der Stadt
Kollbrunn, Herr Klaus von Meyenburg
Konstanz, Rosgartenmuseum
Lindau, Städtisches Museum *Haus zum Cavazzen*

Marburg, Universitätsmuseum für Kunst- und Kulturgeschichte
Mechelen, Stadtarchiv
Memmingen, Stadtarchiv
Memmingen, Stadtbibliothek
Mindelheim, Museen der Stadt Mindelheim
München, Bayerische Staatsbibliothek
München, Bayerisches Hauptstaatsarchiv
München, Bayerisches Nationalmuseum
München, Deutsches Museum, Sondersammlungen
München, Staatliche Graphische Sammlung
München, Stadtbibliothek
München, Stadtmuseum, Maillingersammlung
Nördlingen, Stadtarchiv
Nürnberg, Germanisches Nationalmuseum
Nürnberg, Verkehrsmuseum Bahn-Post, Verkehrsarchiv
Nürnberg, Verkehrsmuseum Bahn-Post, Postarchiv
Paris, Bibliothèque Nationale
Paris, Musée Postal
Patsch, S.H. Franz Graf von Thurn, Valsassina und Taxis
Regensburg, Katharinenspital
Regensburg, Museen der Stadt Regensburg
Regensburg, Stadtarchiv
Regensburg-Burgweinting, Frau Anneliese Münzberg
Rom, Archivio Secreto Vaticano
Schaffhausen, Museum zu Allerheiligen
Schwerin, Staatliches Museum – Kunstsammlungen, Schlösser und Gärten – Kupferstichkabinett
Speyer, Stadtarchiv
Stein a. Rhein, Herr Rudolf C. Rehm
Strasbourg, Musée des Arts Decoratifs, Palais Rohan
Wien, Graphische Sammlung Albertina
Wien, Kunsthistorisches Museum
Wien, Technisches Museum
Wolfenbüttel, Herzog August Bibliothek

Zur Konzeption und Architektur der Ausstellung
*500 Jahre Post – Thurn und Taxis**

1. Grundgedanken zum Raum und Thema

Ziel der Ausstellung war es, diese historische Leistung des Hauses Thurn und Taxis zu würdigen und einem breiten Publikumskreis zu vermitteln. Dabei geht es nicht allein darum, in einer Art historischer Beweisführung den Werdegang des Hauses als Gründer und Betreiber der europäischen Post aufzuarbeiten, sondern vielmehr das aktuelle Selbstverständnis des Fürstlichen Hauses, nämlich das eines sehr lebendigen, kulturell aufgeschlossenen Unternehmens darzustellen.

Der für die Jubiläumsausstellung vorgesehene Gebäudekomplex des älteren fürstlichen Marstalles liegt innerhalb des Schloßareals.
Er besteht aus den Baukörpern:
a. der ehemaligen Reithalle
b. den ehemaligen Stallungen, die die Reithalle im Norden und Süden flankieren.
Dieses Marstallgebäude wurde in den Jahren 1829 bis 1832 nach den Plänen des königlich-bayerischen Baurats und Hofbaudekorateurs Jean-Baptiste Metivier im klassizistischen Stil errichtet.

Beim zurückgesetzten Hauptbau – der Reithalle – handelt es sich um eine freitragende Halle über einem rechteckigen Grundriß von ca. 33 : 18 Meter, Höhe ca. 9,50 Meter.
Der Innenraum ist stark geprägt durch die Strukturierung der Wände, die ihre Krönung in den sechzehn Stuckreliefs des Künstlers Ludwig von Schwanthaler finden.

* Dieser Katalogbeitrag ist eine gekürzte und leicht überarbeitete Fassung des ursprünglichen Gestaltungskonzeptes vom Juli 1989.

Diese sehr dominierende Wandgestaltung stellte neben dem einfallenden Tageslicht sowie der enorm räumlichen Dimension ein gewisses Problem dar, zumal es sich bei den auszustellenden Exponaten größtenteils um relativ kleine Objekte und Dokumente handelt, die vor dem Hintergrund der sehr dominanten Dekoration regelrecht untergehen würden.

Völlig anders dagegen die ehemaligen Stallungen. Diese beiden Seitenflügel wirken neutral, ruhig und eignen sich hervorragend zur Präsentation des historischen Materials. Durch die regelmäßige Anordnung der Säulen ergeben sich klar gegliederte räumliche Abschnitte, die aufgrund des vorgegebenen Rasters mühelos und variabel unterteilbar sind und so die Möglichkeit einer mehr oder weniger geschlossenen thematischen Gruppenbildung in Kabinetten bieten. Hinzu kommen die fast ununterbrochenen Wandflächen – die halbkreisförmigen Fenster sind durchweg oberhalb der Kapitelle angeordnet – sowie die im Vergleich zur Reithalle relative Niedrigkeit der Räume: Fuß- und Scheitelpunkt des dreischiffigen Kreuzrippengewölbes erstrecken sich zwischen 3,40 und 5,00 Meter über Fußbodenniveau.

2. Besucherkreisanalyse

Nach den allgemeinen Erfahrungen auf dem Museums- und Expositionssektor ist davon auszugehen, daß diese Ausstellung überwiegend von zwei Publikumsgruppen besucht werden wird.
Eine Gruppe mehr oder minder Informierter, historisch vorgebildet und mit der Materie vertraut, die die gezeigten Exponate aktiv rezipieren, einordnen, reflektieren, die *aktiven Fachbesucher*, und
eine zweite Hauptgruppe, die mit dem Thema weniger vertrauten Besucher, die eine solche Ausstellung vielleicht als Ausflug mit der Familie oder Schule, also als Erlebnis, ansehen. Diese letztere Besuchergruppe assoziiert mit der Post etwa allgemeine, alltagsgeschichtliche Erscheinungen, vergleichbar den Themenkreisen *Eisenbahn* oder *Das Automobil*.

3. Konzept und Architektur der Ausstellung

Diese hier kurz skizzierten allgemeinen Vorgaben und Vorüberlegungen stellten die Basis für die gestalterische Gesamtkonzeption der Ausstellung dar.
In der vom Fürst Thurn und Taxis Zentralarchiv unter Leitung von Herrn Dr. Dallmeier für das Thema ausgewählten Exponaten wurden bis auf wenige Ausnahmen Originalstücke berücksichtigt. Sie sind das dokumentarische Gerüst der Ausstellung. Diese Objekte wurden in insgesamt sieben Hauptgruppen untergeteilt, wobei sachliche, nicht räumliche Kriterien die Einteilung bestimmten. Diese sieben Hauptgruppen mit ihrerseits zahlreichen Untergruppen sind in sich wiederum chronologisch, also zeitlich geordnet aufgebaut, so daß sich in jeder Gruppe die kontinuierliche Entwicklung eines Teilaspektes aus dem Themenkreis *Post* oder *Fürstliches Haus* über mehrere Jahrhunderte nachvollziehen läßt.

Von ihrem Äußeren her betrachtet handelt es sich bei den Exponaten überwiegend um zweidimensionale Objekte oder sogenannte *Flachware*, z.B. Urkunden, Aktenteile, Gemälde, Graphik, Stiche, Landkarten, Fotografien, aber auch im begrenzten Umfange um dreidimensionale museale Ausstellungsgüter wie Uniformen, Büroeinrichtung, Verkehrsmittel, Postillionsutensilien, Modelle, usw.

4. Ausstellungsteil *Stallungen*

Die vorhandene Architektur der seitlichen Stallungen eignet sich in idealer Weise für das ausgewählte Ausstellungsmaterial. Schon aus diesen Gründen und selbstverständlich auch aus konservatorisch-denkmalpflegerischen

Gesichtspunkten waren niemals einschneidende bauliche Eingriffe in diesem Bereich geplant. Die vorzunehmenden baulichen Tätigkeiten beschränkten sich auf

A. Klimatisierung – B. Lichtinstallation – C. Sicherung der Exponate – D. Einbau von Stellwänden – E. Bodenbelag

Diese technischen Ergänzungen waren derart zu projektieren, daß sie eine spätere Nutzung dieser Räumlichkeiten für Kunstausstellungen ermöglichen. Dies galt ebenso für alle weiteren Innenarbeiten, d.h. die Renovierung der Oberflächen, Bodenbelag, Einrichtung variabler Trennwände, Verkleidung der Fenster, Aufbau von Vitrinen und Podesten o.ä.

Lediglich einige Raumteile des nördlichen Stallgebäudes, die zuvor als Holzlegeräume ausgewiesen waren, wurden dem Ausstellungsbereich zugeschlagen und behutsam renoviert. Die innerhalb dieses Stallungsflügels vorhandenen originären Futterkammern wurden belassen.

Was die eigentliche Präsentation anbelangt, war es wichtig gewesen, die unterschiedliche Wertigkeit der Exponate hervorzuheben; dies galt sowohl für den inhaltlichen als auch für den optischen Aussagewert der Dokumente. Hierzu wurden folgende Maßnahmen berücksichtigt:

A. Die exponierte Plazierung

   Die beiden Seitenflügel verfügen jeweils über vier hervorgehobene Blickfänge. Diese sind in der erarbeiteten Grundrißkonzeption markiert.

B. Vergrößerung / DIA–Projektion

   Dies gilt insbesondere für relativ kleines Material, Stempel, Medaillen, Briefmarken.

C. Quantitativ orientierte Darstellung

   Hier führe ich z.B. die sogenannte Schreibschule (vgl.Kat.Nr.D.V.10) an, von der durchaus 10 bis 20 Einzelblätter als Facsimile gezeigt werden sollten. Erst durch diese quantitative Darstellung ließ sich ihre Kostbarkeit und vielfältige Bedeutung erfassen. Ähnlich verhielt es sich mit den Siegeltyparen (vgl.Kat.Nr.D.I.25). Hier sollten neben zwei bis drei Großdias etwa 70 bis 80 Stücke in einer speziellen großzügigen Wandvitrine vorgestellt werden.

D. Monetäre Wertigkeit

   Hier dachte ich insbesondere an die Philatelie, die als gesonderter Themenbereich in einem separaten Pavillon präsentiert wird.

Ein grundsätzliches Problem dieser Ausstellung bestand darin, daß sie einen, wenn auch wichtigen, aber doch relativ weit zurückliegenden Abschnitt der Geschichte der Post vermitteln will, und die jüngst vergangenen, die gegenwärtigen und zukünftigen Entwicklungen im äußersten Falle lediglich angedeutet werden könnten (z.B. in einem Film, nicht jedoch anhand authentischen Ausstellungsmaterials). Nach meinen Überlegungen liegt gerade in dieser Problematik die Chance einer überraschenden und ungewöhnlichen Präsentation.

Um was geht es ? Es geht um die *Vermittlung* bzw. den *Transport* einer Information, einer historisch belegten Information über das Haus Thurn und Taxis und dessen für alle Zeiten gültige Leistung, letztendlich also um die Kommunikation zwischen dem Fürstlichen Haus und einem mehr oder weniger anonymen Publikumskreis.
Was spricht also dagegen, diesen Dialog auf modernste Weise zu führen, also mit Hilfe neuer Technologien, eben der Technologien, die heute von Seiten der Post bei der Vermittlung bzw. beim Transport von Informationen eingesetzt werden.

Schon von daher erschien es sinnvoll, die ergänzenden Erklärungen innerhalb einzelner Sachgruppen über Bildschirm, Video, Bildschirmtext, Zeichnung, Computergraphiken etc. vorzunehmen, als kurzgefaßte Resumees – Dokumentarclips – z.B. in der Ausbreitung von Poststrecken, der Veränderung politischer Gegebenheiten, Grenzverschiebungen, usw. Durch diese Art der Vermittlung des Ausstellungssujets werden nicht nur die ehemaligen und heutigen Kommunikationsmöglichkeiten gegenübergestellt, darüberhinaus wird auf den derzeitigen Stand postalischer Kommunikation hingewiesen, als den aktuelle Stand jener Dienstleistungen, die ursprünglich vom Haus Thurn und Taxis *erfunden* und eingerichtet wurden.

Das Thema Post ist wie wohl kein anderes Thema jedermann vertraut. Es muß daher darauf ankommen, den weniger Informierten über die gemeinhin vorhandenen Vorstellungen von der Post an das Thema heranzuführen. Die Ausstellung soll also die vorhandene Kluft zwischen isolierter und ausgewählter Dokumentation und den Erwartungen des Publikums schließen.

5. Ausstellungteil *Halle*

In der großen Halle wurden deshalb ergänzend zu den Hauptgruppen folgende Themenbereiche erweiternd aufbereitet:

A. Bekleidung der Postbeamten

   Original–Uniformen, d.h. vollständig bekleidete Puppen. Hinweis auf den Sozialstatus des so Ausgezeichneten. Eventuell ergänzend dazu die populäre Darstellung von Postbeamten in zeitgenössischen Illustrationen.

B. Verkehrsmittel – Verkehrswesen

   Ausschnitthafte Darstellung der von der Post und den Reisenden eingesetzten Verkehrsmittel. Modelle von Kutschen, Schiffen, Karren, eine oder zwei originale Postkutschen.

C. Verwaltung

   Die Post als ein Stück deutschen Behördenwesens: Erlasse, Bürokratie, Vorschriften, Gebührenverzeichnisse, Fahrpläne. Dieses Kapitel durchaus aus unserer heutigen Sicht mit einem Hauch ins Skurrile.

D. Philatelie

   In dieser Gruppe galt es insbesondere, die Wertigkeit der ausgestellten Briefmarken, Ganzsachen, Druckstöcke, Stempel darzustellen. Ergänzend dazu das Haus Thurn und Taxis und seine Postanstalten in den modernen Markenausgaben.

E. Das Posthorn, Geschichte eines Signets

Dieses Thema wurde neu in das Ausstellungskonzept aufgenommen. Herrn Dr. Dallmeier und mir schien es besonders wichtig, die Entwicklung des postalischen Signets oder *Hoheitszeichen* seit dem Beginn der Postgeschichte darzustellen. Insbesondere auch im Vergleich zur heutigen Diskussion um die sogenannte Corporate Identity (CI) bzw. Corporate Design (CD).

Da auch die Darstellungsform innerhalb dieser Themenbereiche mehr oder weniger an das Assoziationsvermögen der Besucher gebunden ist, wurde in der Halle als ein zentraler Schwerpunkt zusätzlich ein Filmvorführungsraum installiert. Dieses Kleinkino – Kapazität etwa 30 Personen – wurde in Form einer Kugel erbaut, die auf die globale Verbreitung der thurn und taxisschen Idee hinweist.

In der Kugel wird ein Film zum Thema gezeigt, der die Ausstellung begleitet und ergänzt, insbesondere dort, wo dies allein durch die zwei– oder dreidimensionalen Dokumente nur schwer möglich ist. Es scheint schon bemerkens- und erwähnenswert zu sein, worin etwa die eigentliche revolutionäre Idee der Thurn und Taxisschen Ahnen bestand, nämlich in der Einrichtung fester Stationen mit immer ausgeruhten Reitern und Pferden, oder auch die Tatsache, daß bereits im Jahre 1505 die Laufzeit eines Briefes von Brüssel nach Innsbruck auf maximal 5 1/2 Tage festgesetzt worden war, eine Beförderung fast so schnell wie heute. Ein solches Kaleidoskop könnte bis in unsere Tage reichen und im Rahmen eines solchen Filmprojekts ist es durchaus denkbar, die heutige Weiter- bzw. Rückentwicklung der öffentlichen Post anzudeuten, wenn etwa die Reprivatisierung von Teilbereichen der Post zur öffentlichen Diskussion steht. Das Kugelkino wurde in Mero–Konstruktion mit einer Leichtbauverkleidung ausgeführt. Es ist über eine Rampe erschlossen, hat einen Durchmesser von etwa 6 Meter und ist geständert.
Die Halle selbst wurde rundherum bis etwa zu einer Höhe von 3,40 Meter blau verkleidet; unter dieser Innenschale wurden sämtliche Installation verlegt.

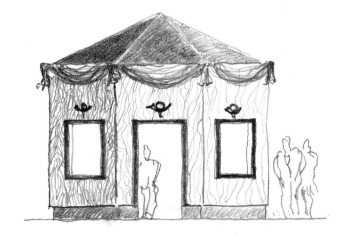

Die Themenpavillons sind ebenfalls in Leichtbauweise ausgeführt, allerdings besteht das Skelett in diesem Falle aus einem standardisierten Schnellgerüst Fabrikat *Modex*, das komplett wiederverwendet werden kann. Die Pavillons haben unterschiedliche Wandstärken, je nach Abmessung der präsentierten Exponate und sind indirekt ausgeleuchtet.
Die grundlegende Farbgestaltung der Ausstellungsbauten orientierte sich weitestgehend an den thurn und taxisschen Hausfarben – blau und rot –; lediglich für die Wände der Pavillons wurde eine lasierte Holzverkleidung gewählt. Dem festlichen Anlaß entsprechend sind die Ausstellungsbauten jeweils mit einem umlaufenden Vorhangstore drapiert.

6. Ziel

Insgesamt soll die Ausstellungsgestaltung sowohl das wissenschaftlich erarbeitete Ausstellungsgut als auch den Jubiläumscharakter des Ereignisses *500 Jahre Post – Thurn und Taxis* adäquat vermitteln.

V. A.

Einführung zum Thema und Katalog

Gedanken zum Thema

Es ist fast dem gemeinen Wesen in der gantzen Welt nichts so nutzlich / als die Post / und wer selbige erfunden / verdient in allweg einen unsterblichen Namen .

Nach diesem Ausspruch des gewaltigen Barockpredigers Abraham a Sancta Clara sollte der Name desjenigen, der zum Nutzen der Allgemeinheit die Post erfunden hätte, unsterblich sein.
Den Menschen unserer schnellebigen modernen Zeit, geprägt und unbewußt beeinflußt in ihrem Denken und Handeln von millisekundenschnellen, die Welt überspannenden Kommunikationssystemen, von Bildschirmtexten, Satellitenfunk und Telekommunikationen, fehlt meist die Vorstellungsgabe, daß selbst noch in den historischen Epochen der Menschheit die Übermittlung von wichtigsten Nachrichten nicht nach Stunden und Tagen, sondern nach Monaten und Jahren gemessen wurde. Von einigen peripheren Gebieten der damals bewohnten Erde mangelte es oft völlig an sicheren Kenntnissen und Nachrichten.

Unsere moderne Kommunikationswelt mag diese mannigfaltige Dienstleistung der Post nicht mehr missen. Diese hatte sich im Laufe einiger Jahrhunderte zu einer Institution entwickelt, die unser gesellschaftliches Leben in vielen Situationen bereichert, aber auch beherrscht. Neue Fragestellungen und Aufgaben kommen täglich hinzu, andere Sektoren in der breitgestreuten Angebotspalette, technisch oder gesellschaftspolitisch überholt oder veraltet, werden zurückgedrängt, ausgemustert. Das Tempo technischer Entwicklungen ist dabei atemberaubend. Fußboten, Postillione, Postwagen, Dampfschiffe, Eisenbahnzüge, Telegraphie, Mikrotechnik begleiteten den Zeitzug *Post* durch fünf Jahrhunderte.
Stand während gewisser Entwicklungsstufen die Personen- und Güterbeförderung gleichberechtigt der Briefpost gegenüber, so beschränken sich heute die Aufgaben des modernen Kommunikationsinstituts *Post* auf die mündliche, schriftliche und bildliche Übermittlung von Nachrichten, Daten und Ereignissen. Die unmittelbare Beförderung von Personen wie zur Postkutschenzeit hat man in Zeiten der Arbeitsteilung und Spezialisierung fast vollständig an andere Dienstleistungsunternehmen abtreten müssen.

Beschäftigt man sich in einer Rückschau intensiver mit diesem ursprünglichen Bedürfnis menschlicher Individien und Gruppen, ob herrschend oder untergeben, Nachrichten persönlicher, wirtschaftlicher, gesellschaftlicher oder politischer Art über größere Entfernungen regelmäßig auszutauschen, wir gelangen zwangsweise zu den Anfängen unserer modernen Post. In einem Punkt jedoch hatte sich der Prediger Abraham a Sancta Clara geirrt. Die Post war nicht die *Erfindung* eines Individuums allein, sondern die historische Leistung einer Familie vor 500 Jahren: der Familie Thurn und Taxis.

Ihre historische Tat und die damit eng verbundene Geschichte der Post von ihren Anfängen in Europa bis zum Übergang der thurn und taxisschen Postanstalten an Preußen 1867 darzustellen, ist konkretes Ziel und Inhalt dieser Einführung samt umfangreichem Katalog zur Ausstellung *500 Jahre Post – Thurn und Taxis* im Jubiläumsjahr 1990.

Die kaiserliche Reichspost und das fürstliche Haus Thurn und Taxis (1490–1806)

Vorläufer und Voraussetzungen

Die *Post* nach unseren heutigen Vorstellungen und Kriterien ist nicht an einem bestimmten Tag erfunden oder ins Leben gerufen worden. Es war ein Evolutionsprozeß, dessen Anfänge zum staatlich organisierten Kurier- und Transportwesen des römischen Weltreiches zurückführen. Diesen sogenannten *cursus publicus*, beschrieben im Codex Theodosianus und vom Historiographen Prokop, weisen heute noch archäologische Relikte im gesamten Imperium Romanum nach. Bauliche Überreste der Straßenstationen (*mansiones*), der römischen Kunststraßen und Meilensteine zeugen vom hohen verkehrstechnischen Erschließungszustand des römischen Staates mit seinen Provinzen, wie er sich auch in der Tabula Peutingeriana, der spätantiken Straßenkarte, darstellt.

Das nachfolgende technisch *dunkle* Mittelalter kannte hingegen weder überregionale staatliche Verkehrsanstalten noch ein geregeltes Nachrichtenwesen. Interessenten aller sozialen Stände waren auf ihre eigenen Initiativen angewiesen, wollten sie Nachrichten an fremde Orte, an Dritte übermitteln lassen. Der niedrige Grad der Schriftlichkeit in weiten Bevölkerungskreisen, die sehr kostspieligen Schreibstoffe Pergament und Papyrus, bestimmten neben dem Transportdefizit die allzu langsame Entwicklung von Handel, Kultur, Wirtschaft und Verkehr.

Individuelle Gelegenheiten zur Beförderung von Nachrichten boten vagabundierende Gesellen und Scholaren, durchreisende Händler und Fuhrleute. Einzelne ständische Kreise wie Klöster einer Ordenskorporation, Kaufleute, Universitäten und Städte richteten ausschließlich für ihre eigenen Bedürfnisse Botenanstalten ein, die nach Bedarf den nachrichtlichen Kontakt zu den benachbarten Mitklöstern, den weiter entfernten Handelspartnern oder den Mitgenossen der Städte herstellten. Kaiserliche Institutionen zur Reichsverwaltung und die landesherrlichen Kanzleien bedienten sich ebenfalls im lokalen Umfeld zunehmend eigener Boten.

Daraus kristallisierten sich noch im Spätmittelalter, vor allem in Italien und Spanien, staatliche und städtische, genossenschaftlich organisierte Botenanstalten heraus, deren allgemeine Botenordnungen neben den Rechten und Pflichten für ihre Boten auch neue organisatorische Ansätze zur beschleunigten Nachrichtenübermittlung erkennen ließen. Vorreiter dieser staatlichen *Stafettenposten* war im Italien der Renaissance und des Humanismus das reiche lombardische Herzogtum Mailand, wo bereits im ausgehenden 14. Jahrhundert Briefe der mailändischen Staatskanzlei Aufschriften wie *per caballarios postarum* trugen, was zwar auf Pferdewechsel in bestimmten Unterwegsorten hindeutete, jedoch nicht auf eine gleichzeitige systematische Abwechslung der Boten. Die ihnen anvertrauten Schreiben händigten diese Boten nach mittelalterlicher Tradition immer noch in eigener Person dem Empfänger aus.

Begriff *Post*

Welche entscheidende Änderungen im mittelalterlichen Botenwesen waren es nun, die uns ab einem gewissen Zeitpunkt von der *Post* sprechen lassen?

Erstmals tauchte der Begriff *Post* in der französischen Übersetzung der Chinabeschreibung des Venezianers Marco Polo zu Beginn des 14. Jahrhunderts auf. Er bezeichnete die im Abstand von 25 Meilen an allen Hauptstraßen des chinesischen Reiches für Kuriere des Herrschers eingerichteten Pferdewechselstationen als *poeste*; zur schnellen Beförderung besonders wichtiger Nachrichten wurden an solchen Orten neben den Pferden auch die Reiter ausgetauscht.

Die etymologische Wurzel unseres heutigen Wortes *Post*, wie es seit der frühen Neuzeit in Mitteleuropa Verwendung fand, liegt hingegen in der lateinischen Welt der Antike. Aus der Übernachtungs- und Verpflegungsstation des römischen *cursus publicus*, der *mansio posita*, *mutatio posita* oder *statio posita* wurde im deutschsprachigen Raum über *poscht* und *Posten* das neuhochdeutsche Wort *Post*.

Bergamasker Taxis und die Postanfänge

Mit den genannten präpostalen Verkehrseinrichtungen in Italien mußten auch die seit dem 13. Jahrhundert im Bergamasker Gebiet ansässigen Tassis in näheren Kontakt gekommen sein. Die Spuren ihrer Tätigkeit begegnen in Bergamo selbst, aber hauptsächlich im nördlich davon gelegenen Brembanatal, in den Bergdörfern Cornello, Camerata und Zanica. Diese bergige und karge norditalienische Landschaft mit langer langobardischer Tradition galt seit jeher als Reservoir für Kuriere in fremden Diensten. So darf es nicht verwundern, daß unter den führenden Familien, die sich an die 1305 eingerichtete Botenanstalt der Republik Venedig, der *compagnia dei corrieri della Signoria*, verdingten, neben anderen Bergamasker Familien auch die Tassis aufgezählt werden.
Aber nicht nur in Venedig, sondern auch im Kirchenstaat erschien 1474 mit dem Bergamasker Gabriel de Tassis erstmals ein Mitglied dieser Großfamilie als päpstlicher Postmeister in Rom. In mehreren Generationen dieses vertrauensvolle Amt ausübend, ging es 1539 durch den politischen Frontwechsel der Päpste im Streit zwischen Habsburg und Frankreich den Tassis verloren.

Habsburg, Innsbruck und die Tassis

Diese in solchen Stellen und Ämtern gewonnenen umfassenden und fundierten Kenntnisse, Erfahrungen und Verbindungen im Nachrichtenwesen kamen schließlich der Familie Tassis zugute, als sich zu Innsbruck der junge Erzherzog Maximilian anschickte, die aufstrebenden Habsburgerlande auf die zukünftigen Aufgaben und Herausforderungen innerhalb der europäischen Führungsmächte vorzubereiten. Ein zeitgemäßes Nachrichten- und Transportsystem schien dringlich erforderlich.

Noch unter dem Reichsregiment seines Vaters, Kaisers Friedrich III. (1452–1493), war durch die Vermählung des Erben Maximilian 1477 mit der einzigen Tochter Maria des vor Nancy gefallenen burgundischen Herzogs Karl des Kühnen der Grundstein zur europäischen Macht der Habsburger gelegt worden. Das burgundische Erbe des 1486 zum römischen König gekrönten Maximilians umfaßte u.a. die niederländischen Provinzen, die neben Oberitalien das zweite wirtschaftliche und politische Zentrum im Europa des ausgehenden 15. Jahrhunderts bildeten. Zwischen diesen beiden Wirtschaftsblöcken lag die Grafschaft Tirol mit ihrer Residenzstadt Innsbruck. Dort hatte 1489 Maximilian mit Hilfe der Landstände seinen Vetter Sigismund als Regenten abgelöst. Für den geistig begabten, aufgeschlossenen und tatendurstigen römischen König stellte sich nun das Problem, das auf den leicht überschaubaren Raum der Grafschaft Tirol radizierte herrschaftliche Nachrichtensystem der bestehenden Fuß- und Reitboten den politischen, militärischen und organisatorischen Notwendigkeiten eines schnellen, zuverlässigen und beständigen Informationsflusses mit den entfernteren burgundisch-niederländischen Provinzen anzupassen.

Es war nach Janettos de Tassis eigenen Worten das Ersuchen Maximilians, das ihn – und wahrscheinlich auch noch seinen im selben Jahr genannten älteren Bruder Francesco und Neffen Johann Baptista – unter Verzicht auf alle früheren Dienstverhältnisse 1490 an den Innsbrucker Hof brachte, in habsburgische Postdienste gegen königlichen Sold.

Unter dem eingedeutschten Namen *Johannet Dachs* wies ihm die oberösterreichische Rechnungskammer zu Innsbruck für dieses Jahr *zu notturft der post* 300 Gulden an.

Daß es in diesem Jahr zu prinzipiellen Innovationen organisatorischer Art im habsburgischen Nachrichtenwesen gekommen sein mußte, zeigt auch ein Eintrag in der Memminger Stadtchronik der Jahre 1471 bis 1497 zum Jahre 1490:

In diesem jahr fiengen die posten an bestellet zu werden /auß befelch Maximiliani I. deß römischen königs/ von Oesterich biß in die Niderland/ in Franckreich/ und biß nacher Rom. ...

Die Notiz in der Stadtchronik beschreibt im weiteren auch die neuartige Technik der Posten, das Postieren. Jeweils im Abstand von 5 Meilen – im Gesichtskreis des reichsstädtischen Chronisten zu Pless, Kempten und an der Brücke über die Donau bei Elchingen – lagen die Posten des tirolisch-niederländischen Kurses. Durch diese Organisationsform der Stafette mit unterlegten Pferden und Personen wurden die physischen Leistungsgrenzen der bisherigen Transportmedien Mensch und Tier durchbrochen. Der Wegfall der sonst unumgänglichen Regenerationspausen erhöhte die Beförderungsgeschwindigkeit für Briefschaften beträchtlich. Hatte noch zur Mitte des Jahrhunderts (1449) ein Bote von Nürnberg nach Wien und zurück (= 1000 km) sieben Wochen benötigt, also täglich etwa 20 km zurückgelegt, so steigerten sich die Tagesleistungen der Posten durch die Relaisstationen jetzt auf durchschnittlich 120 bis 150 km.

Von der Staatsstafette zur Post

Ein Problem blieb jedoch bestehen. Diese habsburgischen Posten der ersten Jahre dienten fast ausnahmslos für dynastische und staatliche Belange. Die Allgemeinheit blieb zunächst von der organisatorischen Neuerung ausgeschlossen. So mieden die maximilianischen Posten folgerichtig die großen Städte am Kurs, wichen mit ihren Postlagern in kleine Weiler und Dörfer aus, da für sie die möglichst rasche Beförderung der staatlichen Schreiben zwischen den Residenzen Innsbruck und Mechelen bedeutsam war, nicht die Unterwegs-Korrespondenz der übrigen Bevölkerung in den Städten. Erst mit der allmählichen Zugänglichkeit der taxisschen Posten für Privatpersonen änderte sich dieses Bild. Nun ging man daran, aus finanziellen Notwendigkeiten auch in den Handels- und Reichsstädten Oberdeutschlands und der Niederlande Einlaß zu begehren, um in Konkurrenz zu den althergebrachten Boten der Städte und Kaufleute deren Handelskorrespondenz an sich zu ziehen, jetzt gegen eine angemessene Beförderungstaxe. In Oberdeutschland war dies im 16. Jahrhundert noch Augsburg, wo 1549 vor dem Mauerbering an der Wertachbrücke das erste taxissche Postamt eröffnet wurde, in den Niederlanden die dominierende Handelsmetropole Antwerpen.

Im ersten Dezennium der habsburgischen Post blieb Innsbruck das alleinige postalische Zentrum, von dem die neuen Postkurse nach Italien, Richtung Venedig – Rom – Neapel, in die habsburgischen Donauländer nach Wien, vorübergehend auch aus militärpolitischen Ursachen zum verbündeten Sforza-Herzog nach Mailand, auf der kürzeren inneralpinen Route durch das Oberinntal und Veltlin ausgingen. Auch der niederländische Kurs zur Residenz der Statthalterin Margarete (1507–1530), der Tochter Maximilians, in Mechelen unterstand zunächst organisatorisch und finanziell vollständig der Innsbrucker Raitkammer.

Die zunächst in Innsbruck tätigen Taxis suchten schon bald nach neuen Aufgaben. Der zusammen mit seinem Bruder Janetto 1490 genannte Franz von Taxis sah um die Jahrhundertwende die größeren Möglichkeiten für die Post in den burgundisch-niederländischen Provinzen Flandern, Brabant, Holland und Seeland. Erzherzog Philipp der Schöne, Sohn Maximilians und Anwärter durch die Heirat (1496) mit Donna Johanna von Kastilien auf das spanische Erbe, ernannte ihn am 1. März 1501 zu seinem *capitaine et maistre de nos postes*, zu seinem

Hofpostmeister, mit einer täglichen Besoldung von 20 Sou aus der Hofhaltung. Die Kosten des Postkurses Mechelen/Brüssel – Innsbruck, später weiter bis Trient, wurden nun nicht mehr von der Innsbrucker Hofkanzlei getragen, sondern vom spanischen König aus den Einkünften der reichen niederländischen Provinzen bestritten. Dieser Anachronismus, daß die Posten im Reich, in Deutschland, Tirol und Italien für fast ein Jahrhundert von einer fremden Macht finanziell unterhalten wurden, spielte später im spanisch-niederländischen Konflikt eine nicht unwesentliche Rolle.

Ein zweiter Postvertrag vom 18. Januar 1505 des nunmehr spanischen Königs Philipp des Schönen (gest.1506), dem durch den Tod seiner Schwiegermutter, der Königin Isabella von Kastilien Ende 1504 das spanische Erbe zugefallen war, mit seinem Hauptpostmeister hatte nicht nur finanziell, sondern auch in rechtlicher Hinsicht eine andere Qualität. Man kann ihn als *bilaterale* Übereinkunft zwischen einem von der Obrigkeit wegen besonderer Verdienste und Aufgaben privilegierten Unternehmer und dem Staat bezeichnen. Anstelle der persönlichen Besoldung trat nun eine Pauschalvergütung aus der niederländischen Staatskasse zugunsten Franz von Taxis für den Unterhalt der Postenverbindungen vom Zentrum Brüssel aus zum Hofe des Kaisers in Deutschland, zur Residenz des französischen Königs und zum jeweiligen Aufenthaltort des spanischen Königs innerhalb Spaniens. Zugleich erhielt Franz von Taxis über seine Untergebenen weitreichende gerichtliche und disziplinarische Kompetenzen zugesprochen; daraus hervorzuheben ist das Bestrafungsrecht des Generalpostmeisters gegenüber seinem Personal bei Verfehlungen im Postdienst. Auch die Selbstverpflichtung des Staates, bei Behinderungen oder verweigerter Unterstützung für die Posten die staatliche Autorität einzusetzen, mußte sich auf die künftige Entfaltung des Postwesens positiv auswirken.

Doch auch die Pflichten des spanisch-habsburgischen Postmeisters wurden im Vertrag festgeschrieben. Als Maximalbeförderungszeiten für amtliche Depeschen galten von Brüssel nach Innsbruck 5½ Tage, nach Paris 44 Stunden, nach Lyon 4 Tage, 12 Tage nach Toledo und 15 bis in das entferntere andalusische Granada. Erstmals wurde in diesem Vertrag, wenn auch nur andeutungsweise, dem Postmeister ein Postbeförderungsmonopol zugesichert.

Mit der territorialen Expansion des spanischen Reiches auf dem europäischen Kontinent unter König Karl I. bzw. Kaiser Karl V. wurden auch die vertraglichen Vereinbarungen mit der taxisschen Post den neuen geopolitischen Grenzen angepaßt. Italien mit den spanischen Besitzungen Mailand, Rom und Neapel wurde in das Kursnetz einbezogen, die bisherigen Beförderungszeiten verkürzt, die staatliche Pauschalvergütung den erweiterten Aufgaben angeglichen und auch anteilsmäßig auf die spanischen, neapolitanischen und niederländischen Finanzbehörden verteilt. Für die nächsten Jahrzehnte, bis zur Zersplitterung des habsburgischen Weltreiches, in dem die Sonne niemals unterging, durch die Abdankung Karls V., mußte die habsburgische Staatsverwaltung etwa 2 % des Haushaltes für den Unterhalt ihrer Posten aufwenden. Für zuverlässige Schätzungen, ob dadurch für das Unternehmen *Taxis-Post* die gesamten Kosten abgedeckt oder sogar daraus Gewinne erzielt werden konnten, fehlen bisher ausreichende Berechnungsgrundlagen. Die Tatsache jedoch, daß in keinem der drei Postverträge zwischen 1505 und 1517 den königlich-spanischen Postmeistern ausdrücklich die Mitnahme von Privatbriefen zum eigenen Vorteil untersagt wurde, läßt eher den Schluß zu, die Beförderung privater Schreiben mit stillschweigender staatlicher Duldung sollte eine zusätzliche Einnahmequelle für die Post zur Bestreitung ihrer Aufwendungen erschließen. Und schon folgerichtig 1503 für den Rat der Stadt Köln und 1506 für den Augsburger Kaufmann Anton Welser wurden Privatsendungen, ein *peckle* im Fellsack samt *bryffle*, auf den taxisschen Posten angenommen und befördert. Dies muß als einer der ersten Ansätze gewertet werden, das auf einer interindividuellen Organisationsform basierende dynastische Nachrichtentransportsystem der Taxis zu einem öffentlichen, jedermann gegen feste Gebühren und nach regelmäßigen Abgangszeiten zugänglichen Institut, eben der *Post* nach unseren modernen Kriterien, umzugestalten.

Schnelligkeit durch Verkürzung der Abstände

Die technischen Fortschritte zur Beschleunigung der Briefschaften auf den Kursen vollzog sich in mehreren Etappen. Begonnen hatte es 1490 mit der Einrichtung von Relaisstationen im Abstand von ungefähr fünf Meilen (1 Meile = ca. 7,5 km), je nach Geländebeschaffenheit. Über eine Verkürzung der Wegstrecken, die jeder Posten zur nächsten Poststation reiten mußte, im Vertrag von 1505 auf vier Meilen, führte die Reduzierung der Entfernungen – nicht nur bei neuen Kurseinrichtungen – über drei (1587) zu der Durchschnittsentfernung des 17. Jahrhunderts: 1 einfache Post = 2 Meilen = 15 km. Diese Richtzahl war für das gesamte 18. und frühe 19. Jahrhundert gültig, bis zum Aufkommen der neuen Transportmedien Dampfschiffe und Eisenbahn.
Als eine weitere Maßnahme, die Schnelligkeit der Posten zu erhöhen, kennen wir schon früh die Aufstockung des Pferdebestandes bei den Poststationen, d.h. in der damaligen Ausdrucksweise, die doppelten Posten. Dadurch sollte vermieden werden, daß ein Ordinari-Felleisen liegen blieb, wenn der Postreiter etwa mit der Retoursendung oder als Begleiter eines Postreisenden unterwegs war.

Auf dem niederländisch-italienischen Kurs, der im gesamten 16. Jahrhundert auf Reichsgebiet das Rückgrat der Post mit seinen Verzweigungen nach Prag (ab Augsburg), Wien (ab Innsbruck) und Venedig (ab Trient) bildete, erreichte man zur Mitte des Jahrhunderts zusätzlich dadurch eine Verbesserung der Beförderungsmöglichkeiten, daß man die monatlichen Abgangszeiten von Venedig und Rom so verschob, daß zwischen Trient und Brüssel schon sehr frühzeitig eine vierzehntägige Korrespondenzmöglichkeit für die Öffentlichkeit bestand. Diese Postverbindung wurde dann 1559 zu einem wöchentlich laufenden Ordinaripostkurs Venedig–Trient–Augsburg–Brüssel für die zwischen Italien und den Niederlanden ausgetauschten Briefpakete ausgebaut.

Gesellschaftlicher Aufstieg und wirtschaftliche Leistungskraft

Mit dem Ruf der Tassis aus Cornello an den Innsbrucker Hof vollzog sich auch rasch ihr standesherrlicher Aufstieg. Die erbliche Adelswürde im Reich, den österreichischen und burgundischen Landen, verbunden mit der Hofpfalzgrafenwürde, verlieh 1512 Kaiser Maximilian Franz von Taxis, dessen Brüdern Roger, Leonhard und Janetto und ihren Neffen Johann Baptista, David, Maffeo und Simon. Damit gleichzeitig verbunden war die Vermehrung des taxisschen Stammwappens: Zum althergebrachten, namengebenden silbernen Dachs auf blauem Grund kam jetzt als Attribut des kaiserlichen Amtes ein wachsender schwarzer Adler in Silber, darüber als Bekrönung vier Pfauenfedern und ein goldfarbenes Posthorn mit Helmdecken in Blau und Silber.

Diesem kaiserlichen Adelsdiplom von 1512 entsprach für das habsburgische Spanien samt den Provinzen das am 28. August 1518 in Saragossa ausgestellte *Spanische Privileg*. Darin naturalisierten Königin Johanna und ihr Sohn Karl I., der spätere Kaiser Karl V., Johann Baptista – Franz von Taxis war Ende 1517 kinderlos gestorben – und seine Brüder Maffeo und Simon in ihrem Königreich und übertrugen ihnen unter der Oberleitung Johann Baptistas die Verwaltung aller Posten in ihren Königreichen und Herrschaften.
Schon ein Jahr nach seiner Kaiserkrönung (1519) stattete Karl V. seinen Generalpostmeister Johann Baptista von Taxis für die neuen imperialen Aufgaben durch einen Bestallungsbrief mit weitreichenden Rechten über das untergebene Postpersonal aus.

Die Organisationsform der *Kompagnie* als Erfolgsgeheimnis

Für diese ungewöhnliche Vertrauensstellung, Machtfülle und das hohe gesellschaftliche Ansehen, das die Taxis nach nicht einmal drei Jahrzehnten in habsburgischen Postdiensten erlangten, konnten nicht nur ihre früher erworbenen Kenntnisse, ihre persönlichen Fähigkeiten und das Organisationstalent allein ausschlaggebend gewesen sein. Ihr ausgeprägter Familiensinn, ihre Fähigkeit und ihr Wille, sich einem gemeinsamen Ziel und einem einzigen *Regierer* innerhalb der *famiglia e società* unterzuordnen, war dabei richtungsweisend. Behringer analysierte mit Recht diese Unternehmensstruktur der Taxis als eine *Personengesellschaft in Kompanieform*, charakteristisch für das Spätmittelalter und die Neuzeit, und stellte sie in eine Reihe mit den Medici und Strozzi, den Fugger und Welser. Kennzeichnend dafür sind das gemeinsame *Firmensignet*, bei den Taxis das gemeinsame Wappen, und ein anerkanntes Familienoberhaupt, bei diesen konkret der Senior der Brüsseler Linie. Die Familienmitglieder standen bei den Taxis einzelnen Postämtern oder Postbezirken verantwortlich vor. So beherrschte im 16. Jahrhundert die *compagnia Tassis* zwölf der wichtigsten und einträglichsten Postämter oder Bezirke im Reich, den Niederlanden, Spanien und Italien. Sie allein kontrollierten an diesen verkehrs- und wirtschaftspolitisch wichtigen Zentren innerhalb und außerhalb des Reiches die Ankunft und Abfertigung der Briefschaften in den Felleisen, verwehrten den ursprünglichen staatlichen Aufsichtsorganen tiefere Einblicke in ihr Geschäftsgebaren, konnten somit zu ihrem eigenen Nutzen neben den offiziellen Amtsbriefschaften auch Privat- und Kaufmannsbriefe befördern lassen.

Die Organisationsstruktur der taxisschen Postkompagnia sah folgendermaßen aus:

Brüssel

Seit dem Generalpostmeister Johann Baptista (1517–1540) fiel der taxisschen Linie in Brüssel endgültig die Rolle des Seniorates und Familienhauptes zu. Von dieser Brüsseler Postzentrale aus wurde seit 1501/1505 der niederländisch-italienische Postkurs auf der *deutschen Poststraße* bis Füssen, der spanische Kurs durch Frankreich nach Madrid, Valladolid oder Granada und nicht zuletzt der burgundische Kurs nach Dôle und Gray geleitet.

Madrid und Valladolid

Am spanischen Königshof selbst ließen sich Maffeo (gest. 1555) und seine Amtsnachfolger nieder, überwachten von dort aus den Briefverkehr auf der iberischen Halbinsel in Richtung Italien oder in die spanischen Provinzen der Niederlande. Die Postverbindungen zu den neuspanischen Kolonien in Übersee zählten nicht zu ihren Amtsbefugnissen. Raimondo de Tassis, zweitältester Sohn des Generalpostmeisters Johann Baptista, stand als *correo mayor* in der Gunst Karls V. und Philipps II. von Spanien. Er begleitete ersteren auf vielen Reisen, auch nach Deutschland und in die Niederlande im Kampf um die Kaiserkrone und verhinderte nicht nur als literarische Figur in Friedrich Schillers Drama *Don Carlos* 1568 den Fluchtversuch des Infanten. Mit seinem Neffen Juan II. de Taxis starb zu Beginn des 17. Jahrhunderts diese taxissche Linie am südwestlichen Eckpfeiler des taxisschen Postbereiches im Mannesstamm aus.

Antwerpen und Rom

Wie selbstverständlich wurden auch die natürlichen Söhne des Generalpostmeisters Johann Baptista aus seiner Verbindung mit der Tirolerin Barbara di Walcher in den Familienverband der Post eingebunden. Anton de Taxis, geboren 1509 zu Innsbruck, begründete die Linie der taxisschen Postmeister zu Antwerpen. Diese Stadt an der Schelde war einer der mächtigsten Handelsplätze in den Niederlanden des 16. Jahrhunderts, zumindest bis zum Abfall der nördlichen Provinzen von Spanien. Dort wurde die Korrespondenz von den Kaufleuten nordwärts gelegener Städte wie Amsterdam, Delft und Rotterdam gesammelt und abgefertigt. Jedoch noch vor dem Aussterben dieser taxisschen Nebenlinie im Mannesstamm fiel das Antwerpener Postamt aufgrund eines Urteils des Geheimen Rates zu Brüssel vom 24. Dezember 1626 im Prozeß zwischen Antonius' Enkel Maximilian de Tassis und dem Brüsseler Generalpostmeister Graf Leonhard II. an die Hauptlinie zurück. Völlig unabhängig von Brüssel war das Antwerpener Postamt aber nie gewesen; zumindest hatte man sich immer eine Abrechnung für die zum Postamt Brüssel gehörenden Depeschen vorbehalten.

Der ältere natürliche Sohn Johann Anton des Generalpostmeisters Johann Baptista folgte 1541 seinem Verwandten Pelgerin de Tassis als kaiserlicher Postmeister zu Rom. Bei seinem kinderlosen Tod 1580 ging dieses nunmehr durch die habsburgische Teilung von 1555 königlich spanische Postamt an die Söhne des Mailänder Postmeisters Simon von Tassis über.

Venedig

Betrachtet man die geographische Lage der Postbezirke von jenen bisher noch nicht erwähnten taxisschen Gesellschaftern am Familienunternehmen genauer, so fällt eine Konzentration nördlich und südlich der mittleren Zentralalpen auf. Entweder noch im direkten Machtbereich der Habsburger – wie in der Grafschaft Tirol beiderseits der Brennerroute – oder an deren südlicher Flanke in den oberitalienischen Staaten hatten sich um die Wende zum 16. Jahrhundert taxissche Postämter etabliert. In der taxisschen Heimat, der Republik Venedig – der Markuslöwe regierte seit 1427 auch über das Bergamasker Cornello – finden sich zuerst Spuren der Tätigkeit vom jüngeren Bruder David des Generalpostmeisters Johann Baptista. David, dem 1509 die Innsbrucker Raitkammer schon 82 Gulden für seine Posteinrichtungen durch das Pustertal nach Krain hatte anweisen lassen, richtete nach der politischen Verständigung zwischen Kaiser Maximilian I. und der Republik Venedig in der Lagunenstadt selbst ein kaiserliches Postamt ein, das über einen Kurs durch die Val Sugana nach Trient den Anschluß für die venezianischen Briefe an den taxisschen Hauptpostkurs Innsbruck – Rom fand. Zur Unterscheidung der konkurrierenden Postanstalt des Wiener Kaiserhofes, der alten Venezianischen Kurieranstalt und jener der Augsburger Venedigerboten wurde es auch als *Flandrisches Postamt zu Venedig* bezeichnet. Als eilfertiger Übermittler der Nachricht von der Papstwahl Leos X. an Kaiser Maximilian begegnet David aber auch 1513 als kaiserlicher Postmeister zu Verona, 1522 und 1524 in derselben Funktion zu Trient, während später seine Nachfolger im Postamt auf die Stadt Venedig begrenzt blieben.

Mailand

Der zweiten taxisschen Generation in habsburgischen Postdiensten gehörte neben Johann Baptista, David und Maffeo auch deren Bruder Simon an, der seit der habsburgischen Rückeroberung Mailands 1527 das kaiserliche Postwesen im gesamten lombardischen Herzogtum leitete. Sein Postbezirk, der von den drei Hauptkursen Mailand–Rom, Mailand–Spanien und Mailand–Mantua durchquert wurde, reichte im Osten bis Cremona und Mantua, im Süden bis Piacenza und bis Alessandria im Westen; im Norden bildete Como den Endpunkt. Unter Simon von Tassis erhielt das Mailänder Postamt 1546 die erste interne Postordnung, die älteste bekannte, die bereits feste Gebühren für die private Briefbeförderung vorsah. Bedeutung erlangte der Mailänder Postbezirk auch dadurch, daß Simon in Personalunion seit 1527 dem spanischen Postamt in Rom vorstand. Nach seinem Tod 1565 ging unter seinen Söhnen Ruggerio und Antonio I. den Taxis das Postamt Mailand verloren, während das spanische, nach 1714 österreichische Postamt in Rom erst 1760 im Zuge der Theresianischen Inkammerierungen von Principe Michele II delle Torre e Tassis an den Staatsärar um 200181 Gulden abgetreten wurde.

Trient

Durch die Heirat von Simons Schwester Elisabeth mit Bonus von Bordogna et Valnigra 1509 trat eine andere Kurierfamilie aus der Valle Brembana der taxisschen Postkompagnie bei. Bonus von Bordogna dürfte von sei-

nem Schwager David schon um 1512/13 das Trienter Postamt zugesprochen erhalten haben; zumindest bestätigte ihm 1537 König Ferdinand I. den Besitz der Postämter Trient und Neumarkt (Egna).
Der Sohn aus dieser Verbindung, Lorenzio Bordogna von Tassis, erhielt schließlich von seinem Onkel Simon 1543 die Würde eines kaiserlichen Postmeisters von Trient bestätigt. Durch eine geschickte Postpolitik konnte die Familie im ausgehenden 16. Jahrhundert mit dem Erwerb der Postämter Bozen (1576) und neuerlich Neumarkt (1580) im Norden, Volargne und Roverbella gegen Verona im Venezianischen ihren Postbezirk abrunden.

Kollmann

Die Investitur der Trienter Taxis-Bordogna mit dem Postamt Bozen durch Erzherzog Ferdinand II. von Tirol 1576 war zulasten eines anderen taxisschen Zweiges gegangen. Ludwig von Taxis, seit 1541 Zöllner und Postmeister zu Kollmann am Beginn des Kuntersweges zwischen Klausen und Bozen, hatte von der erzherzoglichen Regierung zu Innsbruck 1550 die Leitung des Postamtes Bozen, 1552 jene des Postamtes Brixen übertragen erhalten. Sein flächenmäßig begrenzter, aber strategisch wichtiger Postbereich sicherte die südliche Flanke des Kurses über den Brennerpaß ab. Hier müssen wir erstmals auch den Verlust eines Postamtes für die Taxis durch persönliches Verschulden erwähnen. Sein Sohn Wilhelm, mit dem diese Linie 1591 im Mannesstamm erlosch, wurde wegen Defraudationsverdacht beim Postbetrieb 1576 vom Tiroler Erzherzog aller seiner Ämter enthoben.

Vorder- und Oberösterreichisches Postgeneralat Innsbruck

Bei der zwangsweisen Absetzung Wilhelms von Taxis waren die Poststationen Kollmann und Brixen wieder dem tirolischen Postgeneralat zu Innsbruck einverleibt worden. Dort an der Urzelle der taxisschen Post hatte Postmeister Gabriel von Taxis, der Sohn Janettos, in einer permanenten Auseinandersetzung mit der Tiroler Hofkammer über die Rechtmäßigkeit der Beförderung von Privatbriefen in den amtlichen Felleisen schließlich durchgesetzt, daß ihm, nachdem ihm 1515 vorübergehend der Postkurs Innsbruck–Verona entzogen worden war, Organisation und Betrieb der Postkurse gegen eine Pauschalvergütung überlassen wurde. Unter seinem Sohn Joseph als obristem Postmeister in Tirol und den Vorderösterreichischen Landen unterhielt man von Innsbruck aus den Kurs nach Italien bis Rovereto, jenen nach den Niederlanden bis Augsburg, jenen nach Wien bis zur Grenze des Erzbistums Salzburg und die postalische Verbindung zur Vorderösterreichischen Regierung in Ensisheim/Elsaß.

Augsburg und Rheinhausen

Die oberdeutsche Reichsstadt Augsburg nahm im 16. Jahrhundert unter den taxisschen Postorten auf Reichsboden eine Vorreiterfunktion ein. Ihre wirtschaftliche Kraft findet darin ihren Ausdruck, daß in ihren Mauern die führenden frühkapitalistischen Familien Fugger und Welser ihre Finanzgeschäfte betrieben, die Augsburger Kaufleute eng im internationalen Handel zwischen Oberitalien und den aufstrebenden Niederlanden eingebunden waren. Auf dem Kommunikationssektor stellten die privilegierten Venediger Boten der Kaufleute die dazu notwendigen Verbindungen schon seit dem 14. Jahrhundert her.

Nach dem Zeugnis eines frühen Poststundenpasses passierte erstmals 1496 ein habsburgischer Posten Augsburg. Mit der Anbindung der erbländischen Hofpost außerhalb Tirols an den niederländisch-italienischen Kurs zu Augsburg unter dem Hofpostmeister Anton von Taxis 1522/1523 verlor der Postkurs Innsbruck–Wien zusehends an Bedeutung, besonders dann, als 1527 Böhmen an Habsburg gefallen und der Kurs Innsbruck–Wien vorübergehend durch einen Kurs Augsburg–Prag ersetzt worden war.

Der *taxisschen Postkompagnie* war die postalische Bedeutung Augsburgs immer gegenwärtig. Von Beginn an versuchte man konsequent, die dortigen Postämter mit Familienmitgliedern verschiedener Linien zu besetzen. 1529 ließen sich nämlich in der Reichsstadt zwei Postämter nachweisen: Das kaiserlich-kgl. spanische, abhängig vom Brüsseler Generalat, und das österreichische Hofpostamt, vereinigt in Personalunion unter Hofpostmeister Anton von Taxis.

Nach seinem Tod 1542 konnten familieninterne Zwistigkeiten auch mit Vermittlung der Stadt und des Brüsselers Seniorates und Familienoberhauptes Johann Baptista nur schwerlich ausgeräumt werden. Während des Schmalkaldischen Krieges (1546) legte der reichsstädtische Rat, dieser Streitigkeiten überdrüssig, dem jüngeren Sohn Ambrosius des verstorbenen Hofpostmeisters nahe, *seinen pfennig anderswo (zu) verzehren*, was seiner Vertreibung aus der Stadt gleichkam.

Die Reihe der Postmeister des kaiserliche-kgl. spanischen Postamtes in Augsburg hatte 1520 mit Seraphin I. von Taxis begonnen. Dieser unterstützte nach dem frühen und plötzlichen Tod (1543) des Brüsseler Generalpostmeisters Franz II. von Taxis dessen erst 20jährigen Bruder Leonhard I. bei der Ausübung des für ihn neuen, verantwortungsvollen Amtes. Da dies seine längere Anwesenheit in Brüssel bedeutete, überließ er sein eigenes Augsburger Postamt von anderen im Postwesen erfahrenen Mitgliedern der Kompagnie, nämlich vom Füssener Postmeister Innozenz und dem Hofpostmeister Ambrosius, verwalten. Nach seinem Tode (1556) wurde die Leitung beider Augsburger Postämter, des Hofpostamtes und des kaiserlichen Postamtes, nochmals für sechs Jahre (1556–1563) unter dem Hofpostmeister Christoph von Taxis in Personalunion vereinigt.

Zum wichtigen Postamt Augsburg waren aber sowohl durch kaiserliche als auch durch Brüsseler urkundliche Verschreibungen schon vorher einige andere Poststationen am italienisch-niederländischen Kurs abgetreten worden. Unter dem kaiserlichen Generalpostmeister Johann Baptista waren dies 1540 die Posten Bobenheim, Diedelsheim und das strategisch wichtige Rheinhausen gegenüber Speyer gewesen; diesen fügte 1543 unter kaiserlicher Bestätigung sein Sohn Franz II. noch das Postamt Augsburg selbst und Roßhaupten hinzu. Erst im späteren 17. Jahrhundert, nachdem sich die Nachkommen Seraphins I. immer mehr von der tatsächlichen Ausübung ihres Postmeisteramtes in Augsburg zurückgezogen hatten, Postverwalter einvernehmlich mit Brüssel bestellten, sich als pfälzische und kurbayerische Beamte auf ihre landständischen pfalz-neuburgischen Güter und Hofmarken Rohrenfels, Unterdiessen und Obergriesbach zurückzogen, ging der wichtige Augsburger Postbezirk ohne formalen Akt in der Reichsoberpostamtsorganisation des 18. Jahrhunderts auf.

Erste Blüte der taxisschen Post vor Postkrise und Postreformation

Die taxisschen Posten auf Reichsgebiet hatten unter Kaiser Karl V. einen kontinuierlichen Aufschwung und ein hohes Maß an Akzeptanz durch die allseits von den Landesherrn, Diplomaten und Kaufleuten anerkannte Beständigkeit ihrer Korrespondenzmöglichkeiten, das Verantwortungsbewußtsein für die von ihnen transportierten Briefe und durch die Schnelligkeit ihrer Beförderungmedien erlangt. Die internationale Postlinie in der europäischen Nordsüd-Schiene Brüssel–Augsburg–Innsbruck–Trient Rom–Neapel mit den Abzweigungen nach Antwerpen, Prag, Wien und Venedig wurde von den Staatsverwaltungen, den Handelshäusern und den Gelehrtenkreisen bevorzugt in Anspruch genommen. Die taxissche *Ordinaripost*, die regelmäßige, öffentlich zugängliche, zu festgelegten Zeiten abgehende und ankommende reitende Briefpost, war auf dieser Strecke zur Normalität geworden; sogar viele der nicht direkt am Kurs gelegenen potentiellen Nutzer ließen ihre Sendungen an die nächstgelegene kaiserliche Poststation bringen, so z.B. der Kölner reichsstädtische Rate seine Briefe für Rom und Wien durch seinen vereidigten Stadtboten in das Postamt Rheinhausen.

Seit Mitte des 16. Jahrhunderts wurde nach und nach auch die Höhe der Taxgebühr für Dritte bei der Inanspruchnahme dieser taxisschen Posten, die *portata* oder das *franco*, fixiert, vereinheitlicht und mittels Aushang publik gemacht. Da die Brieftaxen, berechnet nach Gewicht und gelaufener Wegstrecke, zwar hoch waren, jedoch nicht in Relation zu den alternativen herkömmlichen Botenanstalten, warf die Post durch das vermehrte Briefaufkommen erstmals auch größere Gewinne ab, zumindest für die taxissche Postgesellschaft selbst. Die zunehmende Auslastung der unterlegten Poststationen, deren Posthalter im allgemeinen pauschal pro wöchentlichen Postritt je Richtung mit einem Gulden entlohnt wurden, was etwa einem Jahresgehalt von 100 Gulden entsprach, steigerte die Rentabilität der Posten.

Spaniens althergebrachter Einfluß auf das Postwesen im Reich

Die Abdankung Kaiser Karls V. 1556, die Aufteilung seines Imperiums zwischen seinem Bruder, Kaiser Ferdinand I., und seinem Sohn, König Philipp II. von Spanien, ein Jahr zuvor, warf jedoch für die Brüsseler Postoberen aus dem Hause Taxis unvorhersehbare politische, rechtliche und finanzielle Probleme auf. Politische, weil sich die konfessionellen und nationalen Spannungen in den Spanien zugesprochenen niederländischen Provinzen durch die restriktive Haltung des Königs und seiner Statthalter steigerten. Rechtliche, weil die Postkurse im Reich, Italien, den Niederlanden und Spanien nicht mehr einer universellen Obrigkeit unterstanden und damit eng verknüpft finanzielle, weil von den niederländisch-spanischen Finanzbehörden künftig auch die *Posten im Reich* besoldet wurden, obwohl sie dem neuen Kaiser unterstanden. Ein solches *niederländisch Institut* auf Reichsboden konnte bei den Kaisern Ferdinand I. und Maximilian II. sowie den Reichsständen nur als fremdes Element im Reichsgefüge verstanden werden. Die dadurch entfachte erste schwere Krise im Postwesen wirkte sich in den nächsten Jahrzehnten deshalb so verheerend aus, da durch die wiederholten Staatsbankrotte Spaniens seit 1565, verstärkt durch den konfessionellen Aufstand der Niederländer ab 1568, die vertraglich zugesicherten Subventionszahlungen der niederländischen Finanzbehörden mehr und mehr stockten, auch jene 4000 Gulden für die Posten im Reich. Rückständige Besoldungszahlungen an die untergebenen Posthalter, eine daraus erwachsende finanzielle Verpflichtung des Generalpostmeisters, aus der eigenen Schatulle ersatzweise Geldmittel bereitzustellen, behinderte sich vor allem im württembergisch-pfälzischen Kursabschnitt den regelmäßigen Lauf der Briefpakete.

Im Krisenjahr 1577, Leonhard von Taxis war nach dem Staatsstreich Wilhelms von Oranien durch Johann Hinckardt von Ohain als niederländischer Generalpostmeister für ein Jahr abgelöst worden, streikten viele der in ihren wirtschaftlichen Verhältnissen stark erschütterten Posthalter und stellten zwangsläufig die Ordinaripostritte ein. Die in annähernd neunzig Jahren geleistete Entwicklungsarbeit der Taxis im Postwesen stand vor dem völligen Ruin.

Dieser erwähnte desolate Zustand der taxisschen Posten im Reich bewirkte aber auch ein Wiedererstarken der schon zurückgedrängten Kaufmannsboten, vor allem der Augsburger Boten, die mit Unterstützung des reichsstädtischen Regiments ihre *handtierungen* nach Köln und Antwerpen wieder forcierten.
Nachdem zur Überwindung dieser finanziellen und organisatorischen Bedrängnis der Post Kaiser Maximilian II. anläßlich des Reichstages zu Speyer 1570 versucht hatte, durch einen Zuschuß von 400 Gulden aus dem eigenen Hofzahlmeisteramt die finanzielle Lage zu verbessern, ohne langfristigen Erfolg jedoch, setzte sein Nachfolger Rudolf II. auf eine grundlegende Konsolidierung des gesamten Postwesens, auf eine *Postreformation*. Eine von ihm eingesetzte kaiserliche Postkommission, verständlicherweise bestehend aus Angehörigen der Augsburger Finanzhäuser Welser, Ilsung und Fugger, sollte langfristig die Tilgung der ausständischen Posthalterbesoldungen sichern, den Taxis und ihrem Postunternehmen im Reich neues Kapital zuführen. Für den Fall,

daß trotz der Sanierung der Finanzen das wiedererstarkte Botenwesen durch den reibungslosen, ordentlichen und sicheren Lauf der Posten nicht verdrängt werden könnte, wurde gleichzeitig durch ein kaiserliches Mandat vom 14. Oktober 1578 allen reitenden und gehenden Nebenboten die Verhaftung angedroht.

Die angestrebten Verbesserungen im Postbetrieb auf dem niederländisch-italienischen Postkurs griffen nur zögernd. Rückschläge, neuerliche Streiks der kurpfälzisch-württembergischen Posthalter zur Durchsetzung ihrer Lohnforderungen und sonstigen taxisschen Zusagen mußten bewältigt werden. Mit tatkräftiger Unterstützung des im Herbst 1578 durch Seraphin II. von Taxis zum kaiserlichen Postmeister in der Reichsstadt Köln ernannten Jakob Henot und des jungen Lamoral I. von Taxis gelang im folgenden Dezennium eine allmähliche Stabilisierung der prekären Situation.

Henot, der unermüdlich im Auftrag des Generalpostmeisters in den Jahren 1583/1584, 1589 und 1596 den Postkurs nach Italien persönlich bereiste, mit den württembergischen und den tirolischen Posten sowie den Postmeistern zu Venedig, Mantua, Cremona und Mailand Vereinbarungen über die Wiederaufnahme des Postverkehrs und die Instradierung der italienischen Briefpakete nach Deutschland und in die Niederlande traf, hatte jedoch zwischenzeitlich der Versuchung nicht widerstehen können, unter seiner Leitung mit kaiserlicher Unterstützung ein vom niederländischen taxisschen Postgeneralat abgetrenntes eigenständiges Reichspostinstitut anzustreben. Sein Vorstoß mußte jedoch scheitern, da sein dem Kaiser vorgeschlagenes Finanzierungsmodell nur die laufenden Kosten der Post decken, jedoch nicht die seit 1577 angehäuften Geldausstände abbauen konnte, und Kaiser Rudolf II. sich nicht zu weiteren Subventionen aus Reichsmitteln durchringen konnte.

Die Wiederaufnahme der niederländischen Staatssubventionen ab 1593 für die 37 Posten von Namur bis Arenthon an der Grenze der Franche Comté zu Savoyen, die drei Posten von Brüssel nach Namur, die sechs Ordinariposten zu Valenciennes, Quiévrain, Quaregnon, Casteau, Braine et Tubize sowie die Besoldung für die deutschen Ordinariposten bis Trient veränderten die angespannte Situation entscheidend. Generalpostmeister Leonhard von Taxis konnte vor der kaiserlichen Kommission in Augsburg die aufgelaufenen alten Besoldungsausstände seiner Posthalter begleichen und für deren künftigen Sold Kaution und Bürgschaft im Reich stellen.

Kaiser Rudolf II. bestätigte ihm am 16. Juni 1595 zu Prag den alten Bestallungsbrief Philipps II. von 1557 über das Generalpostmeisteramt im Reich, soweit es die vom spanischen König allein unterhaltenen und besoldeten Posten im Reich und den Erblanden (Tirol) betraf, und ernannte ihn zum kaiserlichen *generalobristen posstmaister im heilligen reich*. Durch diesen Akt war aus der habsburgisch – kgl. spanischen Post endgültig die kaiserliche Reichspost unter Führung der Taxis geworden, wenngleich auch Spanien noch für ein Jahrzehnt die Betriebskosten dafür vorschoß.

Die weiteren Schritte, um den mühsam wiedererlangten rechtlichen und wirtschaftlichen Status zu sichern, lagen auf zwei Ebenen: Im Inneren sollte eine detaillierte Postordnung vom 16. Oktober für die Posten zwischen Brüssel und Augsburg bzw. vom 4. November 1596 für jene zwischen Venedig und Trient unter Strafandrohung bis hin zur Entlassung Schnelligkeit, ordnungsgemäßen Betrieb und den Ausschluß von Mißbräuchen zukünftig gewährleisten. Nach Außen hin ging man nun, nachdem die Posten wieder liefen, stärker gegen das unverpflichtete Nebenbotenwesen, aber auch das konkurrierende althergebrachte städtische Botenwesen vor. Im kaiserlichen Mandat vom 6. November 1597 wurde allen Boten die *postweise* Beförderung der Briefe untersagt, d.h. vor allem der Wechsel des Boten oder der Pferde unterwegs und der Gebrauch des Posthorns. Zugleich erklärte Kaiser Rudolf II. das Postwesen zum *hochbefreiten kaiserlichen Regal*, dessen unbefugte Ausübung im gesamten Reich, ausgenommen allein die kaiserlichen Erblande, unter Strafe gestellt wurde.

Die Bergamasker Familie Taxis hatte nach fast 100 Jahren Aufbauphase endgültig das Brief- und Personenbeförderungsmonopol mit Postpferden unter kaiserlichem Schutz und als Reichsrecht im Heiligen Römischen Reich deutscher Nation – neben den Spanischen Niederlanden – erlangt.

Zweite Blütezeit am Vorabend des Dreißigjährigen Krieges

Die Zeitwende 1600 stellt sich bei den Taxis und ihrer Postanstalt als Zäsur dar. Die Folgen der Postkrise im späteren 16. Jahrhundert waren größtenteils überwunden und beseitigt. Ihre reitenden Briefposten liefen auf der wichtigen Nord–Süd–Magistrale mindestens einmal wöchentlich regelmäßig in beiden Richtungen zwischen Italien und den Niederlanden durch Deutschland und Tirol. Durch Intensivierung des diplomatischen Verkehrs zwischen den Staaten und Verästelung der staatlichen Verwaltungsstrukturen wuchs das amtliche Briefaufkommen, durch die zunehmende Urbanisierung Deutschlands mit gesteigertem Alphabetisierungsgrad und gehobenem Bildungsniveau der private Briefverkehr. Handelshäuser und Kaufleute vertrauten ihre Geschäftskorrespondenz nach Möglichkeit der Post an, nicht mehr den langsameren eigenen oder städtischen Botenanstalten. Der Zeitpunkt der Übermittlung einer Information gewann im Konkurrenzkampf hinsichtlich Börsenzeiten und Warenterminen immer mehr an Bedeutung.

Für die kaiserliche, taxissche Reichspost stellte sich jetzt aber als schweres Versäumnis heraus, im Laufe des 16. Jahrhunderts das ursprüngliche Kursnetz nicht systematisch erweitert zu haben. Allein die Reichsstadt Köln war auf Initiative Henots 1577 über einen ihm unterstellten Nebenpostkurs an den Hauptpostkurs bei Wöllstein angebunden worden.

Erst 1603 verband man das Postamt Rheinhausen gegenüber Speyer mittels eines Kurses entlang der Bergstraße mit Frankfurt am Main, der ein Jahr später – in Konkurrenz zu den Kölner, Frankfurter, Nürnberger und Augsburger Boten – über den Westerwald nach Köln verlängert wurde.

Die taxissche Postanstalt als neues Reichslehen

Der jetzt noch ausstehende entscheidende Schritt, diese lineare Beförderungsanstalt in eine flächendeckende Verkehrsanstalt im Reich umzuwandeln, fiel in die schwierige Epoche der habsburgischen Staatskrise und der politisch-religiösen Wirren am Vorabend des Dreißigjährigen Krieges. Die sich überstürzenden Ereignisse am Prager Kaiserhof in den letzten Regierungsjahren Rudolfs II. ließen nur zu deutlich den Mangel einer schnellen und sicheren Nachrichtenverbindung Böhmens mit dem Reich und seinen Institutionen verspüren. Treibende Kraft für Innovationen war aber nicht mehr der geistig umnachtete Kaiser, sondern der Mainzer Kurfürst Johann Schweikhard, dem als Reichserzkanzler und nominellem Leiter der Reichskanzlei die Reichspost formell unterstellt war. Schon zum Prager Fürstentag 1610 war der Kurfürst in seiner Eigenschaft als *oberster protector postarum* an Lamoral von Taxis wegen einer direkten Nachrichtenverbindung an den Prager Hof herangetreten. Noch zu Lebzeiten seines Vaters Leonhard war Lamoral nach einem längeren Aufenthalt am Madrider Hof, einem militärischen spanischen Kommando während des niederländischen Aufstandes und der Ernennung zum kaiserlichen Truchseß (1603) nach dem Tode des Hofpostmeisters Pichl von Pichlberg (1611) als letzter seines Geschlechts nach über einem halben Jahrhundert Vakanz zum Hofpostmeister in Prag bestellt worden. Im Jahre 1612 starben sowohl Kaiser Rudolf II. als auch Leonhard von Taxis, der von 1543 bis zu seinem Tode an der Spitze der taxisschen Post gestanden war. Als Zeichen seiner Verdienste und Hochschätzung hatte Rudolf II. ihn und sein Haus 1608 in den erblichen Reichsfreiherrnstand erhoben.

Der um 1557 geborene Freiherr Lamoral von Taxis mußte aus Gründen der Ämterkollision beim Antritt des Generalpostmeisteramtes im Reich, den Niederlanden und Burgund nach der Resignation seines Vaters 1611 auf die Ausübung des Hofpostmeisteramtes in Prag verzichten. Die notwendigen Kontakte zum erwählten Kaiser Matthias waren jedoch in diesen Jahren geknüpft worden. Im August 1614 reichte Lamoral an den Kaiser ein Gesuch ein, ihm das oberste Postmeisteramt im Reich als erbliches Lehen zu übertragen. Nach einigem Zögern entsprach Kaiser Matthias am 27. Juli 1615 mit Kurmainzer Billigung diesem Ansinnen. Im Lehenrevers mußte der neue Reichsgeneralerbpostmeister aber dem Ausschluß der kaiserlichen Hofpost und der niederösterreichischen Postämter von der Belehnung zustimmen und auf eigene Kosten den geforderten Kurs von Antwerpen über Köln und Frankfurt, die kurmainzische Residenzstadt Aschaffenburg und die Reichsstadt Nürnberg nach Prag bis Rötz, der letzten Poststation auf Reichsboden vor der böhmischen Grenze, einrichten.

Mit der Verwirklichung des Kurses Antwerpen – Prag hatte Lamoral seinen Kölner Postmeister Johann Coesfeld genannt Terbeck betraut, vor allem um den Widerstand der Reichsstadt Nürnberg zu brechen, die durch die Einlegung eines Reichspostamtes in ihren Mauern um ihr eigenes Botenwesen nach Frankfurt, Köln und Antwerpen fürchtete. Die Umsetzung der anderen projektierten Kurse im Zuge dieser Erweiterungsphase des Kursnetzes übernahm der vielseitig aktive Postmeister Johann von der Birghden, der ab 1615 nicht nur den unfähigen Johann Georg Sulzer in der Leitung des Postamtes Frankfurt abgelöst hatte, sondern mit der Herausgabe einer Frankfurter Postzeitung politische Nachrichten aus dem gesamten europäischen Raum publizieren ließ. Birghden stellte über einen Kurs Frankfurt – Fulda – Erfurt – Leipzig Verbindung zum dortigen kursächsischen Botenmeister Johann Sieber her, den er als Postmeister der taxisschen Reichspost vereidigte. In einem weiteren handstreichartigen Schritt verlängerte er unter Lebensgefahr wegen äußerster Widerstände der Kölner und Hamburger Boten den Kurs von Köln über Nienburg, Verden und Rotenburg/Wümme bis Hamburg, wo ebenfalls ein kaiserlicher Postmeister angelobt wurde.

Im Frühjahr 1616 konnte man in der Brüsseler Postzentrale befriedigt feststellen, daß nunmehr wichtige Reichsgebiete zwischen Prag, Leipzig, Augsburg, Köln und Hamburg *postmäßig* erschlossen waren. Frankfurt, nun in deren Zentrum gelegen, hatte der oberdeutschen Handelsmetropole Augsburg als postalischem Mittelpunkt im Reich den Rang abgelaufen.

Inmitten des Dreißigjährigen Krieges – Fortbestand oder Untergang der Reichspost

Mit dem böhmischen Aufstand, dem Prager Fenstersturz, schlugen 1618 die seit der Reformation angestauten religiösen Spannungen innerhalb des Reiches in offene Gewalt um. Die religiösen Gegensätze, vermischt mit machtpolitischem Taktieren und wechselnden Bündnissen, entzündeten in weiten Teilen des Reiches die verheerende Fackel des Krieges. Für die habsburgisch kaiserliche, dem politisch–militärischen Lager der katholischen Liga verpflichtete Reichspost gab es keine Neutralität. Die Ausrufung des calvinistischen Pfalzgrafen Friedrich V., des Führers der protestantischen Union, zum böhmischen König durch die Landstände zeigte schon bald die Richtung der künftigen Schwierigkeiten bei den Posten an. Sein oberpfälzischer Statthalter Christian von Anhalt kontrollierte den erst drei Jahre zuvor eingerichteten Reichspostkurs Nürnberg-Prag, die böhmische Regierung wünschte keine *katholische Post* für ihre Korrespondenz mit den verbündeten Fürsten im Reich und Europa. Aber auch das bisher nach seinen Fähigkeiten, nicht wegen seiner Konfession verpflichtete Postpersonal geriet zunehmend in den Strudel der religiösen Intoleranz.

Erst der Sieg der Kaiserlichen am Weißen Berg 1620 unter Ferdinand II., der nach der Vertreibung des *Winterkönigs* Friedrich V. auch zum böhmischen König gewählt worden war, unterstellte den böhmisch–oberpfälzischen Kurs dem bayerischen Herzog Maximilian und somit wieder der Reichspost.

In den folgenden Jahren, dem ersten Dezennium des Dreißigjährigen Krieges, folgte die taxissche Reichspost den Armeen der ligistischen Heerführer Tilly und Wallenstein. Unter dem Schutz ihrer militärischen Erfolge bot sich plötzlich die einzigartige Gelegenheit, die Reichspost in den bisher aus politischen und organisatorischen Ursachen ausgesparten Reichsterritorien zu etablieren, mit oder gegen den Willen der Landesfürsten.

Nach der Niederlage Christians IV. von Dänemark in der Schlacht von Lutter (1626) okkupierte das kaiserliche Heer unter Wallenstein 1627 Jütland, 1628 Mecklenburg und Pommern, während schon 1625 die protestantische Kriegspartei nach dem Einmarsch Tillys in den Niedersächsischen Kreis sich aus dem Gebiet zwischen Niederrhein und Elbe zurückziehen mußte. Am Höhepunkt der kaiserlichen Macht beengten nur Nord- und Ostsee die territoriale Entfaltungsmöglichkeit für die kaiserliche Reichspost. Den für militärische und zivile Zwecke angelegten Postkursen in diesen Teilen des Reiches fehlte aber die Dauerhaftigkeit, sie mußten zu schnell den akuten Bedürfnissen der Militärstrategen angepaßt werden.

Ein tiefer familieninterner Zwist zwischen dem Reichsgeneralpostmeister Graf Lamoral von Taxis (1557–1624) und seinem 1594 geborenen Sohn Leonhard II. über grundsätzliche Fragen der künftigen Handhabung und Verwaltungsorganisation der Reichspost nahm diesem äußerlich sichtbarem Aufschwung der Posten viel von seiner Dynamik. Der Streit hatte sich daran entzündet, daß Graf Lamoral zum Nachteil seines Lehennachfolgers Reichspostämter als Afterlehen an Postmeister vergab. Besonders ein Vertrag mit dem Frankfurter Postmeister von der Birghden fand die Mißbilligung Leonhards, da darin diesem gegen 2400 Gulden Jahrespacht die nicht geringen Einkünfte des Frankfurter Postamtes abgetreten worden waren. Eine Klage bei der Reichskanzlei über dieses lehenwidrige Verhalten führte zum Bruch zwischen Vater und Sohn.

Nach der Durchsetzung eines Mitspracherechtes bei der Leitung der Posten in den letzten Lebensjahren seines Vaters hatte Leonhard II. nach seiner Bestätigung als Reichsgeneralpostmeister im August 1624 weitreichende Pläne. Zunächst ordnete er unter Ausnutzung der Möglichkeiten seines Amtes das oft sehr lockere Abhängigkeitsverhältnis einiger Postämter, etwa jener zu Frankfurt, Köln und Antwerpen. Nach dieser ansatzweisen Durchorganisation der Postanstalt traf er Vorbereitungen für einen neuen Postkurs von Augsburg über Lindau und durch die Schweiz nach Mailand, der sowohl die Beförderungszeiten in das westliche Oberitalien beträchtlich reduziert wie auch die starke Abhängigkeit von der Brennerroute für die italienische Korrespondenz gemindert hätte. Die Realisierung dieses und anderer Projekte blieb ihm versagt. Er starb kaum 33jährig am 23. Mai 1628 während eines Aufenthaltes am Prager Kaiserhof. Zurückblieb seine Witwe Gräfin Alexandrine, geborene Rye von Warrachs, mit dem achtjährigen einzigen Sohn und Erben Lamoral II. Claudius Franz.

Dieser aus altem burgundischen Adel stammenden herausragenden Persönlichkeit des Hauses übertrug nach einigem Zögern Kaiser Ferdinand II. im August 1628 vormundschaftsweise die Leitung des Reichspostgeneralates, jene über die Posten der Niederlande, Burgunds und Lothringens König Philipp IV. von Spanien.
Alexandrine war gerade zu einem Zeitpunkt an die Spitze der kaiserlichen Reichspost getreten, als sich nach den Erfolgen Wallensteins das zweifelhafte Kriegsglück zugunsten der protestantischen Reichsstände und ihrer europäischen Verbündeten Schweden und Dänemark gewendet hatte.
Im Jahre 1630 gelang es ihr jedoch noch, die zehn Posten zwischen Augsburg und der böhmischen Grenze auf dem 1527 von der österreichischen Hofpost angelegten Kurs Augsburg–Prag gegen Übernahme ihrer vom Reichspfennigmeisteramt ausständigen Besoldungen der Reichspost zuzuschlagen; für über ein Jahrzehnt die letzte Kurserweiterung der kaiserlichen Reichspost.

Im Gegenteil. Das unaufhaltsame Vordringen schwedischer Truppenkontingente und ihrer Verbündeten in die südlichen Reichsteile seit 1631 stellte die Reichspost vor völlig neue Aufgaben. Improvisationsgeschick zur Aufrechterhaltung bestehender Postkurse war gefordert. Kaiserliche Befehle, die Posten besser zu bestellen oder auf sichere Routen zu verlegen, liefen in Brüssel zunehmend ein. Kursunterbrechungen und Verzögerungen bei der Briefbeförderung ließen sich trotz äußersten persönlichen Einsatzes nicht mehr verhindern.
Die Posten selbst mußten Brandschatzungen, Plünderungen, Beraubungen, Durchsuchung und Konfiskation der Felleisen samt Briefschaften über sich ergehen lassen, von der feindlichen wie von der eigenen Soldateska. Schutzbriefe der Militärführer versprachen meist nur partielle Sicherheit.

Nach der schwedischen Eroberung Frankfurts 1631 und des weiteren Vorstoßes bis München im Frühjahr 1632 stand sogar der völlige Zusammenbruch der kaiserlichen Reichspost im Raume. Johann von der Birghden, der 1627 von Leonhard II. abgesetzte Frankfurter Reichspostmeister, war verbittert in schwedische Dienste getreten und hatte seine Fähigkeiten und Kenntnisse im Postwesen dem schwedischen König Gustav Adolf angeboten. Von Frankfurt aus, jetzt als schwedischer *verordneter obrister Postmeister*, richtete er am Höhepunkt seiner Macht Posten nach Hamburg, Leipzig, Speyer und Straßburg, durch den Odenwald, Württemberg und über Schaffhausen und Zürich bis Bergamo und Venedig sowie in das lothringische Metz ein. In den ehemaligen Reichspostämtern zu Hamburg, Leipzig, Frankfurt, Augsburg, Straßburg und Nürnberg regierten auf Schweden und Birghden vereidigte Postmeister.

Wie stellte sich jedoch die Situation der Reichspost in diesen schweren Jahren dar? Von den ein Jahrzehnt zuvor bestandenen Reichspostkursen lagen viele völlig am Boden danieder. Die territorialen Einbußen des Kaisers und seiner Alliierten zwangen sie, zur notdürftigen Aufrechterhaltung des allein noch verbliebenen Hauptpostkurses von den Niederlanden nach Italien weite Umwege auf sich zu nehmen. Nicht mehr Württemberg, die Pfalz und die kurfürstlichen Rheinlande nahmen den Kurs auf, sondern eine provisorische Route über das Elsaß und Vorderösterreich verband Brüssel und Innsbruck.

Die schwedische Niederlage am 5./6. September 1634 bei Nördlingen verhinderte wahrscheinlich den völligen Zusammenbruch der kaiserlichen Reichspost. Birghden mußte daraufhin aus Frankfurt fliehen und der städtische Rat schloß schließlich in Erkenntnis der neuen Situation am 11. Juni 1635 das dortige schwedische Postamt.

Eine Bestandsaufnahme der kaiserlichen Reichspost nach 1635 war wenig erfreulich. Wenn auch die entfremdeten Oberpostämter in ihrer überwiegenden Zahl wieder mit eigenen Leuten besetzt werden konnten, jenes zu Leipzig war der Reichspost für immer verloren gegangen. Die dauerhafte Restitution der zerstörten Reichspostkurse nahm noch für Jahrzehnte alle Ressourcen in Anspruch, verhinderte die Konzentration aller Kräfte auf die neuen Aufgaben und Herausforderungen für die taxissche Posten. Kaiser Ferdinand II. hatte in berechtigter Sorge wegen der durch die Kriegsläufe wiedererstarkten städtischen Botenanstalten nach dem Zusammenbruch der schwedischen Posten in Deutschland am 14. August 1635 ein Mandat gegen das eingeschlichene Nebenbotenwesen erlassen. Die Auseinandersetzungen zwischen der Reichspost und den städtischen Botenanstalten nahmen aber in der Folge so an Heftigkeit zu, daß diese Frage am kurfürstlichen Kollegtag 1637 in Regensburg verhandelt wurde. Erstmals wurde hierbei auch die Frage eines landesherrlichen, nicht nur kaiserlichen Postregals berührt. Das kurfürstliche Gutachten sprach sich dann aber nur gegen die Mißbräuche im Botenwesen aus; an Orten ohne Ordinari(post)boten sollten kraft eines landesherrlichen Regalrechts Reit- oder Fußboten geduldet werden, ohne privilegierten Gebrauch des Posthorns und Pferdewechsels. Dies kam nur einem zaghaften Zurückdrängen, nicht aber dem geforderten generellen Verbot der städtischen und landesherrlichen Boten- und Postanstalten gleich.

Der Westfälische Frieden und das Erstarken der Reichsstände

Der zwischen Kurfürst Johann Georg von Sachsen und Kaiser Ferdinand II. im Mai 1635 zu Prag geschlossene Friede zeigte für die Reichspost schließlich neue Perspektiven. Allen Kriegsparteien war nach dem jahrzehntelangen materiellen und personellen Ausbluten ihrer Territorien eine Sehnsucht nach Frieden gemeinsam. Zahlreiche Schutz- und Paßbriefe des Kaisers, verschiedener Reichstände, Militärführer und Gesandter sollten die Posten vor Übergriffen der Soldateska und anderen Kriegslasten schützen und dadurch einen sicheren Korrespondenzaustausch auch durch feindliche Territorien für die 1643 zu Münster und Osnabrück versammelten Gesandten dieser europäischen Friedensverhandlungen ermöglichen. Der Reichspost kam dabei die Aufgabe zu, die Kongreßorte an das noch erhaltene Reichspostnetz anzubinden. Da der 1616 angelegte Postkurs von Köln über Unna–Lipperode–Detmold nach Hamburg noch nicht wieder instandgesetzt war, richtete Gräfin Alexandrine eine Verbindung Detmold–Osnabrück und eine Reitpost Münster–Hamm–Unna ein. Für die Gesandtschaftskorrespondenz an den Wiener Kaiserhof wurde auf Wunsch des kaiserlichen Bevollmächtigten Graf Trautmannsdorf ein neuer Kurs von Münster direkt nach Nürnberg und weiter nach Linz angelegt, um den zeitraubenden Umweg über Köln zu vermeiden. Für die Gesandten der beiden Kronen Frankreich und Spanien wiederum schuf man einen direkten Kurs Münster–Brüssel mit Anschluß nach Paris. Die Generalstaaten griffen zur Beförderung ihrer diplomatischen und staatspolitischen Depeschen auf die noch bestehenden Botenkurse nach Holland zurück, während der allgemeine Briefverkehr zunehmend auf die 1642 vom Ruremonder Reichspostmeister Goswin Dulken neu geschaffene Postverbindung von dort über Nijmwegen und Utrecht nach Amsterdam gezogen wurde. Neben der zweimal wöchentlich nach Brüssel verkehrenden *Brabantischen Ordinaripost* galt diese Anbindung der Reichspost an die holländischen Stadtstaaten als gewinnträchtigste Investition für die Zukunft, da durch beide Routen die Transitkorrespondenz aus Italien, dem Reich und Osteuropa in die Generalstaaten, die Niederlande, England, Frankreich und Spanien kontrolliert werden konnte.

Das zu Münster und Osnabrück 1648 publizierte westfälische *instrumentum pacis* brachte den deutschen Reichsständen die reichsrechtliche Sanktionierung ihrer Landeshoheit zulasten der kaiserlichen Reichsgewalt, den Vereinigten Generalstaaten rechtlich ihre Unabhängigkeit von Spanien. Der seit 1597 deklarierte Monopolanspruch der kaiserlichen Reichspost bei der postmäßigen Briefbeförderung wurde hingegen im Vertragstext nicht grundsätzlich in Frage gestellt, sondern nur die völlige Abschaffung der *immoderata postarum ... onera et impedimenta*, der ungebührlichen Postlasten und Hemmnisse, gefordert; dies zielte in erster Linie auf überhöhte Portoforderungen ab.

Die neue Konkurrenz der Landesposten

Die Hauptgefahr für die Institution *Reichspost* in der Zukunft ging indes vom neu gewonnenen politischen Selbstbewußtsein einiger, überwiegend protestantischer Landesfürsten aus, die je nach wirtschaftlicher und politischer Potenz ihre eigene, auf einem landesherrlichen Regal begründete Landespost unter Ausschluß der kaiserlichen, taxisschen Reichspost einzurichten beabsichtigten. Die neuen politischen Machtverhältnisse zwischen Kaiser und Reichsständen förderten diese Tendenz. Zunächst unterstützten die Landesherren private, mit der Post konkurrierende Transportunternehmen, die sich auch über mehrere Territorien erstrecken konnten. Die vom Hildesheimer Handelsmann Rütger Hinüber nach dem Zusammenbruch der schwedischen Post angelegte Reitpost von Bremen über Rotenburg/Wümme und Hannover nach Kassel und Frankfurt gewann erst dann an Bedeutung, als 1640 Herzog Christian Ludwig von Braunschweig–Lüneburg ihn zum *braunschweigischen Postmeister* ernannte und Landgräfin Amalie von Hessen–Kassel diese braunschweigische Konzession 1642 bestätigte. Gräfin Alexandrine von Taxis nahm mit großem Geschick diesem Unternehmen die Stoßrichtung: Sie wiederum ernannte 1644 Hinüber zum kaiserlichen Postmeister in Hildesheim mit der Verpflichtung, gegen die Hälfte der Gesamteinnahmen die kaiserlichen, fürstlichen und Partikularbriefe ungeöffnet und ohne Aufschub zu bestellen, das übrige Postgeld vierteljährlich mit dem Frankfurter Postamt abzurechnen und alle von der Gräfin und ihren Nachkommen am Reichspostgeneralat erlassenen Verordnungen, Satzungen und Befehle in Postsachen zu befolgen. Ihm war verboten, ohne vorherige Bewilligung Postreiter oder Postillione anzustellen. Wie ein Rückvermerk auf dem erwähnten Vertrag richtig beurteilt, ist *... reduict Rutger Henuber at obeysance du generalat sans aucune reserve ...*, also dadurch in die Abhängigkeit vom Reichspostgeneralat eingebunden worden.

Schwieriger gestaltete sich für die Reichspost die Situation aber dann, als sich unter Kurfürst Friedrich Wilhelm (1640–1688) eine *eigenständige Postpolitik Brandenburgs* entwickelte. Brandenburg suchte nach einer schnellen und kostengünstigen Nachrichtenverbindung zu seinen 1614 im Vertrag von Xanten erworbenen Territorien am Niederrhein. Der zeitraubende Umweg über Hamburg nach Kleve oder die Mitbenützung der Amsterdamer Hamburger bzw. der braunschweig–lüneburgischen Boten zwischen Celle und Osnabrück stellten keine zukunftsweisende Alternative dar.

Als daher der gerade volljährige neue Reichsgeneralpostmeister Lamoral II. Claudius Franz von Taxis (1646–1676) dem Kurfürsten wissen ließ, er würde von der Residenzstadt Cölln a.d. Spree nach Münster, Osnabrück und Kleve eigene Posten anlegen, darauf die herrschaftlichen privaten und Kanzleischreiben unentgeltlich befördern lassen, sandte der Kurfürst dem Grafen einen vorbereiteten Revers zu: *Für die Errichtung einer Post durch das Kurfürstentum und die Mark Brandenburg auf Danzig ...* reversiere und verpflichte ich mich gegenüber dem Kurfürsten, daß deswegen dessen hohes *Regal*, die Post selbst anzuordnen, zu keinem Präjudiz gereichen soll.

Damit hätte der Graf von Taxis de facto erstmals – abgesehen von der kaiserlichen Post in den Erblanden – ein landesherrliches Postregal anerkennen müssen. Der bisherige Anspruch auf ein Reichspostregal als kaiserliches Reservatrecht, auf den daraus begründeten Monopolanspruch der Reichspost, hätte folglich revidiert werden müssen, für die künftigen Verhandlungen mit anderen Reichsständen eine schwere Hypothek. Der schon greifbar nahe Einzug der kaiserlichen Reichspost in Kurbrandenburg unterblieb. Beide Postverwaltungen bauten in der Folgezeit getrennt, zum Teil in erbitterter Konkurrenz ihre Posteinrichtungen aus, bis sich zu Beginn des 18. Jahrhunderts der Kooperationsgedanke gegen die neuen Postkonkurrenten durchsetzte. Der Nordosten des Reiches war jedoch damit der Reichspost schon früh verloren gegangen.

Die Norddeutsche Postkoalition gegen das Reichspostmonopol

Dem Beispiel Brandenburgs folgend setzten in den Jahrzehnten nach 1648 die benachbarten Reichsstände Hessen–Kassel, Braunschweig–Lüneburg und Schweden auf eigene Landesposten. Als der kaiserliche Postmeister in der hessischen Residenzstadt Kassel, Bernhard Parwein, 1656 auf taxissches Drängen einen Postritt von Kassel über Göttingen nach Braunschweig anlegte und im Jahr darauf die bestehende Fahrpost Frankfurt–Kassel über Braunschweig und Hildesheim nach Hannover verlängerte, wechselte auch Hinüber in Hildesheim die postpolitische Front. Die betroffenen Reichsstände stimmten außerdem 1658 auf einer Konferenz in Hildesheim das gemeinsame Vorgehen gegen die Reichspost ab. Deren Abwehrfähigkeit blieb aufgrund der allgemein politischen Konstellationen und Machtverhältnisse im Reich sehr begrenzt; denn habsburgische Reichspolitik aus Wien und kaiserliche Reichspostpolitik hatten vielfach konträre Ziele vor Augen.

Der Versuch der Reichspost, sich im Rücken dieser *Antireichspostfront* eine bessere Ausgangsposition durch den Ausbau ihrer Postämter in den Reichsstädten Hamburg und Bremen zu verschaffen, war ebenfalls nicht unproblematisch, da sie damit laufend in Konflikt mit den dortigen reichsstädtischen Boten- und Fuhrwesen geriet.

Eine Entspannung in dieser konfliktträchtigen Lage trat erst ein, als die norddeutschen Reichsstände auf einer neuerlichen Postkonferenz in Hildesheim signalisierten, nach einer territorialen Abgrenzung der Postinteressen mit der kaiserlichen Reichspost zusammenarbeiten zu wollen. Das Reichsregal und somit die Frage der kaiserlichen Reichspost sollte laut Inhalt des Westfälischen Friedens und eines Reichshofratsgutachtens vom 8. Juli 1669 einem künftigen Reichstag zur Entscheidung vorgelegt werden. Den dafür vorgesehenen Reichstag zu Regensburg beherrschten aber der französische Einfall in die Generalstaaten (1672) und der Aufmarsch französischer Truppen in Lothringen, dem Elsaß und der Pfalz. Unter Ausnutzung dieser kriegerischen Situation und durch die kaiserliche Machtlosigkeit belehnten die welfischen Herzöge ihren Drosten Francesco Stechinelli 1678 als Generalerpostmeister mit einem braunschweigischen Landespostwesen.

Der Verkauf dieses braunschweigischen Postlehens 1682 an den Minister am hannoverschen Hof und braunschweigischen Obermarschall, Freiherrn Franz Ernst von Platen, verschärfte die Situation für die Reichspost, da dieser seinen Postbetrieb auf das Fürstbistum Osnabrück und kraft einer schwedischen Belehnung auf die Bistümer Bremen und Verden (1683) ausdehnte. Zugleich kündigte er die Kontrakte mit den dortigen Reichspostmeistern auf, errichtete ein braunschweig–lüneburgisches Postamt in Hamburg (1682) und zog im Zusammenspiel mit dem Kasseler Landespostmeister Bödicker Briefschaften vom Reichspostkurs Hamburg–Frankfurt ab. Erst nach vorsichtigen Kontakten des Reichsgeneralpostmeisters Eugen Alexander von Thurn und Taxis mit den führenden Landespostanstalten Brandenburg und Kursachsen über einen postalischen Ausgleich erklärte auch Platen 1690 seine Kooperationsbereitschaft mit der Reichspost. Unter Abstriche an der ursprünglich angestrebten Umsetzung des Postmonopols im gesamten Reichsgebiet konnte die kaiserliche Reichspost zu Beginn des 18. Jahrhunderts ihre Rolle als führendes Nachrichteninstitut auf Reichsboden behaupten.

Die Stellung der kaiserlichen Reichspost im letzten Jahrhundert des Alten Reiches

Der große deutsche Staatsrechtler des 18. Jahrhunderts, Johann Jakob Moser, analysierte in seinem mehrbändigen *Teutschen Staatsrecht* 1751 die offenkundigen Schwächen des staatsrechtlichen Aufbaues im Alten Reich scharfsinnig mit den Worten:
Das Römische Reich wäre ohnstreitig noch jezo die formidabelste Potenz von ganz Europa, wenn dessen Stände, fürnehmlich die mächtigsten einig wären und mehr auf das gemeine Beste als auf ihr Privatinteresse sähen.
Dieses Problem des Heiligen Römischen Reiches deutscher Nation – und mit ihm der kaiserlichen Reichspost seit ihren Anfängen – war in der Tat die Zersplitterung in Hunderte, schließlich in 1790 selbständige, kleine und kleinste, reichsunmittelbare Herrschaften, das lokale, regionale und territoriale Gegeneinander der Kurfürsten, Fürsten, Reichsstädte, Reichsritter und Reichsstifte. Verschärfend hinzu kam seit der Reformation der permanente Streit zwischen dem katholischen (kaiserlichen) und evangelischen (reichsständischen) Lager.
Zentraler Mittelpunkt des Reiches und sichtbarer Ausdruck der formalen Einheit blieb das Kaisertum. Von den beiden obersten Reichsgerichten, dem Reichshofrat in Wien und dem Reichskammergericht zu Wetzlar, wurde die rechtliche Reichseinheit verkörpert. Eine der wenigen funktionierenden Einrichtungen, die den Partikularismus des Reiches übersprang, war trotz aller eingebüßten Rechtspositionen im 18. Jahrhundert die Reichspost geblieben.

Das Verhältnis des thurn und taxisschen Reichspostgeneralates zu den Landesherrschaften in den meisten übrigen Reichsterritorien gestaltete sich nach dem Westfälischen Frieden nicht so kämpferisch wie mit den gewichtigen protestantischen Landesfürsten im Norden und Nordosten des Reiches. Die Gründe dafür waren vielschichtig. Aus geopolitischen oder finanziellen Überlegungen arrangierte man sich freiwillig oder notgedrungen mit den Wünschen der kaiserlichen Reichspost nach Anlegung von Postkursen im eigenen Gebiet. Das habsburgische Kaisertum und somit auch die thurn und taxissche Reichslehenpost hatten in den großen katholischen Territorien im Süden und Westen des Reiches den politischen und wirtschaftlichen Rückhalt. Das Kurfürstentum Bayern, die geistlichen Kurfürstentümer an Rhein und Mosel, Köln, Mainz und Trier, die Vielzahl der dazwischen eingestreuten schwachen Reichsglieder der Hochstifte, Reichsabteien und Reichsstifte mußten sich zur Wahrung ihrer reichsrechtlichen Existenz des kaiserlichen Schutzschildes versichern.
Wenn jedoch auch bei diesen *Verbündeten* vereinzelt der Wunsch nach eigenen Landesposten als Ausfluß der landesherrlichen Regalien laut wurde, wie etwa im Fürstbistum Münster unter Fürstbischof Christoph Bernhard von Galen (1651) oder im Kurfürstentum Bayern unter Kurfürst Max Emanuel (1679–1726), konnte man mit kaiserlicher Unterstützung diese Bestrebungen von Seiten der Reichspost wie im Fürstbistum Münster auf die Fahrposten beschränken, oder die allgemein politischen Entwicklungen erstickten derartige Projekte schon im Ansatz.

Die vertragliche Zulassung der taxisschen Reichspost in diesen Territorien entsprang aber nicht nur politischen Zwängen. Die allseits geschätzten Vorteile der Mitbenutzung einer überregionalen, internationalen Verkehrseinrichtung für die Korrespondenzbeförderung des Landesherrn, seiner gesamten Familie, seines Hofes samt dem aufgeblähten absolutistischen Staatsverwaltungsapparat mit einer Unzahl von Deputationen, Ratskollegien und Kommissionen steigerten sich mit jeder neuen Erweiterung des reichspostlichen Kursnetzes.

Gemeinsamer Dreh- und Angelpunkt bei den Verhandlungen der kaiserlichen Reichspost mit den unterschiedlichsten Territorialstaaten, in denen ihre Posten lagen, war daher das Zugeständnis der portofreien Annahme, Beförderung und Auslieferung der staatlichen und herrschaftlichen Korrespondenz auf den Postrouten. Abstufungen gab es beim Umfang der berechtigten Personen, ob nur Familienmitglieder oder der gesamte Hofstaat, ob nur die Verwaltungsspitzen oder der gesamte Beamtenapparat dieses Portofreitum gewährt erhielten. Im allgemeinen wurde dieses sogenannte *Brieffreitum* auf bestimmte Oberpostamtsbezirke oder bis zu namentlich deklarierten Postämtern radiziert. Aber auch eine Staffelung der Portofreiheit nach Entfernungen war gebräuchlich; ebenso die kostenfreie Briefbeförderung gegen eine jährliche Geldpauschale.

Geistlichen Landesherren interessierte bei den Vertragsverhandlungen besonders, ob ihre offizielle Korrespondenz mit dem Heiligen Stuhl vom Porto befreit werden würde, während die weltlichen Landesfürsten meist die Einbeziehung weit entfernter Besitzungen in das Freitum forderten, so z.B. 1744 der Herzog von Nassau-Usingen für seine badische Enklave Lahr oder 1742 die Markgrafschaft Brandenburg-Ansbach für das hessische Fürstentum Sayn-Altenkirchen.

Als Berechtigungsnachweise galten in der Regel die auf den Schreiben aufgedruckten Kanzlei- oder Privatpetschaften, bei den zuständigen Reichspostämtern lagen Institutions- und Namenslisten auf. Die Bestellung von Stafetten oder Extraordinaribriefen mußte meistens eigens dem Reichspostamt vergütet werden.

Unterschleif durch das verbotene Beipacken unbefreiter Briefe im befreiten Kuvert führte im 18. Jahrhundert zu den Hauptklagepunkten der kaiserlichen Reichspost gegen die landesherrlichen Verwaltungen; daneben hatten die oft desolaten finanziellen Zustände einiger Reichsfürstentümer das Auflaufen größerer Summen ausständiger Portogelder zur Folge, auf deren Einforderung meist aus politischem Interesse vollständig oder teilweise verzichtet werden mußte.

Was waren nun die Gegenleistungen der Landesherren, durch deren Territorien die Reichsposten liefen, für das gewährte Brieffreitum oder die Beförderung der amtlichen Schreiben gegen eine moderate oder reduzierte Pauschalvergütung? Zunächst immer die grundsätzliche Genehmigung für die Reichspost, im Reichsterritorium Postmeister, Posthalter und Postillione in eigener Entscheidungsfreiheit einzulegen, Postämter, Poststationen und Briefsammelstellen zu errichten. Durch mannigfaltige kaiserliche Privilegien zugunsten der Reichsposten waren aber damit weitreichendere Rechte verbunden: Das thurn und taxissche Reichspostpersonal genoß in der Regel die Personalfreiheit, die Befreiung vom Wachtdienst, von den üblichen oder außerordentlichen Personallasten. Die notwendigen Lebens- und Futtermittel für den persönlichen oder postmäßigen Verbrauch waren vom Zoll und anderen Abgaben befreit.

Noch im gesamten 17. Jahrhundert stand das von den Taxis in Brüssel in eigener Entscheidung verpflichtete Postpersonal oft im konfessionellen Gegensatz zur landsässigen Bevölkerung, größtenteils waren es zudem unverbürgerte Ausländer wie Italiener, Flamen oder Niederländer, die zumindest bei dienstlichen Vergehen ausschließlich der Gerichtsbarkeit des Generalpostmeisters unterstanden.

Dem privilegierten Gerichtsstand des Reichspostpersonals entsprach der besondere Schutz für die Reichspostgebäude. Die thurn und taxisschen Reichspostämter, Posthäuser und Posthaltereien, an denen sichtbar über dem Eingang das *kaiserliche Postwappen* (Salvaguardia) zum Schutz vor Übergriffen angebracht werden durfte, waren durch kaiserliche Mandate grundsätzlich von Einquartierungen in Kriegs- und Friedenszeiten befreit. Diese oftmals als Einblattdruck am Posthaus ausgehängten Schutzbriefe sollten auch Plünderungen oder die gewaltsame Erzwingung der Postpferde durch Militärpersonen verhindern. Denn bei jeder militärischen Aktion feindlicher oder eigener Truppen waren die Posthäuser durch eigenmächtige Einquartierungen, Gelderpressungen, *aufschlagung* der Scheunen, Heu- und Getreideböden, *abnahme* der Post-, Reit- und Zugpferde, des Viehes, der Mobilien, des Hausrates und der Feldfrüchte gefährdet.

Die vertragliche Verankerung dieses privilegierten reichsrechtlichen Status für die taxissche Reichspostanstalt und ihr Personal innerhalb eines Territoriums war ein Punkt bei den Vertragsverhandlungen; ein weiterer galt den unverpflichteten privaten, städtischen und landesherrlichen Boten. Soweit die Reichspost deren Dienstleistungen ersetzen konnte, wurde ihnen ihre bisherige Tätigkeit untersagt, wurden die Handels- und Privatpersonen mit ihren Briefen und Paketen an die Posten verwiesen. Den zahlreichen Fuhrleuten blieb nur noch die Beförderung der Kaufmannswaren mit den dazugehörigen Frachtbriefen gestattet, während den Lohnkutschern und Hauderern von der Landeshoheit die Auflage gemacht wurde, mit der Post reisende Personen nur nach einem dreitägigen Aufenthalt weiterbefördern zu dürfen. Alle diese von der Reichspost immer wieder geforderten, von den Landesherrn notgedrungen zugestandenen Einschränkungen für die Boten zielten darauf ab, ihnen im parallelen Betrieb mit der Reichspost die Konkurrenzfähigkeit zu nehmen, sie aber in jenen Landesteilen, die von der Post nicht erschlossen würden, weiterhin beschäftigen zu können. In dieser Nischenfunktion konnten sich viele kleinere Botenanstalten und Privatboten bis tief in das 19. Jahrhundert hinein, in abgelegenen Gebieten sogar bis zu Beginn unseres Jahrhunderts behaupten.

Das Verhältnis zu den konkurrierenden Postanstalten

Eine grundsätzlich andere Zielsetzung und Vertragstaktik beherrschte hingegen die mannigfaltigen Vereinbarungen der taxisschen Reichspost mit den konkurrierenden Postanstalten im Reich (Preußen, Sachsen, Österreich, Braunschweig, Hannover, Salzburg) und die bilateralen Postabkommen mit den auswärtigen Staatspostverwaltungen in Frankreich, England, Dänemark oder den kantonalen, städtischen und provinzialen Postämtern in den Generalstaaten, der Schweiz und Italien. Nachdem noch im ausgehenden 17. Jahrhundert die kämpferische Phase der Etablierung und Abgrenzung der einzelnen Postbezirke – Reichspost und Landesposten – weitgehend abgeschlossen worden war, die Reichspost ihr Betätigkeitsfeld außerhalb jener Reichsterritorien mit eigenen Postverwaltungen behaupten konnte, da letztere im allgemeinen nicht mehrere Reichsterritorien umfaßten, wich allmählich die jahrzehntelange potentielle Konfrontationsbereitschaft der neuen Einsicht, daß die konkrete Zusammenarbeit vor allem bei der gewinnträchtigen Beförderung der *internationalen* Briefe allen daran Beteiligten materielle Vorteile verschaffen müßte.
Der gewinnversprechende Transitbrief auf den großen zentraleuropäischen Postrouten mit Anschluß nach Nord- und Osteuropa, in die Levante und über die norddeutschen, westfranzösischen und britischen Häfen nach Übersee bestimmte den Grad der Kooperation.
Territoriale oder staatsrechtliche Veränderungen durch politische Reformen oder militärische Aktionen, wie etwa in den Spanischen Niederlanden im Verlauf des Spanischen Erbfolgekrieges (1701–1714) oder gegen das friderizianische Preußen im Siebenjährigen Krieg (1756–1763) blieben vorübergehend nicht ohne Auswirkung auf die postalische Einteilung Europas. Im Sog derartiger Ereignisse verlor Fürst Eugen Alexander von Thurn und Taxis nach der Besetzung Brüssels durch französische Truppen 1701 die bisherige Leitung des spanisch-niederländischen Postgeneralats, das nach französischem Vorbild an den französischen Generalkontrolleur Léon Pajot (bis 1708) bzw. danach an François Jaupain, Postverwalter zu Brüssel, verpachtet wurde. Erst 1725 konnte Fürst Anselm Franz unter weitreichendem Verzicht auf frühere Privilegien das Postgeneralat der jetzt österreichischen Niederlande bis zum Ende des Ancien Régime pachtweise wiedererlangen.

Von der nach der grundsätzlichen Interessenabgrenzung mit Preußen in mehreren Abkommen vereinbarten *künftigen freundschaftlichen Gesinnung* zwischen beiden Postgeneralaten blieb im Verlauf des Siebenjährigen Krieges wenig erkennbar. Die Reichspost sah plötzlich im Gefolge der anfänglichen militärischen und politischen Erfolge Habsburgs und Frankreichs die Chance, den postalischen Monopolverzicht in den preußischen Provinzen am Niederrhein zu revidieren. Nachdem man in den eroberten preußischen Gebieten Kleve, Obergeldern, Moers und Ravensberg die besetzten preußischen Postämter von der Reichspost verwalten ließ, das Schild mit Reichsadler und *kaiserlicher Reichs Salvaguarda* an den Posthäusern angebracht wurde, erklärte man kaiserlicherseits in der Euphorie der militärischen Erfolge die bisher akzeptierten Landesposten von Preußen, Hannover und Braunschweig zu verbotenen *Nebenposten* und *Postwerck*. Dieser letzte Versuch der thurn und taxisschen Reichspostverwaltung in Frankfurt und Regensburg in den Jahren 1757/58, die seit dem Dreißigjährigen Krieg gegen die neu entstandenen Landesposten und städtischen Botenanstalten erlittenen territorialen und rechtlichen Einbußen auszugleichen, stellte sich nach den preußischen Siegen von Roßbach, Leuthen und Krefeld als Fehleinschätzung dar. Friedrich II. ließ seinerseits mit dem Vorrücken preußischer Truppen Reichspostämter in Thüringen und Franken okkupieren, bis der Friede von Hubertsburg (1763) den postalischen Vorkriegs-Status quo wiederherstellte.

Die zahlreichen bilateralen Postabkommen der kaiserlichen Reichspost im 18. Jahrhundert mit anderen in- und ausländischen Postverwaltungen darf man jedoch nicht an diesen außergewöhnlichen Handlungsweisen in Kriegs- und Krisenzeiten messen.

Eine inhaltliche Analyse solcher Verträge kristallisierte folgende Hauptvertragspunkte heraus:

1) Abrechnungs- und Teilungsmodus der Transit-, Porto- und Francobriefe,

2) Konzentration der Briefpakete und Fahrpost auf gemeinsam betriebene Postkurse,

3) Kostenverteilung bei der Anlage neuer oder der Verdoppelung bestehender Kurse,

4) gegenseitiger Korrespondenzaustausch an festen Austauschpostämtern,

5) Festlegung und Abstimmung der Beförderungs-, Ankunfts- und Abgangszeiten zur Kosteneinsparung und Kursbeschleunigung.

Dieser Verhandlungskatalog läßt sich anhand folgender drei ausgewählter Verträge der kaiserlichen, thurn und taxisschen Reichspost mit England, Preußen und dem postrevolutionären Frankreich präzisieren und veranschaulichen:

1

Als man taxisscherseits 1683 den Briefaustausch zwischen dem Kontinent und Großbritannien für die künftigen zwangig Jahre auf eine neue Vertragsbasis zu stellen wünschte, konnte man anhand mehrjähriger statistischer Erhebungen die Verpflichtung eingehen, pro Jahr die Zusendung einer bestimmten Anzahl spanischer, italienisch-süddeutscher, skandinavisch-norddeutscher Briefe nach England gegenüber der dortigen Postverwaltung zu garantieren, aufgeschlüsselt sogar nach einfachen, doppelten Briefen und Briefunzen bei Paketen. Nach den Durchschnittszahlen der Jahre 1681 und 1682 hatte die Reichspost jährlich 20080 einfache, 1777 doppelte Briefe und 1256 Briefunzen mit dem Paketboot zwischen Dünkirchen und Dover über den Ärmelkanal gesandt. Der Anteil der spanischen Briefe betrug etwa 40 %, der italienisch-süddeutschen über 50 % und auf norddeutsche und skandinavische Briefe entfielen knapp 10 %. Sollten wider Erwarten die taxisschen Postgeneralate der Reichs- und Spanisch Niederländischen Post diese absoluten Briefbeförderungseinheiten in den nächsten Jahre nicht erreichen, konnte die britische Postverwaltung die Differenz davon vertragsgemäß von den 500 Pfund Sterling Beförderungspauschale abziehen.

2

Im Vertrag mit dem preußischen Generalerbpostamt unter dem Generalpostmeister Graf Wartenberg vom 18. September 1710 mußte sich die Reichspost wiederum verpflichten, alle Briefe, die im Reichspostamt Nürnberg aus dem Reich und Italien mit der Destination Magdeburg, Halle, Halberstadt und Berlin – also für die gesamten preußischen und brandenburgischen Lande – einliefen, künftig statt über das sächsische Leipzig über das preußische Duderstadt zu befördern. Dadurch sollte den sächsischen Posten ein wichtiger Anteil der bisherigen Transitkorrespondenz entzogen werden.

3

Als nach dem Frieden von Lunéville (1801 Februar 9) Kaiser Franz II. und die Reichsversammlung die faktische Abtretung der linksrheinischen Reichsgebiete an Frankreich bestätigen mußten, legte ein neuer, umfassender Postvertrag zwischen der Französischen Republik unter dem *commissaire du gouvernement pres de postes*, Charles Mathurin Laforêt, und der taxisschen Reichspost, geschlossen am 14. Dezember 1801 zu Paris, im Artikel 1 die dem erzwungenen neuen Grenzverlauf angepaßten Austauschpostämter (*point d'échange*) fest: Die dafür bestimmten, nun französischen Postämter waren Straßburg, Worms, Mainz, Koblenz, Köln und Neuss, die korrespondierenden rechtsrheinischen Reichspoststationen Kehl, Mannheim, Mainz-Kastel, Ehrenbreitstein, Deutz und Düsseldorf. Dort wurden tagtäglich die Briefpakete durch gemeinsam unterhaltene Kuriere ausgetauscht.

Organisatorische Grundzüge während der Blütezeit der Reichspost

Die oberste Leitung der thurn und taxisschen Post – auch für ihre Reichsposten – lag bis zum Beginn des Spanischen Erbfolgekriegs 1701 in den Händen der Familie am Wohnsitz in Brüssel. Erst die politisch–militärischen Zwänge in dessen Verlauf – das niederländische Postgeneralat ging verloren, der Grundbesitz wurde unter französische Sequester gestellt – machten die Übersiedelung der Familie und ihrer Postverwaltung in das Reich nach Frankfurt am Main unausweichlich, innerhalb deren reichsstädtischen Mauern eine der vornehmsten Reichspoststationen lag. Unter den Reichsgeneralpostmeistern Eugen Alexander (bis 1714), Anselm Franz (bis 1739) und Alexander Ferdinand war das Frankfurter Oberpostamt zugleich Sitz der Oberpostdirektion, der jetzt institutionalisierten thurn und taxisschen Zentralverwaltung.
Ein *Reglement général* vom 21. Januar 1719 sah unter oder neben dem *conseil privé* die Bildung eines *conseil des affaires des postes* vor. In dieser Epoche fallen beim Reichspostwesen erste wichtige organisatorische und strukturelle Veränderungen auf. Einzelne ältere *office de poste* oder *Chef–bureau* wurden zu Oberpostämtern oder Immediatpostämtern mit organisatorisch abhängigen Postämtern, Postverwaltungen, Posthaltereien und Briefdistributionen erhoben. Eigene Organisationstrukturen – differenziert von der älteren Einteilung der Oberpostamtsdistrikte – hatten schließlich die bei einigen Oberpostämtern neu eingerichteten Zeitungsexpeditionen und die seit 1752 getrennt in den Generalkassenbüchern ausgewiesenen Fahrposten, die in die sogenannten *Kommissariate der fahrenden Posten* mit Sitz in Augsburg, Frankfurt, Nürnberg und Köln eingeteilt waren.

Die kaiserliche Reichspost vor den Auswirkungen der Französischen Revolution

Als 1792/93 die ersten wirtschaftlichen, politischen und gesellschaftlichen Auswirkungen der Französischen Revolution auch im Reich spürbar wurden, hatten sich die zu Beginn des 18. Jahrhunderts bei der Briefpost, 1752 bei den Fahrposten geschaffenen organisatorischen Strukturen des Reichspostinstituts nur unwesentlich geändert. Der von der kaiserlichen Reichspost verwaltete Teil des Reichsgebietes umfaßte eine Fläche von 222 524 km^2 mit etwa 11,3 Millionen Bewohnern; dazu besaß das fürstliche Haus Thurn und Taxis pachtweise das Österreichisch–Niederländische Postgeneralat und seit 1777 das ebenfalls vom Wiener Hof abhängige Vorderösterreichische Postkommissariat. Aufgeteilt in zweiundzwanzig Oberpostamtsbezirke, organisierten die kaiserlichen Reichsposten den Brief-, Paket-, Zeitungs- und Fahrpostdienst im Inneren und beteiligten sich unter Leitung der thurn und taxisschen Generalpostdirektion an der Beförderung der Transitkorrespondenz nach Italien, Frankreich, Spanien, Portugal oder bis Gibraltar, nach Großbritannien und Skandinavien, nach Polen und in das zaristische Rußland sowie über den See- oder Landweg in die Levante.

Die revolutionären Ereignisse des Jahres 1789 in Frankreich, die Bildung einer verfassungsgebenden Nationalversammlung, veränderten dieses von der Reichspost skizzierte Bild innerhalb weniger Jahre völlig.

Im Ersten Koalitionskrieg (1792–1797) gegen Österreich und Preußen drangen französische Truppen von der Festung Landau aus in die Pfalz ein, besetzten u.a. die linksrheinischen Reichspostämter Speyer und Worms. Der französische Revolutionsgeneral Dumouriez eroberte 1792 erstmals die österreichischen Niederlande; die dortigen Posteinrichtungen gingen dem Hause verloren, Savoyen wurde annektiert.

Der Fall der Festung Mainz und die Besetzung Frankfurts am Main durch die Generale Houchard und Neuwinger verschlimmerten die Lage der Reichsposten. Zum Wegfall der Einkünfte aus den linksrheinischen und niederländischen Postämtern kam die Beschlagnahmung der Postamtskassen in Mainz und Frankfurt sowie in der letztgenannten Stadt eine auferlegte Brandschatzungssumme von 100 000 Gulden für den Fürsten. Nach der Rückeroberung Frankfurts durch hessische Truppen im Dezember 1792 blieb jedoch für längere Zeit der Rhein weiterhin postalische Grenze. Für die ehemaligen Reichspostanstalten im Gebiet zwischen Frankreich, Rhein und Hunsrück hatte im Januar 1793 der Citoyen Daniel Stamm im Namen der Französischen Republik Christoph Friedrich Cotta als Administrator und der Frankenrepublik Postdirektor eingesetzt.

Sanktionierung des Status quo in den napoleonischen Friedensverträgen

Um in Polen politisch–militärische Handlungsfreiheit zu gewinnen, verzichtete Preußen im Sonderfrieden von Basel 1795, Habsburg im Frieden von Campo Formio 1797 gegenüber Frankreich auf seine linksrheinischen Gebiete gegen eine künftige Entschädigung auf dem rechten Rheinufer. Zunächst auf dem Friedenskongreß zu Rastatt (1797–1799), dann durch direkte Verhandlungen seines Bevollmächtigten Generalpostdirektors, Freiherrn Alexander von Vrints-Berberich zu Paris, versuchte Fürst Carl Anselm von Thurn und Taxis die befürchteten Auswirkungen der territorialen Verschiebungen für die kaiserliche Reichspost möglichst zu mindern. Nach Abschluß des Friedens von Lunéville am 9. Februar 1801 trat Baron Vrints-Berberich neuerlich in Verhandlungen mit dem französischen Postkommissar La Forêt ein. Das für das Haus Thurn und Taxis erfreuliche Ergebnis war der Postvertrag mit dem napoleonischen Frankreich vom 14. Dezember 1801, der die kaiserliche thurn und taxissche Reichspostanstalt trotz der preußischen Neutralitätshaltung im Zweiten Koalitionskrieg als alleinigen, direkten Korrespondenzpartner für den gegenseitigen Briefaustausch zwischen der Französischen Republik und dem Reich vorsah, zur verständlichen Enttäuschung und zum Nachteil Preußens.

Säkularisation und Mediatisierung –
Das erzwungene Ende des Reiches und der kaiserlichen Reichspost

Jedoch stand noch die von Napoleon gewünschte territoriale Umgestaltung und politische Neuordnung Deutschlands bevor. Die geistlichen Reichsterritorien sollten säkularisiert, die Reichsstädte und unzählige kleine Reichsterritorien ihrer Selbständigkeit beraubt werden.

Preußen hatte seinerseits aufgrund eines Abkommens mit Frankreich vom 23. Mai 1802 und im Vorgriff auf den Reichsdeputationshauptschluß die vorgesehenen territorialen Entschädigungen für seine linksrheinischen

Gebietsverluste zulasten weltlicher und geistlichen Reichsstände (Hochstifte Hildesheim, Paderborn, Münster, kurmainzisches Erfurt mit Eichsfeld, Reichsstädte Goslar, Mühlhausen, Nordhausen, Reichsabteien Elten, Essen und Quedlinburg) im Juli 1802 annektiert und über diese Gebiete die volle Souveränität, d.h. auch das landesherrliche Postregal beansprucht.

Trotz dieser äußeren preußischen Bedrängnis sollte der publizierte Reichsdeputationshauptschluß vom 25. Februar 1803 für die kaiserliche Reichspost die rechtliche Grundlage ihres Fortbestandes – schließlich auch über das Ende des Reiches hinaus – und territoriale Entschädigungen in Schwaben für die Abtretung der linksrheinischen Postamtsbezirke bringen. Artikel 13 des Vertragwerkes sah eine Garantie der *Erhaltung der Posten des Fürsten von Thurn und Taxis, so wie sie constituirt sind ...., im Zustand, ihrer Ausdehnung und Ausübung ... zur Zeit des Lüneviller Friedens* vor; zur Sicherung dieser Zusagen sollte das Reichspostinstitut dem besonderen Schutz des Kaisers und des kurfürstlichen Kollegiums unterstellt werden. Die in der französischen Fassung des Vertragstextes ihm – **lui**, dem Fürsten Carl Anselm persönlich garantierte *conservation des postes* fehlte in der deutschen Übersetzung. Erbprinz Karl Alexander von Thurn und Taxis, der letzte kaiserliche Prinzipalkommissar am Immerwährenden Reichstag zu Regensburg, ratifizierte am 28. April 1803 selbst das Kommissionsdekret.
Die preußischen Ansprüche blieben jedoch bestehen. Nach erfolglosen getrennten diplomatischen Interventionen des Fürsten Carl Anselm und des preußischen Königs zu Paris erklärte eine Kabinettsordre Friedrich Wilhelms III. von Preußen die kaiserlichen Reichspostämter in den ihm zugefallenen Entschädigungsländern wegen der Inanspruchnahme seiner Souveränitätsrechte zum 1. Mai 1803 für aufgehoben und geschlossen. In preußisch–taxisschen Direktverhandlungen zu Berlin mit dem preußischen Generalpostdirektorium kam am 1. November 1803 ein bilateraler Postvertrag zustande, der die künftige Tätigkeit der Reichspost in den neupreußischen Entschädigungsterritorien am Niederrhein, in Westfalen und Thüringen auf die Durchführung verschlossener Reichspostfelleisen beschränkte.

Nach diesen Erfahrungen der kaiserlichen Reichspost mit Preußen bei der Durchsetzung von Artikel 13 des Reichsdeputationshauptschlusses und der allseits enttäuschten Hoffnungen auf die politische Unterstützung Frankreichs gegen die Angriffe der Reichsstände auf den territorialen Besitzbestand der Reichspost, setzte der Reichsgeneralpostmeister Carl Anselm auf freiwillige Vereinbarungen mit einzelnen Reichsständen, um eine rechtsgültige Grundlage für den Fortbestand seiner Postanstalt zu erhalten. Erste Erfolge zeigte diese Postpolitik bei den jungen, erst 1803 geschaffenen Fürstentümern Arenberg und Salm. Auch die nassauischen Herzöge zu Usingen und Weilburg sowie Landgraf Ludwig X. von Hessen–Darmstadt einigten sich unter Berufung auf Artikel 13 des Reichsdeputationshauptrezesses 1804 über den künftigen Status und Umfang der Reichsposten in ihren Territorien.

Der Dritte Koalitionskrieg 1805, in dessen Verlauf Kaiser Napoleon I. nach der Kapitulation der österreichischen Armeen in Wien einzog, brachte jedoch die Reichspost in arge Bedrängnis, da – wie der Fürst an den napoleonischen Generalpostdirektor schrieb – *Kränkungen gegenüber dem Hause Taxis von den deutschen Fürsten stets wohl berechnet nach den politischen Ereignissen, die ihnen am günstigsten schienen, ausgeführt worden seien, um zu ihrem Ziel zu gelangen.* Das Ziel der hier angesprochenen süd– und südwestdeutschen Reichsfürsten war 1805 die Auflösung des Reichsverbandes und damit auch das Ende des Reichslehen *Post*.

Die noch fehlende rechtliche Handhabung dazu gab ihnen jene im Preßburger Frieden vom 28. Dezember 1805 zugestandene volle Souveränität, die auch das Postregal einschloß. Nachdem das gleichzeitig zum Königreich aufgestiegene Württemberg noch im Dezember 1805 eine eigene Postkommission einsetzt hatte, wurden die dortigen Reichspostämter zum 2. Januar 1806 in *königliche württembergische Postämter* umbenannt und dieser landesherrlichen Postkommission unterstellt.

In Bayern vollzog König Max I. im Februar 1806 denselben Schritt gegen die Posten. Das thurn und taxissche Postwesen innerhalb des Staatsgebietes wurde durch eine einseitige kgl. Entschließung der staatlichen Kontrolle unterstellt und gegen jährlich 25 000 Gulden Lehengebühr als Thronlehen an den kgl. bayerischen Erblandpostmeister, Fürst Karl Alexander von Thurn und Taxis, ausgegeben. Als letzter souveräner Staat folgte noch das Großherzogtum Baden vor dem Ende des Reiches dem Beispiel seiner Verbündeten Württemberg und Bayern. Der noch im Mai 1805 mit der Reichspost modifizierte allgemeine Postvertrag wurde ein Jahr später aufgehoben. Großherzog Karl Friedrich übertrug die Verwaltung des Postwesens auf seinem Staatsgebiet am 2. Mai 1806 ebenfalls lehenweise an den letzten Reichsgeneralpostmeister Karl Alexander.

Die in dem von Napoleon protegierten, am 12. Juli 1806 zu Paris gegründeten Rheinbund unter formalem Vorsitz des letzten mainzischen Kurfürsten und nachmaligen Fürstprimas Carl Theodor Freiherrn von Dalberg zusammengeschlossenen sechzehn süd- und westdeutschen Fürsten, allen voran die süddeutschen Mittelstaaten Bayern, Württemberg und Baden, erkannten schließlich als Ausbund ihrer vollen Souveränität die Reichsgesetze und die kaiserlichen Rechte nicht mehr an. Dies war schließlich der äußere Anlaß zur Auflösung des Heiligen Römischen Reiches Deutscher Nation und zum Erlöschen des kaiserlichen Reichspostlehens in der Hand der Fürsten von Thurn und Taxis. Als die Fürsten des Rheinbundes zum 1. August 1806 ihre Trennung vom Reich erklärten, verzichtete Kaiser Franz II. unter dem Druck Napoleons am 6. August 1806 auf die Kaiserkrone.

Damit war auch das 1615 von Kaiser Matthias dem Hause Taxis verliehene kaiserliche Reichspostlehen erloschen. Gescheitert war aber die Reichspost letztendlich nicht an der fehlenden Wirtschaftskraft oder organisatorischen Defiziten, sondern an der inneren konfessionellen und territorialen Zerrissenheit des Reiches und der damit verbundenen fehlenden zentralen Reichsgewalt. Die Auflösung des Reiches, die 1231 mit dem *Statutum in favorem principum* unter Kaiser Friedrich II. begonnen hatte, sich in der Goldenen Bulle 1356, im Augsburger Religionsfrieden 1555 und dem Westfälischen Frieden 1648 fortsetzte, fand nun ihr endgültiges Ende.

Die thurn und taxisschen Lehenposten im 19. Jahrhundert (1806–1867)
Rheinbund – Deutscher Bund – Preußische Administration

Wegepunkte und Wendepunkte:

Seit das Taxissche Postwesen besteht, hat es keine historisch wichtigere Periode gehabt, als die ersten zwei Jahrzehnte des 19. Jahrhunderts. Die ungeheueren Erscheinungen dieser Zeit haben die Rechtsverhältnisse bis auf die tiefste Wurzel erschüttert, zerrissen und geändert. So charakterisierte 1823, als sich die Lage der Thurn und Taxis–Posten nach der napoleonischen Ära seit dem Wiener Kongreß wieder gefestigt hatte, ein bestens unterrichteter Angehöriger der Fürstlichen Generalpostdirektion die Entwicklung der letzten Jahrzehnte. Das Ab und Auf: wodurch war es bedingt ?

Ausgangspunkte zu einer *Wende ins Negative* waren im Anschluß an die Französische Revolution der Verlust der Posten in Brabant und Flandern, die Aufhebung der Reichspost in Hannover und Braunschweig, schließlich der Wegfall der taxisschen Posten in den von Frankreich besetzten linksrheinischen Gebieten. Der Friedensvertrag von Lunéville 1801, der Reichsdeputationshauptschluß von 1803, der Preßburger Frieden Ende 1805, die Gründung des Rheinbundes und damit im Gefolge das Ende des Alten Reiches 1806 wurden zu Meilensteinen. Die alten niederländischen Posten und die kaiserliche Reichspost existierten nicht mehr. Fürst Carl Anselm von Thurn und Taxis, seit 1773 Reichserbgeneralpostmeister, war am 13. November 1805 in Regensburg verstorben. Ihm blieb es erspart, den totalen Zerfall des Reiches und damit auch den der Reichspost zu erleben. Das schwere Erbe trat *Fürst Karl Alexander* an. Bereits vor dem Preßburger Frieden, der den mit Napoleon verbündeten süddeutschen Staaten die *Souveränität* bescherte, trachteten die größeren süddeutschen Staaten danach, die Reichspost zu beseitigen. Sie wurden bereits 1805/06 zu Wegbereitern eigener Landesposten.

Württemberg hob sofort die fürstlichen Posten auf. Schon mit Dekret vom 27. November 1805 war eine *Kurfürstliche Postdirektion* als landesherrliche Aufsichtsbehörde eingesetzt worden. Am 19. Dezember wurde das kaiserliche Wappen an den Posthäusern entfernt. Mit der Annahme der Königswürde durch Kurfürst Friedrich zur Jahreswende wurde die ehemalige taxissche, dann *kurwürttembergische Post* in eine *königlich württembergische Post* umgewandelt. Von jetzt ab kennzeichnete das königliche Wappen eine – bis 1819 – völlig unabhängige *Staatspost,* die 1806 als *Oberpostdirektion* dem Departement für Auswärtige Angelegenheiten unterstellt wurde und ab Juli 1807 die Bezeichnung *Reichsoberpostdirektion* – bezogen auf das Königreich Württemberg – erhielt. Württemberg übernahm 28 Postämter. Das Personal wurde auf den neuen Dienstherrn verpflichtet. Die bisherigen Siegel durften nicht weiterverwendet werden; bis zur Auslieferung neuer Siegel waren Privatsiegel zu verwenden. Jetzt wurden auch neue Uniformen eingeführt: *gelbe Röcke mit schwarzem Kragen und Aufschlägen, mit weissen Knöpfen, die Hüte mit Silber, und auf dem linken Ärmel eine rothe Binde mit der schwarz bezeichneten Chiffer FR.* Der kaiserlichen Reichspost blieb lediglich der erfolglose Protest gegen das radikale Vorgehen des nun souveränen Landes.

Nicht ganz so gewaltsam verfuhr das ebenfalls zum Königreich erhobene *Bayern*. Aber auch hier wurden schon im November 1805 unerwartet die kurfürstlichen Landeskommissariate München, Amberg, Neuburg und Ulm angewiesen, sämtliche Postbeamte auf den Kurfürsten zu verpflichten. Die Reichsinsignien an Posthäusern und Postwagen mußten abgenommen und gegen das kurfürstliche Wappen ausgewechselt werden. Die bisher schwarz–gelbe Montur war durch einen hellblauen Rock mit schwarzen Aufschlägen zu ersetzen. Diese Maßnahmen erstreckten sich auch auf die Posten in den durch die politische Lage neu erworbenen Landesteile mit (vorder)österreichischen Posten. Schlimmstes war also auch hier zu befürchten. Doch im Dezember 1805 erklärte der Kurfürst, er wolle nur seine *landesherrliche Hoheit* wahren. Tatsächlich verlieh der neue König, Maximilian I. Joseph, im Februar 1806 dem Fürsten die Würde eines Königlichen Erbland–Postmeisters als Thronlehen. Trotzdem konnte das Fürstliche Haus nur noch kurze Zeit in Bayern den Postbetrieb wahrnehmen.

Unter der straffen Regierung des Grafen Montgelas zögerte Bayern zwei Jahre später nicht, das gesamte Postwesen im Königreich in eigene Regie zu übernehmen. Ab März 1808 mußte Taxis hier ganz auf die weitere Ausübung des Postregals verzichten. Die *bayerische Postentschädigung,* erst 1812 endgültig geregelt, bestand u.a. in der Überlassung des durch den Staat säkularisierten ehemaligen Reichsstiftes St.Emmeram in Regensburg, das seitdem – mit repräsentativen Zubauten des 19. Jahrhunderts – Residenz des Fürstlichen Hauses ist.

Der dritte größere Staat im Süden, das Großherzogtum *Baden,* handelte – wenn auch etwas zeitverzögert – ähnlich. Am 4. Januar 1806 unterrichtete der Großherzog den Fürsten, daß er auf Grund des Preßburger Friedens das Postregal in den gesamten badischen Landen an sich ziehe. Auch hier sollten die Wappentafeln an den Posthäusern ausgewechselt und die weiteren Posteinkünfte zur landesherrlichen Disposition gestellt werden. Wie Bayern beließ 1806 dann aber auch Baden zunächst die Post als ein Thronlehen dem Fürstenhaus. Taxis verpflichtete sich dabei zu einer *Rekognitionsgebühr* von 24 000 Gulden. Frankreich äußerte sich gegenüber dem Großherzogtum schon damals vertraulich, daß das Postwesen im Lande mindestens 50 000 Gulden abwerfen müsse. Mit diesem Argument versuchte nun Baden, allerdings ergebnislos, die jährliche Gebührenforderung auf 44 000 Gulden hochzuschrauben.

Der „richtige" Moment zur Übernahme der Post durch den Staat war in Baden 1811 gekommen. Den letzten Anstoß gab die weitere Verwaltung der Post in den 1810 durch Gebietsaustausch mit Württemberg an das Großherzogtum gefallenen neuen Landesteilen und der Wunsch des Großherzogs nach einer *Vereinheitlichung des Postwesens.* Besonders sein Staatsrat Ruth, der in der Person des ehemals taxisschen Konferenzrats Grub einen im Postwesen versierten Mann gewonnen hatte, drängte nachhaltig auf eine Verstaatlichung. Schließlich wurde zwischen Baden und dem Fürsten Karl Alexander ein Vertrag ausgehandelt, nach dem der Fürst gegen eine persönliche Jahresrente von 10 000 Gulden und eine dauernde Rente von 25 000 Gulden an das Haus auf das Postregal verzichtete. Die taxisschen Beamten wurden von Baden übernommen. Auch die Gnadenbezüge für Witwen und Waisen gingen auf die badische Staatskasse über; die Ruhegehälter für Postmeister lagen im allgemeinen bei 600, für Postamtsverwalter und Offiziale bei 300–400 Gulden; Kondukteure bekamen 250, Briefträger 40–100 Gulden zugebilligt. Dem Fürsten sollte statt der ausgehandelten Summe in bar ein in der Nähe seiner Besitzungen gelegenes Domanialgut angeboten werden. Taxissche Bemühungen, die Post in Baden nach dem Wiener Kongreß wieder übertragen zu erhalten, scheiterten an der Haltung des Großherzogs, obwohl Innenminister v. Berckheim einer solchen Lösung positiv gegenüberstand. Da die *Badische Rente* in der Folge nicht abgelöst wurde, mußte sie 1871 von der Reichspost übernommen werden. Diese zahlte noch bis in das 20. Jahrhundert herein für die Postablösung von 1811 jährlich 42 857 Mk 41 Pf. an das Fürstenhaus.

Wiederum anders lag die Situation im östlichsten Bereich des taxisschen Postgebietes. Die bisher vom österreichischen Kaiser dem Fürstlichen Haus überlassenen Posten im *Innviertel* hatten inzwischen durch den Verlust der Post in Bayern für Thurn und Taxis ihre Bedeutung verloren. Hier konnte der Fürst nur noch auf eine *großmüthigste Entschädigung in Kaiserlichen Allerhöchsten Gnaden* hoffen, die allerdings bis 1824 auf sich warten ließ. Dabei hatte Fürst Metternich dem Fürsten Karl Alexander bereits 1811 das Einverständnis des Kaisers zu einer Kapitalentschädigung für die vier Poststationen dieses Gebietes signalisiert. Die endgültige Entschädigung erfolgte schließlich in Staatsobligationen.

Doch zurück zu dem für das Fürstliche Haus so schicksalsträchtigen Jahr 1806: Den Schlußpunkt setzte die *Gründung des Rheinbundes.* Die Post in den neuen napoleonischen Staatsgebilden und Reservatgebieten, im Königreich Westphalen, in Bayreuth, Fulda und Hanau, in den Hansestädten sowie in den *Lippe und Hanseatischen Departements* war nun in fremden Händen. Man glaubte zunächst, nachdem die ertragsreichen linksrheinischen Gebiete verloren waren, ebenso die nordischen Posten und die des ganzen süddeutschen Raumes, vor dem Ruin zu stehen. Größte Sparmaßnahmen setzten ein, zumal den verminderten Posteinnahmen erhöhte Pensionslasten gegenüberstanden; hier ließen sich Kürzungen und Streichungen nicht mehr vermeiden. Hinzu kam die Unsicherheit, wie es mit dem *Rest* weitergehen sollte. Schließlich verblieb ab 1806 dem Fürsten noch die Post bei einem Teil der Rheinbundmitglieder, wenn auch unter neuem Rechtscharakter. Beispielsweise seien die Lande des *Fürstprimas Karl von Dalberg* mit den Fürstentümern Regensburg und Aschaffenburg, später mit dem Großherzogtum Frankfurt, erwähnt, dann das Großherzogtum Würzburg, ferner Hessen Darmstadt und Nassau, nicht zuletzt die sächsischen Herzogtümer und die reußischen Fürstentümer.

Der *Erfurter Fürstentag* im Oktober 1808 ließ einige Konturen erkennen, deren Realisierung freilich offenstand. Als Ergebnis konnte Graf Westerholt dem Fürsten berichten, daß Napoleon die Einheit der Posten im Rheinbund und deren lehenweise Überlassung an das Haus Thurn und Taxis wolle, daß der Kaiser aber die Verlegung der Residenz von Regensburg nach Paris wünsche. Für Taxis war nun die Frage, wie es sich weiterhin verhalten solle. *Ein* Lehensvertrag über das Postwesen im Bund hätte die absolute Abhängigkeit vom Kaiser bedeutet. Und wie hätten die souveränen Staaten reagiert? Wie die Staaten, die erst kurz vorher die ehemalige Reichspost an sich gezogen hatten, und wie die Königreiche Westphalen oder Sachsen, wo Taxis vorher nicht tätig war? Insgesamt waren es zu viele Unsicherheitsfaktoren, dabei der Kaiser der Franzosen an erster Stelle.

In diese Jahre fiel auch die ebenfalls durch Napoleon bedingte Verlegung der Generalpostdirektion, der zentralen Verwaltungsstelle der Post, nach Frankfurt: Regensburg, seit 1748 Sitz des Fürstlichen Hauses Thurn und Taxis, einst Sitz des von 1663 bis 1806 amtierenden „Immerwährenden" Reichstags, bis zum Reichsdeputationshauptschluß Freie Reichsstadt, dann seit 1803 Hauptstadt des dalbergischen *Fürstentum Regensburg,* wurde – ein Ergebnis des Pariser Friedens – 1810 Bayern einverleibt. Damit ergab sich automatisch die Frage, ob die Verlegung der Fürstlichen Generalpostdirektion nach Frankfurt nicht ratsamer sei: Dort, sogar in den Räumen des Taxisschen Palais, residierte ja auch Karl von Dalberg als Großherzog von Frankfurt. Frankfurt wurde neuer Sitz, und er blieb es auch bis zum Ende der Lehenposten 1866/67.

Die *Wende* kam mit dem untergehenden Stern Napoleons. Jetzt konnten sich auch die taxisschen Posten wieder etwas stabilisieren. Das Fürstliche Haus hatte bei dem *Zentralverwaltungsrat der Verbündeten Mächte* die Übertragung der Posten am linken Rheinufer beantragt. Schon Anfang Dezember 1813 wurde das großherzoglich-bergische Wappen an den Posthäusern gegen das taxissche ausgetauscht. Ende Januar 1814 stand fest, daß neben der *provisorischen Verwaltung des Überrhein* auch nunmehr durch die Alliierten besetzte altfranzösische Gebiete von der Taxis Post mitzuversorgen waren. Letztere kamen nach einer Vereinbarung vom 25. April 1814 aber bald wieder in französische Hand. Günstiger verlief die Besitznahme und Verwaltung der Posten in den ehemals deutschen Landen und im heutigen Belgien. Eine Reihe neuer *Distrikte* – mit wechselnden Grenzen – war hier die Folge, so für Mainz, Koblenz, Köln, Lüttich und Brüssel. Der Wiener Kongreß und die Deutsche Bundesakte brachten dann endgültige Grenzen, und damit nochmals Einschränkungen für Taxis. So blieb linksrheinisch nur noch ein kleiner Besitzstand unter neuen Landesherren übrig. Dagegen konnte im Mai 1816 das Kurfürstentum Hessen – zu Zeiten der Reichspost als eine landesherrliche Einrichtung ein beträchtlicher Konkurrent von Thurn und Taxis – den Lehenposten des Fürstenhauses zugewonnen werden.

Neue Rechtsgrundlagen:
Postkonventionen und Postlehen-Urkunden des 19. Jahrhunderts

Zu den Eigenarten des 1806 mediatisierten Fürstenhauses gehörte es, daß es hinsichtlich der Post weiterhin selbständig mit regierenden Häusern verhandelte und Verträge abschloß, wie sie sonst nur souveräne Staaten untereinander abzuschließen pflegten. Gewisse Unsicherheiten bestanden freilich während der Rheinbundzeit, da die großen politischen Ereignisse über Nacht eine Änderung der Landesherrschaft oder/und der Grenzen herbeiführen konnten. Für die Zeit nach dem Wiener Kongreß – nach einer Konsolidierung der Lage – sind im wesentlichen drei Arten von Vertragspartnern zu unterscheiden: Einmal jene Glieder des Deutschen Bundes, in denen Thurn und Taxis die Post als *Lehenpost* oder in ähnlicher Form betrieb. Es war dies der sogenannte *Interne Postbezirk*. Eine zweite Gruppe umfaßte die Bundesglieder, die über eine eigene Landespost verfügten oder die Post nicht durch Thurn und Taxis wahrnehmen ließen. Bei ihnen bildeten vor allem der grenzüberschreitende Verkehr und die Portoverrechnung wichtige Vertragspunkte. Die dritte Gruppe schließlich setzte sich aus den ausländischen Staaten und Postverwaltungen zusammen, mit denen unmittelbare Beziehungen, insbesondere Kartenschlüsse, bestanden.

Charakter und Umfang der beiderseitigen Abmachungen waren unterschiedlich. Die äußere „Aufmachung" der Verträge konnte zwischen einfachem Verhandlungsprotokoll mit Siegel und Unterschriften der Bevollmächtigten und der oft prachtvoll ausgestatteten Ratifikationsurkunde mit Zierschrift, großem Staatssiegel und repräsentativem Samteinband schwanken. Die Vertragstexte innerhalb des internen Postbezirks befaßten sich mit den Belehnungen, mit der Festlegung eines bestimmten Lehenkanons, mit den Rechten des Lehengebers und den Pflichten des Belehn ten, mit der staatlichen Oberaufsicht und der Gerichtsbarkeit. Geregelt wurden weitgehend die Streckenführung und der Transit, die Abgrenzung zwischen Fahr- und Reitpost, Gebührenfragen und die Einräumung von Portofreiheiten. In jüngerer Zeit fand in den Verträgen auch die Einrichtung von Landpostbotenanstalten, die Einbindung von Schifffahrt und der Eisenbahn, mochte diese staatlich oder privater Natur sein, ihren Niederschlag.

Der Wiener Kongreß und die Deutsche Bundesakte von 1815 garantierten die durch den Reichsdeputationshauptschluß von 1803 und durch spätere Verträge mit verschiedenen Bundesgliedern bestätigte Administration der Posten. So konnte in zahlreichen deutschen Mittel- und Kleinstaaten sowie in den Hansestädten die Thurn und Taxis-Post als Lehenpost nochmals bzw. weiterhin das Postwesen betreiben, ja zu einer ansehnlichen Nachblüte gelangen.
Lassen wir hier nur den *Internen Bezirk* Revue passieren: Eine Vereinbarung zwischen Taxis und der nunmehr Freien Stadt *Frankfurt* kam 1821 zustande. Sie regelte die weiteren postalischen Verhältnisse. Eine andere Übereinkunft wurde 1849 wegen des Gerichtsstandes des Personals bei der Generalpostdirektion getroffen.
In *Bremen* bereinigten 1816 zwei Verträge die Situation, die vorher durch die zwischen der Stadt und Kurhessen gemeinschaftlich eingerichtete Postanstalt bestanden hatte. – Ein Hauptvertrag mit *Hamburg* geht auf das Jahr 1837 zurück. Er betraf u.a. auch die nach Le Havre eingerichteten Dampfschiffahrtsgesellschaft, während eine Übereinkunft von 1840 speziell die Beförderung der Korrespondenz zwischen Hamburg und Antwerpen regelte. Eine andere Übereinkunft mit der Hansestadt befaßte sich 1860 mit der Auslegung und Auswirkung des Postvereinsvertrags von 1851. – Der Hauptvertrag mit dem Senat von *Lübeck* stammt von 1819; Neuregelungen folgten, nicht zuletzt wegen der lübeckischen Stadtpostverwaltung, 1851 und 1857.

Im Süden des Bundes befaßte sich die Neugestaltung der postalischen Verhältnisse mit *Württemberg* – auf die gesondert einzugehen ist – 1851 mit *Hohenzollern*; vorher waren die Posten in *Hechingen* 1821 und in *Sigmaringen* 1828 erblich Thurn und Taxis übertragen worden.
Im *Großherzogtum Hessen* (Hessen-Darmstadt) geht die Verleihung der Posten durch den Großherzog auf die Jahre 1807 bzw. 1817 zurück; 1850 bestätigt ein Lehenbrief das Erbpostmeisteramt als Erbmann- und Thronlehen. Eine Vereinbarung von 1861 regelt dann das Bezirksbotenwesen des Großherzogtums. – Mit dem *Kurfürstentum Hessen* (Hessen-Kassel) wurde bereits 1814 ein Grundsatzvertrag abgeschlossen; 1816 erhielt der Fürst die Erblandpostmeisterwürde. Diesen Urkunden schließt sich eine Reihe von Lehenbriefen an, der letzte 1851, ausgefertigt von Kurfürst Friedrich Wilhelm von Hessen. Im selben Jahr wurde auch die Benützung der Friedrich-Wilhelm-Nordbahn für Postzwecke geregelt. Ein Lehenvertrag mit der *Landgrafschaft Hessen-Homburg* bestand seit 1817. Ein Zusatzvertrag wurde 1832 abgeschlossen. Den Posttransport auf der Bahnstrecke Homburg-Frankfurt regelte eine Vereinbarung von 1860. – Mit dem *Herzogtum Nassau* bestand seit Dezember 1806 ein Lehenverhältnis. Ihm folgte in den nächsten Jahrzehnten eine Reihe weiterer Belehnungen.
Die Überlassung des Postregals im *Fürstentum Lippe-Detmold* regelte ein Postvertrag von 1814. Die Übertragung der dort noch bestehenden preußischen Posten an Taxis wurde durch ein Abkommen mit Preußen 1844 ermöglicht; die Nutzung des Postregals und die Verwaltung sämtlicher Posten im Fürstentum regelte dann ein mit dem Fürsten zur Lippe 1845 abgeschlossener Postvertrag. Das Fürstentum *Schaumburg-Lippe* überließ die Briefposten in Bückeburg, Stadthagen und Hagenburg mit Vertrag vom Februar 1814 Thurn und Taxis. Eine Konvention von 1834 regelte die gegenseitigen Verhältnisse hinsichtlich der Fahrposten im Fürstentum. Mit dem Fürsten Georg-Wilhelm zu Schaumburg-Lippe wurde 1853 ein Vertrag wegen der Überlassung der Landespostverwaltung 1853 abgeschlossen. – Die Postverhältnisse im *Fürstentum Waldeck* regelten sich nach vertraglichen Abmachungen vom März 1814. Zu einer neuen Vereinbarung kam es, nachdem 1834 die Übergabe der Verwaltung des Postwesens im Fürstentum Waldeck und in der Grafschaft Pyrmont an Preußen erfolgt war.

Verwirrend allein schon wegen der dynastischen Verhältnisse waren die Vereinbarungen im Bereich der Sächsischen Herzogtümer. Hier kann nur andeutungsweise die Vielgliedrigkeit des Vertragsnetzes angedeutet werden: Ein Postlehenvertrag von 1817 betrifft die Überlassung der Posten im *Fürstentum Gotha* an das Fürstenhaus. Das durch Hausverträge neu gebildete *Herzogtum Sachsen–Coburg–Gotha* überließ mit Lehenvertrag vom November 1827 Thurn und Taxis die dortigen Posten, ebenso die im Fürstentum Lichtenberg. Letztere – es handelt sich um die Exklave St. Wendel – ging ab 1. November 1834 aus Vereinfachungsgründen an Preußen. Verträge aus den Jahren 1850, 1858 und 1862 mit Sachsen–Coburg–Gotha regelten, neben dem Lehenbrief des Herzogs Ernst vom Jahre 1844, die postalische Nutzung der Werra-Bahnlinie; die persönlichen Portofreitümer herzoglicher Beamter spielen in Abmachungen von 1861 eine besondere Rolle. Allein 1858 kamen fünf Separatverträge zustande, die sich u.a. mit der *Abfindung der Mevius'schen Erben* für das ihnen von früher her zustehende Botenrecht, ferner mit der Errichtung einer Landpostbotenanstalt befaßten. Die Belehnung mit dem nutzbaren Eigentum und der Verwaltung der Posten im *Herzogtum Sachsen–Meiningen* geht auf einen Lehenvertrag von 1807 zurück. Zusatzverträge aus den Jahren 1808 und 1816 beziehen sich auf *Sachsen–Hildburghausen* und *Saalfeld*. Über die Benützung der Werra-Bahn in diesem Bereich einigte man sich 1858 mit der Landesregierung, und ein Vertrag von 1864 regelte speziell die persönlichen Portofreitümer. – Das Postwesen im *Großherzogtum Sachsen–Weimar* basiert auf einem Lehenvertrag vom Dezember 1816. Weitere Belehnungen erfolgten durch die Großherzoge Karl August 1828 und Karl Alexander 1854. Die Bahnbenützung fand 1847 und 1856 vertragliche Regelungen, für die Portofreitumsverhältnisse geschah dies 1853 und 1858. Der Poststall in Weimar kam durch einen eigenen Vertrag 1855 an Taxis. – Das regierende Herzogshaus im *Herzogtum Sachsen–Altenburg* hatte mit Verträgen vom Oktober 1817 und Juli 1822 Thurn und Taxis die Posten in Altenburg überlassen. Ab 1. Juli 1847 ging die Postadministration auf das Königreich Sachsen über.

Die Überlassung der ehemaligen Reichsposten im *Fürstentum Reuß ältere Linie* (Greiz) regelte ein Vertrag von 1809. Wegen der Einrichtung fahrender Posten innerhalb der Reuß-Plauenschen Lande kam 1822 eine Übereinkunft zustande. Auch schon zur Rheinbundzeit wurde das Postregal im *Fürstentum Reuß jüngere Linie* (Lobenstein und Schleiz 1809, Gera 1816) dem Fürsten Thurn und Taxis überlassen. Das *Fürstentum Lobenstein–Ebersdorf* zog 1836 nach. Hier waren durch die verschiedenen Linien die Verhältnisse besonders verwickelt. Es folgten weitere Verträge mit Reuß–Schleiz 1847, Lehenbriefe wegen Lobenstein–Ebersdorf 1851, 1855 und 1861, schließlich Vereinbarungen wegen Reuß–Gera und der Pflege Saalburg 1851 und 1861.

Das *Fürstentum Schwarzburg–Rudolstadt* hatte gespaltene Postverhältnisse: In der *Oberherrschaft* übte Taxis auf Grund der Belehnung von 1817 das Postwesen aus; in der *Unterherrschaft* verwaltete Preußen die Post. Die Belehnung mit der Reitpost im oberen Teil des Fürstentums erfolgte letztmals 1836. Ähnlich war die Lage im *Fürstentum Schwarzburg–Sondershausen*. Hier erfolgte die Überlassung der Reitposten durch Lehensübereinkunft vom Juni 1812. Wegen einer Verbesserung der Fahrposteinrichtungen in der Oberherrschaft Arnstadt und einer temporären Aufhebung des sogenannten *Kammerwagen* zwischen Arnstadt und Gotha kamen im November 1835 eine eigene Konvention, im September 1836 eine Zusatzvereinbarung zustande.

Selbst zum *Großherzogtum Oldenburg* bestanden unmittelbare vertragliche Beziehungen. Sie betrafen das *Fürstentum Birkenfeld*, dessen Postverwaltung 1817 auf die Dauer von 15 Jahren Taxis übertragen wurde. Im Juli 1832 kam es zur Vertragserneuerung, aber am 4. August 1837 ging die Administration an Preußen über. Hier bestand eine ähnliche Situation wie bei St. Wendel.

Allein schon diese Verträge und Vereinbarungen innerhalb des *internen Postbezirks* lassen die ganze Problematik erkennen, mit der die Fürstliche Generalpostdirektion in Frankfurt konfrontiert war. Die regionalen Interessen kleiner souveräner Bundesglieder, zum Teil geographisch isoliert, umgeben von anderen selbständigen Postverwaltungen, paßten oft genug zu wenig in ein größeres Schema, das man sich in Frankfurt gewünscht hätte. Hier hat dann wohl der Postverein von 1850/51 Angleichungen ermöglicht, eine *Einheitlichkeit im Postwesen* konnte aber auch dadurch nicht erzielt werden. Unsicherheiten – siehe Württemberg – bestanden nach wie vor.

Eine Aufstellung des *Lehen–Kanon* bzw. der *Rekognitionsgeldleistungen* des Fürstlichen Hauses – nach den Jahresrechnungen 1851/52, als gerade der Deutsch–Österreichische Postverein auch für die taxisschen Posten wirksam wurde – mag das Kapitel *Interner Postbezirk* abschließen. Es ergibt sich (gerundet) folgendes Bild:

Freie Stadt Frankfurt	12 000 fl.
Kurfürstentum Hessen	73 500 fl.
Großherzogtum Hessen	25 000 fl.
Landgrafschaft Hessen–Homburg	500 fl.
Herzogtum Nassau	12 000 fl.
Fürstlich Reuß–Schleizische Posten	1 750 fl.
Fürstlich Reuß–Gerasche Posten	3 500 fl.
Großherzogtum Sachsen–Weimar–Eisenach	18 000 fl.
Herzogtum Sachsen–Meiningen–Hildburghausen	2 000 fl.
Fürstentum Sachsen–Coburg–Gotha	1 200 fl.
Fürstentum Schwarzburg–Sondershausen	360 fl.

Diese Zahlen änderten sich bis zum Ende der Thurn und Taxis-Post 1867 nicht mehr.

Auch unter dem Lehenpost-Status bestand eine enge Verbindung zwischen der Thurn und Taxis-Post und Europa. So schloß die Generalpostdirektion unmittelbar mit benachbarten Staaten Postverträge ab: mit Dänemark, den Niederlanden und dem neuerrichteten Königreich Belgien, mit Frankreich, mit Schweizer Kantonen und schließlich der gesamten Eidgenossenschaft.

Zusammenfassend läßt sich sagen, daß die Entscheidungen des Wiener Kongresses in Postsachen den früheren Zustand bestätigten. Eine *größere Lösung* und eine endgültige Entscheidung *für oder gegen Taxis* war nicht zustandegekommen. Auch für eine systematische Fortentwicklung innerhalb des Bundes war nichts geschehen. Den zeitgenössischen Kritikern der Bundesakte fehlten in dieser Richtung dann auch greifbare Ergebnisse.

Die *Sonderfälle* Württemberg und Schaffhausen

Die Bundesakte hatte die Norm gesetzt, bei früherer Entziehung der Post Taxis entweder zu entschädigen oder das Postwesen zu restituieren. Hatten sich Bayern und Baden schon vorher, Preußen dann 1819 in die erste Richtung entschieden, zögerte Württemberg zunächst noch. Im Königreich war eben der Verfassungsstreit entbrannt. Aber auch hier kam es noch 1819 zu einer für Taxis tragbaren Lösung: Gegen die *eigentümliche Überlassung des Postinventars* verzichtete das Fürstliche Haus auf alle Entschädigungsansprüche aus dem Reichsdeputationshauptschluß und der Bundesakte. Ab Oktober 1819 wurden die württembergischen Posten dem Fürsten als Thronlehen überlassen. Andererseits verpflichtete sich Taxis, einen jährlichen Lehenkanon von 70 000 Gulden zu leisten; alle übrigen Einkünfte verblieben dem Fürsten in seiner Funktion als Erblandpostmeister.

Ab 1. Oktober 1819 vergrößerte sich das taxissche Postgebiet um die vier württembergischen Oberpostämter, 80 untergeordnete Postanstalten und sieben für die Extrapost und den Kurierdienst eingerichtete Posthaltereien, die nicht unmittelbar an den Poststraßen lagen. Bei allen Württemberg betreffenden Angelegenheiten mußte sich Frankfurt der Amtsbezeichnung *Generaldirektion der Königlich Württembergischen Posten* bedienen. Die Wahrung staatlicher Hoheitsrechte verblieb weiterhin in Württemberg. Als taxisscher Vertreter bzw. Verbindungsmann zum Ministerium in Stuttgart diente der *Generalpostdirektion* ein eigener Postkommissär. Die Oberpostkasse wurde mit der Briefpostkasse des Hauptpostamtes Stuttgart vereinigt. Allein schon diese Verwaltungsstrukturen lassen erkennen, zu welchen Kompromissen Taxis bereit sein mußte.

Das württembergische Lehenpostverhältnis war von Anfang an durch die Haltung der Stände belastet. Immer wieder gab es Angriffe gegen das Lehen, überhaupt gegen das Fürstenhaus. Hier zeigte sich eine Haltung ähnlich der, die das Königreich bereits während des Mediatisierungsprozesses an den Tag gelegt hatte. Immer wieder gab es in der Kammer der Abgeordneten neue Eingaben. So wurde 1845 gefordert, die Regierung möge *diejenigen Einleitungen treffen, durch welche der Postlehensvertrag als nichtig und verletzend aufgehoben und die seit 1819 bezogene Nutzung nach Abzug der Gegenansprüche zurückerstattet wird*. Nun spielte auch der Bau von *Staatseisenbahnen* eine wesentliche Rolle. Einerseits schmälerte die Post die Betriebsergebnisse der Bahn, auf der anderen Seite war ihr ein leistungsfähiger Konkurrent erwachsen, dem sich ein erheblicher Teil des Personen- und Güterverkehrs zuwandte. Taxis forderte Entschädigung wegen Schmälerung der Einkünfte, der Staat seinerseits verwehrte der Post die Bahnbenutzung. Die Folge war, daß an wichtigen Kursen zwei Verkehrswege nebeneinander herliefen: zum Nachteil der Post wie zum Schaden der Bahn.

Hinzu kamen die Ereignisse der Revolutionsjahre. Im März 1849 beantragte die Abgeordnetenkammer, den gerade drei Jahrzehnte alten Lehenvertrag endlich *mit einem möglichst unerheblichen Opfer der Staatskasse* aufzulösen. Als Anfang April der Gesetzentwurf den Landständen zuging, lag bei der *Reichsgewalt* bereits die Beschwerde des Fürsten vor. Es war gerade auch die Zeit des Kampfes um eine Reichsverfassung. Nun sah die *Frankfurter Verfassung* vom 28. März 1849 (Art. VIII) vor, daß die Reichsgewalt das Recht der Gesetzgebung und der Oberaufsicht über das Postwesen habe (41). Wiewohl diese Verfassung scheiterte, war es doch offenbar der Zentralgewalt zuzuschreiben, daß zwar der von den württembergischen Ständen genehmigte und Anfang Juni dem König vorgelegte Entwurf sanktioniert, das Gesetz aber nicht verkündet und damit auch nicht rechtskräftig wurde. Mochte auch Württemberg dem *Reichsministerium des Innern* das Entscheidungsrecht über die Taxis-Beschwerden bestreiten, so blieb letztlich doch nur der Verhandlungsweg. Durch diesen kam es schließlich am 22. März 1851 zum Ablösungsvertrag mit Württemberg. Anerkannt wurde eine Ablösungssumme von 1,3 Millionen Gulden. Beide Kammern stimmten zu und am 1. Juli 1851 übernahm Württemberg seine Post wieder in eigene Regie. Der Thurn und Taxis-Post war mit diesem Verlust auch ein wichtiges Transitgebiet nach Süden verloren gegangen.

Ein verwaltungsmäßiges Kuriosum, außerdeutsches Gebiet betreffend, der Fall Schaffhausen, ist nicht außeracht zu lassen, zumal die postalischen Beziehungen bis in das 17. Jahrhundert zurückreichen: Der Kauf des dortigen Postregals durch Thurn und Taxis bewegte mancherorts, am meisten innerhalb der Schweiz, die Gemüter. Schließlich wirkte in diesem geographisch nach Deutschland orientierten Grenzkanton von 1834 bis 1849, bis zur Errichtung des zentralisierten Eidgenössischen Postwesens, ein taxisscher Postmeister, der dann sogar bis 1851 als Experte der zentralen Schweizerischen Postverwaltung in Bern tätig wurde.

Was nun veranlaßte Taxis, zu Anfang der dreißiger Jahre über das Gebiet des Deutschen Bundes hinaus selbständig Aktivitäten zu entwickeln? Einen gewissen Ausgangspunkt bildet ein *bayerisches Projekt* der taxisschen Lehenposten, das auf eine Wiedergewinnung dieser Posten abzielte, aber dann im Sande verlief. Der wiederholt in geheimer Mission – auch in München – tätig gewesene taxissche Oberpostrat Dr. Liebel, eine übrigens äußerst bemerkenswerte Persönlichkeit, hatte im Fall Schaffhausen mehr Glück. Im September 1833 rückte nun eine erste Denkschrift Liebels den von Baden „eingekreisten" Schweizer Kanton in das Blickfeld. Sie betonte *den Wert und die Verhältnisse der Schweizerischen zu den Fürstlichen Posten*. Tatsächlich gelang es in den folgenden Monaten zum 1. Januar 1834 die förmliche Übergabe der Schaffhauser Kantonalpost an Thurn und Taxis zu erreichen. Der finanzielle Aufwand gegenüber den drei *postberechtigten* Schaffhauser Familien, immerhin über 186 000 Gulden für eine sehr desolate Einrichtung, wurde in Frankfurt *vom politischen Standpunkt aus* gewertet, dem gegenüber administrative oder finanzielle Erwägungen zurückzutreten hatten.

Dank erheblicher Verbesserungen durch Taxis konnten im ersten Verwaltungsjahrzehnt Überschüsse erwirtschaftet werden. Dann führte die Ausweitung der Fahrpostkurse, die damit verbundenen Investitionen und die personalvermehrungen zu roten Zahlen. Eine Amortisierung des neuerlichen Aufwandes sollte Taxis nicht mehr zugute kommen: Die neue Schweizerische Bundesverfassung vom Herbst 1848 ging von dem Standpunkt aus, daß allein der Bund mit dem Ausland Verträge abschließen könne und das bisher kantonale Postwesen zentralisiert werde. Die Umwandlung der Post in ein *Bundesregal* bedeutete für Regensburg und Frankfurt das Ende des „Schweizer Experiments". Noch vom Januar bis Ende August 1849 verwaltete der 1837 von der Generalpostdirektion nach Schaffhausen versetzte taxissche Postmeister Johann Adam Klein das Kantonalpostamt auf Rechnung der Schweizerischen Eidgenossenschaft. Das letzte Kapitel, die Ablösungsverhandlungen, zogen sich bis 1853 hin. Schließlich zahlte Bern im September dieses Jahres 153 000 Franken, umgerechnet genau 72 054 Gulden und 57 Kreuzer. Wieder war ein Kapitel taxisscher Postgeschichte, und keineswegs das uninteressanteste, abgeschlossen.

Rheinbund, Deutscher Bund und die Thurn und Taxis-Lehenposten in der Statistik des 19. Jahrhunderts

a) Die Rheinbundstaaten und ihre Postbezirke 1809

Stand 1. Dezember 1809 (Koch, ADP 1967/2, S. 4 u. 9)

Gliederung:
Postbezirke – Zugehörige souveräne Staaten – Größe nach qkm – Einwohnerzahl in 1 000 – Oberpostämter

I. Bayerischer Postbezirk

Bayern	99 348	3 458
Liechtenstein	142	6
	99 490	3 464

Ober-Postämter: München, Salzburg, Regensburg, Nürnberg, Augsburg, Bayreuth

II. Westphälischer Postbezirk

Westphalen	65 305	2 546
Anhalt-Bernburg	908	35
Anhalt-Dessau	964	52
Anhalt-Cöthen	851	30
Lippe-Detmold	1 418	70
Lippe-Schaumburg	567	20
Waldeck	1 248	48
	71 261	2 801

Ober-Postämter: Kassel, Mühlhausen, Nordhausen, Halberstadt, Magdeburg, Braunschweig, Hildesheim, Hannover, Lüneburg, Minden, Osnabrück, Bielefeld, Paderborn, Marburg, Hirschfeld, Verden, Stade

III. Taxisscher Postbezirk

Frankfurt	5 391	300
Baden	16 170	952
Hessen	12 596	541
Würzburg	6 071	341
Nassau	5 958	271
Sachsen-Weimar	2 043	110
Sachsen-Gotha	3 065	180
Sachsen-Meiningen	1 022	40
Sachsen-Hildburghausen	624	33
Sachsen-Coburg-Saalfeld	1 078	60
Reuß-Ebersdorf	340	18
Reuß-Greiz	397	25
Reuß-Lobenstein	369	18
Reuß-Schleiz	340	18

Schwarzburg–Rudolstadt, Schwarzburg–Sondershausen (Arnstadt)		
mit den Ämtern Käfernberg und Gehren	1 248	56
Hohenzollern	351	15
Sigmaringen	567	39
Ysenburg–Birstein	682	42
Leyen	142	5
	58 454	3 064

Ober-Postämter: Frankfurt, Karlsruhe, Darmstadt, Würzburg – Postkommissariat Eisenach

IV. Königlich Sächsischer Postbezirk

Sachsen	41 022	2 085
Schwarzburg–Sondershausen, ausschl. Arnstadt, Ämter Käfernberg u. Gehren (s. III)	879	41
	41 901	2 126

Ober-Postämter: Leipzig, Dresden, Bautzen

V. Württembergischer Postbezirk

Württemberg	20 965	1 259
Hohenzollern–Hechingen	340	14
	21 305	1 273

Ober-Postämter: Stuttgart, Ulm, Heilbronn, Tübingen

VI. Bergischer Postbezirk

Berg	17 589	878
Aremberg	2 837	60
Salm–Salm, Salm–Kyrburg	1 702	55
Freie Stadt Hamburg	284	115
Freie Stadt Bremen	170	53
Freie Stadt Lübeck	227	40
	22 809	1 201

Ober-Postamt Düsseldorf

VII. Mecklenburg–Schweriner Postbezirk

Mecklenburg–Schwerin	12 822	292

Ober-Postamt Schwerin

VIII. Mecklenburg–Strelitzscher Postbezirk

Mecklenburg–Strelitz	2 723	70

Ober-Postamt Strelitz

IX. Oldenburgischer Postbezirk

Holstein, Oldenburg, Fürstentum Lübeck	5 957	171

Ober-Postämter: Oldenburg, Eutin

b) Der Deutsche Bund und seine Postbezirke um 1846

(H. Herrmann, in: Thurn und Taxis-Studien 13, 1981, S. 41)

Gliederung:
Postbezirke – Größe nach QM (= 55,062 qkm) / %-Satz – Einwohnerzahl in 1 000 / %-Satz

Preußen einschl. Hzgt. Anhalt, u. Fürstentümer Waldeck und Birkenfeld (Hzgt. Oldenburg)	5 154,9	38,62	16 356	35,60
Österreich und Liechtenstein	3 597,5	26,96	12 277	26,69
Bayern	1 394,0	10,45	4 505	9,86
Thurn und Taxis, einschl. Württemberg, ausschl. Sachsen-Altenburg	1 041,5	7,80	4 911	10,63
Hannover	699,0	5,24	1 783	3,90
Sachsen, einschl. Sachsen-Altenburg	296,0	2,22	1 966	4,33
Baden	278,0	2,08	1 367	2,99
Schleswig-Holstein, Lauenburg	378,0	2,53	897	1,95
Mecklenburg-Schwerin	228,0	1,71	552	1,14
Oldenburg	99,0	0,74	227	0,50
Luxemburg-Limburg	87,0	0,65	384	0,88
Braunschweig	71,0	0,53	274	0,60
Mecklenburg-Strelitz	47,0	0,35	95	0,25
Hamburg	6,4	0,05	188	0,44
Bremen	4,9	0,03	76	0,17
Lübeck	6,6	0,05	47	0,09

c) Der Umfang des Thurn und Taxisschen Postbezirks um 1847/1849

(H. Herrmann, in: Thurn und Taxis-Studien 13, 1981, S. 45, nach *Statistische Beilage zum Bericht des Volkswirtschafts-Ausschusses vom 17. April 1849 über die das deutsche Postwesen betreffenden Vorlagen*)

Gliederung:
Bundesstaat – Größe nach QM (= 55,062 qkm) – Einwohner in 1 000 – Zahl der Postanstalten

Kgr. Württemberg	355	1 782	126
Kft. Hessen	176	755	91
Ghzgt. Hessen	153	853	72
Hzgt. Nassau	90	419	44
Ghzgt. Sachsen-Weimar-Eisenach	67	258	29
Hzgt. Sachsen-Meiningen	46	161	19
Hzgt. Sachsen-Coburg-Gotha	37	147	9
Hzgt. Sachsen-Altenburg (ab 1. August 1847 zu Kgr. Sachsen)	24	129	9
Ft. Reuß-Greiz (ä.L.) u. Ft. Reuß-Schleiz (j.L.)	28	112	11
Ft. Lippe-Detmold	20,6	106	17
Ft. Hohenzollern-Sigmaringen	15,8	45	6
Ft. Schwarzburg-Rudolstadt	15,6	71	7

Ft. Schwarzburg–Sondershausen	15,4	59	3
Ft. Schaumburg–Lippe	9,7	32	2
Ft. Hohenzollern–Hechingen	5,5	20	1
Ldgfsch. Hessen–Homburg	5	24	2
Freie Stadt Frankfurt	1,9	67	1
	1 065,5	5 040	449

Unberücksichtigt sind die taxisschen Postanstalten in den Hansestädten.

Vereinheitlichungstendenzen:
Thurn und Taxis und der Deutsch–Österreichische Postverein

Im Gegensatz zu den Ideen des Zollvereins, die sich nach dem Wiener Kongreß nur langsam durchsetzten, ließ eine Vereinheitlichung des Postwesens noch lange auf sich warten. Bekanntlich gab es für die Herstellung einer Einheit im Verkehrs– oder Postwesen nach 1815 keine Normen. Andererseits setzte seit der Mitte der dreißiger Jahre das Aufkommen der Eisenbahnen neue Akzente. Mehr und mehr wurde nun der Wunsch nach weitergehenden Reformen laut. Die Frage der *Postreformen* und vor allem der *Portoreformen* kam mehr und mehr ins Gespräch. Gewisse Akzente setzte dabei die im Sommer 1839 vom Britischen Parlament beschlossene Postreform (*Penny Porto Bill*) nach Vorschlägen von Rowland Hill. Ab 1. Januar 1840 gab es dort die *Uniform Penny Rate,* nach der innerhalb Englands und Irlands unabhängig von der Entfernung Briefe bis zu 1/2 Unze nur noch 1 Penny, schwerere 2 Penny usw., kosteten. Dies war zugleich die Vorbereitung auf den 6. Mai 1840, den ersten Gültigkeitstag der ersten aufklebbaren Postwertzeichen der Welt. Das *Einheitsporto* führte schnell zu einer Vielfalt von Publikationen, Aufsätzen in gelehrten Zeitschriften, Kontroversschriften.

Österreich, das Hills Reformvorschläge mit Aufmerksamkeit verfolgte, führte 1839 die *Gebührenberechnung nach der direkten Entfernung* ein und arbeitete dadurch der Abschaffung des Freimachungszwangs vor. Bedeutungsvoll wurden dann die von Österreich 1842 zunächst mit Thurn und Taxis, Bayern, Sachsen, Baden und Rußland ausgehandelten Postverträge. Sie sollten Vereinbarungen nach gleichen Grundsätzen auch mit den übrigen Postverwaltungen zustandebringen. Preußen war dies zu wenig durchgreifend, ihm lag nach einer Erklärung vom Dezember 1842 mehr an der *postalischen Einheit Deutschlands*.

Als ein weiterer Schritt auf dem Wege zum Postverein ist die in Dresden tagende *Deutsche Postkonferenz 1847/48* zu sehen.

Auch dort war Thurn und Taxis vertreten. Nach 37 Sitzungen brachte das Schlußprotokoll vom 3. Februar 1848 mit einer *Zusammenstellung der Bestimmungen für die Gründung eines deutschen Postvereins* Ansätze zu einer Fortentwicklung. Die Anträge in der Frankfurter Nationalversammlung 1848/49 – auf sie wurde schon im Zusammenhang mit Württemberg hingewiesen – blockten zunächst weitere Verhandlungen der Postverwaltungen untereinander ab. Zudem drohte den Lehenposten, das Postwesen künftig gänzlich einer projektierten *Reichsgewalt* unterworfen zu sehen. Der Durchbruch der Vereinheitlichung des Postwesens wurde endlich durch den Österreichisch–Preußischen Postvertrag vom 6. April 1850 erzielt. Für alle österreichischen Staaten, für Preußen, Bayern, Sachsen und einige andere Staaten trat der *Verein* am 1. Juli 1850 in Kraft. Das Fürstliche Haus Thurn und Taxis hatte es mangels eigener Souveränität schwerer: es mußte erst für jedes Land, in dem die Lehenpost noch wirkte, die Genehmigung des Landesherrn zum Beitritt beibringen. Aber auch dies wurde geschafft. Die weitere Entwicklung des Postvereins wurde bestimmt durch die Postkonferenzen 1855 in Wien, 1857 in München und 1860 in Frankfurt.

Nun entwickelte sich innerhalb eines Jahrzehnts ein umfassendes *Postrecht*. Eine Zusammenstellung von 1854 nennt im Bereich der taxisschen Postverwaltung folgende Beitrittsdaten: 1851 am 1. April die Fürstentümer Reuß; 1. Mai Sachsen–Weimar, Sachsen–Coburg–Gotha, Sachsen–Meiningen, die Oberen Herrschaften der Fürstentümer Schwarzburg–Sondershausen und Schwarzburg–Rudolstadt, Hessen–Homburg und die Freie Stadt Frankfurt am

Main; 1. Oktober Kurhessen, das Großherzogtum Hessen, Nassau; 1852 am 1. Juni die Hohenzollernschen Lande; 1853 am 1. Juli das Fürstentum Lippe; 1854 am 1. Januar das Fürstentum Schaumburg–Lippe. Nicht erwähnt werden in der Aufstellung die Hansestädte, offensichtlich weil zwischen ihnen und dem Fürstenhaus kein *Lehenverhältnis* im rechtlichen Sinn, vielmehr eine Art *Staatsvertrag* mit dem Fürstenhaus bestand. Die Einbeziehung der drei taxisschen Postämter in Bremen, Hamburg und Lübeck in den Postverein erfolgte durch Vereinbarungen der Frankfurter Generalpostdirektion mit den jeweiligen Senatskommissionen noch im Laufe des Jahres 1851.

Organisation der Thurn und Taxis-Post um 1850

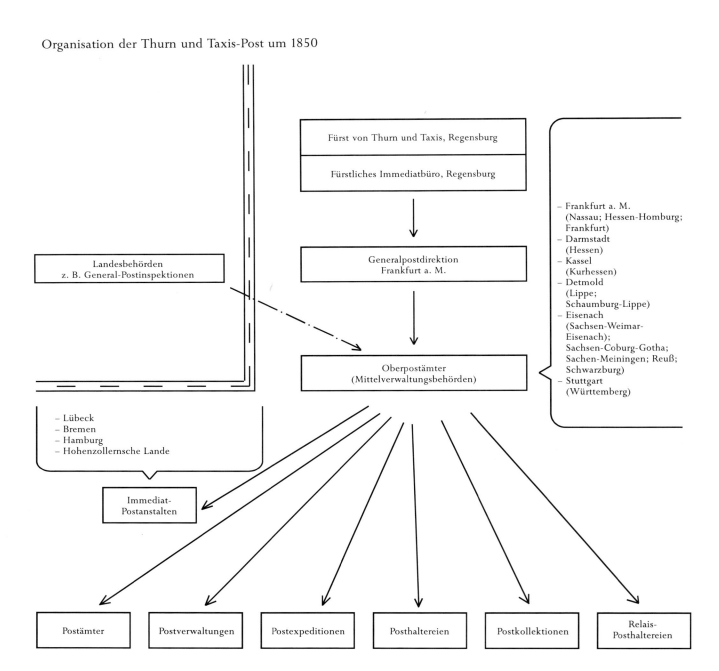

Besonders wichtig für die Fortentwicklung des Postrechts, das jetzt den Vorzug größerer Stabilität – nicht nur in Gebührenfragen – hatte, wurde der Kongreß in Frankfurt 1860. Er führte zu einer weitgehend neuen Vertragsfassung; ergänzende Normen waren das Reglement für den Postvereinsverkehr, die *Instruktion für den Vereinspostdienst*, und schließlich die *Instruktionen für die Kommission zur Ermittlung der Prozentanteile an den Vereins–Fahrposteinnahmen*. Im Gegensatz zur früheren Rechtslage wurde jetzt Thurn und Taxis als *eine Einheit* gewertet, so daß Fürst Maximilian Karl das neue Vertragswerk am 28. Februar 1861 *allein* für Thurn und Taxis ratifizierte.

Die Ergebnisse eines fünften Kongresses in Karlsruhe kamen für Thurn und Taxis praktisch nicht mehr zum Tragen: politische Gewitterwolken am Horizont, die Spannungen zwischen Österreich, den Mittelstaaten und Preußen, schließlich die Bundesmobilmachung gegen Preußen, der Krieg im Sommer 1866, der Zerfall des Deutschen Bundes, sie führten hin auch zum endgültigen *Aus* der Lehenposten: Preußen annektierte Schleswig–Holstein, Hannover, Hessen–Kassel, Nassau und die Freie Stadt Frankfurt. Die Fürstliche Generalpostdirektion wurde unter preußische Administration gestellt.

Zeitungsgeschichte als Zeitgeschichte

Die *neue Zeit* machte vor der traditionsreichen Frankfurter Oberpostamtszeitung nicht halt: Mit dem Ende des Alten Reiches war der kaiserliche Doppeladler aus dem Kopf des Blatts verschwunden, der das Horn blasende Postreiter wurde neues Zierstück der Titelleiste. Zwischen 1811 und 1814 war die Oberpostamtszeitung als einzige Frankfurter Zeitung offizielles Organ des dalbergischen Großherzogtums. Mit der Verlegung der Generalpostdirektion nach Frankfurt und mit dem Ende des Dalberg–Staates kam es in den nächsten Jahrzehnten zu neuen Organisations– und Betriebsformen. Äußeres Erscheinungsbild, Format, Umfang und Inhalt waren geprägt von der Redaktion. Deren politische Gesinnung erscheint gerade in den politisch brisanten Revolutionsjahren, zur Zeit der Frankfurter Nationalversammlung 1848/49, dann des Frankfurter Fürstentages 1863 und schließlich 1866 besonders bemerkenswert.

Einige Einzelheiten aus dem letzten Erscheinungsjahr, auch im Zusammenhang mit dem Ende der Freien Stadt, mögen die Situation beleuchten. Die Etatanträge des Generalpostdirektors für 1866/67 – am 1. Juli begann das neue Rechnungsjahr – zeigen, wie sehr die Zeitung damals ein Zuschußunternehmen des Fürstlichen Hauses war: Den erwarteten 23 000 Gulden Einnahmen standen fast 37 000 Gulden Ausgaben gegenüber. Allein Satz, Druck und Papier waren mit fast 16 000 Gulden veranschlagt; die Korrespondenzhonorare wurden mit 6 500, Bezüge der Leitung und des Redaktionspersonals mit 7 500 Gulden angesetzt, Porto für telegraphische Depeschen mit 2 200, für Korrespondenzen mit 800 Gulden. Diese Zahlen beweisen übrigens, daß das *kommerzielle Unternehmen Oberpostamtszeitung* keineswegs absolute Portofreiheit genoß.

Interessant erscheint ein Urteil des k.k. Bundespräsidialgesandten Freiherrn von Kübeck aus jenen Tagen: *Ich halte es für sehr wichtig, daß die Frankfurter Postzeitung gerade jetzt in ihrem Kampfe nicht erlahme, vielmehr ihre Anstrengungen verdopple. Weil sie diesen Kampf mit ehrlichen und anständigen Mitteln führt, ist sie den Gegnern gefährlich und unangenehm; in dem selben Maße aber gewinnt sie an Gewicht bei den aufrichtigen Freunden einer konservativen und föderativen Ordnung Deutschlands.*

Mit der drohenden Besetzung Frankfurts durch Preußen war das Ende der Zeitung vorprogrammiert. Am 8. Juli 1866 erbat Hofrat Dr. Fischer-Goullet vom Grafen Dörnberg Instruktionen für diesen Fall. Die Antwort aus Regensburg war eindeutig: *S.D. der Fürst in seiner Eigenschaft als Inhaber der Posten muß in dem gegenwärtig ausgebrochenen Kampfe zwischen den Parteien als eine durchaus unbeteiligte Person angesehen werden. Die Postanstalt hat keine andere Aufgabe, als die treue Vermittlerin des Gedankenaustausches verschiedener Individuen zu sein, deren Gesinnung und Aussprüche, welche sie transportiert, die Post weder zu prüfen noch zu berücksichtigen hat.* Hofrat Dr. Fischer wurde eine *gemäßigte ganz objektive Sprache* empfohlen, nachdem offensichtlich sein Leitartikel von 5. Juli in Regensburg als einseitig und zum Teil in leidenschaftlicher Sprache abgefaßt war. Hier gab man sich allerdings auch der trügerischen Hoffnung hin, daß die Zeitung nach einer preußischen Invasion unbeanstandet weiter erscheinen könne.

Es sollte anders kommen: Nach dem Einmarsch der Preußen am Abend des 16. Juli wurden bereits am folgenden Vormittag Beschränkungen der Presse eingeleitet. Mit aufgepflanztem Bajonett erschien das Militär in der Osterrieth'schen Druckerei. Chefredakteur und verantwortlicher Setzer wurden abgeführt. Hofrat Fischer-Goullet erlag offensichtlich einem Nervenschlag und verstarb am 19. Juli. Am Vortag hatte die Oberkommandantur das Ende der Zeitung angeordnet: sie mußte mit dem 17. Juli ihr Erscheinen einstellen. Eine Frankfurter jahrhundertealte Institution, zugleich ein Stück deutscher Pressegeschichte, war damit verschwunden.

Das endgültige Aus: *das postalische Königgrätz*

Zum königlich preußischen Administrator der taxisschen Lehenposten wurde Heinrich Stephan bestellt. Der aus Stolp stammende Geheime Postrat ging mit preußischer Gründlichkeit an das Werk. Sein erklärtes Ziel war es, *in kürzester Frist zu einem rechtsgültigen Übergang des Postwesens an Preußen* zu gelangen und *in einem großen Wurf dem fürstlichen Leheninstitute für alle Zeiten in Deutschland ein Ende zu machen*. Der taxissche Generalpostdirektor Freiherr von Schele – ehemals Ministerpräsident in Hannover – war zurückgetreten. Preußen löste die Generalpostdirektionen in den besetzten Gebieten – in Kurhessen, Nassau, Hessen-Darmstadt und Hessen-Homburg – kurzerhand auf. Bei den verbündeten Staaten erwirkte die preußische Regierung auf diplomatischem Weg die Zustimmung zur Aufhebung derartiger Inspektionen. Mit der Unterzeichnung entsprechender Reverse in den besetzten Ländern, in den Hansestädten und im Thüringischen Postdistrikt war der erste Schachzug mit der Zielsetzung der Zerschlagung aller taxisscher Posten abgeschlossen.
Am 22. Juli 1866 konnte Stephan nach Berlin melden: *Ich hatte die Thurn und Taxissche Postverwaltung übernommen; es war ein historischer Akt: Der Fall eines 300jährigen Instituts ... Die Kassen, die Archive – die ganze Verwaltungsmaschine befindet sich in unseren Händen. ...* Und am 22. September: *Diese Tage werden der Geschichte angehören! Es ist das politische Königgrätz, was hier geschlagen wird, und ich bin der Feldherr und der kämpfende Soldat zugleich! Nie hat die Preußische Post, so lange sie besteht, eine größere und für sie wichtigere Zeit gesehen. ...*

Am 11./12. August 1866, sechs Tage nach der Wiederaufnahme des Postverkehrs mit Baden, Bayern, Württemberg und Österreich, verhandelte Stephan in Würzburg erstmals mit dem Chef der Fürstlichen Gesamtverwaltung, freilich ergebnislos, über Entschädigungsansprüche des Fürstenhauses. Unter dem Druck des Bismarck-Staates, aber auch, um schließlich eine entschädigungslose Enteignung zu vermeiden, kam zwischen dem Fürstenhaus und Preußen schließlich der *Postablösungsvertrag vom 28. Januar 1867* zustande. Gegen eine Entschädigung von 3 Millionen Talern ging die Thurn und Taxis-Post endgültig zum 1. Juli 1867 an den Preußischen Staat über.
Im Ablösungsvertrag sah Stephan 1867 *das* Mittel, einen *350 Jahre alten Krebsschaden Deutschlands* zu beseitigen. Knapp drei Jahrzehnte später hörte sich das Geschichtsempfinden des inzwischen in den Adelsstand erhobenen und zum preußischen Staatsminister aufgerückten Heinrich von Stephan wieder etwas anders an. Jetzt räumte er dem Fürstlichen Haus Thurn und Taxis *für immer* das Verdienst ein, inmitten eines mosaikartigen Staatsgefüges lange hindurch *eine Einheit* gebildet zu haben: Bei der Einweihung des neuen Frankfurter Reichstagsgebäudes 1895 bekannte er auch, wie sehr es Thurn und Taxis verstanden habe, sich unter oft schwierigen Umständen und selbst bei tiefgreifenden Erschütterungen der Staats- und Rechtsverhältnisse Alt-Deutschlands zu behaupten. Es war dies aus preußisch/deutscher Sicht für das Fürstliche Haus eine späte Ehrenrettung. E.P.

A. Anfänge und Frühzeit der Post

A. I. Innsbrucker Zeit 1490 – 1500/1517

Der Eintritt des Bergamasker Adelsgeschlechts der Taxis in den habsburgischen Postdienst vollzog sich im Jahre 1490 in der tirolischen Residenzstadt Innsbruck. Von König Maximilian I. als Regenten der Grafschaft Tirol an seinen Hof geholt, richteten Janetto von Taxis, sein älterer Bruder Franz und Neffe Johann Baptista von dort aus die ersten festen Postkurse ein. Vor allem jenen durch Schwaben, Württemberg, über den Hunsrück, quer durch die Eifel und Ardennen nach Mechelen bei Brüssel, dem politischen Zentrum der vormals burgundischen, nun habsburgischen niederländischen Provinzen unter der Statthalterin Margarete von Österreich, der Tochter Maximilians I. und der Maria von Burgund. Dieser seit 1490 durch drei voneinander unabhängige historische Quellen nachweisbare erste Postkurs bildete auf dem Gebiet des Heiligen Römischen Reiches deutscher Nation die Hauptlinie der habsburgischen Posten. Von der Tiroler Residenz Innsbruck aus waren über den Brennerpaß Oberitalien, Krain und Istrien, entlang des nördlichen Alpenhauptkammes die habsburgischen Donauländer mit dem politisch aufstrebenden Wien postalisch angebunden. Nach der zweiten Vermählung Maximilians I. mit Bianca Maria, der Tochter Herzogs Galeazzo Sforza von Mailand, am 16. März 1494 bestanden in den Jahren 1495 bis 1497 zeitlich begrenzte, aus militärischen und dynastischen Gründen wichtige Poststafetten über das obere Inntal und das Veltlin nach Mailand. M.D.

Lit.: F. Ohmann, Die Anfänge des Postwesens und die Taxis, Leipzig 1909 – J. Rübsam, Zur Geschichte der ältesten Posten in Tirol und den angrenzenden Ländern, 1504 – 1555. In: UPU 16 (1891) S. 197–206 – G. Rennert, 400 Jahre Taxis in Tirol und in den vorderösterreichischen Landen. In: UPU 59 (1934) S. 339–369 – A. Korzendorfer, Die ersten hundert Jahre Taxispost in Deutschland. In: APB 6 (1930) S. 38–53 – A. Korzendorfer, Die Anfänge des Postwesens in Deutschland. Eine Zusammenfassung der bisherigen Forschungsergebnisse. In: APB 16 (1941) S. 117–127, 17 (1942) S. 205–211 – H. Kellenbenz, Die Entstehung des Postwesens in Mitteleuropa. In: Festschrift für Othmar Pickl zum 60. Geburtstag, Graz–Wien 1987, S. 285–291 – H. Wiesflecker, Kaiser Maximilian I: Das Reich, Österreich und Europa an der Wende zur Neuzeit, Band 5: Der Kaiser und seine Umwelt, München 1986.

1 HOF DER LANDESFÜRSTLICHEN BURG
ZU INNSBRUCK
1494 Oktober
Faksimile D 80
Albrecht Dürer, Aquarell

Neben der bekannten Innsbrucker Stadtansicht von der Innseite aus hatte Albrecht Dürer auf seiner Italienreise, die ihn über Augsburg und Mittenwald im Spätherbst 1494 in die Tiroler Residenzstadt führte, in zwei Zeichnungen den seit dem Umbau der Hofburg 1755 – 1770 unter Kaiserin Maria Theresia nicht mehr erhaltenen gotischen Bauzustand des Hofes in der landesfürstlichen Burg festgehalten. Sein Aquarell zeigt in ungewöhnlicher Raumaufteilung und mit anscheinend großer topographischer Übereinstimmung den leeren Hof, begrenzt auf drei Seiten von Gebäuden. In der Innsbrucker Burg befand sich in der Zeit Maximilians I. die Regierung für Tirol und Vorderösterreich mit dem Regiment als oberste Verwaltungs- und Justizbehörde und die Raitkammer als Finanzgremium. Unter Aufsicht der Hofkanzlei leiteten von dort aus Janetto, Franz und Johann Baptista de Tassis nach 1490 die ersten habsburgischen Posten.

Lit.: AK Ausstellung Maximilian I. Innsbruck. Ausstellung des Landes Tirol, Innsbruck 1969, S. 152 Nr. 568 – AK Albrecht Dürer 1471 1971. Ausstellung des Germanischen Nationalmuseums, 3. Aufl., München 1971, S. 301 f. Nr. 559 – M. Dreger, Die Schloßhof–Ansichten der Albertina als architekturgeschichtliche Urkunden. In: Jahrbuch der Preußischen Kunstsammlungen 55 (1934) S. 9–26.

Wien, Graphische Sammlung Albertina, Inv.Nr.3057

2   PORTRÄT KÖNIG MAXIMILIANS I.
    Um 1500
    Großdia
    Bernhard Strigel, Ölbild auf Holz

Vom Memminger Maler Bernhard Strigel (1465/70 – 1528) haben sich neben seinen typischen spätgotischen Altartafeln einige Porträts Maximilians I. erhalten, die auf seine enge Verbindung zum König schließen lassen. Maximilian ermöglichte Strigel mehrfach Reisen nach Wien, so zur habsburgischen Doppelhochzeit 1515. Auf dem Konstanzer Reichstag malte er das Bildnis des Kaisers, das dieser 1507 an die Johanniterkommende in Straßburg schenkte. Strigels Maximilianporträts dürften später öfters zu Präsentationszwecken mit kleineren Varianten wiederholt worden sein. Dieses im Kunsthistorischen Museum zu Wien verwahrte Maximiliansporträt Strigels zeigt die Halbfigur des Kaisers im Krönungsornat mit Reiterharnisch. Er trägt die Königskrone, um den Hals die Kollane des Goldenen Vlies–Ordens. Die rechte Hand umfaßt das Szepter, die linke stützt sich auf den Schwertknauf. Im Fensterausschnitt ist eine Gemsenjagd in der Martinswand bei Zirl dargestellt.

Lit.: AK Zwei Jahrtausende Postwesen. Vom cursus publicus zum Satelliten, Halbturn 1985, S. 114 Nr. C 130 – G. Otto, Bernhard Strigel, Berlin–München 1964 – Bernhard Strigel. In: Thieme–Becker 32 (1938) S. 187–189 – H. Th. Musper, Bernhard Strigel. In: Kindlers Malereilexikon 11 (1982) S. 293–296.

Wien, Kunsthistorisches Museum, Inv.Nr.1772

3   DIE ERSTEN TASSIS IN
    HABSBURGISCHEN POSTDIENSTEN
    1490
    Rechnungsband, zeitgenössischer Ledereinband mit Blindprägung, aufgeschlagen: fol.18 n (alt 17)

In den *oberösterreichischen Kammerraitbüchern* in Innsbruck sind ab 1460 Jahr für Jahr die Einnahmen und Ausgaben der Tiroler Finanzverwaltung verzeichnet. Die laufenden chronologischen Einträge wurden nach Ablauf des Rechnungsjahres, nun geordnet nach Sachrubriken, zur Prüfung vorgelegt. Unter der Rubrik *ausgeben auff mündtlich geschefft der ku(niglichen) m(ajestä)t* steht als erster Eintrag: *Johanneten Daxen obristen postmaister / am freitag nach conceptionis marie / durch Waptistum seinen vetteren zue / notturfft der post auff sein Quittung / iij c gulden rh(einisch)*. Diese auf den 11. Dezember 1490 datierte Quittung über 300 Gulden für den Bedarf der Post nennt mit Janetto und seinem Neffen (Johann) Baptista erstmals Tassis in habsburgischen Diensten. Zugleich belegt sie die ersten Aufwendungen auf die neue *post*: Janetto Tassis erhält aus den 25 000 Gulden Hilfsgeldern von der Landschaft 300 Gulden ausbezahlt. Im selben Raitbuch wird noch zum 1. Februar 1491 Janettos Bruder Franciscus erwähnt.

Lit.: A. Wiesflecker, Die *oberösterreichischen* Kammerraitbücher zu Innsbruck 1493–1519. Ein Beitrag zur Wirtschafts–, Finanz– und Kulturgeschichte der oberösterreichischen Ländergruppe, Diss. Graz 71, Graz 1987, bes. S. 67 – F. Ohmann, Die Anfänge des Postwesens und die Taxis, Leipzig 1909, S. 84 ff.

Innsbruck, Tiroler Landesarchiv, Raitbücher Band 26, 1490.

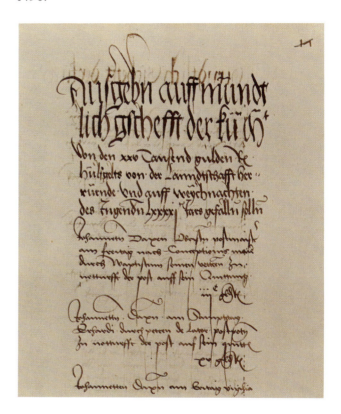

4   EINLEGUNG DER POSTEN IN DER
    REICHSSTADT SPEYER
    1490 Juli 14 Enns
    Foto
    Ausf., 1 Bogen, Pap.

König Maximilian I. fordert den Rat der Reichsstadt Speyer nochmals auf, von den zugunsten *unser posten* übersandten 60 Gulden einen reitenden und einen Fußboten in der Stadt zu bestellen und für diese das königliche Wappen machen zu lassen. Dieser königliche Befehl muß im Zusammenhang mit der Einrichtung der ersten Posten zwischen Innsbruck und Mechelen gesehen werden. Ein Vollzug dieses königlichen Mandats durch die Reichsstadt ist weder im Speyerer Stadtarchiv noch im Innsbrucker Landesarchiv überliefert. Der erste taxissche Posthalter wurde auch nicht in

A. I. Innsbruck

Speyer, sondern in dem auf dem östlichen Rheinufer liegenden Rheinhausen eingelegt, das nahe des Rheinüberganges bald große postalische Bedeutung erlangte, von Mitgliedern der Familie Taxis selbst verwaltet wurde.

Lit.: A. Korzendorfer, Ein Beitrag zur Geschichte des Postamts in Rheinhausen. In: APT 40 (1912) S. 506–507 – A. Korzendorfer, Urkunden zur Frühgeschichte der Deutschen Post. In: APB 3 (1927/2) S. 70–74; abgedruckt ebenda, S. 71.

Speyer, Stadtarchiv, Fasz. 157

5   DIE POST IN DER
    MEMMINGER STADTCHRONIK
    1490
    Handschrift, Band, Pap., aufgeschlagen: S. 126

Die Stadtchronik des Heinrich Löhlein zu Memmingen mit Ereignissen zwischen 1467 und 1490 erwähnt in vorliegender Abschrift des frühen 17. Jahrhunderts unter der Marginalie *Anfang der Post* zum Jahre 1490 die Anlage von Reitposten durch den habsburgischen König Maximilian I. *von dem land osterreich bis in das niderlandt, bis in franckreich, auch bis gehn Rohm.* Gleichzeitig wird erstmals die Technik des Postierens beschrieben: Im Abstand von 5 Meilen (= ca. 35 km) lagen jeweils Boten, im Dunstkreis der Reichsstadt Memmingen zu Kempten, Pleß und an der Brücke zu Elchingen, die in Wartebereitschaft bei Ankunft des nächsten Posten ohne Aufenthalt, Tag und Nacht, in der Stunde 1 Meile Weg mit den Briefschaften reiten mußten, so daß ein Brief in 5 Tagen von Memmingen bis Rom befördert werden konnte.

Lit.: A. Schulte, Geschichte des mittelalterlichen Handels und Verkehrs zwischen Westdeutschland und Italien mit Ausschluß von Venedig, Band 1, Leipzig 1900, S. 503 Anm. 1 – Behringer 1990, S. 26 f.

Memmingen, Stadtbibliothek, Inv.Nr. 2° 2.20

6   SCHORER-CHRONIK DER
    REICHSSTADT MEMMINGEN
    1490 (1660)
    Druck, Band, Ulm 1660: Balthasar Kuhn,
    aufgeschlagen: S. 51

Die in den handschriftlichen Memminger Stadtchroniken des Pfarrers Michael Laminit (um 1600) und des Heinrich Löhlein (vgl. Nr. A. I. 5) erwähnte Notiz über die Einrichtung der habsburgischen Posten im ersten Halbjahr 1490 kehrt verkürzt in der 1660 gedruckten Stadtchronik des Stadtphysicus und württembergischen Rates Christoph Schorer wieder. Schorer, 1618 zu Memmingen geboren, studierte in Straßburg und Basel Medizin, erhielt 1654 von der Medizinischen Fakultät Padua die Doktorwürde, wirkte zeitweise als Leibarzt des Herzogs von Württemberg und der Grafen von Fugger und Pappenheim. Er starb am 12. Februar 1671 im Alter von 53 Jahren. Seine *Memminger Chronik oder Kurtze Erzehlung vieler denckwürdiger Sachen ...* beginnt mit dem Jahre 369 und endet 1660. Schorer läßt im Gegensatz zu Löhlein den Passus über die Technik des Postierens weg, da dies für seine Zeit nicht mehr verständlich war.

Lit.: J.H. Zedler, Großes Universallexicon aller Wissenschaften und Künste ..., Band 35, Leipzig-Halle 1743, Sp. 1010.

Memmingen, Stadtbibliothek, Inv.Nr.13,105

7   POSTVERMERKE IN DEN
    OBERÖSTERREICHISCHEN
    KAMMERRECHNUNGEN ZU INNSBRUCK
    1491 – 1503
    Fototafel mit Transkription

Nach den frühen Nennungen des Janetto, Franz und Johann Baptista von Taxis in den Raitbüchern der Innsbrucker Kammer treten diese nach 1491 etwas in den Hintergrund. Andere Personen, auch mit der Bezeichnung *Postmeister* wie Sebastian Meurl und Werndl Gebs, erhalten für ihre Auslagen im Postdienst von der Innsbrucker Raitkammer Vergütungen. Teilweise wurden Postboten für ihre Verrichtungen auch direkt aus der Kammer bezahlt. Unter den Kosten für die Post sind auch jene inbegriffen, die für vorübergehende Kurse, etwa im Krieg Maximilians gegen die Eidgenossen, anfielen.

Lit.: A. Wiesflecker, Die *oberösterreichischen* Kammerraitbücher zu Innsbruck. Ein Beitrag zur Wirtschafts-, Finanz- und Kulturgeschichte der oberösterreichischen Ländergruppe, Diss. Universität Graz 71, Graz 1987, S. 67–74.

Innsbruck, Tiroler Landesarchiv, Raitbücher Nr. 27 – 46 (1491 – 1503)

8   POSTSTUNDENPASS MAILAND – WORMS
    1495 November 8 – 15
    Ausf., 1 Bogen, Pap., aufgeschlagen:
    Einträge von Mailand bis Mals

Nach dem Einfall der Franzosen in Italien schloß Maximilian I. das Bündnis der Heiligen Liga mit dem Papst, Venedig, Mailand und Spanien, heiratete 1494 die mailändische Herzogstochter Maria Bianca Sforza und belehnte Lodovico Moro Sforza mit dem Herzogtum Mailand. Aus dieser Zeit der sehr engen politisch-militärischen Allianz zwischen Mailand und Innsbruck ab 1495 haben sich mehrere Poststundenpässe erhalten. Dies sind Laufzettel der habsburgischen Post, in die jeder Posten zur Kontrolle eigenhändig die Ankunftszeit und Abfertigungszeiten mit Tag und Stunde eintragen mußte. Diese Einträge galten als Bestätigung der ordnungsgemäßen Weiterbeförderung. Der vorliegende Poststundenpaß wurde am Sonntag den 8. November 1495 abends gegen 21 Uhr 30 zu Mailand vom herzoglichen Postbeamten (*caballariorum officialis*) Thomas Brascha an den römischen König, der sich im Herbst 1495 mit seinem Hof am Reichstag zu Worms aufhielt, abgefertigt. Die Sendung nahm die kürzere Route entlang des Comersees und durch das Veltlin aufwärts nach Bormio; bis dorthin lagen mailändische Kuriere. Der weitere Weg führte über das Wormserjoch, den heutigen Umbrailpaß mit 2501 m Höhe, in den Vintschgau und das obere Inntal, wo bei Nassereith der italienisch-niederländische Kurs erreicht wurde. Der letzte Eintrag stammt von Bentz Glesser, *bost* zu Rheinhausen, der die Sendung am Sonntag den 15. November zwischen 1 und 2 Uhr nachts erhalten hatte und sie gegen 8 Uhr in Worms ablieferte. Den Poststundenpaß begleiten am Rande Galgenzeichnungen, Symbol der Wichtigkeit und zugleich Strafandrohung für Botenberaubungen. Auf der Rückseite des Stundenpasses ist durch die Formel *Lista per postas Cito* auf die Eile dieser Sendung hingewiesen.

Druck: F. Ohmann, Die Anfänge der Post und die Taxis, Leipzig 1909, S. 322–324 Beilage Nr. 7.
Lit.: Ohmann 1909, S. 130 ff. – AK Zwei Jahrtausende Post. Vom cursus publicus zum Satelliten, Halbturn 1985, S. 128 Nr. D 2

Innsbruck, Tiroler Landesarchiv, Maximiliana I 40a (Kriegssachen 1495) Nr. 15

9 ULMER BOTENBÜCHSEN FÜR BOTENMEISTER JANETTO VON TAXIS
1499 Januar 6 Ulm
Ausf., 1 Blatt, Pap.

Der Ulmer Goldschmied Michel Beck bittet den kaiserlichen Sekretär Hans Man zu Innsbruck, die siebzehn vom Botenmeister Jonitas de Tassis aus Welschland bei ihm und anderen Meistern bestellten Botenbüchsen, von denen er fünf, jede 4 Lot schwer, gefertigt habe, abholen zu lassen. Da der König zwischenzeitlich nach Italien abgezogen sei, liegen solche *unerhoben und unbezahlt* bei ihm. Zylinderförmige Botenbüchsen waren seit dem Mittelalter vor allem Kennzeichen der städtischen Boten (vgl. Katalog Nr. E. 6.). Sie waren aus Holz oder Metall, häufig bemalt mit dem Wappen der Obrigkeit. Janetto de Taxis hielt bei den neuen Posten in den ersten Jahren noch an den Statussymbolen der alten herzoglichen Kammerboten fest. Auf der Rückseite des Schreibens bestätigt Postmeister Johanneta Taxis, daß er auf königlichen Befehl 17 Büchsen mit dem königlichen Wappen zum Preis von 1 Gulden pro Lot habe anfertigen lassen.

Lit.: A. Korzendorfer, Die ersten hundert Jahre Taxispost in Deutschland. In: APB 6 (1930/1) S. 44 Anlage 3

Innsbruck, Tiroler Landesarchiv, Maximiliana XIII. 258b

10 HABSBURGISCHER POSTBOTE NACH KOBLENZ
1508 April 28 Sankt Wendel
Ausf., 1 Blatt, Pap.

Bei dem Oktavblatt handelt es sich um den schriftlichen Auftrag des Kanzleibeamten Villinger an den kaiserlichen Zahlschreiber Veit Hofer, eilends einen reitenden Boten nach Koblenz zum Bischof von Köln abfertigen zu lassen. Darunter bestätigt Veit Hofer, daß dafür Dionysius Braun sechs Gulden in der Rechnung als Ausgabe vermerken soll. Auf der Rückseite dieses Zettels quittiert (Johann) Baptista von Tassis den Empfang der sechs Gulden Botenlohn für den Posten aus der Kammer mit eigener Hand. Diese für das Jahr 1508 erhaltenen Quittungen zeigen, daß alle Aufträge der Kammer durch die Hände des Postmeisters Johann Baptista von Tassis gingen.

Lit.: Ohmann, Die Anfänge der Post und die Taxis, Leipzig 1909, S. 153 f.

Innsbruck, Tiroler Landesarchiv, Maximiliana IVa 164 Nr.104

11 SCHNELLE VERBREITUNG DER PAPSTWAHL DURCH DIE POSTEN
1513 März 12 Mantua
Ausf., 1 Blatt, Pap.

Der Postkurier Virgilio di Fredi zu Bologna, Diener des päpstlichen Postmeisters Gabriel di Sandri in Rom, teilt dem kaiserlichen Postmeister zu Verona, David von Tassis, die am 9. März erfolgte Wahl des Giovanni Medici aus Florenz zum Papst Leo X. mit. Da er diese Neuigkeit dem Marchese zu Mantua übermitteln muß, schien es ihm nützlich, dies auch an den Veroneser Postmeister zur Benachrichtigung des Kaisers weiterzuleiten. David, ein Bruder des nachmaligen Generalpostmeisters Johann Baptista von Taxis, verlegte später seine Tätigkeit auf das kaiserliche Postamt in Venedig.

Druck: Ohmann, Die Anfänge der Post und die Taxis, Leipzig 1909, S. 331–332 Anlage 13.

Innsbruck, Tiroler Landesarchiv, Maximiliana I 44 (1513) Nr. 9

12 MEDICI-PAPST LEO X. (1513 – 1521)
19. Jahrhundert
Medaillen, Bronze

a) Avers: Brustbild des Papstes – Umschrift: LEO · X · PONTIFEX · MAX ·
b) Revers: Medici-Wappen über Tiara zwischen gekreuzten Schlüsseln – Umschrift: GLORIA ET HONORE CORONASTI EVM * ROMA *

Regensburg, FZA, Numismatische Sammlung

A. Anfänge und Frühzeit der Post

A. II. Brüsseler Zeit 1501–1540

Franz von Taxis, der *Begründer des internationalen Postwesens* und Bruder des ersten Innsbrucker Postmeisters Janetto von Tassis verlegte um 1500 seine Tätigkeit von Innsbruck in die spanisch-habsburgischen Niederlande, nach Mechelen und Brüssel. Er stand dadurch in sehr engem Kontakt mit dem Sohn Maximilians I., Erzherzog Philipp den Schönen, seit der Heirat mit Johanna von Kastilien spanischer Thronprätendent. Dieser ernannte ihn 1501 zu seinem Hauptpostmeister mit einer persönlichen Besoldung als Beamter. In den Jahren 1505 und 1516 schlossen die spanischen Könige Philipp I. und Karl I. mit Franz von Taxis umfassende Postabkommen, die als bilaterale Vereinbarungen den Schritt der taxisschen Posten zum freien, delegierten Staatsbetrieb ermöglichten. Von seinem Brüsseler Wohnsitz in der Nähe von Notre Dame du Sablon aus organisierten Franz von Taxis und sein Neffe Johann Baptista immer stärker die *internationalen* Postverbindungen nach Frankreich, Spanien, Italien und an den Kaiserhof. Aufgrund der dafür zustehenden Pauschalentschädigungen aus den Einnahmen der reichen spanischen Niederlande – auch für die Postkurse im Reich – trat Innsbruck immer mehr als Kernzelle der taxisschen Posten in den Hintergrund. Brüssel war nun der Vorort der taxisschen Posten, die Taxis am Innsbrucker Hof behielten nur noch die Zuständigkeit für die tirolischen und vorderösterreichischen Posten zwischen Trient, Ensisheim, Füssen und Salzburg. M.D.

Lit.: F. Ohmann, Die Anfänge der Post und die Taxis, Leipzig 1909 – Dallmeier 1977/I – J.P. Reis, Histoire des Postes, des Télègraphes et des Téléphones du Grande-Duché de Luxembourg, o.O. 1897 – J. Rübsam, Franz von Taxis, der Begründer der modernen Post, und sein Neffe Johann Baptista von Taxis 1491–1541. In: UPU 17 (1892) S. 125–131, 141–149, 157–162 – Taxis, Franz von. In: ADB 37 (1894) S. 488 ff – Behringer 1990, S. 33 f.

1 POSTABKOMMEN MIT KÖNIG PHILIPP DEM SCHÖNEN VON SPANIEN

[1505] Januar 18 Brüssel
Abschr., Pap., franz., Libell mit 4 Bll., beglaubigt durch den Notar J. Lodewycx 1693 –
aufgeschlagen: 1. Seite

In diesem nur abschriftlich überlieferten Vertrag schließt der spanische König Philipp I. nach Antritt der Thronfolge in Kastilien (1504) mit Franz von Taxis, der seit 1. März 1501 das Amt eines spanischen Hauptpostmeisters (*capitaine et maistre de nos postes*) ausübte, ein umfassendes *bilaterales* Abkommen über Anlage und Erweiterung der Posten (*postes*) in Frankreich, Spanien, Deutschland und Geldern. Franz von Taxis soll auf eigene Kosten von Brüssel oder Mechelen aus, dem Sitz des Statthalters in den Niederlanden, einen berittenen Posten zum König Maximilian I. in Deutschland, zum französischen Königshof und zum Hoflager des spanischen Königs in Kastilien, Aragon oder Granada unterhalten. Für die Beförderung der amtlichen Briefe auf diesen Routen sind folgende Maximalzeiten festgelegt: Von Brüssel nach Innsbruck je nach Jahreszeit $5\frac{1}{2}$ – $6\frac{1}{2}$ Tage, nach Paris 44 – 54 Stunden, nach Blois $2\frac{1}{2}$ – 3 Tage, nach Lyon 4 – 5 Tage, nach Granada 15 – 18 Tage und nach Toledo 12 – 14 Tage. Anstelle der bisherigen persönlichen Besoldung von täglich 20 Sol aus der kgl. Hofhaltung erhält Franz von Taxis künftig jährlich 12 000 Livres Pauschalvergütung von der Rechnungskammer Lille ausbezahlt. Dieses erste internationale Postabkommen zeigt die Phase des Übergangs der taxisschen Postbetreiber von königlichen Angestellten zum freien kgl. privilegierten Unternehmer.

Druck: J. Rübsam, Johann Baptista von Taxis, ein Staatsmann und Militär unter Philipp II. und Philipp III., Freiburg 1889, S. 188–197. – Regest: Dallmeier, 1977/II S. 3–4 Nr. 2.
Lit.: J. Rübsam, Johann Baptista von Taxis, ein Staatsmann und Militär unter Philipp II. und Philipp III., Freiburg 1889, S. 173 ff. – F. Ohmann, Die Anfänge der Post und die Taxis, Leipzig 1909, S. 163 ff. – K. Schwarz, Die Entstehung der deutschen Post, Berlin 1931, S. 24 f. – L. Kalmus, Weltgeschichte der Post. Mit besonderer Berücksichtigung des deutschen Sprachgebietes, Wien 1937, S. 63 f.

Regensburg, FZA, Posturkunden 1

2 BILDNIS DES FRANZ VON TAXIS, DES BEGRÜNDERS DES INTERNATIONALEN POSTWESENS (1459–1517)

Um 1514
Gemälde, Öl auf Holz, zugeschrieben dem Meister von Frankfurt

Franz von Taxis, Sohn des Paxius de Taxis und der Tonila Magnasco (Monaco), geboren 1459 in Cornello, ist zusammen mit seinem Bruder Janetto und Neffen Johann Baptista seit 1490 in habsburgischen Postdien-

sten nachweisbar; um 1500 folgte er Erzherzog Philipp dem Schönen in die burgundischen Niederlande, wo er von den Residenzstädten Mechelen und Brüssel aus die internationalen Postkurse im gesamten Habsburgerreich organisierte.

Verehelicht mit Dorothea Luytvaldi (Luytboldi) nahm er schließlich seinen festen Wohnsitz zu Brüssel gegenüber der Kirche Notre Dame du Sablon. Sein genauer Todestag ist unbekannt; er starb ohne Nachkommen zu Brüssel zwischen dem 30. November und 20. Dezember 1517 und liegt in der von ihm gestifteten Kapelle St. Ursula in der Kirche N.D. du Sablon zu Brüssel begraben. Das Porträt zeigt ihn etwa im Alter von 55 Jahren in zeitgenössischer Kleidung, einem Samtmantel mit breitem Pelzkragen, über den ergrauten Haaren ein rotes Barett. Die linke Seite dieses Baretts schmückt eine Medaille mit dem Bildnis des Hl. Christophorus. Die rechte Hand umschließt einen Brief, daneben liegen Federkiel und eine Handvoll u.a. englische und französische Münzen auf einem Tisch, die linke Hand ruht auf einem Botenstab, identisch jenem auf den Wandteppichen von der Legende von Notre Dame du Sablon. Das gezeigte qualitätvolle Porträt, dessen linkes Viertel ergänzt ist, gehört in die Reihe von insgesamt fünf ähnlichen Bildnissen des Franz von Taxis in New York, Köln, England und Patsch, die sich nur durch künstlerische Qualität und Details unterscheiden. Es befand sich ursprünglich in der Sammlung Marcel von Nemes in München, wurde 1931 von der Galerie H.A. van Kuyk, Amsterdam erworben und gelangte über einen anonymen niederländischen Sammler in den Besitz des Fürstlichen Hauses.

Lit.: O. LeMaire, Les portraits de François de Tassis, organisateur des postes internationales. In: Revue Belge d'Archéologie et d'histoire de l'art 23 (1954) S. 203–216 – O. Le Maire, Fran-

A. II. Brüssel – Mechelen

çois de Tassis (1459–1517), organisateur des postes internationales et la tapisserie de la légende de Notre–Dame du Sablon. In: De Schakal (1956), S. 1–15 – AK Margareta van Oostenrijk en haar hof, Mechelen 1958, S. 6 Nr. 51 – AK Ausstellung Maximilian I. Innsbruck, Innsbruck 1969, S. 87 Nr. 329 – Taxis, Franz von. In: ADB 37 (1894) S.488 ff. (J. Rübsam) – M. Piendl, Thurn und Taxis 1517 – 1867. Zur Geschichte des Fürstlichen Hauses und der thurn– und taxisschen Post, Frankfurt a.M. 1967, S. 5 ff.

Regensburg, Fürst Thurn und Taxis Kunstsammlungen, Inv.Nr. St.E. 16 672

3   MECHELEN AUS DER VOGELSCHAU
1648
Kupferstich, aus Johannes Blaeu,
Novum ac Magnum Theatrum Urbium Belgicae Regiae, Amsterdam 1648

Das 870 als Malinas erstmals genannte Mechelen verkaufte 1356 Engelbrecht von der Marck, Fürstbischof zu Lüttich, an den Grafen von Flandern. Unter Herzog Philipp dem Kühnen kam es an das burgundische Herzogtum. Herzog Karl der Kühne richtete schließlich im Dezember 1473 im dortigen erzbischöflichen Palais das *Parlement* oder *Grand Conseil*, den obersten Gerichtshof für die niederländischen Provinzen, ein. Nach dem Tode seiner Witwe Margareta von York 1503 installierte die neue Statthalterin Margarete von Österreich, Tochter Maximilians I., 1504 zu Mechelen ihren Hofstaat. Mit ihrem Tode am 1. Dezember 1530 zu Mechelen siedelte der Hof unter Maria von Ungarn nach Brüssel über, während das Parlament erst 1794 in den Wirren der Französischen Revolution sein faktisches Ende fand. Franz von Taxis erwarb nach seiner Übersiedelung von Innsbruck in die Niederlande im Südwesten der Stadt Mechelen ein Haus, um nahe der Residenz der Statthalterin die im Auftrag des Hofes ankommenden und abgehenden Posten abfertigen zu können.

Lit.: E. Münch, Margaretha von Oesterreich, Oberstatthalterin der Niederlande. Biographie und Nachlass, 1. Teil, Leipzig Stuttgart 1833 – L.Th. Maes, Le Parlement et le Grand Conseil à Malines, Malines 1949 – AK Margareta van Oosterrijk en haar Hof, Mechelen 1958, S. IX–X – J. David, Geschiedenis van de stad en de heerlijkheid van Mechelen, Brüssel 1854 – G. Peeters, Mechelen. In: Winkler Prins Encyclopedie van Vlaanderen, Band 4, Brüssel 1974, S. 270–277.

Regensburg, FHB, XLII A 10

4   AREAL DES EHEMALIGEN TAXISSCHEN WOHN– UND POSTHAUSES IN MECHELEN
1648
Foto,
Ausschnitt aus der Stadtansicht in J. Blaeu,
Novum ac Magnum Theatrum Urbium Belgicae Regiae, Amsterdam 1648

Nach dem Kaufprotokoll in den Schöffenregister der Stadt Mechelen hatte Franz von Taxis am 28. Februar 1507 ein Haus *metten hove, gronde etc., gelegen in de Bleec-* *strate in Sinte Peters parochie, tusschen Wouters van Duffle ... ende Jans van Velthoven* als Besitz erworben. Von dieser ursprünglichen Anlage in der Rue de Blanchisserie im südwestlichen Stadtgebiet Mechelens, zwischen der späteren Jesuitenkirche St. Peter und dem Adelspalais van Hoogstraeten, haben sich keine baulichen Überreste aus der damaligen Zeit erhalten.

Lit.: Stadtarchiv Mechelen, Actes scabinaux, registre 126, fol. 154'.

Regensburg, FHB, XLII A 10

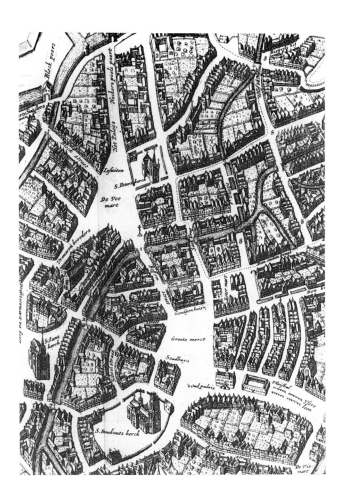

5   HEUTIGE LAGE DES TAXISSCHEN WOHN– UND POSTHAUSES IN MECHELEN
1953 (1508–1519)
Skizze, Feder mit Bleistift, verfertigt am 28. Mai 1953 von Octave LeMaire, Brüssel

Das ehemalige Palais Tassis in Mechelen lag nach den heutigen Straßenzügen im Winkel zwischen der Rue de la Blanchisserie und dem Boulevard du Sablon, nahe der Porte du Sablon, einem Rest der neuzeitlichen Befestigungsanlage.

Regensburg, FZA, Kasten Urkunden–Bergamo, Fach Niederlande

6 ERWERB DES MECHELENER HAUSES DURCH JOHANN BAPTISTA VON TAXIS VON SEINER TANTE, DER WITWE DOROTHEA LUYTVOLDI

1519 Dezember 2 Mechelen
a) Foto: Eintrag, flämisch, Mechelener Schöffenregister
b) Texttranskription

Vor den Schöffen Antoine Hoots und Paul Gielevoirt überläßt die Witwe Dorothea des Franz von Taxis dem kgl. spanischen Postmeister Johann Baptista von Taxis, ihrem Neffen, ihr Haus zu Mechelen in der Rue de Blanchisserie. Gleichzeitig verschreibt dieser ihr aus den vier benachbarten Häusern, die er am 18. November 1519 von Lélie Caluwaerts, Witwe des Jean Kerman, gekauft hatte, eine jährliche Rente von 50 Gulden und 100 Gulden für die miterworbenen Möbel des Hauses. Mit dem Ankauf dieser insgesamt fünf Häuser in Mechelen nahe der Stadtmauer bei der Porte du Sablon schuf Johann Baptista einen geschlossenen Immobilienbesitz in der damaligen niederländischen Residenzstadt.

Lit.: Mechelen, Stadtarchiv, Actes scabinaux, Serie I, Register 142 fol.33, 127', 131–131' – Brüssel, Bibliothèque Royale Albert I., Ms II.6519, fol. 213'.

Mechelen, Stadtarchiv, Actes Scabinaux, Serie I, Register 142, fol.131.

7 VOTIVALTAR DES
JOHANN BAPTISTA VON TAXIS
Um 1540, niederländisch
Flügelaltar, Öl auf Holz

Das Triptychon zeigt vor einer in hügeliger Landschaft eingebetteten Stadt mit Renaissance–Architektur in der Mitteltafel den Generalpostmeister Johann Baptista von Taxis (gest. 1541 Brüssel) und seine Gemahlin Christina von Wachtendonck zu Hemissen (gest. 1561 Mechelen) vor dem Kreuz Christi, das von jenen der beiden Schächer flankiert ist; unter dem Kreuz Maria Magdalena, Johannes, die Mutter Christi und die beiden Frauen Salome und Maria. Das Stifterpaar kniet auf Betschemeln, die mit ihren Wappen geschmückt sind. Die Seitenflügel zeigen links ihre Söhne, rechts die Töchter. Für eine Datierung in die Zeit um 1540 gibt das Alter der Söhne Anhaltspunkte. Der älteste, 1513 geborene Roger wird als etwa Dreißigjähriger, der jüngste, um 1530 zu Brüssel geborene Johann Baptista als Zehnjähriger dargestellt. Vorne im geistlichen Gewande Roger (1513–1593), der bis zum Dekan der Kathedrale zu Antwerpen und Propst von St.Peter zu Löwen aufstieg; zugleich war er Kanzler der dortigen Universität. Dahinter sein nächstälterer Bruder Raimondo (1515–1571), der nach dem kinderlosen Tod seines Onkels Maffeo das Amt des *correo mayor* in Spanien ausübte. Ihm folgt altersmäßig der Sohn Franz, 1536 noch zu Lebzeiten seines Vaters zum Generalpostmeister ernannt, starb er unverheiratet 1543. Hinter diesem kniet Leonhard I. (1523–1612), der nach seinem frühverstorbenen Bruder Franz die Nachfolge im kaiserlich–kgl. spanischen Postgeneralat antrat und nach einem wechselvollen, von Krisen und Erfolgen im Postwesen gezeichneten Leben hochbetagt zu Brüssel starb. Als jüngster ehelicher Sohn ist ganz außen auf der Tafel Johann Baptista (1530–1610) porträtiert, der als Diplomat unter den spanischen Königen Philipp II. und III. maßgeblich an der Verständigung mit Frankreich Anteil hatte. Von den auf dem rechten Flügel dargestellten Töchter mit Namen Ursula, Margarete, Maria, Adelheid, Regina und Alegria, ging die älteste Ursula ins Kloster, die drei mittleren heirateten niederländische Beamte, während Regina einem Verwandten, dem Hofpostmeister Christoph von Taxis angetraut wurde und Alegria den Postmeister des Königreiches Neapel Juan Baptista Zapata ehelichte. Auf dem Votivaltar fehlen die beiden ältesten Söhne Johann Baptistas aus sei-

ner Verbindung mit Barbara di Walcher, von denen Johann Anton (gest. Rom 1580) spanischer Postmeister in Rom und Anton (1509 Innsbruck – 1574 Antwerpen) kaiserlicher Postmeister in Antwerpen war. Der Votivaltar wurde 1843 durch Fürst Maximilian Karl für 900 Francs vom Pfarrvikar der Kirche N.D. du Sablon, Tialans, für seine Bildergalerie angekauft. Eine in den Kaufunterlagen vermutete Zuschreibung des Werkes an den in Haarlem ansässigen Marten van Heemskerck ist nach der neueren Literatur nicht haltbar.

Lit.: Taxis, Johann Baptista von. In: ADB 37 (1894) S. 496 ff (J.Rübsam) – M. Piendl, Das Fürstliche Haus Thurn und Taxis, Regensburg 1980, S. 12 ff. – U. Staudinger, Die Bildergalerie des Fürsten Maximilian Karl von Thurn und Taxis. Thurn und Taxis Studien 17 (1990) S. 249–252.

Regensburg, Fürst Thurn und Taxis Kunstsammlungen, Inv.Nr. St.E 10 938

8 KAISER KARL V. (1500 – 1558)
1531
Kupferstich, Pap., gestochen nach Barthel Beham

Das Brustbild zeigt Karl V. im Alter von 31 Jahren, mit Barett und Ordenskette des Goldenen Vlieses. Ein Jahr zuvor wurde er vom Papst an seinem 30. Geburtstag in Bologna zum Kaiser gekrönt. Er stand politisch am Höhepunkt seiner Macht.
Unter Kaiser Karl V. hatte sich die Post der Taxis im gesamten Habsburgerreich etabliert, von Neapel, Rom und Venedig bis Madrid, Antwerpen und Wien. Die vierzehntägig bis wöchentlich ablaufenden Posten waren bei seinem Tode für jedermann gegen feste Gebühren zugänglich. Gemessen nach dem postalisch erschlossenen Raum hatte die taxissche Post unter seiner Regentschaft den größten Umfang.

Lit.: K. Brandi, Kaiser Karl V. – Werden und Schicksal einer Persönlichkeit und eines Weltreiches, Band 1, Frankfurt a.M. [6]1976. – Beham, Barthel. In: Thieme-Becker 3 (1909) S. 191–193 (G. Pauli). – F.W.H. Hollstein, German Engravings Etchings and Woodcuts ca. 1400–1700, Vol. 2, Amsterdam o.J., S. 228.

Regensburg, Fürst Thurn und Taxis Graphische Sammlung, Porträts Bd. 1 Nr. 8 (KF).

9 STIFTERPORTRÄT DES FRANZ VON TAXIS AUF DEN WANDTEPPICHEN VON DER LEGENDE DER KIRCHE N.D. DU SABLON
1517 – 1518
Großfotos,
Wandteppiche, Wolle und Seide, Brüsseler Manufaktur, Karton zugeschrieben Bernard von Orley (1488–1541)

Die vier Wandteppiche, welche die Legende über die Gründung der Kirche Notre Dame du Sablon in Brüssel bildlich darstellen, wurden zwischen dem 14. März 1516 und dem 30. November 1517 vom Postmeister Franz von Taxis in Auftrag gegeben. Sie sollten für die dortige Grabkapelle der Familie Taxis als Wandschmuck dienen. Nachdem die Kirche von Sablon Ende des 16. Jahrhunderts von den protestantischen Bilderstürmern geplündert worden war, tauchten diese Wandteppiche nach 1874 in der Collection F. Spitzer, Paris, auf; von dort wurden sie über die Versteigerung der Sammlung schließlich in die Eremitage, Leningrad, in das Musée Communal und die Musées royaux d'Art et d'Histoire, beide in Brüssel, verstreut; vom vierten Wandteppich haben sich nur noch drei Fragmente erhalten.
Die Kartons oder Vorlagen für diese Wandteppiche werden dem Künstler Bernard van Orley zugeschrieben, der 1512 in N.D. du Sablon das Tafelbild in der Kapelle der Zimmermannszunft malte und ab 1515 Porträtarbeiten am Hofe der Statthalterin Margarete von Österreich ausführte.
Auf den beiden Wandteppichen in den Brüsseler Museen findet sich die Figur des Stifters Franz von Taxis insgesamt viermal wieder.
a) Der dreiteilige Wandteppich im Musée Communal in Brüssel dokumentiert rechts im Vordergrund, inhaltlich losgelöst von der Legende den Beginn der habsburgischen Post: Der vor Kaiser Friedrich III. (rechts) und dessen Sohn Maximilian I. (Mitte) kniende Franz von Taxis empfängt aus den Händen des Kaisers eine Urkunde. Das physionomische Äußere des Stifters, seine Kleidung, Haartracht und Botenstab entsprechen weitgehend dem Porträt des sogenannten Meisters von Frankfurt (vgl. Kat. Nr. A. II. 2).
Die Wappen über den Säulenkapitellen verweisen auf die spanischen Besitzungen Navarra und Galizien.
b) Der Wandteppich im Musées royaux d'Art et d'Histoire zeigt in drei durch Säulen getrennten Szenen den feierlichen Umzug der legendären Marienstatue von N.D. du Sablon zu Brüssel. Links die Ankunft in Brüssel in Gegenwart Herzogs Johann III., im Mittelteil die Prozession mit dem Herzog und seinen Söhnen in die Kapelle der Armbrustschützen in N.D. du Sablon. Der hintere Träger, gekrönt mit der spanischen Königskrone, ist der spätere Kaiser Karl V., der vordere sein Bruder Erzherzog Ferdinand. Vor den Trägern mit der Gnadenstatue, die von Brüsseler Bürgern, Geistlichen und Herzog Philibert II. von Savoyen begleitet werden, knien Franz von Taxis (rechts) und sein Neffe Johann Baptista (links).
Im rechten Teil verehrt die habsburgische Familie, angeführt von der Statthalterin Margarete von Österreich, dem jungen Erzherzog Ferdinand und dessen Schwestern Eleonore, Isabelle, Katharina und Maria das Gnadenbild; hinter dieser kleinen Gruppe ist Dorothea Luytvoldi, Witwe des Franz von Taxis plaziert.
Postmeister Franz von Taxis ist in der bekannten Art als kniende Ganzfigur mit Botenstab, Urkunde und Barett in beiden Seitenteilen des Wandteppichs dargestellt.
Auf der rechten Bordüre ist nachträglich die lateinisches Stifterinschrift *Egregius Franciscus de Taxis pie memorie postarum magister hec fieri fecit anno 1518* aufgesetzt. Sie weist darauf hin, daß der Stifter bei der Vollendung der Wandteppiche schon verstorben war. Es entsteht gerade hier der Eindruck, die dreifache Darstellung des Franz von Taxis in Gegenwart der habsburgischen Familie sei in die vorhandenen Szenen von der Legende des wundertätigen Gnadenbildes von N.D. du Sablon nach seinem Tode eingefügt worden.

Lit.: H. Göbel, Wandteppiche, 1. Teil: Die Niederlande, 2 Bde., Leipzig 1923. – M. Crick–Kuntzinger, Musées royaux d'Art et d'Histoire de Bruxelles. Catalogue des tapisseries (XIVe au XVIIIe siéle), Brüssel 1956, S. 32–35 Nr. 15 – D. Heinz, Europäische Wandteppiche I. Von den Anfängen der Bildwirkerei bis zum Ende des 16. Jahrhunderts. Bibliothek für Kunst- und Antiquitätenfreunde Bd. 37, Braunschweig 1963, S. 124–126 – R. Freytag, Les scènes et les personnages de la tenture de N.D. du Sablon à Bruxelles. Sonderdruck aus De Schakal 10 (1956) Nr. 4, Antwerpen 1957 – AK Tapisseries bruxelloises de la pré Renaissance, hrsg. Musées royaux d'Art et d'Histoire , Brüssel 1976, S. 85–99 Nr. 22–23.

a) Brüssel, Musée Communal
b) Brüssel, Musées royaux d'Art et d'Histoire, Inv.Nr.3153

10 ABKOMMEN KÖNIG KARLS I. VON SPANIEN MIT SEINEN HAUPTPOSTMEISTERN JOHANN BAPTISTA UND MAFFEO VON TAXIS
1517 Dezember 20 Valladolid
Abschrift, Pap., Libell mit 6 Bll., franz.

Nach dem Tod seines Postmeisters Franz von Taxis erneuerte König Karl I. von Spanien die Postabkommen vom 18. Januar 1505 und vom 12. November 1516 mit dessen Neffen Johann Baptista und Maffeo von Taxis, den neuen Senioren der Familie in den spanischen Niederlanden und Madrid. Sie sind laut ihrer Bestallungsbriefe die alleinigen Post- und Kuriermeister für Spanien, Rom und Neapel. Jede Poststation muß künftig mit zwei Pferden versehen sein, ausgenommen zum französischen Königshof. Ohne Erlaubnis der Postmeister darf niemand Posten oder Postpferde halten. Sie erhalten für ihr Personal Patente, die diese rechtlich den Beamten gleichstellen, und ein Bestrafungsrecht bei Dienstvergehen. Der König, sein Statthalter und Ratskollegium können einen Edelmann oder Bediensteten zum halben Preis auf der Post reisen oder begleiten lassen.

Druck: Anales de las Ordenanzas de Correos de España, Bd. 1 (1283–1819), Madrid 1879, S. 1–3 – J. Rübsam, Ein Postvertrag aus dem Jahre 1517. In: UPU 22 (1897) S. 14–19.
Regest: Dallmeier 1977/II, S. 6–7 Nr. 7
Lit.: F. Ohmann, Die Anfänge der Post und die Taxis, Leipzig 1909, S. 257 ff. – L. Kalmus, Weltgeschichte der Post. Mit besonderer Berücksichtigung des deutschen Sprachgebietes, Wien 1937, S. 86 – Behringer 1990, S. 38 ff.

Regensburg, FZA, Posturkunden 6

11 POSTSTUNDENPASS MECHELEN – INNSBRUCK
1506 März 25 – 31
a) Fototafel, Ausf., Pap., Bogen
b) Transkription einzelner Einträge
c) Graphische Darstellung des Postkurses, gefertigt von W. Münzberg, Regensburg 1989

a–b) Poststundenpaß

Die Poststundenpässe wurden zur Kontrolle der Posten über die richtige Weiterbeförderung der Depeschen nachweislich seit 1495 verwendet. Eingetragen werden mußten im allgemeinen Tag und Stunden der Ankunft und Abfertigung der Felleisen.
Der vorliegende Stundenpaß, von Redlich irrtümlicherweise zunächst in das Jahr 1500 datiert, dokumentiert erstmals alle Poststationen auf dem niederländisch–tirolischen Kurs zwischen Mechelen und Innsbruck. Ein zweiter anschließender Zettel vom 31. März bis 3. April nennt die Poststationen von Innsbruck bis Sieghardskirchen und Wiener Neustadt, dem damaligen Hoflager Maximilians I.
Das Felleisen mit den Depeschen an den kaiserlichen Hof fertigte Postmeister Franz van Taxis eigenhändig am 25. März zu Mechelen in Brabant um 3 Uhr nachmittags ab. Um den Auftrag allen beteiligten Posten verständlich zu machen, war sein Befehl in französischer und deutscher Sprache ausgefertigt.
Bis nach Hatzenporten im luxemburgischen Gebiet bestätigten die Posten französisch, von dort ab nur noch in deutscher Sprache. Der Stundenpaß wurde aber auch als Träger anderer Informationen verwendet. So baten die Posten Hans von Ulm zu Plochingen und Michel mit der Schram [zu Speyer] den Postmeister, ihnen Geld zu schicken, da sie nicht einmal mehr die Pferde mit Eisen beschlagen könnten.
Der Posthalter Wolff zu Rheinhausen ließ seinen Genossen Martin, Posten zu Söfflingen bei Ulm, wissen, daß im Fellsack ein Brief und Päckchen für Anton Welser nach Augsburg liege; ebenfalls beigelegte 12 Plapart Silbermünzen sollten für die Abfertigung eines eigenen Boten nach Augsburg Verwendung finden. Dies ist ein sehr früher Hinweis auf die Beförderung von Privatsendungen auf den Posten.
Diese flandrische Postsendung erreichte am letzten Märztag um 3 Uhr früh Innsbruck, wo der Hofpostmeister Gabriel de Tassis um 6 Uhr früh die Weiterleitung an den Kaiser veranlaßte. Dies in seiner italienischen Muttersprache. Die Posten beförderten das Felleisen in 9 bis 9½ Tagen von Mechelen über Innsbruck nach Wiener Neustadt, ungefähr 1300 Km; das entspricht einer durchschnittlichen Tagesleistung von 166 Km.

c) Karte der Poststationen zwischen Mechelen und Innsbruck

Auf der anliegenden Kartenskizze ist der Verlauf des Postkurses Mechelen–Innsbruck nach dem Poststundenpaß von 1506 dargestellt. Die genannten Stationen „Peudargent" und „die Vee" lassen sich nur schwer verifizieren.
Im Gegensatz zum späteren, bis ins 18. Jahrhundert stabilen Routenverlauf durch die Ardennen, Eifel und Hunsrück, wurde 1506 zwischen Aerschot und Rheinhessen noch ein weiter östlich, näher am Rhein gelegener Kursverlauf gewählt.

Druck: O. Redlich, Vier Post–Stundenpässe aus den Jahren 1496 bis 1500. In: MIÖG 12 (1891) S. 494–504 – F. Ohmann, Die Anfänge der Post und die Taxis, Leipzig 1909, S. 326–329 Beilage Nr. 10.
Lit.:F. Ohmann, Die Anfänge der Post und die Taxis, Leipzig 1909, S. 138–144.

a) Wien, Technisches Museum, Poststundenpaß 1506

B. Thurn und Taxis – Die Inhaber der Post

B. I. Cornello – Venedig – Rom

Die Familie Tassis, deren Namen sich vom italienischen Tasso = Dachs herleitet, ist seit dem 13. Jahrhundert in der Gegend um Bergamo, einer Landschaft mit alter langobardischer Tradition nachweisbar. Das Stammwappen zeigt daher auch als sprechendes Wappen den silbernen, nach rechts schreitenden Dachs im blauem Feld. Mit Omodeo von Tassis beginnt die Stammreihe der Taxis im Brembanatal nördlich von Bergamo um das kleine Bergdorf Cornello. Mitglieder der Familie lassen sich im 14. und 15. Jahrhundert in anderen Orten um Bergamo und in Bergamo selbst nachweisen, wo die Familie in der Oberstadt ein ansehnliches Palais besitzt. Seit der Mitte des 15. Jahrhunderts verlassen einige Angehörige dieser Großfamilie den heimatlichen Raum, um in fremden Diensten, vor allem als Kuriere im Staat Venedig und als päpstliche Boten– und Postmeister in Rom ihre Fähigkeiten zu zeigen. Auch in Mailand und Bologna wurden die Tassis seßhaft. Allen gemeinsam ist das Bewußtsein um die gemeinsame Herkunft aus dem Bergamasker Gebiet um das Zentrum Cornello in der Valle Brembana.   M.D.

Lit.: G. Figini, Una pagina in servizio della storia delle poste, Bergamo 1898 – E. Mangili, I Tasso e le Poste, Bergamo 1942 – Le Poste dei Tasso, un'impresa in Europa, Bergamo 1984.

1 TERRITORIUM VON BERGAMO
   Ende 17. Jahrhundert
   Carte Nouvelle de Bergamasco faisant partie des etats de la Republique de Venise
   Kupferstich, koloriert, gestochen v. Sanson
   aus: Sanson – H. Iaillot, Atlas Nouveau contenant toutes les parties du monde ..., Amsterdam: P. Mortier o.J.

Das Gebiet von Bergamo mit seinem Umland liegt am Übergang der südlichen Kalkalpen in die lombardische Poebene. Der nördliche bergige Anteil wird von den beiden Tälern des Brembo und der Seriana durchzogen. Die Stadt Bergamo, das antike Bergomum, erkämpfte sich im 12. Jahrhundert die städtische Selbstverwaltung von der bischöflichen Herrschaft. Im Jahre 1329 fiel es an das Herzogtum Mailand, von 1427 bis 1797 gehörte das Gebiet von Bergamo zur Republik Venedig. Nach dem napoleonischen Zwischenspiel teilte es das Los der österreich–habsburgischen Besitzungen in Italien. Die auf einem Bergrücken gelegene Oberstadt, die Altstadt, mit zahlreichen kirchlichen und profanen Denkmälern prägt die Architektur des 16. Jahrhunderts.

Lit.: P.Pesenti, Bergamo, Bergamo 1910.

Regensburg, FHB, XIV A 1

2 CORNELLO – BERGAMASKER STAMMSITZ DER TASSIS
Um 1982
Fotografie
Vito Sonzogni, Cornello dei Tasso in Valle Brembana, Bergamo 1982

Die Ansicht des schwer zugänglichen Bergnestes Cornello in der Valle Brembana, gezeichnet 1982 von Vito Sonzogni, gibt den Blick aus dem Talgrund des Brembo wieder. Es ist der Stammsitz der Familie Tassis seit dem Mittelalter.
Mit Odonus de Taxo wurde 1146 erstmals ein Mitglied der Familie im Brembanatal nachgewiesen. Die Stammreihe in Cornello beginnt mit dem am 14. Mai 1251 erwähnten Omodeo de Tassis del Cornello.

Lit.: G. Figini, Palazzi, monumenti e ricordi Tassiani dal seculo XIII sino al presente in Bergamo e provincia con alcuni documenti inediti riguardanti il corso postale, Bergamo 1899, S. 33–43 – V. Sonzogni, Cornello dei Tasso in Valle Brembana, Bergamo 1982.

Regensburg, FZA, Fotosammlung A.10.0

3 TAXISSCHE HERRENHÄUSER IN UND UM BERGAMO
Um 1900
Fotografien, von Ogliari, Bergamo–Brescia

a) Palazzo in Celladina
Celladina liegt 3 km von Bergamo entfernt an der Straße nach Brescia. Den Palazzo, erbaut Anfang des 16. Jahrhunderts, besaß nachweislich Gabriel und dessen Sohn *comes* Johann Jakob de Tassis, beide päpstliche Postmeister zu Rom. Rechts angebaut befand sich ein dem hl. Franz von Assisi geweihtes Oratorium. In einem Saal des Obergeschosses haben sich Fresken mit zwölf Porträts von Postmeistern und anderen berühmten Personen des Hauses Tassis erhalten.

b) Taxissches Haus in Zanica (Vezanica)
Am 5. Dezember 1499 verkaufte Baldino Santinelli di Ponteranica an die Brüder Jakob und Augustinus de Tassi del Cornello ein Grundstück in Vezanica. Des letzteren Sohn Domenico de Tassi (gest. 1538) erbaute als Kaufmann das heute noch erhaltene Gutshaus.

c) Bergamo, Palazzo in Borgo Pignolo Nr. 76
Das dreigeschossige Gebäude mit Arkaden gegen den Innenhof beherbergte vom November 1556 bis April 1557 den Dichter Torquato Tasso; nochmals, im August 1587 kehrte der Dichter mit der Herzogin von Mantua in seine Heimatstadt zurück, in diesen Palast. Aus dieser Schaffensepoche stammen die Sonette auf Bergamo.

d) Bergamo, Palazzo in Piazza Tassis, obere Stadt
Das ebenfalls in der Oberstadt, der Altstadt von Bergamo gelegene Haus ließ Ende des 15. oder Anfang des 16. Jahrhunderts der päpstliche Postmeister und Bürger von Bergamo, Gabriel de Tassis erbauen. Der Eingang mit den zwei Säulen trägt das taxissche Wappen mit Posthorn und Dachs.

Lit.: G. Figini, Palazzi, monumenti e ricordi Tassiani dal secolo XIII sino al presente in Bergamo e provincia con alcuni documenti inediti riguardanti il corso postale, Bergamo 1899, S. 52–67 – F. Barbieri, Itinerari Tassiani in Bergamo e nella Bergamasca. In: Studi Tassiani 1967, Nr. 17, S. 97–103.

Regensburg, FZA, Fotosammlung A.10.0

4 TAXISSCHER GRUNDERWERB IM BERGAMASKER UMLAND
1486 November 29 Bergamo
Ausf., Pergament, lat., Notariatsinstrument, Rotulus, 370 cm lang

Jakobus, Sohn des verstorbenen Alexander de Tassis de Cornello, Bürger und Handelsmann zu Bergamo, kauft für sich und im Namen seines Bruders Augustinus,

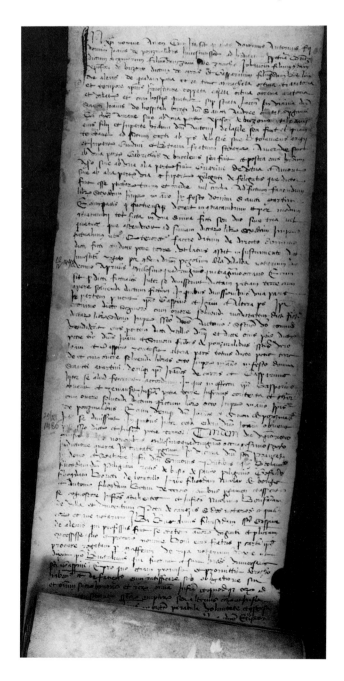

B. I. Bergamo – Italien

Bürger und Rat zu Bergamo, päpstlicher Postmeister in Rom, und Neffen Gabriel, Sohn des 1478 verstorbenen Dominicus, ein Grundstück in der Nähe von St. Johann de Hospitali bei Bergamo. Erwähnt wird als Vormund ein Gratiosus de Tassis del Cornello.

Ser Alexander und *egregius et nobilis* Augustinus de Tassis übten das päpstliche Post- und Kuriermeisteramt in Rom aus, zugleich waren sie Teilhaber an der dortigen Bank-Societas der Sandri (= Alexander de Tassis). Sie haben jedoch als Bürger von Bergamo niemals den Kontakt zur Heimat verloren.

Regensburg, FZA, Taxis–Bergamo Urkunden 12

5 TAXISSCHE BINDUNGEN AN DIE
REPUBLIK VENEDIG
1489 Juli 20 Venedig
Ausf., Pergament, lat., Notariatsinstrument des Notars Paxinus de Gratarolis, Textverlust durch Löcher

Der edle Venetianer Gregorius Nani überträgt vor dem Notar de Gratarolis dem *egregius* Kaufmann Ser Jacobus und seinem Bruder Augustinus, Söhne des verstorbenen Alexander de Tassis, und deren Neffen Gabriel ein Guthaben an die Gebrüder de Zambellis in Bergamo.

Regensburg, FZA, Taxis–Bergamo Urkunden 13

6 KAISERLEHEN IN ISTRIEN AN DIE TAXIS
Um 1525
Liber in quo reperiuntur antiquissima diversa pro DD. Tassis per copiam registrata praevio indice eorundem inservientium de antiquissimorum notitia
Handschrift, Pap., mit Pergamenteinband,
aufgeschlagen: fol 2' – 3

Die Handschrift aus der 1. Hälfte des 16. Jahrhunderts enthält in kopialer Überlieferung Urkunden, Verzeichnisse, Protokolleinträge aus den Jahren 1475 bis 1525 über die in Istrien gelegenen Lehen Barbana und Rachele. Rachele hatte König Maximilian I. mit Urkunde vom 8. Februar 1504 an seinen Postmeister Zanetto di Tassi zu Lehen ausgegeben (Nr.I). In der unter Nr.II (fol. 2') überlieferten Urkunde überließ König Maximilian I. das Dorf Barbana lehenweise an seinen Postmeister Janetto de Tassis zur Tilgung von 6 656 Gulden 46 Karanti ausständiger Zahlungen der Innsbrucker Raitkammer, die im vergangenen Ungarischen Krieg an Kosten für die Posten aufgelaufen waren.
Unter Nr. III (fol. 3), einer Urkunde von 1506 November 27 Altbreisach, versicherte Maximilian I. seinem Postmeister Janetto durch die Person seines Neffen und Angestellten Simon von Tassis nochmals 1 363 Gulden 37 Karanti auf die Lehen Burghut Rachele und Dorf Barbana. Die Ausstände rührten von den im kgl. Auftrag zwischen Konstanz und Mechelen eingerichteten Posten her.

Druck: G. Figini, I Tassi ed i feudi di Rachele e Barbana nell'Istria, Bergamo 1895, S. 11–13.
Lit.: G. Figini, I Tassi ed i feudi di Rachele e Barbana nell'Istria, Bergamo 1895.

Regensburg, FZA, Taxis–Bergamo Urkunden 27

7 PÄPSTLICHE PFRÜNDE FÜR
ALOYSIUS VON TAXIS,
BISCHOF VON PARENZO
1514 April 22 Rom
Ausf., Perg.,mit anhangender Bleibulle,
Risse an den Faltungen

Papst Leo X. überträgt an den Bischof von Parenzo, Aloysius de Taxis, der als Schreiber der apostolischen Breven und des Archivs an der römischen Kurie tätig ist, eine Pfründe an der Pfarrkirche Hl. Crisogomus und Cristophorus zu Seriate, Diözese Bergamo, auf die der frühere Rector Johann Markus du Bucollerius durch den Bergamasker Kleriker Laurentius de Taxis verzichtet hatte.
Aloysius, geboren am 15. September 1463, Sohn des päpstlichen Generalpostmeisters Augustinus von Taxis gehört zum Zweig der Familie, die in Bergamo seßhaft blieb. Er ist einer jener wenigen Familienmitglieder, der die geistliche Laufbahn ergriff. Nach seiner Tätigkeit an der römischen Kurie wurde er 1500 zum Bischof von Parenzo in Istrien ernannt, 1516 zu jenem von Recanati und Macerata bei Loreto. Am 5. September 1520 erschlugen ihn bei einem Überfall Räuber in seiner Villa bei Redona. Seine Brüder ließen ihm ein Grabmal in der Kirche Santo Spirito zu Bergamo setzen.

Lit.: J. Rübsam, Johann Baptista von Taxis. Ein Staatsmann und Militär unter Philipp II. und Philipp III. 1530–1610, Freiburg i.Br. 1889, S. 6 Anm. 1. – G. Figini, Palazzi, monumenti e ricordi Tassiani dal Secolo XIII sino al presente in Bergamo e provincia con alcuni documenti inediti riguardanti il corso postale, Bergamo 1899, S. 75.

Regensburg, FZA, Taxis–Bergamo Urkunden 45

8 AUFNAHME IN DEN ORDEN
DES HL. STEPHAN
DURCH FERDINAND VON MEDICI
1590 Juli 1 Florenz
Ausf., lat., Perg., mit anhangender Bleibulle,
an den Faltungen beschädigt

Ferdinand I. von Medici, Großherzog der Toskana, ernennt den Bergamasker Edelmann Lucillo de Tassis, Sohn des Eneas de Tassis, zum Ritter des Militärordens vom Hl. Stephan, Ordinis St. Benedicti, nachdem dieser vor dem Ordensrat die vier adeligen Ahnen nachgewiesen hatte.
Der St.Stephans-Orden wurde von Cosmo von Medici, dem ersten Großherzog der Toskana, zur Erinnerung an die am 2. August (Stephanstag) 1554 dem Marschall Strozzi gelieferte und gewonnene Schlacht gestiftet. Lucillo gehörte zu einem Zweig der Familie, in dem im ausgehenden 16. Jahrhundert durch die Rezeption der

Antike altrömische Vornamen bevorzugt Verwendung fanden. Sein Vater Eneas, Patronatsherr von Zanica, und sein Onkel Ercole, Gesandter in Venedig, sind die bekanntesten Namensträger.

Lit.: M.Gritzner, Handbuch der Ritter und Verdienstorden aller Kulturstaaten der Welt, Leipzig 1893, S. 561–564.

Regensburg, FZA, Taxis–Bergamo Urkunden 76

9 VERDIENSTE DER THURN UND TAXIS UM IHRE ITALIENISCHE HEIMAT
1652 Juni 17 Bergamo
Ausf., Perg., lat., mit zwei aufgedruckten Siegel

Die Stadtkanzlei von Bergamo bestätigt, daß das berühmte Geschlecht der Tassis aus dem Bergamasker Gebiet stamme und als geachtete Bürger für die Stadt und ihre Heimat Verdienste erworben und Ämter ausgeübt hätten.

Regensburg, FZA, Haus– und Familiensachen Urkunden 239

10 TORQUATO TASSO, DICHTER DES BEFREITEN JERUSALEMS
1572
Gemälde, Öl auf Holz

Das Porträt–Kniestück soll nach der Inschrift *vigesimo sexto aetatis meae anno* auf der Rückseite den Dichter Torquato Tasso im Alter von 26 Jahren in Ferrara zeigen. Torquato Tasso, Sohn des Dichters und venezianischen Diplomaten und Statthalters von Ostiglia, Bernardo Tasso, gehörte dem in Bergamo verbliebenen Zweig der Familie an. Geboren am 11. März 1544 zu Sorrent, erzogen u.a. am Fürstenhof von Urbino, studierte er zu Padua und Bologna Rechtswissenschaft. Als Dichter und Historiograph der Familie Este 1565–1571 in Ferrara, zeigten sich seit 1577 bei ihm Anzeichen von Verfolgungswahn. Nach längeren Aufenthalten im Franziskanerkloster und in der geschlossenenen Anstalt Santa Anna zu Ferrara sowie seiner Befreiung durch Herzog Vincenzo Gonzaga zu Mantua starb er kurz vor seiner Dichterkrönung durch Papst Clemens VII. am 25.April 1595 zu Rom. Das unsignierte Porträt wird der Bergamasker Schule des 16. Jahrhunderts zugeschrieben, im allgemeinen für eine Arbeit im Umkreis des Malers Gianfrancesco Terzio (1523–1591) angesehen. Es zeigt stilmäßig Anklänge an die Florentiner Porträtmalerei in der Spätrenaissance.Über die Kunsthandlung Fratelli Steffanoni in Bergamo wurde das Gemälde 1912 vom Fürstlichen Haus erworben.

Lit.: B. Cerboni, La lirica di Bernardo Tasso, Urbino 1966 – A. Solerti, Vita di Torquato Tasso, 3 Bde., Turin–Rom 1895 – Terzio. In: Thieme–Becker 32 (1938) S. 546–548 (W. Suida).

Regensburg, Fürst Thurn und Taxis Kunstsammlung, Inv.Nr. St.E. 9747

11 TORQUATO TASSO, LA GERUSALEMME LIBERATA
1581 (1784–1786)
Druck, mit Illustrationen, Paris 1784 – 1786, aufgeschlagen: Band 1, Titelblatt und Titelkupfer

Torquato Tassos Hauptwerk *La Gerusalemme Liberata*, an dem er seit 1560 arbeitete, erschien im Jahre 1581. Dieses, 1626 auch unter dem deutschen Titel *Das befreite Jerusalem* publizierte Kreuzzugsepos sollte in der Art des italienischen Ritterepos, sprachlich anlehnend an die antiken Vorbilder Homer und Vergil sowie den Humanisten Petrarca, in der Zeit der Türkenabwehr belehrend wirken. Sein sehr gefeiertes Werk diente als Vorlage vieler Epen der Barockzeit und wurde von den deutschen Romantikern begeistert aufgegriffen. Spätere Änderungen des Epos, z.T. unter Weglassung der zahlreichen, bildhaften Anekdoten, zeigen Torquato Tassos religiöse Hinwendungen und Ängste vor der Inquisition.

Regensburg, FHB, PrD 1544–1595

B. Thurn und Taxis – Die Inhaber der Post

B. II. Compagnia et Societá Tassis

Für den ungewöhnlich steilen wirtschaftlich und sozialen Aufstieg der Taxis im habsburgischen Postdienst muß die innere Struktur des Familienunternehmens untersucht werden. Die Tassis kamen 1490 nicht als Einzelpersonen aus dem Bergamasker Cornello an den Innsbrucker Hof. Erfahrungen im venezianischen oder päpstlichen Kurierwesen hatten viele Familienmitglieder nachzuweisen. Schon der erstgenannte Janetto Taxis zog seinen Bruder Franz und Neffen Johann Baptista in den habsburgischen Postdienst nach. Nur einige Jahre später finden wir weitere Zweige und Mitglieder dieser Familie im kaiserlichen Postdienst zwischen Madrid, Venedig, Rom und Antwerpen. Die systematische Anlage von Postämtern in den wirtschaftlichen, politischen und Verwaltungszentren des habsburgischen Weltreiches unter Maximilian I., Philipp dem Schönen und Kaiser Karl V. bot ihnen die Möglichkeit, die auf den verbindenden Postkursen laufenden Postsendungen gegenüber der staatlichen Obrigkeit, aber auch den anfänglichen Mitkonkurrenten zu kontrollieren. Nur die taxisschen Postmeister in diesen Zentren und den anderen Städten und Orten des Reiches, wie Innsbruck, Augsburg, Rheinhausen, Füssen, Kollmann und besonders Brüssel konnten die Felleisen an ihre Mitgenossen absenden, sie unbeaufsichtigt öffnen und verschließen. Damit entzogen sie sich zunehmend einer Kontrollinstanz, etwa jener der herrschaftlichen Hofkanzleien. Die Postsendungen konnten neben den staatlichen Depeschen somit auch private Schreiben aufnehmen.

Diese *compagnia et societá Tassis* des 16. Jahrhunderts zeichnete sich durch die straffe hierarchische Struktur des Familienverbandes unter Leitung des Seniorates in Brüssel und die strategische Verteilung ihrer Postbezirke über West-, Mittel- und Südeuropa aus. Struktur, Familiensinn und ausgeprägte persönliche Organisations- und Führungsfähigkeiten dieser Großfamilie legten den Grundstock für den späteren Aufstieg zur ersten Postdynastie im Reich und den Spanischen Niederlanden.

M.D.

Lit.: M. Dallmeier, Il casato principesco dei Thurn und Taxis e le poste in Europa (1490–1806). In: Le Poste dei Tasso, un'impresa in Europa, Bergamo 1984, S. 2–12 – Dallmeier 1977/I, S. 55–61 – Behringer 1990, S. 41–47.

1 TAXISSCHE POSTBEZIRKE IM 16. UND 17. JAHRHUNDERT
1500 – 1700
Karte
Entwurf: M. Dallmeier –
Graphische Gestaltung: W. Münzberg, Regensburg 1989

Die taxissche Postanstalt des 16. Jahrhunderts war in ihrer Struktur eine Personengesellschaft in Kompagnieform mit dem familienintern allseits anerkannten Seniorat in Brüssel. Aus den ersten Zentren taxisscher Postverwaltungen zu Innsbruck und Mechelen/Brüssel schieden schon frühzeitig durch separate kaiserliche Verleihungen oder familieninterne Regelungen weitere z.T. unabhängige, z.T. unter dem Brüsseler Postgeneralat stehende Postbezirke innerhalb des europäischen Habsburgerreiches aus. Sie alle wurden vom engeren Kreis der Familienmitglieder, von eigenen Familienzweigen oder eingeheirateten Adelsfamilien geleitet. Mittelpunkte dieser taxisschen Postimperien waren neben Brüssel die Postämter in den Städten und wirtschaftlichen Machtzentren Rom, Venedig, Mailand, Trient, Kollmann, Innsbruck, Wien, Augsburg, Füssen, Antwerpen und Madrid.

Durch das Aussterben verschiedener Familienzweige im 17. und 18. Jahrhundert und durch die zwangsweise Abtretung dieser althergebrachten Postrechte an den absolutistisch merkantelistischen Habsburgerstaat unter Kaiser Karl VI. und Kaiserin Maria Theresia war am Ende des Heiligen Römischen Reiches (1806) die thurn und taxissche Post wieder auf die kaiserliche Reichspost unter der zuvor in Brüssel und Frankfurt, jetzt in Regensburg ansässigen fürstlichen Linie Thurn und Taxis reduziert worden.

Lit.: Behringer 1990, S.41 ff – Dallmeier 1977/I, S. 55 ff. – M. Dallmeier, Il casato principesco dei Thurn und Taxis e le poste in Europa (1490–1806). In: Le Poste dei Tasso, un'impresa in Europa, Bergamo 1984, S. 2–12.

Regensburg, FZA, Graphiken

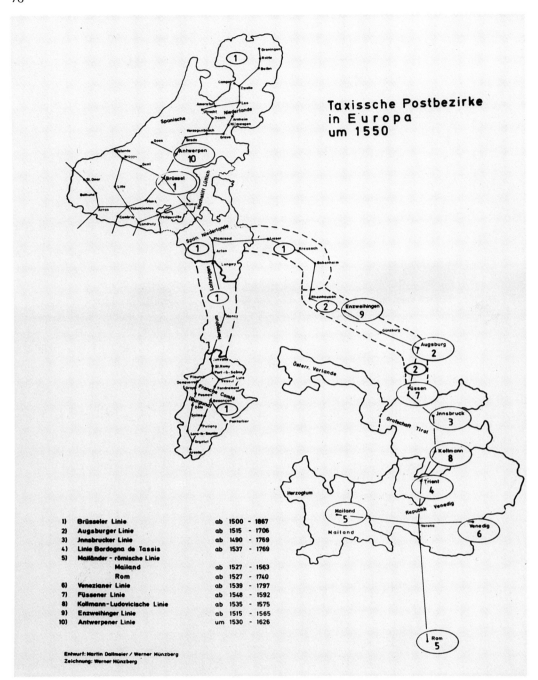

Kat.Nr. 1

2 INTERFAMILIÄRE BINDUNGEN UND
   KONSTELLATIONEN DER
   GROSSFAMILIE TAXIS
   15. – 17. Jahrhundert
   Graphik, Entwurf: M.Dallmeier, Regensburg 1989

Die postalischen Interessen und Verbindungen zwischen den einzelnen taxisschen Postbereichen in Mitteleuropa wurden in den ersten beiden Jahrhunderten gezielt durch sehr enge familiäre Bande vertieft. Neben wechselseitiger Einsetzung in Vormundschaften, Testamentsvollstreckungen oder andere Amtsfunktionen stellten die Heiraten zwischen mehr oder minder blutsverwandten Taxis keine Seltenheit dar.
Die Graphik schlüsselt die wichtigsten Heiratsverbindungen zwischen den einzelnen taxisschen Linien im 16. und 17. Jahrhundert auf.

Lit.: A. Lohner, Geschichte und Rechtsverhältnisse des Fürstenhauses Thurn und Taxis, Regensburg 1895, Stammtafeln S. 244 ff. (bearbeitet v. J. Rübsam) – D. Schwennicke (Hg.), Europäische Stammtafeln. Stammtafeln zur Geschichte der Europäischen Staaten, NF. Band V, Marburg 1988, Taf. 121 ff.

Regensburg, FZA, Graphiken

3 ERHOLUNGSURLAUB FÜR DEN MAILÄNDER
   GENERALPOSTMEISTER SIMON VON TAXIS
   1527 März 10 San Giovanni in Persiceto
   Ausf., Pap., ital., mit aufgedrucktem Siegel,
   beschädigt

Herzog Karl von Bourbon und Auvergne, kaiserlicher Generalkapitän und Statthalter in Italien, erteilt dem kaiserlichen Generalpostmeister Simon von Tassis die

B. II. Societá Tassis

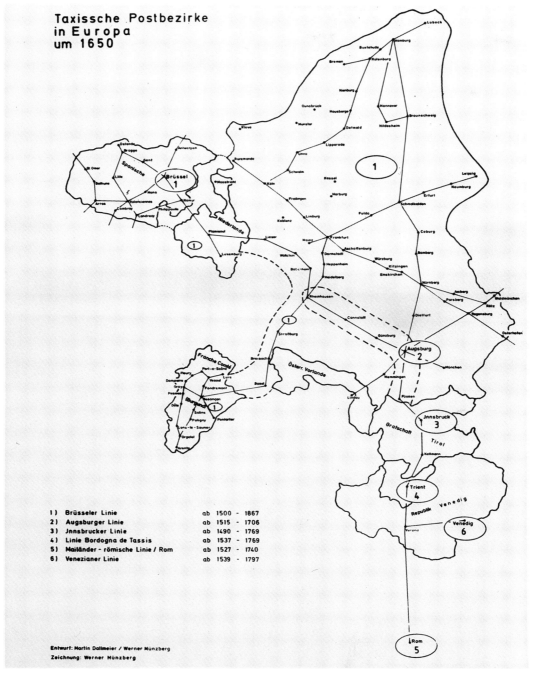

Kat.Nr. 1

Erlaubnis, wegen seines Alters und Gesundheitszustandes einen Landaufenthalt auf seinem Kastell und Haus in Istrien mit einer Badekur anzutreten.
Während seiner Abwesenheit sollen ihn Donato Tasso beim Herzog, sein Neffe Bartholomeo Vitale in Mailand und Antonio Flieger in Rom vertreten.
Bei den istrischen Besitzungen des Simon von Tassis dürfte es sich um die kaiserlichen Lehen Rachele und Barbana handeln, die Maximilian I. seinem Onkel Janetto überließ (vgl. Kat.Nr.B.I.6.). Herzog Karl (1489–1527) fiel noch im selben Jahr bei der Erstürmung Roms.

Druck: G. Figini, Palazzi, monumenti e ricordi Tassiani dal secolo XIII sino al presente in Bergamo e provincia con alcuni documenti inediti riguardanti il corso postale, Bergamo 1895, S. 78 – Dallmeier 1977/II, S. 10 Nr. 12.

Lit.: L. Kalmus, Weltgeschichte der Post. Mit besonderer Berücksichtigung des deutschen Sprachgebietes, Wien 1937, S. 89 f.

Regensburg, FZA, Posturkunden 8

4 KAISERLICHE BESTÄTIGUNG DES POSTMEISTERAMTES FÜR SIMON VON TAXIS
1536 November 5 Genua
Ausf., Pap., lat., mit Unterschrift des Kaisers, Wasserflecken, an den Faltungen unterlegt

Kaiser Karl V. weist seinen Statthalter zu Mailand, Kardinal Marinus Caracciolo an, dem dort amtierenden Postmeister Simon von Taxis das kaiserliche Oberpostmeisteramt zu bestätigen. Der Kaiser will dieses

Amt, das er mit Urkunde vom 5. August 1518 Saragossa noch vor seiner Kaiserwahl (1519) den Brüdern Johann Baptista, Maffeo und Simon von Taxis verliehen hatte, auf sein gesamtes Kaiserreich ausdehnen.

Nach dem Anfall des Reichslehen Mailand an Karl V. beim kinderlosen Tod des letzten Sforza-Herzogs hatte Simon von Taxis zunächst ein Militärkommando am Tosator in Mailand inne. Die endgültige Ernennung zum Generalpostmeister im Staat Mailand sprach der Kaiser am 24. Mai 1538 aus. Mit der Teilung des Habsburgerreiches wurde Simon, der zugleich auch das kaiserliche Postamt in Rom verwaltete, königlich-spanischer Postmeister zu Mailand. Er starb 1563 zu Mailand und liegt in Santa Maria della Passione bestattet. Nach seinem Tod ging das Mailänder Postgeneralat den Taxis verloren.

Druck: Dallmeier 1977/II, S. 11 Nr. 15.
Lit.: J. Rübsam, Das kaiserliche Postamt zu Mailand in der ersten Hälfte des XVI. Jahrhunderts unter Simon von Taxis. In: APT 29 (1901) S. 443f.

Regensburg, FZA, Posturkunden 10

5   EPITAPH DES INNSBRUCKER OBERPOSTMEISTERS JOSEPH VON TAXIS UND SEINER GEMAHLIN MARIA SALOME VON SEISSENHOFEN
1560
Tafel, Bronzeguß, mit Inschrift und Wappen

Dieses bronzerne Epitaph aus dem alten Innsbrucker Friedhof stammt vom Grab des am 21.Oktober 1555 verstorbenen obristen Postmeisters der oberösterreichischen Lande, Joseph von Taxis, bestattet in der Hl. Geist-Kirche zu Innsbruck. Joseph folgte 1530 seinem Vater, dem schon 1504 als Hof- und Postmeister der Kaiser Maximilian und Karl V. bezeugten Gabriel von Taxis in diesem Amte nach. In seiner Amtszeit bildete sich der Tiroler, Ober- und Vorderösterreichische Postbezirk mit dem Mittelpunkt Innsbruck unter der heute noch in Patsch bei Innsbruck ansässigen gräflichen Linie Thurn, Valsassina und Taxis heraus. Nach einem Bericht der Vorderösterreichischen Kammer unterhielt er 1548 die Posten von Innsbruck bis Rovereto, Augsburg und Ensisheim zur Vorderösterreichischen Regierung sowie nach Wien bis zur Grenze des Salzburger Erzstiftes.

Links der Inschrift befindet sich sein Wappen mit Dachs, wachsendem einköpfigen Adler und dem Posthorn als Helmzier. Der untere Teil der Inschrift mit dem nicht ausgefüllten Sterbedatum und das rechte Wappen weisen auf seine Gemahlin Maria Salome Seissenhoferin hin, die erst am 23. April 1580 zu Innsbruck verstarb. Ihr Vater Jörg Seissenhofer war kaiserlicher Harnischmacher und Hofplattner zu Innsbruck. Diese Verbindung der Taxis zu dem wirtschaftlich potenten Innsbrucker Patriziergeschlecht förderte ihre gesellschaftliche Integration in Tirol.

Die künstlerisch qualitative Bronzetafel wurde zwischen 1555 und 1565 gegossen. Sie wird dem Innsbrucker Bildhauer Veit Arnberger und Geschützgießer Gregor Löffler zugeschrieben. Heute befindet sie sich als Leihgabe der Gräflichen Familie Thurn und Taxis im Landesmuseum Ferdinandeum zu Innsbruck.

Lit.: J. Rübsam, Zur Geschichte der ältesten Posten in Tirol und den angrenzenden Länder 1504 - 1555. In: UPU 16 (1891) S. 197–206 – Joseph von Taxis In: ADB 37 (1894) S. 501 (J. Rübsam) – G. Rennert, 400 Jahre Taxis in Tirol und den Vorderösterreichischen Landen. In: UPU 59 (1934) S. 339–369 – R. Wurth, Die Tiroler Taxis. Österreichische Postgeschichte 13 (1989) S. 27–30.

Innsbruck, Tiroler Landesmuseum Ferdinandeum, Inv.Nr. B 207

B. II. Societá Tassis

6   FRANZ WERNER GRAF VON THURN, VAL-
SASSINA UND TAXIS, HOF- UND GENERAL-
ERBPOSTMEISTER DER OBER- UND VORDER-
ÖSTERREICHISCHEN LANDE (1633–1685)
Um 1680
Gemälde, Öl auf Leinwand

Die Halbfigur zeigt Reichsgraf Franz Werner von Thurn, Valsassina und Taxis in kostbarer zeitgenössischer Gewandung. Er wurde am 2. November 1661 vom Tiroler Landesherrn, Erzherzog Ferdinand Karl, aufgrund des Erblichkeitsprivilegs der verwitweten Erzherzogin Claudia von 1645 als Amtsnachfolger seines verstorbenen Vaters Paul II. bestätigt. Mit dem kinderlosen Tod des Erzherzogs Sigmund Franz 1665 fiel die Tiroler Landesherrschaft aufgrund der habsburgischen Primogenitur an Kaiser Leopold I. Versuche des erbländischen Generalpostmeisters, Grafen Karl von Paar, und des kaiserlichen Postmeisters zu Venedig, Octavio von Tassis, auch das tirolisch-vorderösterreichische Postwesen in dieser Epoche in ihre Postgeneralate zu integrieren, scheiterten am Innsbrucker Erblichkeitsprivileg. Um *Ehr und Nutz* seines Dieners Franz Werner zu berücksichtigen, verlieh ihm Kaiser Leopold I. 1673 den Titel eines *Hof- und Generalerbpostmeisters der Ober- und Vorderösterreichischen Lande* und erhob das Geschlecht am 19. September 1680 in den erblichen Reichsgrafenstand.

Bis zur Inkammerierung des Tiroler Postgeneralats unter Kaiserin Maria Theresia 1769 übte dieser Zweig der taxisschen Familie das erbliche Postmeisteramt in eigener Person zu Innsbruck aus.

Lit.: G. Rennert, 400 Jahre Taxis in Tirol und den Vorderösterreichischen Landen. In: UPU 59 (1934) S. 339–369 – R. Wurth, Die Tiroler Taxis. Österreichische Postgeschichte 13 (1989) S. 37–42.

Patsch, Privatbesitz Graf Franz von Thurn, Valsassina und Taxis

7   ANTONIUS VON TAXIS,
POSTMEISTER ZU ANTWERPEN
(1509 – 1574)
1552
Medaillen
a) Zinnmedaille b) Bronzemedaille, vergoldet

Zinn- und Bronzemedaille zeigen erhaben auf der Vorderseite das nach rechts gewandte barhäuptige bärtige Brustbild des 42jährigen Antwerpener Postmeisters Antonius von Taxis mit der Umschrift **ANTONIVS DE TAXIS AETA[TIS] XLII**. Auf der Rückseite ist das Wappen mit Dachs, einköpfigen wachsendem Adler und Posthorn über der Helmzier dargestellt, bei der Zinnmedaille im erhabenen Relief. Die vergoldete Bronzemedaille, die noch Spuren einer alten Fassung trägt, dürfte als Schmuckmedaillon gedient haben, so daß die Rückseite das taxissche Wappen vertieft wiedergibt.

Anton von Taxis stammt mit seinem älteren Bruder Johann Anton, spanischen Postmeister zu Rom, aus der vorehelichen Verbindung des Generalpostmeisters Johann Baptista mit der Tirolerin Barbara di Walcher. Geboren 1509 zu Innsbruck, bestätigte ihm 1534 Kaiser Karl V. Adel, Wappen und Hofpalzgrafenamt, 1538 folgte die kaiserliche Geburtslegitimation, 1539, 1569 und 1572 Wappenbesserungen.

Seine Abkömmlinge standen in zwei Generationen dem überaus wichtigen kaiserlichen Postamt zu

Antwerpen vor, das bis zum Abfall der nördlichen Provinzen End- und Verteilungspunkt des italienisch-niederländischen Kurses war. Noch zu Lebzeiten seines Enkels Maximilian unterstellte das Brüsseler Postgeneralat unter Graf Leonhard II. dieses Postamt aufgrund eines Gerichtsurteils des Geheimen Rates wieder direkt seiner Aufsicht.

Lit. O. le Maire, Antoine de Tassis (1510–1574). In: Bijdragen tot de Geschiedenis 22 (1931) S. 282–300.

Regensburg, FZA, Numismatische Sammlung, Taxis-Medaillen

8 KAISERLICHE BESTÄTIGUNG DER POSTÄMTER AUGSBURG, RHEINHAUSEN, BOBENHEIM, DEIDELSHEIM UND ROSSHAUPTEN FÜR DIE AUGSBURGER TAXIS

1559 Juli 10 Augsburg
Ausf., Perg., lat., mit Siegel in Wachsschale an schwarz-gelben Schnüren

Kaiser Ferdinand I. bestätigt dem Augsburger Postmeister Seraphin II. von Taxis die durch Urkunde Kaiser Karls V. vom 23. Mai 1546 konfirmierte frühere Verleihung der Postämter Augsburg, Rheinhausen, Deidelsheim, Bobenheim und Roßhaupten durch den Generalpostmeister Leonhard I. von Taxis; diese Bestätigung soll jedoch die Rechte des Hofpostmeisters Christoph von Taxis nicht beeinträchtigen.
Als einzige Reichsstadt auf deutschem Boden hatte die oberdeutsche Handels- und Finanzmetropole Augsburg im frühen 16. Jahrhundert taxissche Postmeister aufgenommen. Dort etablierten sich – zeitweise in Personalunion – das habsburgische Hofpostamt, abhängig direkt vom Wiener bzw. Prager Kaiserhof, und das kaiserlich-kgl. spanische Postamt, abhängig vom niederländischen Postgeneralat in Brüssel.
Dem kaiserlich-kgl. spanischen Postamt Augsburg waren durch kaiserliche und taxissche Verleihungen einige weitere wichtige Postämter und Posthaltereien am niederländischen Kurs integriert, vor allem Rheinhausen gegenüber Speyer, das den Rheinübergang kontrollierte. Diese Postämter wurden von dem in Augsburg ansässigen Familienzweig der Taxis in eigener Person verwaltet, nachdem die Generalpostmeister Johann Baptista und Franz II. von Taxis ihren *Vettern* Seraphin dem Älteren und Bartholomäus, Söhne des Janetto de Tassis, 1540 und 1543 wegen ihrer Verdienste im Postwesen diese Posten verschrieben hatten. Seraphin hatte lange Jahre den jungen Generalpostmeister Leonhard I. in Brüssel beraten.

Druck: K. Löffler, Geschichte des Verkehrs in Baden, Heidelberg 1910, S.491–492.
Lit.: J. Rübsam, Zur Geschichte des Augsburger Postwesens 1515 – 1627. In: UPU 28 (1903) S.183–193 – O. Lankes, Die Geschichte der Post in Augsburg von ihren Anfängen bis zum Jahre 1808, nach archivalischen Quellen geschildert, Masch. Diss., TU München 1914 – L. Kalmus, Weltgeschichte der Post, Wien 1937, S. 102 – Dallmeier 1977/I, S. 55 ff. – Behringer 1990, S. 47 f.

Regensburg, FZA, Posturkunden 27

9 VEREINIGUNG DER AUGSBURGER POSTÄMTER UNTER HOFPOSTMEISTER CHRISTOPH VON TAXIS

1557 Juli 16
Ausf., Perg., mit anhangendem Siegel (rot) in Wachsschale

Hofpostmeister Christoph von Taxis bekennt, daß ihm seine Vetter Georg und Seraphin II. sowie seine Schwägerin Anna Maysin, Söhne und Witwe des verstorbenen Bartholomäus von Taxis, gegen jährlich 1000 Gulden den *dienst* auf der Post zu Augsburg für sechs Jahre verschrieben haben. Das abgegriffene Siegel an der Verschreibung zeigt das taxissche Wappen mit Dachs (unten), Adler (oben) und Posthorn über der Helmzier; dazu die Inschrift *CHRISTOPHORVS VON TAXIS*.
Unter Hofpostmeister Christoph von Taxis sind in den Jahren 1557 bis 1563 letztmals beide Augsburger Postämter vereinigt. Er war ein Sohn des Augsburger Hofpostmeisters Johann Anton von Taxis aus dessen zweiter Ehe mit Ursula Meyer; verheiratet war er mit Regina, einer Schwester des Generalpostmeisters Johann Baptista von Taxis.

Regest: Dallmeier 1977/II S. 18 Nr. 31–32.
Lit.: O. Lankes, Die Post in Augsburg. Von ihren Anfängen bis zum Jahre 1808. Masch. Diss. TU München 1914, S. 37 ff – L. Kalmus, Weltgeschichte der Post. Mit besonderer Berücksichtigung des deutschen Sprachgebietes, Wien 1937 S. 99 ff.

Regensburg, FZA, Posturkunden 24

10 FAMILIENGRABLEGE DER AUGSBURGER TAXIS

1631 April 4 Augsburg
Ausf., Perg., mit anhangendem Siegel in Holzschale

Dekan, Senior und Kapitel des Chorherrenstiftes St. Moritz in Augsburg gewähren dem verstorbenen kaiserlichen Postmeister zu Augsburg und Rheinhausen, Pfalz-Neuburgischen Kammerherrn, Octavio von Taxis zu Rohrenfels, dessen Witwe Susanna Jacobe, geborne von Stauding, und ihren Nachkommen ein Begräbnis und eine Ruhestätte mit wappengeschmücktem Grabstein in der Stiftskirche vor dem St. Joseph-Altar. Der Grabstein muß auf ihre eigenen Kosten erstellt werden. Octavio von Taxis hatte auch einen Jahrtag am Fest des Hl. Johann Baptista mit Seelamt und drei Seelenmessen auf einem eigens dazu errichteten Altar rechts vom Chor bei der Sakristei unter Darbringung von 300 Gulden Legat gestiftet.
Nach dem Tode des Octavio von Taxis (gest. 1626) wurde das Augsburger Postgeneralat immer häufiger mit Einverständnis der Brüsseler Linie von beamteten Postverwaltern direkt geleitet, während die Nachkommen bis zu seinem Enkel Sebastian Franz (gest.1702) offiziell den Titel eines Oberpostmeisters von Augsburg, Rheinhausen und Straßburg (bis 1683) führten. Im 18. Jahrhundert taten sich Mitglieder dieser taxisschen Linie als pfalz-neuburgische Landsassen zu Rohrenfels, Zahling, Schwabdiessen und Obergriesbach in der Verwaltung des Landesherren hervor.

B. II. Societá Tassis

Lit.: O. Lankes, Die Post in Augsburg. Von ihren Anfängen bis zum Jahre 1808. Masch. Diss. TU München 1914, S. 74 ff. – Augsburger Stadtlexikon. Geschichte, Gesellschaft, Kultur, Recht, Wirtschaft, hrsg. von W. Baer u.a., Augsburg 1985, S. 255 f.

Regensburg, FZA, Haus- und Familiensachen Urkunden 1851

11   TOTENSCHILD DES FÜSSENER
     POSTMEISTERS INNOZENZ VON TAXIS
     1592
     Holzschild, farbig gefaßt, Rückseite bemalt,
     Dchm 123 cm

Der Totenschild des am 15. Dezember 1592 verstorbenen Füssener Postmeisters Innozenz von Taxis in der Füssener St. Anna-Kapelle zeigt auf der Vorderseite ein

quadriertes Wappen mit schreitendem Dachs (1.3) und Reichsadler (2.4), dazu die Umschrift: **+ ANNO DO[MIN]I 1592 DIE 15 DECB. OBIJT NOBILIS AC GENEROSVS DOMINVS DOMINVS INNOCENTIVS DE TAXIS TRIVM ROM. IMP. REGIS ac HISP. FVIT A CONSILIJS NECNON / AVGVSTAE SICVT ET FERDINANDI ARCHIDVCIS AVSTRIAE HIC IN OPPIDO FVESSEN AB ANGARIA. CVIVS ANIMAE DEVS PROPITIVS ESSE VELIT +.** Die Rückseite ist bemalt und zeigt die Hl. Dreifaltigkeit, umgeben von Engeln. Die Umschrift nennt ihn einen Rat dreier Kaiser, des Königs von Spanien und Postmeister zu Augsburg und Füssen.
Innozenz war am 18. März 1548 als Füssener Postmeister vom Generalpostmeister Leonhard I. von Taxis bestallt worden. Als Stellvertreter des Augsburger Postmeisters Seraphin I. von Taxis verwaltete er von 1548 bis 1551, und nach dessen Tod von 1564 bis 1567 das dortige Postamt. Sein einziger Sohn Johann Baptista, der von Kaiser Ferdinand I. 1571 eine Anwartschaft

auf das Amt seines Vaters erhalten hatte, trat unter Don Juan d'Austria in den Kriegsdienst ein und eroberte 1583 die Stadt Zutphen in der Provinz Geldern. Bei der Belagerung Bonns unter dem Herzog von Croy fand er 1588 den Heldentod.
Als Nachfolger Innozenz' von Taxis im Amt des Füssener Postmeisters installierte 1592 die Innsbrucker Hofkammer den Hofkammersekretär Hans Reichard, der das Amt vom dortigen Bürger Georg Socher verwalten ließ.

Lit.: R. Freytag, Die Taxis in Füssen. In: APT (1922) S. 13 30 – G. Rennert, 350 Jahre Füssener Postwesen. In: Aus Füssens Vergangenheit 2 (1935) S. 111–122 – K. Schlagmann, Grabsteine, Wappen und Barone. In: Heimatchronik für den Kreis Füssen 3 (1970) S. 7–8 – K. Schlagmann, Die Bürger zu Füssen, 2. Teil. In: Alt Füssen (1982) S. 62–65.

Stadt Füssen, Freiberger-Kapelle

12   TAXISSCHE ORGANISATION DER
     REITENDEN POST ZWISCHEN VENEDIG
     UND ROM
     1523 Dezember 21 Rom
     Foto,
     Handschrift, Registereintrag der päpstlichen
     Kanzlei, lat.

Der Registereintrag dieses Breve, ausgestellt von Papst Clemens VII., enthält die Übertragung der Organisation der reitenden Post zwischen Venedig und Rom auf dem Territorium des Kirchenstaates an Maffeo von Tassis, Post- und Kuriermeister des Staates Venedig, Sohn des verstorbenen Johannes von Bergamo. Der Papst erteilt Maffeo die gewünschte Erlaubnis, in allen Gebieten, Städten, Orten und Provinzen des Kirchenstaates zwischen Rom und der Republik Venedig Posten mit unterlegten Pferden einzurichten. Maffeo von Tassis (gest. 1536/37) hatte schon 1517 die Stelle eines spanischen Postmeisters zu Madrid inne.

Druck: A. Serra, Corrieri e postieri sull'itinerario Venezia Roma nel cinquecento e dopo. In: Le Poste dei Tasso, un'impresa in Europa, Bergamo 1984, S. 47 Nr. 1.
Lit.: W. Beck, Ein Postmonopol der Taxis im frühen Kirchenstaat (1522/23). In: UPU 85 (1960) S. 78–82 – W. Beck, Ursprung und Ende der fremden Posten in Rom. In: Archiv für das Post- und Fernmeldewesen 11 (1959) S. 574–576 – A. Serra, Corrieri e postieri sull'itinerario Venezia–Roma nel cinquecento et dopo. In: Le Poste dei Tasso, un'impresa in Europa, Bergamo 1984, S. 33–50 – C. Fedale – M. Gallenga, Per servizio di Nostro Signore Strade, corrieri e poste dei papi dal Medioevo al 1870. Quaderni di Storia Postale 10 (1988) S. 51–57.

Rom, Archivio secreto Vaticano, Arm. XL. 5 fol.40.

13   TAXIS ALS KUNSTMÄZENE UND
     SAMMLER ZU VENEDIG
     1601 Februar 16 Venedig
     Ausf., 1 Bogen, Pap., ital.

Die Brüder Ferdinando und David von Taxis, Postmeister zu Venedig, teilen ihrem Kousin Lamoral I. von Taxis zu Brüssel mit, daß sie ihm ein Gemälde des deutschen Malers Hans Rottenhammer senden, der sich in Venedig aufhält. Das Gemälde soll 40 bis 50 Scudi kosten und zeigt die nackte Venus (Gemälde Venus und Cupido mit dem Spiegel und Sartyr im Hintergrund). Auf dem Begleitschreiben zeichnen sie unten links die beiden Künstlersignaturen auf dem Gemälde nach.

Der Münchener Maler Hans Rottenhammer reiste mit Unterstützung Herzog Wilhelms V. von Bayern 1589 über Venedig nach Rom, wo er bis 1595 blieb. Zwischen 1596 und 1606 hielt er sich in Venedig auf. Vor allem seine dort geschaffenen Bilder mythologischen Inhalts, beeinflußt von Tintoretto und Veronese, begründeten seinen Ruhm. Das im Schreiben genannte Werk Rottenhammers ist im Werkverzeichnis von Peltzer nicht nachgewiesen.

Octavio, der Sohn des Postmeisters Ferdinando von Tassis, unterhielt als kaiserlicher Postmeister zu Venedig später selbst eine berühmte Gemäldegalerie.

Lit.: R.A. Peltzer, Hans Rottenhammer, In: Jahrbuch der kunsthistorischen Sammlungen des Allerhöchsten Kaiserhauses 33 (1916) S. 293 ff – Rottenhammer, Hans. In: Thieme-Becker 29 (1935) S. 97–98 (E. Strauß) – E. Bordignon Favero, La galleria di Ottavio Tassis a Venezia. In: Le Poste dei Tasso, un'impresa in Europa, Bergamo 1984, S. 139–154.

Regensburg, FZA, Haus- und Familiensachen 117

14 BERGAMASKER TAXIS ALS PÄPSTLICHE
    BOTEN- UND POSTMEISTER IN ROM
    1539 Februar 4 Rom
    Paolo Bonetti, ARA TVRRIANO-TAXIORVM
    ORIGINIS NOBILITATIS ACTORVM
    MAIESTATI ... DICATA, Handschrift, 196 S., o. J.
    (um 1660), aufgeschlagen: S. 158–159.

Die lateinische Handschrift des am 31. Juni 1655 verstorbenen Rektors des Marianerkollegs Paolo Bonetti enthält in Abschriften genealogisch-biographische Notizen und Urkunden zur Herkunft, Wappen und Geschichte der Thurn und Taxis in Bergamo und Rom. Bonetti stützte seine Untersuchungen auf die ihm damals zugänglichen literarischen und historischen Quellen unter Einbeziehung der Abkunft der Taxis von den Torriani in Mailand. Im vorliegenden Breve vom 4. Februar 1539, in der Handschrift auf S. 158–162 wiedergegeben, bestätigt Papst Paul III. gegenüber seinem päpstlichen Postmeister und Kommissar Gherardus, daß Christophorus und Johann Jakob von Tassis päpstliche Postmeister seien, diese Funktion ihnen durch Francesco del Vantaggio und Brüder aus Florenz widerrechtlich entzogen worden wäre und sie aus der päpstlichen Kammer Anspruch auf 300 Dukaten hätten. Die beiden taxisschen Postmeister gehörten der Familie Tassis di Sandri an; neben diesen wurde schon 1513 ein Angehöriger der Florentiner Familie Vantaggio für die Strecke Rom – Florenz als *zweiter* Postmeister bestellt. Nach Bestätigung dieser Stellung durch den Papst 1524 und 1534 gab die Familie Vantaggio ihr Privileg an Matthias Gherardus de Santo Cassiano ab, der die päpstlichen Postmeister aus dem Hause Taxis vollständig verdrängen konnte.

Druck: G. Figini, I Tassi e le Poste di Roma. In: Il Coordinatore Postale 4 (1896) S. 129–130 – G. Figini, Una pagina in servizio della storia delle poste, Bergamo 1898, S. 5–6.
Lit.: W. Beck, Ursprung und Ende der fremden Posten in Rom. In: Archiv für Post- und Fernmeldewesen 11 (1959) S. 567–573.

Regensburg, FHB, Handschriften

15 NACHRICHT VON DER WAHL DES
    KARDINALS FABIO CHIGI ALS PAPST
    ALEXANDER VIII.
    1655 April 10 Rom
    Ausf., Schreiben, 1 Bogen, span.,
    mit beigelegtem Holzschnitt

Der kgl. spanische Generalpostmeister in Rom, Graf Carlo I. Tasso, Marchese de Paullo, teilt dem Reichsgeneralpostmeister Graf Lamoral Claudius Franz von Thurn und Taxis in Brüssel die von der römischen Bevölkerung sehr freudig aufgenommene Wahl des Kardinals Fabio Chigi am 7. April 1655 zum neuen Papst Alexander VII. mit. Vorausgegangen war die dreimonatige Sedisvakanz nach dem Tode Innozenz X. Zugleich legt er seinem Schreiben das drei Tage danach schon vorliegende Porträt des gewählten Papstes mit den biographischen Angaben in Spanisch aus der Druckerei des Apostolischen Stuhles bei.

Der begleitende Schriftwechsel zu den Postsendungen zwischen den einzelnen taxisschen Postverwaltungen beschränkte sich auch im 17. Jahrhundert nicht ausschließlich auf Porto- und Postfragen, sondern diente auch zur persönlichen Benachrichtigung über allgemeine familiäre, politische, militärische und wirtschaftliche Ereignisse.

Regensburg, FZA, Haus- und Familiensachen 137

16 GERHART VON TAXIS,
    GESCHÄFTSVERWALTER WALLENSTEINS IN
    BÖHMEN
    1626 Juli 17 Aschersleben
    Ausf., Pap., 1 Bogen

Der kaiserliche Generalissimus Albrecht von Wallenstein, Herzog zu Friedland, gibt aus Aschersleben eigenhändig einige Anweisungen an seinen Landeshauptmann zu Gitschin in Böhmen, Gerhart von Taxis.
1. Er soll ihm wegen hohen Geldbedarfs sofort alles im Rentamt verfügbare Geld nach Prag senden und künftig monatlich viel einnehmen.
2. Zu dem nach Schlesien mit etlich 1000 Mann gesandten Oberst Pechmann soll er gute Verbindung halten.
3. Alle übrigen bestellten Lunten können im Schloß Friedland bleiben, da *der arme* (Pechmann) sie vielleicht dringend in Schlesien benötigt.

Die genealogische Einordnung Gerharts von Taxis in die Gesamtfamilie Thurn und Taxis ist nicht eindeutig. Der Vorname *Gerhart* ist unüblich, ebenso die Stellung als Güterverwalter außerhalb des Postwesens.

Regensburg, FHB, Autographensammlung

B. Thurn und Taxis – Die Inhaber der Post

B. III. Die kaiserliche Reichspost.

Wegbereiter für sozialen und gesellschaftlichen Aufstieg

Die Übertragung der Leitung des gesamten Postwesens im Herrschaftsbereich der spanischen Könige an die Brüder Johann Baptista, Maffeo und Simon von Taxis auf Lebenszeit 1518 bewahrte die Kontinuität bei der Ausübung der Postrechte nach dem Tode Franz von Taxis. In diesem *Spanischen Privileg* wurde die Familie Taxis gleichzeitig im spanischen Machtbereich naturalisiert. Schon 1512 hatte Kaiser Maximilian I. dem Franz von Taxis und dessen Brüder Roger, Leonhard und Janetto sowie den Söhnen des Roger mit Namen Johann Baptista, David, Maffeo und Simon die erbliche Adelswürde im Reich, den österreichischen und burgundischen Landen sowie die Hofpfalzgrafenwürde zugestanden. Neben verschiedener Wappenmehrungen, vom einköpfigen zum doppelköpfigen Reichsadler, festigte die durch Kaiser Ferdinand I. 1563 ausgesprochene Bestätigung der königlich spanischen Bestallung von 1543 als Generalpostmeister die doppelte Generalpostmeisterstellung auf Reichsboden und im spanischen Machtbereich. Die nach der Postkrise des ausgehenden 16. Jahrhunderts und der darauf einsetzenden Postreformation rechtlich, finanziell und organisatorisch gefestigte Position der Taxis zu Brüssel als Reichsgeneralpostmeister (seit 1595) ermöglichte nach Verhandlungen mit dem Kaiserhof und Kurmainz die Umwandlung der persönlichen Amtsbestallung in ein kaiserliches Reichslehen, zum neu geschaffenen Lehen des Reichspostgeneralates unter Kaiser Matthias 1615. Die wachsenden Einkünfte aus dem Postbetrieb hatten die für den Erhalt des Lehens notwendigen Mittel zur Einrichtung der vom Kaiser und Kurfürsten von Mainz geforderten Postkurse aufbringen können.

In der Skala der adeligen Standesstufen im Reich durfte eine Generation zuvor der Generalpostmeister Leonhard I. am Ende seiner über 65jährigen Tätigkeit im habsburgischen Postdienst die Erhebung seiner Familie in den erblichen Freiherrnstand 1608 erleben.

Der gesellschaftliche Aufstieg drückte sich auch in den Eheverbindungen aus. Während Franz von Taxis seine Wahl noch im engeren geographischen Umfeld seiner Heimat traf, vermählte sich sein Neffe Johann Baptista mit der Tochter eines angesehenen geldrischen Geschlechts. Über den höheren niederländischen Adel, etwa den Grafen Warrachs von Rye und von Hornes, gewann man Zugang zum Kreis der deutschen Reichsfürsten, vor allem seit der eigenen Erhebung in den Reichsfürstenstand (1695). Im 18. Jahrhundert wählten die Reichspostmeister ihre Gemahlinnen aus der führenden Schicht der Reichsfürsten, nämlich jener von Brandenburg–Bayreuth, Lobkowitz, Lothringen, Fürstenberg und Württemberg.

Die kaiserliche und königlich–spanische Genehmigungen aus den Jahren 1649/1650, aufgrund der von der Familie nach den Forschungen angesehener spanischer, italienischer und burgundischer Genealogen vorgelegten Dokumente über die Abstammung vom berühmten Mailänder Geschlecht der Torriani der Gesamtfamilie Taxis Namen und das Wappen der Torriani zuzugestehen, ihnen fortan den Doppelnamen *von Thurn und Taxis* zu gewähren, legten den Grundstein zum weiteren gesellschaftlichen Aufstieg. Mit Dekret König Karls II. von Spanien vom 19. Februar 1681 wird Graf Eugen Alexander, der die Würde eines Erbmarschalls der Provinz Hennegau bekleidete, in den erblichen Fürstenstand erhoben, seine Herrschaft Braine–le Château unter der Bezeichnung *Principauté de la Tour et Tassis* zum Fürstentum unter spanischer Souveränität erklärt. Nach der ersten Verleihung des Ordens vom Goldenen Vlies durch König Karl II. 1687 an den regierenden Grafen Eugen Alexander, erhob Kaiser Leopold I. schließlich 1695 dieses nicht durch kriegerische Leistungen, sondern im Postwesen aufgestiegene Geschlecht in den erblichen Reichsfürstenstand.

Der Reichsfürstenstand war neben der finanziellen Prosperität der Familie auch die Voraussetzung, daß sie zwischen 1748 und 1806 in mehreren Generationen das Amt des kaiserlichen Prinzipalkommissars beim Immerwährenden Reichstag in Regensburg inne hatte.

M.D.

Lit.: J. Chifletius, Les marques d'honneur de la maison de Tassis, Antwerpen 1645 – E. Flacchio, Généalogie de la très-illustre, très–ancienne et autrefois souveraine maison de la Tour, 3 Bände, Brüssel 1709 – I Tasso, »Maestri di Posta«, 3 Bände, Bergamo 1982 – A. Lohner, Geschichte und Rechtsverhältnisse des Fürstenhauses Thurn und Taxis, Regensburg 1895 – L. Kalmus, Weltgeschichte der Post. Mit besonderer Berücksichtigung des deutschen Sprachgebietes, Wien 1937 – M. Piendl, Das fürstliche Haus Thurn und Taxis. Zur Geschichte des Hauses und der Thurn– und Taxis–Post, Regensburg 1980 – Dallmeier 1977/I – Behringer 1990.

1 KAISERLICHE ADELSBESTÄTIGUNG UND WAPPENBESSERUNG FÜR DIE BERGAMASKER TAXIS

1534 Januar 5 Saragossa
Abschr., Perg., lat., mit koloriertem Wappen, bestätigt 1602 Februar 6 vom Notar Ignatius de Langhe, Antwerpen

Kaiser Karl V. bestätigt seinem Generalpostmeister Johann Baptista von Taxis und dessen legitimen Nachkommen den vom Kaiser Maximilian I. mit Urkunde vom 27. Februar 1514 Innsbruck verliehenen Reichsadel und mehrt das Wappen im oberen Feld mit dem wachsenden schwarzen Reichsadler auf goldenem Grund anstelle des bisherigen einköpfigen Adlers.
Die an verschiedenen Gebäuden und Grabmälern in Bergamo und Umgebung nachweisbaren taxischen Wappen zeigen bis in das frühe 16. Jahrhundert den nach rechts schreitenden Dachs, z. T. kombiniert mit Posthorn oder gekreuzten Füllhörnern. Mit der Aufnahme von Roger, Leonhard, Johannes und Franz von Taxis sowie deren vier Vettern durch Kaiser Maximilian I. in den deutschen Reichsadel 1512 trat erstmals der wachsende Adler in das obere Feld. Die kaiserliche Adelsverleihung und Wappenmehrung vom 27. Februar 1514 galt einem anderen Zweig der Familie, dem Hofpostmeister Christoph von Taxis, seinem Sohn Anton, dem Augsburger Postmeister Seraphin, dem Rheinhausener Postverwalter Bartholomäus und dem Enzweihinger Postverwalter Jeremias von Taxis.

Lit.: M. Piendl, Das fürstliche Wappen. In: Thurn und Taxis Studien 10 (1978) S. 108–123.

Regensburg, FZA, Haus- und Familiensachen Urkunden 10

2 HOHER STAATSBESUCH AUS TUNIS BEIM GENERALPOSTMEISTER JOHANN BAPTISTA VON TAXIS IN BRÜSSEL

1536 (1645)
Kupferstiche, gestochen von Paul Pontius, aus Chifletius, Les Marques d'honneur de la maison de Tassis, Antwerpen 1645, S. 76–77.

Das 1645 im Auftrag der Gräfin Alexandrine von Taxis publizierte Werk von Julius Chifletius dokumentierte die Forschungen italienischer, burgundischer und spanischer Genealogen über Herkunft, Abstammung, Wappen und Geschichte des Hauses Thurn und Taxis. Die hier gezeigten Porträts des Generalpostmeisters Johann Baptista von Taxis und von Muley Hassan, Sohn des Königs Muley Manser von Tunis, weisen auf den Aufenthalt des Beis von Tunis 1536 im Brüsseler Haus des Generalpostmeisters hin. Johann Baptista trägt die Kleidung eines Granden am tunesischen Hofe.
Nach dem Tode des Königs Muley Manser 1531 usurpierten sein Sohn Muley-Rasir und Barbarossa von Algier das Erbe; der ältere Sohn und angestammte Herrscher Muley Hassan floh an den Hofe Kaiser Karls V., um dort militärische Unterstützung zu erlangen. Während seines Aufenthaltes als Staatsgast in Brüssel residierte er im Hause des Johann Baptista von Taxis.

Lit.: R.M. Van Den Haute, Un roi de Tunis à Bruxelles au XVIe siècle. In: Le Patriote Illustré 1951, S. 660–663 – K. Brandi, Kaiser Karl V. Werden und Schicksal einer Persönlichkeit und eines Weltreiches, München 1937, S. 309 ff – AK Zwei Jahrtausende Postwesen. Vom cursus publicus zum Satelliten, Halbturn 1985, S. 76 Nr. C 17 – Zu Muley Hassan (Assen) vgl. Zedler, Universallexicon ... Band 22 (1739) Sp. 701–702 – Pontius, Paulus. In: Thieme-Becker 27 (1933) S. 13.

Regensburg, FHB, XLIV G 5

3 GUNSTBEWEIS DES SPANISCHEN KÖNIGS PHILIPP II. FÜR LAMORAL VON TAXIS

1581 Februar 10 Elvas
Ausf., 1 Bogen, span., mit Unterschrift des Königs

In dem mit *Jo el rey* (Ich der König) unterzeichneten Schreiben empfiehlt König Philipp II. von Spanien Lamoral, den Sohn seines Generalpostmeisters Leonhard I. von Taxis, seinem Statthalter in den niederländischen Provinzen, Alexander Farnese Herzog von Parma, für höhere Aufgaben. Dieser sei ein Sohn und Verwandter von Männern, die sich durch vortreffliche Dienstleistungen ausgezeichnet hätten.
Lamoral von Taxis hatte unter Don Juan d'Austria in den niederländischen Wirren eine Kompagnie deutschen Fußvolkes kommandiert, bevor er sich längere Zeit am spanischen Königshof zu Madrid aufhielt. Das königliche Empfehlungsschreiben kündigte seine Rückkehr nach Brüssel an.

Lit.: Taxis, Lamoral Graf von. In: ADB 37 (1894) S. 508–509 (J. Rübsam).

Regensburg, FZA, Postakten 652

4 GENEALOGIE DER GELDRISCHEN ADELSFAMILIE VON WACHTENDONCK

16. Jahrhundert (mit Nachträgen bis 1618)
Handschrift, Perg., ndl., 120 S., mit kolorierten Wappen,
aufgeschlagen: S. 3 mit Beilage

Diese genealogische Handschrift aus dem Besitz der geldrisch-niederländischen Familie Wachtendonck enthält auf 56 Seiten blattweise die biographischen Daten einer Generation mit den dazugehörigen Wappenzeichnungen. Daran schließt ein Verzeichnis der Geburten und Todesfälle von 1456 bis 1618.
Aufgeschlagen ist der Eintrag über die ersten namentlich genannten Wachtendonck. *Arnault van Wachtendonck ... ende hedde getrout Margarete van Brandenburch / ende hadde aenen sone genaempt Hendrich ...* (Arnold von Wachtendonck, vermählt mit Margarete von Brandenburg, hatte einen Sohn namens Heinrich).
Auf der gegenüberliegenden Seite ist ein Kupferstich mit der Ansicht der Stadt und Festung Wachtendonck in Geldern während der Belagerung durch Graf Buquoy 1605 nachträglich eingeklebt. Nach dem Aussterben

B. III. Gesellschaftlicher Aufstieg

des geldrischen Herzoghauses 1538 war Geldern 1543 an Kaiser Karl V. gefallen, der es bei der Teilung 1555 seinem Sohn Philipp II. von Spanien übertrug. Nach wechselhaften Zugehörigkeiten zwischen den Niederländern und Spaniern wurde die Festung 1608 geschleift.

Mit der Heirat zwischen dem Generalpostmeister Johann Baptista von Taxis und der Christina von Wachtendonck 1514 zu Antwerpen hatten die Taxis noch vor ihrer Naturalisation im habsburgischen Reich Zugang zum alteingesessenen geldrisch–niederländischen Adel gefunden. Die Orientierung weg von der Bergamasker Heimat fand auch im Konkubinat ihren Ausdruck. Über Christina von Wachtendonck gelangten die Taxis später auch in den Besitz der Herrschaft Hemissen.

Lit.: L. Henrichs, Geschichte der Stadt und des Landes Wachtendonck. Veröffentlichung des Historischen Vereins für Geldern und Umgebung 74, Kevelaer 1973 – S. Frankewitz, Gemeinde Wachtendonck am Niederrhein. Rheinische Kunststätten 122 (²1985).

Regensburg, FHB, HG 1294

5 PORTRÄT UND WAPPEN DES GRAFEN LAMORAL CLAUDIUS FRANZ VON TAXIS
1647
Zeichnung, Silberstift, im ovalen Lederetui, gezeichnet von Nikolaus Vander Horst

Die signierte und datierte Silberstiftzeichnung des Rubensschülers Nikolaus VanderHorst (1597/98–1646) im ovalen Etui zeigt links erste heraldische Ansätze zur Umgestaltung des alten taxisschen Wappens, im Vorgriff auf die angestrebte Übernahme des Wappens und Namens der Mailänder Torriani, rechts das Porträt des Grafen.

Die Verschmelzung von Namen und Wappen der Torriani und Taxis wird bei den Löwen als Schildträger angedeutet. Der *Turm* der *Torriani* und *Dachs* bzw. *Reichsadler* der *Taxis* bilden das quadrierte Wappen in einer Übergangsform.

Das Porträt (rechts) gibt den 1621 zu Brüssel geborenen Lamoral Claudius Franz von Taxis wieder, der nach erlangter Volljährigkeit 1646 von seiner Mutter Alexandrine die Leitung des Generalpostmeisteramtes im Reich und den Niederlanden übernahm und als erster seit 1650 mit kaiserlicher und kgl. spanischer Genehmigung Wappen und Namen *Thurn und Taxis* führte. Diese Porträtvorlage des Nikolaus VanderHorst begegnet sowohl als Illustration im Werk von Julius Chifletius 1645 als auch auf einer undatierten Medaille.

Lit.: M. Piendl, Das fürstliche Wappen. In: Thurn und Taxis Studien 10 (1978) S. 111–114 – Taxis, Lamoral Claudius Franz Graf von. In: ADB 37 (1894) S. 510–513 (J. Rübsam) – Horst, Nikolaus van der. In: Thieme–Becker 17 (1924) S. 534–535 (Z.v.M.).

Regensburg, Fürst Thurn und Taxis Graphische Sammlung, Handzeichnungen

6 MEDAILLE *GRAF LAMORAL CLAUDIUS FRANZ VON THURN UND TAXIS*
Um 1646/47
Medaillen: a) Silber(Avers) – b) Silber, feuervergoldet (Revers)

Die beiden im Stempel identischen Medaillen zeigen Graf Lamoral Claudius Franz von Thurn und Taxis mit der französischen Umschrift *LAMORAL . CLAVDE . FRANCOIS . COMTE . DE LATOVR* auf der Vorderseite und rückseitig das quadrierte Wappen der Torriani unter der Grafenkrone mit der Umschrift *VALSASSINE . TASSIS . ET . DV SAINCT. EMPIRE .ETC.* Auf dieser Medaille identifizieren sich die Taxis vollständig mit ihren neu entdeckten Ahnen, den Mailänder Torriani. Dachs und Adler als traditionelle heraldische Symbole sind vollständig verschwunden.

Lit.: Lochners Sammlung merckwürdiger Medaillen. Jahr 1742, S. 357 – M. Piendl, Das fürstliche Wappen. In: Fürst Thurn und Taxis–Studien 10 (1978) S. 111–115.

Regensburg, FZA, Numismatische Sammlung, Taxis–Medaillen

7 ANNAHME VON WAPPEN UND NAMEN DER MAILÄNDER TORRIANI
1650 Dezember 24 Wien
Ausf., Perg., Libell mit anhangendem Siegel in Holzschale

Kaiser Ferdinand III. bestätigt dem Grafen Lamoral Claudius Franz von Thurn und Taxis das Recht, den Namen und das Wappen der Mailänder Grafen von Torre et Valsassina zu führen.
Seit dem zweiten Viertel des 17. Jahrhunderts hatten die spanischen und italienischen Genealogen Alonso Lopez de Haro, Francesco Zazzera und Giovanni Pietro Crescenzi die Abstammung der Taxis von den Mailänder Torriani nachzuweisen versucht. Diese wären nach ihrer Vertreibung durch Kaiser Heinrich VII. und das Geschlecht der Visconti im Kampf um die Mailänder Stadtherrschaft 1311 in die Bergamasker Alpen geflüchtet und die Stammväter der dort ansässigen Tassis geworden.
Aufgrund dieser Gutachten genehmigten König Philipp IV. von Spanien mit Diplom vom 6. Oktober 1649 und mit obiger Urkunde Kaiser Ferdinand III. den Taxis die Führung von Namen und Wappen des Mailänder Geschlechts.
Zur allseitigen Belegung ihrer adelichen Abstammung von den Torriani ließ die Familie zwei prachtvolle, mit Kupfertafeln illustrierte Folianten veröffentlichen, nämlich vom Kanoniker und Ordenskanzler Julius Chifletius aus Besançon die *Les marques d'honneur de la maison de Tassis*, Antwerpen 1645, und das 1647 vom luxemburgischen Wappenherold Engelbert Flacchio begonnene, 1709 vollendete dreibändige Werk *Généalogie de la très–illustre, très–ancienne et autrefois souveraine maison de la Tour*.

Lit.: M. Piendl, Das fürstliche Haus Thurn und Taxis. Die Geschichte des Hauses und der Thurn– und Taxis–Post, Regensburg 1980, S. 34 ff.

Regensburg, FZA, Haus– und Familiensachen Urkunden 238

8 FRANCISCUS COMES A TURRI ET VALSASSINA, SAGENHAFTER AHNE DES HAUSES THURN UND TAXIS
Vor 1647
Gemälde, Öl auf Leinwand, signiert von Nikolaus VanderHorst

Durch den Anspruch der Taxis auf eine Abstammung vom berühmten Mailänder Geschlecht der Torriani erhielt das Haus Thurn und Taxis eine Anzahl *neuer* Ahnen, von denen der Rubensschüler und Hofmaler Kardinalerzhercogs Albert von Österreich, Statthalter

B. III. Gesellschaftlicher Aufstieg

der spanischen Niederlande, Nikolaus VanderHorst (1598–1646) ganzfigürliche überlebensgroße *Porträts* anfertigte. Aus den Bildern dieser Ahnengalerie wurde Graf Franciscus a Turri und Valsassina, mit Hermelinmantel über der zeitgenössischen Rüstung und der Grafenkrone auf dem Haupt hier ausgewählt. Bei Valsassina handelt es sich um eine Grafschaft der Torriani am Comer See.

Lit.: E. Flacchio, Généalogie de la très–illustre, très–ancienne et autrefois souveraine maison de la Tour, 3 Bde., Brüssel 1709 – F. Lübbecke, Das Palais Thurn und Taxis zu Frankfurt am Main, Frankfurt 1955, S. 284–290.

Regensburg, Fürst Thurn und Taxis Kunstsammlungen, Inv.Nr. St.E 10 469

9 ENTWÜRFE ZU DEN *NEUEN* AHNENBILDERN DES HAUSES
Um 1647
Zeichnungen, Feder, laviert

Die anonymen Zeichnungen der Ahnen, wahrscheinlich von der Hand des Malers Nikolaus VanderHorst, wurden von Chifletius für sein genealogisches Werk herangezogen. Er ordnete den Entwürfen auf der Rückseite eigenhändig die Namen zu. Die Graphische Sammlung des Zentralarchivs besitzt insgesamt 36 derartiger Federzeichnungen von thurn und taxisschen Ahnen mit Wappen, mehr oder minder nur skizziert oder exakt ausgeführt.
Die Zeichnung links zeigt die Ganzfigur eines *Caverna Turrianus, comes Valsassina*, mit dem namengebenden Turm (Turri) und drei Lilien auf dem Panzerhemd. Die Damengestalt rechts mit Grafenkrone soll eine *Clara Comitissa ab Aremberg, vxor Herreci de Turriani* darstellen. Beide sind als historische Personen nicht belegbar.

Regensburg, Fürst Thurn und Taxis Graphische Sammlung, TT B III.2

10 NOTIZEN DES GRAFEN LAMORAL CLAUDIUS FRANZ VON THURN UND TAXIS ÜBER DEN ANKAUF VON SCHLACHTENGEMÄLDEN UND PORTRÄTS ZUR GESCHICHTE DES HAUSES
Um 1650
Notizzettel, franz., Pap.

Diese Notizen stammen eindeutig von der Hand des Grafen Lamoral Claudius Franz von Thurn und Taxis. Sie geben Hinweise auf Erwerb und Verwahrung der heute noch im Schloß Regensburg vorhandenen Tapisserien und Gemälde zur Herkunftsgeschichte der Taxis.
a) Vermerk, daß der Maler [Erasmus] Quellinus laut seinen Rechnungen drei Entwürfe von denkwürdigen Taten der *de la Tour* für je 6 Gulden geliefert hätte; zwei davon wären an Herrn Engelbert Flacchio, kgl. Wappenherold des Herzogtums Luxemburg gegeben worden.
b) Die mit A – G bezeichneten Stücke sind sieben Porträts der sieben Fürsten de la Tour zu viermal à 19 Gulden; dazu drei Entwürfe der denkwürdigen Taten à 6 Gulden. Wegen eines Rabattes von 6 Gulden auf den letzten Entwurf betragen die Gesamtkosten 88 Gulden.
c) Der beigefügte Entwurf handelt von der Niederlage des verst. Kaisers Friedrich Barbarossa. Er zeigt daneben den Payen, den ersten dieses Namens der *de la Tour* nach dem Gemälde von [Erasmus] Quellinus aus Antwerpen, und auch eine Zeichnung des zweiten Payen de la Tour, der zusammen mit dem Sohn des Kaisers zurückgeschlagen worden war.

Regensburg, FZA, Haus– und Familiensachen Urkunden 233

11 STAMMBAUM DES HAUSES VOM SAGENHAFTEN MARTIN I. VON TOUR BIS ZUM FÜRSTEN EUGEN ALEXANDER VON THURN UND TAXIS
Um 1695
Perg., Federzeichnung, kolorierte Wappen in drei Kolumnen, Text franz., schwarzer Rand

In dieser Stammtafel mit den farbigen Wappen, die in drei Kolumnen von links nach rechts und von oben nach unten die Generationenabfolge von Martin I. de la Tour, Graf von Valsassina, bis zum regierenden Fürsten Eugen Alexander von Thurn und Taxis zeigt, wurden die von den spanischen und italienischen Genealogen de Haro, Zazzero und Creszenzi bezeugten, vom Kanoniker und Ordenskanzler Julius Chifletius in seinem genealogischen Auftragswerk publizierten genealogischen Verwandtschaften zwischen Torriani und Taxis wiedergegeben.
Vor dem Stammvater Martin I. steht die personifizierte Verbindung zwischen den Geschlechtern de la Tour und Valsassina durch Riprand de la Tour und die Erbgräfin von Valsassina. Das taxissche Wappen in der mittleren Kolumne mit silbernen Dachs im unteren, und silbernen Turm zwischen zwei goldenen Lilien im oberen Wappenfeld ist in dieser Form nicht belegbar.

Lit.: J. Chifletius, Les marques d'honneur de la maison de Tassis, Antwerpen 1645 – E. Flacchio, Généalogie de la très-illustre, très-ancienne et autrefois souveraine maison de la Tour, Brüssel 1709.

Regensburg, FZA, Haus- und Familiensachen Urkunden 207

12 DIE ERHEBUNG DES GESAMTHAUSES THURN UND TAXIS IN DEN REICHSFÜRSTENSTAND DURCH KAISER LEOPOLD I.

1695 Oktober 4 Wien
Ausf., Perg., Libell mit 12 Bll., Brokateinband mit Bändern, farbige Wappenzeichnung, signiert J. M. Prechtler, mit an Golddrähten hängender Goldbulle in Holzkapsel
aufgeschlagen fol. 1' – 2: Thurn und taxissches Wappen und Titulatur Kaiser Leopolds I.

Kaiser Leopold I. erhebt den Grafen Eugen Alexander von Thurn und Taxis samt dessen eheliche männliche und weibliche Nachkommen wegen ihrer Verdienste für seine Vorfahren *in den Standt, Ehr und Würde unserer und deß heyl. Reichs Fürsten und Fürstinen*.

Auf der Seite gegenüber der kalligraphisch mit goldfarbiger Schattierung überhöhten Titulatur Kaiser Leopolds I., des Ausstellers dieser Urkunde, findet sich auf baldachinartigem, von zwei Engeln gehaltenem Hintergrund das Wappen des Hauses Thurn und Taxis. Zwei auswärtsblickende stehende Löwen als Schildträger halten das fünffeldrige Wappen unter dem Fürstenhut, umgeben von der Kollane des Ordens vom Goldenen Vlies. Die darunterliegende Hermelinwappendecke zeigt andeutungsweise Wappenwiederholungen auf ihrer Rückseite. Darüber im bekrönten, von zwei Puttos gehaltenem Medaillon das Porträt Kaiser Leopolds I., beiderseits begleitet von den Wappen der Kurfürsten.

Die anhangende, doppelseitig geprägte Goldbulle zeigt auf der Vorderseite Kaiser Leopold, sitzend unter Baldachin mit den Reichsinsignien.

Die Erhebung des Hauses Thurn und Taxis in den Reichsfürstenstand 1695 steht am Ende ihres standesherrlichen Aufstieges in der Hierarchie des Reiches. Nach der Verleihung des Reichsadels 1512 erlebte noch Generalerbpostmeister Leonhard von Taxis an seinem

B. III. Gesellschaftlicher Aufstieg

Lebensabend 1608 die Zuerkennung der Reichsfreiherrnwürde durch Kaiser Rudolf II. Seinen Enkel Leonhard II. erhob Kaiser Ferdinand II. mit prunkvoller Urkunde vom 8. Juni 1624 in den erblichen Reichsgrafenstand.

Lit.: M. Piendl, Das Fürstliche Haus Thurn und Taxis. Die Geschichte des Hauses und der Thurn- und Taxis-Post, Regensburg 1980, S. 34–43 – T. Klein, Die Erhebungen in den weltlichen Reichsfürstenstand 1550 – 1806. In: Bll. für deutsche Landesgeschichte 122 (1986) S. 137–192.

Regensburg, FZA, Haus- und Familiensachen Urkunden 34

13 FAMILIÄRE BEZIEHUNGEN ZU DEN ERSTEN REICHSFÜRSTEN. STAMMBAUM DES FÜRSTEN CARL ANSELM VON THURN UND TAXIS UND SEINER GEMAHLIN AUGUSTE ELISABETH. GEBORENE HERZOGIN VON WÜRTTEMBERG
1753
Perg., Federzeichnung, kolorierte Wappen, im Bordürerahmen

Am 3. September 1753 vermählte sich der damalige Erbprinz Carl Anselm mit der 1734 zu Stuttgart geborenen Herzogin Auguste Marie Elisabeth Luise von Württemberg. Die Verbindung wurde dadurch erleichtert, daß die Brautmutter Herzogin Maria Augusta Anna, Tochter des Fürsten Anselm Franz von Thurn und Taxis, zugleich die Tante des Bräutigams war. Diese *politische* Heirat, die das Haus Thurn und Taxis endgültig in den Kreis der ersten Reichspotentaten erhob, beseitigte die langjährigen Differenzen mit dem württembergischen Herrscherhaus in Postsachen. Mit Vertrag vom 5. August 1754 überließ Herzog Karl Eugen von Württemberg der Reichspost den Betrieb regulärer Fahrposten in seinen Landen auf 12 Jahre.
Fürstin Auguste Elisabeth starb 1787 vereinsamt auf Schloß Hornberg am Neckar.

Lit.: R. Reiser, Adeliges Stadtleben im Barockzeitalter. Internationales Gesandtenleben auf dem Immerwährenden Reichstag zu Regensburg. Ein Beitrag zur Kultur- und Gesellschaftsgeschichte des Barockzeitalters, München 1969, S. 128 ff..

Regensburg, FZA, Haus- und Familiensachen Urkunden 171

14 FÜRST EUGEN ALEXANDER VON THURN UND TAXIS (1652 – 1714)
Nach 1687
Gemälde, Öl auf Leinwand, gemalt von Franciscus de Cook

Das ovale Brustbild des Fürsten Eugen Alexander von Thurn und Taxis, gemalt vom Antwerpener Architekten, Maler und Zeichner Franciscus de Cook (1643–1709), zeigt in Seitenansicht den ersten Fürsten des Hauses Thurn und Taxis mit der Ordenskette des Goldenen Vlieses über der Rüstung. Er war der zweite Sohn des Grafen Lamoral Claudius und seiner Gattin Anna Franzisca von Hornes, einer Urenkelin des 1568

auf dem Brüsseler Marktplatz durch Herzog Alba enthaupteten Grafen Hornes.
Eugen Alexander wurde 1652 in Brüssel geboren. Als Vierundzwanzigjähriger trat er 1667 das Amt des Generalpostmeisters im Reich und den Spanischen Niederlanden an. Unter seinem Generalat kam es zum Ausgleich mit den landesherrlichen Postanstalten. Er starb am 21. Februar 1714 zu Frankfurt und liegt dort in der Bartholomäerkirche (Dom) begraben.

Lit.: F. Lübbecke, Das Palais Thurn und Taxis zu Frankfurt am Main, Frankfurt 1955, S. 73 f – Thurn und Taxis, Eugen Alexander Fürst von. In: ADB 37 (1894) S.484 ff (J. Rübsam) – Cook, Franciscus de. In: Thieme-Becker 7 (1912) S. 142 f.

Regensburg, Fürst Thurn und Taxis Kunstsammlungen, Inv.Nr. St.E. 4907

15 ORDEN VOM GOLDENEN VLIES AM BAND
19. Jahrhundert
Gold, massiv, mit farbigen Emailleeinlagen, an orangefarbigem Seidenband

Der Orden vom Goldenen Vlies, gestiftet am 10. Januar 1430 durch Herzog Philipp den Guten von Burgund, gilt neben dem englischen Hosenbandorden und dem dänischen Elefantenorden als einer der vornehmsten Orden der Welt. Verliehen bis zur Gegenwart von den spanischen, später den österreichischen Habsburgern als Hausorden finden sich auch die Thurn und Taxis in der Reihe der Ordensritter. Erstmals ernannte König Karl II. von Spanien am 9. Oktober 1687 Graf Eugen Alexander zum Ritter des Ordens vom Goldenen Vlies. Bei der ausgestellten, seit Kaiser Karl VI. nachgewiesenen Ordensdekoration hängt an einem goldenen Ring, der in der Mitte so gefaßt ist, daß Kopf und Vorderfüße auf der einen, Schwanz und Hinterfüße auf der anderen

Seite herabhängen, das Goldene Vlies. Befestigt ist der Ring an einem Feuerstein mit beiderseits hervorschlagenden rotgeschmelzten Spangen, darüber an einer goldenen Agraffe im unteren Teil der Kampf Jasons mit dem Drachen, oben in den beiden aufwärts gekehrten dunkelblau geschmelzten Handhaben in goldener Schrift der alte Wahlspruch des Hauses Burgund *Pretium non vile laborum* (Kein geringer Preis der Arbeit).

Lit.: F.J. Kalff, Abriß der Geschichte des Weltlichen Ritterordens vom Goldenen Vlies als Orden des spanischen Königreiches. Ein Beitrag zur allgemeinen Ordensgeschichte. In: Deutsches Adelsarchiv 1 (1963/64) 1965, S. 31–150 – C. de Terlinden, Der Orden vom Goldenen Vlies, Wien 1970 (mit Lit. S. 29–30).

Regensburg, FZA, Orden Inv.Nr. 7826

16 HABSBURGISCHE ORDENSVERLEIHUNG AN DEN FÜRSTEN MAXIMILIAN MARIA VON THURN UND TAXIS

1884 November 23 Wien
Ausf., Perg., frz., mit kalligraphischer Einrandung, Feder, koloriert, und an rot–blau–silbernen Fäden anhangendes rotes Siegel in einer mit dem vergoldeten Wappen belegten Silberkapsel anliegend: Persönliches Schreiben Kaiser Franz Josephs I. an den Fürsten, 1884 November 23 Wien

Seit 1742 existierten bedingt durch die politischen Auseinandersetzungen zwischen dem Hause Österreich und den spanischen Bourbonen um das Erbe der im Jahre 1700 ausgestorben spanischen Habsburgerlinie zwei Orden vom Goldenen Vlies, die jeweils von den Chefs der beiden Häuser verliehen werden.

Die Urkunden über die Verleihung des Orden vom Goldenen Vlies im 19. Jahrhundert zeichnen sich durch ihre prunkvolle Ausstattung aus. Der 1862 geborene Fürst Maximilian Maria von Thurn und Taxis wurde 1883 volljährig. Als Chefs der österreichischen Habsburger und Ordenssouverän ernannte Kaiser Franz Joseph I. ihn im darauffolgenden Jahr zum Ordensritter. Fürst Maximilian Maria verstarb am 2. Juni 1885 zu Regensburg.

Über der *Intitulatio* ist der österreichische Doppeladler, belegt mit dem Wappen unter der österreichischen Kaiserkrone, umgeben von der Kette mit dem Orden vom Goldenen Vlies dargestellt. Zwei Greife halten seitlich das Wappen. Florale Rankenmuster mit je einem umrankten goldenen Widder leiten symmetrisch zu zwei runden, von Puttos gehaltenen Medaillons mit dem kaiserlichen Monogramm und der Devise *viribus unitis* über. Die prachtvoll gestaltete Initialie ist mit dem thurn und taxisschen Wappen von 1786 belegt, der Name des neuen Ordensritter auf goldfarbenem Hintergrund ausgeführt. Die Urkunde trägt unten die Unterschrift des Kaisers und des Ordenskanzlers Adolph Freiherrn von Braun.

Regensburg, FZA, Haus– und Familiensachen Urkunden 1554

B. Thurn und Taxis – Die Inhaber der Post

B. IV. Residenzen

B. IV. a. Brüssel

Mit der Übersiedlung Franz von Taxis unter Erzherzog Philipp den Schönen in die spanischen Niederlande um 1500 wurde am nördlichen Endpunkt des italienisch–niederländischen Kurses ein weiteres postalisches Zentrum der Taxis geschaffen, das an der geographischen Nahtstelle zwischen den spanischen und den erbländischen Teilreichen der Habsburger innerhalb kürzester Zeit die Urzelle der taxisschen Post, nämlich Innsbruck überflügelte. Nach einem kurzen Zwischenspiel in Mechelen unter Statthalterin Margarete von Österreich wurde Brüssel für fast 200 Jahre Hauptsitz der Familie Taxis und Verwaltungsmittelpunkt der gesamten taxisschen Posteinrichtungen. Vom *Hotel de la Tour*, gelegen nahe bei der Kirche Notre Dame du Sablon mit der taxisschen Grabkapelle, aus leiteten die Generalpostmeister ihre Posten in Deutschland, Italien und den spanischen Niederlanden. In der zweiten Hälfte des 17. Jahrhunderts war dieses prachtvolle Palais ein Mittelpunkt im höfischen Leben der Stadt. Mit der Besetzung Brüssels durch französische Truppen zu Beginn des Spanischen Erbfolgekrieges 1701 begann die vom Kaiser schon längere Zeit von seinem Reichslehensinhaber geforderte Übersiedelung auf Reichsboden, nach Frankfurt am Main. Nach Brüssel, wo der Grundbesitz der französischen Konfiskation verfallen und das innegehabte spanische Postgeneralat trotz eindeutiger spanischer Zusagen und urkundlicher Dokumente an Dritte verpachtet worden war, kehrte man nur noch sporadisch zurück. Als letzter seiner Familie wurde Fürst Anselm Franz durch seinen plötzlichen Tod im Alter von 58 Jahren zu Brüssel in der St. Ursulakapelle in Notre Dame du Sablon bestattet. Das prunkvolle Palais in der Stadt, das man noch 1711 dem Zeitgeschmack entsprechend nach den schweren Zerstörungen Brüssels 1695 durch die Truppen Ludwigs XIV. von Frankreich umbaute, veräußerte man schließlich 1776 an den Staatsrat Marquis de Casteler. Die restlichen Besitzungen in den zweiten Stammlanden der Familie Taxis, in Belgien, wurde nach und nach abgestoßen, zuletzt um 1860 die Wiese von Laeken, auf deren Areal sich heute der Brüsseler Güterbahnhof *Tour et Tassis* ausbreitet.

M.D.

Lit.: B. Delépinne, La poste internationale en Belgique sous les Grands Maîtres des Postes de la Famille de Tassis. In: Une Poste europeenne avec les Grands Maîtres des Postes de la famille de la Tour et Tassis, Paris 1978, S. 18 ff. – M. Piendl, Das fürstliche Haus Thurn und Taxis. Zur Geschichte des Hauses und der Thurn und Taxis–Post, Regensburg 1980, S. 34–43.

1 BRÜSSEL AUS DER VOGELSCHAU
1648
Kupferstich, aus Johann Blaeu, Novum ac Magnum Theatrum Urbium Belgicae Regiae, Amsterdam 1648

Die Stadt Brüssel erlebte unter der Herrschaft der Herzöge von Burgund ihre erste Glanzzeit. Jedoch mußte sie durch ihre Beteiligung am Aufstand gegen König Maximilian I. am Ende des 15. Jahrhunderts eine politische und wirtschaftliche Krise durchmachen. Die habsburgische Statthalterin Margarete von Österreich wich mit ihrem Hof vorübergehend nach Mechelen aus. Noch vor der Generalstatthalterschaft der Margarete von Parma verlegt um 1550 König Philipp II. von Spanien die Residenz und Verwaltung der spanischen Niederlande endgültig wieder nach Brüssel zurück. In den niederländischen Wirren mußte sich am 10. März 1585 die belagerte Stadt dem Herzog von Parma ergeben. Die älteren Stadtbefestigungen von 1530 sind noch auf dem Vogelschauplan von Braun–Hogenberg (1575) zu erkennen. Der Brüsseler Plan aus der Vogelschau von Johann Blaeu zeigt Brüssel in den Befestigungen des 17. Jahrhunderts. Im oberen Teil der Ansicht, im Osten der Stadt, ist der Statthalterpalast (1) und rechts davon die Kirche Notre Dame du Sablon (9) zu erkennen.

Lit.: M. Mann, Abrégé de l'Histoire ecclésiastique, civile et naturelle de la ville de Bruxelles et de ses environs, 2 Bände, Brüssel 1785 – A. Henne – A. Wauters, Histoire de la ville de Bruxelles, 1. Band, Brüssel 1845.

Regensburg, FHB, XLII A 10

2 DIE UMGEBUNG DER KIRCHE NOTRE DAME DU SABLON IN BRÜSSEL
1648
Foto, Ausschnitt aus Joh. Blaeu, Novum ac Magnum Theatrum Urbium Belgicae Regiae, Amsterdam 1648

Die südöstliche Altstadt von Brüssel wird vom sogenannten *Sandhügel* mit dem Königs– oder Statthalterpalast und der südlich davon gelegenen Kirche Notre

Dame du Sablon (Zavelkerk) beherrscht. An der Südseite der Kirche lag ursprünglich das Taxis–Palais, an das heute nur noch eine moderne zweisprachige Bronzetafel mit dem Porträt des Franz von Taxis erinnert. In der Kirche N.D. du Sablon selbst hatte die Familie Taxis seit 1517 im nördlichen Querhausschiff eine eigene Grabkapelle, geweiht der Hl. Ursula, in der die älteren Mitglieder der Familie heute noch bestattet sind.

Lit.: M. Mann, Abrégé de l'Histoire ecclésiastique, civile et naturelle de la ville de Bruxelles et de ses environs, 2. Band, Brüssel 1785, S. 220–224 – H. Hymans, Brüssel. Berühmte Kunststätten 50, Leipzig 1910, S. 127–132.

Regensburg, FHB, A XLII 10

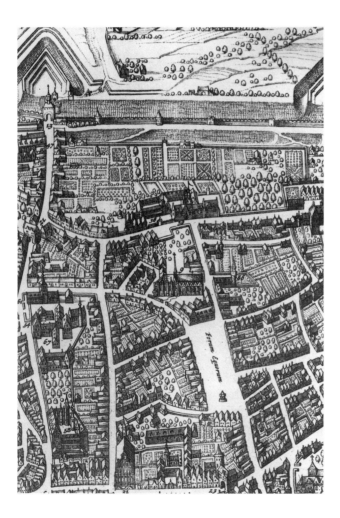

3   FAMILIÄRE HAUSÜBERLASSUNG IN BRÜSSEL

1553 Juni 21 Brüssel
Ausf., Perg., lat., mit Signet des Notars Wilhelm Schöffel von Augsburg, anhängendes Siegel fehlt

Christina von Wachtendonck, Witwe des kaiserlichen Generalpostmeisters [Johann] Baptista von Taxis, verkauft an ihren Sohn Leonhard, den kaiserlichen Generalpostmeister, das väterliche Haus in Brüssel, gelegen bei der Kirche N.D. du Sablon. Seine Brüder und Schwestern, speziell sein Schwager Christoph von Taxis, Postmeister zu Augsburg, leisten Verzicht.

Regensburg, FZA, Niederlande Urkunden 1553 VI 21

4   WAGENAUFFAHRT VOR DEM THURN UND TAXISSCHEN PALAIS IN BRÜSSEL

1686
Großfoto, nach Kupferstich von C.R. Hooghe 1686

Zur Feier der Erstürmung Budapests und der Siege Kaiser Leopolds I. erschien 1686 vom bekannten Amsterdamer Maler und Radierer Romeyn de Hooghe eine Kupferstichfolge von acht Blättern, welche die unter Fürst Eugen Alexander von Thurn und Taxis dazu veranstalteten Feierlichkeiten zu Brüssel festhielten.
Das Titelblatt stellt den Einzug des siegreichen Kaisers in Budapest dar, darüber die Widmungskartusche mit dem thurn und taxisschen Wappen.
Aus dieser Kupferstichserie sind die einzigen Ansichten der alten thurn und taxisschen Residenz in Brüssel bekannt. Der Ausschnitt aus Blatt 3 zeigt die Auffahrt des Statthalters Marquis de Gastanaga mit Gefolge zu den Feierlichkeiten vor dem fürstlichen Palais.

Lit.: Hooghe, Romeyn de. In: Thieme–Becker 17 (1924) S. 458–461 (M.D.Henkel).

Regensburg, Fürst Thurn und Taxis Graphische Sammlung, B 33

5   FESTSAAL DES THURN UND TAXISSCHEN PALAIS WÄHREND DES BANKETTS

1686
Kupferstich, gestochen von Romeyn de Hooghe

Das zu Ehren des kaiserlichen Türkensieges in Brüssel veranstaltete Festbankett fand im thurn und taxisschen Palais statt. Den Saal mit dem runden Tisch in der Mitte schmückte temporär ein barocker Tischaufsatz mit Kaiserkrone; links an der Wand das Kaiserporträt unter dem Baldachin. Von der übrigen Ausstattung sind an den Wänden die von Graf Lamoral Claudius Franz von Thurn und Taxis zur Illustration der Familiengeschichte in Auftrag gegebenen Gobelins über die Kämpfe zwischen den adeligen Familien Visconti und Torriani um die Mailänder Stadtherrschaft im 14. Jahrhundert verifizierbar. Diese sogenannten *Schlachtenteppiche* wurden nach den Vorlagen von Erasmus Quellinus in der Brüsseler Manufaktur angefertigt und hängen heute samt den dazugehörigen Kartons im Regensburger Schloß St. Emmeram.

Lit.: Hooghe, Romeyn de. In: Thieme–Becker 17 (1924) S. 458–461 – M. Piendl, Die fürstlichen Wirkteppiche und ihre Geschichte. In: Thurn und Taxis–Studien 10 (1978) S. 3, 26–41 Kat.Nr. 4–10.

Brüssel, Bibliothèque Royale Albert I., Inv.-Nr. S.I. 2375

B. IV. a. Residenz Brüssel

5. *Exquisitus Tridinii apparatus, et Genialium Epularum splendidissimus Luxus, principis Celebritatis, quæ Convivio agebatur, Principum Personarum, quæ convivæ discumbebant, aut Convivis ministrabant, Principis, qui Convivas excipiebat, Excellentiâ dignus.*

6 GARTEN UND GARTENFRONT DES THURN UND TAXISSCHEN PALAIS IN BRÜSSEL
1686
Kupferstich, gestochen von Romeyn de Hooghe

Das 7. Blatt der Kupferstichfolge zu den Türkensiegen Kaiser Leopolds I. zeigt den nach französischer Manier angelegten Garten (*domesticus hortus*) des Fürsten von Thurn und Taxis mit der festlichen Dekorationsarchitektur. Im rechten Teil schließt die zweigeschossige Palaisfassade den Garten ab.

Lit.: Hooghe, Romeyn de. In: Thieme–Becker 17 (1924) S. 458–461.

Brüssel, Bibliothèque Royale Albert I., Inv.-Nr. S.I. 2377

7 GLORIFIZIERUNG DER FAMILIEN TOUR ET TASSIS UND FÜRSTENBERG
1678–1701
Zeichnung, Kohle auf Papier, unsign., von Victor Honoré Janssens

Bei dieser Zeichnung des flämischen Malers Victor Honoré Janssens (1658–1736) handelt es sich sehr wahrscheinlich um eine Detailstudie zu einem Deckenbild für das thurn und taxissche Palais in Brüssel. Ein Engel als personifizierte Fama verkündet den Ruhm der Familien Thurn und Taxis und Fürstenberg.

Aus einer anderen Gemäldestudie des gesamten Bildes im Musées Royaux des Beaux–Arts in Brüssel ist die Thematik, die allegorische Glorifizierung der Familien Thurn und Taxis und Fürstenberg, ersichtlich. Das darin ausgeführte Allianzwappen läßt die Studie zeitlich näher einordnen. Fürst Eugen Alexander vermählte sich 1678 zu Wien mit der Prinzessin Anna Adelheid zu Fürstenberg–Heiligenberg. Diese starb 1701 zu Brüssel.

Lit.: Janssens, Victor Honore. In: Thieme–Becker 18 (1925) S. 419–420.

Regensburg, Fürst Thurn und Taxis Graphische Sammlung, Handzeichnungen

8 NOTRE DAME DU SABLON ZU BRÜSSEL. HAUSKIRCHE DER THURN UND TAXIS
19. Jahrhundert
Aquatinta, koloriert, gest. von Belin

Die dem thurn und taxisschen Palais benachbarte Brüsseler Kirche Notre Dame du Sablon war seit 1517 die *Hauskirche* der Taxis. Franz von Taxis stiftete dort die Grabkapelle St.Ursula im nördlichen Querschiff, wo die ältere Grablege der Familie bis zu ihrer Übersiedlung nach Frankfurt am Main heute noch besteht. Auch zur sonstigen Ausstattung der Kirche machte die Familie kostspielige Stiftungen. Erwähnenswert sind dabei die vier Wandteppiche von 1517/18, die den Stifter Franz von Taxis bei der Auffindung und Prozession des berühmten Gnadenbildes dieser Kirche darstellen (vgl. Kat. Nr. A.II.9.)

Brüssel, Bibliothèque Royale Albert I, Inv.Nr. 28286

9 EINGANG ZUR TAXISSCHEN GRABLEGE IN NOTRE DAME DU SABLON ZU BRÜSSEL
Um 1645
Kupferstich, nach dem Entwurf von Nikolaus VanderHorst, gestochen von Cornelius Galle d. Jüng.
aus: J. Chifletius, Les Marques d'honneur de la Maison de Tassis, Antwerpen 1645

Der Stich zeigt den baulichen Zustand des Eingangs zur taxisschen Grabkapelle St. Ursula nach 1624. Oben zwischen zwei Löwen als Schildhalter das von der Grafenkrone überhöhte Wappen von 1534. Unter der Inschriftentafel gibt das durchbrochene Portal den Blick auf den zentralen, nicht mehr erhaltenen Flügelaltar im Inneren frei.
Die Kapelle wurde auch im Eingangsbereich 1651 vom Architekten und Bildhauer Lucas Fayd'herbe, einem Rubensschüler, mit erlesenem schwarzen und weißen Marmor umgestaltet. 1678 errichtete darin der Bildhauer Mathieu van Beveren das Grabmal für Lamoral Claudius Franz von Thurn und Taxis mit den allegorischen Figuren der über die Zeit triumphierenden Tugenden und mit der den Verstorbenen verherrlichenden Ruhmesgöttin.

Lit.: H. Hymans, Brüssel. Berühmte Kunststätten 50 (1910) S. 130 – A. de Baets, Besuch der Liebfrauenkirche vom Zavel (au Sablon), Brüssel o.J., S.6.

Regensburg, Fürst Thurn und Taxis Graphische Sammlung

10 PROJEKTIERTE FASSADE DES *HOTEL DE LA TOUR* IN BRÜSSEL
1711
Aufriß, Pap., Feder über Bleistift, aquarelliert

Obwohl die politischen Veränderungen im Spanischen Erbfolgekrieg (1701–1714) die Übersiedelung des fürstlichen Hauses aus den Spanischen Niederlanden nach Frankfurt am Main einleiteten, begann man 1711 mit eingreifenden Bauveränderungen am taxisschen Palais in Brüssel, genannt auch *Hotel de la Tour*. Der Entwurf des Ingenieurs van Croen zeigt die Fassade der neuen Dreiflügelanlage gegen die Straße. Anstelle der vom Fürsten gewünschten Balustrade wurde unterhalb des Daches eine Säulenreihe zur Gliederung eingestellt.
Im März 1712 erhielt der Palaisverwalter van Veen 24035 Gulden 11 Sols von verschiedenen fürstlichen Ämtern zur Bezahlung der Baukosten angewiesen. Anstelle des ehemaligen Palais steht heute das Königliche Musikkonservatorium.

Regensburg, FZA, Plansammlung A 1 r (aus Niederlande – Akten 188)

11 VERÄUSSERUNG DES TAXIS-PALAIS IN BRÜSSEL UND DIE VERTEILUNG DES INVENTARS AUF FRANKFURT UND REGENSBURG
1776
Liste, Pap., frz.

Am 1. Februar 1776 verkaufte Fürst Carl Anselm das Brüsseler Palais mit Garten, Stallungen und Orangerie an François Gabriel Marquis du Casteler et de Courcelles, Staatsrat und Gardelieutenant in den Österreichischen Niederlanden, um 72 000 Gulden. Der Besitzwechsel fand zum 1. Mai 1776 statt. Ein Teil des Inventars, vor allem Möbel, wurden an den neuen Eigentümer veräußert.
29 Kisten mit verschiedenen persönlichen Gegenständen gingen am 29. Mai 1776 z.T. auf dem Wasserweg nach Frankfurt und Regensburg. Zwei Kisten (Nr.1–2) mit kleinen Sachen, darunter Tischuhren, kamen direkt nach Regensburg. Die Folianten mit der dreibändigen Généalogie von E. Flacchio (Kisten Nr.4–11) einschließlich der Kupferplatten für die Illustrationen (Kisten Nr.12–14, 27, 29) und 5 Kisten (Nr.18–22) mit dem Archiv kamen nach Frankfurt. Zwei Marmorstatuen, darunter jene der Pallas Athene, wurden auf dem Wasserweg transportiert (Nr.16–17).

Regensburg, FZA, Niederlande – Akten 188

B. Thurn und Taxis – Die Inhaber der Post

B. IV. Residenzen

B. IV.b. Frankfurt am Main

Als Fürst Eugen Alexander im Jahre 1702 den französischen Waffen in Brüssel weichen mußte, siedelte er ein Jahr später nach Frankfurt am Main über. Dort mietete er zunächst von Johann Matthäus von Merian, dem Enkel des berühmten Kupferstechers, das Haus *Zu den Drei Mohren* am Paradeplatz nahe der Großen Eschenheimer Gasse an. Nachdem dieser Fürst am 21. Februar 1714 zu Frankfurt verschieden ist, setzte sein Sohn und Amtsnachfolger Anselm Franz den Wunsch Kaiser Karls VI., *daß der kaiserliche Generalerbpostmeister zur Beobachtung seines Amtes im Reich wohnhaft sei*, in die Tat um und suchte nach einem geeigneten Baugrund in jener Stadt am Main, die eine der vornehmsten Poststationen des Reiches besaß. Trotz heftigen Widerstandes der Reichsstadt, die aus reichsrechtlichen Bedenken unter Hinweis auf ihre Souveränität keinen anderen Reichsstand innerhalb ihrer Mauern mit Grund und Boden dulden wollte, konnte der Reichsgeneralerbpostmeister mit Unterstützung des Wiener Kaiserhofes durch einen Stroh– oder Mittelsmann den Weidenhof an der Großen Eschenheimer Gasse erwerben.

Mit dem Entwurf für dieses prachtvolle Palais, zu dessen Innenausstattung die ersten Künstler der Epoche, wie der Bildhauer Paul Egell, die Maler Karl Bernardini und Luca Antonio Colomba herangezogen wurden, betraute er den Architekten am Versailler Hofe Ludwigs XV. Robert de Cotte. Die Bauüberwachung lag in Händen des kurpfälzischen Ingenieurs Guilleaume Hauberat. Das Palais, dessen gesamte Herstellungs– und Ausstattungskosten sich auf 386 518 Gulden beliefen, sah erst 1740 seiner Vollendung entgegen. Während der kurzen Regierungszeit des Wittelsbacher Kaisers Karl VII. in Frankfurt war das Palais Mittelpunkt des höfischen Lebens in der Mainmetropole.

Doch schon acht Jahre später bot Kaiser Franz I. dem jungen, 1739 mit dem Reichspostlehen bestallten Fürsten Alexander Ferdinand die Übernahme des Prinzipalkommissariates am Immerwährenden Reichstag zu Regensburg an. Das prunkvolle Frankfurter Palais sank dadurch zu einer Nebenresidenz herab, teilweise stand es vorübergehend völlig leer oder diente anderen fürstlichen Institutionen zur räumlichen Unterbringung. Zur Krönung Josephs II. 1764 in Frankfurt konnte jedoch der Fürst nach den Verwüstungen des Siebenjährigen Krieges es dem Kaiser als standesgemäße Absteige zur Verfügung stellen, ebenso zur Krönung Leopolds II. 1790.

Von 1803 bis 1813 residierte Fürstprimas Carl von Dalberg im Palais Thurn und Taxis. Seinen zweiten Namen *Bundespalais* erhielt es, da der Fürst zwischen 1816 und 1866 sein Frankfurter Palais den Gesandten des Deutschen Bundes als Versammlungsstätte anbot, zumal gleichzeitig der österreichische Gesandte, der als Präsident die Versammlungen leitete, dort seine Privatwohnung hatte.

Mit der Vermietung des Palais 1891 an die Deutsche Reichspost war der erste Schritt zur völligen Veräußerung getan. Fürst Albert verkaufte 1895 um 1 500 000 Mark den ganzen Besitzkomplex an die Post. Um das Gebäude vor größeren Eingriffen in die Substanz zu retten, erwarb 1905 die Stadt Frankfurt den Bau und richtete dort das Völkerkundemuseum ein. Zwei Bombenangriffe am 4. Oktober 1943 und am 22. März 1944 ließen diesen barocken Prachtbau bis auf die beiden Torpavillons zur Großen Eschenheimer Straße in Schutt und Asche sinken. Die wertvolle Innenausstattung war jedoch noch im 19. Jahrhundert fast vollständig in die neue Hauptresidenz der Familie nach Regensburg transferiert worden.

M.D.

Lit.: J. Hülsen, Das Thurn und Taxissche Palais in Frankfurt am Main, Frankfurt a.M. 1932 – F. Lübbecke, Das Palais Thurn und Taxis zu Frankfurt am Main, Frankfurt a.M. 1955 – M. Piendl, Das fürstliche Haus Thurn und Taxis. Zur Geschichte des Hauses und der Thurn und Taxis–Post, Regensburg 1980.

1 ANSICHT VON FRANKFURT AM MAIN AUS DER VOGELSCHAU

Um 1740
Vedute, Kupferstich, koloriert, von Georg Matthäus Seutter, Augsburg

Der Plan der freien Reichs- und Handelsstadt Frankfurt am Main von Matthäus Seutter d. Älteren (1678–1757) zeigt aus der Vogelschau die Altstadt am nördlichen Mainufer und die ringförmigen Erweiterungen im Osten, Norden und Westen bis zum heute noch kenntlichen Festungsbering. Im Bereich der Straße *Zeil* und nahe dem Katharinenkloster erwarb Fürst Anselm Franz nach längeren geheimen Sondierungen ein geeignetes Bauareal an der nicht so dicht besiedelten, mit Patrizierhäusern samt Gartenanlagen durchsetzten Großen Eschenheimer Gasse für sein neues Palais.
Im unteren Viertel des Kupferstiches ergänzt eine Ansicht Frankfurts zwischen den allegorischen Darstellungen der Kaiserkrönung und des Handels, den beiden Kennzeichen dieser Stadt, den Stadtplan.

Lit.: A. Fauser, Repertorium älterer Topographie. Druckgraphik von 1486 bis 1750, 1. Band, Wiesbaden 1978, S. 227 Nr.4115 – Seutter, Georg Matthäus d. Ält. In: ADB 34 (1892) S.70 – Seutter, Georg Matthäus d. Ält. In: Thieme–Becker 30 (1936) S. 542.

Regensburg, FHB, XIV B 5

2 ANKAUF DES BAUGELÄNDES

1722 April 28 Brüssel bzw. Mai 2 Frankfurt
Zwei Ausf., Pap., Libelle mit je 4 Bll. und zwei aufgedruckten Siegel

Der Frankfurter Bürger und Weinhändler Georg Friedrich Lindt versichert urkundlich, daß er jenes von der Obristlieutenantswitwe Winter von Guldenbronn um 30 000 Gulden erkaufte Haus *Zum Weißen Hof* in der Großen Eschenheimer Gasse um denselben Kaufpreis an den Fürsten Anselm Franz von Thurn und Taxis weiterveräußern will, sobald diesem der städtische Rat die Genehmigung zum Besitz eines Hauses oder Liegenschaft innerhalb der Stadt erteilt habe.
Dieser Vorvertrag erwies sich als Grundlage zum Erwerb eines Baugeländes für den katholischen Fürsten und fremden Reichsstand in der protestantischen Reichsstadt. Die Stadt hätte einem direkten Erwerb durch den Fürsten, der nach den kaiserlichen Vorstellungen samt Personal von allen bürgerlichen Real- und Personallasten befreit war, niemals freiwillig ihre Zustimmung erteilt. Die Einigung mit der Reichsstadt kam aber erst sieben Jahre später zustande. Im Vertrag vom 25. März 1729 zwischen Stadt und Fürst legte diese in 17 Paragraphen die Bauauflagen für den Neubau des thurn und taxisschen Palais fest.

Lit.: B. Faulhaber, Geschichte der Post in Frankfurt a.M. Archiv für Frankfurts Geschichte und Kunst NF. 10 (1883) S. 111 ff. – F. Lübbecke, Das Palais Thurn und Taxis zu Frankfurt am Main, Frankfurt am Main 1955, S. 161–164

Regensburg, FZA, Frankfurt – Akten 2 Nr.8

3 FÜRSTLICHER ARCHITEKT ROBERT DE COTTE (1656 – 1735)

19. Jahrhundert
Gemälde, Öl auf Leinwand, Kopie nach Hyacinthe Rigaud

Das Porträt des Architekten Robert de Cotte vom Hofmaler Hyacinthe Rigaud diente mehrfach als Vorlage, so z.B. für den Kupferstich von Pierre Imbert Drevet und diese Kopie im Musée Rohan zu Straßburg.
De Cotte war Architekt und Direktor der Académie Royale d'Architecture unter König Ludwig XIV. von Frankreich. 1727 legte er dem Fürsten Anselm Franz die Pläne und ein Bau-Memoire für das geplante Palais oder *Hotel* in Frankfurt vor.

Lit.: Cotte, Robert de. In: Thieme–Becker 7 (1912) S. 560–562

Straßburg, Musée des Arts Decoratifs, Palais Rohan

4 BAU-MEMOIRE ÜBER DAS FRANKFURTER PALAIS

Undatiert [um 1727]
Memoire, 2 Bogen, frz.
aufgeschlagen: fol. 21 – Kopie fol. 24'

In diesem Memoire trägt Robert de Cotte eigenhändig seine grundsätzlichen Gedanken zur Anordnung und Einteilung des projektierten Fürstlich Thurn und Taxisschen Palais in Frankfurt dem Fürsten vor. Im Erdgeschoß soll ein größeres Appartement geschaffen wer-

B. IV. b. Residenz Frankfurt

den, wo sich die Herrschaften und der Adel versammeln können, und im 1. Stock zwei kleinere zum Garten hin. Da die Straße vor dem Haus nicht sehr breit sei, soll das Portal in zwei Halbkreisen zurückgenommen werden, um die Einfahrt zu erleichtern. Die Ställe im großen Nebenhof würden Platz für mindestens 46 Pferde bieten.

Im weiteren geht de Cotte auf die einzelnen Appartement näher ein, desgleichen auf Hauskapelle, Vestibül, Treppenhaus, Speisesaal und die Dienerschaftsräume.

Lit.: F. Lübbecke, Das Palais Thurn und Taxis zu Frankfurt am Main, Frankfurt am Main 1955, S. 167–175.

Regensburg, FZA, Frankfurt – Akten 10, fol. 21–24'

5   BAUHERR FÜRST ANSELM FRANZ ALS ORDENSRITTER VOM GOLDENEN VLIES
Nach 1731
Gemälde, Öl auf Leinwand, sign. Van Diest

Bauherr Fürst Anselm Franz von Thurn und Taxis wurde am 30. Januar 1681 zu Brüssel geboren. Seinen Namen erhielt er bei der Taufe nach dem Mainzer Kurfürsten und Protector Postarum Anselm Franz von Ingelheim. Unter ihm vollzog sich die endgültige Übersiedelung der Familie samt Post- und Güterverwaltung von Brüssel nach Frankfurt, die Erbauung des dortigen Palais ab 1729 und der Erwerb der ersten Grundherrschaften um Eglingen und Dischingen bei Aalen/Württemberg. Er starb am 8. November 1739 im 59. Lebensjahr unerwartet während eines Aufenthaltes in Brüssel und wurde als letzter taxisscher Fürst in der St. Ursula Kapelle zu N.D. du Sablon bestattet.

Bei dem Maler des fürstlichen Ganzfigurenporträts in der Tracht des Ritters vom Orden des Goldenen Vlies, den Fürst Anselm Franz im November 1739 verliehen erhielt, dürfte es sich um den nach 1740 verstorbenen Jan Baptist van Diest, Hofmaler des Kurfürsten Max Emanuel von Bayern während dessen Brüsseler Statthalterschaft, handeln.

Lit.: Thurn und Taxis, Anselm Franz Fürst von. In: ADB 37 (1894) S. 479–482 (J. Rübsam) – Diest, Johann Baptist van. In: Thieme – Becker 9 (1913) S. 250.

Regensburg, Fürst Thurn und Taxis Kunstsammlungen, Inv. Nr. St.E. 4910

6   GRUNDSTEINPLATTE DES THURN UND TAXISSCHEN PALAIS ZU FRANKFURT
1732 März 10
Messingplatte, graviert

Die 10,2 : 11,2 cm große Platte wurde 1977 bei Bauarbeiten für das neue Postzentrum *Zeil* in Frankfurt aufgefunden. Sie trägt die Inschrift: *Anselmus Franciscus / S(ancti) R(omani) I(mperii) princeps de Turri / et Taxis eques aurei velleris / Generalis Hereditarius post(ar)um / per Imperium Burgundiam/ et Belgium etc. / posuit Francofurti ad Moenum / die 10 Martij Anno 1732.*

Lit.: G. North, Neuerwerbungen des Bundespostmuseums im Jahre 1977. In: ADP 1978/1, S. 140.

Frankfurt, Deutsches Postmuseum, Grundsteinplatte 1

7 SCHNITT DURCH DAS FRANKFURTER PALAIS, corps de logis
Um 1730
Plan, Tusche, grau und schwarz laviert, leicht fleckig, an den Faltungen rückseitig geklebt, von Robert de Cotte

Der vom Architekten de Cotte eigenhändig auf der Vorderseite oben mit *coupe et profile du corps de logis avec l'aile*, auf der Rückseite von anderer Hand mit *Elevation de la face de l'Hôtel de la Tour et Tassis du Côté du jardin ...* bezeichnete Schnitt aus seinem Pariser Bureau ist der einzige erhaltene Orginalplan de Cotte's für das Palais. Es ist der Schnitt vom Portal an der Großen Eschenheimer Gasse (rechts) zum Gartensaal samt Garten (links) in der West–Ostachse.
Die im März 1892 von der Frankfurter Schloßverwaltung in drei Eisenbahnwagen nach Regensburg versandten Palais–Akten mit Planunterlagen im Gewicht von 480 Zentner wurden wahrscheinlich als Makulatur eingestampft. Zumindest haben sich im Zentralarchiv keine weiteren Baupläne de Cottes erhalten.

Lit.: J. Hülsen, Das Thurn- und Taxissche Palais in Frankfurt a.M., Frankfurt 1932, S. 5 ff – F. Lübbecke, Das Palais Thurn und Taxis zu Frankfurt am Main, Frankfurt am Main 1955, S. 85–86.

Regensburg, FZA, Plansammlung B 2

8 GRUNDRISS DES FRANKFURTER PALAIS MIT STALL, GARTEN UND REITHALLE
Um 1790
Grundriß, Tusche, laviert

Der wahrscheinlich aus der Umgebung des Frankfurter Stadtbaumeisters Hess d. Ält. stammende Grundriß entspricht der etwas veränderten Ausführung des ersten de Cotte'schen Entwurfs von 1727, von dem sich ebenfalls ein Grundriß in seinem Nachlaß in der Bibliothèque National in Paris vorfindet.
Unterschiede bestehen vor allem in der Enfilade, wo durch die veränderte Appartementseinteilung die alte von de Cotte vorgetragene strenge, durch die Bedürfnisse des höfischen Lebens zeremonielle Wohnordnung verloren ging, zumal die fürstliche Familie schon 1748 nach Regensburg übersiedelte.

Lit.: F. Lübbecke, Das Palais Thurn und Taxis zu Frankfurt am Main, Frankfurt am Main 1955, S. 173 ff.

Regensburg, FZA, Plansammlung A 1 r

9 BAUMODELL DES PALAIS ZU FRANKFURT
Um 1730
Holzmodell, farbig gefaßt

Das zeitgenössische Modell des Frankfurter Palais zeigt den Baukörper ohne die anschließenden Stallungen. Die im Hof offen gedachten zweistöckigen Arkaden von je sieben Rundbogenöffnungen stehen im Gegensatz zur Fassade des *corps de logis*, dessen Fenster schlank und flach gegenüber den wuchtigen Bögen der Seitenflügel erscheinen.
Das Modell wurde bis 1892 im Palais zu Frankfurt aufbewahrt.

Lit.: F. Lübbecke, Das Palais Thurn und Taxis zu Frankfurt am Main, Frankfurt 1955, S. 176 f.

Regensburg, FZA, Museale Gegenstände

B. IV.b. Residenz Frankfurt

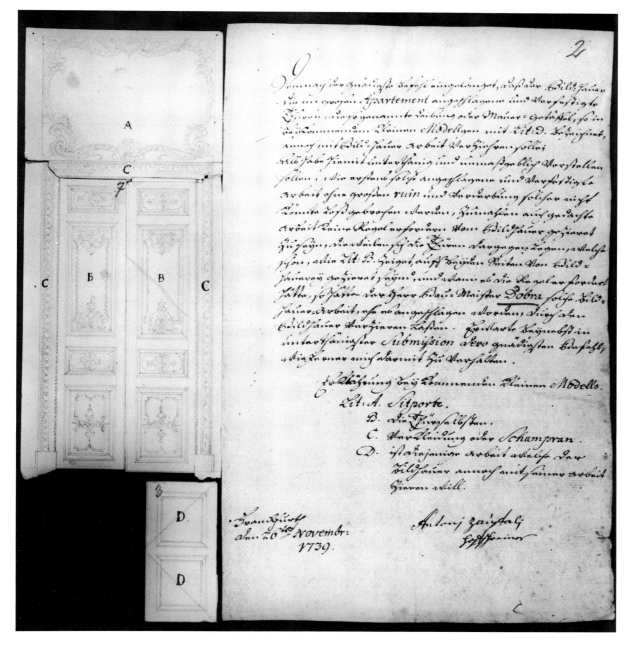

10 KOSTENVORANSCHLÄGE DER
FRANKFURTER STEINMETZEN
1731
Drei Verzeichnisse mit Skizzen, je 1 Bogen, Pap.,
mit Schreiben des Baumeisters G. Hauberat

Die Steinmetzmeister Wilhelm Vornberger und Michael Mößmayr zu Frankfurt legen dem mit der Bauausführung betrauten Guillaume Hauberat den Kostenvoranschlag für verschiedene vorgegebene Werkstücke wie Säulen, Bögen oder Steinarbeiten am Palais vor. Die Verzeichnisse enthalten Skizzen mit Maßangaben und die Stückpreise. Die Steinmetzarbeiten, von de Cotte ursprünglich auf 7000 Gulden veranschlagt, wurden aber schließlich durch Hauberat an andere Steinmetzen vergeben.

Regensburg, FZA, Frankfurt – Akten 8, fol. 14–21

11 MUSTER FÜR DIE TÜR- UND
SOPRAPORTENTÄFELUNG
1739 November 26
Blatt, Pap., mit vier Bleistiftskizzen

Der Hofschreiner Anton Zauffaly macht auf den fürstlichen Wunsche hin, daß an den Türen in den großen Appartements auch die *Laibung oder Mauer-getäffel* mit *Bild-hauer arbeit* verziert werden sollte, seine Vorschläge, wie solches ohne den Ruin der Türen geschehen könne. Die Skizzen stellen die heute im Regensburger Schloß eingebaute Verkleidung der Sopraporten und Türen dar.

Quelle: FZA, Gerichtsakten 5324
Lit.: F. Lübbecke, Das Palais Thurn und Taxis zu Frankfurt am Main, Frankfurt 1955, S. 346 f.

Regensburg, FZA, Frankfurt – Akten 9, fol. 2

12 MASSNAHMEN GEGEN PREUSSISCHE BESCHLAGNAHMUNG IM SIEBENJÄHRIGEN KRIEG
1762 März 8 Regensburg
Ausf., 1 Bogen, Pap.,

Fürst Alexander Ferdinand von Thurn und Taxis beauftragt seinen Geheimen Rat Freiherrn Alexander von Vrints–Berberich in Frankfurt, daß – wenn zwar wider Vermuten, aber nicht ganz ausgeschlossen – die Stadt Frankfurt von den königlich preußischen und mit dieser Krone alliierten Kriegsvölker überfallen würde, er in aller Stille die kostbaren Möbeln, das Porzellan und sonstige wertvolle Stücke im Palais, besonders aber das Archiv zur Flüchtung nach Mainz vorbereiten soll.
Schon zu Beginn des Jahres 1759 hatte Herzog Franz Victor von Broglie als französischer Oberstkommandierender sein Hauptquartier in das fast leerstehende Palais Thurn und Taxis verlegt. Die wertvollsten Pretiosen der Palaisausstattung waren in aller Eile verpackt und zu den Maltesern nach Mainz geflüchtet worden. Erst im Frühjahr 1762 rückten die französischen Truppen unter Zurücklassung einer demolierten Einrichtung aus dem Palais und der Stadt ab.

Regensburg, FZA, Frankfurt – Akten 19

13 INVENTAR DES FRANKFURTER PALAIS
1778
Band, aufgeschlagen: S. 16–17

Im vorliegenden vom Palaisverwalter Gotefredus Hirsch verfaßten Inventar des Frankfurter Palais ist die Ausstattung nach Stockwerken und Räumen aufgezählt. Dokumentiert ist der Wohnzustand, nachdem die fürstliche Familie 1748 nach Regensburg in den Freisinger Hof übergesiedelt war.
Das Audienzzimmer der Fürstin im ersten Stockwerk (Raum Nr.20) birgt aber noch vier Gobelins zur Hausgeschichte sowie ein großes Klavier.

Regensburg, FZA, Frankfurt – Akten 26

14 VERMIETUNG DES PALAIS AN DEN K.K. PRÄSIDIALGESANDTEN BEIM DEUTSCHEN BUND
1816 November 29 Regensburg
Ausf., 1 Bogen, aufgeschlagen fol. 1'–2 –
Kopie fol. 1

Fürst Karl Alexander von Thurn und Taxis weist seinen Geheimen Rat und Generalpostdirektor Baron Vrints–Berberich in Frankfurt an, dem k.k. Präsidialgesandten Exzellenz Johann Rudolf Graf Buol–Schauenstein (1763–1834) seine Bereitschaft zu eröffnen, das Frankfurter Palais für eine Reihe von Jahren für den k.k. Dienst und die Bundesversammlung mietweise zu überlassen. Ein Verkauf dieses *vorelterliche(n) Monument(s) des Wohlstandes und Glanzes unseres fürstlichen Hauses* sei jedoch nicht beabsichtigt.
Nachdem Fürstprimas Dalberg am 2. November 1813 sein Großherzogtum Frankfurt und das als Residenz angemietete Palais Thurn und Taxis hatte verlassen müssen, diente es von 1816 bis 1866 der Deutschen Bundesversammlung als Tagungsort und dem präsidierenden österreichischen Gesandten als Wohnsitz. In dieser Epoche findet sich häufig die Bezeichnung *Frankfurter Bundespalais* für das thurn und taxissche Palais in Frankfurt. Während des Revolutionsjahr 1848/49 tagte dort die provisorische Reichsregierung.

Lit.: H.–O. Schrembs, Frankfurt am Main, In: AK Hauptstadt. Zentren, Residenzen, Metropolen in der Deutschen Geschichte, hrsg. von B.–M. Baumunk und G. Brunn, Köln 1989, S. 109 ff.

Regensburg, FZA, Frankfurt – Akten 323

15 INNENHOF DES PALAIS MIT KUTSCHE
1834
Feder, aquarelliert, sign. unten rechts Harweng 1834

Die Zeichnung des in der Literatur unbekannten Künstlers Harweng zeigt den Innenhof des Frankfurter Palais gegen das Hauptgebäude mit den Arkadenreihen der beiden Seiten– und Verbindungsflügeln zu den Torpavillons. Im Vordergrund findet sich eine bespannte, wartende Kutsche, deren Korpus schwarz–gelb, mit den Reichsfarben bemalt ist.

Regensburg, Fürst Thurn und Taxis Graphische Sammlung, Handzeichnungen

16 KONGRESS DER BUNDESFÜRSTEN IM PALAIS THURN UND TAXIS
1863
Feder, braun, über Bleistift, laviert und weiß überhöht, von G. Hohnbaum

Im Jahre 1863 ergriff Österreich die Initiative, um das föderative Triasmodell der Mittel– und Kleinstaaten zur Erneuerung des Bundes einer Fürstenversammlung zu unterbreiten. Kaiser Franz Joseph lud die Fürsten – der preußische König war auf Drängen Bismarcks der Einladung nicht nachgekommen – nach Frankfurt zu Verhandlungen ein. Die Konferenz fand ab 18. August 1863 im Bundespalais statt. Die Realisierung der Vorschläge scheiterte am preußischen Einspruch.
Die Zeichnung Hohnbaums aus einer Serie mit den Darstellungen anderer Ereignisse während des Fürsten–Kongresses zeigt die am Konferenztisch versammelten Fürsten, an den Wänden zwischen der ursprünglichen Vertäfelung Porträts von Mitgliedern des fürstlichen Hauses.

Lit.: H.–O. Schrembs, Frankfurt am Main, In: AK Hauptstadt. Zentren, Residenzen, Metropolen in der Deutschen Geschichte, hrsg. von B.–M. Baumunk und G. Brunn, Köln 1989, S. 127 f. u. s. 138 F.

Regensburg, Fürst Thurn und Taxis Graphische Sammlung, Handzeichnungen

B. IV. b. Residenz Frankfurt

Kat.Nr. 15

17 VERKAUF DES PALAIS THURN UND TAXIS AN DIE DEUTSCHE REICHSPOST
1891 Oktober 16/21
Ausf., Pap., Libell, mit aufgedrucktem S unter Papierdecke und Planbeilage
aufgeschlagen: Fürstliche Genehmigung(links) und jene der Reichspost durch Staatssekretär Heinrich von Stephan

Mit vorstehendem Vertrag überließ Fürst Albert von Thurn und Taxis das Palais Lit. D 49 Große Eschenheimerstraße in Frankfurt der deutschen Reichspostverwaltung zunächst mietweise auf drei Jahre mit einer Kaufoption. Eine Nachtragsvereinbarung von 1895 März 14 Regensburg/ 19 Frankfurt bestätigte den Verkauf um 1,5 Millionen Mark an die deutsche Reichspost. Das Mobiliar des Palais war vor dem Verkauf weitgehend nach Regensburg in die neue Hauptresidenz der Thurn und Taxis überführt worden. Das Palais selbst fiel am 4. Oktober 1943 bzw. 22. März 1944 bis auf die beiden Eingangspavillons gegen die Große Eschenheimer Gasse einem Luftangriff im Zweiten Weltkrieg zum Opfer. An seiner Stelle steht heute das Fernmelde–Hochhaus der Deutschen Bundespost.

Lit.: F. Lübbecke, das Palais Thurn und Taxis zu Frankfurt am Main, Frankfurt 1955, S. 455 ff.

Regensburg, FZA, Frankfurt – Urkunden 1891 X 16/21

B. Thurn und Taxis – Die Inhaber der Post

B. IV. Residenzen

B. IV. c. Regensburg

Nach der Abberufung des unter den Kaisern Karl VI. und VII. tätigen Prinzipalkommissars Fürst Joseph Wilhelm Ernst zu Fürstenberg–Stühlingen zu Jahresbeginn 1748 erhielt Fürst Alexander Ferdinand von Thurn und Taxis bereits am 25. Januar sein Bestallungspatent vom habsburgischen Kaiser Franz I. Die kaiserliche Wahl dürfte dadurch beeinflußt worden sein, daß der neue Prinzipalkommissar durch das Reichspostgeneralat eng mit dem Kaiser verbunden war, jedoch auch zu den übrigen katholischen und protestantischen Reichsständen im allgemeinen gute Kontakte durch die Ausübung der Reichspostrechte pflegte. Die kostspieligen Repräsentationspflichten dieses ehrenvollen Reichsamtes konnten zudem längerfristig aus dem im Reichspostdienst erworbenen Vermögen finanziert werden.

Im Januar 1748 bereitete der fürstliche Hofmarschall Baron Reichlin von Meldegg die Übersiedelung von Frankfurt nach Regensburg vor, der prunkvolle Einzug des Fürsten selbst erfolgte am 1. März. Nach Umbauarbeiten am Freisinger Hof konnte dieses Palais des Freisinger Bischofs in der Reichstagsstadt als künftige Prinzipalkommissar–Residenz angemietet werden.

Mit dem Einzug des Hauses Thurn und Taxis in Regensburg wurde dessen prunkvolle Hofhaltung bei den repräsentativen Festen gerühmt. Zu den angeordneten Huldigungen der Regensburger Bürgerschaft, den Domauffahrten zum Namensfeste des jeweiligen Kaisers wurde äußerster Prunk nach dem Vorbild des Wiener Hofes entfaltet. Italienische und Französische Oper, deutsches Schauspiel im Hoftheater am Ägidienplatz oder grausame Tierhatz im bayerischen Steinweg und ausgedehnte Schlittenfahrten im Regensburger Umland sollten die zahlreichen am Reichstag anwesenden Gesandten und die Regensburger Bürgerschaft erfreuen. Hofmusik und Hoftheater erlebten durch die Beschäftigung zahlreicher ausgezeichneter Musiker wie den Musiktheoretiker Joseph Riepel und den Musikintendanten Freiherrn Theodor von Schacht fürstliches Mäzenatentum und Förderung der Künste. Geheime Kanzlei und Hofbibliothek wurden im geräumigen Zandthaus in der Gesandtenstraße untergebracht.

Die durch die Reichsetikette geregelten Repräsentationspflichten am Immerwährenden Reichstag nahm der jeweilige Fürst in seiner Regensburger Residenz, dem Freisinger Hof, wahr. Als ein Brand dieses Gebäude 1792 vernichtete, mußte er in das westlich davon anschließende Gebäude am Emmeramsplatz, das im Besitz des Reichsstiftes St. Emmeram war, übersiedeln. Dort überlebte er den Übergang der Reichstadt an das *Fürstentum Regensburg* unter Fürstprimas Carl von Dalberg (1803) und das Ende des Heiligen Römischen Reiches mit dem Erlöschen des kaiserlichen Prinzipalkommissariates.

Als nach der Verstaatlichung der thurn und taxisschen Post in Bayern, endgültig 1808, das junge Königreich einen Teil der dafür vereinbarten Entschädigungen in Domänen anwies, zugleich das säkularisierte ehemalige Reichsstift St. Emmeram dem fürstlichen Haus als künftige Hauptresidenz anbot, entschied dieses sich 1812 für sein Verbleiben in Regensburg. Das Schloß St. Emmeram wurde unter Aufgabe des Äußeren Palais am Emmeramsplatz bis zum gegenwärtigen Zeitpunkt neue Residenz und prunkvoller Sitz der Familie. M.D.

Lit.: R. Freytag, Das Prinzipalkommissariat des Fürsten Alexander Ferdinand von Thurn und Taxis. In: Jahrbuch des Historischen Verein von Dillingen 25 (1912) S. 1–26 – R. Freytag, Vom Sterben des Immerwährenden Reichstages. In: Verhandlungen des Historischen Vereins der Oberpfalz und Regensburg 84 (1934) S. 185–235 – W. Fürnrohr, Der Immerwährende Reichstag zu Regensburg. Das Parlament des Alten Reiches. Zur 300–Jahr–Feier seiner Eröffnung 1963, Regensburg 1963 – M. Piendl, Die fürstliche Residenz in Regensburg im 18. und beginnenden 19. Jahrhundert. In: Thurn und Taxis–Studien 3 (1963) S. 47–127 – M. Piendl, Prinzipalkommissariat und Prinzipalkommissare am Immerwährenden Reichstag. In: Regensburg – Stadt der Reichstage. Schriftenreihe der Universität Regensburg, Band 3 (1980) S. 131–149.

B. IV. c. Residenz Regensburg

1 ANSICHT DER REICHSSTADT REGENSBURG
Um 1740
Kupferstich, koloriert, gez. von Johann Ulrich Krauß

Der von dem Architekten Johann Ulrich Krauß nach dem Kupferstich von Philipp Harpff (1644) verfertigte Vogelschauplan samt Ansicht der Stadt Regensburg (unten) wurde bei Matthäus Seutter (1678 – 1757) in Augsburg verlegt. Innerhalb der Stadt finden sich eine Reihe von Aufrißzeichnungen. Neben den direkt im Grundriß genannten Straßen gibt die Legende mit 24 Kleinbuchstaben und 13 Ziffern Hinweise auf weitere bemerkenswerte Bauten und Straßen. Im oberen Teil des Grundrisses sind außerhalb der Befestigungsanlagen die Burgfriedenssäulen genau eingezeichnet.
Der untere Teil des Blattes zeigt eine Stadtansicht von Norden zwischen zwei allegorischen Darstellungen, Sapientia begleitet Justitia (links) und Merkur, schwebend über dem geschäftigen Hafen (rechts). Eine enge Verwandtschaft des Blattes mit jenem von Frankfurt, ebenfalls bei Seutter verlegt, ist offenkundig (vgl. Kat.Nr. B.IV.b.1.).
Durch die Berufung des Fürsten Alexander Ferdinand zum kaiserlichen Prinzipalkommissar am Immerwährenden Reichstag 1748 siedelte die fürstliche Familie samt Hofstaat und Verwaltung von Frankfurt nach Regensburg über.

Lit.: K. Bauer, Regensburg. Aus Kunst-, Kultur- und Sittengeschichte, Regensburg ⁴1988, S. 855 Stadtgrundriß Nr.6 – R. Staudinger, Die Denkwürdigkeiten der Stadt Regensburg gesammelt und historisch beleuchtet vom kgl. bayerischen Rath und Regierungsassessor Georg Aloys Resch, Magister-Arbeit, Regensburg 1988, S. 76–78 – Kraus, Johann Ulrich. In: Thieme-Becker 21 (1927) S. 440 – Kraus, Johann Ulrich. In: ADB 17 (1883) S. 73f.

Regensburg, Fürst Thurn und Taxis Graphische Sammlung, Sammlung Resch I 7b

2 KAISERLICHES CREDENTIAL AN DEN REICHSTAG ZU FRANKFURT
1743 Februar 4 Frankfurt
Ausf., Pap., Druck, 1 Bogen, aufgeschlagen: fol. 1'–2

Der Wittelsbacher Kaiser Karl VII. teilt allen Botschaftern, Gesandten und Räten der Reichsstände mit, daß er anstelle des Fürsten Joseph Wilhelm Ernst zu Fürstenberg den Reichsgeneralerbpostmeister Fürst Alexander Ferdinand von Thurn und Taxis als kaiserlichen Prinzipalkommissar zu seinem Vertreter am Reichstag ernennt.
Der Immerwährende Reichstag wurde aus politischen Gründen unter Kaiser Karl VII. von Regensburg nach Frankfurt am Main verlegt.

Lit.: AK Wahl und Krönung in Frankfurt am Main Kaiser Karl VII. 1742–1745, hrsg. v. R. Koch u. P. Stahl, Frankfurt 1986, Bd. 1, S. 245.

Regensburg, FZA, Haus- und Familiensachen Urkunden 54

3 BAYERISCHE ZOLLFREIHEIT FÜR DAS UMZUGSGUT DES NEUEN PRINZIPALKOMMISSARS
1748 April 5 München
Ausf., Pap., 1 Bogen

Kurfürst Max III. Joseph von Bayern gewährt dem neuen kaiserlichen Prinzipalkommissar am wieder zurück nach Regensburg übersiedelten Reichstag für dessen Bagage, Effecten, auch Wein und Küchenvorräten die freie Passage bei den Maut- und Zollstätten im Kurfürstentum.
Das fürstliche Gut wurde für die Übersiedelung von Frankfurt aus den Main aufwärts bis Marktsteft per Schiff befördert, wo an der Südspitze des Maindreiecks eine eigene Hofspedition eingerichtet worden war, dann auf dem Landweg nach Lauingen an der Donau gebracht und von dort wiederum donauabwärts nach Regensburg geführt.

Regensburg, FZA, Haus- und Familiensachen 900

4 AUFFAHRT DER REICHSTAGSGESANDTEN VOR DEM REGENSBURGER RATHAUS
Vor 1729
Kupferstich, gestochen von Andreas Geyer

Der aus C. Vogl – A. Godin, Ratisbona Politica. Staatisches Regensburg ..., Regensburg 1729 entnommene Kupferstich von Andreas Geyer zeigt das Regensburger Rathaus vom Kohlenmarkt aus, davor die zur Versammlung ankommenden Gesandten. Dieses erste deutsche Ständeparlament tagte seit 1663 als *Immerwährender Reichstag* ständig im älteren Teil des Rathauskomplexes, nachdem 1660 – 1662 rechts neben dem Rathausturm für die reichsstädtischen Belange ein neues *Rathaus* erbaut worden war.
Der gotische Reichssaal samt den Räumen für das Kurfürsten-, Fürsten- und Reichsstädtische Kollegium haben ihre ursprüngliche Einteilung und Ausstattung weitgehend erhalten.
Von 1748 bis 1806 nahmen hier oder in ihrer Residenz im Freisinger Hof am Emmeramsplatz die Fürsten von Thurn und Taxis ihre Aufgaben als kaiserliche Prinzipalkommissare wahr.

Lit.: K. Bauer, Regensburg. Aus Kunst-, Kultur- und Sittengeschichte, Regensburg ⁴1988, S. 226–246 – Geyer, Andreas. In: Thieme-Becker 13 (1920) S. 506.

Regensburg, Fürst Thurn und Taxis Graphische Sammlung, Sammlung Resch III 134

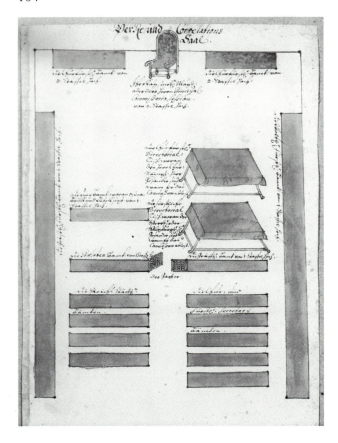

5 SITZORDNUNG IM RE- UND CORRELATIONSSAAL DES IMMERWÄHRENDEN REICHSTAGES

o.J. [Um 1790]
Zeichnung, Feder, aquarelliert

Im Reichstagssaal befand sich an dessen Stirnseite der Thron mit dem Baldachin für den Prinzipalkommissar, daneben die Sitze der Kurfürsten. An der Längsseiten nahmen die Gesandten der weltlichen (rechts) und der geistlichen (links) Reichsfürsten Platz. Vor der Schranke wurden die Prälaten, die Grafen und die Vertreter der Reichsstädte plaziert. Der Tisch in der Mitte war für die Fertigung des Protokolls unter Aufsicht der Reichskanzlei vorbehalten.

Lit.: AK Hauptstadt. Zentren, Metropolen in der deutschen Geschichte, hrsg. von B.-M. Baumunk und G. Brunn, Köln 1989, S. 177 f.

Regensburg, Fürst Thurn und Taxis Graphische Sammlung, Sammlung Resch III 133

6 BESCHREIBUNG DES AUDIENZZIMMERS

1748 Dezember 15
Extrakt, 1 Bogen, Pap.

Nach dem Kurfürstenprotokoll vom 17. Oktober 1735 wird das Audienzzimmer des kaiserlichen Prinzipalkommissars folgendermaßen beschrieben:
In dem audienz:zimmer selbst hätte der herr Principal:Commissarius sich unter einem Baldachin auf einen Sammetenen mit goldenen borten und frantzen staffirten Lehn:Seßel, welcher auf einem rothen aufgebreiteten Tuch gestanden, gesetzet, ...
Die beiden kurmainzischen Gesandten hingegen ließen sich auf einem roten Samtlehnstuhl mit seidenen Fransen nieder.
Das Zeremoniell am Immerwährenden Reichstag war wegen seiner Bedeutung für den ständisch aufgebauten Staat von nicht mehr vorstellbarer Wichtigkeit und bis in das geringste Detail geregelt.

Regensburg, FZA, Haus- und Familiensachen 900

7 THRONSESSEL MIT BALDACHIN IM REGENSBURGER SCHLOSS

2. Hälfte 18. Jahrhundert
Thronsessel, Holz, vergoldet, mit rotsamtenen Baldachin, belegt mit Stickereien

Der gegenwärtig im Ostflügel des Regensburger Schlosses aufgebaute Thronsessel unter dem gestickten Huldigungsbaldachin stammt aller Wahrscheinlichkeit nach aus der Frankfurter Residenz, wurde aber im 18. Jahrhundert nach Regensburg zur Ausstattung der neuen Residenz der thurn und taxisschen Prinzipalkommissare im Freisinger Hof verbracht. Die Palaisbeschreibung von 1773 nennt dort ein Audienzzimmer

B. IV. c. Residenz Regensburg

(*chambre d'audience*) mit Baldachin und Lehnstuhl in Gold und Silber (*1 baldaquin en or et en argent, 1 fauteuil pareil*); neben der übrigen Inneneinrichtung finden sich im Audienzzimmer auch zwei Porträts des Kaisers und der Kaiserin in vergoldeten Rahmen.

In seiner Funktion als Vertreter des Kaisers am Immerwährenden Reichstag nahm der kaiserliche Prinzipalkommissar auf einem solchen Thronsessel unter dem Baldachin die Beglaubigungsschreiben der Reichstagsgesandten entgegen. Auch für die wiederkehrende Ceremonie der Huldigung und des Treueeides auf den neuerwählten Kaiser durch die Regensburger Bürgerschaft wurde teilweise vor der Residenz Thronsessel und Baldachin für den Prinzipalkommissar aufgebaut.

Lit.: Ch.G. Gumpelzhaimer, Regensburgs Geschichte, Sagen und Merkwürdigkeiten von den ältesten bis auf die neuesten Zeiten, 3 Bände, Regensburg 1838, S. 1615 ff – M. Piendl, Die fürstliche Residenz in Regensburg im 18. und beginnenden 19. Jahrhundert. In: Thurn und Taxis–Studien 3 (1963) S. 47–125, bes. S. 59 ff.

Regensburg, Fürstliches Schloß St. Emmeram, Ostflügel

8 ZEREMONIALPROTOKOLL DES PRINZIPALKOMMISSARS

1774 März 19
Band, Pap., aufgeschlagen fol. 22'–23:
Domauffahrt zum Namensfest des Kaisers Joseph

Vom kaiserlichen Prinzipalkommissariat haben sich eine Reihe Zeremonialprotokolle aus der Zeit von 1773 bis 1806 erhalten, in denen die Einladungen, Audienzen und das dabei zu beachtende Zeremoniell festgehalten wurden. Aus den repräsentativen Pflichten der kaiserlichen Prinzipalkommissare ragte die Feier zum Namensfest des Kaisers heraus. Am Namenstag des Kaisers Joseph II., den 19. März 1774, trat Prinzipalkommissar Fürst Carl Anselm mit dem prunkvollen Zug zum Pontifikalamt in den Dom erstmals in der Öffentlichkeit auf. Der Zug des Prinzipalkommissars von der Residenz zum Dom in Gala ist im Zeremonialprotokoll bis ins kleinste Detail auf 11 Blättern beschrieben.

Lit.: P. Lorey–Nimsch, Das Namensfest Kaiser Josephs II. 1774. In: Feste in Regensburg. Von der Reformation bis in die Gegenwart, hrsg. von K. Möseneder, Regensburg 1986, S. 386–390.

Regensburg, FZA, Hofmarschallamt 139, fol. 22'–33'

9 DOMAUFFAHRT DES PRINZIPALKOMMISSARS ZUM NAMENSFEST DES KAISERS

Nach 1785
Kupferstich, sign. unten Mitte J(ohann) P(hilipp) Forster sc(ulpsit) Ratisbonne

Der Kupferstich von J. P. Forster über die feierliche Domauffahrt des Prinzipalkommissars zum Namensfest des Kaisers zeigt den Zug am Domplatz zwischen dem Prinzipalkommissars–Palais und dem Domportal. Durch die Legende können die 24 Gruppen des Festzuges identifiziert werden:
1) Einspänniger 2) Bürgerkavallerie 3) Hoffourier 4) Portier 5) Läufer 6) fürstl. Livréebedienstete 7) Zwei Büchsenspanner 8) Vier Kammerdiener 9) Trompeter und Pauker 10) Kammerfourier 11) Hausoffizianten 12) Fürstl. Wagen mit Hoftruchseß, Leibarzt, Hofrat, Beichtvater 13) Wagen mit Hofkavalieren 14) Wagen mit Oberstallmeister und Reisemarschall 15) Wagen mit Geheimen Rat und Hofmarschall 16) Wagenmeister, Wagner, Sattelknecht und Riemer 17) Stallmeister und zwei Reiter 18) Achtspänniger Galawagen mit dem Prinzipalkommissar 19) Je sechs Hofpagen, Heiducken und *Granaches* und ein Korporal 20) Kammerpage 21) Pagenhofmeister 22) Vier Kammerdiener 23) Bürgerliche Kavallerie 24) Kompagnie Grenadiere

Der Prinzipalkommissar trug zu diesem Anlaß Gala, d.h. die Tracht eines Granden von Spanien, schwarzseidenen Mantel, Agraffe und mit Brillanten reich besetzte Knöpfe. Für die 1785 dafür angeschaffte neue fürstliche Staatskarosse mußten 80 000 Gulden aufgewendet werden.

Lit.: P. Lorey–Nimsch, Das Namensfest Kaiser Josephs II. 1774. In: Feste in Regensburg. Von der Reformation bis in die Gegenwart, hrsg. von K. Möseneder, Regensburg 1986, S. 388–390.

Regensburg, Fürst Thurn und Taxis Graphische Sammlung

10 BRILLANTENBESETZTE KNÖPFE VON DER GALAUNIFORM DES KAISERLICHEN PRINZIPALKOMMISSARS

2. Hälfte 18. Jahrhundert
Knöpfe, besetzt mit Brillanten, in Silber gefaßt

Nach den *Lebenserinnerungen* des Ernst Wilhelm Martius trug der Prinzipalkommissar zur feierlichen Auffahrt vor dem Dom am Namensfest des Kaisers die Tracht eines spanischen Granden. Diese Galauniform hat sich nicht erhalten, jedoch die dazugehörigen reich mit Brillanten besetzten Knöpfe samt Verschnürungen des Rockes und der Weste.

Lit.: E.W. Martius, Erinnerungen aus meinem neunzigjährigen Leben, Leipzig 1847.

Regensburg, Fürst Thurn und Taxis Sammlungen, Nachlaß Fürst Carl Anselm

11 HULDIGUNG DER REGENSBURGER BÜRGERSCHAFT

1766 April 18 Regensburg
Dekret, Einblattdruck, Pap., gebräunt

Der Rat der Reichsstadt Regensburg eröffnet den Bürgern der Stadt, daß sie neben Kammerer und Rat zur Huldigungspflicht gegen Kaiser Josef II. erscheinen

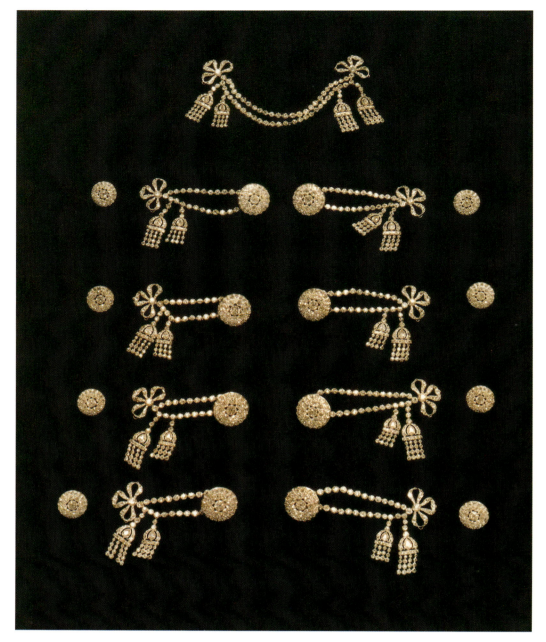

Kat.Nr. 10

müssen. Sie sollen am 28. April 1766 vormittags um 10 Uhr *mit ... saubern und feyertäglichen Kleidern ..., in Mantel und Degen* auf dem Platz bei St. Emmeram vor der Residenz des kaiserlichen Prinzipalkommissars erscheinen und den Huldigungseid *mit aufgereckten zween vordern Fingern der rechten Hand* nachsprechen sowie *VIVAT JOSEPHUS* ausrufen.

Lit.: U. Staudinger, Die Huldigung für Kaiser Joseph II. 1766. In: Feste in Regensburg. Von der Reformation bis in die Gegenwart, hrsg. von K. Möseneder, Regensburg 1986, S. 371–376.

Regensburg, FZA, Haus- und Familiensachen 935/1

12 BESCHREIBUNG DER HULDIGUNG DURCH RAT UND BÜRGER VON REGENSBURG
1766 April 28
Druckschrift, 24 S., mit Titelkupfer

Die von H. G. Zunkel gedruckte *Kurze Beschreibung* der im Namen des Kaisers Joseph II. durch den Prinzipalkommissar Fürst Alexander Ferdinand eingenommenen Huldigung der Stadt Regensburg zeigt im Titelkupfer, gestochen von Johann Gottlieb Friedrich, den im städtischen Dekret verlangten Aufmarsch der Bürgerschaft vor dem Freisinger Hof am Emmeramsplatz. Auf einer Ehrentribüne über dem Hauptportal der Residenz

B. IV. c. Residenz Regensburg

nimmt der kaiserliche Prinzipalkommissar sitzend auf dem Thronsessel unter dem Baldachin die Huldigung der durch Grenadierkompanie und Schranken zurückgehaltenen Bevölkerung entgegen. Wegen der Hoftrauer für den verstorbenen Kaiser sind Ehrentribüne und Baldachin in schwarz gehalten. Der Platz wird seitlich begrenzt von der Kurmainzischen Gesandtschaft (links) und der Rückseite des Bruderhauses (rechts), des heutigen Evangelischen Krankenhauses.

Lit.: U. Staudinger, Die Huldigung für Kaiser Joseph II. 1766. In: Feste in Regensburg. Von der Reformation bis in die Gegenwart, hrsg. von K. Möseneder, Regensburg 1986, S. 371–376.

Regensburg, FHB, PrD 1766

13 KAISERLICHES ERNENNUNGSDEKRET FÜR DEN FÜRSTEN CARL ANSELM
1773 April 27 Wien
Ausf., Pap., 1 Bogen, aufgeschlagen: fol. 1

Kaiser Joseph II. ernennt durch dieses Hofdekret nach dem Tod des kaiserlichen Prinzipalkommissars, des Fürsten Alexander Ferdinand von Thurn und Taxis, dessen Sohn Carl Anselm zum Amtsnachfolger bei der allgemeinen Reichsversammlung zu Regensburg. Er soll gegen die üblichen jährlichen Subsistenzgelder die Interessen des Kaisers und des Heiligen Römischen Reiches Satzungen und Ordnungen schützen, die ihm anvertrauten Geheimnisse wahren und von Kaiser und Reich Schaden abhalten.

Die kaiserlichen Dekrete über die Berufung zu Prinzipalkommissaren sind im allgemeinen im Verhältnis zur hohen reichsrechtlichen Stellung des Amtes, nämlich eines Vertreters des Kaisers – äußerst einfach ausgefertigt worden.

Regensburg, FZA, Haus- und Familiensachen Urkunden 56

14 FEUERSBRUNST IM FREISINGER HOF
1792
Druckschrift, 14 S., aufgeschlagen: Titelkupfer

Am 6. Mai 1792 brach im Dachstuhl der Residenz des kaiserlichen Prinzipalkommissars durch die unsachgemäße Aufbewahrung von in Öl getränkten Illuminationsgegenständen ein verheerender Brand aus, der innerhalb 36 Stunden das gesamte Gebäude bis auf die Außenmauern einäscherte. Als Ausweichquartier und künftige Residenz mietete man das westlich von der Brandruine gelegene *Äußere Palais* an, ein Gebäude des Reichsstiftes St. Emmeram, das zuletzt als Getreidekasten genützt worden war. Nach größeren Umbauten residierten dort die kaiserlichen Prinzipalkommissare bis zum Ende des Heiligen Römischen Reiches (1806) und danach das Haus Thurn und Taxis bis zur Übersiedelung (1812) in die leerstehenden Bauten des 1810 säkularisierten Reichsstiftes St. Emmeram.

Lit.: M. Piendl, Die fürstliche Residenz in Regensburg im 18. und beginnenden 19. Jahrhundert. In: Thurn und Taxis-Studien 3 (1963) S. 90 – 92.

Regensburg, FHB, PrD 1792

C. Kaiserliche Reichspost und fürstliche Lehenposten im politisch-wirtschaftlichen Spannungsfeld zwischen Frühkapitalismus und Reichsgründung

C. I. Kaiser und Reich, Oberhaupt und Glieder des Reiches

Die Teilung des habsburgischen Weltreiches Kaiser Karls V. 1556 zwischen seinem Sohn Philipp II., König von Spanien, und seinem Bruder Ferdinand I., Kaiser des Heiligen Römischen Reiches Deutscher Nation, wirkte sich entscheidend auch auf die bestehenden taxisschen Posten aus. Vereinigt unter dem Postgeneralat in Brüssel führten die durch die wiederholten Staatsbankrotte des spanischen Königreichs seit 1550 ausbleibenden staatlichen Pauschalvergütungen für die in den Niederlanden und im Reich geleisteten Postdienste zu finanziellen Engpässen, schließlich zu erheblichen Zahlungsschwierigkeiten des Generalpostmeisters Leonhard I. von Taxis. Die dadurch hervorgerufene existentielle Postkrise zwischen 1565 und 1595 hemmte den reibungslosen Lauf der Posten zwischen Italien und den aufrührerischen Niederlanden, vor allem in Tirol, Württemberg und der Pfalz. Die Posten griffen in ihrer materiellen Not zu dem allein wirksamen Mittel, Briefpakete nur noch gegen direkte Bezahlung weiter zu liefern. Der dadurch hervorgerufene Teufelkreis – keine Briefpakete, keine Portoeinnahme – verstärkte den zeitweise desolaten Zustand der taxisschen Post.

Nachdem am äußersten Tiefpunkt der taxisschen Posten im Gefolge des Staatsstreiches Wilhelms von Oranien am 4. September 1576 ein Johann Hinckart vom Statthalter Erzherzog Matthias zum Generalpostmeister der Niederlande 1577 anstelle Leonhards von Taxis vereidigt worden war, setzte Kaiser Rudolf II. zur Reformation des Postwesens im Reich eine Kommission aus Mitgliedern der Augsburger Hochfinanzfamilien Fugger, Ilsung und Welser ein, die jene zur Wiederherstellung der Posten im Reich nötigen Geldmittel beschaffen sollte.

Nach den ersten Erfolgen bestätigte der Kaiser 1595 Leonhard von Taxis den spanischen Bestallungsbrief von 1557, soweit es die von Spanien besoldeten Posten im Reich betraf, und ernannte ihn zum kaiserlichen *Generaloberstenpostmeister im Reich*.

Die Postordnung von 1596 für den Hauptpostkurs Brüssel–Venedig, das scharfe kaiserliche Mandat gegen die unverpflichteten Nebenboten und das städtische Botenwerk, sowie die Erklärung der kaiserlichen Reichspost 1597 zum kaiserlichen Reservatrecht, zum kaiserlichen Reichspostregal, leiteten einen neuen Abschnitt in der Entwicklung der kaiserlichen Reichspost ein.

An dessen Ende stand die Belehnung des Hauses Taxis 1615 mit dem Reichspostgeneralat durch Kaiser Matthias. Dadurch wurden neue Investitionen zur Erweiterung des Kursnetzes der Reichspost frei. Nürnberg, Prag, Leipzig und Hamburg wurden in den Versorgungsbereich der kaiserlichen Reichspost integriert (1615). Jedoch unterbrach schon sehr bald der Dreißigjährige Krieg (1618 – 1648) diese geographisch expansive Phase der Reichspost. Nach dem Westfälischen Frieden (1648) verhinderte die lange angestrebte Anerkennung der Landeshoheit für die Reichsstände und die zunehmende Ohmacht der kaiserlichen Zentralgewalt gegen die partikularistischen Ambitionen der Reichsglieder die bisherige kaiserliche Reichspostpolitik. Die Errichtung von eigenen Landesposten, vor allem in den protestantischen Territorialstaaten, besonders im Nordosten des Reiches (Brandenburg, Welfische Herzogtümer, Kursachsen) beschränkten immer mehr den Monopolanspruch und damit das postalische Einzugsgebiet der kaiserlichen Reichspost auf den Süden und Westen des Reiches mit überwiegend katholischen oder geistlichen Fürstentümern.

Nach einer Periode der Konfrontation mit diesen konkurrierenden Postanstalten (1648 – 1690) – das Postmeisteramt in den österreichischen Erblanden war seit 1615 endgültig von der Reichspost separiert – teilte man sich das gesteigerte Briefaufkommen im 18. Jahrhundert zum allseitigen Nutzen. Die Prosperität der Postanstalten im letzten Jahrhundert des *Alten Reiches* war durch die Kooperation vor allem bei der Beförderung des gewinnträchtigen internationalen Auslandbriefes vorgezeichnet, die seit dem ausgehenden 16. Jahrhundert bekämpften lokalen Boteneinrichtungen wurden nur noch zur flächendeckenden Ergänzung des Postkursnetzes geduldet. Die jeweilige Stellung der kaiserlichen Reichspost in den Reichsterritorien wurde durch spezielle Abkommen geregelt, mit den konkurrierenden Landesposten schloß man bilaterale Verträge unter Abgrenzung der beiderseitigen Postinteressen ab.

In der kurzen Regierungszeit des Wittelsbacher Kaisers Karl VII. (1742–1745) stieg das Reichspostlehen wegen der taxisschen finanziellen Unterstützung bei der Kaiserwahl 1744 zum Thronlehen auf. Im Siebenjährigen Krieg (1756–1763) sah die Reichspost nach den militärischen Anfangserfolgen der gegen das friderizianische Preußen verbündeten kaiserlichen und französischen Truppen in den Niederlanden und dem westlichen Norddeutschland die *letzte Möglichkeit*, die im 17. Jahrhundert verspielte postalische Monopolstellung zu revidieren. Der Kriegsausgang festigte jedoch den vorkriegszeitlichen Status quo.

C. I. Kaiser und Reich

Die in der zweiten Hälfte des 18. Jahrhunderts festgefügten Postbezirke auf Reichsboden kamen mit dem Vordringen der französischen Revolutionsheere an den Rhein ins Wanken. Der Reichspost gingen wichtigste, einträgliche linksrheinische Postamtsbezirke verloren. Der Friede von Luneville (1801) bestätigte den Rhein als Westgrenze des Reiches gegen das revolutionäre Frankreich, sah jedoch für die Reichspost eine Entschädigung im Rahmen der allgemeinen territorialen Neuverteilung des Reichsgebietes zulasten der Geistlichen Fürstentümer im Reichsdeputationshauptschluß (1803) vor. Die kaiserliche, taxissche Reichspost revidierte aufgrund dieser territorialen Veränderungen bereits vor Auflösung des Reiches am 6. August 1806 die bestehenden Postverträge mit den unter Napoleon geförderten Rheinbundstaaten.

Das faktische Ende des Reiches und die Veränderungen nach der Beseitigung des napoleonischen Imperiums im Wiener Kongreß leitete eine neue, letzte Epoche der Nachblüte bei den thurn und taxisschen Postanstalten ein.

M.D.

Lit.: J.E. von Beust, Versuch einer ausführlichen Erklärung des Postregals und was deme anhängig ... 3 Bände, Jena 1747–1748 – C. Dieckmann, Postgeschichte deutscher Staaten seit einem halben Jahrtausend (1276–1871), Leipzig 1896 – F. Haaß, Entwicklung der Posten vom Altertum bis zur Neuzeit, Stuttgart 1891 – L. Kalmus, Weltgeschichte der Post. Mit besonderer Berücksichtigung des deutschen Sprachgebietes, Wien 1937 – W.H. Matthias, Ueber Posten und Postregale mit Hinsicht auf Volksgeschichte, Statistik, Archeologie und Erdkunde, 2 Bände, Berlin–Posen–Bromberg 1832 – M. Piendl, Thurn und Taxis 1517 – 1867. Zur Geschichte des fürstlichen Hauses und der thurn und taxisschen Post, Frankfurt a.M. 1967 – Dallmeier 1977/I – Behringer 1990.

1 BESTALLUNG ZUM KAISERLICHEN GENERALPOSTMEISTER FÜR LEONHARD VON TAXIS

1543 Dezember 31 Brüssel
Ausf., Perg., frz., anhangendes S fehlt

Nach dem plötzlichen Tod seines älteren Bruders Franz II. (1543) wurde der junge, 1521 geborene Leonhard von Taxis von Kaiser Karl V. zu seinem Generalpostmeister ernannt. Der Kaiser erneuerte im Bestallungsbrief die 1520 dessen Vater Johann Baptista zugestandenen Rechte dieses Amtes: Die Posten anlegen (*dresser*), anweisen (*ordonner*), nachlässige Posten bestrafen (*corriger, punir*), absetzen (*destituer*) und entlassen (*disappointer*). Außerdem sollte der neue Generalpostmeister für die schnelle und sorgfältige Beförderung der kaiserlichen Depeschen Sorge tragen.

Für die Durchführung seiner Aufgaben aus dieser Amtsbestallung, die das gesamte kaiserliche Reich Karls V. einschloß, sagte der Kaiser Leonhard von Taxis die obrigkeitliche Unterstützung und die bisherigen staatlichen Pauschalvergütungen zu.

Lit.: Dallmeier 1977/II S. 13–14 Nr.20

Regensburg, FZA, Posturkunden 15

2 REICHSGENERALPOSTMEISTER LEONHARD VON TAXIS (1521 – 1612)

Um 1580
Foto, Flügel–Rückseite auf dem Triptychon *La morte de la vierge* von Michiel Coxcie, Öl auf Holz

Das einzige echte Porträt des Reichsgeneralpostmeisters Leonhard von Taxis ist auf dem Triptychon *Der Tod Mariens* von Michiel Coxcie im Musées Royaux des Beaux–Arts in Brüssel überliefert. Der Flügelaltar, gefertigt für die Brüsseler Armbrustschützengilde, stand ehemals in der Kirche Notre Dame du Sablon. Das Triptychon zeigt im Mittelteil den Tod Mariens, auf dem linken Seitenflügel die Aussendung des Hl. Geistes, auf dem rechten die Himmelfahrt Mariens.

Rückseitig sind auf den Seitenflügeln die beiden barhäuptigen Würdenträger der Armbrustschützengilde Gilles de Buyrleyden und Leonhard von Taxis kniend auf einem Betschemel porträtiert.
Beide *dignitaires* tragen die höfische Kleidung der spanischen Niederlande. Der Überwurf des Betschemels zeigt an der Schmalseite das seit 1534 gebräuchliche taxissche Wappen mit Reichsadler (oben) und Dachs (unten).
Der Flügelaltar, der zwischen 1794 und 1815 nach Paris verlagert worden war, wurde 1862 aus der Kirche N.D. du Sablon für das Museum erworben.

Lit.: Taxis, Leonhard v. In: ADB 37 (1894) S. 514–516 (J. Rübsam) – Coxie, Michiel. In: Thieme-Becker 8 (1913) S. 23–24 (J. Hoogewerff).

Brüssel, Museés Royaux des Beaux–Arts

3   FINANZIELLER AUSGLEICH MIT DEN TIROLER POSTBOTEN
1584
Ausf., Libell, Pap., aufgeschlagen fol. 44'–45

Die Postmeister und Postboten in der Grafschaft Tirol legen ein mit Unterschrift und Siegel bekräftigtes Verzeichnis ihrer Ausstände vor, die unter teilweisem Verzicht nach dem Vertrag zwischen Lamoral von Taxis im Namen seines Vaters Leonhard und dem Innsbrucker Hofpostmeister Paul von Taxis vom 24. Juli 1584 erstattet werden sollten.
Durch die fehlenden staatlichen Subventionen nach den spanischen Staatsbankrotts konnte der königlich–spanische, kaiserliche Generalpostmeister in Brüssel die Besoldungen der Posten nicht mehr bezahlen. Der Vergleich schloß einen teilweisen Verzicht der Forderungen ein.
Der Postbote Joseph Rößmann zu Lermoos und die Posthalterin Christina Deschin zu Barwies erhielten aus ihrer Forderung über 1200 Gulden jeweils 507 Gulden 40 Kreuzer zugesprochen, der tirolische Hofpostmeister Paul von Taxis aus 300 Gulden 200 Gulden zugesagt.

Lit.: E. Goller, Jakob Henot, Postmeister zu Köln, Ein Beitrag zur Geschichte der sogenannten Postreformation um die Wende des 16. Jahrhunderts, Diss. Bonn 1910 – Dallmeier 1977/I, S. 63 ff. und Dallmeier 1977/II, S. 29 Nr.60 – Behringer 1990, S. 63–73.

Regensburg, FZA, Postakten 814, fol. 42–47'

4   SPANISCHE UNTERSTÜTZUNG DER POST IN DER POSTKRISE
1596 Juli 23 Prag
Ausf., 1 Bogen, Pap., span.

Der königlich spanische Botschafter am Wiener Hof Don Guillen de San Clemente gibt dem Generalpostmeister Leonhard von Taxis davon Kenntnis, daß der Kaiser durch die spanische Unterstützung für die ihm von Leonhard geschuldeten 4500 Gulden einen Rückzahlungsaufschub gewährt.

Durch die diplomatische und finanzielle Rückendeckung Spaniens konnte Leonhard von Taxis die zeitweiligen Pläne Kaiser Rudolfs II., in Deutschland unter Federführung des Kölner Postmeisters Jakob Henot eine unabhängige Post zu etablieren, verhindern.

Regensburg, FZA, Postakten 814, fol. 349

5   REICHSPOSTWESEN ALS REICHSREGAL
1597 November 6 Prag
Druck: *C. Turrianus, Glorwürdiger Adler, das ist: Gründliche Vorstellung und Unterscheidung derer kayserlichen Reservaten und Hochheiten ... absonderlich aber von dem I.K. Majestät reservirten Postregal, o.O. 1694*
aufgeschlagen: fol. 80'–81

Kaiser Rudolf II. erklärt das kaiserliche Reichspostwesen zu einem hochbefreiten Reichsregal und verbietet im Reich und seinen Erblanden das eingeschlichene Nebenbotenwesen und die unverpflichteten Metzgerposten.
Allen Personen, die sich nicht durch Urkunden als zum ordentlichen Postwesen gehörig ausweisen können, wird das *Postieren*, das Durchgangsrecht und das Tragen von Posthörnern bei Strafe verboten.
Mit der Erhebung der kaiserlichen Reichspost zum Reichsregal hatte Rudolf II. nach dem Ende der Postkrise die reichsrechtliche Voraussetzung für deren beabsichtigte Ausdehnung auf das gesamte Reichsgebiet geschaffen.

Lit.: H.J. Altmannsperger, Die rechtlichen Gesichtspunkte des Streites um das Postregal in den Schriften des 17. und 18. Jahrhunderts, Masch. Diss. Frankfurt 1954 – G. Görs, Thurn und Taxissches Postwesen, sein Regal und die Ursachen der Ablösung des Regals, Diss. Rostock 1907 – J. Rübsam, Zur Geschichte des internationalen Postwesens im 16. und 17. Jhr. nebst einem Rückblick auf die neuere historisch–postalische Literatur. In: Historisches Jahrbuch der Görres–Gesellschaft 13 (1892) S. 39 ff.

Regensburg, FHB, 2° RW 148

6   ERHEBUNG DES REICHSPOSTWESENS ZUM REICHSLEHEN
1615 Juli 27 Prag
Ausf., Perg., mit anhangendem roten Siegel in Holzschale an goldgewirkten Fäden

Anstelle der bisherigen persönlichen Bestallungen zum Reichsgeneralpostmeisteramt erhebt Kaiser Matthias dieses Amt über die Posten im Reich zu einem Reichslehen und belehnt damit erstmals den Freiherrn Lamoral von Taxis. Im Jahre 1621 wurde die Belehnung für den Fall des Aussterbens im Mannesstamm auch auf die weibliche Nachkommenschaft des Hauses ausgedehnt.
Das Haus Thurn und Taxis blieb bis zum Ende des Reiches Inhaber dieses Reichslehen.
Im Lehenrevers mußte jedoch Lamoral von Taxis auf die Ausübung der Post in den kaiserlichen Erblanden

C. I. Kaiser und Reich

und am Kaiserhof verzichten und die Korrespondenz des Kaisers sowie dessen Behörden und des Mainzer Reichserzkanzlers portofrei befördern.

Lit.: L. Kalmus, Der Schriftwechsel zwischen Lamoral von Taxis und Erzkanzler Johann Schweikard (1612–1623). In: APB 11 (1935) S. 177–185.

Regensburg, FZA, Posturkunden 73

7 KAISER MATTHIAS I. (1557–1619)
   1614
   Kupferstich, gestochen von Egidius Sadeler

In einem mit Porträtsmedaillons habsburgischer Kaiser belegten Eichenkranz steht die lorbeerbekränzte Büste des Kaisers in der Feldherrnrüstung. Darüber die das Füllhorn ausgießende Göttin Fortuna unter der von Puttos gehaltenen Kaiserkrone, flankiert von Siegesfahnen. Im unteren Teil umwickeln Vertreter besiegter, der Rüstungen entblößter Völker das vom Adler umklammerte Kriegschwert mit Friedenszweigen.
Der Kupferstich des niederländischen Künstlers Egidius Sadeler verherrlicht die Siege Kaisers Matthias gegen die Ungarn und Türken.

München, Stadtmuseum, Maillingersammlung I, 243

8 ERRICHTUNG DES NEUEN POSTKURSES
   ANTWERPEN – NÜRNBERG – PRAG
   1615 April 22 Aschaffenburg
   Ausf., Pap., 1 Bogen

Kurfürst Johann Schweikhardt, Erzbischof von Mainz, teilt als Reichserzkanzler dem Reichsvizekanzler Hans von Ulm mit, daß der kaiserliche obriste Postmeister Lamur(al) de Taxis geneigt sei, *neue posten von Antorff vff Cölln, von Cölln vff Franckfurt, von dannen auf Nürnberg vnd fürters an den kayserlichen hoff ... anzuordnen.* Wegen der hohen Auslagen dafür würde dies jenem aber leichter fallen, wenn der Kaiser die *begehrte erbleyhe* ausfertigen würde.
Gegen diese erbliche Verleihung des Reichspostgeneralates als Reichslehen am 27. Juli 1615 verpflichtete sich Lamoral von Taxis im Lehenrevers u.a., diesen neuen Postkurs von Antwerpen über Köln, Frankfurt und Nürnberg an den kaiserlichen Hof in Prag bis an die böhmische Grenze auf eigene Kosten einzurichten.

Lit.:A. Korzendorfer, Die Postreform, der Kampf der Taxis um die Post in Deutschland und die Errichtung des Postkurses Brüssel – Köln – Prag in den Jahren 1575 – 1616. In: APB 9 (1933) S. 117 – 124.

Regensburg, FZA, Postakten 2146, fol. 7

9 POSTKURSNETZ IM REICH UM 1615/1616
   Um 1616
   Graphik, gefertigt von W. Münzberg,
   Regensburg, 1989

Die Graphik spiegelt das bestehende Kursnetz der kaiserlichen Reichspost nach der Umwandlung des Reichspostgeneralates in ein kaiserliches Reichslehen wieder.
Vom ursprünglichen niederländisch–italienischen Kurs zwischen Brüssel und Augsburg, der immer noch das Rückgrat der taxisschen Postkurse auf Reichsboden bildete, abzweigend, sah die erste Kurserweiterung 1579 den linksrheinischen Anschluß Kölns vom rheinhessischen Wöllstein aus vor. Dieser Kurs war bis 1603 dem Kölner Postmeister Jakob Henot unterstellt.
Im Jahre 1603 konnte ein rechtsrheinischer Postkurs Rheinhausen – Frankfurt durch den Odenwald eröffnet werden, das Jahr darauf ein direkter rechtsrheinischer Kurs zwischen Köln und Frankfurt, parallel zum Frankfurter Botenkurs nach Köln und Antwerpen.
Die postalische Erschließung des Raumes zwischen Köln, Hamburg, Leipzig und Nürnberg hängt ursächlich mit den Verpflichtungen im Lehenrevers 1615/16 zusammen. Der Kölner Postmeister Johann Terbeck genannt Coesfeld richtete im Auftrag des Reichsgeneralpostmeisters den geforderten Kurs von Frankfurt über Nürnberg an den Prager Kaiserhof ein, während der Frankfurter Postmeister Johann von der Birghden die ersten Postverbindungen vom aufstrebenden Postzentrum Frankfurt nach Hamburg und Leipzig zum Laufen brachte, dort Postmeister verpflichtete und die Briefschaften in Konkurrenz zu den städtischen Botenanstalten befördern ließ.

Regensburg, FZA, Graphiken

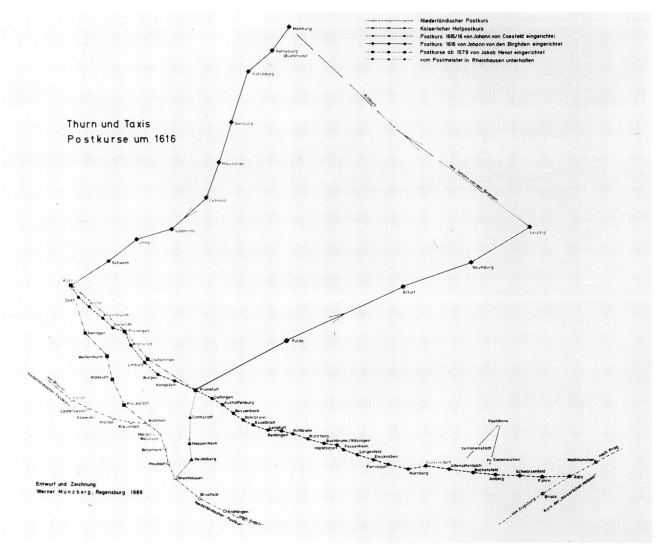

10 REICHSHOFRATCONCLUSA IN POSTSACHEN

1615 – 1683, 1634 August 29
Protokollband, Duplikat, Ledereinband,
aufgeschlagen: 1634 August 29 Postamt im Reich
contra von den Birghden wegen Präjudicia am
kaiserlichen Postamt im Reich

Nach der Reichshofratsordnung von 1559 standen das Reich und die Erblande ohne Österreich in der territorialen Kompetenz des Reichshofrates in Wien. Seit dem ausgehenden 16. Jahrhundert stieg der Reichshofrat als oberster Reichsgerichtshof zum bedeutendsten Rechtsinstitut des Kaisers im Reich auf. Ein eigener Reichsfiskal vertrat die kaiserlichen und Reichsinteressen.
Sachlich umfaßte seine Zuständigkeit Reichslehenssachen, Kriminalklagen gegen Reichsunmittelbare, Streitigkeiten über kaiserliche Reservatrechte und Privilegien sowie italienische Angelegenheiten.
Für die kaiserliche Reichspost war der Reichshofrat in Wien bei Differenzen mit den Reichsständen und Reichsstädten wegen der Einführung der Landesposten auf der Grundlage des Reichspostregals zuständig.

Die Protokollbände mit den Reichshofratsconclusa in Postsachen setzen daher erst 1615 mit der Erhebung der taxisschen Reichspost zu einem Reichslehen ein. Der aufgeschlagene Eintrag vom 29. August 1634 wirft ein Schlaglicht auf die tiefen Differenzen zwischen der kaiserlichen Reichspost unter Gräfin Alexandrine von Taxis und dem vormals kaiserlichen, nun in schwedischen Diensten stehenden ehemaligen Frankfurter Oberpostmeister Johann von den Birghden. Die Reichspost erhebt Klage, daß Birghden im Veltlin und der Grafschaft Kleve bis in die Gegend von Bergamo Posten zum Nachteil des Kaisers und des spanischen Königs eingerichtet hätte, und stellt den Antrag, den Gubernator zu Valtelina, Jakob Robustello, und den Kommissar der Grafschaft Kleve, JUD Bellizarius de Bellizariis mit der Niederwerfung dieser Posten zu beauftragen.

Lit.: O. v. Gschliesser, Der Reichshofrat. Veröffentlichung der Kommission für neuere Geschichte des ehemaligen Österreich 33, Wien 1942.

Regensburg, FZA, Postakten 2145/2

C. I. Kaiser und Reich

11 HANDHABUNG DES REICHSPOSTWESENS WÄHREND DER REICHSTAGE ZU REGENSBURG UND EINES AUFENTHALTES DES KAISERS IM REICH
1770
Druckschrift: *Kurze, jedoch wohlgegründete Erzählung des Ursprungs deren kaiserl. Reichs= auch kaiserl.königl. erbländischen Postgeneralaten ..., Wien 1770*, Wien 1770 : Trattner, 24 S., aufgeschlagen S. 12–13.

Bei der Belehnung des Hauses Taxis 1615 mit dem Reichspostgeneralat wurde nach Inhalt des Lehenreverses das Hof- und erbländische Postgeneralat ausgenommen. Dieses obriste Hofpostmeisteramt über das Postwesen in Ungarn, Böhmen, Österreich ob und unter der Enns war seit 1624 Mannlehen der gräflichen Familie Paar, die ebenfalls aus der Bergamasker Gegend stammte.

Vorliegende Druckschrift versucht die daraus hergeleiteten Rechte der Grafen von Paar in der Auseinandersetzung mit dem Reichspostgeneralat zu verteidigen. Hauptstreitpunkte neben der Ausübung der Post im Fürstbistum Passau und der Zuständigkeit für das Feldpostwesen bei Reichskriegen war die Verrichtung der Postgeschäfte an Reichs- und Wahltagen im Gefolge des Kaisers.

Aufgeschlagen ist der Teilabdruck des grundlegenden kaiserlichen Dekrets von 1636, das die Verteilung der Korrespondenzen nach Personenkreisen festlegte. Von der Reichspost, die eine territoriale Abgrenzung anstrebte, wurde dieses Dekret als nachteilig und als von Paar erschlichen angesehen.

Lit.: L: Kalmus, Weltgeschichte der Post. Mit besonderer Berücksichtigung des deutschen Sprachgebietes, Wien 1937, S. 244 ff. – P. Mechtler, Der Kampf zwischen Reichspost und Hofpost. In: MIÖG 53 (1939) S. 413 ff – J. Brunner, Die Post auf Wegspuren der Nibelungen. Beiträge zur Geschichte der Postlinie von Regensburg in die deutsche Ostmark. In: APB 17 (1942) S. 233.

Regensburg, FHB, P 510

12 DAS REICHSPOSTWESEN IN DEN KAISERLICHEN WAHLKAPITULATIONEN
1658 (1709), 1742
a) Ausf., Bogen, Pap. – b) Druckschrift, Libell mit 102 S., Frankfurt a. M. 1742 : Brönner, aufgeschlagen: S. 94–95

Der erstmals in die Leopoldinische Wahlkapitulation von 1658 eingerückte Artikel 29 über das Postwesen, der auf Artikel 96 des Reichstagsabschiedes zu Regensburg von 1636 aufbaute, wurde in jede kaiserliche Wahlkapitulation des 18. Jahrhunderts aufgenommen. Bei den vorhergehenden Verhandlungen brachte das *corpus evangelicorum* seine Abänderungswünsche vor. Das vorliegende Schriftstück bringt die Vorstellungen der Protestanten zu Papier.

Nach diesen Vorschlägen zur Wahlkapitulation sollten keine ausländischen und unverpflichteten Personen zu kaiserlichen oder landesherrlichen Postmeistern, Posthaltern und Postbedienten angenommen werden oder von der landesherrlichen Jurisdiktion befreit sein. Den eigenen *landesfürstlichen Posten* soll nach altem Herkommen kein Eintrag geschehen.

Artikel 28 der *capitulatio in perpetua* für Kaiser Karl VII. faßte unter geringfügiger Abänderung des früheren Artikels in fünf Abschnitten das Postwesen zusammen.
1. Keine unverpflichteten und ausländischen Personen als Postpersonal,
2. Richtige und getreue Briefbestellung durch die Reichspost gegen billiges Porto nach Ausweis der an den Posthäusern angeschlagenen Taxverzeichnisse,
3. Den Boten ist die Briefsammlung unterwegs, das Wechseln der Pferde und die Aufnahme von Personen und Paketen untersagt,
4. Das kaiserliche General- und Reichsobristpostamt soll in seinem Bestand erhalten bleiben,
5. Dieser Artikel der Wahlkapitulation soll bis zu einer anderen Entscheidung von Reichs wegen bestehen bleiben.

Die einzelnen Artikel der kaiserlichen Wahlkapitulationen wurden im 18. Jahrhundert bei den Verträgen der Reichspost mit den Reichsständen berücksichtigt. So mußte die Reichspost sich vielfach vertraglich verpflichten, nur inländische, den bürgerlichen Lasten unterworfene Personen zum Postdienst anzunehmen.

Lit.: H.J. Altmannsperger, Die rechtlichen Gesichtspunkte des Streites um das Postregal in den Schriften des 17. und 18. Jahrhunderts, Masch. Diss. Frankfurt a.M. 1954, S. 100 ff. – G. Kleinheyer, die kaiserlichen Wahlkapitulationen. Geschichte, Wesen und Funktion. Studien zur Geschichte des deutschen Verfassungsrechts Reihe A: Studien 1 (1968).

Regensburg, FZA, Postakten 2114 – Regensburg, FHB, 8/K P 410

13 LANDESFÜRSTLICHER SCHUTZBRIEF FÜR DIE REICHSPOSTEN
1661 Dezember 24 Münster
Einblattdruck, bestätigt von der fürstbischöflich-münsterschen Kanzlei mit aufgedrucktem Siegel und Unterschrift

Fürstbischof Christoph Bernhard von Münster nimmt nach Inhalt der kaiserlichen Patente und Mandate das Postpersonal unter dem Reichsgeneralpostmeister Lamoral Claudius Franz von Thurn und Taxis in seinen Schutz und erteilt seinen Beamten und Dienern den Befehl, das Nebenpost- und Botenwerk fremder Posten und deren unberechtigte Briefsammlung abzustellen und mit Arrestierung und Konfiszierung der Sachen und Pferde neben 100 Goldgulden Strafe zu ahnden. In jenen Reichsterritorien, die als Ausfluß ihrer landesherrlichen Souveränität kein eigenes landesherrliches Postwesen aufbauten, konnte der kaiserliche Reichsgeneralpostmeister unter Einschaltung der kaiserlichen Macht erreichen, daß die seit 1597 erlassenen kaiserlichen Mandate gegen das Botenwesen, die unberechtigte Briefsammlung und die Aufnahme von Passagie-

ren vor allem von den katholischen, geistlichen Landesfürsten übernommen und publiziert wurden.
Darauf gründete sich dann rechtlich das konkrete Vorgehen der Reichspost gegen das private und städtische Botenwesen.

Lit.: F.J. Rensing, Geschichte des Postwesens im Fürstbistum Münster. Beiträge für die Geschichte Niedersachsens und Westfalens 20, 1909.

Regensburg, FZA, Posturkunden 162

14 POSTALISCHER AUSGLEICH ZWISCHEN DER KAISERLICHEN REICHSPOST UND DER REICHSTADT ULM

1690 Juli 14 Ulm
Ausf., Pap., Libell mit 3 Bll., und 2 Siegel,
aufgeschlagen: fol. 2' – Kopie: fol. 1

Obwohl die Reichsstadt Ulm nahe des italienisch-niederländischen Kurses lag, bestand bis in das ausgehende 17. Jahrhundert – sieht man von der Postablage im Elchinger Stadthof 1637 ab – kein kaiserliches Reichspostamt innerhalb der Reichsstadt. Die städtische Korrespondenz wurde in der nahen, am Kurs gelegenen Poststation Oberelchingen abgelegt und angenommen.
Der Errichtung eines Reichspostamtes innerhalb der Stadtmauern widersetzte sich der Magistrat 1680 heftig, vor allem wegen der vom Reichspostmeister Bernhardin Pichelmayr geforderten Ungeldbefreiung für sich und sein Personal bei Wein und Bier. Zwischen der Reichsstadt und der Post wurde ein langwieriger Prozeß vor dem Reichshofrat in Wien darüber ausgetragen.
Ein Vergleich von 1690 vor Prozeßentscheid sah für den Postmeister und sein Gesinde den abgabefreien Haustrunk vor. Die amtliche Korrespondenz der Stadtkanzlei unter dem Großen Stadt- oder Kanzleisignet wurde dagegen frei vom Reichsbriefporto befördert.
Derartige Vereinbarungen der Reichspost mit kleineren Reichsständen und Reichsstädten, die keine eigenen Posten oder Boten unterhielten, waren im 18. Jahrhundert vielfach die Grundlage für den überregionalen Reichspostbetrieb.

Lit.: H. Schröder, Um die Hoheitsrechte. Verhältnisse zwischen der taxisschen Reichspost und der Reichsstadt Ulm. Ein postalisches Jurisdiktionsidyll. In: APB 19–21 (1949–1951) S. 182–186

Regensburg, FZA, Posturkunden 768

15 STAATSRECHTLER SAMUEL FREIHERR VON PUFENDORF

Um 1680
Kupferstich, beschnitten, nach der Vorlage von David Klöcker gen. Ehrenstrahl (1629–1698), gestochen von Johannes van Munnikhuysen (1654/55–1701)

Von den führenden Staatsrechtsgelehrten des 17. und 18. Jahrhunderts beschäftigten sich seit dem Westfälischen Frieden einige mit der Frage *Postregal – Reichsregal oder Landesregal*.
So der angesehene Universitätsprofessor und Historiker Samuel von Pufendorf (1632 – 1694), der wegen seiner Geschichte Karl Gustavs von Schweden vom schwedischen König Karl XI. in den Freiherrnstand (1694) erhoben worden war. Als seine bedeutendste historische Arbeit gilt sein 1695 zu Berlin erschienenes Werk über Kurfürst Friedrich Wilhelm von Brandenburg.

Lit.: Pufendorf, Samuel P. In: ADB 26 (1888) S. 701–708 (H. Bresslau) – Klöker, David. In: Thieme–Becker 20 (1927) S. 533–536 (B.C.Kreplin – B.A. Mattisson) – Munnickhuysen, Johannes Willemszon. In: Thieme–Becker 25 (1931) S. 272.

Regensburg, Fürst Thurn und Taxis Graphische Sammlung, Porträts m.F. Bd.10 Nr.12

16 EMERAM ACKOLDS SCHRIFT ZUM URSPRUNG DES POSTREGALS

1685
Druckschrift, Halle 1685 : Christian Friedrich Mylius

Einer der frühesten Exponenten einer Zuweisung des Postregals zu den landesherrlichen Reservatrechten war der J.U.L. Andreas Ockel (1658–1718), Assessor des Schöppenstuhls zu Halle. Im Jahre 1685 publizierte er unter dem Pseudonym Emeram Ackold den Traktat *Gründlicher Unterricht von dem Aus Landes=Fürstlicher Hoheit herspringenden Post=Regal Derer Chur= und Fürsten des H.R.R. ...*, der sich gegen die kurz vorher erschienene Dissertation des Ludwig von Hoernigk, einem Vertreter der Reichsregalthese wandte.
Ackolds Traktat befaßt sich in 4 Büchern und 32 Kapiteln mit Fragen der Postgeschichte, den Postrechten und dem Postbetrieb.

Lit.: H.J. Altmannsperger, Die rechtlichen Gesichtspunkte des Streites um das Postregal in den Schriften des 17. und 18. Jahrhunderts, Masch. Diss. Frankfurt 1954. – Behringer 1990, S. 98–105.

Regensburg, FHB, 8/K P 408

17 ERKLÄRUNG DES POSTREGALS VON JOACHIM ERNST BEUST
1747
Druck, J.E. Beust, Versuch einer ausführlichen Erklärung des Postregals ... des Heil. Röm. Reichs Teutscher Nation, 1. Teil, Jena : Johann Rudolph Crökers Witwe, Ledereinband, 560 S. u. Register, aufgeschlagen: Titel und Titelkupfer

Band 1 des Werkes von J.E. von Beust zeigt im Titelkupfer die verschiedenen Postmeilensäulen, die vor allem im Kurfürstentum Sachsen weit verbreitet waren. Darauf wurden unter dem kurfürstlichen Wappen und über dem Posthorn die Entfernungen zwischen den Hauptstädten bzw. Poststationen angegeben.

Regensburg, FHB, Druckschriften 54

18 BRANDENBURG–KULMBACHISCHER GEHEIMER RAT JOACHIM ERNST VON BEUST
1743
Kupferstich, gestochen von Johann Christoph Sysang (1703–1757)

Neben dem zeitgenössischen Staatsrechtsgelehrten Johann Jakob Moser, der in Teil 5 seines 1752 in zweiter Auflage erschienenen *Teutschen Staatsrechts* die *Materie*

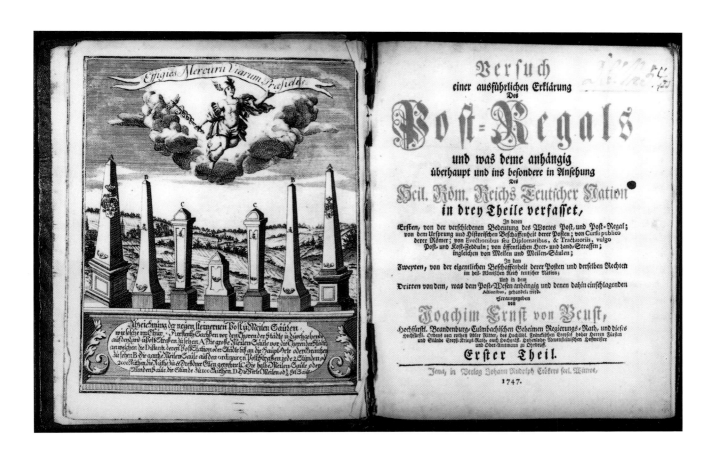

von dem Postwesen behandelte, beschäftigte sich der brandenburg-kulmbachische Geheime Regierungsrat Joachim Ernst von Beust (gest. nach 1753) mit der Geschichte der kaiserlichen Reichspost unter rechtlichen Aspekten. In den Jahren 1747 – 1748 erschien zu Jena sein dreibändiges Werk *Versuch einer ausführlichen Erklärung des Postregals und was deme anhängig ...*.

Lit.: Beust, Joachim Ernst. In: ADB 2 (1875) S. 587 (Beck) – Sysang, Johann Christoph. In: Thieme-Becker 32 (1938) S. 367–368 (E. Sigismund).

Wolfenbüttel, Herzog August Bibliothek, Porträts I/1078

19 ALLGEMEINE KAISERLICHE REICHSPOSTORDNUNG
1768 November 28 Wien
Druck, Libell, aufgeschlagen: fol.1

Im Oktober 1596 erließ das kaiserliche Reichspostgeneralat nach dem Ende der Postkrise erstmals eine Postordnung für die Posthalter des Kurses Brüssel- Augsburg- Trient. Eine für die gesamten Reichsposten verbindliche, vom Reichsgeneralpostmeister Fürst Eugen Alexander von Thurn und Taxis vorgelegte Reichspostordnung bestätigte erstmals am 17. Oktober 1698 Kaiser Leopold I. Diese Ordnung bewahrte bis zum Ende des Reiches (1806) ihre Gültigkeit, wurde von jedem Kaiser nach seinem Regierungsantritt oder Lehennebenfall bestätigt, im vorliegenden Fall von Kaiser Joseph II.

Die Reichspostordnung regelte das innere und äußere Verhältnis des Postpersonals zum Generalpostmeister, zur reichs- und landesherrlichen Gewalt und zu den Postreisenden. In einzelnen Paragraphen sind Amtsführung, Verhältnis der Posten untereinander, Bereitstellung von Pferden und Wagen, Bezahlung durch die Postreisenden und Kuriere abgehandelt.

Lit.: J. Rübsam, Die Reichspostordnung aus dem Jahre 1698. In: APT 29 (1901) S. 653–662.

Regensburg, FZA, Postakten 2260

20 DER WITTELSBACHER KAISER KARL VII.
Um 1740
Gemälde, Öl auf Leinwand

Mit der Wahl des Kurfürsten Karl Albrecht von Bayern am 12. Februar 1742 als Karl VII. zum Kaiser geriet der Reichsgeneralerbpostmeister Alexander Ferdinand von Thurn und Taxis zwischen die dynastisch-politischen Fronten des Österreichischen Erbfolgekrieges. Die *kaiserlich*, nicht *habsburgisch* ausgerichtete taxissche Reichspost hatte den Wittelsbacher Kaiser als Lehenherr bei der Wahl finanziell unterstützt, der Kaiser den in Frankfurt ansässigen Fürsten am 4. Juli 1742 zum kaiserlichen Prinzipalkommissar des vorübergehend nach Frankfurt ausgewichenen Reichstages ernannt.
Versuche des Reichspostgeneralats, als Entschädigung für die finanzielle Wahlhilfe das seit 1615 abgetrennte

C. I. Kaiser und Reich

Hofpostmeisteramt wiederzuerlangen, scheiterten an der nur dreijährigen Regierungszeit des Kaisers.

Lit.: C. Helbok, Die Reichspost zur Zeit Kaiser Karls VII. (1742–1745). In: APB 15 (1940) S. 62–68 – P.C. Hartmann, Karl Albrecht – Karl VII. Glücklicher Kurfürst, Unglücklicher Kaiser, Regensburg 1985.

Regensburg, Fürst Thurn und Taxis Kunstsammlungen, Inv. Nr. St.E 13 277

21 ERHEBUNG DES REICHSPOSTGENERALATES ZUM THRONLEHEN
1744 Juli 2 Frankfurt a. Main
Ausf., Perg., Libell, in roten Samt gebunden, mit 6 Bll. und anhäng. Siegel in Holzschale,

Kaiser Karl VII. erhebt in Erfüllung seiner Wahlkapitulation Artikel 28 § 4 das Lehen des Reichsgeneralatpostamtes zu einem fürstlichen Reichs- und Thronlehen und verleiht dieses dem Fürsten Alexander Ferdinand von Thurn und Taxis und allen dessen männlichen Leibeserben auf ewige Zeiten.
Durch diesen kaiserlichen Gnadenerweis wurde das Lehen der Reichspost auf die Stufe der Reichslehen erhoben. Die Belehnung erfolgte künftig nicht mehr vor dem Reichshofrat, sondern *coram throno caesareo*, also direkt aus der Hand des Kaisers.

Lit.: C. Helbok, Die Reichspost zur Zeit Kaiser Karls VII. (1742–1745). In: APB 15 (1940) S. 62–68.

Regensburg, FZA, Posturkunden 251

22 REICHSRECHTE GEGEN LANDESRECHTE
1750 März 16 Wien
Dekret, Ausf., Pap., 2 Bogen,

Kaiser Franz I. ermahnt seinen Erbgeneralpostmeister im Reich, Fürst Alexander Ferdinand von Thurn und Taxis bei den Verhandlungen zur Beilegung der Postirrungen mit Kursachsen nichts aufzunehmen, was den kaiserlichen *reservaten abbrüchig seyn könnte*. Vor allem soll der freie Durchritt durch die kursächsischen Lande jederzeit der Reichspost zugestanden werden.
Die Postverhandlungen mit Kursachsen fanden 1751 und 1752 zu Mühlhausen statt. Das Ergebnis, der umfassende Erläuterungsrezeß mit Kursachsen vom 3. November 1753 nahm auf die kaiserlichen Bedenken Rücksicht. Der Austausch der Briefschaften lief größtenteils über gemeinsame Postkurse, die Reichspost lieferte aber die holländischen Briefe über Braunschweig direkt bis Leipzig, ohne Austauschpostamt.

Lit.: G. Schäfer, Geschichte des Sächsischen Postwesens vom Ursprung bis zum Uebergang in die Verwaltung des Norddeutschen Bundes, Dresden 1879, S. 130 ff.

Regensburg, FZA, Posturkunden 260

23 PLAN ÜBER EINE ENTSCHÄDIGUNG FÜR DIE AN FRANKREICH ABGETRETENEN POSTEN
1802 Oktober 8 Regensburg
Druck, frz., Libell, mit handschriftlichen Änderungen,
aufgeschlagen: Artikel 13

Nach den Siegen Napoleons gegen Österreich in Italien und auf Reichsboden im Zweiten Koalitionskrieg (1801/02) mußten Kaiser Franz II. und die Reichsfürsten im Frieden von Luneville (1801 Februar 9) der faktisch schon vollzogenen Abtretung der linksrheinischen Gebiete an Frankreich vertraglich zustimmen. Die kaiserliche Reichspost hatte alle linksrheinischen Postbezirke an die französische Staatspost verloren. Seit dem umfassenden Postvertrag vom 18. Dezember 1801 mit Frankreich war für die Reichspost der Rhein die postalische Westgrenze, der Korrespondenzaustausch erfolgte über eigene links- und rechtsrheinische Austauschpostämter.
Zur Kompensation dieser Einnahmeverluste erstellte die Kommission beim Reichstag zu Regensburg unter Leitung des französischen Ministers La Fôret und des kaiserlichen Bevollmächtigten Baron Bühler einen Generalentschädigungsplan für die davon betroffenen Reichsfürsten.
Der hier im Druck vorliegende Generalplan sah in Artikel 13 die Entschädigung des Fürsten von Thurn und Taxis für die verlorenen linksrheinischen Posteinkünfte durch die Übergabe einiger in Oberschwaben und Württemberg gelegener Reichsstifte vor. Der Reichsdeputationshauptschluß bestätigte dem Hause Thurn und Taxis diese Entschädigungsansprüche, jedoch ohne – wie noch der gedruckte Entwurf ursprünglich vorsah – die belgischen Besitzungen (*ses domaines dans la Belgique*) zu berücksichtigen.
Für die Zukunft wichtiger als diese materiellen Entschädigungen war für das Haus Thurn und Taxis jedoch, daß im Vertragswerk des Reichsdeputationshauptschlusses die Bewahrung der taxisschen Post nach dem gegenwärtigen Stand garantiert werden sollte und solches dem Schutz des Kaisers und der Kurfürsten unterstellt wurde.

Regensburg, FZA, Postakten 2137

24 NAPOLEONS ANTWORT AUF DEN DANK DES FÜRSTEN FÜR DIE ENTSCHÄDIGUNGEN
1803 April 27 St. Cloud
Ausf., frz., Perg., 1 Bogen

Der Erste Konsul der Französischen Republik, Bonaparte, antwortet auf einen Brief des Fürsten Carl Anselm von Thurn und Taxis vom 2. April 1803, in dem sich dieser wegen der ihm zuerkannten Entschädigungen im Reichsdeputationshauptschluß bedankt hatte. Napoleon Bonaparte drückt seine Freude darüber aus, daß die Interessen des Fürsten am Reichstag zu Regensburg zufriedenstellend geregelt wurden und hofft auf eine allgemeine ruhige Lage im Deutschen Reich.

Der von Napoleon Bonaparte persönlich unterschriebene Brief ist von Außenminister Talleyrand (links unten) und dem Staatsekretär Maret (unten rechts) gegengezeichnet.

Aufgrund der französischen Unterstützung in den Jahren zwischen 1801 und 1806 konnte sich die kaiserliche Reichspost gegen die preußischen Vorstöße im Postverkehr zwischen Frankreich und dem Reich behaupten.

Regensburg, FZA, Haus- und Familiensachen 688 Nr. 11

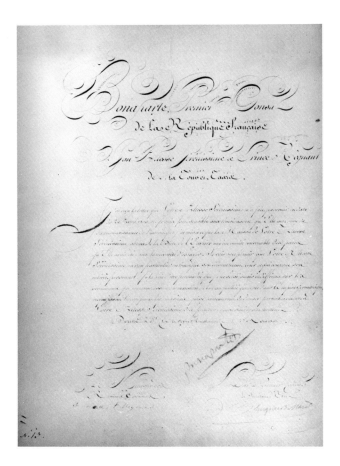

25 POSTABKOMMEN MIT DER MARKGRAFSCHAFT BADEN WEGEN DER GEÄNDERTEN TERRITORIALVERHÄLTNISSE AM ENDE DES ALTEN REICHES

1805 Mai 11 / 13 Karlsruhe
Vertrag, Ausf., Pap., Libell, aufgeschlagen:
Badische Ratifikation – Foto: Staatssiegel mit Unterschrift

Die kaiserliche Reichspost hatte in den beiden Markgrafschaften Baden-Durlach und Baden-Baden seit dem ausgehenden 17. Jahrhundert die innerterritoriale und Transitkorrespondenz befördert, abgesichert durch mehrere Verträge mit den beiden Linien des Hauses Baden. Nach dem Aussterben der baden-badischen Linie 1771 und der Vereinigung der Landesteile behielten diese Verträge ihre Gültigkeit, trotz Differenzen wegen der landesherrlich konzessionierten Herzogischen Landkutsche und der Verzollung von Postwagenwaren.

Mit der Erhebung des Reichsdeputationshauptschlusses zum Reichsgesetz 1803 erhielt das nun mit der Kurwürde ausgestattete Baden großzügigst territoriale Entschädigungen aus der Masse der geistlichen Reichsfürsten.

Deshalb löste der hier gezeigte allgemeine Postvertrag alle früheren Abkommen mit der Reichspost ab, integrierte die früher kurpfälzischen, nun badischen Gebiete um Heidelberg und Mannheim in das von der Reichspost versorgte Gebiet. Geregelt wurde vor allem die Jurisdiktionszuständigkeit für das Reichspostpersonal, das Brieffreitum auf den reitenden und fahrenden Posten sowie Weggeld und Portohöhe.

Der Friede von Preßburg (28. Dezember 1805) und die Gründung des Rheinbundes entzog kaum ein Jahr später diesem Vertrag die Grundlage. Am 21. März 1806 hob Kurfürst Karl Friedrich alle mit dem Hause Thurn und Taxis bestehenden Postverträge auf und übertrug das Postwesen in seinem Staat lehenweise an den bisherigen Reichsgeneralpostmeister. Am 1. August 1811 nahm Baden seine Post in eigene Verwaltung.

Lit.: K. Löffler, Geschichte des Verkehrs in Baden, Heidelberg 1910, S. 301 f,

Regensburg, FZA, Posturkunden 493

26 BADISCHES PORTOFREITUM

1805
Druck, Libell mit 4 Bll., aufgeschlagen: Beilage Lit. C

In einem im Druck verbreiteten Auszug aus dem am 11. Mai 1805 mit dem kurfürstlichen Haus abgeschlossenen Postvertrag wird in der Beilage Lit. C detailliert das von der Reichspost der markgräflichen Familie zugestandene Briefportofreitum auf den Reichspostkursen aufgeschlüsselt. Im Verzeichnis werden unter A jene herrschaftlichen Personen und Stellen aufgeführt, die das uneingeschränkte Freitum, d.h. für ihre dienstliche und private Korrespondenz auch außerhalb des Reiches, genießen, unter B jene mit dem beschränkten Freitum, d.h. nur innerhalb des Kurfürstentum Baden.

Regensburg, FZA, Posturkunden 493 Anlage

C. Kaiserliche Reichspost und fürstliche Lehenposten im politisch-wirtschaftlichen Spannungsfeld zwischen Frühkapitalismus und Reichsgründung

C. II. Rheinbund und Deutscher Bund

Vom Rheinbund zum Wiener Kongreß
Ende des Alten Reiches und der Kaiserlichen Reichspost

Die linksrheinischen Posten waren 1801 an Frankreich verloren gegangen, Preußen hob in den dem Königreich 1803 hinzugekommenen Gebieten die kaiserliche Reichspost auf. Württemberg und Bayern entfernten Ende 1805 an den Posthaltereien ihrer Territorien die Posthausschilder mit Reichsadler und Taxis-Wappen. Räumte Bayern noch, wenn auch nur für kurze Zeit, dem Hause Thurn und Taxis die Postausübung unter einem Lehenstatus ein, so zog Württemberg die ehemalige Reichspost noch vor dem Reichsende ganz an sich. Das Reich aber zerfiel zusehends, mit ihm die Reichsverfassung, und damit auch die Stellung der Reichspost. Die Abdankung des Kaisers im August 1806 und das Erlöschen des Reichsposterblehens, das seit 1615, also seit über 190 Jahren bestanden hatte, setzten neue Akzente. Auf den Schultern des erst 1805 an die Spitze des Hauses getretenen Fürsten Karl Alexander lastete so eine schwere Bürde, lag doch die Zukunft trotz aller Garantien der Großmächte zunächst im ungewissen. E.P.

Lit.: Behringer 1990, S. 146 ff. – E. Probst, Thurn und Taxis. Das Zeitalter der Lehenposten im 19. Jahrhundert. In: Deutsche Postgeschichte, hrsg. v. W. Lotz, Berlin 1989, S. 123–147 ff – E. Schilly, Die Posten in Deutschland vom Reichsdeputationshauptschluß bis zum Wiener Kongreß. In: Deutsche Verwaltungsgeschichte, Bd. 2, hrsg. v. K. Jeserich u.a., Stuttgart 1983, S. 258–270 – Piendl (1982) S. 78–84 – A. Koch, Die deutschen Postverwaltungen im Zeitalter Napoleons I. In: ADP 15 (1967/2) S. 3–14 – W. Vollrath, Das Haus Thurn und Taxis. Die Reichspost und das Ende des Heiligen Römischen Reiches 1790–1806, Diss. Münster 1940. Zur Auflösung des Reiches: E.R. Huber (Hrsg.), Dokumente zur Deutschen Verfassungsgeschichte, Bd. 1, 3.Aufl., 1978 – Quellen zum Verfassungsorganismus des Heiligen Römischen Reiches Deutscher Nation: 1495–1815, hrsg. v. H.H. Hofmann. Ausgewählte Quellen zur deutschen Geschichte der Neuzeit, Bd. 13, Darmstadt 1976), S. XXXVI–XL – E.R. Huber, Deutsche Verfassungsgeschichte seit 1789, Bd. 1, 1961.

1 FÜRST KARL ALEXANDER VON THURN UND TAXIS (1770–1827)
[Um 1820]
Gemälde, Öl auf Leinwand, Johann Nepomuk Ortlieb nach Joseph Stieler

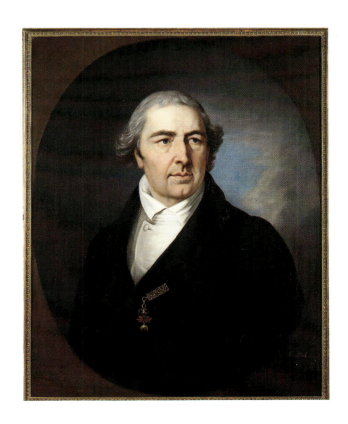

Fürst Karl Alexander, der Sohn des Fürsten Carl Anselm, ist am 22. Februar 1770 zu Regensburg geboren, am 15. Juli 1827 auf Schloß Taxis (Württemberg) verstorben. Durch seine Ehe mit Prinzessin Therese von Mecklenburg-Strelitz (Kat. C.II.7), am 25. Mai 1789 in Neu-Strelitz geschlossen, war er mit Königin Luise von Preußen verschwägert. Noch als Erbprinz übernahm Karl Alexander bereits 1797 von seinem dann am 13. November 1805 verstorbenen Vater das Amt des Kaiserlichen Prinzipalkommissars.

Die Regierungszeit des Fürsten wurde überschattet von dem sich besonders seit Ende 1805 verstärkten Verfall des Kaiserlichen Reichspostwesens, vom Untergang des Alten Reiches im August 1806, schließlich von der Mediatisierung des Fürstlichen Hauses. Nach den napoleonischen Kriegen und nach dem Wiener Kongreß setzte dann eine Konsolidierung der Lage ein, die schließlich nochmals zu einer Blütezeit der taxisschen Posten, wenn auch unter anderen Rechtsverhältnissen als im Alten Reich, führte. In die Regierungszeit dieses Fürsten fiel u.a. der endgültige Verlust der Lehenposten in Bayern (1808), Baden (1811) und in den an Preußen gekommenen Landesteilen (1816), andererseits aber auch die Rückgewinnung der Ende 1805 verlorengegangenen Posten im neugeschaffenen Königreich Württemberg (1819).

Mit dem Verlust der Posten in Bayern und in an Preußen gekommenen Territorien setzte durch Entschädigungsleistungen vor allem im Raum Regensburg ab 1812 und in dem von Preußen dem Fürstenhaus 1819 als Erbmannthronlehen überwiesenen Fürstentum Krotoschin im Großherzogtum Posen eine intensive forst- und landwirtschaftlich orientierte Güterverwaltung ein. Aus den weiteren Entschädigungsleistungen erwarb der Fürst auch Grundbesitz in Württemberg und 1822/23 in Böhmen mit den Herrschaften Chotieschau, Chraustowitz und Richenburg.

Als Vorlage des ausgestellten Porträts diente ein Gemälde von Joseph Stieler (1781–1851), der 1820 Hofmaler Ludwigs I. wurde und als Maler der *Schönheitengalerie* des Königs besonders bekannt ist.

Lit.: Behringer 1990, S. 149–158 – Probst in: Biographisches Wörterbuch 3 (1975) Sp. 2901 f. – Probst, Verwaltungsstellen (1978) S. 279 f., 282–287, 294 f. u.a.; zum Grunderwerb, auch unter dem nachfolgenden Fürsten Maximilian Karl, vgl. Ämter-Statistik, S. 352–386 – Probst, Lehenposten (1989) S. 123 ff. – M. Piendl, Das Fürstliche Haus Thurn und Taxis. Zur Geschichte des Hauses und der Thurn und Taxis-Post, Regensburg 1980, S. 129 f. – Thurn und Taxis, Karl Alexander von. In: ADB 37 (1894) S. 501–504 (J. Rübsam) – Zu Ortlieb, Joh. Nepomuk: Thieme-Becker 26 (1932) S. 66 f.

Regensburg, Fürst Thurn und Taxis Kunstsammlungen, Inv. Nr. St.E. 4179

2 KAISER FRANZ II. (1768–1835)
1806
Gemälde, Öl auf Leinwand, Goldrahmen, Stab mit Profilleiste
Sign. links unten: *Fugger 1792*

Franz II. war seinem Vater Leopold II. 1792 auf dem Thron gefolgt. Heute noch verwahrt das Fürst Thurn und Taxis Zentralarchiv die Unterlagen über seine Wahl- und Krönungsreise 1792/93 (vgl. D. VI. 7). Mit Urkunde vom 11. März 1794 bestätigte der Kaiser, so wie vorher seine Amtsvorgänger, dem Fürstlichen Haus den Lehenbrief Kaisers Matthias von 1615. Mit dem Ende des Alten Reiches 1806 war faktisch das Ende der kaiserlichen Reichspost verbunden.

Die vorausgegangene Selbsternennung Napoleons zum Kaiser der Franzosen beantwortete Franz II. 1804 mit der Errichtung des österreichischen Kaisertums, dessen unmittelbare Regentschaft er unter den Namen Franz I. weiterführte.

In die Regierungszeit des 1835 verstorbenen Kaisers fiel postalisch auch der Verlust des 1779 nach dem Ende des Bayerischen Erbfolgekrieges an Österreich gekommenen ehemals bayerischen Innviertels. Ausschlaggebend dafür waren die militärischen Auseinandersetzungen im Verlauf der Koalitionskriege und der endgültige Verlust der bayerischen Posten. Das Innviertel selbst wechselte bis 1816 wiederholt die Landeshoheit. Erst 1824 konnte Fürst Karl Alexander den Empfang von 100 000 Gulden Konventionsmünze in fünfprozentigen Staatsobligationen *aus allerhöchster Gnade bewilligte Entschädigung* bestätigen. Damit war das Kapitel *Innviertel* endgültig abgeschlossen. Teile der Entschädigungssumme dürften dann in den Grunderwerb in Böhmen geflossen sein.

Lit.: H. Drimmel, Franz von Österreich. Kaiser des Biedermeier, Wien u. München 1986 – Zum Innviertel: Dallmeier, AK Halbturn (1985) S. 58 f. – Probst, AK Halbturn (1985) S. 97–103.

Regensburg, Fürst Thurn und Taxis Kunstsammlungen, Inv.Nr. St.E.3555

3 KAISERLICHE ERKLÄRUNG ZUR NIEDERLEGUNG DER KAISERKRONE
1806 August 6 Wien
Druck, 3 S.
aufgeschlagen Seite 1 (Kopie) – Seite 2–3 (Orig.)

Ausschlaggebend für die Niederlegung der Krone waren mehrere Bestimmungen des Preßburger Friedens vom 26. Dezember des Vorjahres und vor allem die Unterzeichnung der Rheinbundakte am 12. Juli in Paris. Mit diesem Dokument hatten sich 16 Reichsstände, darunter Bayern, Württemberg, Baden und der Kurerzkanzler vom Reich losgesagt und eine eigene Konföderation gebildet. Der Kaiser sah *das Band, welches Uns bis jetzt an den Staatskörper des deutschen Reichs gebunden hat*, als *gelöst* an. Gleichzeitig wurden die Kurfürsten, Fürsten, alle Stände und Reichsangehörigen von ihren gegenüber dem Reichsoberhaupt bestehenden Pflichten entbunden. Die Souveränität der Teilnehmer-

C. II. Lehenposten

staaten der Rheinischen Konföderation bedeutete zugleich auch für das Fürstliche Haus das Ende des kaiserlichen Reichspostgeneralats.

Am 7. August berichtete der kaiserliche Konkommissar Johann Alois Joseph Freiherr von Hügel die Vortagsereignisse in Wien an die Fürstin Therese von Thurn und Taxis nach Regensburg: *Ein eigener Courier bringt Ihrer Hochfürstlichen Gnaden dem Kayßerlichen Herrn Principal-Commissar die Nachricht, daß Ihre Kayßerliche Majestät die deutsche Kayßer Krone niederzulegen den Entschluß gefasset haben. Ich vermag die Empfindungen nicht auszudrücken, mit welchen ich Euerer Durchlaucht die nämliche Nachricht ertheile ...* – Zugleich zog Baron Hügel Bilanz über die in 14 Jahren gemeinsam mit der Fürstin erlebten Freuden und Sorgen.

Druck: Huber, Dokumente (1978) S. 37 f.
Lit.: Huber, Verfassungsgeschichte (1961) S. 71–74 – Druck der Rheinbundakte u.a. bei Huber, Dokumente (1978) S. 28–34. Zu Frhr. von Hügel vgl. Repertorium der diplomatischen Vertreter aller Länder, Bd. 3, hrsg. v. O.F. Winter, Graz und Köln 1965, S. 539.

Regensburg, FZA, Haus- und Familiensachen 3810

4 BAYERISCHE ERBLANDPOSTMEISTER-
   WÜRDE FÜR FÜRST KARL ALEXANDER
   1806 Februar 14 / 28 München
   Druck, *Baierische Staats-Zeitung*
   aufgeschlagen: Titelseite

Am 28. Februar 1806 veröffentlichte die *Königlich-Baierische Staats-Zeitung von München* auf S. 213–214 die *Königliche allerhöchste Verordnung* vom 14. Februar, mit der König Maximilian Joseph dem Fürsten Karl Alexander und dessen männlichen Nachkommen *die Würde eines königlich-baierischen Erbland Postmeisters als ein Thronlehen* gegen Entrichtung fester Lehengebühren überließ.

Die Belehnung beschränkte sich ausdrücklich auf die altbayerischen und die durch den vorausgegangenen Friedensschluß von Preßburg neu hinzugekommenen Landesteile, soweit dort keine eigenen oder besondere Postanstalten eingerichtet waren. Festgelegt wurde u.a. die Aufsicht durch königliche Kommissare, eine territorialradizierte Neuorganisation der Oberpostämter, die Verpflichtung des Personals auf den König und die Regelung der Jurisdiktionsverhältnisse. Beschwerden von Reisenden gegen Posthalter oder Postknechte konnten beim nächsten Landgericht angebracht werden.

Die Postillione hatten weiterhin die vorgeschriebene hellblau-schwarze Kleidung zu tragen. An den Posthäusern war das königlich bayerische Wappen *ohne Verbindung oder Beifügung des Wappens Unseres Erbland-Postmeisters* anzubringen. Die Postämter durften nur noch als *Königlich-baierisches Postamt* ohne weiteren Zusatz bezeichnet werden. Das Tragen der bayerischen Kokarden war für die Postbeamten verpflichtend.

Weitere Bestimmungen betrafen das Briefporto und die Postwagentaxe, das Brieffreitum, die allgemeine Exemption für Posteinrichtungen und Postpersonal, schließlich die Abstellung von Mißbräuchen des Botenwesens.

Der Verordnung vorausgegangen war in München am 24. Januar eine Konferenz, an der auf bayerischer Seite Freiherr von Montgelas, v. Krenner, v. Schenk und Freiherr von Aretin, auf taxisscher Seite der Dirigierende Geheime Rat Freiherr v. Vrints-Berberich und Hofrat v. Grub teilgenommen hatten. Mit Schreiben des Staatsministers Montgelas vom 10. Februar wurde dann das Fürstliche Haus von der Neuregelung durch ein Pro-Memoria förmlich unterrichtet. Dabei wird auch der jährlich an die Königliche Zentralstaatskasse zahlbare Lehen-Kanon in Höhe von 25 000 Gulden erwähnt. Derartige Maßnahmen, wie sie in der folgenden *Lehenpostzeit* mehr oder minder zur Regel wurden, charakterisieren den Unterschied gegenüber der Kaiserlichen Reichspost besonders drastisch. Erst nach dem Wiener Kongreß bahnte sich wieder eine auch für das Haus Taxis tragbare, nicht einseitig vom Lehengeber bestimmte Vertragsform an.

Regest der kgl. Entschließung: Dallmeier 1977/II, S. 691–693 – Heut (1925) S. 75–78.
Druck s.a.: *Kgl.-Bair. Regierungsblatt* 9. Stück (26.2.1806) S. 65–67.
Lit.: Probst, Postorganisation (1977) S. 10 u. 32 f. – M. Piendl, Post. In: Handbuch der bayerischen Ämter, Gemeinden und Gerichte, hrsg. v. W. Volkert, München 1983, S. 250–256 – A. Heut, Die Übernahme der Taxisschen Reichsposten in Bayern durch den Staat, München 1925, S. 22 ff. – J. Brunner, Das Postwesen in Bayern in seiner geschichtlichen Entwicklung von den Anfängen bis zur Gegenwart, München 1900, S. 119 ff.

Regensburg, FZA, Posturkunden 532

Rheinbund – Befreiungskriege – Wiener Kongreß

Der *Rheinbund* führte zur weitgehenden Zersplitterung des Postwesens. Die Post in den neuen napoleonischen Staatsgebilden, so im Königreich Westphalen, war ganz in fremde Hände übergegangen.
Nach Art. 10 der Rheinbundakte hatte der Kaiser der Franzosen die Stellung eines Protektors dieses Bundes inne. Der bisherige Kurerzkanzler des Reichs, der Mainzer Kurfürst Karl Friedrich von Dalberg, zunächst mit Regensburg und Aschaffenburg entschädigt, dann Großherzog von Frankfurt, amtierte unter dem Titel *Fürstprimas* und nahm die gemeinsamen Angelegenheiten der Rheinbundstaaten wahr. Die Zersplitterung des Postwesens wurde zum Kennzeichen der Zeit.
Pläne zu einer Thurn und Taxis-*Bundespost* ließen sich nicht verwirklichen, trotz der politischen Annäherung des Fürstenhauses an Frankreich. Auch mehrere Audienzen der Fürstin Therese bei Napoleon führten hinsichtlich der Post

nicht weiter. Regensburg, seit 1748 Residenzort des Fürstenhauses, kam zudem noch 1810 an Bayern. Und im folgenden Jahr löste Baden das seit 1806 bestehende Lehenpostverhältnis auf, übernahm also die Post in eigene Regie. Erst in den Befreiungskriegen konnte Thurn und Taxis in den linksrheinischen, *überrheinischen* Gebieten wieder Fuß fassen, teilweise aber auch nur für kurze Zeit.

Auf dem *Wiener Kongreß* kam die Postfrage neuerdings ins Gespräch. Die Frage nach der künftigen Stellung des Fürstenhauses, ob es als ein *Privatunternehmen* seinem Schicksal überlassen oder erneut in seiner ehedem reichsunmittelbaren oder in einer sonst privilegierten Stellung bestätigt, oder überhaupt an die Spitze *vereinigter* Landesposten gestellt werden sollte, bewegte die Gemüter. Die Entscheidung, die schließlich getroffen wurde, war von Bayern, Preußen und Österreich festgelegt worden: Im wesentlichen die Bestätigung des früheren Zustandes nach dem Reichsdeputationshauptschluß und danach getroffener zweiseitiger Vereinbarungen.

Lit.: Behringer 1990, S. 150–158 – Probst (1989) S. 125–130 – E. Wilm, Das Haus Thurn und Taxis auf dem Wiener Kongreß. Der Kampf um die Posten und die Remediatisierung, Magister–Arbeit München 1986 (ungedruckt) – Schilly, Bd. 2 (1983), S.260–263 u. 269 f. – Probst, Postorganisation (1978) S. 16–24, 25 ff. – Piendl (1980) S. 81–86 – Koch (1967).
Aus zeitgenössischer Sicht neben weiteren Kontroversschriften u.a.: J.L. Klüber, *Das Postwesen in Teutschland, wie es war, ist und seyn könnte*, Erlangen 1811 – W.H. Matthias, *Widerlegung einiger Behauptungen des Staatsrathes Klüber*, Berlin 1812.

5   PORTRÄT DES FÜRSTPRIMAS CARL VON
    DALBERG (1744–1817)
    1811
    Gemälde, Öl auf Leinwand, Goldrahmen mit
    Applikationen
    Bez. rechts auf halber Bildhöhe *Robert Lefèvre
    1811*

Dalberg, zunächst kurmainzischer Statthalter im Eichsfeld, erhielt 1802 den Stuhl des Mainzer Erzbischofs, der dann durch den Reichsdeputationshauptschluß 1803 nach Regensburg übertragen wurde. Hier war Dalberg zugleich Landesherr des Kurerzkanzler–Staates, zu dem auch Aschaffenburg und die Grafschaft Wetzlar gehörten. Die Gründung des Rheinbundes, dessen Leitung er als Fürstprimas von Deutschland übernahm, führte zu einer engen Anlehnung an Napoleon. Diesem verdankte er 1810, nach dem Verlust Regensburgs an Bayern, seine Erhebung zum Großherzog von Frankfurt. Als Entschädigung für Regensburg erhielt Dalberg Fulda, Hanau und Frankfurt zugewiesen. Mit dem Vordringen der siegreichen Alliierten wurde Dalberg 1813 zur Aufgabe der Landeshoheit der bisher innegehabten Territorien gezwungen. Sein bedingungsloses Festhalten an Frankreich wird neuerdings wesentlich differenzierter gewertet.
Ein im Todesjahr Dalbergs 1817 von Carl Theodor Berg nach Lefèvre gemaltes Ölbild ist heute im Besitz der Städtischen Museen Regensburg.

Lit.: K.M. Färber, Kaiser und Erzkanzler. Carl von Dalberg und Napoleon am Ende des Alten Reiches. Studien und Quellen zur Geschichte Regensburgs, Bd. 5, 1988 – H. Klueting, Dalbergs Großherzogtum Frankfurt – ein napoleonischer Modellstaat? In: Aschaffenburger Jahrbuch 11–12 (1988) S.359–380 – Max Piendl, Das Fürstentum Regensburg unter Dalberg. In: A. Kraus u. W. Pfeiffer, Regensburg. Geschichte in Bilddokumenten, Regensburg 1986, S. 126–129, u. Probst, Katalogteil (a.a.0.), S. 129–133 – K. Rob, Karl Theodor von Dalberg. Europäische Hochschulschriften Reihe III, Bd. 231, Frankfurt 1984 – F. Weigend–Abendroth, Der Reichsverräter am Rhein, Carl von Dalberg und sein Widerspruch, Stuttgart 1980 – Lefèvre, Robert. In: Thieme–Becker 22 (1928) S. 557.

Regensburg, Fürst Thurn und Taxis Kunstsammlungen, Inv.Nr. T. 6919

6   LEHENWEISE ÜBERLASSUNG DER
    FÜRSTPRIMATISCHEN POSTEN
    1806 Dezember 7 / 10 Frankfurt
    Vertrag, Ausf.,
    aufgeschlagen: letzte Seiten Vertragstext

Vertrag zwischen Fürstprimas Carl von Dalberg und Fürst Karl Alexander von Thurn und Taxis über die lehenweise Überlassung der Posten in Regensburg, Aschaffenburg, Frankfurt und Wetzlar an das Fürstliche Haus.
Im Gegensatz zum Lehenvertrag mit Bayern, der dem Fürstlichen Haus praktisch diktiert wurde und schon zwei Jahre später mit dem Einzug der Posten durch das Königreich faktisch endete, war der Vertragsabschluß zwischen Dalberg und Fürst Karl Alexander in beider-

C.II. Lehenposten

seitig freundschaftlichem Einvernehmen zustandegekommen. Bereits am 10. August 1806, also unmittelbar nach dem Ende des Alten Reiches, erklärte Dalberg unter Geltendmachung seiner vollen Souveränität seine Bereitschaft, in seinen Staaten Taxis mit der Post zu belehnen. Wegen der in Frankfurt bestehenden Postämter von Hessen-Kassel, Hessen-Darmstadt und Hessen-Homburg sowie von Sachsen-Weimar sollte Taxis *mit den gedachten Häusern* unmittelbar Verbindung aufnehmen, doch stellte Dalberg schon hier ein Eingreifen zu Gunsten der Einheit des Postwesens in Aussicht.

Eine Unterordnung unter die dalbergische Landeshoheit spiegelt sich wider in den neuen Postschildern und Postsiegeln – oben landesherrliches Wappen, unten taxissches Wappen – und in den bisher schwarzgelben Uniformen, die nunmehr eine graue Farbe mit roten Kragen und ebensolchen Aufschlägen hatten.

In Sondervereinbarungen wurde neben der Regelung der Portofreiheiten auch der Lehenkanon festgelegt. Das Fürstenhaus hatte jährlich 12 000 Gulden rheinischer Währung zu entrichten. Hinzu kam für den Fürstprimas der *freye Genuß des fürstlichen Palais* in Frankfurt ... *auf fünfzehn Jahre*. Die sich in rascher Folge verändernde politische Lage machte freilich Dalbergs Abmachungen mit dem Fürstenhaus schnell zunichte, nachdem 1810 Regensburg an Bayern kam und Dalberg 1813 auch Frankfurt aufgeben mußte.

Druck: W. Eisenbeiß, Briefe, Boten und Belege. Ein Beitrag zur Entwicklungsgeschichte des Botenwesens und der Post, dargestellt an der Geschichte der Stadt Regensburg bis zum Jahre 1920, Regensburg 1966, S. 240–245 (Anlage XXVI; Ratifikationsfassung) – Zusatzbestimmungen wegen Portofreiheiten: S. 246–248 Anlage XXVII, sowie wegen des Lehenkanons, a.a.O., S. 249–250 Anlage XXVIII – B. Faulhaber, Geschichte der Post in Frankfurt a.M. Archiv für Frankfurts Geschichte und Kunst, NF. 10 (1883) S. 174–177.
Lit.: Eisenbeiß (1966) S. 153–150.

Regensburg, FZA, Posturkunden 718

7 FÜRSTIN THERESE VON THURN UND TAXIS
(1773–1839)
Um 1810
Büste, Marmor; nicht signiert

Die Fürstin ist hier in schulterfreiem Kleid dargestellt, mit Diadem im hochgesteckten Haar. Von der Büste existieren im Regensburger Schloß mehrere Kopien bzw. Abgüsse. Bekannter sind Gemäldedarstellungen, die dann teilweise auch als Vorlagen für Druckgraphik dienten. Von Joseph Hauber (1766–1823) stammt ein Gemälde aus dem Jahre 1826. Joseph Stieler (1781–1858) malte 1833 die Fürstin (bei Piendl fälschlich um 1820 datiert).

Fürstin Therese Mathilde, die als eine *gebildete, sehr belesene und kunstsinnige Frau* beurteilt wird, ist am 5. April 1773 als Herzogin von Mecklenburg-Strelitz geboren, am 12. Februar 1839 auf Schloß Taxis verstorben; sie wurde in der fürstlichen Familiengruft bei St. Emmeram beigesetzt. In der napoleonischen Ära und auf dem Wiener Kongreß vertrat sie mit aller Kraft die Interessen des Fürstlichen Hauses. Mit ihrer jüngeren Schwester Luise (1776 – 1810), verheiratet mit König Friedrich Wilhelm III. von Preußen, bestanden auch in politisch schweren Zeiten enge Kontakte. Thereses geistige Interessen spiegeln sich u.a. in den Katalogen ihrer Privatbibliothek wider, die sie auch der Öffentlichkeit zugänglich machte.

Lit.: Zur Person der Fürstin u. bildlichen Darstellungen neuerdings U. Staudinger, Die „Bildergalerie" Maximilian Karls von Thurn und Taxis. Thurn und Taxis-Studien 17 (1990) S. 148 ff. – M. Piendl, Ein Jahrhundert Schloßbaugeschichte Regensburg 1812-1912. Thurn und Taxis-Studien 11 (1979) S. 43.
Zur Privatbibliothek der Fürstin: E. Probst, Fürstliche Bibliotheken und ihre Bibliothekare. In: Thurn und Taxis-Studien 3 (1963) S. 127–228, hier S. 209 f.

Regensburg, Fürst Thurn und Taxis Kunstsammlungen, Inv.Nr. St.E. 4410

8 THERESES ERSTE REISE NACH PARIS UND AUDIENZ BEI KAISER NAPOLEON
1807 August – Dezember
Tagebuchaufzeichnungen in losen Blättern,
2 Bll., frz.
aufgeschlagen: erste Seite der ersten Lage u. Schlußseite der letzten Lage

Die Reise nach Frankreich begann am 13. August 1807 in Regensburg. Der reguläre Postkurs bis Straßburg verlief über Postsaal, Neustadt/Donau, Ingolstadt, Neuburg, Burgheim, Donauwörth, Dillingen, Giengen, Heidenheim, Aalen, Schwäbisch Gmünd, Schorndorf, Waiblingen, Stuttgart, Enzweihingen, Pforzheim, Wilfertingen, Karlsruhe, Rastatt, Stollhofen, Bischofsheim und Kehl an den Rheinübergang. Da die Fürstin natürlich mit der Extrapost fuhr und ihr in Öhringen der Fürst Hohenlohe-Ingelfingen seine Aufwartung machte, dürfte sie wohl über Nürnberg, Ansbach, Feuchtwangen, Crailsheim, Schwäbisch Hall, Öhringen, Heilbronn, Ludwigsburg und Stuttgart gefahren sein. Über Straßburg, Lunéville, Nancy, Vitry und Meaux kam Therese am 21. August in Paris an.

Schon aus den Vorbemerkungen der Tagebuchaufzeichnungen spricht die Sorge um Familie und Existenz. Nach einem früheren Zusammentreffen empfing Napoleon am 25. Oktober die Fürstin *in einem herrlichen Salon. ... Das Herz schlug mir mächtig, doch legte ich meine Befangenheit bald ab und begann ihm die Interessen des Fürsten von Thurn und Taxis zu empfehlen. ... In Bezug auf die Posten wiederholte er mir, was er mir bei der ersten Audienz gesagt hatte, doch fügte er bei: Wenn ich anders über die Posten verfüge, so werde ich daran denken, Ihnen eine andere Existenz zu schaffen.* Auch auf Preußen kam die Sprache; hier war Napoleon über den König, Thereses Schwager, sehr verärgert. Positiver gestalteten sich die Verhandlungen wegen des unter Sequester gestellten taxisschen Besitzes in Belgien. Dazu schließlich der Kaiser: *Ich bitte dies als einen Strauß zu betrachten, den ich Ihnen mit viel Vergnügen anbiete ...* Ganz erfolglos war das dreiviertelstündige Gespräch also nicht, wiewohl erst nach zwei Monaten die Aufhebung des Sequesters erfolgte.

Am 13. Dezember, *nach fast viermonatiger Abwesenheit und mancherlei Erfahrungen, nach glücklichen und peinlichen Momenten,* verließ die Fürstin Paris. Am Abend des 20. Dezember kam sie wieder in Regensburg an: *... umarmte ich meine Kinder und fühlte mich glückselig bei Beendigung einer Lebensepoche, die ebenso peinvoll für mein Herz wie unangenehm für meine Gefühle meiner Familie und einer Schwester gegenüber war. ...*

Es sollte nicht das letzte Mal sein, daß Therese sich veranlaßt sah, im Interesse des Fürstlichen Hauses auf der politischen Bühne aktiv zu werden.

Lit.: Behringer 1990, S. 154 – Zu den Poststrecken: *État général des routes de poste de l'Empire Français pour l'an 1812.* Paris, Imprimerie impériale 1812
Zu den Beziehungen Therese/Luise: H. Hartmann, Luise, Preußens große Königin, Herrsching 1988 – M. van Taack, Königin Luise, Stuttgart 1985 – M. Gräfin Rothkirch (Hrsg.), Königin Luise von Preußen, Briefe und Aufzeichnungen 1786–1810, München 1985.

Regensburg, FZA, Haus- und Familiensachen 3819

9 EUROPA WÄHREND DER NAPOLEONISCHEN ÄRA 1807 – 1812

   a) *EUROPA zur Zeit der vollen Entwicklung des französ: Continental-Systems nach dem Tilsiter Frieden vor Ende des Jahres 1807*
   b) *EUROPA im Herbste des Jahres 1810*
   c) *EUROPA zur Zeit der höchsten Uebermacht des französischen Reiches im Jahr 1812 bei dem Ausbruche des Krieges gegen Russland*
   Nach 1816
   Karten, Kupferstiche, grenz- und flächenkoloriert

Bei den drei Karten handelt es sich um unsignierte Bruchstücke eines offensichtlich in sechs Lieferungen erschienenen Atlaswerks zeitgenössischer Karten mit Erläuterung der politischen Grenzen. Weitere Karten zeigen Europa nach dem Pariser Frieden von 1814 bzw. Europa *nach seiner neuesten politischen Eintheilung* im Jahre 1816.

In allen Fällen treten die enormen Veränderungen deutlich zutage. Erläuternde Kartentexte, leider nicht von allen Karten vorhanden, vermitteln weitergehende Informationen über die jeweiligen Machtblöcke und deren Einflußbereiche.

Regensburg, FZA, Kartensammlung 366, 368, 369

10 EIGENE REGIE DER BADISCHEN POSTEN

   a) Auflösung der Lehenverhältnisse
   1811 August 2 Regensburg bzw. 6 Karlsruhe
   Ratifikation mit eingerücktem Vertragstext (Zessionsakte); Ausfertigung, Libell, 8 S.; Einband rote Seide, goldene Laubzierleisten, in den Ecken zusätzliche Ornamentprägung, goldgelber Seidenspiegel; an rot-goldener Seiden- bzw. Metallkordel mit zwei gleichfarbigen Quasten anhangendes schwarzes Lacksiegel des Regierungsvorgängers: *CARL FRIDRICH GROSHERZ. Z. BADEN / HERZOG ZV ZAEHRINGEN,* großes Staatswappen, in feuervergoldeter Metallkapsel
   aufgeschlagen: Ratifikation

Die Erweiterung Badens durch württembergische Gebiete mit bisher ebensolcher Landespost veranlaßte das Großherzogtum, die taxissche Lehenpost im eigenem Landesteil aufzuheben und die Post im gesamten Staatsgebiet in eigene Regie zu übernehmen. Der mit dem Fürsten als bisherigen Erblandpostmeister am 2. Mai 1806 abgeschlossene Postlehenvertrag war durch die Karlsruher Entscheidung hinfällig geworden. Als Entschädigung wurde *eine jährliche Rente von 35 000 Gulden, und zwar 25 000 Gulden in Domänen,* möglichst in der Nähe des bisherigen taxisschen Besitzes, und *eine lebenslängliche Rente von 10 000 Gulden* von Fürst Karl Alexander ausgehandelt, ferner das Brief- und Postwagen-Freitum für das Fürstliche Haus und das Brief-Freitum für seine dienstleistenden Räte und Stellen. Bis 1. August waren die Postbeamten aus taxisschen Diensten zu entlassen. Die Baden betreffenden Akten waren nach Karlsruhe zu extradieren. Der Wert der Wagen bei den badischen Postämtern sollte gemeinschaftlich abgeschätzt und innerhalb Jahresfrist gezahlt werden; das übrige Inventar verblieb den Poststationen. Die den taxisschen Postbeamten im Großherzogtum aus dem fürstlichen Ärar gewährten Vorschüsse und Anleihen wurden als Privateigentum betrachtet, wobei über Verzinsung und Heimzahlungsfristen gesonderte Vereinbarungen getroffen werden sollten. In der Ratifikationsurkunde verpflichtete sich andererseits Großherzog Carl zu Entschädigungsleistung und Freitum. Betont wurde allerdings, daß ohne badische Zustimmung *keine unmittelbare Paketschlüsse unsere Posten durchlaufen, worüber sich jedoch bei Abschließung des Postver-*

C. II. Lehenposten

trags die nähere Regulierung vorbehalten wird. Weitere Vertragspunkte waren Absprachen über die wechselseitige Verrechnung von Rückständen sowie über *Post-Expectanzen,* die der großherzoglichen Genehmigung bedurften und erforderten, daß *die desfallsigen Individuen tauglich befunden* wurden.

Lit.: Probst, Postorganisation (1977) S. 29 f. – E. Graf, Handbuch der badischen Vorphilatelie 1700–1851, Schwandorf 1971, S. 31 f. – K. Löffler, Geschichte des Verkehrs in Baden, Heidelberg 1910, S. 305–328.

Regensburg, FZA, Posturkunden 496

   b) Entlassung der badischen Beamten
      aus taxisschen Diensten
      1811 August 6 Karlsruhe
      Druck, 1 S.; Foliobogen
      Beilage zur Zessionsurkunde bzw.
      Ratifikation

Herr von Kronfels unterrichtet die nunmehr großherzoglich badischen Postbeamten von der Entlassung aus der Dienstpflicht des bisherigen Erblandpostmeisters und eröffnet ihnen *unter Bezeugung der vollkommenen Zufriedenheit mit den bisher geleisteten Diensten* den Wunsch des Fürsten, *daß sie sich mit gleicher Diensttreue, Fleiß und Pünktlichkeit den neuen Großherzoglichen Anordnungen fügen, und sich dadurch der Allerhöchsten Gnade Sr. Königl. Hoheit und der Zufriedenheit der vorgesezten Behörde würdig machen mögen.* Kronfels war Postmeister in Freiburg, dann badischer Oberpostdirektor.

Lit.: K. Löffler, Geschichte des Verkehrs in Baden, Heidelberg 1910, S. 309.

Regensburg, FZA, Posturkunden 496, Beilage

11   DEUTSCHE BUNDESAKTE
     1815 Juni 8 Wien
     Druck: *Acten des Wiener Congresses in den Jahren 1814 und 1815,* hrsg. v. J.L. Klüber, Bd. 2, Erlangen 1815, 624 S.
     aufgeschlagen: Art. 17, S. 611

Art. 17 der Bundesakte enthielt die Bestimmungen über die weitere Belassung der Posten beim Fürstlichen Haus: *Das fürstliche Haus Thurn und Taxis bleibt in dem durch den Reichsdeputationshauptschluß vom 25. Februar 1803 oder spätere Verträge bestätigten Besitz und Genuß der Posten in den verschiedenen Bundes-Staaten, so lange als nicht etwa durch freye Uebereinkunft anderweitige Verträge abgeschlossen werden sollten. In jedem Falle werden demselben, in Folge des Artikels 13 des Reichsdeputationshauptschlusses, seine auf Belassung der Posten, oder auf eine angemessene Entschädigung gegründeten Rechte und Ansprüche versichert. Dieses soll auch da stattfinden, wo die Aufhebung der Posten seit 1803 gegen den Inhalt des Reichsdeputationshauptschlusses bereits geschehen wäre, insofern diese Entschädigung durch Verträge nicht schon definitiv festgesetzt ist.*
Eines der postalischen Probleme des Wiener Kongresses bildete die Frage nach der künftigen Stellung des Fürstenhauses, ob die Post in Zukunft als ein *Privatunternehmen* betrachtet werden, ob es in seiner ehedem reichsunmittelbaren Stellung bestätigt oder überhaupt an die Spitze *vereinigter* Landesposten gestellt werden solle.
Auf der anderen Seite war es Ziel des Fürstenhauses, den augenblicklichen Besitzstand der Posten zu erhalten und, soweit bei Entzug der Posten keine oder keine angemessene Entschädigung geleistet wurde, Ersatz zu erhalten. Nach längeren Verhandlungen tendierte Taxis schließlich dahin, lediglich in Österreich, Preußen, Bayern, Hannover, Sachsen und Württemberg Landesposten bestehen zu lassen, seine Posten aber auf die übrigen Postgebiete auszudehnen. Diese *größere* Lösung kam aber nicht mehr zustande. Das Fürstliche Haus konnte als *Zugänge* lediglich in den zahlreichen deutschen Mittel- und Kleinstaaten und in den Hansestädten nochmals Fuß fassen.

Druck: Huber, Dokumente (1978) S. 84–90
Lit.: Behringer 1990, S. 155–159 – Probst (Lehenpost 1989) S. 128–130 – Probst (Postorganisation 1977) – Schilly, Bd. 2 (1983) S. 269 f.

Regensburg, FHB, 8° G 8747

12   TRIUMPH, TRIUMPH, VICTORIA –
     VERHERRLICHUNG DER HEILIGEN ALLIANZ
     Nach 1815
     Zeichnung, Feder, aquarelliert, anonym,
     handschr. bez. *32*

Im Mittelpunkt der Zeichnung stehen zwischen zwei gemauerten Obelisken mit eng beschrifteten Sockeln die Monarchen Preußens, Österreichs und Rußlands. Am linken Bildrand zu Füßen der Befestigung St. Helena *Moreau's Geist* vor dem auf einem Baumstumpf sitzenden Napoleon, daneben vier Totenköpfe und Gebeine. Im Mittelfeld des Bildes fliegen drei Greifvögel, von denen die äußeren beiden ein Schriftband halten mit dem Text: *Gott und diese Fittigen werden für immer die teutschen Gränzen und Staaten in jeder Gefahr in Gemeinschaft der treuen Mitallirten decken.* Am Schriftband hängt eine Balkenwaage mit vierblättrigem Kleeblatt, beschriftet *O P R L.* In der linken Waagschale liegen acht *Einige Herzen,* die rechte Schale ist mit Text angefüllt. Zwischen der Waage und den Monarchen schweben drei Engel mit Lorbeerkränzen. Die beiden äußeren Engel halten wiederum ein Schriftband: *Triumpf! Triumpf Victoria. Allianz und Friede der Welt ist geschlossen. Nur durch Euch* – auf die Monarchen hinweisend – *ist Ruhe und Glück.* Am oberen Bildrand Victoria im Triumphwagen, gezogen von vier Pferden, eines davon ausscherend, über den Wolken. In der rechten oberen Bildecke Gottvater, von Wolken umgeben, mit den Worten: *Der Friede mein Wille, Alexander, Franz, Friedrich Wilhelm, und mit allen Bundesgenossen, der sey und bleibe ewig unter Euch!* Die Reihenfolge des fortlaufenden Textes bei bzw. auf den Bildmotiven ist von 1 (Victoria) bis 15 (linker Obelisk) durchnumeriert.
Nach dem Sieg über Napoleon stellten die Monarchen von Österreich, Preußen und Rußland der Revolutionsidee des ausgehenden 18. Jahrhunderts die Idee der

Fürstenlegitimität gegenüber. Sie fand in der Heiligen Allianz vom 26. September 1815 ihren völkerrechtlichen Ausdruck. In der in drei Exemplaren vom römisch-katholischen Kaiser Franz I. von Österreich, vom protestantischen König Friedrich Wilhelm III. von Preußen und vom orthodoxen Zar Alexander I. von Rußland in Paris unterzeichneten Deklaration erklärten die verbündeten Monarchen, daß sie sich als Brüder betrachten, von der Vorsehung beauftragt, die verschiedenen Glieder der christlichen Familie zu lenken. Die Allianz und der Zweite Pariser Friede setzten dann einen Schlußstrich unter die vorausgegangene revolutionäre und napoleonische Epoche. Ihr traten bald alle eingeladenen Staaten bei, auch die Gliedstaaten des Deutschen Bundes.

Zeichnung, unveröffentlicht

Druck des Allianzvertrages: Huber, Dokumente Bd. 1 (1978) S. 83 f.
Lit.: Huber, Verfassungsgeschichte (1957) S. 687–693 – H. Schaeder, Autokratie und die Heilige Allianz, Königsberg 1934, Nachdruck Darmstadt 1963.

Regensburg, Fürst Thurn und Taxis Graphische Sammlung, Handzeichnungen

Konsolidierung, Neugestaltung, Weiterentwicklung im Deutschen Bund

Neue Postverträge – Neue Lehenverträge

Die Jahre nach dem Wiener Kongreß ermöglichten eine Stabilisierung. Die politischen und postalischen Wirrnisse seit den Revolutionskriegen, in der napoleonischen Ära und in der Folge der Befreiungskriege gehörten der Vergangenheit an. Die folgenden Jahrzehnte erlaubten einen fortlaufenden Ausbau im Innern. Im Außenverhältnis sicherten neue Post- und Lehenverträge die Rechte der taxisschen Posten ab.
In Mitteldeutschland konnte ein relativ geschlossener Postbezirk geschaffen werden. Mit dem Kurfürstentum Hessen kam ein Land hinzu, das früher außerhalb des taxisschen Bereichs lag. Verschmerzt werden mußte der endgültige Verlust der Posten in Bayern und den *neubayerischen Gebieten*, in Baden und in den seit der Jahrhundertwende neu an Preußen hinzugekommenen Landesteilen. Mit Württemberg kam 1819 eine Einigung zustande, die dort ein nochmaliges Aufleben der taxisschen Posten, wenn auch nur bis 1851, ermöglichte. Die dortige Post war für das Haus besonders wichtig, weil das Land auch ein Transitland für den Verkehr nach Süden bildete. In diesem Zusammenhang ist auch die taxissche *Auslandspost* im Schweizerischen Kanton Schaffhausen (Kat. C.IV.b.) zu erwähnen, die Ende 1833 vom Fürstlichen Haus käuflich erworben wurde und bis 1848/49 bestand.
Taxissche Bemühungen in den dreißiger Jahren, die Post in Bayern wieder an das Haus zu bringen, scheiterten freilich, ebenso wie *Gedankenspiele* von außen, die Post innerhalb des Deutschen Bundes als *Bundespost* Thurn und Taxis zu übertragen, wobei die Nicht-Staatlichkeit als Vorzug angesehen wurde.

Lit.: Behringer 1990, S. 157–167 – Probst (1989) S. 130–133 – E. Probst, Kooperation und bilaterale Verträge nach dem Wiener Kongreß. In AK Halbturn (1985) S. 103–106 – Probst, Postorganisation (1977) S. 26–29 – Schilly, Bd. 2 (1983) S. 263 ff., 271f. – Piendl (1982) S. 86–89.

13 UMGESTALTUNG DES PREUSSISCHEN POSTWESENS NACH DEM WIENER KONGRESS
1816 Juni 6 Berlin
Ausf., Vertrag mit Ratifikation, Siegel auf Papierdecke über schwarz-weißer Seidenschnur; Libell, ohne Decke gebunden, Heftung

C. II. Lehenposten

beschädigt; Verwahrung in marmoriert überzogenem Stülp–Futteral (beiliegend); aufgeschlagen: 1.Seite und rechts herausgeschlagen Ratifikation durch König Friedrich Wilhelm

Am 4. Juni 1816 hatten die beiderseitigen Bevollmächtigten – für Preußen der Geheime Postrat *Carl Heinrich Pistor*, für Taxis der Geheime Hofrat und Direktor *von Müller* und der Generalpostdirektionsrat *Joseph de l'Haye* – vorbehaltlich Höchster Genehmigung eine Konvention abgeschlossen, die den Veränderungen seit dem letzten Vertrag vom 1. November 1803 (Dallmeier 1977/II, S. 660–662 Nr. 944) Rechnung tragen sollte. Der neue Vertrag wurde bereits zwei Tage später durch König Friedrich Wilhelm von Preußen ratifiziert. Hauptpunkte waren die Überlassung bzw. Übernahme der taxisschen Posten in den zuletzt neu an Preußen gekommenen Landesteilen diesseits und jenseits des Rheins sowie die dafür an Taxis zu leistende Entschädigung, dann die Regelung der Postanschlüsse sowie Fragen der Portoaufteilung, nicht zuletzt die Festlegung der Transit–Paketschlüsse.

Neu an Preußen gekommene Landesteile rechts des Rheins waren das ehemalige Großherzogtum Berg, der bis dahin Preußen zugebilligte Teil der Fürstlich Nassauischen Länder, sowie die Stadt Wetzlar mit ihrem Gebiet. Als Übergabetermin wurde der 1. Juli vereinbart. Dieser Termin galt auch für jene Gebiete jenseits des Rheins, in denen Thurn und Taxis *das Postregal nur in der Eigenschaft als administrirende Behörde, mit Genehmigung der Hohen Verbündeten Mächte ausgeübt* hat. Dort hatte während der Dauer der Administration Taxis Anspruch auf ein Drittel des Reinertrages, während zwei Drittel an die Hauptkasse des in Frankfurt amtierenden Verwaltungsrats [der Alliierten] abzuführen waren. Für die Zeit nach der preußischen Inbesitznahme, nach dem 5. April 1815, erhob Preußen Anspruch auf ungekürzte Erstattung der an den Verwaltungsrat geleisteten Zahlungen.

Aus Ansprüchen nach Art. 17 der Deutschen Bundesakte wurde die Entschädigung für Postrevenuen aus heimgefallenen Landesteilen auf jährlich 60 000 Taler Preuß. Courant (nach dem Münzfuß von 1764) festgelegt, beginnend ab 1. Juli. Statt der Geldentschädigung sollte *eine Abfindung in Gütern, als ein Mann–Thron–Lehen*, erfolgen.

Die tabellarischen Beilagen zur Postkonvention vermitteln Aufschlüsse über weitere Pensionszahlungen an ehemalige Beamte und Witwen nunmehr durch Preußen: rechtsrheinisch 6 073, linksrheinisch 1 611 Reichstaler (Beilage A), über die unmittelbaren Anschlüsse der Reitpost mit Festlegung der beiderseitigen Grenzstationen (Beilage B), über die wechselseitig vereinbarten Kartenschlüsse, Portosätze und Portoteilung bei den reitenden Posten (Beilage C), über die Frankierung der Transitkorrespondenz und die diesbezügliche Portoaufteilung (Beilage D), schließlich über die gegenseitig vereinbarten Transitpaketschlüsse und die dafür vereinbarten Vergütungen (Beilage E).

Lit.: Stephan–Sautter (1928) S. 341–344

Regensburg, FZA, Posturkunden 698

14 PREUSSISCHE POSTENTSCHÄDIGUNG MIT DEM FÜRSTENTUM KROTOSCHIN

1819 Mai 6 Berlin
Ausf., Ratifikation, mit anhangendem Siegel in Metallkapsel;
Libell, roter Samteinband, hellblauer Seidenspiegel; großes Staatssiegel in Metallkapsel mit aufgelötetem Staatswappen und zwei Schildhaltern;
Verwahrung in Weißblechfutteral (beiliegend); aufgeschlagen: Ratifikation durch König Friedrich Wilhelm

Durch den zwischen Preußen und Taxis am 1. Mai ausgehandelten, am 6. Mai durch König Friedrich Wilhelm III. von Preußen ratifizierten Entschädigungsvertrag – *Güter–Abfindungsvertrag* für die Abtretung des Postregals in den königlich preußischen Provinzen rechts des Rheins und des Herzogtums Westphalen – erhielt Fürst Karl Alexander die im Großherzogtum Posen gelegenen Domänengüter Adelnau, Krotoschin, Orpiszewo und Rozdrazewo samt den dazugehörigen Vorwerken und Forsten. In kurzer Folge wurden diese Güter am 25. Mai zur Standesherrschaft zusammengefaßt und am 29. Mai zu einem preußischen Fürstentum Krotoschin erhoben. Am 3. August 1819 wurde das Fürstentum als Thronlehen dem Fürsten übertragen.

Das neue Fürstentum lag im Südteil der Provinz Posen hart an der schlesischen Grenze und war seit 1793, als es durch die zweite Teilung Polens an Preußen fiel, bis zum Versailler Vertrag preußisches Gebiet. Gegen Ende des Jahrhunderts (1895) umfaßte der Besitz etwas über 25 000 ha, davon mehr als die Hälfte Waldungen, 24 *Komplexgüter* und *Spezialpachten*. Am 27. Juni 1919 verhängte der Oberste Polnische Volksrat in Posen die Zwangsverwaltung, am 22. April 1927 erging der endgültige Enteignungsbeschluß. Die Liquidierung zog sich dann noch Jahre hin, insbesondere durch anschließende Prozesse vor dem Deutsch–Polnischen Schiedsgericht in Paris.

Die Wurzeln der preußische Postentschädigung von 1819 liegen u.a. in einem am 23. Mai 1802 zwischen Preußen und Frankreich in Paris abgeschlossenen Vertrag, nachdem für die an Frankreich abgetretenen linksrheinischen Gebiete folgende neuen Lande Preußen zufallen sollten: Geldern, Kleve, Moers, die Hochstifte Hildesheim, Paderborn und Teile von Münster, das Eichsfeld mit dem kurmainzischen Erfurt, die Städte Goslar, Mühlhausen und Nordhausen, ferner die Reichsabteien Quedlinburg, Elten, Essen und Werden, schließlich Herford und Kappenberg. Im einzelnen nimmt der Ablösungsvertrag auf Art. 17 des Postvertrages zwischen Preußen und Taxis Bezug.

Lit.: Probst, Verwaltungsstellen (1978) S.340f., 376 ff. – Probst, Postorganisation (1977) S.17, 48. – M. Piendl, Das Fürstliche Haus Thurn und Taxis. Zur Geschichte des Hauses und der Thurn und Taxis–Post, Regensburg 1980, S.79f., 98f.

Regensburg, FZA, Polen – Urkunden 1

15 FÜRST MAXIMILIAN KARL VON THURN UND TAXIS, ERBGENERALPOSTMEISTER
1827–1867
Undatiert
Gemälde, Öl auf Leinwand, unsign.

Fürst Maximilian Karl ist am 3. November 1802 in Regensburg geboren. Er stand seit dem Tode seines Vaters Fürst Karl Alexander (s. oben Nr. 1), seit 1827, an der Spitze des Fürstlichen Hauses. Inzwischen hatte sich das Postwesen wieder konsolidiert. Die Ausweitung von Industrie, Wirtschaft und Verkehr war einer neuerlichen Aufwärtsentwicklung dienlich, die sich auch im Postverkehr auswirkte. Pläne einer Thurn und Taxis-*Bundespost des Deutschen Bundes* bewegten die Gemüter, vor allem die Publizistik. Zollverein und Postverein setzten neue Akzente. Das Haus war sich dabei bewußt, daß es als einzige mediatisierte Familie noch Aufgaben wahrnahm, die mit einem früheren kaiserlichen Thronlehen verbunden waren.
Ernste Krisen kamen 1848/49 auf. Damals ging das erst 15 Jahre vorher erworbene Schaffhauser Postregal wieder verloren. Zudem mußte der Fürst wegen der von Württemberg angedrohten *Verletzung der Grundrechte des deutschen Volkes* an Reichsverweser Erzherzog Johann appellieren. Denkschriften zur Reichsverfassung von 1849 und zu den Postrechten in Württemberg erinnern an diese unruhigen Zeiten. Die endgültige Aufgabe der württembergischen Lehenposten war freilich nicht zu vermeiden. Schließlich bedeutete dann das Kriegsjahr 1866 das endgültige Aus der taxisschen Posten. Es war wohl die schwerste Entscheidung des Fürsten, den preußischen Ablösungsvertrag im Februar 1867 ratifizieren zu müssen.
Der Verlust der Souveränität und der Postgerechtsame wurde durch die sich mehrende standesherrliche Stellung des Hauses ausgeglichen. Zudem übertraf der Grundbesitz in Bayern, Württemberg, Preußen (im Ghzgt. Posen) und Böhmen eine ganze Reihe kleinerer Staaten des Deutschen Bundes. So konnte er seinem Enkel – der Erbprinz war schon zu Lebzeiten des Fürsten verstorben – ein gesichertes Erbe hinterlassen. Fürst Maximilian Karl ist am 10. November 1871 in Regensburg verstorben.

Lit.: Behringer 1990, S. 162–187 – Probst (1989) S. 130–147 – Probst in: Biographisches Wörterbuch 3 (1975) Sp. 2902 – Thurn und Taxis, Maximilian Karl von. In: ADB 37 (1894) S. 518 f. (J. Rübsam).

Regensburg, Fürst Thurn und Taxis Kunstsammlungen, Inv. Nr. St.E. 10 146

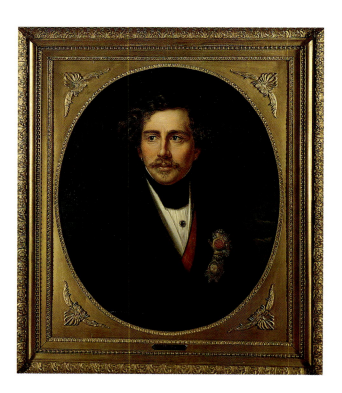

16 THURN UND TAXIS–POSTVERTRÄGE IM *INTERNEN POSTBEZIRK*, IM DEUTSCHEN BUND UND MIT DEM AUSLAND
1815–1867
Graphik- und Texttafel

Darstellung der mit Gliedern des Deutschen Bundes und mit dem benachbarten Ausland abgeschlossenen Postverträge.
Grundlagen für die postalischen Aktivitäten auch in den Zeiten der Lehenposten bilden die in den Urkunden-Repertorien des Fürstlichen Zentralarchivs erfaßten *Urkundenbestände*. Sie haben eine dreifache Gliederung: unterschieden wird zwischen Verträgen im sog. *Internen Bezirk* und solchen, die zwischen Thurn und Taxis und den übrigen Bundesgliedern bzw. mit dem Ausland abgeschlossen wurden.
Der Charakter der Abmachungen ist dabei sehr unterschiedlich. Lehensverhältnisse, Postaustausch, Transitverhältnisse, Portofreitum bedurften der vertraglichen Regelung, aber auch die *modernen* Verkehrsmittel Eisenbahn und Dampfschiffahrt erforderten mit ihrer raschen Verbreitung ständig neue Abmachungen. Als – im heutigen Sinn – ausländische Vertragspartner der Lehenpostzeit seien hier genannt: Belgien, Dänemark, Frankreich, die Niederlande, Österreich und schließlich die Schweiz bzw. vor 1848 einzelne ihrer Kantone.

Regensburg, FZA, Graphiken

17 ÜBERSICHT ÜBER DIE STAATLICHE UND POSTALISCHE STRUKTUR INNERHALB DES DEUTSCHEN BUNDES
Vor 1850
Graphik- und Texttafel

Darstellung statistischer Angaben über Größe, Einwohnerzahl und postalische Verhältnisse der Gliedstaaten des Deutschen Bundes. Grundlage der Darstellung bietet eine Reihe zeitgenössischer Quellen aus dem Fürstlichen Zentralrachiv und der Fürstlichen Hofbibliothek Regensburg, vor allem auch die *Verhältnis-Karte der Deutschen Bundesstaaten* (vgl. D. I. 12).

Regensburg, FZA, Graphiken

C. II. Lehenposten

Postreform – Postverein

Die Zersplitterung Deutschlands in eine Vielzahl unterschiedlicher Postanstalten mußte nach der Gründung des Deutschen Zollvereins 1834 als Anachronismus wirken. Er konnte als ein Muster eines *Postvereins* dienen, der dann 1836 in dem von J. von Herrfeld herausgegebenen *Archiv für das Postwesen* auch zu Papier gebracht wurde.
Im Rahmen der Portovereinfachungen ersetzte 1842 das dem Deutschen Bund angehörige Österreich sein kompliziertes Tarifsystem, dem sich andere Staaten und auch die taxisschen Lehenposten annäherten. Als nächster Schritt im Rahmen einer Vereinheitlichung sind die Bemühungen einer 1847/48 in Dresden tagenden Deutschen Postkonferenz zu sehen, die im Schlußprotokoll bereits auf die Gründung eines Deutschen Postvereins abzielten. Allerdings hatten die politischen Ereignisse 1848/49 nochmals eine Bremswirkung; 1850 kam es dann zur Gründung des Deutsch–Österreichischen Postvereins. Fünf Postkongresse normierten bis 1866 den Postverkehr innerhalb der Mitglieder des Vereins wie auch nach außen.

Lit.: Behringer 1990, S. 176–183 – Probst (1989) S. 136–140 – E. Probst, Der Deutsch–Österreichische Postverein und die Thurn und Taxis–Post. In: H. Haferkamp (Hrsg.), Thurn und Taxis Stempelhandbuch 1, Schwandorf 1976, S. II/1–20 – Schilly, Bd. 2 (1983) S. 280 ff. – Stephan–Sautter (1928) S. 551–560.

18 AUSFÜHRBARKEIT UND ZWECKMÄSSIGKEIT EINES DEUTSCHEN POSTVEREINS
1843 Juni 11 Frankfurt
Druck: In: *Extra–Beilage zum Frankfurter Journal* Nr. 159, 3 Seiten;
aufgeschlagen: S. 1

Das dem Deutschen Bund angehörige Österreich vereinfachte 1842 sein kompliziertes Tarifsystem. Noch im gleichen Jahr kamen Postverträge mit Bayern, Baden und Sachsen zustande, dann am 30. Januar 1843 auch mit Thurn und Taxis (FZA, Posturkunden 658). Das ganze Vertragsbündel könnte als ein Ausgangspunkt des Deutsch-Österreichischen Postvereins von 1850 gewertet werden. Der Vertrag mit Taxis bedeutete eine weitestgehende Aufhebung des Frankaturzwanges und die Einführung einer gemeinschaftlichen Portotaxe in zwei Abstufungen ohne Rücksicht auf die Postgebietsgrenzen, ferner eine Neuregelung der Transitverhältnisse. Wegen des hohen Transitportos konnten die Abmachungen freilich noch nicht voll befriedigen.
Ein paar Monate später, im Juni 1843, wurden in Frankfurt *Einige Worte über die Zweckmäßigkeit eines deutschen Postvereins* publiziert. Der nichtgezeichnete Artikel verweist auf eine bereits 1832 durchgeführte Konferenz von Bevollmächtigten verschiedener Postanstalten, wobei die Idee eines Postvereins bereits zur Sprache gekommen war. Hauptanliegen in der Folgezeit war primär immer die Herabsetzung und Vereinheitlichung der Taxen, mehr oder minder also die Einführung des englischen Systems auf deutschem Boden. Dabei wurden oft genug die staatsrechtlichen Voraussetzungen und damit verbundene Schwierigkeiten verkannt.
Weitere Diskussionspunkte der Presse waren die Behandlung rekommandierter Briefe, die Gebühr für Scheine und das Bestellgeld, ebenso die Haftungsfrage. Auch die nichtpostalische Frage nach der Zolldeklaration für Sendungen, die nicht über die Zollvereinsgrenzen hinausgingen, wurde angeschnitten. In *Gewicht und Entfernung* sah der Berichterstatter des Frankfurter Journals die angemessenste Bemessungsgrundlage der Gebühren, ohne Rücksicht auf *Inhalt und Wert*.
Bemerkenswert ist die Einbeziehung der noch jungen Eisenbahnen in die Erwägungen: *Beide, Eisenbahn und Post, sind Beförderungsanstalten, müssen sich gegenseitig unterstützen, durchaus Hand in Hand gehen. Die Post muß da vermittelnd eintreten; sie muß der Eisenbahn die Reisenden etc. zuführen und für Seitenbeförderung der auf der Eisenbahn ankommenden Reisenden etc. Sorge tragen.* Bald sollte sich zeigen, daß so einfach die Sache doch nicht war.

Lit.: Bes. zur Eisenbahnfrage: Schilly, Bd. 2 (1982) S. 275 ff. – K. Herrmann, Thurn und Taxis–Post und die Eisenbahn. Thurn und Taxis–Studien 13 (1981).

Regensburg, FZA, Postakten 689

19 PROTOKOLLE DER IN DRESDEN VERSAMMELTEN DEUTSCHEN POSTKONFERENZ
1847 Oktober 18 – 1848 Februar 3 Dresden
Druck, *Protocolle der in Dresden versammelt gewesenen deutschen Postkonferenz*. 89 S.
aufgeschlagen: S. 70–71

Die seit den Verträgen von 1842/43 gehegten Hoffnungen auf größere Vereinheitlichung blieben zunächst noch Wunschtraum. Die ursprünglichen Absichten Österreichs schwächten sich ab, da verschiedene Postverwaltungen mit dem *halbschiedlichen Portogenuß* nicht einverstanden waren und für die deutschen Staaten, die keine direkte Verbindung zu Österreich hatten, ein hohes Transitporto hinzu kam. Wegen der unbefriedigenden Lösungen legten Österreich und Preußen im März 1847 als Grundlagen zu einem Deutschen Postverein eine *Propositionsschrift* vor, über die dann ab Oktober in Dresden verhandelt wurde.
Die *Protocolle* der 37 Sitzungen zwischen 18. Oktober 1847 und 3. Februar 1848 sind als eine echte vorbereitende Maßnahme zur Gründung des Postvereins zu werten. Lediglich die politischen Verhältnisse der Jahre 1848/49, die sich ja auch in der neuen *Reichs–Verfassung* niedergeschlagen haben, führten nochmals zu Verzögerungen. Teilnehmende Staaten bzw. Postverwaltungen waren Österreich, Preußen, Bayern, Sachsen, Hannover, Württemberg, Baden, Dänemark (wegen Holstein und Lauenburg), die Niederlande (wegen Luxem-

130   C. II. Lehenposten

burg), Braunschweig, Mecklenburg–Schwerin, Mecklenburg–Strelitz, Oldenburg, die Hansestädte Lübeck, Bremen und Hamburg, schließlich die Thurn und Taxissche Postverwaltung.

Die *Vergleichende Uebersicht der Bestimmungen über das Postregal und den Postzwang in den deutschen Bundesstaaten* (S.70–77) zeigt die Vielgestaltigkeit des Transportsystems Post sowie des Postzwangs für die verschiedenen Versendungsarten – Briefe und Zeitungen, Gelder, Paketsendungen – in ganzer Breite. Für Preußen (S.70–71) und das taxissche Postgebiet (S.74–77) kamen dann noch die Unterschiede in den verschiedenen *regionalen* Gebieten erschwerend hinzu. Ein anderes Hindernis lag in den unterschiedlichen Münzsystemen. Hier tritt die verwirrende Vielfalt in einer *Uebersicht der bei Auswerfung des Vereinsportos vorkommenden Werthsätze nach einer Rechnungseinheit zu 1/12 cölnischer Mark fein Silbers mit decimaler Theilung und nach den innerhalb des Postvereinsgebiets bestehenden verschiedenen Währungen* (S.47–49) und in der *Uebersicht der in den einzelnen Postgebieten in der eigenen Landesmünze auszutaxierenden und einzuziehenden Beträge der in der Vereins–Rechnungsmünze ... festgesetzten Postgebühren* (S.51–53) deutlich zutage.

Die Ergebnisse von Dresden wurden in *Bestimmungen für die Gründung des Deutschen Postvereins* (S.83–89) zusam-

mengefaßt. Für die taxisschen Lehenposten war Art. 2 ein Prüfstein. Er legte nämlich fest, daß der gesamte Verwaltungsbezirk einer jeden Postadministration, auch wenn sie mehrere Landesposten im Vereinsgebiet zugleich verwaltete, im Verhältnis zu den übrigen Vereinspostadministrationen *nur als ein Postgebiet angesehen* werden sollte: eine Norm, gegen die Thurn und Taxis mit Rücksicht auf die bestehenden Lehenpostverträge sogleich Vorbehalte anmeldete.

Zeitgenössischer Bericht in: [Leipziger] *Illustrierte Zeitung 1848*, Nr. 258–259, S. 387 f. u. 404 f. (10. u. 17. Juni 1848).

Regensburg, FHB, 8° P. 447

20 SITZUNG DER POSTKONFERENZ IN DRESDEN
1848
Holzstich, beschnitten, aus: [Leipziger] *Illustrierte Zeitung 1848*, S. 387

An der im Bild festgehaltenen Sitzung nahmen achtzehn namentlich benannte Delegierte der Bundesglieder teil: vorne die Vertreter von Württemberg, Studien-

C.II. Lehenposten

ratsdirektor Dr. v. Knapp (8), und Dänemark, Postdirektor Monrad (10), dann von links nach rechts: der kgl. sächsische Oberpostrat v. Schimpff (6), der k.k. Wirkliche Hofrat Freiherr Nell v. Nellenburg (5), der kgl. preußische Geheime Postrat Metzner (3), der kgl. sächsische Geheime Finanzrat v. Ehrenstein (1), der k.k. österreichische Regierungsrat Turneretscher (2), der kgl. bayerische Ministerialrat Freiherr v. Brück (4), der kgl. hannoversche Postrat Friesland (7), stehend der großherzoglich badische Oberpostdirektor Mollendec (9), an der Schmalseite hinten der kgl. niederländische Regierungsrat Ulveling (11), der großherzoglich mecklenburg-schwerinische Geheime Postrat v. Pritzbuer (13), an der rechten Längsseite stehend Postdirektor Dr. Bartsch von Bremen (15), sitzend der fürstlich thurn und taxissche Generalpostdirektionsrat Walter (17), der k.k. österreichische Protokollführer Freiherr v. Fries (18), Postdirektor Hencke von Hamburg (16), Senator Dr. Sievers von Lübeck (14), schließlich im Bild rechts außen der herzoglich braunschweigische Postdirektor Ribbentrop.

Regensburg, Fürst Thurn und Taxis Graphische Sammlung, Postdokumentation

21 POSTVEREIN TRÄGT FRÜCHTE: VERTRAG THURN UND TAXIS MIT ÖSTERREICH

1851 März 31 Frankfurt bzw. April 13 Wien
Vertrag, Ausf., Libell, Pap., 12 Bll., 2 Petschaften (rot) über schwarz-gelber Seidenschnur
Mit Beilage: Druckfassung des Vereinsvertrags

Nachdem sich Thurn und Taxis bereit erklärt hatte, dem Vereinsvertrag – vorbehaltlich der Genehmigungen durch die einzelnen Landesregierungen – beizutreten, verhandelte Generalpostdirektor Freiherr von Doernberg wegen des wechselseitigen Postverkehrs auch mit dem Österreichischen Handelsministerium. In 16 Artikeln wurden die früheren Vereinbarungen aufgehoben, soweit sie durch den Vereinsvertrag oder die Vollzugsbestimmungen dazu ersetzt werden mußten. Hinsichtlich der Portofreiheit des Fürstlichen Hauses blieb es bei den Bestimmungen der Übereinkunft vom 30. Januar 1843.
Der Vereinsvertrag selbst wurde zum integrierten Bestandteil der neuen Vereinbarungen. Wegen der Sonderverhältnisse innerhalb des taxisschen Postgebietes sollten allerdings Postsendungen solcher Gebiete, deren Regierungen am Vertragswerk Anstoß nehmen würden, weiterhin nach den bisherigen Tarif- und Portobestimmungen behandelt werden können.

Teildruck: Haferkamp-Probst Bd. 1 (1976) S. II/6-8 –
Druck der Beilage: Haferkamp-Probst Bd. 1 (1976): Dokumentation 1850. IV.6/S. 1-12 – Postvereinsvertrag Berlin 6. April 1850 (Postgeschichtliche Faksimile-Drucke aus dem Fürst Thurn und Taxis-Zentralarchiv Regensburg, Einführungstext E. Probst), Nürnberg 1974.
Lit.: Haferkamp-Probst, Bd. 1 (1976) S. II/4-9 – Probst (1989) S. 136

Regensburg, FZA, Posturkunden 659

22 DER IN FRANKFURT ERNEUERTE POSTVEREINSVERTRAG

1860 Juli 11 Frankfurt
Protokoll der 16. Sitzung
Druck

Der Deutsch-Österreichische Postvereinsvertrag vom 6. April 1850 war auf zunächst zehn Jahre abgeschlossen worden, sollte aber unter Vorbehalt einer einjährigen Kündigungsfrist bei Bereitschaft der Vertragspartner weiterlaufen. Von Anfang an bestand Klarheit darüber, daß der Vertragstext in dieser Phase weiter zu entwickeln war. Die Vereinbarungen (Art.68) sahen daher den *zeitweisen Zusammentritt einer deutschen Postkonferenz* vor. Von Oktober bis Dezember 1851 verhandelte dann in Berlin die – tatsächlich – *Erste Konferenz des Deutschen Postvereins*, nachdem die Dresdener Konferenz von 1848 ja nur vorbereitenden Charakter hatte. Die weitere Entwicklung wurde bestimmt durch die Konferenzen in Karlsruhe 1855, in München 1857 und in Frankfurt 1860.
Die wechselseitig anerkannten Verträge und Verabredungen hatten sich innerhalb des ersten Jahrzehnts des Postvereins zu einem immer vollständigeren Postrecht herausgebildet. Da einseitig nichts abgeändert werden konnte, erlangte der Vereinsvertrag den Vorzug einer großen Stabilität und sicherte das Publikum im inneren Postverkehr der Einzelstaaten – und damit auch innerhalb des gesamten taxisschen Postgebietes – vor sonst etwa möglichen allzu raschen Veränderungen.
Die *Vierte Konferenz des Deutschen Postvereins tagte 1860* am Sitz der Thurn und Taxisschen Generalpostdirektion in Frankfurt. Abgeordnete der taxisschen Lehenposten waren die Generalpostdirektionsräte Dr. Bang und Meyer. Die Verhandlungen endeten mit einer Neufassung aller Bestimmungen. Die ursprünglich 69 Artikel von 1850 waren auf nunmehr 80 Artikel angewachsen. Der neue Vertragstext vom 18. August 1860 sollte ab 1. Januar 1861 wirksam werden, wiederum auf die Dauer von zehn Jahren mit entsprechender Verlängerungsmöglichkeit. Die neuen Vereinbarungen ersetzten den Revidierten Postvereinsvertrag vom 5. Dezember 1851 sowie die Nachtragsverträge vom 3. September 1855 und vom 26. Februar 1857. Ergänzt wurde das Vertragswerk durch drei Anhänge: das *Reglement für den Postvereinsverkehr*, die *Instruktion für den Vereinsdienst* und die *Instruktion für die Kommission zur Ermittlung der Prozentanteile an der Vereins-Fahrposteinnahme*. Dieser Institution oblag auf Grund der statistischen Ermittlungen die Aufteilung der jeweiligen Fahrpostanteile; die Kommission setzte sich aus 25 Beamten der verschiedenen Deutschen Postverwaltungen zusammen, wobei Preußen neun und Thurn und Taxis vier Mitglieder stellte.
Fürst Maximilian Karl von Thurn und Taxis ratifizierte den Vereinsvertrag von 1860 am 28. Februar 1861 (FZA, Posturkunden 293).

Lit.: Haferkamp-Probst, Bd. 1 (1976) S. II/9-17 – Probst (1989) S. 136-140.

Regensburg, FZA, Postakten 8170

Ende der Lehenposten: Das Ergebnis der kleindeutschen Lösung

Die *Deutsche Frage* gerade der frühen sechziger Jahre war an den Positionen *großdeutsch* oder *kleindeutsch* orientiert, an der Frage der weiteren Stellung Österreichs innerhalb des Deutschen Bundes. Das habsburgtreue fürstliche Haus Thurn und Taxis und so auch die Frankfurter Oberpostamtszeitung als ihr Sprachrohr haben dabei eine eindeutig großdeutsche Lösung bezogen. Doernberg und Gruben, Repräsentanten an der Spitze der fürstlichen Verwaltung, markierten weiterhin den Weg. Eine derartige Haltung mußte bei den Auseinandersetzungen und den militärischen Erfolgen Preußens im Krieg von 1866 Auswirkungen haben.

Die Besetzung Frankfurts, des Sitzes der fürstlichen Generalpostdirektion, durch Preußen bot Bismarck einen willkommenen Anlaß, das taxissche Postwesen endgültig zu beseitigen. Die Generalpostdirektion wurde sofort unter Sequester gestellt, die Oberpostamts-Zeitung wurde verboten, Heinrich Stephan wurde zum preußischen Administrator bestellt. Der Postablösungsvertrag vom 28. Januar 1867 besiegelte das Ende. Ab 1. Juli 1867 waren alle taxisschen Postanstalten preußische Posten.

Lit.: Behringer 1990 S. 183–189 – Probst (1989), S. 140–146 – Probst, AK Halbturn (1985) S. 110–114 – Haferkamp–Probst, Bd. 1, (1976) S. I/27–43
Einzelheiten bei G. North, Die Übernahme des Thurn und Taxisschen Postwesens durch Preußen 1867. In: APF 19 (1967) S. 389–407 – Max Piendl, Das Ende der Thurn und Taxis–Post. In: Tradition. Zeitschrift für Firmengeschichte und Unternehmerbiographie 6 (1961) S. 145–155 – O. Grosse, Die Beseitigung des Thurn und Taxis'schen Postwesens in Deutschland durch Heinrich Stephan, Minden 1898 – Stephan–Sautter (1928) S. 716–725.
Zeitgenössische Veröffentlichungen: Actenstücke zur neuesten Geschichte von Frankfurt am Main. Zugleich Material zur neuesten deutschen Geschichte (2. Aufl. Stuttgart 1866) – Juni- und Julitage 1866 in Frankfurt am Main (2. Aufl. Kassel, o.J.) – Kanngießer, Geschichte der Eroberung der freien Stadt Frankfurt durch Preußen im Jahre 1866. Frankfurt 1877.

23 AUFRUF ZUM GRÜNDUNGSAUSSCHUSS DES GROSSDEUTSCHEN VEREINS
1862 April Ulm
Plakat, Druck

Vom April 1862 datiert der *Aufruf* zur Einigung in einer *großdeutschen Partei* als Gegenbewegung zu *kleindeutschen und demokratisch–revolutionären Parteibestrebungen*. Der deswegen gegründete großdeutsche Verein wählte das in Stuttgart erscheinende *Deutsche Volksblatt* zu seinem Organ. Der Verein, dessen Zielsetzung im Aufruf näher umrissen wird, betrachtete die *handelspolitische Einigung Deutschlands und Österreichs als eine seiner wichtigsten Aufgaben*. Unterzeichnet wurde der Aufruf von Oberjustizprokurator Göriz in Ulm, R.C. Schneider in Ravensburg und Domänenrat Stier in Aulendorf.
Der Ulmer Aufruf kam zusammen mit anderen Druckschriften zur großdeutsch–kleindeutschen Frage offensichtlich über den Freiherrn Franz Joseph von Gruben in die Fürstliche Hofbibliothek. Der aus Düsseldorf stammende Gruben (1829–1888) war 1858 als Assessor an die Fürstliche Domänenadministration gekommen; 1871 übernahm er als Nachfolger des Freiherrn von Doernberg die Leitung der Fürstlichen Gesamtverwaltung und wurde Nebenvormund des jungen Fürsten Maximilian. Er war ein Verfechter der festen Einbindung Österreichs in den Bund, nachdem Preußen 1862 mit Frankreich einen Handelsvertrag abgeschlossen hatte, der ohne Rücksicht auf die süddeutschen Staaten die Übereinkunft von 1853 mit Österreich praktisch entwertete.

Lit.: Zu Gruben: Behringer 1990, S. 344 u.a. – H. W. Sitta, Franz Joseph Freiherr von Gruben, Diss., Würzburg 1953 – Probst, Verwaltungsstellen (1978) S. 309 f. – Wilhelm Kosch, Das Katholische Deutschland, Bd.1, Augsburg 1933, Sp. 1163f.

Regensburg, FHB, Pol. 389

24 FRANZ JOSEPH FREIHERR VON GRUBEN TEILNEHMER AN DER GROSSDEUTSCHEN VERSAMMLUNG IN FRANKFURT
1862 Oktober 28 Frankfurt
Legitimationskarte, Druck, handschriftlich ergänzt

Als Gegengewicht zum *kleindeutsch* orientierten Deutschen Nationalverein organisierten sich die Anhänger einer großdeutschen Lösung in dem im Oktober 1862 in Frankfurt gegründeten *Deutschen Reformverein*. Vorsitzender wurde Freiherr G. von Lerchenfeld; zur Vorstandschaft gehörte u.a. Freiherr Heinrich von Gagern, der seit 1862 für die Einigung Deutschlands unter der paritätischen Zentralgewalt von Preußen und Österreich eintrat. Die Mitglieder und Anhänger des Vereins kamen aus den deutschen Mittelstaaten und vertraten die wirtschaftlichen Interessen des Bürgertums wie auch die katholischen konfessionellen und partikularistischen Interessen des süddeutschen Adels.
In Regensburg wurde der Deutsche Reformverein am 28. Dezember 1862, also acht Wochen nach der Versammlung in Frankfurt, durch den Großhändler Wilhelm Neuffer dem Bayerischen Staatsministerium angezeigt. Hier vertrat das *Regensburger Morgenblatt* die großdeutsch–konservative Richtung, während das Regensburger Tagblatt mehr den Interessen des kleindeutschen Nationalvereins gerecht wurde.

Lit.: Sitta (1953) – W. Real, Der Deutsche Reformverein, Lübeck 1966 – P.Wentzcke, Heinrich von Gagern, Vorkämpfer für deutsche Einheit und Volksvertretung, Göttingen 1957 – W. Chrobak, Politische Parteien, Verbände und Vereine in Regensburg. In: Verhandlungen des Histor. Vereins für Oberpfalz und Regensburg, Bd. 120 (1980) S. 225.

Regensburg, FHB, Pol. 389

C. II. Lehenposten

25 MENUE-KARTE ANLÄSSLICH DER GROSSDEUTSCHEN VERSAMMLUNG
1862 Oktober 28 Frankfurt
Druck, Holzstich

Die Teilnehmer an der Großdeutschen Versammlung hatten sich *in die im Bankettsaale und in der Restaurationshalle aufliegenden Listen vor 1 Uhr gefälligst einzuzeichnen*. Das gemeinsame Essen fand dann um 5 Uhr in der Restaurationshalle statt. Das Menue setzte sich zusammen aus *Hahnen-Suppe, Boeuf braisé mit Kartoffeln, Rosenkohl mit Kastanien und Zunge, Fricandeau mit Champignons, Poularde und Reh, Salat und Compot, Pudding diplomate, Dessert*.

Regensburg, FHB, Pol. 389

26 FREIHERR EDUARD VON SCHELE ZU SCHELENBURG (1805–1875), LETZTER TAXISSCHER GENERALPOSTDIREKTOR
Um 1865
Lithographie von Valentin Schertle

Am 24. April 1858 wurde Eduard von Schele zum Nachfolger des im Vorjahr verstorbenen Generalpostdirektors Freiherrn August von Doernberg ernannt. Der neue Mann in der Generalpostdirektion hatte weitgehende Verwaltungserfahrungen. Nach der Thronbesteigung König Georgs V. von Hannover war er zum hannoverschen Ministerpräsidenten berufen worden. Er hatte einen Teil der 1848 eingeleiteten Reformen, darunter die Verwaltungsneugliederung, zu Ende geführt, war dann allerdings bei dem Versuch gescheitert, auf legalem Wege die Verfassung von 1848 abzuändern; dies führte 1853 zur Entlassung aus dem hannoverschen Staatsdienst.
Am 18. Mai 1858 berichtete der Münchener *Volksbote* von der Ernennung Scheles *als Generalpostmeister der Taxis'schen Posten in Frankfurt: eine der vorteilhaftesten und unabhängigsten Stellen innerhalb der deutschen Bundesstaaten*, und am 8. Juni, noch vor der offiziellen Bekanntgabe der Neubesetzung, schrieben die gut unterrichteten Frankfurter *Nachrichten aus dem Transportwesen: Wir begreifen, daß das fürstliche Haus es angemessen erachten mag, am Sitze der Bundesversammlung einen einflußreichen Repräsentanten – den vormaligen Ministerpräsidenten eines deutschen Königreichs – situiert zu wissen, und unter diesem Gesichtspunkte hätte keine bessere Wahl getroffen werden können*.
Gerade acht Jahre nahm Freiherr von Schele die Funktion des Generalpostdirektors in Frankfurt wahr. Als am 21. Juli 1866 der *preußische Administrator* Stephan nach der Besetzung der Stadt die Verhandlungen mit der Generalpostdirektion aufnahm, erklärte der Spitzenbeamte der fürstlichen Postverwaltung seinen Rücktritt. Nach dem Übergang der Post an Preußen übernahm der Staat eine lebenslängliche Pensionszahlung von 6 000 Gulden.

Lit.: Probst, AK Halbturn (1985) S. 113 – Schele, Eduard Freiherr von. In: ADB 30 (1890) S. 747–751.

Regensburg, Fürst Thurn und Taxis Graphische Sammlung, B 113

27 HEINRICH (VON) STEPHAN (1831–1897), PREUSSISCHER ADMINISTRATOR DER THURN UND TAXIS-POST
[1891]
Heliographie, Druck der Reichsdruckerei Berlin, nach einer Radierung von Bernhard Mannfeld (1848–1925);
unterhalb des Bildes Faksimile der Unterschrift Stephans

Der Radierer und Maler Bernhard Mannfeld, dessen Name mit der Wiedergeburt der Originalradierung in Deutschland verknüpft wird, schuf von Stephan zwei ausgezeichnete Radierungen. Die vorliegende Fassung zeigt Stephans Brustbild in technisch sorgfältiger Ausführung vor einem hellen Hintergrund. Als Vorlage dürfte ein 1891 von den damaligen Hofphotographen Loescher & Petsch in Berlin angefertigtes Foto, das dann weite Verbreitung fand, gedient haben.
Stephan, am 7. Januar 1831 in Stolp geboren, am 8. April 1897 in Berlin verstorben, 1885 in den Adelsstand erhoben, gilt als der Organisator des deutschen Postwesens. 1870 wurde er Generalpostmeister des Norddeutschen Bundes, 1876 des Deutschen Reiches, 1880 Staatssekretär des Reichspostamtes und 1895 Staatsminister. Der Karrierebeamte nahm bereits 1860 an der Frankfurter, 1865 an der Karlsruher Postvereinskonferenz teil. Wohl räumte Stephan noch 1864 in dem bei Brockhaus verlegten *Staats–Lexikon* der taxisschen Postverwaltung ein, daß sie, die wegen der sie bindenden Lehen- und Zeitverträge *mit nicht unerheblichen Schwierigkeiten* zu kämpfen hatte, *gegenwärtig mit Geschick und staatsmännischem Geist geführt* werde. Gleichwohl stand seine Grundeinstellung gegenüber Taxis fest.
Am 18. Juli 1866 wurde Stephan nach der Besetzung Frankfurts dorthin abgeordnet. Er schlug *ein sofortiges faktisches Vorgehen gegen Thurn und Taxis als den einzigen Weg, um in kürzester Frist zu einem rechtsgültigen Übergang des Postwesens an Preußen ... zu gelangen*, vor. Sein erklärtes Ziel war es, *in einem großen Wurf ... dem fürstlichen Leheninstitute für alle Zeiten in Deutschland ein Ende zu machen*. Am 22. Juli schrieb der frisch eingesetzte Administrator: *Ich hatte die Thurn und Taxis'sche Postverwaltung übernommen;*

es war ein historischer Akt: der Fall eines 300jährigen Instituts! ... Die Kassen, Archive – die ganze Verwaltungsmaschine befindet sich in unsen Händen. Fürst Hohenzollern gratulierte mir gestern. Und dann am 20. September: *Es ist das postalische Königgrätz, was hier geschlagen wird, und ich bin der Feldherr und der kämpfende Soldat zugleich! Nie hat die preußische Post, so lange sie besteht, eine größere und für sie wichtigere Zeit gesehen. ...*

Lit.: Probst, AK Halbturn (1985) S. 113 f. – G. Pollex, Heinrich von Stephan, Essen 1984 – G. North, Heinrich von Stephan. In: ADP 29 (1981/1) S. 6–25 – H. Leclerc, Bewundert und viel gescholten: Heinrich von Stephan. In: ADP 29 (1981/1) S. 62 80 – M. Bartholy, Der Generalpostmeister Heinrich von Stephan, Berlin 1937, S. 63–73 – Stephan, Heinrich von. In: ADB 54 (1908) S. 477–501 – Stephan–Sautter (1928) S. 716–725 – Stephan, Das Postwesen. In: Rotteck und Welckers Staats–Lexikon 11, 3. Aufl. Leipzig 1864, Sonderdruck, 19 S. – Mannfeld und Loescher & Petsch: In: Thieme–Becker 24 (1930) S. 21 – H. Colonius, Bildnisse und Bildwerke Heinrich v. Stephans im Besitz der Deutschen Reichspost. In: Deutsche Postgeschichte 1938/II, S. 215–234, S. 217f, 227 ff.

Regensburg, Fürst Thurn und Taxis Graphische Sammlung, A.10

28 FRANKFURTS EINVERLEIBUNG IN DEN PREUSSISCHEN STAAT – FEIER VOR DEM FRANKFURTER RÖMER

1866 Oktober 8
Foto nach dem Druck eines anonymen Holzstichs,
aus: [Leipziger] *Illustrierte Zeitung*, 47. Bd., Nr. 1218 (Leipzig 3. November 1866), S. 288

Unmittelbar vor dem Zugang zum Römer, auf dessen Giebelturm die schwarz–weiße Fahne mit dem preußischen Adler gehißt ist, paradiert das Militär und spielt eine Musikkapelle. Hinter einem Spalier von Soldaten ist der Platz vor dem Römer mit einer aus allen Ständen zusammengewürfelten Menschenmenge angefüllt. Die *Illustrierte Zeitung* berichtete, übrigens in teilweiser Anlehnung an das Frankfurter Journal vom 8. Oktober: *Die Feier ... war prunklos und ernst. Vormittags 11 Uhr versammelten sich im Kaisersaale die Mitglieder des Senats, ... die Spitzen der Verwaltungsbehörden,* auch die *der Post, des Telegraphenwesens und der Eisenbahnen ... Im Sitzungszimmer des Senats, dem früheren Wahlzimmer der deutschen Kaiser, verlas nach einleitenden Worten des Zivilgouverneurs Freiherrn v. Patow der Zivilkommissar Landrat v. Madai die Actenstücke, die auf die Einverleibung Bezug hatten. Damit war die Stadt und ihr Gebiet mit Preußen verbunden. ... Eine Parade auf dem Roßmarkt schloß den festlichen Act.*
Damit war eine Phase abgeschlossen, die für Frankfurt unmittelbar Mitte Juli einsetzte: Schon bevor die preußische Mainarmee ihren Feldzug begann, waren Sachsen, Kurhessen und Hannover bereits in preußischer Hand. Nach Gefechten bei Dermbach am 4. Juli und Erfolgen der Preußen bei Kissingen und Aschaffenburg mußten die Bundestruppen die Freie Stadt preisgeben. Eingehend berichtete am 11. August die *Illustrierte Zeitung* (Nr. 1206, S. 90) über die Tagesereignisse. ... *um halb 10 Uhr abends war der Einmarsch beendet, und es wurden nun die*

C.II. Lehenposten

Bahnhöfe und Telegraphenämter besetzt und die nöthigen Posten gestellt. Dies bedeutete auch das nahe Ende der über zweieinhalb Jahrhunderte hier amtierenden taxisschen Posten.

Lit.: AK Hauptstadt-Ausstellung Bonn 1989, S. 128f. – Allg. zur Frankfurter Situation 1866/67: W. Klötzer, Zur Annexion Frankfurts. In: Blätter für Deutsche Landesgeschichte, Bd. 121, 1985, S. 317–321 – Sammelbeiträge verschiedener Autoren, in: Archiv für Frankfurts Geschichte und Kunst, Bd. 51, 1968 – Frankfurt 1866. Eine Dokumentation aus deutschen Zeitungen, hrsg. von W. Klötzer, a.a.O. Bd. 50, 1966.

Regensburg, FZA, Fotodokumentation nach Original, FHB, 2 Publ. 374

29 POSTABLÖSUNG UNTER PREUSSISCHER PRESSION

1867 Januar 28 Berlin
Ausf., Libell, 18 S., in dunkelblau überzogenem Karton mit weißem, damaszierendem Seidenspiegel gebunden; 5 Petschaftabdrucke, rot, über blau-rotem Seidenfaden
aufgeschlagen: Schlußseite mit Unterschriften der Bevollmächtigten: für Preußen Geh. Legationsrat Ernst v. Bülow, Geh. Postrat Heinrich Stephan und Regierungsassessor Otto Hoffmann, für Thurn und Taxis Oberpostrat v. Gruben und Generalpostdirektionsassessor Wilhelm Ripperger

Ablösungsvertrag und Schlußprotokoll bestimmen, daß *sämtliche dem Fürsten eigenthümlich zugehörigen Post-Gebäude und Post Grundstücke und überhaupt alle gegenwärtig für den Postbetrieb bestimmten Realitäten im ganzen Bereich des Fürstlichen Postbezirks* gegen Zahlung von 3 Millionen Talern zum 1. Juli an Preußen übergehen. Die Rechnungen über den gesamten taxisschen Postbetrieb waren zum 30. Juni zu schließen. Zugesicht wurde die Übernahme der taxisschen Beamten, ebenso die Übernahme bestehender Pensions- und Unterstützungslasten; dafür gingen die vom Fürsten errichteten Stiftungen und Hilfskassen auch an Preußen.
Das Schlußprotokoll regelte spezielle Liegenschaftsangelegenheiten und die Einsetzung einer *Post-Ablösungs-Commission,* die dann zur Verrechnung der gegenseitigen Forderungen bis in das Jahr 1869 tagte. Taxis verzichtete auf alle Forderungen und Ansprüche gegenüber jenen Staaten und Gebieten, in denen bisher taxissche Posten wirkten. Nicht zuletzt wurde festgestellt, daß Preußen keine Bedenken gegen die weitere Führung des Prädikats *Erbgeneral- und Erblandpostmeister* durch den jeweiligen Chef des Fürstlichen Hauses hatte.

Druck des Hauptvertrags u.a. in *Gesetz-Sammlung für die Königlich-Preußischen Staaten,* Nr. 22, 19. März 1867 – Haferkamp-Probst, Bd. 1 (1976) S. I/45–52
Lit.: Probst, AK Halbturn (1985) S. 110 f. Nr. C.120.

Regensburg, FZA, Posturkunden 716

30 RATIFIKATION DES TAXIS-PREUSSISCHEN POSTABLÖSUNGSVERTRAGES

1867 Februar 16 Berlin bzw. 23 Regensburg
Ausf., Libell

Die Ratifikation des Ablösungsvertrages und des Schlußprotokolls erfolgte durch König Wilhelm und Bismarck am 16. Februar, durch Fürst Maximilian am 23. Februar 1867.
Am Tag nach der preußischen Ratifikation schloß Ripperger, der den Vertragstext vom 28. Januar selbst mit-

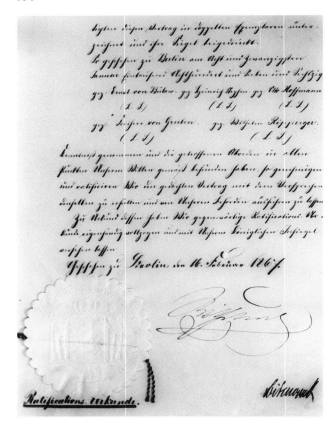

unterzeichnet und an den gesamten Vorverhandlungen teilgenommen hatte, eine ausführliche Niederschrift über seine Eindrücke und Beobachtungen beim Vertragsabschluß ab. Sie umreißt aus taxisscher Sicht die politischen Vorgänge nach dem Wiener Frieden vom 30. Oktober 1864, nach der vom Deutschen Bundestag beschlossenen Mobilmachung am 14. Juni 1866 und den sich anschließenden Kriegsereignissen: *Der Deutsche Bund ist zertrümmert, Österreich, der mächtige Beschützer des fürstlichen Hauses, wird gänzlich aus Deutschland ausgeschlossen ... und das gewalttätige Preußen wird dominierende Macht, der gegenüber kein wirksamer Schutz für das ohnehin von inneren und äußeren Feinden bedrängte fürstliche Postwesen – diese begehrenswerte, von Preußen schon lange mit scheelen Augen betrachtete Perle unter den Verkehrsinstituten – existiert.* Auch auf die *Occupation Frankfurts* im Juli 1866 und auf Verhandlungen am 11./12. August in Würzburg, wo Taxis 18 Millionen Gulden als Ablösung forderte, Preußen dagegen 7,5 Millionen als Entschädigung und eine Vergütung für Immobilien und Mobiliar bot, geht Ripperger ausführlich ein. Weitere Erörterungspunkte sind u.a. die Reise des Erbprinzen nach Berlin am 25. August 1866, der Schriftwechsel mit Stephan, die Berliner Verhandlungen vom 17./19. bis zum 28. Januar 1867 und die Reise des Fürsten nach Berlin am 24. Januar. *Leider hatten auch diese Schritte nicht den gewünschten Erfolg ...* Zusammenfassend stellte der Berichterstatter fest, daß Preußen *einseitig, rücksichts- und schonungslos zum Teil auf ... durchaus unrichten Grundlagen vorgegangen ist.*

Probst, AK Halbturn (1985) S.111 – Abb. der taxisschen Ratifikation, zugleich Beispiel künstlerisch gestalteter Fraktur des 19. Jahrhunderts, bei Friedrich Beck und Manfred Unger, ... mit Brief und Siegel. Dokumente aus Archiven der Deutschen Demokratischen Republik, hrsg. von der Staatlichen Archivverwaltung der DDR, Leipzig 1979, S. 175 (Farbtafel) – Ripperger–Bericht in Auszug bei Piendl (Tradition 6, 1961) S.148–154.

Regensburg, FZA, Posturkunden 716

31 ABSCHIEDSERKLÄRUNG DES FÜRSTEN MAXIMILIAN KARL
1867 Juni 28 Regensburg
Druck, 2 S.

Der Abschiedserlaß, verbunden mit der Entlassung aus dem fürstlichen Dienstverband, ist an die Generalpostdirektion in Frankfurt gerichtet. *Schweren Herzens* verabschiedet sich der Fürst von seinen *lieben und getreuen Postbeamten*, dankt für ihre langjährigen Dienste und schließt die Hoffnung an, *daß sie auch Seiner Majestät dem Könige von Preußen treuergebene Diener sein mögen.* Maximilian Karl verschweigt nicht, daß der Verlust des Postwesens für sein Haus ein schweres Opfer bedeutet, hofft aber auch, *daß die einheitliche Leitung des Postverkehrs im größeren Theile des deutschen Vaterlandes allen seinen Bürgern zum größeren Vortheil und Gedeihen gereichen möge.*

Druck bzw. Abb.: Probst (1989) S. 145 – Haferkamp–Probst, Bd. 1 (1976) S. I/40 f. – North (APF 1967) S. 403 f. – Piendl (Tradition 1961) nach S. 154.

Regensburg, FZA, Posturkunden 716, Beilage

C.II. Lehenposten

32 ABSCHIED DER FÜRSTLICHEN GENERALPOSTDIREKTION VON STEPHAN

1867
Silberpokal, 13lötig, etwa 800 gr. Feingehalt; Höhe 46 cm, Durchmesser 16 cm. Hergestellt durch Schleißner in Hanau, überarbeitet 1974 durch Juwelier Schlund in Frankfurt, aufgearbeitet unter Entfernung des Zapolacks 1986 durch H. Kempel in Hanau

Die Beschriftung im oberen Drittel des Pokals lautet *Dem Königlichen Administrator der Fürstlich Thurn und Taxis'schen Posten / Herrn Geheime Postrathe Stephan / am 30. Juni 1867 / die Beamten der Fürstlichen General Postdirection zu Frankfurt a. M.* Darunter sind in vier Halbkreisen postalische Bereiche symbolhaft dargestellt: Reitpost, Bahnpost, Schiffspost und Feldpost. Der Deckel des Pokals wird mit einem preußischen Adler gekrönt.

August Schleißner (1825–1891) gilt als der Wiedererwecker der in Deutschland fast verlorengegangenen Edelmetall–Treibkunst. Seine Vorfahren waren angesehene Goldschmiede in Augsburg. Sein Vater Johann Daniel gründete dann die Hanauer Silberwarenfabrik J.D. Schleißner. August arbeitete längere Zeit in Paris, wo er sich in der Ziselierkunst vervollkommnete, kam nach 1848/49 über die Schweiz und Belgien 1854 nach Nordamerika, kehrte aber 1861 wieder nach Hanau zurück. Seine technischen Erfahrungen gaben dem Betrieb eine neue Richtung. Waren es zunächst Kopien von mustergültigen Stücken der Renaissance, ging er bald zur Anfertigung selbst entworfener *Kunstgegenstände im Renaissance–Geschmack* über. Seine Ehrengeschenke aus Silber fanden ungeteilten Beifall und zahlreiche Abnehmer.

Von Stephans Seite war kurz vor der Postübergabe, am 24. Juni 1867, ein Zirkular *an die Herren Beamten der Fürstlich Thurn und Taxis'schen Post–Verwaltung* veröffentlicht worden, in dem er den Direktoren und Beamten der Distriktsbehörden sowie den Vorstehern und Beamten der Poststellen und Eisenbahnbüros, *die ihre durch die bewegte Zeit erschwerten Dienstpflichten in ehrenwertester Weise erfüllt haben,* dankte. In einem handschriftlichen Zirkulationsschreiben vom 25. Juni wurden die Kollegial-Mitglieder und die Büros der Generalpostdirektion von Stephan unterrichtet, daß der König den Generalpostdirektionsräten Cnyrim, Schramm und Meyer den Königlich–Preußischen Kronen–Orden III. Klasse verliehen habe. An diesem Tage erging weiterhin ein gedrucktes Zirkular des Kgl. Preußischen Staatsministers für Handel, Gewerbe und öffentliche Arbeiten, Graf v. Itzenplitz, das die neuen Dienstfunktionsbezeichnungen für die in den preußischen Postdienst tretenden Beamten der ehemals taxisschen Posten festlegte und ihnen zusicherte, *daß ihnen ... eine ihren bisherigen Dienstverhältnissen entsprechende Stellung gewahrt bleiben wird.*

Lit.: Probst (1989) S. 144 m. Abb. – Probst, AK Halbturn (1985) S. 111 f. – North (ZPF 1967) S. 405f.

Frankfurt, Deutsches Postmuseum, Pokal 1

33 DANKADRESSE DER FRANKFURTER BEAMTENSCHAFT

1867 Juni 30 Frankfurt
2 Blätter in weinrotem Samteinband mit Goldprägung: *Dem / Königlichen Administrator / der Fürstlich / Thurn u. Taxischen* [!] *Posten / Herrn / Geheimen Postrathe / Stephan / Frankfurt a.M. am 30. Juni 1867* – Innen: Seidenspiegel, weiß, mit Blumenmuster in den Ecken

Text [Seite 1:] *Die Wirksamkeit Euer Hochwohlgeboren an der Spitze unserer Verwaltung als Königlicher Administrator der Fürstlich Taxis'schen Posten hat uns, die wir unter Ihrer Leitung zu fungieren die Ehre gehabt haben, eben so sehr mit hoher Achtung erfüllt, wie das Wohlwollen, welches Sie uns haben erwiesen, unser inniges Dankgefühl hervorgerufen hat. Gestatten Sie uns, daß wir am heutigen Schlußtage unserer Amtsführung diesen Gesinnungen Aus–*[Seite 1':]*druck verleihen und zugleich Ihnen ein äußeres Zeichen unserer Verehrung überreichen, welches Ihnen hoffentlich noch langen langen Jahren als Erinnerung dienen möge an die Ihnen aufrichtig ergebenen Beamten der Fürstlichen Generalpostdirection / Frankfurt a./M. den 30.*

Juni 1867. Diesem Text schließen sich für insgesamt 69 Personen direkt oder in Vertretung die Unterschriften an.

Dankadresse und Silberpokal (s. vorausgehendes Objekt) bilden heute wieder eine Einheit. Schon bald nach dem Tode Stephans haben 1897 Vertreter der Industrie zum Erwerb des Nachlasses für das vom Staatssekretär selbst begründete Reichspostmuseum aufgerufen: ... *Was Stephan für das deutsche Volk, was er für alle zivilisierten Völker des Erdenrunds geleistet hat, ist noch in frischer Erinnerung. Er hat das deutsche Postwesen auf seine gegenwärtige Höhe gehoben, ihn dürfen wir Deutsche mit Stolz den Errichter des Weltpostvereins nennen.* ... Das Sammlungsergebnis von 184 384,35 Mark besserte das Witwengeld der Frau Stephans für längere Zeit auf und ermöglichte die Übernahme des Stephan-Nachlasses. Wann dies geschah, konnte nicht mehr festgestellt werden. Vermutlich ging die Masse des Nachlasses schon bald nach der Geldsammlung in den Besitz des Reichspostmuseums über, während andere Stücke erst nach dem Tod der Witwe (1926) für das Museum erworben werden konnten.

Lit.: G. North, Der Stephan-Nachlaß. In: ADP 29 (1981) S. 26 f. u. 40.

Frankfurt, Deutsches Postmuseum, Nachlaß Stephan 8

34 STEPHAN – WEGBEREITER DES NORDDEUTSCHEN POSTBEZIRKS

1867 Dezember 13 B[erlin]
Brief Stephans mit Weihnachtswünschen an seine Mutter, 4 S., Autograph

Text [Seite 1:] *Meine Threue, innig geliebte Mutter! / Von Herzen wünsche ich dir so wie den Geschwistern ein ruhiges, frohes Weihnachtsfest, denn es drängen sich gerade diesmal gegen den Schluß des Jahres so viele Arbeiten wegen* [Seite 1':] *der Aufnahme des Postwesens von Sachsen, Mecklenburg, Braunschweig und Oldenburg zusammen, obwohl es doch nur Kinderspiel ist gegen die Arbeiten bei der Uebernahme von Thurn und Taxis! Von dem neuesten Postvertrage mit Oesterreich u. den Süddeutschen füge ich ein Exemplar bei. Danach kostet von 1. Januar ab jeder Brief –* [Seite 2:] *durch ganz Deutschland u. Oesterreich 1 Sgr. Nachdem Schwager Hambsmayr[?] den Vertrag gelesen hat, bitte schickt ihn an Rudolph, der ihn, nachdem er davon Kenntniß genommen, an den Herrn Landschaftsrat Kratz abgeben möge, der ihn, wenn er will, behalten kann. Es freut mich, daß dieses nicht unbedeutende Werk mir noch in diesem Jahr vollenden durch Gottes –* [Seite 2':] *Hülfe zu Theil geworden ist. ... Dein Sohn Heinrich.* Dem Schreiben legte Stephan *12 Thaler für Weihnachtsvergnügen* bei.

Bemerkenswert ist Stephans Feststellung, daß die Verhandlungen mit Taxis bis Januar des Jahres offenbar doch schwieriger waren, zumindest gemessen an den nachfolgenden Unterhandlungen mit den übrigen Kontrahenten.

Lit.: North, Stephan-Nachlaß. In: ADP 29 (1981), S. 36 m. Abb..

Frankfurt, Deutsches Postmuseum, Nachlaß Stephan, Briefe 32

C. Kaiserliche Reichspost und fürstliche Lehenposten im politisch–wirtschaftlichen Spannungsfeld zwischen Frühkapitalismus und Reichsgründung

C. III. Das Postgeneralat der Spanisch–Österreichischen Niederlande

Mit der Übersiedelung des Franz von Taxis und seines Neffen Johann Baptista nach Mechelen bzw. Brüssel um die Wende vom 15. zum 16. Jahrhundert faßte die Bergamasker Familie Taxis im burgundisch–spanischen Herrschaftsgebiet der Habsburger Fuß. Die Postverträge von 1501, 1505 und 1516/17 wurden mit König Philipp I. und dessen Sohn Karl I. in deren Funktion als spanische Thronprätendenten und Könige abgeschlossen.

In der Zeit des Kaisertums Karls V. (1519–1555) erstreckten sich die kaiserlichen Postbestallungen für Johann Baptista (1520) und dessen Söhne Franz II. (1536) und Leonhard I. von Taxis (1543) auf den gesamten imperialen Machtbereich. Nach seiner Resignation und der Teilung des Imperiums 1556 entwickelten sich zwei organisatorisch getrennte Postgeneralate, jenes auf Reichsboden, das Generalpostmeisteramt im Reich, und jenes in den Spanischen Niederlanden, die mit mehreren kürzeren Unterbrechungen bis zum Ende des 18. Jahrhunderts in den Händen der Familie Thurn und Taxis waren.

In den Niederlanden mußte während der Spanisch–Niederländischen Wirren Generalpostmeister Leonhard I. von Taxis (1543–1612) wegen seiner eindeutigen Parteinahme für das katholische Spanien 1577 vor den aufrührerischen protestantischen Niederländern aus Brüssel nach Luxemburg in das Feldlager Don Juan Austria's flüchten; das dadurch verwaiste Postgeneralat kam während der Statthalterschaft Erzherzogs Matthias vorübergehend (Mai 1577) in die Hände des protestantischen Parteigängers Johann Hinckardt von Ohain; bis zur Wiedererringung dieses Amt am 25. Oktober 1579 verstrichen für die Familie Taxis zwei schwierige Jahre.

Erst gegen Ende des 16. Jahrhunderts ließen die ersten greifbaren Erfolge der kaiserlichen Postreformation, die grundsätzliche Wiederaufnahme der früheren staatlichen Subventionen aus der Rechnungskammer Lille für die Posten und die systematische Konfirmation der alten Privilegien für den Generalpostmeister, sein Postpersonal und die Posthäuser die dringende Reorganisation der teilweise völlig verfallenen Postkurse nach Spanien, Burgund und Deutschland zu. Im Gegensatz zur kaiserlichen Reichspost war jedoch die Post in den spanischen Niederlanden seit jeher als delegierter Staatsmonopolbetrieb auf die postmäßige Beförderung der Auslandbriefe beschränkt. Der binnenländische Briefverkehr innerhalb und zwischen den bei Spanien verbliebenen südlichen Provinzen verblieb wie bisher in den Händen der städtischer Botenanstalten. Gegenseitige Versuche und Vorstöße, auf Kosten des jeweils anderen Beförderungsinstituts die eigenen Kompetenzen zu erweitern, führten zwar im 17. Jahrhundert zu vielen, teils offenen und blutigen Auseinandersetzungen, doch änderten diese nichts an der prinzipiellen staatlichen Kompetenzzuteilung. Bei der Regelung der postalischen Auslandsbeziehungen des niederländischen Postgeneralates herrschte in der taxisschen Postpolitik während der ersten Hälfte des 17. Jahrhunderts der Versuch vor, die Korrespondenz aus dem Reich, Italien und Frankreich nach England über die Spanischen Niederlande zu leiten und nach der Aufhebung des Korrespondierungsverbotes mit den Oranje–Rebellen (1629) die Jahrzehnte lang unterbrochenen Postverbindungen mit den abtrünnigen nördlichen Provinzen Seeland und Holland wieder aufzubauen, während in der zweiten Hälfte dieses Jahrhunderts der schubweise, kontinuierliche Verlust grenznaher südlicher Postgebiete an das in den Reunions– und Devolutionskriegen expandierende Frankreich laufend organisatorische Anpassungsprozesse der postalischen Abgrenzungen und Austauschpostämter notwendig machte. Die Aufrechterhaltung des Postverkehrs durch das feindliche Frankreich nach Spanien bedurfte zusätzlicher Anstrengungen und Verhandlungsgeschick.

Der Spanische Erbfolgekrieg (1701–1714) leitete schließlich in den Niederlanden eine neue Postpolitik nach französischem Vorbild ein: die gewinnbringende Verpachtung der gesamten Posteinnahmen an Privatpersonen. Nicht nach Kriegsende, sondern erst 1725 konnte die Familie Thurn und Taxis unter Verzicht auf urkundlich verbriefte Rechte und finanzielle Vorleistungen aus der spanischen Epoche von den nun Österreichischen Niederlanden gegen das Zugeständnis einer Pachtsumme wieder die Leitung des angestammten Postgeneralates an sich ziehen. Unter starker Mitbestimmung der Generalstände verlegte man sich in den nachfolgenden Jahrzehnten auf den inneren Ausbau des Postwesens.

Die Einverleibung der südlichen Provinzen in das Staatsgebiet des revolutionären Frankreichs nach der Besetzung durch französische Truppen 1794/95 brachte das faktische Ende der taxisschen Postanstalt in den Österreichischen Niederlanden.

M.D.

Lit.: B. Delépinne, Histoire de la Poste internationale en Belgique sous le grands maîtres des postes de la famille de Tassis, Brüssel 1952 – Memoire pour le Monseigneur le prince de la Tour & Tassis, general des postes de l'empire bas, o.O. u. J. [1706] – Une Poste europeenne avec les grands maîtres des Postes de la famille dela Tour et Tassis, Paris 1978 – J.P. Reis, Statistique, historique de Grand Duché de Luxembourg. Administration des postes, des télégraphes et des telephons, Luxembourg 1897 – Succincta narratio de Postarum Regiarum Constitutione in Belgio Hispanico et de fundato jure ad exercitium earum competente sac. Rom. Imp. principi Domoni D. Eugenio Alexandro de Turre et Tassis ..., o.O. u. J. [1710] – E. Vaillé, La poste des Pays bas Espagnols sous la direction succesive de Pajot, fermier des postes de France et Jaupain, directeur général (1701–1727). In: Revue des Postes Belges 1951/1, S. 13–23 – Les postes en Belgique avant la revolution Française, Paris–Bruxelles–Leipzig 1874 – J. Wauters, Das Postwesen in Belgien bis zum Ausbruch der Französischen Revolution. In: UPU 7 (1882) S. 137–152.

1 BESTALLUNG MIT DEM SPANISCH-NIEDERLÄNDISCHEN POSTGENERALAT
[1557] Februar 18 Brüssel
Ausf., frz., Perg., mit stark beschädigtem anhang. Siegel

In der Zeit der Herrschaft Kaiser Karls V. konnte der Generalpostmeister Leonhard I. durch seine das gesamte Kaiserreich umfassende Bestallung von 1543 als kaiserlicher Generalpostmeister von Brüssel aus die Posten im Reich und in den Spanischen Niederlanden gemeinsam lenken. Nach der Abdankung Karls V. und der Teilung des Habsburgerreiches unter seinem Sohn Philipp II. (Spanien, Kolonien, Niederlande, Italien) und Bruder Kaiser Ferdinand I. (Reich, Kaiserkrone) 1556 blieb für die Spanien zugesprochenen niederländischen Provinzen ein separates Postgeneralat bestehen, das Leonhard von Taxis schon im Oktober 1555 von Philipp II. provisorisch übertragen worden war.
Nach Vorlage der früheren Bestallungsurkunden erhielt er in vorliegender Urkunde die endgültige Bestätigung seines Amtes, das bis zur Besetzung durch französische Truppen 1794/1795 rechtlich getrennt von dem Reichspostgeneralat mit mehreren Unterbrechungen in der Hand des Hauses Thurn und Taxis blieb.
Den Amtseid auf seine Bestallung leistete Leonhard von Taxis am 5. Juli 1560 vor dem Präsidenten des Geheimen Rates Viglius de Zubichem.

Lit.: Dallmeier 1977/II, S. 47–48 Nr. 30

Regensburg, FZA, Posturkunden 23

2 ZAHLUNGEN DER NIEDERLÄNDISCHEN BEHÖRDEN FÜR DIE TAXISSCHEN POSTEN
1594
Ausf., frz., Pap., Libell mit 8 Bll., aufgeschlagen: fol. 46'–47

Von den wirtschaftlich potenten Spanischen Niederlanden aus wurden auch nach der Abdankung Karls V. im Oktober 1556 alle taxisschen Posten, auch im Reich finanziell allein unterhalten. Dadurch wirkten sich die durch die wirtschaftlichen Abschwungperioden seit der Mitte des Jahrhunderts ausgelösten spanischen Staatsbankrotte verheerend auf die staatlichen Subventionszahlungen für die Posten im gesamten Reich aus. Aus der Zeit kurz vor der Beseitigung dieser Postkrise durch die sogenannte Postreformation hat sich die vorliegende Übersicht über die vierteljährlichen staatlichen Zahlungen an den Generalpostmeister erhalten. Als regelmäßige und außerordentliche Aufwendungen wurden im 3. bzw. 4. Quartal 1594 abgerechnet:
1) Für die 37 Posten von Namur bis Arrento an der Grenze zu Savoyen auf der Grundlage von 219 Gulden pro Posten jährlich insgesamt 2025 Gulden 15 Schilling.
2) Für die drei Posten zwischen Brüssel und Namur auf der Grundlage von 12 Patards pro Posten täglich insgesamt 165 Gulden 7 Schilling.
3) Für die 6 Posten zu Gravelines, Quiévrain, Quaregnon, Casteau, Braine und Tubize, jedem pro Tag 6 Patards Lohn insgesamt 175 Gulden 7 Schilling.
4) Für die gewöhnliche Besoldung der Posten in Deutschland von Flamisoul bis Augsburg und Trient jährlich 4000 Gulden.
Dieser Eintrag wurde nachträglich durch Streichung getilgt.
5) Für den Posten zu Mars-la-Tour in Lothringen mit täglich 12 Patards insgesamt 55 Gulden 4 Schilling.
Aus dieser Abrechnung über die Posten 1594 wird der Umfang der Posteneinrichtung am Ende des 16. Jahrhunderts in den Niederlanden, Burgund, Lothringen und Deutschland ersichtlich.

Lit.: H. Lademacher, Geschichte der Niederlande. Politik – Verfassung – Wirtschaft, Darmstadt 1983, S. 30 ff. – Behringer 1990, S. 55–60.

Regensburg, FZA, Postakten 5116, fol. 42–49'

C. III. Niederländisches Postgeneralat

3 VERBOT DES POSTHORNBLASENS FÜR UNBERECHTIGTE BOTEN
1600 November 13 Brüssel
Ausf., ndl., Perg., mit eingehängtem Siegel unter Papierdecke

Kardinalerzherzog Albert VII. von Österreich und seine Gemahlin Isabella Klara Eugenia, Infantin von Spanien, erneuern als Regenten und Statthalter der Spanischen Niederlande gegenüber dem Präsidenten und Großen Rat zu Mecheln das Verbot des Posthorntragens für unberechtigte Personen.
Personen, die keinen *Bescheid* vom Postmeister oder dessen Beamten vorweisen können, ist es untersagt, die Post zu laufen, das Posthorn zu tragen und sich damit nachts die Stadttore öffnen zu lassen.

Regensburg, FZA, Posturkunden 54

4 KARDINALERZHERZOG ALBERT VII. VON ÖSTERREICH UND SEINE GEMAHLIN ISABELLA KLARA EUGENIA, INFANTIN VON SPANIEN, REGENTEN DER NIEDERLANDE
1. Hälfte 18. Jahrhundert
Kupferstiche und Radierung, gestochen von François Harrewijn nach einer Zeichnung von François Eisen (1695–1778)

Die Ganzfigurenporträts des Statthalterehepaars vom flämischen Kupferstecher François Harrewijn, der seit 1725 auch als Münzgraveur in Brüssel tätig war, zeigen

den Kardinalerzherzog Albert VII. von Österreich (1559–1621) und dessen Gemahlin Isabella Klara Eugenia (1566–1631) nach der Darstellung auf den Seitenflügeln des sogenannten Ildefonso-Altar von Paul Rubens (1577–1640) im Kunsthistorischen Museum zu Wien. Kardinalerzherzog Albert kniet vor seinem Schutzheiligen St. Jakobus, Infantin Isabella vor ihrer Schutzheiligen St. Margarete.
Kardinalerzherzog Albert, Sohn Kaiser Maximilians II., war der Schwager König Philipps II. von Spanien. Nachdem er 1584 spanischer Vizekönig in Portugal geworden war, ernannte ihn der König 1595 zum spanischen Statthalter in den Niederlanden. Durch die Heirat mit der spanischen Infantin Isabella 1599 bekam Kardinalerzherzog Albert die gesamten Niederlande als Mitgift seiner Gemahlin zugesprochen. Obwohl diese nach seinem Tod (1621) die Statthalterschaft weiterhin (bis 1633) ausübte, fielen die Niederlande rechtlich wieder unter die direkte spanische Souveränität zurück. In der Zeit der beiden Regenten wurde nach dem Ende der taxisschen Postkrise (1595) die rechtliche und wirtschaftliche Stellung der Post und des Postpersonals durch eine Anzahl von Dekreten, Mandaten und Privilegien bestätigt.

Lit.: Harrewijn, François. In: Thieme–Becker 16 (1923) S.57 – Eisen, François. In: Thieme – Becker 10 (1914) S. 429 – H. Pirenne, Geschichte Belgiens 4. Band (= Allgemeine Staatengeschichte. 1.Abt. Geschichte der europäischen Staaten 30), Gotha 1913, S. 308–372.

Coburg, Kunstsammlungen Veste Coburg, Inv.Nr. VIII, 545, 8 und 9

5 SCHUTZBRIEF DER INFANTIN ISABELLA FÜR DIE SPANISCH NIEDERLÄNDISCHEN POSTEN
1624 Dezember 31 Brüssel
Ausf., frz., Pap.
1 Bogen, mit Siegel unter Papierdecke

Die Statthalterin der spanischen Niederlande, Infantin Isabella Klara Eugenia, nimmt im Namen ihres Neffen König Philipps IV. von Spanien die Behausungen der Posten mit allem beweglichen und unbeweglichen Zubehör in ihren Schutz. Den Militärführern und Soldaten sind dort Einquartierungen untersagt. Die Posten erhalten die Erlaubnis, zum Schutz das königliche Wappen an ihren Häusern anzubringen.
Dieser Schutzbrief der Statthalterin wurde zu einem Zeitpunkt für die Posten ausgestellt, als durch die Parteinahme Englands unter König Jakob I. und Frankreichs unter Richelieu zugunsten der Vereinigten Generalstaaten sich die Lage der Habsburger im Reich, den Niederlanden und Spanien zusehends verschlechterte, kriegerische Handlungen in den niederländischen Provinzen verstärkt zu erwarten waren.

Lit.: A. Simon, L'archiduchesse Isabella, son temps et son âme, Brüssel 1946 – Dallmeier 1977/II, S. 91 Nr. 198.

Regensburg, FZA, Postakten 5104

6 AUFSTAND DER BOTEN IN ANTWERPEN GEGEN DIE POST
1659
Druckschrift *Actes d'accomodement des desordres cavsés en la ville d'Anvers par resistance des doyens et gens de mestiers ...*, Brüssel 1659 : Hubert Anthoine Velpius, 52 S.
aufgeschlagen: Titelblatt – Kopie: S. 16–17

Die vorliegende französische Schrift faßt die Ereignisse zusammen, die im Verlaufe der Auseinandersetzung zwischen den städtischen Boten und den taxisschen Posten in Antwerpen zum blutigen Aufruhr führten. Seit Beginn des 16. Jahrhunderts war die staatliche Post unter den Taxis in den Niederlanden für den Briefverkehr mit dem Ausland zuständig, die Briefe innerhalb der Provinzen liefen durch die Hände der lokalen Botenanstalten.
Als 1654 die neu eingerichteten Botenkontore zu Brüssel und Antwerpen auch Auslandsbriefe annehmen wollten, verbot dies der Statthalter Erzherzog Leopold Wilhelm. Ein Prozeß, den nun wiederum Generalpostmeister Lamoral Claudius Franz von Thurn und Taxis gegen den gewaltsamen Ausschluß seiner Postillione von der Briefbeförderung nach Holland anstrengte, und der zu seinen Gunsten entschieden wurde, führte 1659 zum offenen Aufstand der Antwerpener Boten unter Führung ihrer Doyens und Viertelmeister. Nach der blutigen Niederwerfung durch die Armee des Statthalters wurden sieben Todesurteile verhängt und z.T. vollstreckt. Der verhängnisvolle Ausgang dieses Antwerpener Botenaufstandes brach endgültig den Widerstand der Boten gegen die Beförderung der ausländischen Korrespondenz durch die taxisschen Posten.
Auf Seite 16 und 17 der Druckschrift sind die Verbannungs- und Konfiskationsdekrete des Rates von Brabant gegen die aufrührerischen Anführer abgedruckt.

Lit.: J. Wauters, Les postes en Belgique avant la Révolution Française, Paris–Bruxelles–Leipzig 1874, S. 14–18

Regensburg, FZA, Postakten 5119

7 DIE KATHOLISCHEN NIEDERLANDE
Um 1720
Kupferstich, flächenkoloriert, gestochen von J. Lodge

Die von Kaiser Maximilian I. aus dem burgundischen Erbe im gleichnamigen Reichskreis zusammengefaßten 17 niederländischen Provinzen fielen nach der Abdankung Kaiser Karls V. (1555) an die Spanischen Habsburger. In den danach aus religiösen, wirtschaftlichen und politischen Gründen ausbrechenden niederländischen Wirren mußte Spanien nach über 90 Jahre kriegerischer Auseinandersetzungen 1648 die Unabhängigkeit der nördlichen Vereinigten Provinzen anerkennen. Die südlichen, damals bei Spanien verbliebenen katholischen Provinzen Brabant, Flandern, Hennegau, Artois, Antwerpen verloren in den Expansionskriegen des französischen Königs Ludwig XIV. südliche Landstriche an Frankreich. Im Frieden von Utrecht (1713) gelangte der übrige Teil aus der Erbmasse des Spanischen Erbfolgekrieges an die österreichischen Habsburger, die diese Provinzen unter starker ständischer Mitwirkung im Sinne des aufgeklärten Absolutismus im 18. Jahrhundert verwalten ließen.
Mit dem von Frankreich nach der Revolution ausgerufenen Anschluß dieser Provinzen und der Schaffung einer Batavischen Republik (1794) endigte rechtlich die österreichische Herrschaft und das Postgeneralat des Hauses Thurn und Taxis.

Lit.: H. Pirenne, Histoire de Belgique des origines à nos jours, 4 Bände, Brüssel 1948–1952.

Regensburg, FHB, XLII A 8

8 REGLEMENT ZUR EINRICHTUNG DER POSTEN INNERHALB DER PROVINZEN
1701 November 5 Brüssel
Druck, frz., Libell mit 6 Bll.
aufgeschlagen: Titelblatt – Kopie S. 4–5

Das *Reglement pour l'établissement des postes pour la communication des villes et provinces ...*, als Druckschrift 1701 zu Brüssel bei Eugene Henry Fricx verlegt, geht auf einen Erlaß des spanischen Thronprädententen Philipp von Anjou zu. Durch die politischen Wirren und militärischen Operationen im Spanischen Erbfolgekrieg (1701–1714) nach dem Tode des letzten spanischen Habsburgerkönigs Karl II. wurde das Haus Thurn und Taxis als Parteigänger Habsburgs seines niederländischen Postgeneralats entsetzt. Der von Frankreich unterstützte Philipp von Anjou ließ als spanischer König Philipp V. nach der Besetzung Brüssels durch französische Truppen (1701 Februar 21) das vorhandene Postwesen nach französischem Vorbild neu organisieren. Er verpachtete es an den französischen Generalkontrolleur Léon Pajot.
Im vorliegenden Erlaß ordnete Philipp V. die Neuanlage der inländischen Postkurse an und ließ die bisher gültigen, noch aus der spanischen Epoche stammenden Vorschriften zu einer neuen Postordnung zusammenfassen. Diese regelte die Bezahlung der Brief- und Fahrposten, das Gewicht der Felleisen und des Passagiergepäcks, die Steuer- und Einquartierungsprivilegien der Posthalter und Postillione.

Lit.: J.P. Reis, Statistique, historique du Grand Duché de Luxembourg. Administration des postes et des télégraphes et des téléphons, Luxembourg 1897, S. 565 ff.

Regensburg, FZA, Postakten 5108

9 BESCHRÄNKTE PORTOFREIHEIT FÜR BRIEFPAKETE DER ÖSTERREICH NIEDERLÄNDISCHEN LANDESBEHÖRDEN
1757 Februar 12 Brüssel
Einblattdruck, frz.

Das mit kaiserlichem Wappen und Initiale von der Brüsseler Druckerei Fricx publizierte Verbot war für den öffentlichen Aushang bestimmt.

C. III. Niederländisches Postgeneralat

Auf Klagen des taxisschen Generalpostdirektors in den Österreichischen Niederlanden, Baron Sickenhausen, erklärt der österreichische Statthalter Graf Kobenzl, daß für alle Briefpakete mit Gutachten, Memorialien und Eingaben, die nicht unmittelbar den kaiserlichen Dienst betreffen, das Porto entrichtet werden muß. Bei Übertretungen würden die Pakete geöffnet an das Generalpostamt [in Brüssel] eingesandt werden, von wo sie mit neuen Umschlägen an den Absender zurückgesandt werden oder als unzustellbar liegen bleiben.

Auf den Mißbrauch des den Staatsbehörden zugestandenen Portofreitums wurde vom Postgeneralat immer wieder hingewiesen. Anweisungen dieses Dekrets, die den kaiserlichen Dienst betreffenden Briefpakete auf dem Umschlag besonders mit *Service* und dem Sekretsiegel zu kennzeichnen, brachten auf lange Sicht nicht den gewünschten Erfolg.

Lit.: J.P. Reis, Statistique, historique du Grand Duché de Luxembourg. Administration des postes et des télégraphes et des téléphon, Luxembourg 1897, S. 33 – Dallmeier 1977/II, S. 481–482 Nr. 782

Regensburg, FZA, Postakten 5118

10 NIEDERLÄNDISCHE POSTPACHT VON ÖSTERREICH
1769 Mai 29 Brüssel
Libell, frz., Perg., mit anhangendem Siegel in Zinnkapsel

Nach dem Ende des Spanischen Erbfolgekrieges (1714) glückte es dem Reichsgeneralpostmeister Anselm Franz von Thurn und Taxis erst 1725, das der Familie 1701 entfremdete niederländische Postgeneralat gegen erhebliche finanzielle Zugeständnisse wieder zu erlangen. Er mußte auf alle Rechte aus den früheren Privilegien der spanischen Epoche verzichten. Künftig wurde die Post gegen jährlich 80 000 Gulden an das fürstliche Haus Thurn und Taxis verpachtet. 1729 erhöhte sich die Pachtsumme auf jährlich 125 000 Gulden.

In der vorliegenden Urkunde verlängerte Kaiserin Maria Theresia mit Zustimmung der österreich-niederländischen Behörden die Pacht des Generalats und der Postverwaltung in den Niederlanden um weitere 25 Jahre gegen eine jährliche Zahlung von 135 000 Livres an den Staat Brabant. Diese Pachtverlängerung sollte mit Auslauf des gegenwärtigen 20jährigen Pachtvertrags ab 1774 in Kraft treten. Durch die Ereignisse im Zuge der Französischen Revolution mußte das fürstliche Haus Thurn und Taxis sein niederländisches Postgeneralat noch vor Ablauf dieses Pachtvertrages erzwungenermaßen abtreten.

Lit.: J. Wauters, Les postes en Belgique avant la Révolution Française, Paris-Bruxelles-Leipzig 1874, S. 27 – Dallmeier 1977/II, S. 527–528 Nr. 842

Regensburg, FZA, Posturkunden 271

11 TITEL *GENERALERBPOSTMEISTER DER NIEDERLÄNDISCHEN POSTEN* FÜR FÜRST CARL ANSELM VON THURN UND TAXIS
1776 Dezember 11 Brüssel
Ausf., frz., 1 Bogen mit Siegel unter Papierdecke

Der Statthalter der österreichischen Niederlande, Herzog Karl von Lothringen, bewilligt im Namen des Kaisers dem Fürsten Carl Anselm, für die Dauer der niederländischen Postpacht den Titel *général héréditaire des postes des Pays-Bas* zu führen.

Während im deutschen Reich mit der Umwandlung des Reichspostmeisteramtes in ein Reichslehen 1615 dem jeweiligen Inhaber des Amtes der erbliche Titel zustand, erfolgte die Verleihung des spanischen Postgeneralates in den Niederlanden durch die persönliche Amtsbestallung. Erst im 18. Jahrhundert, als während der Epoche der österreichischen Herrschaft das Postgeneralat pachtweise vergeben wurde, durfte schließlich ab 1776 der Pachtinhaber den Titel eines Generalerbpostmeisters führen.

Regensburg, FZA, Posturkunden 275

12 FÜRST CARL ANSELM VON THURN UND TAXIS
Um 1770–1780
Porzellanmedaillon von Johan Peter Melchior, Marke der Manufaktur Höchst

Fürst Carl Anselm, der 1773 als Nachfolger seines Vaters sowohl das Reichsgeneralpostmeisteramt als auch das

Postgeneralat der österreichischen Niederlande antrat, erhielt 1776 als einziger den Titel eines *Generalerbpostmeisters der österreichischen Niederlande*. Unter seiner Leitung erreichten die Reichs– und niederländischen Posten ihren höchsten Organisationsstand. Während er den Verlust des niederländischen Postgeneralats für sein Haus nach dem Einmarsch der französischen Revolutionsheere in Brüssel und der Errichtung der Batavischen Republik in den nördlichen Provinzen hinnehmen mußte, erlebte er das Ende des Heiligen Römischen Reiches deutscher Nation und die damit verbundene Auflösung der kaiserlichen Reichspost 1806 nicht mehr. Er starb im Alter von 72 Jahren 1805 während eines Spazierganges in Winzer bei Regensburg.

Das in einem einzigen Exemplar erhaltene Brustbild des Fürsten aus Höchster Porzellan zählt zu den hervorragendsten Arbeiten des Mainzer Hofbildhauers Johann Peter Melchior. Die Plastizität des Porträts, das den Fürsten am Höhepunkt seiner wirtschaftlichen, politischen und kulturellen Leistungen zeigt, wird meisterhaft durch die abgestuften Farben unterstrichen.

Lit.: G. Lorenz, Kostbarkeiten aus Regensburg, Kalender, hrsg. von der Bayerischen Versicherungskammer, München 1985.

Regensburg, Fürst Thurn und Taxis Kunstsammlungen, Inv.Nr. St.E. 5075

13 DAS POSTKURSNETZ DER ÖSTERREICHISCHEN NIEDERLANDE IM JAHR DER FRANZÖSISCHEN REVOLUTION
1789 Brüssel

a) Kupferstich, grenzkoloriert, auf Leinen aufgezogen, entworfen von J.B. de Bouge, gestochen von Ph.J. Maillart
b) Graphik, entworfen und gezeichnet von W. Münzberg, Regensburg 1989

Diese Postkarte der Österreichischen Niederlande aus dem Jahre 1789 ist nach Inhalt der schönen Vignette (links unten) mit dem thurn und taxisschen Wappen dem letzten österreich-niederländischen Generalerbpostmeister aus dem Hause Thurn und Taxis gewidmet. Die nach österreich–niederländischen, französischen, holländischen und Reichsposten unterschiedenen Poststationen überziehen das Staatsgebiet der Provinzen flächendeckend. Zugleich wird ersichtlich, daß der überwiegend Teil der wichtigsten Durchgangsstraßen in den zentralen Provinzen Brabant und Flandern bereits für die Fahrposten chaussiert war, z.T. unter Verwendung der römischen Trassenführung. Die Entfernung zwischen den einzelnen Poststationen wird in der Anzahl der *Postes* (= 2 Meilen) angezeigt.

Zwischen Vignette und Hauptkarte ist in einer Übersicht das anschließende Postkursnetz nach Wien, nach Frankreich und in die Niederlande schematisch wiedergegeben.

Die ergänzende graphische Darstellung des österreich niederländischen Postkursnetzes zeigt deutlicher als die Originalkarte die flächendeckende postalische Versorgung dieses Landes, getrennt nach niederländischen, kaiserlichen und holländischen Postanstalten.

Regensburg, FZA, Kartensammlung Nr. 676

C. Kaiserliche Reichspost und fürstliche Lehenposten im politisch-wirtschaftlichen Spannungsfeld zwischen Frühkapitalismus und Reichsgründung

C. IV. Postverhältnisse zum Ausland

C. IV. a. Frankreich

Im Königreich Frankreich stellte das Edikt Ludwigs XI. (1461 – 1483) von 1464 einen Einschnitt in der Organisation des landesweiten Nachrichtenwesens dar. Darin wurde jedoch eine Benutzung der neu eingerichteten Kurierkurse allein dem Dienst des Königs und der Staatsorgane vorbehalten. Alle Personen, die diese von vier zu vier Meilen angelegten Pferdewechselstationen benutzen wollten, mußten eine königliche Genehmigung vorweisen. Zugleich sollten die Frankreich durchreitenden fremden Kuriere überwacht werden. Eine unmittelbare Zugänglichkeit dieser *französischen Posteinrichtung* für Dritte wurde im Edikt von 1464 bewußt ausgeschlossen.

Für die unter taxisscher Leitung stehenden Postanstalten im Reich, den Spanischen Niederlanden, Spanien und den habsburgischen Besitzungen in Oberitalien war für einen regelmäßigen, schnellen Korrespondenzaustausch der ungehinderte Transit durch das Territorium des Königreiches Frankreich notwendig. Der alternative Seeweg wäre zu zeitaufwendig gewesen. Die französische Postanstalt hingegen legte ihrerseits nach dem Abfall der ehemals nördlichen spanischen Niederlanden, der Vereinigten Generalstaaten, von der spanischen Krone gesteigerten Wert auf ein freies Durchgangsrecht durch die bei Spanien verbliebenen südlichen Provinzen. Vor dem Hintergrund dieser wechselseitigen Notwendigkeiten zur Mitwirkung der anderen Postanstalt vollzog sich die postalische Zusammenarbeit der königlich französischen Post mit den thurn und taxisschen Postgeneralaten im 17. und 18. Jahrhundert. Von der taxisschen Postanstalt in Brüssel aus wurde der regelmäßige Transit zwischen Paris und Amsterdam übernommen, von Paris jener zwischen Brüssel und Spanien bzw. zwischen Madrid, Mailand und Rom zugestanden. Diese Transitkorrespondenz konnte je nach der politisch-militärischen Konstellationen zwischen den beiden europäischen Führungsmächten Spanien und Frankreich direkt mit eigenen oder durch Vermittlung fremder Kuriere befördert werden. Eine völlige Blockade des gegenseitigen Korrespondenzaustausches war bis zum Spanischen Erbfolgekrieg die absolute Ausnahme, auch wenn man sich häufig in diesem 17. Jahrhundert im offenen Kriegszustand befand.

Da bis zur französischen Annektion der lothringischen Bistümer Metz, Toul und Verdun(1648), der Freigrafschaft Burgund (1678) und des Anschlusses des Elsaßes samt Straßburg (1681) das spanisch-niederländische Postgeneralat auch das burgundisch-lothringische Postwesen beanspruchte, liefen seit Beginn des 16. Jahrhunderts taxissche Posten von Flamizoul bei Luxemburg aus quer durch Lothringen bis in das burgundische Arrento. Zwischen 1648 und 1678 mußten die Briefschaften auf dem Umweg über das Elsaß nach Burgund transportiert werden. Dieser Nordsüdkurs verhindert bis 1681/1686 einen direkten Postkurs zwischen Frankreich und den oberdeutschen Gebieten der Reichspost; die französischen Postpakete in und aus dem Reich konnten bis zu diesem Zeitpunkt nur zeitaufwendig über Brüssel ausgetauscht werden.

Die nach der Besetzung Brüssels durch französische Truppen (1701) im Verlauf des Spanischen Erbfolgekrieges (1701–1714) eingeführte staatliche Postpacht in den ehemals Spanischen Niederlanden, zuerst verpachtet an den französischen Generalkontrolleur Léon Pajot, nach der Vertreibung des bourbonischen Thronanwärters Philipp von Anjou an den Brüsseler Postbeamten François Jaupain, unterbrach zunächst die direkten Postkontakte mit dem taxisschen Reichspostgeneralat. Nach dem Übergang des nun österreich-niederländischen Postgeneralats 1725 pachtweise an die Thurn und Taxis wurden die alten Transitkurse wieder hergestellt, in der zweiten Hälfte des Jahrhunderts für die Verbindungen in die Überseeprovinzen ausgebaut.

Eine Zäsur in der Zusammenarbeit der beiden Postrverwaltungen lösten die Auswirkungen der Französische Revolution aus. Französische Truppen besetzten die österreichisch-niederländischen Provinzen und integrierten diese gewaltsam in das französische Territorium. Die östliche französische Staatsgrenze wurde einem lang gehegten Wunsche nach bis zum Rhein vorgeschoben, die dortigen ehemaligen linksrheinischen Reichspostämter und Bezirke der französischen Postverwaltung unterstellt. Im Zuge der französischen militärischen Erfolge in den Koalitionskriegen gegen das Reich, Österreich und Preußen entstanden auf Reichsgebiet weitere von Frankreich beherrschte Postanstalten, wie z.B. im Königreich Westfalen, und den französischen Reservatprovinzen Ansbach-Bayreuth.

Trotz Versuche des im Zweiten Koalitionskrieg neutralen Preußen, in Verhandlungen mit dem Ersten Konsul Napoleon die Reichspost aus dem französisch-deutschen Postverkehr ganz auszuschließen, gelang es dem Fürsten von Thurn und Taxis als Inhaber des kaiserlichen Reichsgeneralerbpostamtes seine postalische Stellung in einem umfassenden Postvertrag vom 14. Dezember 1801 mit Frankreich zu festigen. Vor allem die von der französischen Regierung in einem Separatartikel zugesagte politische Unterstützung der Reichspost und des fürstlichen Hauses in den Entschädigungsverhandlungen bei der Reichshauptdeputation zu Regensburg ermöglichte zunächst den angestrebten, wenn auch eingeschränkten Fortbestand der thurn und taxisschen Post bis zum Wiener Kongreß, wo durch die Deutsche Bundesakte die Neuorganisation der allgemeinen Postverhältnisse für die Zukunft festgeschrieben wurde. Zwischen Frühjahr 1814 und Sommer 1816 konnte die thurn und taxissche Post im Auftrag der gegen Napoleon verbündeten Mächte nochmals ihre Posten in den von Frankreich geräumten ehemals linksrheinischen und belgischen Territorien betreiben.

Nach dem Wiener Kongreß regelte die fürstlich thurn und taxissche Generalpostdirektion als eine der Postanstalten auf dem Gebiet des Deutschen Bundes in mehreren Verträgen mit der französischen Postverwaltung den bilateralen Briefverkehr und die Zusammenarbeit im Transit. Mit dem Ende der Thurn und Taxisschen Post 1867 endigten auch die jahrhundertelangen Postbeziehungen mit dem Königreich, dem Kaiserreich und der Republik Frankreich. M.D.

Lit.: C. Bernede, Des postes en général et particulieremènt, Paris 1826 – A. de Rothschild, Histoire de la poste aux lettres et du timbre–poste, Band 1, Paris ³1876 – A. Belloc, Les postes Françaises. Recherches historiques sur leur origine, leur développement, leur législation, Paris 1886 – E. Vaillé, Histoire générale des postes françaises, 6 Bände, Paris 1947–1953 – L. Lenain, La poste de l'Ancienne France des origines à 1791, Arles 1965 – W. Münzberg, Links des Rheins. – Leitfaden zur Postgeschichte und Briefkunde, Band 1, Seeshaupt 1981 – G. Sautter, Die Thurn und Taxissche Post in den Befreiungskriegen 1814–16. In: APT 39 (1911) S. 1–27, 33–49.

1 TRANSITPRIVILEG KÖNIG FRANZ' I. VON FRANKREICH FÜR DIE KÖNIGLICH SPANISCHEN KURIERE
1518 Januar 14 Paris
Foto,
Urkunde, Ausf., frz., Perg., mit anhangendem Siegel

König Franz I. von Frankreich erteilt auf Bitten des spanischen Königs Karls I. die Zusage, daß dessen Posten und Kuriere zwischen Flandern und Spanien Tag und Nacht quer durch Frankreich ohne Beeinträchtigung Briefe und Pakete befördern dürften. Dieser Passierschein soll im Bedarfsfalle vidimiert und publiziert werden.

Die Passage der taxissch–habsburgischen Posten zwischen den niederländischen Provinzen und dem spanischen Kernland auf der Iberischen Halbinsel durch Frankreich war jedoch trotz dieses französischen Zugeständnisses des unkontrollierten Durchgangs für wichtige Depeschen nicht zuverlässig genug. So übermittelte Erzherzog Ferdinand wegen des Kriegszustandes mit Frankreich die verheerende Niederlage gegen die Türken bei Mohács und den Tod des ungarischen Königs Ludwig II. an den in Spanien weilenden Kaiser Karl V. auf drei verschiedenen Routen: Über Italien (Seeweg), über die Niederlande (Seeweg) und über Frankreich (Landweg).

Lit.: J. Rübsam, Aus der Urzeit der modernen Post 1425–1562. In: Historischen Jahrbuch der Görresgesellschaft 21 (1900) S. 55 – E. Vaillé, Histoire générale des postes françaises, 2. Band, Paris 1953, S. 352 ff.

Paris, Bibliothèque Nationale

2 KÖNIGLICHER SCHUTZBRIEF FÜR FEINDLICHE POSTEN UND KURIERE
1646 September 17 Fontainebleau
Ausf., frz., Pap., 1 Bogen, an den Rändern unterlegt, aufgeschlagen: fol.1' – Kopie: fol.1

König Ludwig XIV. von Frankreich bestätigt und erneuert die zur Sicherheit der eigenen und ausländischen Kuriere und Posthäuser erlassene Salvaguardia vom 1. September 1646, wie dies für Flandern der spanische König ebenfalls getan hat. Die Ordinarisendungen sollen Tag und Nacht auf den Ordinaristraßen durch das Königreich ungehindert laufen können.

Bis zum Spanischen Erbfolgekrieg konnten die französischen und spanischen Posten und Kuriere trotz des häufigen Kriegszustandes mit derartigen Schutzbriefen

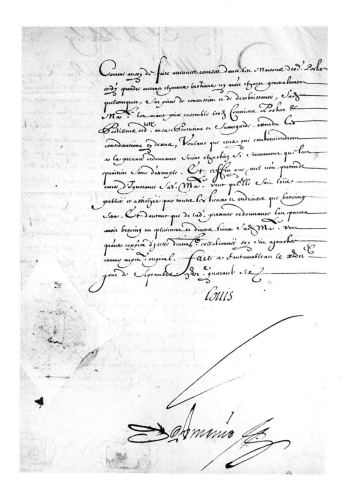

das jeweilige Feindesland ungehindert passieren; im besonderen Falle erhielten sie einen einheimischen Begleiter zugeteilt, der zugleich die obrigkeitliche Kontrollfunktion darstellte.

Regensburg, FZA, Posturkunden 809

3   KÖNIG LUDWIG XIV. VON FRANKREICH
    1663
    Kupferstich, gestochen von R. Nanteuil

Unter König Ludwig XIV. von Frankreich, vor allem seit dem Pyrenäenfrieden mit Spanien (1659) begann man, die alten Transitkurse zwischen Spanien, Italien und den Niederlanden auf eine neue bilaterale Vertragsbasis zu stellen. In einer internationalen Konferenz zu Paris zwischen dem spanischen Gesandten Grafen Fuensaldagne, dem französischen Generalintendanten der Posten, Hierôme de Nouveau, dem spanischen Generalpostmeister Graf von Oñate und Villamediana und dem niederländischen Generalpostmeister Graf Lamoral Claudius Franz von Thurn und Taxis konnte 1660 der unterbrochene Transitkurs zwischen Spanien und den Niederlanden geregelt werden. Für die oberdeutschen Reichsgebiete wurde anstelle des bisherigen Kurses über Brüssel 1681 ein direkter Postkurs am Oberrhein zwischen Straßburg und Rheinhausen eingerichtet.

Kat. Nr. 5

Lit.: E. Vaillé, Histoire Générale des Postes Françaises, 3. Band: De la Réforme de Louis XIII a la nomination de Louvois a la surintendance générale des postes (1630–1668), Paris 1950, S. 330 ff.

Regensburg, Fürst Thurn und Taxis Graphische Sammlung, Porträts I Nr. 41 b (mF)

4 SAMMLUNG FRANZÖSISCHER POSTVERORDNUNGEN
1770
Druck *Recueil des ordonnances, édits, déclarations, lettres patentes, arrêts et réglements, concernant les Postes et Relais de France*, 1. Band, 1597–1725, Paris 1770 : Prault, aufgeschlagen: Generaltarif des Briefportos vom 8. Dezember 1703 Versailles, Paris 1704 : F. Muguet

Vorliegender Band der französischen Postverordnungen stammt aus der Druckschriftensammlung der thurn und taxisschen Generalpostdirektion in Frankfurt am Main. Diese Lederbände, die im frühen 19. Jahrhundert in den Bestand der Hofbibliothek gelangten, sind aus einzelnen gedruckten Verordnungen zusammengebunden worden und dienten der fürstlichen Postverwaltung als Vergleichsunterlagen für den wechselseitigen Postverkehr und in den laufenden Postunterhandlungen mit Frankreich.

Lit.: E. Vaillé, Histoire Générale des Postes Françaises. Band 5: La ferme générale et le groupe Pajot–Rouillé (1691–1738), Paris 1951, S. 114–120.

Regensburg, FHB, LIV G 40

5 KARTE DER POST IN FRANKREICH WÄHREND DES ANCIEN REGIME
17. Jahrhundert
Kupferstich, grenzkoloriert, auf Leinen aufgezogen, entworfen von Sanson, verlegt bei P. Mortier, Amsterdam

Diese *Carte particuliere des Postes de France* spiegelt das sternförmig auf Paris zentrierte Postkursnetz des absolutistischen Frankreichs im ausgehenden 17. Jahrhundert wieder. Querverbindungen außerhalb der Hauptstadt lassen sich nur entlang der Mittelmeerküste wegen des Transitkurses Spanien – Italien und im mittleren Teil zum Postgrenzort Pont Beauvoisin gegen Savoyen nachweisen.
Die Titelkartusche zeigt im oberen Teil den Gott Merkur mit drei Kurieren im Rocaillerahmen.

Regensburg, FZA, Kartensammlung 668

6 ANKUNFTS- UND ABGANGSZEITEN BEIM KÖNIGLICHEN POSTAMT PARIS
1752–1753
Einblattdruck, frz., koloriert, gedruckt von der Druckerei De la Tour, Paris 1752

Das durch die nachträgliche Kolorierung und das königliche Wappen mit den Bourbonenlilien oben in der Mitte zwischen *De par le Roy* als Blickfang aufgewertete Ankunfts- und Abgangsverzeichnis des Postamtes Paris führt in zwei Kolumnen eine Fülle von Städten auf. Am Rande zwischen Rankenmuster sind zur besseren Übersicht beiderseits die Hauptlinien der einzelnen Postkurse in die französischen Provinzen sowie nach England, Holland, Deutschland, Flandern (links) und Schweiz, Rom, Malta, Konstantinopel, Savoyen und Spanien (rechts) ausgeworfen. Die Korrespondenzmöglichkeiten von Paris aus schwanken zwischen dreimal wöchentlich und täglich wie z.B. nach Versailles und in andere Orte der Ile de France.
Den Abschluß des Verzeichnisses bilden Hinweise auf Frankierungsvorschriften und die Standorte der zwölf Briefkästen innerhalb der Hauptstadt, die täglich dreimal morgens, mittags und abends geleert wurden.

Regensburg, FZA, Postakten 1130

7 EINNAHMENVERLUSTE DER REICHSPOST IM LINKSRHEINISCHEN DURCH EINE FRANZÖSISCHE BESETZUNG
Um 1792
Graphik, entworfen von M. Dallmeier, Regensburg 1990

Angesichts der in die linksrheinischen Reichsgebiete einströmenden französischen Revolutionsheere ließ die thurn und taxissche Postverwaltung für den Reichs-

C. IV. a. Ausland Frankreich

generalpostmeister einen Überschlag, gegliedert nach den davon betroffenen Reichsoberpostämtern Koblenz, Köln, Lüttich, Mainz, Frankfurt und Mannheim samt subalternen Poststationen ausarbeiten, welche Verluste beim Wegfall der dortigen Posten zu befürchten wären.
Die Schätzungen beliefen sich auf insgesamt 180190 Gulden pro Jahr, verteilt auf die Oberpostamtsbezirke Koblenz mit 14655, Köln mit 83415, Lüttich 49000, Mainz 25930, Frankfurt 4640 und Mannheim 2550 Gulden.

Regensburg, FZA, Haus- und Familiensachen 196

8 KRIEGSBEDINGTE SITUATION DER REICHSPOSTÄMTER AM RHEIN
1792 Oktober 4
Bericht, Pap., 1 Bogen mit beiliegendem zerrissenem Paketumschlag und Kuvert

Das Postamt Mannheim berichtet per Estafette nach Regensburg an die Generaldirektion, daß erstmals wieder seit dem 29. September und der Einnahme der Stadt Speyer durch die Franzosen die Ordinari durchgekommen sei. Der Postjunge sei in der gewöhnlichen Uniform, jedoch mit dem Nationalzeichen auf dem Hut unbehindert durch das französische Lager geritten. Der Augenschein und der beigelegte Umschlagrest mit der versiegelten Paketschnur zeigt jedoch, daß dieses Amtspaket geöffnet gewesen sei.
Die militärischen Operationen diesseits und jenseits des Rhein im Ersten Koalitionskrieg Frankreichs gegen das Reich beeinträchtigten den gewöhnlichen Korrespondenzfluß außerordentlich. Der Bericht des Postmeisters Ludwig von Mainz enthält ferner Angaben zu der schwierigen Situation des Reichspostpersonals in Worms.

Lit.: G. Sautter, Die Reichspost beim Einbruch der Franzosen in das Reich. In: APT 41 (1913) S. 1–16, 43–53, 85–92.

Regensburg, FZA, Postakten 2176, fol. 29–31'

9 ÜBERTRITTSANGEBOT FÜR DIE REICHSPOSTBEAMTEN IN FRANZÖSISCHE DIENSTE
1796 August 18 Stuttgart
Druck, 1 Bogen, aufgeschlagen: fol. 1

Der als *Der Franken=Republik General= und Oberst=-Post=Direktor in Teutschland* unterzeichnende Friedrich Cotta bietet unter der Devise *Freiheit – Gleichheit* nach Anweisung des Bürgers Haußmann, Regierungskommissar bei der Rhein- und Moselarmee, allen kaiserlichen Reichs- und Kaiserlich-Königlichen Postbeamten rechts des Rheins an, in französische Postdienste überzutreten. Sie sollen unter Beibehaltung ihrer Postprivilegien und Freiheiten in ihren Ämtern bleiben können, jedoch nach abgedrucktem Formular der Republik Diensttreue versprechen. Im weiteren Teil des Druckes sind Fragen der künftigen Dienstkleidung, der Zeitmessung, der Titulaturen und Rechnungslegung geregelt.

Lit.: G. Sautter, Friedrich Cotta. Generalpostdirektor der Französischen Republik in Deutschland 1796, München 1916, S. 5–10. – M. Neugebauer-Wölk, Revolution und Constitution. Die Gebrüder Cotta. Einzelveröffentlichungen der Historischen Kommission zu Berlin 69, Berlin 1989, S. 292 ff.

Regensburg, FZA, Postakten 2193, fol. 61–62'

10 GENERALPOSTMEISTER ALEXANDER FREIHERR VON VRINTS-BERBERICH, FÜRSTLICHER UNTERHÄNDLER UND GESANDTER AM RASTATTER FRIEDENSKONGRESS
a) Um 1800 – b) 1835
a) Zeichnung, Bleistift, von Franz von Goez
b) Medaille, Silber, entworfen von G. Loos, grav. von L. Held

Alexander Freiherr Vrints-Berberich entstammte aus der Verbindung der Henriette Berberich mit Alexander Konrad von Vrints-Treuenfeld. Beide Familien waren seit Generationen als Postmeister zu Frankfurt, Würzburg, Bremen und Hamburg in fürstlichen Diensten. Freiherr Vrints-Berberich bekleidete seit dem 4. Oktober 1811 die Stelle eines Dirigierenden Geheimen Rates und Direktors der fürstlichen Generalpostdirektion in Frankfurt. Zuvor vertrat er das fürstliche Haus am Rastatter Friedenskongreß und seit 1803 als fürstlich Thurn und Taxisscher Gesandter am Reichstag in Regensburg, wo er in die Unterhandlungen über die Entschädigung für die verlorenen linksrheinischen Postrechte eingebunden war. Nach dem Wiener Kongreß schloß er teils selbst, teils mitwirkend die neuen Postlehensverträge mit den souveränen deutschen Fürsten ab. Er starb kinderlos am 7. Dezember 1843.
Durch seine geschickte diplomatische Verhandlungsführung konnte die kaiserliche Reichspost im Zusammenspiel mit dem nachrevolutionären Frankreich die preußischen Vorstellungen von der künftigen postalischen Aufteilung des Reiches zulasten der taxischen Posten zurückweisen.
Die Bleistiftskizze von der Hand des 1815 in Regensburg verstorbenen Malers Freiherrn Joseph Franz von Goez zeigt ihn in der Zeit seiner diplomatischen Reisen für das fürstliche Haus, u.a. nach Paris.
1835 konnte er sein 50jähriges Dienstjubiläum feiern, zu dem ihm Fürst Maximilian Karl eine Medaille widmen ließ. Diese Silbermedaille trägt auf der Vorderseite sein Brustbild mit der Umschrift *ALEX.FREIH.V.VRINTS-BERBERICH FÜRSTL.TH.U.TAX.GENER.POSTDIRECTOR* und rückseitig im Eichenkranz die Inschrift *DEM / WÜRDIGEN / BEFÖRDERER / D.HANDELS U.VERKEHRS / ZUR / 50 IÄHR. AMTSFEIER / DER / HANDELSSTAND / D.FR.ST.FRANKFURT / D.10.IULI / 1835 /*.

Lit.: Goez, Joseph Franz Frhr. von. In: Thieme-Becker 14 (1921) S. 321–322 – R. Freytag, Ueber Postmeisterfamilien mit besonderer Berücksichtigung der Familie Kees. In:

Familiengeschichtliche Blätter 13 (1915) S. 3 – Ein Jubelfest zu Frankfurt. In: Frankfurter Oberpostamtszeitung 1835 Nr. 190–192, 194.

a) München, Staatliche Graphische Sammlung, Inv.Nr. 40811
b) Regensburg, Fürst Thurn und Taxis Numismatische Sammlung, Medaillen

11 DIE REISE DES FÜRSTLICHEN GENERALPOSTMEISTERS FREIHERRN VRINTS–BERBERICH NACH PARIS
1798 August 16 Schloß Trugenhofen
Reisepaß, Pap., frz., 1 Bogen, mit 4 Siegeln

Fürst Carl Anselm von Thurn und Taxis stellt seinem bevollmächtigten Geheimen Rat und Generalpostdirektor Freiherrn Vrints–Berberich für die Reise nach Paris einen Paß aus. Die Echtheit der Unterschrift wird vom k.k. Geheimen Rat, kurmainzischen Staatsminister und Direktorialgesandten Freiherrn Albini bestätigt. Auf der Rückseite erteilen die Bevollmächtigten der Französischen Republik beim Rastatter Kongreß mit Datum 7. September 1798 dem fürstlichen Abgesandten samt Sekretär Ignaz Bauer und Domestiken Martin Beck ihre Zustimmung zur Reise nach Paris. Generalpostdirektor Vrints–Berberich verhandelte zu Paris wegen der Entschädigungen für die linksrheinischen Posten.

Regensburg, FZA, Haus– und Familiensachen 196

12 NEUESTE POSTKARTE DER REPUBLIK FRANKREICH
1810
Kupferstich, flächenkoloriert, mit der Departementeinteilung

Diese *Carte des Routes de Postes de l'Empire Français*, erschienen im Jahre 1810 bei P.A.F. Tardieu zu Paris, wurde vom Verwaltungsrat der reitenden Posten initiiert. Sie zeigt das gegenüber der vorrevolutionären Epoche nur geringfügig erweiterte Kursnetz einschließlich der besetzten italienischen, belgischen und linksrheinischen Departements.

Regensburg, FZA, Kartensammlung 652

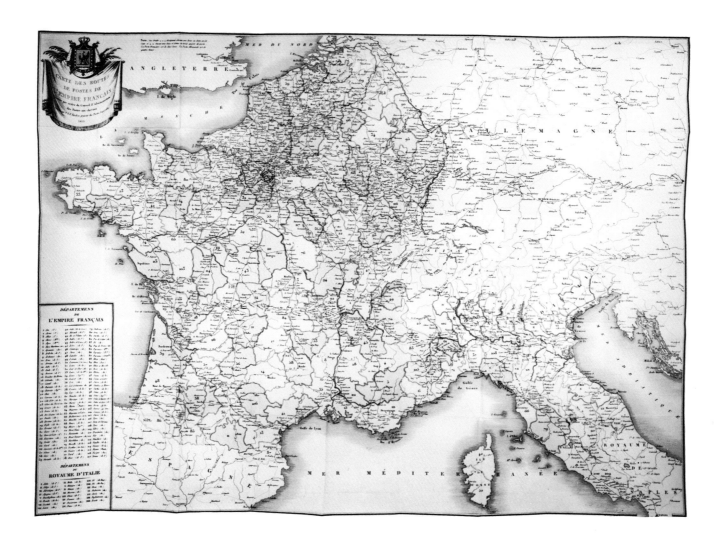

C. IV. a. Ausland Frankreich

13 POLITISCHE FRANZÖSISCHE UNTERSTÜTZUNG DER KAISERLICHEN REICHSPOST GEGEN DIE ERSTARKTEN DEUTSCHEN REICHSSTÄNDE

1801 Dezember 14 / 30 Paris
Ratifikation, frz., Pap., 1 Bogen mit aufgedrucktem Siegel, aufgeschlagen: fol. 1'–2

In Ergänzung des umfassenden Postvertrags zwischen Frankreich und der taxisschen Reichspost über den gegenseitigen Austausch der Korrespondenzen und eine vertrauensvolle Zusammenarbeit vom selben Tag erklärt das französische Generalpostamt seine Absicht, das Reichspostgeneralat in der Durchsetzung des *Status quo* seiner Rechte aus dem Luneviller Frieden zu unterstützen. Sollte die Sicherheit der Korrespondenz mit der Französischen Republik beeinträchtigt werden, ersucht das französiche Generalpostamt seine Regierung um Unterstützung der Reichsposten.

Dieser Zusatzvertrag richtete sich vor allem gegen die preußische Post, die auf Kosten der Reichspost den direkten Korrespondenzaustausch mit Frankreich angestrebt hatte.

Lit.: R. Freytag, Das Aufkommen der Aufgabestempel und die Postkonvention zwischen Thurn und Taxis und Frankreich vom 14. Dezember 1801. In: APT 54 (1926) S. 29–39 – W. Vollrath, Das Haus Thurn und Taxis, die Reichspost und das Ende des Heiligen Römischen Reiches 1790–1806, Lengerich 1940, S. 27 ff. – A. Koch, Die deutschen Postverwaltungen im Zeitalter Napoleons I. Der Kampf um das Postregal in Deutschland und die Politik Napoleons I. (1798–1815). In: ADP 15 (1967/2) S. 13 f.

Regensburg, FZA, Posturkunden 840

14 KAISER NAPOLEON IM KRÖNUNGSORNAT

Um 1805
Kupferstich, gestochen von Auguste Boucher

Das von Auguste Boucher gestochene Ganzfigurenporträt nach dem Gemälde von François Gerard (1805) stellt Napoleon im Krönungsornat in einer mit vielfachen *N* verzierten Bordüre dar, die unten in der Mitte durch die Bezeichnung *Napoleon le Grand* unterbrochen wird. Napoleon stehend, lorbeerbekränzt, trägt über einem einteiligen langen Gewand den hermelinbesetzten Mantel. Die rechte Hand ruht auf einem mit dem symbolträchtigen kaiserlichen Adler verzierten Szepter, davor auf einem Kissen liegt Reichsapfel und Gerichtsstab.

Der 1769 in Ajacco auf Korsika geborene Napoleon Bonaparte erhielt am 18. Mai 1804 das Plebiszit zur Gründung eines Kaiserreiches. Seine Krönung zum Kaiser der Franzosen fand am 2. Dezember 1804 zu Paris statt, während er das Königreich Italien mit ihm als Regenten am 18. März 1805 ins Leben rief.

Lit.: Salbung und Krönung des Ersten Kaisers der Franzosen Napoleon I. ..., Neuburg 1805 – E. Ludwig, Napoleon, Berlin 1927 – A.S. Manfred, Napoleon Bonaparte, Köln 1981.

Regensburg, Fürst Thurn und Taxis Kunstsammlungen, Inv. Nr. St.E. 12 378

15 DANKBRIEF NAPOLEONS FÜR DIE GLÜCKWÜNSCHE ZUR KRONE ITALIENS

1805 Mai 29 Mailand
Schreiben, frz., 1 Bogen

Kaiser Napoleon bedankt sich von Mailand aus für die Glückwünsche des Fürsten Carl Anselm von Thurn und Taxis vom 12. April 1805 zur Vereinigung der Krone des Königreiches Italien mit der Kaiserkrone in seiner Person. Der Kaiser versichert dem Fürsten seine Unterstützung für die Interessen des fürstlichen Hauses.

Regensburg, FZA, Haus- und Familiensachen 688 Nr. 12

16 POSTHANDBUCH DER FRANZÖSISCHEN REITPOSTEN

1830
Band, roter Maroquineinband, mit Kartenbeilage, Stahlstich, grenzkoloriert, 316 S.

Das *livre de poste* oder *état général des postes aux chevaux* erschien jährlich seit dem Ende des 18. Jahrhunderts für die Bedürfnisse der Reisenden. Neben einem Kalender und Schematismus der französischen Postverwaltung wurden im einleitenden Teil Auszüge aus geltenden Gesetzen und Verordnungen in Postsachen abgedruckt. Den Hauptteil der französischen Posthandbücher nehmen die durchnumerierten Poststraßen mit Entfernungsangaben zwischen den einzelnen Postrelais in *postes* (Posten) ein, von der Straße Nr.1 Paris – Amiens

bis Nr. 186 Paris – Zürich. Poststraßen außerhalb Frankreichs, die von ausländischen Postanstalten betrieben wurden, sind teilweise nur summarisch aufgeführt. Ein Ortsregister der inländischen und ausländischen Postorte erleichterte dem Reisenden die Benützung des Handbuches.
Die beigelegte Poststraßenkarte auf der Grundlage der französischen Departementseinteilung führt diese wichtigsten Poststraßen auf.
Einige Exemplare dieser in der Fürstlichen Hofbibliothek vorhandenen französischen Posthandbücher stammen aus der Bibliothek des Frankfurter Generalpostmeisters Alexander Freiherrn Vrints–Berberich.

Regensburg, FHB, LIV G 24

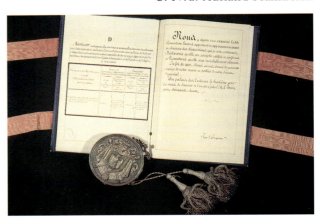

17 ANWEISUNG ZUR EINHEITLICHEN BEZEICHNUNG DER UNFRANKIERTEN BRIEFE AUS DEUTSCHLAND MIT BESTIMMUNGSORTEN IN FRANKREICH UND ALGERIEN
1861 November 25
Druck, 1 Blatt, mit Chiffren

Als Beilage B zum letzten Postvertrag zwischen dem zweiten französischen Kaiserreich und der fürstlich thurn und taxisschen Postverwaltung in Frankfurt findet sich vorliegendes gedrucktes Blatt mit den chiffrierten Zahlen zur Kennzeichnung jener unfrankierten Briefe auf dem Umschlag, deren Destination Frankreich und Algerien war. Da das Porto derartiger Briefe erst bei der Abgabe abgefordert wurde, sind die Portobeträge in der französischen Währung Francs bzw. Décimes ausgeworfen. Die Einheitlichkeit der Taxvermerke sollte die ordnungsgemäße Portoabrechnung gewährleisten.

Regensburg, FZA, Posturkunden 855 Beilage

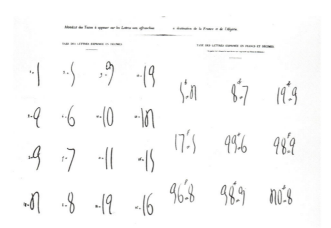

18 RATIFIKATION DES FRANZÖSISCH–THURN UND TAXISSCHEN POSTABKOMMENS DURCH KAISER NAPOLEON III.
1862 Januar 8 Paris
Libell, frz., in blauem Samt gebunden, mit roten Bändern, 22 Bll., gelbes Majestätssiegel in versilberten Kapsel an Silberfäden mit blaudurchwirkten Quasten

Die zwischen der französischen Generalpostverwaltung, vertreten durch den Generalpostdirektor Eduard Vandal, und der thurn und taxisschen Lehenpostverwaltung, vertreten durch den Rat bei der fürstlichen Generalpostdirektion Dr. Louis Bang, am 25. November 1861 abgeschlossene Postkonvention regelte in 40 Artikeln letztmals vor dem Ende der thurn und taxisschen Lehenposten den bilateralen Briefverkehr zwischen dem französischen Kaiserreich und den direkten thurn und taxisschen Postgebieten in den Mittelstaaten des Deutschen Bundes.
Einzelne Vertragspunkte betrafen das Porto der verschiedenen Druckerzeugnisse, Berechnung des belgischen Transitportos, Porto und Frankierungsvorschriften, Behandlung von Wertbriefen, im allgemeinen ausschließlich postalische Fragen. In den zahlreichen Anlagen zur Konvention sind die verschiedenen gewöhnlichen und reduzierten Taxgebühren festgelegt.
Kaiser Napoleon III. ratifizierte diesen Staatsvertrag mit der thurn und taxisschen Postverwaltung am 8. Januar 1862 zu Paris, im Königsschloß der Tuilerie. Die im Musée Postal zu Paris verwahrte Ratifikation durch den Fürsten Maximilian Karl von Thurn und Taxis wurde am 22. Januar 1862 in Regensburg ausgestellt.

Regensburg, FZA, Posturkunden 855

C. Kaiserliche Reichspost und fürstliche Lehensposten im politisch-wirtschaftlichen Spannungsfeld zwischen Frühkapitalismus und Reichsgründung

C. IV. Postverhältnisse zum Ausland

C. IV. b. Schweiz

Der Ursprung des schweizerischen Postwesens beruht wie bei den benachbarten europäischen Staaten im mittelalterlichen, besonders ständischen Botenwesen. Für erste regelmäßige neuzeitliche Nachrichtenverbindungen sind ausländische Botenkurse kennzeichnend: die *Fussacher Boten*, auch *Lindauer Boten* genannt, die Briefe und Ware von Lindau über den Splügenpaß und Como nach Mailand brachten. Seit der Wende zur Neuzeit unterhielten die *Nürnberger Boten* mit St. Gallen und der Ostschweiz enge Kontakte. Später bestand in Lindau Anschluß an die taxisschen Reitkurse und an die Botenlinie nach Mailand. Noch im 15. Jahrhundert entwickelte sich auch die *Lyoner Ordinari*, die erste transhelvetische Postlinie. Dieser zur Konkurrenz wurden regelmäßige Botenkurse von Schaffhausen und Zürich, so durch die Gebrüder Peyer. Auf einer anderen Ebene liegt die *Fischer–Post*, die dann im Laufe der Zeit Bern zur Postmetropole der Eidgenossenschaft machte. Grundsätzlich war im 17. Jahrhundert zu unterscheiden zwischen Boten der Kaufmannschaft und jenen lokaler Behörden.

Für Taxis wurde die Schweiz erst interessanter, als nach dem Dreißigjährigen Krieg die Reichspost bemüht war, den Südwesten des Reichs besser an das bisherige Netz anzubinden. Hier bot sich Schaffhausen an, dem freilich das vorderösterreichische Postgeneralat Innsbruck zeitweise als Konkurrent gegenüberstand.

Im 18. Jahrhundert sind – neben Schaffhausen und den Fischern in Bern – Basel und Zürich Vertragspartner der kaiserlichen Reichspost. Gegen Ende des Jahrhunderts erlauben die sog. *Pauerspach-Visitationsberichte* aufschlußreiche Einblicke in die Tätigkeit der Reichspost in Basel und Schaffhausen (FZA, Postakten 1520–1521). Ein Vertragsprojekt aus der napoleonischen Zeit, noch vor dem Untergang des Alten Reiches, kam nicht mehr zustande. Der Entwurf vom Januar 1806 sah die Regelung der postalischen Verhältnisse zwischen der Reichspost und sämtlichen eidgenössischen Postanstalten vor.

Die Lehenpost-Zeit ist gekennzeichnet durch Einzelverträge zwischen der Fürstlichen Generalpostdirektion in Frankfurt und einzelnen Kantonen oder deren Postverwaltungen. Ein *Sonderfall* ist Schaffhausen, wo es dem Fürstlichen Haus gelang, Ende 1833 die Postrechte zu erwerben. Hier gab es also bis Ende 1848 eine taxissche Post in einem Schweizer Kanton. Bemühungen, auch in anderen Kantonen Postrechte zu erwerben, scheiterten allerdings. Mit der Schweizerischen Verfassung von 1848 war dann dort eine Zentralisierung des Postwesens verbunden; fortan war die Schweiz als Einheit Vertragspartner.

E.P.

Lit.: A. Wyss, Die Post in der Schweiz, Bern u. Stuttgart 1987 – A. Wyss, Die Schweizer Post von ihren Anfängen bis zur Gegenwart. In: ADP 26 (1978/2) S. 102–137 – Dallmeier 1977/I, S. 123–128, 209–214 – J.J. Winkler, Handbuch der Schweizer Vorphilatelie 1695–1850, Zürich 1968 – Handwörterbuch des Postwesens (1953) S. 673 – E. Bonjour, Geschichte der schweizerischen Post 1849–1949. Die Eidgenössische Post, 2 Bde., Bern 1949.
Zu Schaffhausen: R.C. Rehm (Hrsg.), Postgeschichte und klassische Philatelie des Kantons Schaffhausen, Schaffhausen 1987 – E. Probst, Das kaiserliche Reichspostamt Schaffhausen in den Visitationberichten des Karl Ritter von Pauerspach aus dem Jahre 1783. In: Rehm (1987) S. 89–96 – R. Jezler, Das Post–Patent des Stadt-Staates Schaffhausen, die Postregale des Kantons Schaffhausen und Nicolaus Klingenfuss, Wiederbegründer des Schaffhauser Postwesens, Schaffhausen 1978 – Marc Moser, Das Schaffhauser Postwesen, Thayngen 1949.
Allg. zur Quellenlage: E. Probst, Süddeutschland und die Schweiz, Wege zu Quellen der Postgeschichte. In: SASV Schweiz. Altbrief- und Spezialsammler-Verein, Bulletin 79, Stein a.Rh. 1988, S. 1101–1113.

Die Postverhältnisse bis zum frühen 19. Jahrhundert

Die Berner *Fischer–Post*
Zürich – Schaffhausen – Vorderösterreich

1 NIKOLAUS KLINGENFUSS UND SCHAFFHAUSEN

1681 Oktober 2 Schaffhausen
Ausf., 2 Bll.
Revers des Nikolaus Klingenfuß

Der Revers bezieht sich auf die Annahme einer Stelle als kaiserlich österreichischer Postverwalter. Die *Ära Klingenfuß* in Schaffhausen begann bereits 1641, als er die Stelle des abgesetzten *Baßler Bott* übernahm; er war auch Teilhaber an der *Lyoner Ordinari*. Bürgermeister und Rat bewilligten ihm dann 1652 das Post- und Ordinariwesen ins Reich und 1659 wurde ihm ein ähnliches Patent für Genf erteilt.
Am 1. Juni 1680 kam in Ulm zwischen dem Postmeister und seinem Tochtermann Johannes Wischer einerseits, sowie Reichspostmeister Öxle aus Nürnberg und

Reichspostverwalter Pichelmayr in Augsburg andererseits eine Übereinkunft zustande, die auf eine Verbesserung des kaiserlichen *hochbefreyten Postregals* und eine Einschränkung reichsstädtischer Botendienste abzielte (FZA, Posturkunden 492). Kurz darauf, am 22. September, schloß Graf Eugen Alexander von Thurn und Taxis mit Freiherrn Werner von Thurn und Taxis, dem Hof- und Erbpostmeister der Grafschaft Tirol sowie der ober- und vorderösterreichischen Lande zu Innsbruck, wegen der aus Italien kommenden und für die Schweiz bestimmten Briefe eine Vereinbarung ab (FZA, Posturkunden 866). Nach Unterzeichnung des Traktats von Ulm wurde 1681 in Schaffhausen eine kaiserliche Reichspostanstalt eröffnet. Gleichzeitig damit kam es zur Ausräumung von Differenzen, die wegen des Botenritts zwischen Schaffhausen und Basel bestanden hatten.

Regest: Dallmeier 1977/II, S. 195, Nr. 412; zu Posturkunden 492: S. 188–189, Regest 403; zu Posturkunden 866: S. 192–193, Nr. 405.
Druck der Ulmer Konvention von 1680 in: APT 1894, S. 47–50 (Rübsam).
Lit.: Rehm (1987) S. 16–19 – Wyss (1987) S. 48 ff., 75 – Dallmeier 1977/II, S. 124 ff.

Regensburg, FZA, Posturkunden 943

2 KLINGENFUSS-WAPPEN AN SCHAFFHAUSER HAUS-ERKER
Um 1640
Foto: Allianzwappen Klingenfuß–Pfau
Schaffhausen, Fischerhäusernstraße 26 (Badhof); von dem 1857 abgebrochenem alten Posthaus am Fronwaagplatz hierher überführt
a) Gesamtansicht des Erkers
b) Wappenstein im vorderen Brüstungsfeld unterhalb des mittleren Fensters; seitliche Felder mit Ranken, die im Zentrum Fratzen bilden

Nikolaus Klingenfuß, aus Osterfingen stammend, 1612 geboren, verstarb kurz vor dem 12. Oktober 1690. Das Schaffhauser Bürgerrecht erwarb er 1638. Im gleichen Jahr heiratete er Margareta Pfau.
Wappen Klingenfuß: In Silber auf grünem von zwei Klingen besteckten Dreiberg natürlicher nach links gerichteter Fuß; auf dem Helm Posthorn. – Wappen Pfau: In Rot ein nach rechts gerichteter natürlicher Pfau; auf dem Helm eine Lilie.

Zu den Wappen frdl. Hinweis v. H. Staatarchivar Dr. U. Wipf, Schaffhausen.
Lit.: Jezler (1978) S. 10–19; zur Erbfolge S. 92 f. – B. Bruckner-Herbstreit, Heraldischer Führer durch Schaffhausen, Lausanne 1958, S. 36, 67 f. – R. Frauenfelder, Die Kunstdenkmäler des Kantons Schaffhausen, Bd.1, Basel 1951, S. 434 – Abb. bei R. Frauenfelder, Siebzig Bilder aus dem alten Schaffhausen, Schaffhausen 1937, Nr. 62 – Zur Alten Post (Fronwaagplatz 15) R. Frauenfelder u. O. Stiefel, Führer durch die Stadt Schaffhausen, 4. Aufl. bearb. v. U. Ganter, Schaffhausen 1973, S. 20.

Regensburg, FZA, Fotodokumentation

3 BEAT FISCHER VON REICHENBACH, POSTMEISTER IN BERN, UND DIE EINIGUNG MIT DER REICHSPOST WEGEN DES KORRESPONDENZWECHSELS
1691 November 8 (Oktober 29 a.St.)
Schaffhausen
Ausf., Libell, 6 Bll. mit 2 Petschaften
Datierung Schaffhausen alter und neuer Stil
Aufgeschlagen: Schlußseiten

Zwischen Bernhard von Pichelmayr, Postmeister zu Ulm und Postverwalter zu Augsburg, und Beat Fischer von Reichenbach, dem Postmeister der Stadt Bern, kam wegen Verbesserung des Postkurses von und nach Holland sowie der Schweiz eine umfassende Vereinbarung zustande, in der Postenlauf und Posttaxe reguliert wurden. So sollte das Postamt *Ruremonde* zur besseren Abrechnung dem Postamt *Bärn ordinariè* ein verschlossenes Amtspaket zusenden, worin alle Briefe für die Schweiz – ausgenommen jene für *Zürich, Baasel, Schaffhausen, St.Gallen* – sowie für *Piedmont, Savoy, Burgund, Lyon, Lyonois, Provence, Delphinat* und *Languedoc* enthalten seien. Das Bernische Postamt hatte ein solches Amtspaket mit den Briefen für die 17 Niederländischen Provinzen, England u.a. an das Postamt *Ruremonde* abzufertigen; es sollte franco passieren und zwischen Bern und Roermond nicht erbrochen werden. Briefe nach Köln, Frankfurt und anderen zwischen Bern und Roermond liegenden Postämtern sollte Bern dem Postamt Schaffhausen zusenden, das ihm das ausgelegte und eigene Porto zu vergüten hatte; in umgekehrter Richtung war entsprechend zu verfahren.
Eine Übersicht mit der *Verbeßerung der ietzmahligen anstalt zwischen Frankfort und Genff* ist neben einer *Taxordnung des briefports, ... von beschwerten und mercantilpaqueten* eine von beiden Seiten gezeichnete und gesiegelte Beilage zum Vertragsprojekt. Vorgesehen waren jeweils zwei Ordinari, ab Genf Dienstag- und Freitagabend, am Sonntagmittag bzw. Donnerstagfrüh in Frankfurt ankommend; von Frankfurt sollten die beiden Ordinari am Dienstagabend bzw. Samstagabend abgehen und am Montagvormittag bzw. Freitagmorgen in Genf ankommen.
Fischer ließ bereits im Februar 1691 Pichelmayr entsprechende Vorschläge unterbreiten; im April des Jahres trafen sich die beiden Postmeister in Überlingen am Bodensee. Ein Kernproblem bildete der Frankierungszwang zwischen der Schweiz und Holland. Fischer vertrat die Ansicht, viele Leute würden vom Briefschreiben abgehalten, wenn sie bei der Aufgabe noch etwas bezahlen müßten.

Regest der Vereinbarung: Dallmeier 1977/II, S. 224–225, Nr. 457.
Lit.: Dallmeier 1977/II, S. 126 ff., 210 f. – Rehm (1987) 20 f. – Wyss (1987) S. 74 f. – Jezler (1978) S. 19 – Beziehungen der Kaiserlichen Reichspost zu der Schweizer Post am Ende des XVII. Jahrhunderts. In: APT 1894, S. 627–635.

Regensburg, FZA, Posturkunden 946

4 BEAT FISCHER VON REICHENBACH (1641–1698) STIFTER DES FISCHER'SCHEN POSTUNTERNEHMENS AUS BERN

1697
Gemälde von Johann Rudolf Huber, Öl auf Leinwand

Beat Fischer von Reichenbach ist – in der restaurierten Bildfassung – in der Amtstracht als Mitglied des Kleinen Rats von Bern dargestellt, mit Talar, Barett, in der Rechten einen Stab haltend, der an sich seinem Neffen, Landvogt in Gesseney (heute Saanen), gewidmet war. Der Stab war letzterem wegen seiner Verdienste verliehen worden, hat also nichts mit dem Postgründer zu tun; die noch deutlich lesbare Inschrift auf dem Stab unterstreicht diese Tatsache.

Der aus dem Patriziat stammende Beat Fischer verzichtete schon früh auf den damals üblichen Kriegsdienst in der Fremde; entsprechend seiner Begabung widmete er sich schöpferischen Aufgaben. An der Universität Genf studierte er französische und italienische Sprache sowie Rechtswissenschaften. Der bedeutende Warenumschlagplatz, die im Studium erworbenen Kenntnisse und nicht zuletzt seine Bekanntschaft mit Fachleuten aus dem Postwesen zeichneten bereits einen erheblichen Teil seines späteren Schaffens.

1675 wurde ihm die Organisation und Führung des Postwesens der Republik Bern, die damals als der größte Stadtstaat nördlich der Alpen galt, in Pacht für zunächst 25 Jahre anvertraut. Die Vereinbarungen betrafen die Beförderung von Briefen, Paketen und Personen, allerdings mit dem Recht der Regierung, die Taxen selbst festzulegen. Noch 1675 schloß Fischer Verträge mit dem Stand Freiburg und richtete ein eigenes Postbüro in Genf ein. In der Folge wurden u.a. Übereinkommen mit anderen Kantonen, mit Frankreich, dem Herzogtum Neuenburg, Savoyen und Mailand abgeschlossen. Neben der Einigung mit der Reichspost wegen des Briefverkehrs von und nach England und den Niederländischen Provinzen kam es auch zur vertraglichen Absicherung mehrerer Alpenübergänge.

In verschiedenen Missionen vertrat Beat Fischer die Republik Bern wiederholt im Ausland. Seine Karriere brachte ihn 1673 in den Großen Rat, 1695 in den Kleinen Rat; seit 1680 war er Landvogt in Wangen. Kaiser Leopold I. erhob ihn 1680 in den Adelsstand. Verbunden damit war eine Wappenmehrung mit dem goldenen Posthorn. Nach dem Bau des neuen Schlosses in Reichenbach nannte er sich *Fischer von Reichenbach*. Er galt damals als eine der bedeutendsten Personen der Schweiz. Ihr hinterließ er nach seinem Ableben die entschieden größte und wichtigste Postorganisation des Landes, einen Verkehrsfaktor auch *von europäischem Format,* ohne allerdings an das große Vorbild der Thurn und Taxis heranzukommen. Das *Unternehmen* der Fischer–Post wurde von insgesamt sechs Generationen desselben Familienzweiges weitergeführt, bis dann ein politischer Umsturz 1832 die Auflösung erzwang.

Lit.: P.E. Heiniger, Die Reglemente und Tarife der Fischer'schen Post 1675–1832. Eine Zusammenfassung der wichtigsten Dokumente (Faksimile, Privatdruck), Bern 1984; ders., Streiflichter aus der bernischen Postgeschichte, Bern 1978, S. 21–29 – Wyss (1988) S. 66 (Abb. 56), allg. zur Fischer–Post S. 59–92 – Dallmeier 1977/I, S. 126 ff., 209; 1977/II, S. 222–225, 231 ff. u.a. – Jean J. Winkler, Handbuch der Schweizer Vorphilatelie 1695–1850, Zürich 1968, S. 172f. – Hans Müller, Die Fischerpost in Bern in den Jahren 1675 bis 1698. Bern 1918 – Huber, Johann Rudolph. In: Thieme-Becker 18 (1925) S. 12 f.

CH–Bolligen, Stiftung Schloß Jegenstorf: Privatbesitz, Leihgabe von Mme. Madeleine von Fischer – von Graffenried P.H.

5 ANKUNFT UND ABFAHRT DER POSTEN IN ZÜRICH

1732 Mai 1 Zürich
Einblattdruck, *gedruckt bey David Geßner.*
Mit Wappenvignette: Züricher Wappen, zwei aufrecht stehende Löwen als Schildhalter, in der Linken den Schild, in der Rechten einen Palmzweig bzw. ein Schwert haltend

Weilen seit letstern gedruckter Post–Ordnung ein und andere Abänderung beschehen / Folget jezo eine / Neue Verzeichnuß wie und wann die Posten und Botten zu Zürich / ordinari ankommen und ablauffen / Adj Primo Maji 1732. – Dieser Einblattdruck ersetzt Vorgänger ähnlicher Art. Unterhalb der die beiden Spalten für Ankunft bzw. Abfahrt trennenden Zierleiste folgen ein Frankierungshinweis, *NB. Es diene zur Nachricht das alle Briefe so weiters als Nürnberg und Augspurg, auch die Brief in die Pfalz, Landau, Durlach, ingleichem nach Botzen, Insprug. / Item diejenigen so weiters als Mayland und Bergamo gehen / nothwendig müssen franquiert werden* und der Druckervermerk.

Die engen postalischen Beziehungen zwischen Schaffhausen und Zürich zeigen sich in den vier– bzw. fünffachen wöchentlichen Verbindungen beider Orte.

Nach dem *Bürkli–Kalender* von 1713 bestanden neben den Kursen mit Bern–Genf, Basel, Schaffhausen, sowie mit Mailand und Bergamo (über den Gotthard) auch 1713 Reitpostverbindungen mit Luzern über Zug, Chur, St.Gallen und Konstanz. Einblattdrucke vermitteln in der Folge die weiteren Postwege.

Fast täglich war Postverkehr, lediglich montags kam keine Post an und dienstags ging keine Post ab. Am Montagnachmittag, 4 Uhr, traf die Schaffhauser Post ein, und mit ihr kamen auch *die Briefe von Stuttgart, Ulm, Nürnberg, Augsburg und Wien, item aus dem ganzen Reich etc., von Frankfurt, Leipzig, Hamburg, Holland, England usw.* Die Post aus Frankfurt ging jeweils am vorherigen Samstagabend 8 Uhr dort ab. Die zweite Ordinari mit Post aus den gleichen Richtungen traf am Freitagnachmittag, 4 Uhr, von Schaffhausen in Zürich ein. Die Post in umgekehrter Richtung verließ am Mittwochvormittag, 10 Uhr, bzw. am Samstagabend, 8 Uhr, Zürich in Richtung Schaffhausen.

Lit.: Wyss (1987) S. 95 – Jezler (1978) S. 101 u. 107 – R. Freytag, Verzeichnis geschriebener und gedruckter Postberichte, Posttarife und ähnlicher Dokumente des f. Thurn und Taxisschen Zentralarchiv Regensburg. In: APB 7 (1931/1) S.15–48: Basel, Bern, Genf, Schaffhausen, Zürich.

Regensburg, FZA, Postakten 1132

6 POSTWEGE DURCH DEN SÜDWESTEN DES REICHES IN DIE SCHWEIZ
1772 September/Oktober bzw. 1773 Juni
Kartenskizze, Feder, farbig laviert

Darstellung der Reichspost–Felleisenrouten zwischen Stuttgart und Schaffhausen, zwischen Stuttgart, Ulm und Augsburg, sowie zwischen Augsburg und Lindau; vorderösterreichischer Kurs zwischen Freiburg und Füssen mit Anbindungen von Konstanz nach Stockach, von Wasserburg/Bodensee nach Altdorf, Verbindung von Wasserburg nach Bregenz und Anbindung von Bregenz über Weiler und *Dornweit* nach Kempten; *neu projektierte österreichische Ordinari-Touren* von Günzburg über Ehingen, Riedlingen, Mengen und Stockach nach Singen, von Ehingen nach *Altorf* (Altdorf) zum Kurs von Freiburg nach Füssen, schließlich von Günzburg an Memmingen vorbei über *Kimertshofen* (Kimratshofen) nach *Dornweit* zur Anbindung an den Kurs von Kempten nach Bregenz. Die südliche Begrenzung der Kartenskizze ist der Bodensee mit Schaffhausen (Reichspost), Konstanz (Reichspost/Österreich), Lindau (Reichspost) und Bregenz (Österreich). Bestehende und projektierte (vorder-)österreichischen Kurse wurden in der Skizze rot angelegt.

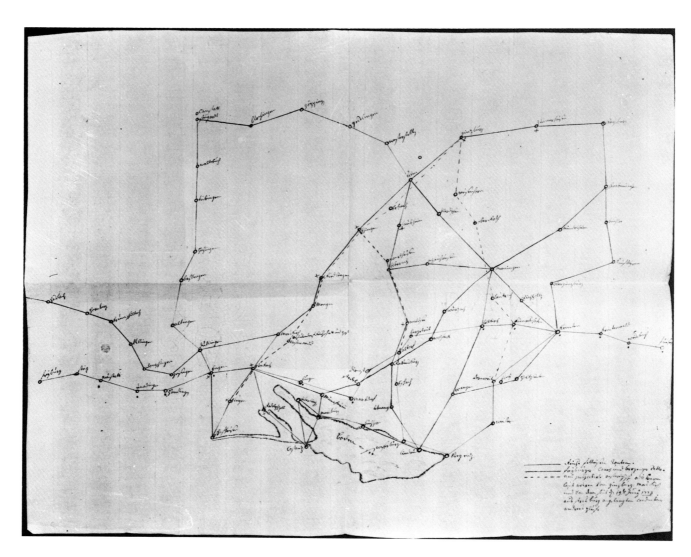

C. IV. b. Ausland Schweiz

Die Hinweise auf die projektierten (vorder–)österreichischen Linien, die teilweise parallel zu Reichspostkursen verliefen, stammten von Informationen der Posthaltereien Günzburg und Meßkirch sowie *von dem heut den 19ten Juny 1773 aus Strasburg angelangten Conducteur.*

Die Karte war 1770 bereits in einem Sammelband mit neun Druckschriften veröffentlicht worden. Dabei ging es um den Anspruch der Reichspost auf das in fürstenbergischem Territorium gelegene Geislingen.

Druck der Karte in: Verschiedene zu Entscheidung deren zwischen denen Kais. Reichs, und Kais. Kön. Tyrolischen auch Vorder-Oesterreichischen Posten obwaltenden Streitigkeiten dienende IMPRESSA. Gedruckt bei Johann Thomas Edlen von Trattnern, k.k. Hofbuchdrucker und Buchhändler. Wien 1770 – Nachzeichnung 1769. In: K. Löffler, Geschichte des Verkehrs in Baden, Heidelberg 1910, Karte 3.

Lit.: Löffler (1910) S. 279–298 – W. Münzberg, Thurn und Taxis 1490–1867, Teil 1 (u.a. Vorderösterreichische Pachtpost), Regensburg 1989, S. 125 ff.

Regensburg, FZA, Postakten 4419

7 ERNENNUNG DES ANSELM FRANZ VON MEYENBURG ZUM REICHSPOSTMEISTER IN SCHAFFHAUSEN
1773 Juli 31 Regensburg
Ausf., Perg., mit S in Holzkapsel

Die ursprünglich gemeinsame Verwaltung aller Post– und Boteneinrichtungen in Schaffhausen – also des Reichspostamts, der Vorderösterreichischen Posten und des städtischen Botenwesens – war durch die Postpolitik der Fischer–Posten in drei selbständige Bereiche zerfallen. Die Situation verbesserte sich wieder, als 1712 Kaiser Karl VI. dem Johann Jacob von Meyenburg zum Reichspostamt auch die Verwaltung des Vorderösterreichischen Postamts übertrug. Differenzen zwischen ihm und den Verwaltern des städtischen Ordinari–Botenwesens, Stokar und Peyer, wurden im folgenden Jahr durch einen Kompromiß ausgeglichen (FZA, Posturkunden 949). Seitdem verwalteten die drei Familien Meyenburg, Peyer und Stokar unter der Oberaufsicht des 1701 gegründeten Kaufmännischen Direktoriums die Post in Schaffhausen bis 1829 gemeinschaftlich.

Das von Fürst Carl Anselm von Thurn und Taxis 1773 für Anselm Franz von Meyenburg ausgefertigte Dekret veranschaulicht die Repräsentationsart, mit der die Ernennung von Postmeistern besonderer Postämter erfolgte. Derartige Originaldokumente wurden gerade bei den Postmeisterfamilien, die über mehrere Generationen in fürstlichen Diensten standen, besonders verwahrt und hochgehalten. Das Postmuseum Bern besitzt mehrere derartige Originaldokumente.

Bemerkenswert ist der Vorname Anselm Franz: die Namensvergabe erinnert an Fürst Anselm Franz von Thurn und Taxis (1714–1739 Reichserbgeneralpostmeister). – Eine *Instruction pour mettre mon fils* [Balthasar von Meyenburg] *au fait des affaires* (Original im PTT–Archiv Bern) schildert den Schaffhauser Postbetrieb jener Zeit in allen Einzelheiten. – Dreieinhalb Jahrzehnte, zwischen 1763 und 1798, amtierte Meyenburg auch als Schaffhauser Bürgermeister.

Lit.: Dallmeier 1977/II, S. 211 – Rehm (1987) S. 24 ff., 32 – Zur Erbfolge Meyenburg: Jezler (1978) S. 95 – Moser (1949) Taf. III – Th. Pestalozzi–Kutter, Kulturgeschichte des Kantons Schaffhausen und seiner Nachbargebiete Bd. 3, Aarau u. Leipzig 1931, S. 309.

Zur Familie Peyer grundsätzlich: R. Frauenfelder, Geschichte der Familie Peyer mit den Wecken 1410–1932. Als Ms. gedruckt (1932).

Bern, Generaldirektion PTT, Postmuseum

8 DER KANTON SCHAFFHAUSEN IM KARTENBILD DES 18. JAHRHUNDERTS
1753
Le Canton ou Territoire de la Republique de Schafhouse en Suisse, levé cy. devant par Mr. Pejer, Capitaine, et publié par les Heritiers de Homann l'an 1753 – In Kartusche unterhalb des Schaffhauser Wappens: *Territorium Reipublicae liberae Helveticae Scaphusiensis ... 1753*
Karte, Kupferstich, koloriert
Kartographie: Tobias Mayer (1723–1762), Nürnberg und Göttingen
Offizin Homanns Erben, Nürnberg

Nachstich der sog. *Heinrich–Peyer–Karte*. Das Blatt zeigt in etwa das Bild des Kantons, wie er drei Jahrzehnte später in den Pauerspachischen Visitationsberichten ausführlich beschrieben wird. Im Vordergrund steht dabei die Querverbindung von Basel über die vorderösterreichischen Orte Rheinfelden, Säckingen, Laifenburg, Waldshut und Lauchringen nach Schaffhausen. Das Einzelblatt ist mit der Datierung von 1753 auch als Blatt 14 des *Atlas novus reipublicae Helveticae XX Mappis compositus sumtibus Homannianis Heredibus* 1769 in Nürnberg erschienen. Die Karte ist sorgfältig nachgezeichnet und übersichtlich gestaltet.

Lit.: H.P. Rohr, Schaffhausen im Bild alter Karten, Schaffhausen, 1986, Nr. 22 – Zur Pauerspach–Visitation: Probst, in: Rehm (1987) S. 89–96. – Allg.: E. Probst, Karl Ritter von Pauerspach und seine Thurn und Taxisschen Postvisitationen 1782/1783. Quellen und Studien zur Postgeschichte 2, Kallmünz 1979.

Regensburg, FHB, XIV.B.6 (Sammelband), Blatt 6

9 QUELLEN ZUR POSTGESCHICHTE DER SCHWEIZ UND IHRER KANTONE IM FÜRST THURN UND TAXIS–ZENTRALARCHIV
17.–19. Jh.
Graphische Darstellung: W. Münzberg

Übersicht über die zwischen der kaiserlichen Reichspost bzw. den fürstlichen Lehenposten und den Schweizer Kantonen bzw. der Schweizer Eidgenossenschaft abgeschlossenen Postverträgen und ähnlicher Vereinbarungen (FZA, Posturkunden 942–983), ferner einschlägiger Postakten für die Kantone Aargau, Basel, Bern, St. Gallen, Graubünden, Schaffhausen, Thurgau und Zürich.

Quellen: FZA, Posturkunden bzw. Posturkunden–Repertorien.
Lit.: Dallmeier 1977/II – E. Probst, Süddeutschland und die Schweiz. In: Schweizer Altbrief– und Spezial–Sammler–Verein, Bulletin 79 (1988) S. 1109ff. – Wyss (1987).

Regensburg, FZA, Graphiken

Die Thurn und Taxis–Post und die Schweiz im 19. Jahrhundert
Beziehungen zur Schweiz und ihren Kantonen

10 **BALTHASAR VON MEYENBURG–PEYER (1752–1821) – SCHAFFHAUSER KANTONALPOSTMEISTER**
Um 1800
Gemälde, Öl auf Leinwand

Balthasar, Schloßherr zu Herblingen, war der Sohn von Anselm Franz von Meyenburg–Pfister (1723–1805) und Enkel von Johann Martin von Meyenburg–Peyer (1689–1743). Anselm Franz und Balthasar werden neben Johann Conrad Stokar von Neuforn und dem (noch minderjährigen) Johann Conrad von Peyer in dem groß angelegten *Pauerspach–Visitationsbericht* 1783 als Postmeister von Schaffhausen erwähnt. Sie hatten *gemeinschaftlich* den Offizial, damals Jacob Brunner, zu entlohnen. Daneben waren sechs Postknechte und zwei Beiläufer tätig.
Von Balthasar von Meyenburg stammt der 1808 verfaßte Bericht *Die täglichen Speditionen des Postamts Schaffhausen,* ferner die ein paar Jahre später niedergeschriebene *Geschichte des Schaffhauser Postwesens 1641 bis 1812.* Beide postgeschichtlich wertvollen Quellen werden heute in Kopie und Auszügen im Stadtarchiv Schaffhausen verwahrt.

C. IV. b. Ausland Schweiz

Lit.: Probst, in: Rehm (1987) S. 93 – Rehm (1987) S. 42 – Wyss (1987) S. 158 u. 160 – Zur Erbfolge Meyenburg: Jezler (1978) S. 95.

Kollbrunn, Privatbesitz Klaus von Meyenburg–Ulrich

11 ANSELM FRANZ VON MEYENBURG–STOKAR (1788–1864) – BÜRGERMEISTER UND POSTMEISTER VON SCHAFFHAUSEN
1803
Gemälde, Öl auf Leinwand, sign. JA

Anselm Franz, Sohn des Postmeisters Balthasar von Meyenburg, war mit einer Stokar von Neuforn verehelicht, aus dem Kreis der Familien, die neben den Meyenburg zu den Schaffhauser *Postberechtigten* gehörten. Wegen des Postwesens war es schon 1818 zu politischen Diskussionen gekommen. Damals boten die drei postberechtigten Postmeisterfamilien dem Kanton eine jährliche Zahlung von 1500 Gulden an; 1825 ist dann erstmals von einem Kantonspostregal die Rede. Franz Anselm von Meyenburg war 1834 einer der Mitunterzeichner des Regalverkaufes an das *ausländische* Fürstenhaus Thurn und Taxis (vgl. unten Nr. 14)

Lit.: Rehm (1987) S. 40 – Wyss (1987) S. 99, 160f. – Jezler (1978) S. 77–80 (Regal 1825 u. Revers 1827) – Lebenserinnerungen des Bürgermeisters Franz Anselm von Meyenburg–Rausch (1785–1859). In: Neujahrsblatt des Historisch–antiquarischen Vereins Schaffhausen 1896, S. 27, 30, u. 1897, S. 8 u. 33.

Herrliberg, Privatbesitz Hans von Meyenburg

12 KORRESPONDENZ– UND POSTWAGENTARIF DES ZÜRICHER POSTBÜRO IM KANTON THURGAU
[1814]
Einblattdruck,
Formular mit handschriftlichen Ergänzungen

Im Kanton Zürich war das Postwesen seit 1803 Staatsregal. Es wurde in eigener Regie wahrgenommen. Auf Grund gegenseitiger Abkommen nahm Zürich zudem über längere Zeiten, teilweise bis 1848, auch die Post in den Kantonen Uri, Schwyz, Obwalden und Nidwalden, Zug, Thurgau und Tessin in Pacht. Im Kanton Thurgau währte die Pachtzeit von 1807 bis 1848. Mit dieser Politik ging es Zürich offensichtlich darum, die wichtigste und einträglichste Transitlinie über den Gotthard samt den Anschlußlinien über Konstanz bzw. Schaffhausen in seine Hände zu bekommen.

Der *Correspondenz–Tarif für das Zurichersche Post–Bureau Romannshorn im Canton Thurgau* wurde von der *General–Post Direktion des Cantons und Arrondissements Zürich* wohl 1814 herausgegeben. Die vorliegende Fassung für den einfachen bzw. doppelten Brief, für Loth und Unze sind handschriftlich eingetragen. Die Postorte sind in alphabetischer Abfolge genannt. Die Bemerkungen zum Korrespondenztarif enthalten auch ausführliche Begriffsbestimmungen. So wurden als doppelte Briefe angesehen und frankiert: *jene, welche außer dem Papier, worauf der Brief geschrieben ist, noch einen fühl– oder sichtbaren Gegenstand enthalten, der nicht einen Theil dieses Papiers ausmacht, wie z.B. Wechsel, Preiß–Courant, Muster u. dergl.* Gleiches galt *für solche Briefe, die zwar keine fremden Beilagen enthalten, die aber mehr als ein halbes Loth schwer sind. Unbedeutende Muster, in einfachen Briefen eingeschlossen, werden wie doppelte Briefe taxiert; größere Muster aber, bis auf das Gewicht eines Pfundes, die mit der Briefpost versandt werden wollen, bezahlen den vierten Theil der im Tarif für gewichtige Briefe vorgeschriebenen Taxe.*

Der Postwagen–Tarif ist für die Kantone Aargau, Basel, Bern, Freyburg, Glarus, Graubünden, Luzern, Schweiz, Solothurn, Tessin, Thurgau, Unterwalden, Uri, Waadt, Zug und Neuenburg jeweils einzeln aufgeführt, wobei Geldwert– und Sachsendungen nach drei Klassen *Gold von 100 fl., Silber von 100 fl. und Waren von Pfund* unterschieden wurden. Die Rubriken für die Kantone Appenzell, St.Gallen und Schaffhausen sind leer. Bei der Portoberechnung innerhalb des Postwagen–Tarifs war für den jeweiligen Kanton das *Haupt–Bureaux* maßgebend. *Was weiter geht, oder aus entfernteren Gegenden herkömmt, trägt jedesmal noch das Porto vom Hauptorte bis zu seiner Bestimmung, oder von dem Orte der Aufgabe bis ins Haupt–Büreau.* Auf gute, sorgfältige Verpackung wurde besonderer Wert gelegt; außerdem waren Inhalt und Wert der Sendungen genau zu deklarieren. Glaswaren, Flüssigkeiten und leicht zerbrechliche Gegenstände wurden nicht angenommen, ebensowenig etwa Schießpulver oder andere feuerfangende Gegenstände. *Im Fall aber Effekten ohne gehörige Declaration dennoch der Post aufgegeben werden, so hat der Versender für alle daraus entstehenden Schäden zu haften.*

Eine gleichartige Druckfassung (FZA, Postakten 5378) stammt vom Mai 1815. Ähnliche Tabellen gibt es u.a.

von St.Gallen für Sendungen von Romanshorn über St.Gallen auf den Kursen nach Winterthur und Glarus, auf den italienischen Kursen, dem Bündter Kurs und dem Schweizer Kurs (FZA, Postakten 5377). Ausführungsvorschriften mit gleichzeitiger Bekanntgabe des *Schweizerischen Brief-Tarifs* erließ am 18. Mai 1815 auch die Kgl. Württembergische Postverwaltung für ihre Poststellen (FZA, Postakten 5378).

Lit.: Wyss (1987) S. 125.

Regensburg, FZA, Postakten 5377

13 POST- UND HANDELSSTRASSEN VON DEUTSCHLAND DURCH DIE SCHWEIZER KANTONE NACH ITALIEN
1825
Karte (ca. 1 : 1 981 000), Stahlstich, flächenkoloriert
mit Ankunfts- und Abgangszeiten u.a.

Herausgeber der Karte war die *Direction der Cantonal-Extrapost und Diligence*[n] *des eidgenössischen Standes Graubünden*. Dargestellt ist der Straßenzug vom Bodensee über San Bernardino und Splügen bis nach Genua. Ausführliche Fahrplan- und Tarifangaben bis hin zur Nennung der üblichen Trinkgelder konnten jeweils handschriftlich nachgetragen werden. Das Blatt erschien erstmals 1824. Die *Extrapost-Anstalt* wurde am 24. Mai 1824 eröffnet. Nach einem mit dem Kanton Graubünden 1825 abgeschlossenen Vertrag war das Unternehmen von Tscharner und Dalp berechtigt, sich *Direction der Cantonal-Extrapost und Dilgence* zu nennen.

In der Kopfleiste sind die Wappen der drei Kantone, durch die der neue Handelsweg verlief: in der Mitte das Wappen von Graubünden, rechts das von St.Gallen, und links das von Tessin, jeweils in einem Hochoval, darunter ein Posthorn. Das im übrigen in drei Spalten gegliederte Blatt hat in der Mitte das Kartenbild, dazu zusätzlich Entfernungsangaben in Wegstunden. Die Entfernung von Chur nach Lindau und ebenso nach Rorschach belief sich auf 17 Stunden, nach Zürich auf 25 Stunden, nach Chiavenna auf 19 und Bellinzona (*Bellenz*) auf 26 Stunden. Die Wegstundenangaben der beiden letztgenannten Orte sind handschriftlich angegeben; in der Druckfassung waren sie beide um jeweils zwei Stunden niedriger. Die linke Spalte bietet (handschriftlich nachgetragene) Kursangaben zu Diligencen und Postwagen, ferner Preisangaben ab Chur, zwischen 40 und 45 Kreuzer je deutscher Meile. Über die Extraposten vermittelt die rechte Spalte Einzelheiten. Die Kosten je *Post*, gleichzusetzen mit zwei deutschen Meilen, beliefen sich bei Bereitstellung von zwei Pferden und einem Postillon einschließlich der tarifmäßigen Trinkgelder auf 3 Gulden 48 Kreuzer, Weggelder nicht inbegriffen; für ein gedecktes Fuhrwerk waren dem Posthalter je *Post* 36 Kreuzer zu entrichten. Die Entfernung von Chur nach Rorschach wurde mit 5 1/2, nach Burg mit 15 1/2 und nach Stuttgart mit 17 1/2 Posten berechnet. Weitere Einzelheiten, etwa über Zahl der notwendigen Pferde, Beschaffenheit des Fuhrwerks usw. waren der gedruckten Postordnung, auf die besonders hingewiesen wurde, zu entnehmen.

In der rechten unteren Ecke finden sich noch Hinweise – sie fehlen in der Kartenauflage von 1824 – auf neue kartographische Veröffentlichungen: auf die *Neue Post- und Handelsstraße durch die südöstliche Schweiz*, samt Supplement von 1825 für 20 Kreuzer bei Otto in Chur beziehbar, und auf ein nicht ganz billiges Kartenwerk *Die neuen Strassen durch den Kanton Graubünden, in 30 geäzten Blättern, nach der Natur gezeichnet von J.J. Meyer*, wozu J.G. Ebel Erläuterungen beigab. Dieser Großquart-Atlasband, bei J.J. Meyer zur Blume in Zürich verlegt, war in schwarz für 22, illuminiert für 44, ausgemalt für 88 Schweizerfranken beziehbar.

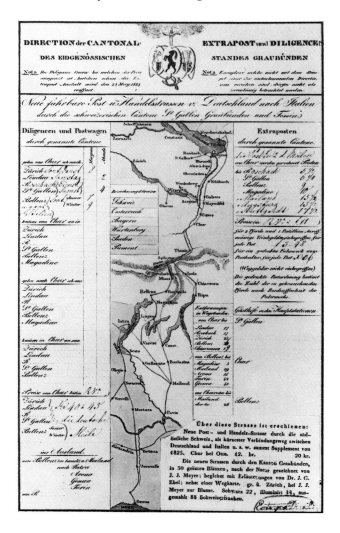

Lit.: Wyss (1987) S. 166, Abb.153 (1826) – Zur Kartographie: Straßenkarten im Wandel der Zeiten. Ausstellung Staatsbibliothek Preußischer Kulturbesitz, Berlin 1975, S. 13 – Vgl. auch für östlich gelegene Alpenübergänge: U. Lindgren, Alpenübergänge von Bayern nach Italien 1500–1850, München 1986.

Regensburg, FZA, Postakten 5379

C. IV. b. Ausland Schweiz

Der *Sonderfall Schaffhausen* 1833/34–1848/53

14 ERWERB DER SCHAFFHAUSER
POSTRECHTE UND DES BÜRGERRECHTS
DURCH FÜRST MAXIMILIAN KARL VON
THURN UND TAXIS
1834 März 24 Schaffhausen
Bürgerrechtsbrief, Ausf., Perg., m. S in
Messingkapsel
Beiliegend mit grünschwarzem Papier
überzogene Rolle, Zierleisten goldgeprägt

Die im Oktober/November 1833 mit dem Kanton Schaffhausen und den drei *postberechtigten* Familien von Meyenburg, Peyer und Stokar geführten Verhandlungen erwirkten, daß das kantonale Postwesen lehenweise dem Fürstlichen Haus überlassen wurde. Bereits am 1. Januar 1834 erfolgte die formelle Übergabe an Taxis. Damit wurde Schaffhausen postalisch zu einem *eidgenössischen Sonderfall,* für den andere Kantone und insbesondere die Verfechter zentralistischer Grundsätze keineswegs Verständnis zeigten.
Schon am 11. Dezember 1833 ließ der Fürst durch seinen Bevollmächtigten, Oberjustiz- und Oberpostrat Dr. Liebel, der Stadtbehörde den Wunsch zum Erwerb des Bürgerrechts eröffnen, *um die hergestellte Verbindung des fürstlichen Hauses mit der Stadt und dem Canton zu befestigen* und andererseits *jene hochachtungsvolle Ergebenheit an den Tag zu legen,* die der Fürst *gegen die gesammte hohe Eidgenossenschaft und insbesondere gegen den hochansehnlichen Canton erfüllet.* Nach entsprechenden Verhandlungen teilte der Stadtrat am 24. März 1834 schließlich dem Fürsten den einmütigen positiven Beschluß der Bürgerschaft mit und übersandte ihm gleichzeitig die offizielle Bürgerrechtsurkunde. Maximilian Karl dankte den Schaffhausern dies mit 4000 Gulden Spenden *für die Errichtung eines städtischen Schul-Fond und zur Gründung eines Unterstützungsfonds für Kantons-Arme;* weitere 1000 Schweizer Franken überwies der Fürst *als nunmehriger Schweizerbürger* zugunsten wassergeschädigter Eidgenossen an das zentrale Hilfskomitee in Zürich.
Die von beiden Seiten anfänglich so sehr betonte Verbundenheit flaute offenbar bald ab, zumal nach dem Verlust der Schaffhauser Posten auf Grund der neuen eidgenössischen Verfassung von 1848 und des Ablösungsvertrages vom 12. März 1853. Seit 1896 fehlt in den gedruckten Schaffhauser Bürgerrechtsverzeichnissen der Name Thurn und Taxis gänzlich.

Lit.: H.U. Wipf: Der erste Schaffhauser Ehrenbürger: S.D. Fürst Maximilian Karl von Thurn und Taxis. In: Rehm (1987) S. 108; Druck des Bürgerrechtsbriefs u.Abb.: S. 106 – E. Probst, Erwerb, Rentabilität und Verlust des Thurn und Taxisschen Kantonalpostamtes Schaffhausen 1833/34–1848/53. In: Rehm (1987) S. 144–155, hier S. 145 ff. – Wyss (1987) S. 161 f. – Jezler (1978) S. 40–45 u. 81–86.

Regensburg, FZA, Haus- und Familiensachen – Urkunden 1442

15 DREISPÄNNIGER WAGEN DER THURN UND
TAXIS-POST VOR DEM GASTHAUS
ZUR KRONE
Um 1840
Reproduktion nach Druckgraphik
Hotel de la Couronne à Schaffhausen / A. Amman. Proprietaire.
unten rechts bez. *Gravé par Naymiller*

Die Krone (Vordergasse 54/Kronengässli), bereits 1489 als Herberge genannt, war bis 1883 das vornehmste Gasthaus in der Stadt. Es diente zahlreichen geistlichen und politischen Größen als Absteigeplatz. Dargestellt ist das Hotel, vor diesem eine von drei Pferden gezogene Postkutsche, im Vordergrund halbrechts steht der Fischmarkt-Brunnen.
Zeitweise war das Haus mit dem Nachbaranwesen *zum Hirschen* vereinigt, wie ein Straßenbild der Vordergasse vor 1780, ebenfalls mit einer Kutsche und mit Pferden, nach einem Aquarell von J.H. Beck zeigt. Die beiden Anwesen Krone und Hirschen wurden 1941/42 durch einen Neubau ersetzt; einzelne Teile erinnern noch an die Vorläuferbauten.

Lit.: Wyss (1987) S. 158, Abb. 145 – Das Bürgerhaus in der Schweiz, 6: Das Bürgerhaus im Kanton Schaffhausen, Zürich 1918, S. XXV–XXVI, Taf. 35 u. 39 – R. Frauenfelder, Die Kunstdenkmäler des Kantons Schaffhausen 1 (Die Kunstdenkmäler der Schweiz 26) Basel 1951, S. 292 – R. Frauenfelder u. O. Stiefel, Führer durch die Stadt Schaffhausen (4.Aufl. bearb. v. Urs Ganter), Schaffhausen 1973, S. 25–26.

Vorlage: Zürich, Zentralbibliothek, Schaffhausen I.72

16 DER GASTGEB *ZUM GOLDENEN FALKEN*
IN SCHAFFHAUSEN EMPFIEHLT SICH
FÜR REISENDE AUFS HÖFLICHST
Um 1840
Aquatinta von Johann Jakob Sperli d.Ä. nach Zeichnung von Johann Jakob Oechslin

Dem Gastwirt J.J. Weber diente die vierspännig gefahrene *Extra-Post* offensichtlich für Werbungszwecke. Er empfahl seinen *neu u. aufs schönste eingerichteten Gasthof* (Vorstadt Nr.40) gleich dreisprachig in deutsch, französisch und englisch den Reisenden.

Das Anwesen, ursprünglich *zun drei Türmen* genannt, wurde 1830 mit der benachbarten *Sonne* vereinigt und *zum goldenen Falken* umbenannt.

Lit.: Wyss (1987) S. 159, Abb. 146 – Das Bürgerhaus in der Schweiz 6: Das Bürgerhaus im Kanton Schaffhausen, Zürich 1918, S. XXXV u. Taf. 60–62 – R. Frauenfelder, Die Kunstdenkmäler des Kantons Schaffhausen 1 (Die Kunstdenkmäler der Schweiz 26), Basel 1951, S. 324–328 – Zu Sperli (1770–1841): Malerische Reisen durch die Schweiz, Zürich 1982, S. 313 – Thieme–Becker 31 (1937) S. 362 – Zu Oechslin (1802–1873): Thieme–Becker 25 (1931) S. 564.

Bern, Schweizerische Landesbibliothek, St 03.4658

17 ZÜRICHER KANTONALPOSTREFORM MIT EINFÜHRUNG DER *STEMPELOBLATEN*

1843 September 19 Schaffhausen
Schreiben, 1 Bogen, mit Kantonalpostmarken-Pärchen à 6 Rappen (Michel–Nr. 2/1; senkrechter Unterdruck)
Aufgeschlagen: S. 2–3; S. 1 Reproduktion

Nach Großbritannien, das am 6. Mai 1840 als erster Staat Briefmarken einführte, folgte auf dem Kontinent am 1. März 1843 Zürich. Die offizielle Bekanntmachung der Postverwaltung vom 25. Februar wurde drei Tage später im Amtsblatt Nr.17 des Kantons veröffentlicht. Verbunden damit war eine *zweckmäßige Reorganisation des Postwesens im Inneren des Kantons*. Dabei wurde der bisherige Distanzentarif für den inneren Briefpostverkehr aufgehoben und ein Einheitsporto von 6 Rappen vom einfachen Brief unter ein Loth, ohne weitere Bestellgebühr, festgelegt.

Unter Vorlage eines Pärchens der neuen *Stempel–Oblaten* berichtete der Schaffhauser Postmeister Johann Adam Klein am 19. September ausführlich an die taxissche Generalpostdirektion nach Frankfurt. Der neue Portosatz hatte nämlich zu einer beträchtlichen Abnahme der Korrespondenz von Schaffhausen in den Kanton Zürich geführt, da *ein großer Theil der hiesigen (Schaffhauser) Correspondenten die Briefe auf dem Postbüreau in Feuerthalen aufgibt,* um so von der Züricher Portoreform zu profitieren.

Klein regte gleichzeitig an, Frankfurt möge dahin wirken, daß zwischen Schaffhausen einerseits und Zürich sowie Thurgau andererseits deren kantonale Portotaxe für Korrespondenzen und Fahrpoststücke eingeführt werden sollten. Eine Randnote vom 1. November 1845 bemerkt, daß die Angelegenheit *durch den mit Zürich abgeschlossenen neuen Vertrag erledigt* sei.

Lit.: J. Gnägi, Die Züricher Kantonalmarken von 1843, hrsg. v. Organisationskomitee der NABA Züri 84 (Bern 1984), S. 11 f. – Rehm (1987), S. 61 – Michel Schweiz/Liechtenstein-Spezial-Katalog, München 1989, S. 21 f.

Regensburg, FZA, Postakten 5453 (Postdokumentation)

18 POSTSIEGEL- UND POSTSTEMPEL-BELEGE SCHAFFHAUSEN

Stempelbelege der *Vorphilatelie* und Weiterverwendung taxisscher Poststempel auf Schweizer Postwertzeichen
19. Jh. Schaffhausen

Die Briefe von 1849 stammen aus der *Taxis–Zeit*, die übrigen Briefe aus der Zeit nach dem Übergang der Post an die Eidgenössische Post, die das Postwesen dem Postkreis VIII (Zürich) unterstellte. Die ganzen Posteinrichtungen – und mit ihnen auch die Poststempel – wurden von der Schweiz übernommen und am 9. November 1849 vorweg an Thurn und Taxis bezahlt. Mit dem Übergang erfolgte eine Rückstufung aller Poststellen im Kanton. Sie erhielten einen *Einzeiler–Ortsstempel* ohne Datum, der aber zunächst nicht verwendet wurde. Zudem änderten sich dann wiederholt die Entwertungsvorschriften für die Briefmarken.

C. IV. b. Ausland Schweiz

a) 1835 Juli 3 Schaffhausen
Chargée–Schreibschriftstempel und zweizeiliger Ortsstempel mit Datum; kleines Verschlußsiegel: Posthorn, Umschrift C[ANTONAL] POSTAMT SCHAFFHAUSEN.

b) 1844 Mai 9 Schaffhausen
Post–Dienstsache mit zweizeiligem Ortsstempel; großes Verschlußsiegel: Posthorn, Umschrift CANTONAL-POSTAMT, unten waagrecht SCHAFFHAUSEN.

c) 1842 Juni 3 Schaffhausen
Chargé–Brief mit bezahltem Porto nach Beaune (Frankreich) –
Zweizeiler SCHAFFHAUSEN mit Datum, und *Chargée*–Schreibschriftstempel. Ovalstempel 7 / A.E.D des Austauschbüros Hüningen weist auf die Bezahlung auch des ausländischen Portos hin.

d) 1850 Dezember 28 Schaffhausen
Unterfrankierter und nachtaxierter Brief nach Solothurn – Großer taxisscher Einkreisstempel SCHAFF-HAUSEN, der seit April 1846 nachweisbar ist und bis Ende 1853 als repräsentativer Ortsstempel weiterverwendet wurde. Markenentwertung durch Schaffhausen–Raute.

e) 1851 Juni 22 Schaffhausen
Brief nach Diessenhofen – Taxisscher Einkreisstempel SCHAFFHAUSEN; Markenentwertung durch P.P.–Stempel des Postkreises VIII; Schweizer Zusatzstempel *Nachmittag* in kursiver Schreibschrift (frühe Verwendung).

f) 1854 September 1 Unterhallau
Nachnahme–Brief nach Hinweil – Taxisscher Zweizeiler UNTERHALLAU mit Datum; er ist ab 1842 nachweisbar und wurde bis 1862 weiterverwendet. Markenentwertung mit kreisförmig eingefaßten Punktstempel von Unterhallau; er dürfte vom Posthalter beschafft worden sein und ist nur in wenigen Abdrucken (August/September 1854) bekannt.

g) 1853 April 11 Stein [am Rhein]
Chargé–Brief nach Augsburg – Taxisscher Zweizeiler STEIN mit Datum, Jahresangabe zweistellig, blau; Markenentwertung durch Rautenstempel. Trotz der Lieferung eines kleinen Einzeilers STEIN und entgegen den Vorschriften im VIII. Postkreis 1849 rot, 1850 bis Ende 1854 blau weiterverwendeter Taxis–Stempel.

h) 1855 November XI 14 Bargen
Brief nach Schaffhausen – Taxisscher Segmentstempel BARGEN zur Markenentwertung und als Nebenstempel. Die Postkollektionen Schleitheim und Bargen wurden von der taxisschen Post zur Kennzeichnung ihrer Grenzübergangsfunktion mit dem Segmentstempel – in der Schweiz Hufeisenstempel genannt – ausgerüstet. Der 1845 eingeführte Stempel von Bargen wurde bis etwa 1858 weiterverwendet, ist aber auf Frankaturen nur in wenigen Stücken bekannt.

i) · 1853 August 16 Siblingen
Brief nach Oberstraß b. Zürich – Stempel der ehemals taxisschen Postablage, POST–COLLECTION SIBLINGEN, als Nebenstempel; Markenentwertung durch Rötel. Der Stempel war bis 1857 in Gebrauch. Sieblingen und fünf weitere Postablagen wurden am 1. Juli 1846 wohl irrtümlich mit einem taxisschen Post*kollektions*stempel ausgerüstet, obwohl es sich um eine *Ablage* handelte.

k) 1861 Dezember 29 Buchberg
Brief nach Aarau, weitergeleitet nach *Bunzen* – Stempel der ehemals taxisschen Postablage, POST–COLLECTION BUCHBERG, zur Markenentwertung und als Nebenstempel. Er wurde bis 1863 weiterverwendet, seit Mai 1857, nach Abschaffung der eidgenössischen Entwertungs–Raute, auch zur Markenentwertung.

l) 1854 April IV 25 Oberhallau
Brief nach Basel – Taxisscher Ovalstempel CANTON SCHAFFHAUSEN mit handschriftlicher Ortsangabe *Oberhallau;* Tintenentwertung. Landpoststellen hatten keinen eigenen Stempel. Der Herkunftsort mußte handschriftlich angegeben werden; in Schaffhausen wurde dann der Ovalstempel über oder neben der Ortsangabe angebracht. Diese Praxis wurde von der Eidgenössischen Post noch länger beibehalten.

m) 1851 September 17 Thayngen
Brief nach Schaffhausen – Taxisscher Kreisstempel der Postkollektion, *THAYINGEN*; Markenentwertung mit gekreuzten *Thayinger Rauten*. Die Eidgenössische Post tolerierte die Weiterverwendung des ab Sommer 1846 eingeführten kleinen Einkreisstempels als Ortsstempel, jedoch nicht zur Markenentwertung. Frankaturen wären in Schaffhausen mit der *eidgenössischen Raute* zu entwerten gewesen. Daraufhin beschaffte der Taynger Posthalter einen eigenen Rautenstempel.

Lit.: R. Rehm, Vorphilatelie und klassische Philatelie des Kanton Schaffhausen bis zum Ende des 19. Jahrhunderts. In: Rehm (1987) S. 175 ff., 209 ff., 234 ff.

a–b) Regensburg, FZA, Postdokumentation 248 –
c–m) Stein a.Rh., Privatbesitz R.C. Rehm   R.R.

19 SCHAFFHAUSER DIENSTINSTRUKTION FÜR BRIEFTRÄGER UND PACKER

1846 September Schaffhausen
Druck (Faksimile), 30 S., nach FZA, Postakten 8123
Aufgeschlagen: S. 22–25

Am 20. Juni 1846 erließ das Kantonalpostamt eine *Bekanntmachung, die Organisation eines allgemeinen Landbotenwesens im Kanton Schaffhausen betreffend*. Damit wurden die seit 1839 durch den Kanton veranlaßten und besoldeten Gemeindeboten durch von der Post bezahlte und beaufsichtigte Landpostboten abgelöst. Möglicherweise in diesem Zusammenhang wurde auch die *Instruktion für Briefträger und Packer* im September 1846 in Form eines kleinen Büchleins veröffentlicht. Die in 54 Paragraphen zusammengefaßte Dienstanweisung unterrichtet u.a. auch über das Stempeln und Sortieren, über Vorsichtsmaßnahmen bei rekommandierten Sendungen, Verfahren bei unrichtiger Zustellung, Zeitungsbestellungen und Estafetten-Depeschen, nicht zuletzt über die *Tragung der Dienstkleidung*. Aufschlüsse über die Arbeitszeit der Briefträger und Packer vermittelt beispielsweise Paragraph 47 hinsichtlich der *Bestellungszeit: In der Regel, und wenn es nicht besonderer Verhältnisse wegen anders bestimmt wird, beginnen die Rundgänge des Briefträgers resp. Packers im Sommer und Winter um 7 Uhr Morgens und sind alle Briefe, welche im Sommer vor 7 Uhr und im Winter vor 6 Uhr Abends eintreffen, noch an demselben Tage abzugeben. Nach völliger Beendigung eines jeden Rundgangs hat der Briefträger resp. Packer auf das Post-Büreau zurückzukehren. Im Winter hat die Bestellung größerer Geld- und Werthstücke mit einbrechender Dunkelheit aufzuhören.*

Druck: Beilage in Teilauflage von Rehm, Postgeschichte Schaffhausen (1987)
Lit.: Rehm (1987) S. 64 u.159 – Zu den Personalverhältnissen: E. Probst, Personalschematismus für das Kantonalpostamt Schaffhausen. In: Rehm, Schaffhausen 1987, S. 133–144 – Zur Landzustellung im Kanton: E. Probst, Die Einführung der Landzustellung während der Endphase der Thurn und Taxis-Post. In: Mitteilungen der Arbeitsgemeinschaft Thurn und Taxis im BDPh., N.F. 32, Frankfurt 1986, S. 992–995.

Reprovorlage: Regensburg, FZA, Postakten 8123

20 ENDE DER THURN UND TAXIS-POST IM KANTON SCHAFFHAUSEN 1849/53

1853 März 12 Frankfurt / August 8 Bern
Ausf., Vertrag, Libell
Aufgeschlagen: vorletzte und letzte Seite

Mit der neuen Schweizerischen Bundesverfassung von 1848 war nicht nur der Grundsatz verbunden, daß die Mehrheit über der Minderheit stehe und der Bund allein mit dem Ausland Staatsverträge abschließe, sondern auch, daß das bisherige kantonale Postwesen zentralisiert und die Post zum *Bundesregal* erklärt wurde. Am 1. Dezember wurde Schaffhausen unterrichtet, daß das Postwesen ab 1. Januar 1849 vom Bund übernommen werde. Von da ab bis zum 1. September 1849 führte Postmeister Klein die Schaffhauser Posten *vorläufig für Rechnung der Eidgenossenschaft*.
Ab Anfang November liefen dann in Frankfurt Entschädigungsgespräche, in denen die Personalfragen nicht der ehemaligen *deutschen* Beamten eine wesentliche Rolle spielten. *In Erledigung der seit November 1849 obschwebenden Unterhandlungen* – Wyss spricht von einem vierjährigen Prozeß gegen die Eidgenossenschaft – wurde schließlich am 12. März 1853 vereinbart, daß der Fürst 150 000 Franken als Ablösungssumme erhalten solle. Am 8. August, unmittelbar vor Ablauf der Ratifikationsfrist, unterzeichnete dann Bundespräsident Näff im Namen des Schweizerischen Bundesrates die Entschädigungsvereinbarungen. Unter Einschluß der Zinsen zahlte die Eidgenossenschaft bei einem Reduktionsverhältnis 33 Gulden = 70 Franken insgesamt 152 843 Franken 84 Rappen, umgerechnet 72 954 Gulden 57 Kreuzer: ein schlechtes Geschäft, gemessen am Erwerb des Postlehens zwei Jahrzehnte vorher.

Druck: Jezler (1978) S. 88 ff.
Lit.: E. Probst, Erwerb, Rentabilität und Verlust.In: Rehm, Schaffhausen 1978, S. 155–158 – Rehm (1987) S. 66–68 u. 70 f. – Wyss (1987) S. 211ff., 215 – Festschrift zum vierhundertsten Jahrestage des Ewigen Bundes zwischen Basel und den Eidgenossen 13. Juli 1901. Basel 1901, S. 161–172: Benedikt Laroche-Stehelin, eidgenössischer Generalpostdirektor (1848–1849) – Ch. Pasteur, Das Postwesen und die Tagsatzung. Zeitschrift für Schweizerische Statistik 44 (1908) S. 237–260.
Zu Postmeister Klein: E. Probst, Beiträge zum Personal- und Besoldungswesen beim Fürstlichen Kantonalpostamt Schaffhausen. In: Rehm, Schaffhausen 1987, S. 124–133; Personalschematismus, a.a.O. S. 133–144, bes. 137 f. – Jezler (1978) S. 52 ff., 87 – Moser (1949) S. 48–51.

Regensburg, FZA, Posturkunden 983

Thurn und Taxis und die Eidgenössische Post ab 1848

21 POSTREGULATIV ZWISCHEN DEUTSCH-ÖSTERREICHISCHEM POSTVEREIN UND DER SCHWEIZERISCHEN EIDGENOSSENSCHAFT

1852 IV 23 Lindau
Ausfertigung, Druck, 15 S., mit 7 Petschaften
Aufgeschlagen S. 14–15

C. IV. b. Ausland Schweiz

Zu diesem Zeitpunkt waren neue Verhandlungen grundsätzlich angebracht: Die Postverträge der an die Schweiz angrenzenden deutschen Bundesglieder waren teils schon abgelaufen, teils standen sie dem Ablauf nahe. Zudem bestand innerhalb des Deutschen Bundes durch den Postverein, in der Schweiz durch deren Zentralisierung eine neue Situation. So verhandelten die Bevollmächtigten von Österreich, Bayern, Württemberg und Thurn und Taxis auf der einen, die der Eidgenossenschaft auf der anderen Seite neue Grundlagen für die weitere Regulierung der Postverhältnisse aus. Mit dem *Lindauer Vertrag* sind die postalischen Verhältnisse des Postvereins zu einem Nachbarstaat auf breiter Basis geregelt worden. Bevollmächtigte der Schweiz waren Nationalrat Achilles Bischoff aus Basel und Kreispostdirektor Grob aus St. Gallen; für Thurn und Taxis verhandelte Generalpostdirektionsrat Dr. Ludwig Bang.

In 33 Artikeln wurden die Grundlagen für den zukünftigen Postverkehr abgesprochen, die regelmäßige Postauswechslung vereinbart und den Transitsendungen die schnellsten Transportmittel zugesichert. Taxgrenzpunkte für Briefportotaxen waren für Österreich Feldkirch, Chiavenna und Camerlate, für Bayern und Thurn und Taxis die Mitte zwischen Lindau und Konstanz bzw. zwischen Basel und Schaffhausen, für Württemberg und Baden die Mitte zwischen Basel und Schaffhausen bzw. zwischen Schaffhausen und Konstanz bzw. zwischen Konstanz und Lindau (Art. 2). Zur Erleichterung des Grenzverkehr wurde ein reduziertes Porto von 3 Kreuzer bzw. 10 Rappen (Centimes) festgelegt, das ausschließlich der absendenden Postverwaltung zustand (Art. 7). Ein allgemeiner Frankierungszwang bestand nicht. Die Frankierung konnte mit Freimarken erfolgen, allerdings wurden ungenügend mit Marken frankierte Briefe nachträglich mit vollem Porto belegt (Art. 10). Weitere Bestimmungen regelten die Versendung von Kreuzbandsendungen, Warenproben und Mustern, sowie rekommandierten Briefen (Art. 11–13).

Postintern war die Festsetzung der Transitgebühren (Art. 20) und die gegenseitige Anerkennung von Portofreiheiten (Art. 21). Im Gegensatz zum Zeitungsverkehr (Art. 23) nahmen die Bestimmungen zum Fahrpostverkehr (Art. 24–30) breiten Raum ein. Hinsichtlich der Frankierung von Fahrpostsendungen (Art. 25) wurde wie beim Briefpostverkehr verfahren. Nachnahmesendungen waren bis 75 Gulden Konventionsmünze oder 87 1/2 Gulden Rheinisch (= 187 1/2 Franken) zugelassen (Art. 26). Die gegenseitige Abrechnung blieb Vereinbarungen der einzelnen Postverwaltungen untereinander überlassen (Art. 32).

Regensburg, FZA, Posturkunden 981

22 VERTRAGSRATIFIKATION DURCH DEN BUNDESRAT DER SCHWEIZERISCHEN EIDGENOSSENSCHAFT
1853 April 29 Bern
Ausfertigung, Ratifikation, Bundesratssiegel unter Papierdecke

Das Vertragswerk wurde vor seiner Ratifizierung durch den Bundesrat der Schweizerischen Eidgenossenschaft noch ergänzt durch direkte Vereinbarungen zwischen der Schweiz und Thurn und Taxis wegen des Postverkehrs mit den Hohenzollernschen und Lippischen Fürstentümern, ferner durch ein gemeinsames Zusatzprotokoll vom 2./16. August 1853 (Bern/Frankfurt).

Regensburg, FZA, Posturkunden 981

23 SCHWEIZERISCHES POSTAMTSBLATT
1853 Oktober 1 Bern
Druck
Aufgeschlagen S. 416–417: Verfügung 106 des Postdepartements; Distanzübersichten

Das *Schweizerische Postamtsblatt* erschien seit 1849 als eine *Sammlung der Gesetze, Verordnungen, Reglemente und Instruktionen über das Postwesen der Schweizerischen Eidgenossenschaft*, eingeleitet mit den auf die Post bezüglichen Bestimmungen der neuen Bundesverfassung vom 12. Herbstmonat (September) 1848 (Art. 33–35), dem Bundesgesetz über das Postregal vom 2. Brachmonat (Juni) 1849, und dem Bundesgesetz über die Organisation der Postverwaltung vom 21. Mai 1849 mit der Einteilung der Schweiz in 11 Postkreise. Das ehemals taxissche Postgebiet von Schaffhausen bildete jetzt zusammen mit den Kantonen Zürich, Zug und Thurgau den Postkreis VIII Zürich. Generell wurden in der Folge die Postverträge mit dem Ausland, Kreisausschreiben, Posttaxen und Kursnachrichten sowie innerdienstliche Instruktionen publiziert, u.a. die philatelistisch interessanten Vorschriften über Einrichtung und Beschaffung von Poststempeln (1. August 1953).

Eine Distanzübersicht zur Berechnung der Fahrposttaxen zwischen der Schweiz und dem *Thur–* [!] *und Taxisschen Postgebiet* vom 1. Oktober 1853, ist in Jg. 1953, S. 415–428, veröffentlicht. Festgelegt sind die Taxgrenzpunkte sowie die Progressionssätze des *vereinsausländischen* Fahrposttarifs. Die Postorte der Hohenzollernschen Fürstentümer (Gammertingen, Haigerloch, Hechingen und Sigmaringen – nach dem Wegfall Württembergs seit 1851 das südlichste taxissche Postgebiet – unterlagen dabei ohne Rücksicht auf den Bestimmungsort dem ersten Progressionssatz.

Lit.: Zur Eidgenössischen Post vgl. Wyss (1987) S. 211 ff.

Regensburg, FHB, P 746, Jg. 1853

D. Organisation, Dienstbetrieb und Dienstleistungen der Thurn und Taxis-Post

D. I. Organisation und Dienstbetrieb

Im Rahmen der *Postgeschichtsforschung* hat die Darstellung der Organisationsformen – hinsichtlich der inneren Strukturen wie auch des Erscheinungsbildes nach außen – erst in jüngerer Zeit größeres Interesse erfahren. Schwierigkeiten liegen vor allem in einer sehr unterschiedlichen Quellenlage. Hinzu kommen Varianten innerhalb der Terminologie. Einzelne Begriffe wechselten ihre Bedeutung wiederholt. Dies gilt für die kaiserliche Reichspost ebenso wie für die Niederländischen Posten, für die taxisschen Lehenposten ebenso wie für die verschiedenen Landespostanstalten vor und nach dem Ende des Alten Reiches. Grundsätzlich waren Rechtsverhältnisse, Zeitabschnitte und geographischer Standort mitbestimmende Faktoren für die jeweilige Organisation.

Innerhalb des taxisschen Bereiches hatten zunächst die *Reichsoberpostämter* und die *Dirigierenden Postämter,* die für die Rechnungslegung der untergeordneten Poststellen verantwortlich waren, bestimmte Aufsichtsfunktionen. Das ausgehende 18. Jahrhundert läßt Schematisierungsversuche erkennen, sowohl bei der Reitpost wie bei den Fahrposten, für die es die *Postkommissariate* gab. Das Regensburger *Revisionsamt* bemühte sich 1784/85 um eine *neue Verfassung und Einteilung der Kommissariate.* Man sammelte Tabellen der Postämter, Stationen und Expeditionen, doch das Gesamtbild änderte sich kaum. Hier setzten erst die politischen Ereignisse jener Tage neue Akzente: der Verlust der linksrheinischen Posten, das Ende des Reichs, die napoleonischen Kriege, neu errichtete Landesposten.

Die Zeitspanne zwischen 1813/14 und 1820 führte zu einer Stabilisierung unter einer neuen Situation. Dabei war Thurn und Taxis auch in der Folge oft genug abhängig vom jeweiligen Landesherrn und den Lehenverhältnissen. Eine *Einheitlichkeit und Gleichwertigkeit* der Begriffsbestimmungen in den verschiedenen Verwaltungsebenen war jetzt ebenso wenig zu erreichen. An der Spitze stand die 1810/11 von Regensburg nach Frankfurt verlegte Generalpostdirektion, die allerdings in maßgebenden Fragen auch weiterhin von Regensburg abhängig war. Hier war es nach den Verwaltungs- und Organisationsreformen unter Fürst Maximilian Karl nach der Auflösung der *Geheimen Kanzlei* das *Fürstliche Immediatbüro,* das mit seinen Entscheidungen – nach Genehmigung durch den Fürsten – jeweils die Weichen stellte, bis schließlich 1866 nach der Okkupation Frankfurts der *preußische Administrator* Heinrich Stephan die Integrierung in die königlich preußische Post betrieb.   E.P.

Lit.: W. Münzberg, Thurn und Taxis 1490–1867, Teil II (Leitfaden zur Postgeschichte und Briefkunde Bd. VIII/2) Regensburg 1990 – J.K. Gunkel, Zu den verschiedenen Bezeichnungen thurn und taxisscher postalischer Einrichtungen. In: Mitteilungen der Arbeitsgemeinschaft Thurn und Taxis, Nr. 40 (Frankfurt 1988) S. 1386 f. – R. Neu, Die Organisation der Thurn und Taxis-Post (Maschinenschrift 1985) – Haferkamp-Probst Bd. 1 (1976) S. I/1-60 – E. Probst, Begriffe aus der Postverwaltung. In: Mitteilungen der Arbeitsgemeinschaft Thurn und Taxis, N. F. 3 (1975) S. 51 ff. – W. Münzberg, Stationskatalog der Thurn und Taxis-Post (Thurn und Taxis-Studien Bd. 5), Kallmünz 1967.

Regionalbeispiele: F.J. Bayer, Das Oberpostamt Nürnberg am Ende des Alten Reiches. Postkurse, Poststationen. Erlangen – Nürnberg 1962 (Maschinenschrift) – H. Pemsel, Das Reichsoberpostamt München. Jur. Diss. Innsbruck 1962 (Maschinenschrift).

Allg.: W. Münzberg, Leitfaden zur Postgeschichte und Briefkunde, Bd. 1 ff., Seeshaupt u.a. 1981 ff. – E. Probst, Postorganisation (Akademie für Raumforschung und Landesplanung Bd. 14, Hannover 1977).

Archiv und Registratur

Repertorien – Brief- und Kopialbücher – Registraturmittel

1   ÄLTESTES ARCHIVREPERTORIUM DER TAXIS-POST
[Um 1689]
Quartband, Einband 19.Jh.
aufgeschlagen S.198–199: Korrespondenz verschiedener Oberpostämter (*office de Francfort, de Ruremonde, de Hambourg*)

Im Repertorium werden eingangs die im Brüsseler Archiv vorhanden gewesenen Urkundenbestände, Verträge usw. (*Patents originelles, Copies authentiques*) erfaßt. Patente, Anordnungen und verschiedenste Korrespondenzen schließen sich an. Abschließend ist auf S. 195–209 und 216–224 summarisch und chronologisch der Schriftwechsel mit den Postämtern Amberg, Antwerpen, Augsburg, Besançon, Braunschweig, Bremen, Cambray, Cannstatt, Den Haag, Dole, Dünkirchen, Erfurt, Frankfurt, Gent, Gray, Hamburg, Hildesheim, Ypern, Kassel, Kitzingen, Kleve, Koblenz, Köln, Leipzig, Liser, Lille, Lindau, Lothringen, Louvain, Lübeck, Lüttich, Maastricht, Mainz, Marburg, München, Münster, Namur, Nieuwpoort, Nürnberg, Osna-

D. I. Organisation

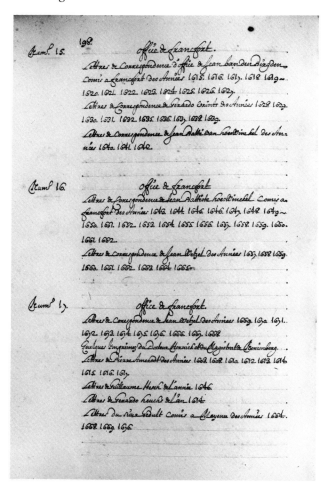

brück, Ostende, Passau, Regensburg, Rheinhausen, Roermond, Straßburg, Tournay, Valenciennes und Würzburg aufgeführt. Allgemein läßt das älteste Repertorium gewisse Rückschlüsse auf die ursprüngliche Archivierung zu, die allerdings im Laufe der Jahrhunderte wiederholt verändert wurde.

Auf den beiden aufgeschlagenen Seiten werden u.a. die jeweiligen Korrespondenzpartner und die Laufzeit der Geschäftskorrespondenzen genannt. Die Aktenbündel sind durchnumeriert. Unter den Frankfurter Korrespondenzpartnern finden sich bekannte Namen, so der Postmeister Johann van den Birghden (1615–1627), Gerhard Vrints (1628–1639), Johann Baptist Hoeswinkel (1640–1662) und Johann Wetzel (1657–1668). Von Roermond sei Reichspostmeister Goswin Dulken (1641–1677) erwähnt, von Hamburg Hans Jakob Weinhans (1626–1640), ferner die Postmeister [Giovanni] Abondio Somigliano (1641–1650) und Johann Baptist Vrints (1648–1660).

Lit.: Dallmeier 1977/II, S. 39–41 (mit Abdruck der einzelnen Archivaliengruppen) – Thurn und Taxis, Eugen Alexander. In: ADB 37 (1894) S. 485 (Rübsam).

Regensburg, FZA, Haus- und Familiensachen 790

2 REGISTRATURVERMERKE AUF POSTAKTEN
1615 zu Oktober 28 Brüssel
Beschnittener Foliobogen als Aktenumschlag für Kopie der Ernennung des Johann von den Birghden zum Postmeister in Frankfurt durch Graf Lamoral von Taxis; inliegend Abschrift, 12 S.

Inhalt des *Umschlags* ist die einfache Abschrift einer durch den kaiserlichen Notar Valentin Benckert beglaubigten Abschrift der Ernennung Birghdens. Die Registraturvermerke auf dem Umschlag sind von zwei Händen: *1615 Frankfurt* bzw. *E. le 28 octobre 1615 – Monsiegneur confere par cette Patente l'administration de l'office des Postes de Francfort à Jean vanderbirgden*. Nach dem um 1689 angelegten *ältesten* Archiv-Repertorium (S. 198) düfte dieser Aktenteil ursprünglich unter *Num[éro] 15* abgelegt worden sein.

Die über Brüssel und Frankfurt nach Regensburg gekommenen Aktenbündel sind im letzten Drittel des 19. Jahrhunderts – teilweise unter Zerstörung der früheren Zusammengehörigkeit – auseinandergenommen bzw. neu gebildet worden. Seinerzeit wurden Frankfurt betreffende Korrespondenzen aus den Jahren 1604–1690 in den neuen *Postsachen*-Bestand (Innere Einrichtung des Postwesens – Kaiserliche Reichsposten – Ämter und Stationen) unter der Signatur *Repos. XVI.14.2.* übernommen. Nach einer durchlaufenden Numerierung des Bestandes hat das Faszikel nun die Bezeichnung *Postakten 6100*. Eine systematische Bearbeitung der Geschichte der fürstlichen Archive steht noch aus.

Lit. zu Birghden u.a.: K.H. Kremer, Johann von den Birghden 1582–1645, des deutschen Kaisers und des schwedischen Königs Postmeister zu Frankfurt am Main. In: ADP 32 (1984/1) S. 7–43; S. 13 (mit abweichendem Datum) – W. Kramer (Hrsg.), Bilder zur Frankfurter Geschichte, Frankfurt 1950, S. 209 und Abb. 141.

Regensburg, FZA, Postakten 6100

3 AKKORDENBUCH DES ROERMONDER POSTMEISTERS DULKEN
1545–1690
Pergamentband, Einband der Zeit, 444 S. aufgeschlagen fol.124'–125: Vereinbarungen von 1650

Zwischen Johann Baptist von Hoeswinkel, Postmeister in Frankfurt, und dem Handelsmann Wilhelm Fitzer in Heidelberg wird am 11. April 1650 in Frankfurt ein Kontrakt, der die Postverwaltung in Heidelberg betrifft, abgeschlossen (fol. 124', Abschrift, 17. Jh.). Am 25. Oktober 1650 wird zwischen dem Postmeister zu 's-Gravenhage (Den Haag), Rochus Wilbrenninck, und Pieter van Belleckhaven wegen des Postlaufs zwischen Arnheim und Utrecht bei der Briefbeförderung zwischen Den Haag und Deutschland eine vertragliche Vereinbarung getroffen (fol. 125–125', gleichzeitige Abschrift). Von beiden Verträgen fehlt im Fürstlichen Zentralarchiv die Originalüberlieferung. Sie sind nur durch das Akkordenbuch Ruremonde faßbar. Der Abmachung vom April liegt außerdem der Eid des Wilhelm Fitzer bei (fol. 190).

Lit.: Dallmeier 1977/I, S. 118–119 – Zu den beiden Urkunden: Dallmeier 1977/II, S. 128–129 Nr. 291, S. 130 Nr. 293.

FZA Postakten 5340

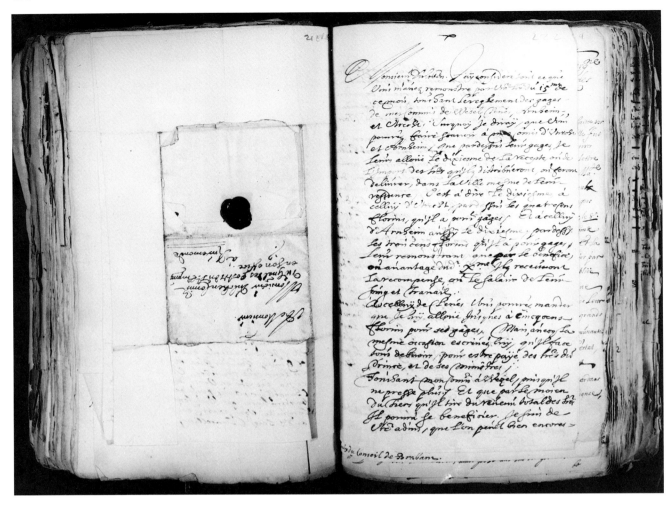

4 ABSCHRIFTENSAMMLUNG VON POSTKONVENTIONEN DER KAISERLICHEN REICHSPOST 1690–1800

Anfang 19. Jahrhundert
Band, Schweinsledereinband: Kopialbuch F, 161 fol. Pap. u. 2 Bll. Register (lose)
aufgeschlagen: Abschriften 1785 April 2 Regensburg u. 1785 März 20 Koblenz

Das Akkordenbuch vermittelt für einen relativ langen Zeitraum einen anschaulichen Überblick über die *Vermittlerrolle* des auch an einem politischen Schnittpunkt gelegenen Postamtes Roermond. Aus dem Sammelband wird dadurch die wesentliche Verbesserung der Postbeziehungen der Niederlande zu den Generalstaaten nach deren Anerkennung durch Spanien im Westfälischen Frieden deutlich. Hier spielt der tatkräftige Postmeister Dulken eine herausragende Rolle. Er nimmt von Roermond aus mit Genehmigung des Generalpostmeisters zusätzliche Postverbindungen zu den Postanstalten in Den Haag, Nijmwegen, Amsterdam und Dordrecht auf, er beschleunigt u.a. den Kurs von den Niederlanden nach Münster und Hamburg zwischen Roermond und Wesel, ferner jenen nach Amsterdam im Abschnitt zwischen Wesel und Kleve. Das Kopialbuch F diente wie die Bände A–E und H–J (1756 bis Anfang des 19. Jahrhunderts) der zusätzlichen Sicherung vertraglicher Überlieferungen vor allem für Zwecke des laufenden Geschäftsbetriebes der Verwaltung. Die Rückenbeschriftung lautet: *Con[ventiones] in P[ostsachen] 1690–1800 I. Band*. Sein Inhalt betrifft Posturkunden mit den Reichsständen, ferner dazugehörige wichtige Zusatzüberlieferungen.

An die Überlieferung des Vertrages von 1725 April 20 / 26 Trier / Brüssel zwischen dem Kurfürsten von Trier und Fürst Anselm Franz von Thurn und Taxis wegen eines dreifachen Postwagens von Koblenz nach Trier, Köln und Frankfurt sowie wegen des kurfürstlichen Portofreitums (fol. 147–150; Ausf. vgl. FZA, Posturkunden 762) schließt die Kopie eines Schreibens des Fürsten Karl Alexander, 26. Juni 1759 Trugenhofen, wegen des Freitums bzw. Freitumsmißbrauchs an (Ausf. vgl. FZA, Beilage zu Posturkunden 766). Dem folgen dann *Anmerkungen über bevorstehende Kur-Trierische Post-Convention, enthaltend in einem Bericht ad Serenissimum d.do. Koblenz 20. Merz 1785*. Der am 12. März in Koblenz abgeschlossene Vertrag (FZA, Posturkunden 766) wurde dann am 27. Juni in Schönbornslust durch den Kurfürsten ratifiziert. Der Vertrag von 1725 ist zusätzlich in den Kopialbüchern A und G überliefert, die Konvention von 1785 zusätzlich in Kopialbuch C.

Lit.: Dallmeier 1977/I, S. 44–45 – Zu den beiden Urkunden s. Dallmeier 1977/II, S. 344–346 Nr. 631 bzw. S. 595–598 Nr. 895.

Regensburg, FZA, Postakten 8744

D. I. Organisation

5   POSTAKTENABGABEN AN DIE PREUSSISCHE
    ADMINISTRATION
    1867
    Ausfertigung, Bogenlage
    aufgeschlagen: Repositur 31, Seekurse

Nach Berlin wurden im Oktober 1867 allein 14 Aktenfaszikel bezüglich der Seekurse, besonders der Dampfschiffahrt, abgegeben. Genannt werden als Betreffe u.a. die norwegischen Dampfschiffe, die Verbindungen zwischen Preußen, Rußland und Schweden, die Verbindungen nach Helgoland, dann zwischen Bordeaux und Brasilien, nach Panama und den Antillen, aber auch zwischen Marseille und Tunis, Tanger–Algier–Neapel, nach dem Orient, Australien und Hinterindien, nach Triest–Alexandrien, die Verbindung von Wien nach Konstantinopel, die Aktiengesellschaft des Norddeutschen Lloyd, nicht zuletzt auch Akten über die Benutzung der Rheindampfschiffe zur Korrespondenzbeförderung.

Mit der Integrierung der Thurn und Taxis–Post Mitte 1867 in die Preußische Staatspost ging die Auflösung der Fürstlichen Generalpostdirektion in Frankfurt Hand in Hand. Die Kurrentregistratur wurde aufgelöst, die jeweils einschlägigen Akten kamen an das Generalpostamt Berlin bzw. an die entsprechenden preußischen Oberpostdirektionen. Die umfassenden Abgabeverzeichnisse lassen erkennen, daß das Aktenmaterial aus den letzten Jahrzehnten der taxisschen Verwaltung sorgfältig an die Preußische Administration weitergegeben wurde. Die in den Abgabeverzeichnissen aufgeführten *Repositur–, Locat– und Acten–Nummern* würden es heute erlauben, den ursprünglichen Registraturplan in seiner letzten Ausbaustufe rekonstruieren zu können.

Soweit in der Folge eine ordentliche Aktenabgabe der einzelnen Oberpostdirektionen an die zuständigen Staatsarchive erfolgte und dort nicht Kassationen oder Kriegsverluste die Bestände dezimierten, sollte dieses Quellenmaterial heute noch der postgeschichtlichen Forschung zugänglich sein. Die an das Generalpostamt abgegebenen Akten sind im DDR–Staatsarchiv Merseburg Deutsches Zentralarchiv, Historische Abteilung II, zu suchen.

Lit.: V. Roeske, Der Bestand Reichspostministerium im Zentralen Staatsarchiv Potsdam, Bestandsanalyse. In: Archivmitteilungen 36 (1986) S. 154–157, bes. 156 f.

Regensburg, FZA, Haus– und Familiensachen – Akten 837

Topographische und statistische Organisationsbehelfe und Organisationsschemata

6   *POST NOTICES DES POSTAMTS ZU DUDERSTADT*
    18. Jh., 1. Hälfte
    Handschrift, 13 Blatt, mit sieben Plänen, (z.T. rote) Tinte
    aufgeschlagen: Planseiten *Charta I–IV*

Das undatierte Foliobändchen entstammt einem 1791 angelegten Sammelfaszikel über *die von den Ober– und dirigierenden Postämtern zu geschehende Einsendung vollständiger Verzeichnisse der von jeder Station wöchentlich zu leistenden Hin– und Herritte.* Damit ist auch der Inhalt weitgehend umschrieben. Bemerkenswert sind die eingestreuten Pläne einmal wegen der Postkurse, zum andern wegen der kartographischen Darstellung. Sie stellen eine wesentliche Verfeinerung eines farbig angelegten Plans von 1718 dar. Letzterer zeigt, *wie die Stationes auf dem Kaiserl. Post Cours zwischen Braunschweig, Franckfurth und Nürnberg reguliret und in Goslar Influentz nehmen.* Diese Zeichnung fügte der Postmeister Christian Ludwig Arendes einem Bericht über die Situation des Postwesens in Goslar bei.

In den sieben Detailkarten sind dargestellt: 1) die Umgebung von Duderstadt in Richtung Heiligenstadt, Nordhausen und Ellerich, 2) ebenso in Richtung Göttingen, Witzenhausen, Badenhausen, 3) die Routen von Duderstadt nach Nürnberg, Frankfurt, Wetzlar, Erfurt, Gotha, Kassel und Nordhausen, 4) ebenso nach Göttingen (bis Hannover), nach Hamburg, Hildesheim, Goslar, und Osterode, 5) die preußischen Postrouten von Duderstadt nach Halberstadt (bis Berlin), nach Halle, Bernburg, Coethen und Dessau, 6) von Berlin nach Stolzenberg (mit kartographischer Darstellung des östlichen Mitteleuropa), und 7) Routen von Stolzenberg nach Königsberg und weiter nach Memel (östliche Begrenzung litauisches Samland, südliche Begrenzung des Plans Ermland). Mit dem Kartenmate-

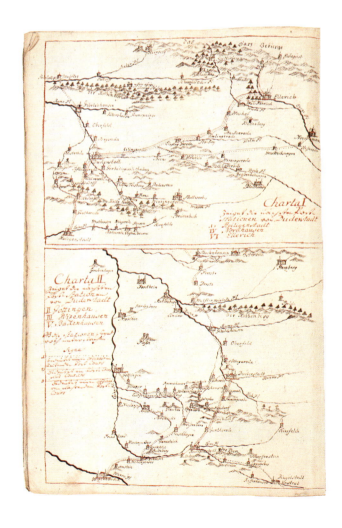

rial sowie den Kurs- und Taxverzeichnissen stand diesem wichtigen Auswechselpostamt ein Hilfsmittel zur Verfügung, wie es sonst kaum der Fall war.

Lit.: 3 Jahrhunderte Post in Goslar. Sonderausstellung Goslar 1973, S. 9 (Plan von 1718 s. Abb. vor S.7) – Zur Kursentwicklung: W. Hillebrand, Drei Jahrhunderte Post in Goslar. In: Goslarer Woche 24/Nr.7 (1973) S.208 ff.– K. Schwarz, Postmeister Johann Christoph Schulze in Duderstadt. In: Deutsche Postgeschichte 1939/II, S. 105–117 – G. Rennert, Die Poststation Duderstadt und Posten-Visitierung zwischen Hamburg und Kassel im April 1715. In: Deutsche Verkehrszeitung 56 (1932) S. 631 f.

Regensburg, FZA, Postakten 780

7 POSTORGANISATION IN VORDERÖSTERREICH
1769 Januar 25 Wien
Beilage zu Kommissionsgutachten, aufgeschlagen fol.127'–128:
Kurse Vorderösterreich

Die Aktenbeilage vermittelt eine Übersicht über die vom Oberpostamt Innsbruck ausgehenden Postkurse, hier in das Oberinntal und in den Vintschgau, über Seefeld nach München (Kurs 3) bzw. über Tirschenbach in die arlbergischen und vorderösterreichischen Lande bis nach Freiburg (Kurs 4). Genannt werden neben den Stationen die Briefsammlungen und Städte entlang der Poststraße sowie die Distanz nach Posten.
Das Aktenstück ist Bestandteil eines am 24. Februar 1769 durch den k.k. Postkommissär Johann Christian Olearius erstellten Gutachtens über die von Wien beabsichtigte und 1769 durchgeführte *Incammeration* des vorderösterreichisch/tirolischen Postwesens. Die Stellungnahme wurde ergänzt durch eine Statistik der *von alten Zeiten her K.K. landesfürstlichen, jetzt noch wirklich existierenden Postämter* und durch eine Beschreibung der k.k. vorderösterreichischen Lande (Österreichischer Breisgau, Schwäbisch Österreich und Vorarlberger Lande).
Die andauernden Differenzen zwischen der Kaiserlichen Reichspost (Thurn und Taxis) und der Vorderösterreichischen Post in den österreichischen Vorlanden wurden erst durch den Pachtvertrag vom 1. März 1777 (FZA, Posturkunden 648) ausgeräumt. Danach ging die Administration der Posten in den Vorlanden ab 1. April 1777 vertraglich zunächst auf 20 Jahre an Thurn und Taxis über.

Lit.: R. Wurth, Österreichische Postgeschichte 13 (1989) S. 48 ff. – Zur Entwicklung ab 1777: Dallmeier, Quellen 1977/II, S. 555–557 Nr. 868 – W. Münzberg, Thurn und Taxis – Vorderösterreichische Pachtpost. In: Thurn und Taxis 1490–1867, Tl.1 (Leitfaden zur Postgeschichte und Briefkunde Bd. VIII/1, Regensburg 1989), S. 125–196 – K. Löffler, Geschichte des Verkehrs in Baden, Heidelberg 1910, S. 157 f. – G. Rennert, 400 Jahre Post in Tirol und Vorderösterreichischen Landen. In: UPU 59 (1934) S. 345 f. – E. Riedel, Zur Geschichte des Postwesens in den Vorlanden. In: APB 9 (1955 1957) S. 69 ff.

Regensburg, FZA, Postakten 4417

8 BEZIRK DES REICHSPOSTAMTES MAINZ VOR DER FRANZÖSISCHEN OKKUPATION
a) 1784 Juli 7 Mainz
Verzeichnis aufgeschlagen: fol. 210'–211

Das Verzeichnis unterrichtet über die Poststationen und deren Distanzen, über die Unterwegsorte, über die zu passierenden Flüsse und Bäche, Hindernisse also, die bei Hochwasser oder Eis den Postenlauf erschweren konnten, ferner über die Territorialzugehörigkeit. Letztere war besonders wichtig, um feststellen zu können, welche vertraglichen Abmachungen etwa bei Streitfällen jeweils rechtsverbindlich waren. Die beiden aufgeschlagenen Beispielseiten erwähnen als Landesherrschaften der Stationen und der Unterwegsorte u.a. Kurmainz, Kurpfalz, das Fürstentum Leiningen, die Reichsstadt Worms und bischöfliches Territorium, dann nassau-weilburgisches, wamboldisches und falkensteinisches Territorium, nicht zuletzt badische und pfalz-zweibrückensche Bereiche. Sie veranschaulichen die Vielgestaltigkeit der Landkarte im ausgehenden 18. Jahrhundert und zeigen zugleich, mit wie vielen Reichsständen und Territorialherren bisweilen verhandelt werden mußte, um postalische Ziele durchsetzen zu können.

Regensburg, FZA, Postakten 781

b) 1784 Juli 14 Mainz
Aktenstück mit Kartenskizze, fol.216: Die Mainzer Poststellen in ihren unterschiedlichen Qualifikationen

Die Skizze entstand im Zusammenhang mit dem Bericht des Reichspostamtes Mainz vom 7. Juli 1784. Unterschieden wird zwischen *Brief-und Postwagen-Expeditionen nebst Posthaltereien* (drei Punkte unter dem Ortsnamen), *Briefposten-Speditionen und Posthaltereien* (2 Punkte), und einfachen *Post-Stationen* (1 Punkt).
Nach den Erläuterungen sind wegen der Kursführung auch Wiesbaden (Oberpostamt Frankfurt) und Trarbach (Postamt Koblenz) in die Skizze übernommen worden.
Derartige Berichte, auch mit ergänzendem Material wie Auflistung der wöchentlich abzuleistenden Hin- und Herritte, mit Angaben über Besoldungen, Zulagen und Gratifikationen, mit Nachrichten über die Beschaffenheit der Straßen, wurden dann 1791 zusammengefaßt. Sie waren offensichtlich die Basis einer geplanten, durch die politischen Ereignisse dann nicht mehr zustandegekommenen statistischen Zusammenschau über das gesamte taxissche Postgebiet.

Regensburg, FZA, Postakten 781

c) 1793
Farbreproduktion nach FZA, MS P.532, Blatt 8

Postkurse als organisationstechnische Grundlagen der Verwaltung veranschaulicht in besonders deutlicher Weise ein durch Rechnungsrat J.G.Ch. Hendschel handgezeichneter, dem Erbprinzen Karl Alexander von

D. I. Organisation

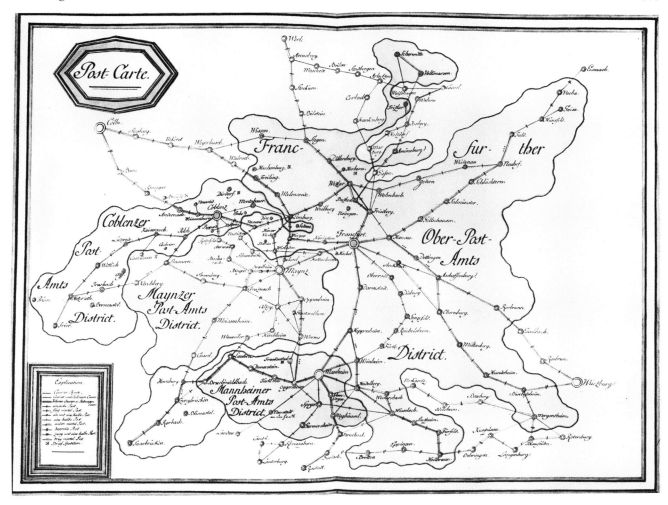

Thurn und Taxis gewidmeter Atlasband. Er besteht u.a. aus sieben Detailblättern, während ein achtes Blatt das gesamte taxissche Postgebiet darstellt. Die Flächenkolorierung der einzelnen Oberpostamts- und Postamtsdistrikte läßt deren bisweilen bizarre Abgrenzung – bedingt durch die Zuständigkeit für einzelne Kurse – deutlich erkennen.
Die Besetzung der linksrheinischen Gebiete durch die französischen Revolutionsheere und der durch den Frieden von Lunéville festgeschriebene Verlust der Posten in diesem Raum konnte erst wieder in den Befreiungskriegen, wenn auch mit erheblichen Abstrichen, beseitigt werden.

Regensburg, FZA, Fotodokumentation

9   FAHRPOSTORGANISATION DES
    REGENSBURG–NÜRNBERGER
    POSTKOMMISSARIATS
    1797 November 18 Nürnberg
    Band, leichter Kartonumschlag, 34 fol.,
    aufgeschlagen Nr. 63/64: Regensburger
    Expedition

Ein *Alphabethishes* [!] *tabellarisches Verzeichniß sammentlicher Expeditoren, Officialen, Scribenten, Postverwaltern, Post-* *meistern, Posthaltern, Conducteurs, Conducteur-Aushelfern, Post-Wagen Begleitern, Post-Päckern, und sonstigen Individuen*, die 1797 bei der Fahrpost innerhalb des Regensburg-Nürnberger Reichspostkommissariats-Bezirkes tätig waren, vermittelt den wohl besten Einblick in die Personal-, Besoldungs- und sonstigen Sozialverhältnisse eines Fahrpost-Kommissariatsbezirkes. Die Erhebungen sind auf Grund eines fürstlichen Reskripts vom 18. November 1797 durch den Nürnberger Reichspostkommissar Karl von Pauerspach durchgeführt und, alphabetisch zusammengefaßt, ausschließlich in tabellarischer Form schriftlich niedergelegt worden. In gewisser Hinsicht entsprechen die Formularspalten auch Fragepunkten der *Pauerspach-Visitationen* von 1782/83 (vgl. D. I. 22).
Den Tabellen sind die Dienstfunktion und Namen der Stelleninhaber zu entnehmen, ihr Alter, die Konfession, Familienstand und Vermögen, eine Beurteilung ihrer Handschrift, Studiengang und Sprachkenntnisse, aber auch fallweise Hinweise auf Nebengewerbe, dienstliches und außerdienstliches Verhalten, nicht zuletzt auf die Besoldungsverhältnisse. So war der Regensburger Poststallmeister Johann Götz zum Erhebungszeitpunkt 27 Jahre alt, verheiratet, und hatte eine Tochter. Er verfügte über das zum Postdienst erforderliche Vermögen, hatte eine *hübsche* Handschrift, besuchte vorher die

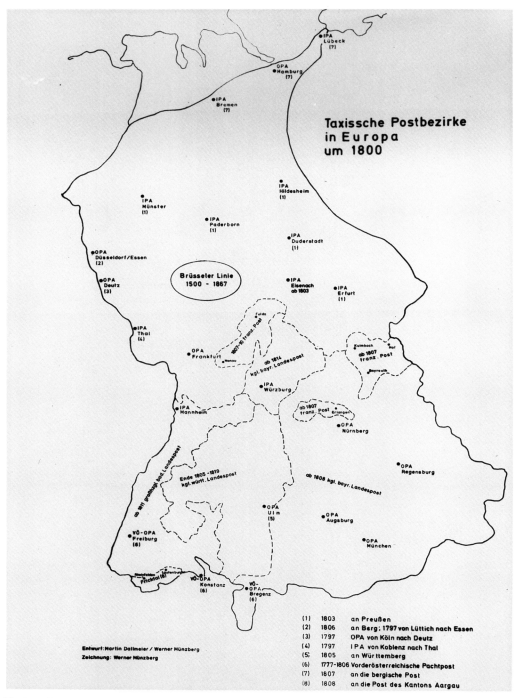

Kat.Nr. 11

notwendigsten Schulen, beherrschte allerdings außer seiner Muttersprache keine Sprachen. Als *Nebengewerbe* verfügte er über ein Bauerngut, außerdem betrieb er noch Pferde- und Getreidehandel. Sein Einkommen belief sich auf annähernd 1 700 Gulden jährlich. An *Neujahrsgeld* hatte er 30 Gulden zu entrichten. Das *Quartals-Solarium* belief sich auf 193 Gulden, 30 Kreuzer. Die soziologische Aussagekraft derartiger Quellen ist sehr hoch, zumal die Fahrpostkommissariate wesentlich großräumiger als die Oberpostamts- und Postamtsdistrikte der Reitpost waren. Sie ergänzen auch das personenbezogene Aktenmaterial von einzelnen Postbeamten, das seinerzeit meist in den sogenannten *Stationsakten* mitgeführt wurde und abgesehen von Anstellung, eventuellen Beschwerden Dritter oder Bittschriften um Erhöhung der Bezüge und schließlich dem Ableben kaum weitere Einzelheiten zur Person vermittelten.

Lit.: E. Probst, Karl Ritter von Pauerspach und seine Thurn und Taxisschen Postvisitationen 1782/83. Eine Hauptquelle zur Geschichte der Thurn und Taxis-Post im süddeutschen Raum (Studien und Quellen zur Postgeschichte [Reihe A] 2), Kallmünz 1979 – Zur Organisation der Reichspostkommissariate neuerdings W. Münzberg in: Thurn und Taxis 1490–1867, Tl.2, Regensburg 1990, S. 257–280.

Regensburg, FZA, Postakten 1831/1

D. I. Organisation

10 DIE THURN UND TAXIS-POST VOR DEN NAPOLEONISCHEN UMWÄLZUNGEN – VERZEICHNIS DER REICHSPOSTANSTALTEN
1801 Regensburg
Band in bezogener Kartondecke der Zeit, aufgeschlagen: Radolphzell–Riedlingen

Das *Alphabetische Verzeichnis* aller kaiserlichen Reichspostämter, Stationen, Expeditionen usw, 1801 angelegt, läßt bereits Veränderungen gegenüber dem Stand von 1793 innerhalb der Tabellen zum *Hendschel-Atlas* (vgl. Kat.Nr. D.I.8) erkennen. Genannt werden zusätzlich das Jahr der [angeblichen] Errichtung jeder Poststelle, ihre Unterordnung hinsichtlich der reitenden und der fahrenden Posten, nicht zuletzt die Territorialzugehörigkeit. Hinsichtlich des *Errichtungsjahres* sind allerdings in manchen Fällen Bedenken anzumelden. Bisweilen entsteht der Eindruck, daß hier manchmal das Jahr aufgezeichnet wurde, in dem bei Erstellung des Verzeichnisses die Aktenüberlieferung einsetzte; dies konnte teilweise vor, verschiedentlich aber nach dem tatsächlichen Eröffnungszeitpunkt der Fall sein.
Auf der Beispielseite wird Regensburg erwähnt. Nach dem Verzeichnis von 1801 wurde das Postamt in den Mauern der Freien Reichsstadt – gemeint ist das kaiserliche Reichspostamt – 1630 errichtet; hinsichtlich der Fahrpost unterstand es dem Oberpostamt Nürnberg. Hier zeigt sich, daß beispielsweise der bis dahin zwischen Augsburg, Regensburg und Böhmen verlaufende österreichische Hofpostkurs im *Verzeichnis* nicht berücksichtigt wurde.

Lit.: Vollständig ausgewertet in: W. Münzberg, Thurn und Taxis Poststationskatalog, Thurn und Taxis-Studien Bd.5, Kallmünz 1967.
Zu Regensburg: W. Eisenbeiß, Beiträge zur Geschichte des Botenwesens und der Post in Regensburg. In: APB 49 (1979); auch Sonderdruck.

Regensburg, FZA, Postakten 1165/1

11 DIE TAXISSCHEN POSTBEZIRKE UM 1800
UND UM 1850:
VON DER REICHSPOST ZU DEN
LEHENPOSTEN
Um 1800 / um 1850
Kartenentwürfe: M. Dallmeier u. W. Münzberg

Die beiden Karten versuchen, in großen Zügen die *taxisschen Postbezirke* in zwei für sie wichtigen Zeitpunkten darzustellen: einmal in der Endphase des Alten Reiches, als die linksrheinischen Posten bereits verloren waren, zum andern in der Entwicklungsphase hin zum Deutsch–Österreichischen Postverein, als dem Fürstlichen Haus die Posten in Schaffhausen und in Württemberg verloren gingen.

Die Hervorhebung der *Oberpostämter* und der *Immediatpostämter auf der Karte um 1800* veranschaulicht die Verwaltungsschwerpunkte der Reichspost auf der mittleren Ebene. Die mit Grenzlinien und Ziffern kartierten *Abgänge* zeigen die ganz erheblichen Verluste seit den Revolutionskriegen. Im heutigen Ausland liegt das Oberpostamt Bregenz im Bereich der Vorderösterreichischen Posten, die zwischen 1777 und 1806 *Pachtposten* waren, ferner das *Fricktal,* das 1808 an die Post des Kanton Aargau ging.

Das Kartenbild *um 1850* belegt die Konzenztration im thüringischen und hessischen Raum, zu dem noch die lippischen Fürstentümer und die Hansestädte kommen. Nach dem Verlust Schaffhausens 1849 und Württembergs 1851 verblieben der Taxis–Post hier lediglich noch die hohenzollernschen Postorte.

Lit. zur Karte um 1800: Dallmeier 1977/I, S. 214–220 – Zur Karte um 1850: E. Probst, Rechtsgrundlagen und Umfang der Thurn und Taxis Post innerhalb der einzelnen Glieder des Deutschen Bundes. In: Haferkamp–Probst Bd. 1 (1976) S. I/5–27.

Regensburg, FZA, Graphiken

12 *VERHÄLTNISS–KARTE VON DEUTSCHLAND*
19. Jh., 1. Hälfte
Federzeichnung, koloriert, u. Handschrift; oben Mitte aufgeklebt kleine mit Aquarellfarbe gemalte Vignette: Himmelsglobus, teilweise überdeckt. Die Decke wird von einem Engel zurückgeschlagen; ein zweiter Engel hält eine Papierrolle mit Aufschrift *Deutschland.* Sign. links unten: *Gez. v. Nicolaus aus Giessen*

Die *VERHAELTNISS–KARTE VON DEUTSCHLAND / Zur Übersicht und Vergleichung des Flächenraums, der Bevölkerung, der Staatseinkünfte u.s.w. der deutschen Bundesstaaten* ist offensichtlich eine Vor- oder Nachzeichnung zur *VERHÄLTNISS–KARTE VON DEN DEUTSCHEN BUNDESSTAATEN / Zur Übersicht und Vergleichung des Flächenraums, ... dieser Länder. / Sr. Majestät dem Könige von Preussen*

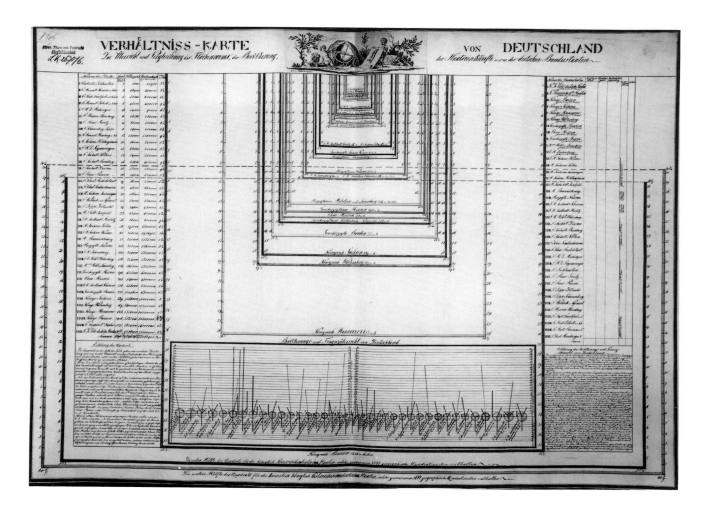

D. I. Organisation

FRIEDRICH WILHELM III. allerunterthänigst zugeeignet von dem Verfasser, Dr. Aug. Fried. Wilh. Crome. (FZA, Plansammlung 410). Im Gegensatz zu dem gedruckten Crome-Plan, *H. Leutemann sc.* fehlen in der gezeichneten Fassung die statistischen Zahlen u.a. in den Rubriken *Militair-Etat / Contingent / Matricular-Anschlag.* Der Druck unterscheidet beim Militärkontingent auch zwischen Friedens- und Kriegsstärke. Die Zahlen der übrigen Spalten weichen teils nach oben, teils nach unten etwas von einander ab.

Nach den Vorstellungen von Autor und Zeichner und deren eigenwilliger Darstellungsweise *geben die Quadrate in der Mitte der Karte eine sinnliche Darstellung, und eine leichte Uebersicht, von der Flächengrössen dieser Länder, und von den Verhältnissen, worin sie in Betreff des Areals zu einander stehen* ... Die annähernd gleiche Größe einiger kleiner Bundesländer zwang allerdings dazu, einige Staaten unter einem Quadrat zusammenzufassen. Kartographische Werke mit von Heinrich Leutemann gestochenen Karten erschienen um 1850 und später, u.a. ein *Neuer Atlas der ganzen Erde in 27 Karten* und eine Karte der *Umgegend von Leipzig.*

Lit.: The British Museum Catalogue of printed Maps, Charts and Plans 8 (1967) Sp. 982 f.

Regensburg, FZA, Karten 409

13 POSTORTE IM VERWALTUNGSBEZIRK DER FÜRSTLICHEN LEHENPOSTEN
1839 März 1 Frankfurt a. Main
Druck, 4 S., mit handschriftlichen Ergänzungen

Die *General-Uebersicht*, geordnet nach den einzelnen Postgebieten, diente als Erhebungsformular für innerdienstliche statistische Zwecke, ebenso für Verrechnungszwecke, da auch *auswärtige* Grenz- und Verrechnungspostämter aufgeführt sind. Bei den nicht allzu vielen unterstrichenen Postorten handelte es sich um *besondere Haltereien.* Zusammenfassend ergibt sich das folgende Bild:

I. Württemberg: 84 Stationen (zusätzlich handschriftlich Postamt Gundelsheim und Posthalterei Schwaigern); hinzu kommen die nicht numerierten Relais bzw. Posthaltereien Ailringen, Brakenheim, Bühlerthann, Döttingen, Gaildorf, Großörlach, Hermaringen, Kleinengstingen, Leonbronn, Nerenstetten, Riedbach, Schönmünznach, Weißenstein, Wellendingen und die Postspedition Westernach, ferner die bayerischen (Austausch- bzw. Grenz)Postämter Feuchtwangen, Lindau, Memmingen und Nördlingen. –
II. Kurhessen: 67 Stationen (dabei gestrichen Halsdorf und die nicht mitgezählte Kollektion Windecken); hinzu kommen die nicht numerierten Posthaltereien bzw. Relais und Kollektionen Breitenbach, Dissen, Dörnberg, Naumburg, Nenndorf (Posthalterei, im Sommer mit Expedition), Neukirchen, Oberaula, Reichensachsen, Schwarzebach, Steinau und Walburg. Genannt werden ebenfalls die bei Lippe mitgezählten lippischen Orte Bösingfeld, Detmold und Lemgo, ferner die preußischen (Austausch- bzw. Grenz-)Postämter bzw. Postverwaltungen Beverungen, Höxter und Warburg. –
III. Großherzogtum Hessen: 47 Stationen (zusätzlich handschriftlich die Briefkollektion Waldmichelbach sowie die Postexpeditionen Wimpfen und Umstadt). –
IV. Nassau: 36 Stationen und die nicht numerierte Postkollektion Camberg. –
V. Weimar-Eisenach: 15 Stationen und die nicht numerierte Posthalterei Mittelpöllnitz (zusätzlich handschriftlich die Postexpeditionen Kaltennordheim, Lengsfeld, Ostheim und Tiefenort). –
VI. Altenburg: 10 Stationen
VII. Meiningen-Hildburghausen: 17 Stationen, dann nicht numeriert die Posthalterei Witzelrode und die Postspedition Zwick; außerdem wird Schmalkalden (in Kurhessen numeriert) aufgeführt. –
VIII. Coburg-Gotha: 6 Stationen sowie die nicht mitgezählten Posthaltereien Oberhof und Tambach. –
IX. Schwarzburg-Sondershausen: 2 Stationen. –
X. Schwarzburg-Rudolstadt: 4 Stationen sowie die nicht mitgezählte Posthalterei Schwarzburg. –
XI. Reuß: 8 Stationen. –
XII. Hessen-Homburg: 2 Stationen. –
XIII. Lippe: 9 Stationen, ferner die nicht mitgezählten Posthaltereien, Expeditionen bzw. Kollektionen Eilsen, Langenholzhausen, Schieder, Schwalenberg und Varenholz. –
XIV. Hohenzollern: 4 Stationen, ferner die nicht mitgezählten Relais bzw. Posthaltereien Habsthal, Haidtcapelle und Klosterwald. –
XV. Schaffhausen: 1 Station (Schaffhausen), ferner die nicht mitgezählten Postkollektionen Neuhaus (auch Posthalterei), Neunkirch und Stein. –
XVI. Oberpostamt Frankfurt. –
XVII. Oberpostamt Hamburg; nicht numeriert Posthalterei Zollenspieker. –
XVIII. Postamt Lübeck.

Derartige Formulare wurden fallweise nach Bedarf neu aufgelegt, besonders auch nach Abschluß des Postvereinsvertrages, dessen Ausführungsbestimmungen bestimmte quartalweise bzw. jährliche Erhebungen festlegten. Derartig zusammengefaßte Ergebnisse wurden nach 1850 auch publiziert.

Regensburg, FZA, Postakten 449

Postordnungen, Dienstanweisungen, Generalien und Zirkulare

14 POSTORDNUNGEN UND REVERSE DER POSTHALTER ZWISCHEN BRÜSSEL UND TRIENT
a) 1596 Oktober 16 Augsburg – 1596 [nach Oktober 16] Eckweiler
Ausfertigung, Foliobogen, S unter Papierdecke
b) 1596 [nach Oktober 16] Lieser
Nr. 3 Seite 4: *Mathias Lodtwich*
Ausfertigung, Foliobogen, S unter Papierdecke

Bestimmungen über Pflicht und Schuldigkeiten der Postmeister und Postboten; Androhung empfindlicher Strafen, meist 5 Gulden. *Der das verschlossen vellus [Fellei-*

sen] *ausserhalb der hauptpossten eröffnet, soll seines diensts entsetzt werden.* Vom Generalpostmeister abgefertigte Kuriere mußten unentgeltlich geführt werden. Kaiser Rudolf II. hatte mit Urkunde vom 16. Juni 1595 (FZA, Posturkunden 43) dem Freiherrn Leonhard von Taxis u.a. im Amt des kaiserlichen Reichspostmeisters im Reich bestätigt. In den nächsten Jahren galt es, das vorher zerrüttete Postwesen in Zusammenarbeit mit der kaiserlichen Postkommission zu stabilisieren. Zur Festigung der neuen Postvereinbarungen erließ Leonhard für den wiederhergestellten Hauptpostkurs von Brüssel nach Innsbruck eine Postordnung. Bereits 1596 übertrug er dem Sohn und designierten Amtsnachfolger, Lamoral von Taxis, der mit einer Tochter des Augsburger Postmeisters Seraphin II. von Taxis verheiratet war, die Verwaltung der beiden überaus wichtigen Postämter Augsburg und Rheinhausen.

Die in Augsburg für die Posthalter des Reichspostkurses ausgefertigten Reverse liegen für Eckweiler, Laufersweiler, Lieser, Binsfeld, Arzfeld und Asselborn unterzeichnet vor (FZA, Posturkunden 46). Außerdem ist der unausgefertigte Revers für die vier württembergischen Posten in Knittlingen, Enzweihingen (Vaihingen), Cannstatt und Ebersbach (an der Fils) überliefert, ferner ein solcher für den Postmeister zu Füssen, wie ihn jeder *postmeister und postpot zwischen Trent, Augspurg und Innsprugg* erhielt.

Lit.: Behringer 1990, S. 72 – Dallmeier 1977/I, S. 65–67 – Dallmeier 1977/II, S. 52–55, Nr. 106–114 – Vogt, Von deutschen Postverordnungen und Posteinrichtungen des 16. und 17. Jahrhunderts. In: APT 68 (1940) S. 741–773 – Zur Geschichte der deutschen Reichspost am Ende des 16. Jahrhunderts: APT 16 (1888) S. 165–174, S. 183–190 – R. Freytag, Zur Geschichte der Poststrecke Rheinhausen–Brüssel. In: APT 49 (1921) S. 289–295 – Zu Eckweiler: Freytag (1921) S. 293 – H.J. Becker, Der Postvertrag vom Jahre 1516 (November 13). In: Postgeschichtliche Blätter OPD Saarbrücken (1973/22) S. 1–5.

a–b) Regensburg, FZA, Posturkunden 46

15 DIENSTANWEISUNG FÜR DAS PERSONAL DER FAHRPOSTEN

1783 April 14 Regensburg
Druckschrift *Verordnung und Anweisung für sämtliche bey den kaiserl. Reichs ordinaire fahrenden Posten angestellte Expeditores, Officialen, nebst einem Anhang für sämtliche Posthaltere, Conducteurs und Packer,* o.O. 1783, Folio, 38 S., mit Vignette auf Titelblatt und erster Textseite

Die *Verordnung* umfaßt 56 Positionen für *Expeditores und Officialen*. Die Bestimmungen enthalten u.a. eine Beschreibung *ordentlicher Expeditionsräume*, eine Aufzählung sämtlicher Dienstpflichten bei Ankunft und Abgang der Posten, Anweisungen über den richtigen Umgang mit den Passagieren, aber auch Vorschriften zu deren Verhalten. *Verdächtige Personen* waren abzuweisen, das *Tabakrauchen im Wagen* wurde nicht gestattet. Besondere Bestimmungen betrafen den Postwagen nach Metz *wegen der hierunter öfters gespielten Contreband*. Wegen des Einfuhrverbotes ausländischer Journale und Zeitungen nach Frankreich wurde den Expeditoren ausdrücklich verboten, derartige Literaturerzeugnisse *weder wissentlich für andere, noch für sich selbst, vermittels des Postwagens, dahin zu senden.* Der Anhang mit 33 Positionen enthält dann Bestimmungen für *Posthaltere, Conducteurs und Packer*. Die Normen umfassen zahlreiche

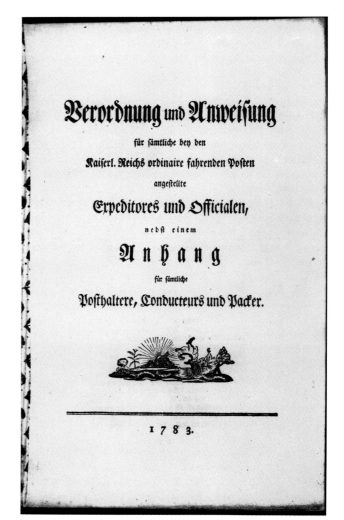

D. I. Organisation

Geschäftsvorgänge, die teils seit jeher im Bereich der kaiserlichen Reichspost üblich waren, teils auch Vorschriften, deren Notwendigkeit sich erst in jüngerer Zeit herauskristalisierte.

Regensburg, FZA, Postakten 4576

16 VERORDNUNG UND ANWEISUNG FÜR OFFICIALE, POSTHALTER UND BRIEFTRÄGER DER KAISERLICHEN REICHSPOST
1790 München
Handschrift, Libell, 33 S., mit Anmerkungen – gezeichnete Vignetten auf Titelseite und Blatt 1

Die *Verordnung und Anweisung* für die Reitposten ist offensichtlich vom Münchener Oberpostamtssekretär Herrn von Hagen abgefaßt. Sie zeigt zahlreiche Parallelen zur Fahrpost-Ordnung von 1783. Zwei Vignetten sind aufgeklebt: auf der Titelseite eine Küstenlandschaft mit links hinter einem Felsmassiv aufgehender Sonne, auf der rechten Bildhälfte ein Segelschiff mit aufgeblähtem Segel; auf der etwas größeren Vignette, S.2 vor dem Textbeginn, schweben zwei Gestalten, Merkur und eine tubablasende Nymphe über bewölkter Landschaft. Merkur ist wiederholt in der zeitgenössischen Graphik als Symbol für Post und Nachrichtenübermittlung anzutreffen, auch auf Titelblättern der Reiseliteratur des 18. Jahrhunderts.

Die 50 Positionen der Verordnung reichen von der Verpflichtung des Personals und der Einrichtung der Expedition bei den Hauptpostämtern über Brief- und Paketaufgabe, Haltung guter Felleisen sowie Estafetten- und Stundenzettel-Taschen bis hin zur *Stempflung* der Briefe, zur Registraturhaltung und Inventarpflege. Ein Anhang mit 14 Zusatzbestimmungen befaßt sich mit den Aufgaben der Briefträger. Von diesen wird u.a. verlangt, daß sie *gut lesen, schreiben und rechnen können, und*

[es] wäre nicht undienlich, wenn sie Sprachen, wenigst nur zur Lesung aller Addressen verstünden. Zum Dienst hatten die Briefträger *in ihrer angeordneten Kleidung* zu erscheinen. Die eingezogenen (Porto-) Gelder waren an den jeweils dafür bestimmten Tagen *richtig und accurat* einzuliefern. Briefe durften nicht zur Bestellung angenommen werden; hier war der Absender auf das *ordentliche Postamt* zu verweisen. Grundsätzlich galt auch für die Briefträger, daß sie *ehrlich und rechtschaffene Männer* sein sollten.

Regensburg, FZA, Postakten 777

17 EXTRAPOSTORDNUNG DER THURN UND TAXISSCHEN LEHENPOSTEN – ORDONNANCE POUR LE SERVICE DE LA POSTE AUX CHEVAUX
1812 Februar II 27 Frankfurt
Drucke, zweisprachig:
a) Generaldirektion der Herzoglich Naussauischen Posten, Umschlag – Titelseite
b) Generaldirektion der Herzoglich Sachsen-Coburgischen Posten – Aufgeschlagen: 23–25 mit Tabelle
c) Generaldirektion der Großherzoglich Würzburgischen Posten – Schlußseite

Die drei Postordnungen für Nassau, Sachsen-Coburg und Würzburg entstammen der Endphase der napoleonischen Ära. Typisch für die Zeit ist die zweisprachige Fassung in deutsch und französisch.
Der Einleitungstext begründet die Drucklegung: einmal sollte *mannigfaltigen Anständen und Beschwerden, welche sich von Seite der Reisenden so häufig ergeben*, abgeholfen werden, zum andern sollten die *bereits schon lange bestehenden Postordnungen* den Poststallmeistern und Posthaltern neuerdings ins Gedächtnis zurückgerufen werden. Noch immer ließen die Normen eine systematische Gliederung vermissen. Die im Wortlaut gleichen 31 Paragraphen bieten ein Kunterbunt von Vorschriften und Instruktionen, handeln von der *Beschaffenheit* und der *Kleidung der Postillons,* von Wartezeit, Wartegeld und Wegzeiten für Kuriere und Extraposten. Es mußte *die deutsche Meile auf gut chaussirten Wegen* in einer Stunde zurückgelegt werden, doch konnte *bei sandigen, schlechten und verdorbenen Wegen* eine halbe Stunde zugegeben werden. Bemerkenswert ist der *Ersatz wegen verübter Exzesse an Postpferden,* also das *Übertreiben und Mißhandeln der Pferde.* Festgelegt war jetzt auch das *Trinkgeld für die Postillons,* ebenso wie das *Ausweichen auf der Straße.* Schließlich waren die Postordnungen, um eine Unterrichtung des *reisenden Publikums* sicherzustellen, *in den Gastzimmern und dem Absteigslokale der Reisenden gehörig bekannt zu machen.*
Das Vertragsverhältnis der taxisschen Posten mit Nassau basierte auf einen Lehenpostvertrag vom 19. Dezember 1806, das mit dem Großherzogtum Würzburg auf einen Lehenpostvertrag vom 17. November 1806. Während das Herzogtum Nassau auch nach dem Wiener Kongreß selbständig blieb und dem Fürsten-

haus Thurn und Taxis die Post beließ, ging die Post in dem an Bayern gekommenen Großherzogtum Würzburg nach dem Zerfall des Rheinbundes an die Königlich Bayerischen Posten über. In den sächsisch-thüringischen Fürstentümern blieb die Thurn und Taxis-Post wie schon zur Napoleonzeit auch nach 1813/14 bis 1867 als Lehenpost weiter bestehen. Ähnliche gedruckte Extrapostordnungen gab es auch für die weiteren Rheinbundglieder, soweit dort die Post von Thurn und Taxis als Lehenpost wahrgenommen wurde.

Regensburg, FZA, Postakten 795

18 LEITFADEN ZUM NACHSCHLAGEN DER ALLGEMEINEN VERWALTUNGSBESTIMMUNGEN, VERFASST VON A. VOGTHERR

1851 Frankfurt
Druck von Carl Knatz, 25 S., durchschossen gebunden, mit handschriftlichen Ergänzungen, aufgeschlagen S.10-10a: *Fahrpostdienst - Francomarken*

Der volle Titel der Veröffentlichung lautet *Leidfaden zum Nachschlagen derjenigen, von der Fürstlich Thurn und Taxischen [!] General-Post-Direktion bis Ende Juni 1851 erlassenen und noch ganz oder theilweise giltigen Generalien und Circular-Verordnungen, welche allgemeine Verwaltungsbestimmungen enthalten.* Der Verfasser war Oberrevisor bei der Generalpostdirektion und hatte so besten Einblick in die einschlägigen Materialien. Vogtherr hat allerdings, um den Umfang nicht zu sehr anschwellen zu lassen, darauf verzichtet, die jeweils noch gültigen Taxbestimmungen, Instradierungen, Kurs- und Stationseinrichtungen, Distanzfestlegungen und Personalnachrichten, ferner Einzelbestimmungen für örtliche Bereiche ebenfalls in das *Handbuch* aufzunehmen.
Die beiden aufgeschlagenen Seiten enthalten u.a. Fundstellennachweise über die Festsetzung von Procura-Gebühren bei Fahrpostsendungen, über Felleisen-Karren, über Siegel bei Frachtbriefen, über teilweise Frankierung, über das von fremden Postanstalten vergütete Franco sowie über die Kennzeichnung von Franco und Weiterfranco auf Briefen und Fahrpostbriefen, nicht zuletzt - im handschriftlichen Nachtrag - Richtlinien über die Einführung von *Franco-Marken*, also Postwertzeichen.
Die *Generalien*, die allgemeinen Anordnungen der Generalpostdirektion, wurden seit Juli 1816 den Postdienststellen meist in gedruckter Form zugeleitet. Ab 1837/38 erfolgte eine jährlich durchlaufende Numerierung und eine separate Numerierung innerhalb der einzelnen Postgebiete bzw. Distrikte. Zu ihnen gab die Generalpostdirektion auch *Inhaltsverzeichnisse* heraus. Allgemein gründeten sich die Normen auf unterschiedliche Landesgesetze und landesherrliche Verordnungen. In soweit unterscheiden sich die taxisschen Generalien von Vorschriften anderer Postverwaltungen, die lediglich auf die internen Landesverhältnisse Rücksicht zu nehmen brauchten. Fallweise erschienen immer wieder Zusammenfassungen noch gültiger Bestimmungen, so neben der Publikation von Vogtherr eine Sammlung noch gültiger Normen unmittelbar durch die Generalpostdirektion im August 1860.

Lit.: Generalien der Thurn und Taxisschen Lehenpostanstalten 1837/38-1850/51. Zusammendruck der amtlichen Register der Fürstlichen Generalpostdirektion, bearb. von E. Probst (Studien und Quellen zur Postgeschichte, Reihe A, 5) Kallmünz 1990 - Allgemeine Vorschriften bezüglich des Dienstbetriebs bei den Poststellen und Posthaltereien der Fürstlich Thurn und Taxisschen Posten, August 1860 (Studien und Quellen zur Postgeschichte, Reihe B, 2) Kallmünz 1985.

Regensburg, FZA, Postakten 42

19 DIENSTEINTEILUNG FÜR EXPEDITIONSBEAMTE BEIM FRANKFURTER OBERPOSTAMT

1862 VI 11 Frankfurt
Druck: Formular, handschriftlich ergänzt

Die *Dienst-Eintheilung für die Expeditions-Beamten* diente offensichtlich beim Oberpostamt Frankfurt, in ähnlicher Form wohl auch bei anderen großen Postämtern, als Plakatanschlag zur Unterrichtung über den laufenden Dienstbetrieb, hier für einen Tag. Von den 48 durchnumerierten Kartenfeldern, ohne Namensnennung, sind 45 - jeweils mit genauer Angabe der Dienstzeit und der Tätigkeit - entsprechend ausgefüllt. In sieben Feldern wird für unterschiedliche Zeiten zwischen 8.00 und 20.30 Schalterdienst erwähnt; 11 der 45 Felder haben den Vermerk *frei(er Tag)*, ein weiteres Feld neben *frei* den Zusatz: *wenn nicht Störungen im Personalbestande die Heranziehung zum Dienst erforderlich machen*. Neben dem Schalterpersonal sind vor allem Beamte mit der Übergabe der Sendungen an die verschiedenen Leitbereiche und mit der Dekartierung befaßt. Tag- und anschließender Nachtdienst war dabei nicht ausgeschlossen, so bei *No. 11: Vorm. 7-9 1/2 Decartirung - Abds. 6 - früh 7 Abfertigung von Mainz I u. II. Hat dabei Offenbach u. das Leipziger Pensum zu decartiren*. Es gab auch ein *offenes* Arbeitsende nach Abschluß der zugewiesenen Kartierungsarbeiten, so als beispielsweise *No. 33: Nachm. 3 5 3/4 Uebergabe der Posten nach Cassel II u. III - Abds. 7 1/2 Übergabe der Post III nach Darmstadt, dann bis zum Ende der Decartirung Dienst*, dabei namentlich auch das Berliner Pensum.
Das ausgefüllte Formular diente als *Muster* zu einem mündlichen Vortrag am 14. Juni bei der Generalpostdirektion. Ein ähnliches Formular mit 30 Feldern enthielt die *Dienst-Eintheilung für die Packergehilfen, enthaltend den Tagesstand vom 1. Juni.* Dieser Vordruck war wohl zu klein dimensioniert, da unter Mitverwendung der rückseitigen Felder 55 Nummern genannt sind, darunter sich abwechselnd als *Nr. 54 und 55 zwei Soldaten*.
Beide Formulare vermitteln interessante Aufschlüsse über die unterschiedlichen Tätigkeitsfelder und auf die damaligen Arbeitszeitverhältnisse.

Regensburg, FZA, Postakten 7

D. I. Organisation

Postvisitation und Revision

20 KONTROLLE DER POSTKURSE IM
DREISSIGJÄHRIGEN KRIEG
1625 V 3 Brüssel
Dekret, Entwurf

Der Reichserbgeneralpostmeister Graf Leonhard II. von Taxis teilt den Posthaltern zwischen Brüssel und Augsburg mit, daß er einen seiner Kuriere als *vorgeselschafter* der Ordinari abgesandt habe. Dieser ist bei der Beseitigung der Ursachen für die Verhinderung der Ordinari aus Italien und aus den Niederlanden zu unterstützen. Außerdem sollen die Posthalter die in den Ordnungen festgelegten Beförderungszeiten einhalten; für jede versäumte Stunde sollen 3 Gulden vom Sold abgezogen werden.
Visitationen der Postkurse durch den Reichsgeneralpostmeister oder dessen Bevollmächtigten sind schon seit der Frühzeit der Posten nachweisbar. Dabei sollten auch Verbesserungen bei der Ordinaripost erkundet werden. Die Androhung von Besoldungskürzungen bei Überschreiten der Sollzeiten war bei den allgemeinen wirtschaftlichen Verhältnissen der Posthalter in Kriegszeiten wohl ein wirkungsvolles Mittel, die Ordinari-Laufzeiten zu verbessern.

Lit.: AK Zwei Jahrtausende Postwesen, Halbturn 1985, S. 78 C 26.

Regensburg, FZA, Postakten 2146

21 VISITATIONSBERICHT DES FRANKFURTER
OBERPOSTAMTSDIREKTORS VON
BERBERICH
1755
Protokoll mit beigelegten Drucken
aufgeschlagen: links fol.98 (Druck), rechts fol.74

Gezeigt werden die *Chur–Cölnische und Hochfürstlich Paderbornische Post–Taxa* sowie der Anfang des Visitationsberichtes von Paderborn. Die nicht datierte Taxordnung wurde vom Hofbuchdrucker Ferdinand Joseph Schirmer in Paderborn gedruckt. Im handschriftlichen Visitationsbericht nehmen die Anmerkungen über die *Amtskorrespondenzen* sowie Bemerkungen zur *Postamtsrechnung* und zu *Rechnungsdefekten* einen besonders breiten Raum ein. Nach Berberichs Ansicht handelte es sich hier um ein *durch innerliche Zerrüttung in sich selbst verfallendes Postamt*. Hinzu kamen noch die Beeinträchtigungen von außen: so durch die Fahrpost des bischöflichen Postmeisters, die in Hameln an die hannoversche fahrende Post nach Hamburg anschloß und der Reichspost immer wieder Briefe entzog.
Visitiert wurden die *Sächsische Route* von Frankfurt bis Vacha, die *Vogelsberger Route* von Weidenau bis Wetzlar, und die *Sauerländische Route* von Wetzlar bis Münster. Dann ging es über Paderborn und Volkmarsen wieder nach Frankfurt zurück. Zusammen mit Detmold werden 27 Postorte meist ziemlich eingehend beschrieben. Meist geht es dabei um die Landeshoheit, um vertragliche Vereinbarungen, Brieffreitum, Ankunft und Abgang der Posten, um die Postauswechslung mit anderen Postorten, Brieftaxen, Ausgaben und Erträge, Amtsrechnungen und deren Defekte, Beeinträchtigungen durch fremde Postanstalten, Nebenposten und Botenwesen, nicht zuletzt um die Routenführung. Beigelegte gedruckte oder auch handschriftliche Postkurszettel, Taxlisten und Stundenpässe u.a. runden das Bild ab. So sind die Berichte Berberichs eine äußerst informative Quelle zur Orts–, Landes– und Verkehrsgeschichte jener Zeit.

Lit.: E. Probst, Westfälische Postvisitationen 1755. In: Postgeschichtsblätter für den Bezirk der Oberpostdirektion Münster/Westf. 14 (1968/H.2) S. 3–31, bes. S. 3ff. u. 17ff.

Regensburg, FZA, Postakten 1532

22 *PAUERSPACH–VISITATIONEN* 1782/1783
1783 Oktober 2 Regensburg (Abschlußdatum)
Protokollband, aufgeschlagen S.81–82:
Reichsposthalterei Kürn/Oberpfalz (beiliegend Transkription)

Die oberpfälzische Posthalterei Kürn im Landkreis Regensburg, am alten Postkurs von Regensburg nach Prag gelegen, wird in den *Pauerspach–Berichten* auf fünf Seiten abgehandelt. Es war die erste Station nach Regensburg in Richtung Böhmen. Auf S.81–82 werden Fragen nach dem Besitz des Posthalters, nach dem Personal, nach dem lebenden und toten Inventar, und nach dem Postenlauf – *Ankunft und Abgehung deren kaiserlichen Reichsordinairen* – beantwortet; die *Specifikation aller umligenden Ortschaften* zeigt unter Angabe der territorialen Verhältnisse (hier pfalz–neuburgische Hofmarken) das Umfeld an, das an der Posthalterei Kürn Post abgab oder abholte.
Die nach dem Postkommissar Karl Ritter von Pauerspach benannten Visitationen sind die umfassendsten systematischen Untersuchungen der Poststationen zur Zeit der kaiserlichen Reichspost. Den nach Routen gegliederten Bänden schlossen sich jeweils tabellarische Übersichten an, die schnell eine gute Überschau und Vergleiche mit benachbarten Postorten zuließen. Der Fragenkatalog, den Pauerspach zugrundelegte, umfaßte nicht weniger als 20 Punkte, die allerdings nicht für alle Stationen einschlägig waren. Einigen Orten vorangestellte historische und topographische Bemerkungen dürften teilweise von zweiter Hand stammen, zum Teil möglicherweise aus Nachschlageliteratur, die ihm in Regensburg in der Fürstlichen Hofbibliothek zur Verfügung stand.

Lit.: E. Probst, Karl Ritter von Pauerspach und seine Thurn und Taxisschen Postvisitationen. Eine Hauptquelle zur Geschichte der Thurn und Taxis–Post im süddeutschen Raum. Studien und Quellen zur Postgeschichte [Reihe A] 2 (1979) – AK Zwei Jahrtausende Postwesen. Vom cursus publicus zum Satelliten, Halbturn 1985, S. 85 C 54 (Probst).

Regensburg, FZA, Postakten 1226

23 DIE VON PAUERSPACH 1782/1783 VISITIERTEN POSTKURSE
1782/1783
Kartenentwurf: W. Münzberg

1782/83 bereiste und visitierte Pauerspach im Auftrage des Fürsten Carl Anselm die Postkurse in Süddeutschland zwischen Österreich, Tirol, der Schweiz und Frankreich. In den nach Postkursen gegliederten 23 Bänden sind insgesamt 169 Postämter, Postexpeditionen und Posthaltereien behandelt. Sie verteilen sich auf die Oberpostämter und Immediatpostämter Augsburg (47), Frankfurt (17), Mainz (3), München (12), Nürnberg (66), Regensburg (6), Ulm (1), Würzburg (10) und dem ehemaligen vorderösterreichischen Postkommissariat Freiburg (7). Bedauerlich ist allerdings für uns heute, daß Berichte über die größeren *dirigierenden* Postämter weitgehend fehlen. Die kartographische Darstellung zeigt – mit einigen Vorbehalten – in wesentlichen Zügen große Teile des süddeutschen Postnetzes in der Schlußphase der Kaiserlichen Reichspost, noch vor den Revolutionskriegen und napoleonischen Veränderungen.

Der 1737 geborene Autor war eine *vielseitige* Persönlichkeit. Er hatte Rechts- und Kameralwissenschaften studiert, war im Siebenjährigen Krieg Feld-Kriegskommissariatsoffizier, amtierte dann als Hofsekretär in österreichischen Diensten, bewarb sich um den fürstlichen Postdienst und erhielt 1781 ein Exspektanzdekret. Bald darauf setzten die Visitationsreisen ein. Ab 1786 oblag ihm in Nürnberg die Verwaltung der fahrenden Posten. 1802 verstarb Pauerspach. Überraschen mag, daß er in seiner *vortaxisschen Zeit* auch als eine der bemerkenswertesten Persönlichkeiten aus der Reihe der Theaterschriftsteller Wiens aus dem Umkreis des Fürsten Esterhazy angesehen wird. Der Schriftsteller Joseph von Pauerspach, auch Autor einer Reihe von Theaterstücken, war offenbar ein Bruder des Postkommissars.

Lit.: Probst, Pauerspach (1979) – K. Pollheimer, Karl Michael von Pauerspach. Das Leben und Werk des Theaterschriftstellers, Begründers und Direktors des Marionettentheaters in Esterhàz (Maschinenschrift, Wien 1971).

Regensburg, FZA, Graphiken

24 POSTVISITATION UND REVISION IM ZEITALTER DER LEHENPOSTEN
1865 Juli 11 Frankfurt
1 Bogen, Berichtsbeilage, Statistik der Dienstvisitationen

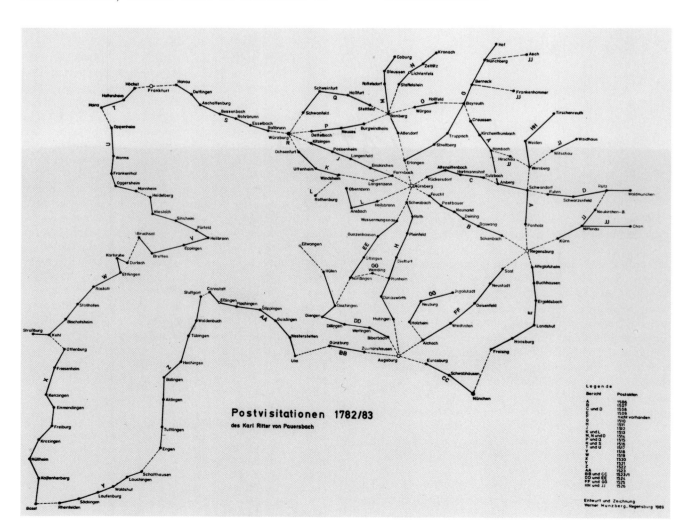

D. I. Organisation

Das Verzeichnis, eine Berichtsbeilage der Generalpostdirektion an den Fürsten, nennt für das Verwaltungsjahr 1864/65 (Juli/Juni) insgesamt 38 Visitationen. Fünf Visitationen – bei der Posthalterei Dillenburg, beim Postamt Homburg v.d.H., bei den Postexpeditionen Diez und Hachenburg sowie bei der Oberpostamts-Zeitungsexpedition wurden durch Beamte der Generalpostdirektion vorgenommen, die übrigen Visitationen durch Beamte der Distrikts- und äußeren Poststellen: im Kurfürstentum Hessen (6), im Großherzogtum Hessen (17), im Sächsischen Postdistrikt (9) und im Fürstentum Lippe (1); nicht visitiert wurde im Berichtszeitraum beim Fürstentum Hohenzollern, im Oberpostamtsbezirk Frankfurt und in den Hansestädten.

Die einschlägigen Akten vermitteln ein interessantes Bild der Inspektionen und Visitationen ab 1833. Damals ergingen neue Visitationsinstruktionen zunächst für Württemberg. Die Visitationen umfaßten *Zustand und Amtsführung in Bezug auf Expeditions-, Rechnungs- und Kassenwesen usw.*, sie erstreckten sich auf das Postpersonal, auf den Zustand der Postställe, auf die Stellungnahmen der Königlichen *Bezirksbeamtungen*, befaßten sich aber auch mit Verbesserungsmöglichkeiten. 1837/38 brechen die württembergischen Berichte ab. Die von der Generalpostdiektion 1860 vorgeschlagene Einsetzung von *Reise-Inspektoren, wie diese bereits bei anderen Deutschen Postverwaltungen bestehen und erprobt worden sind,* fand in Regensburg keinen Anklang. Dafür sollte aber das Personal der Generalpostdirektion – abwechslungsweise die Mitglieder des Kollegiums, wie auch die Sekretäre und die Bediensteten des Revisions-, Kurs- und Tax-Büros, je nach Sachlage – zu derartigen Kommissionen herangezogen werden. Erstmals wurden Beamte der Generalpostdirektion unmittelbar 1862/63 bei zehn Visitationen tätig, u.a. beim *Bureau ambulante* Frankfurt–Kassel–Eisenach.

Regensburg, FZA, Postakten 7616

25 TYPARE UND ABDRUCKE VON THURN UND TAXISSCHEN SIEGELN
17. – 19. Jahrhundert
Tafel, mit ausgewählten Typaren

Im Fürst Thurn und Taxis-Zentralarchiv werden nahezu 700 Siegelstempel, also Typare, verwahrt. Sie gliedern sich in Staats- und Familiensiegel, Postsiegel und Poststempel, Ämtersiegel und Siegel verschiedener Herkunft, meist aus Archiven und Registraturen im Laufe der Zeit erworbener Herrschaften usw. Mit 198 Siegeltyparen steht die Post zahlenmäßig an zweiter Stelle. 32 Siegelstempel davon entstammen der obersten Verwaltungsstelle, der Generalpostdirektion, die Masse ist den Oberpostämtern, Postämtern, Postexpeditionen und Posthaltereien zuzurechnen. Selbstverständlich ist, daß die größeren Oberpostämter wie Augsburg, Frankfurt, München, Nürnberg und Regensburg, aber auch größere Postämter, jeweils mehrere Siegelstempel in verschiedener Art und mit unterschiedlicher Zweckbestimmung verwendeten.

Die älteren Siegel tragen nur den Reichsadler mit dem kaiserlichen Wappen als Brustschild, darunter das Thurn und Taxis-Wappen. Einige alte, nur sehr kleine Siegelstempel haben den Reichsadler mit dem Posthorn im Herzschild. Mit der Wappenmehrung von 1787 kommt nur noch das taxissche Wappen vor. Die Typare der Lehenpostzeit haben Mischformen, je nach den Lehenverträgen, teils nur das Staatswappen, teils unter diesem das Taxis-Wappen, wieder in Anklang an die Form der Kaiserlichen Reichspost. Die Typare wurden aus Messing oder Stahl, teilweise aus gehärtetem Eisen hergestellt.

Lit.: M. Piendl, Die Siegeltypare im Fürstlichen Zentralarchiv. In: Thurn und Taxis-Studien Bd. 10, Kallmünz 1978, S. 140–265 – M. Piendl, Das fürstliche Wappen; a.a.O. S. 108–123.

D. Organisation, Dienstbetrieb und Dienstleistungen der Thurn und Taxis-Post

D. II. Posthäuser, Poststationen und Postämter

Die ersten Poststationen bei den taxisschen Postkursen waren sehr einfach gestaltet. Sie mußten nur eine spartanische Unterstellmöglichkeit für die bereitstehenden Pferde und eine Unterkunft für die wartenden Postillione bieten. Oft wurden derartige Pferdewechselstationen kurzfristig aufgelöst oder verlegt. Mit der Pflicht für die Posten, mehrere Pferde für die Briefpost und sogenannte Überpferde für Reisende bereitzuhalten, waren größere Häuser mit Stallungen notwendig. Da der Postdienst außerhalb der Postämter in den Städten mit erhöhtem lokalen Briefaufkommen und der wichtigsten Poststationen mit Kursabzweigungen in den seltensten Fällen alleine zum Lebensunterhalt ausreichte, waren vielfach Gewerbegerechtigkeiten mit dem Posthaltereidienst verknüpft. Kapitalkräftige Gastwirte, die finanziell zur örtlichen Führungsschicht zählten, bewarben sich häufig um den Postdienst, der ihnen neben der Vergütung für die Dienstaufgaben auch eine zusätzliche Einnahmequelle durch die Beherbergung von auf der Post Reisenden versprach.

Posthäuser und Postämter auch in den zentralen Postorten waren überwiegend im Besitz der Posthalter und Postmeister, das Reichspostgeneralat selbst besaß nur ausnahmsweise eigene Postgebäude, z. T. wurden Posthäuser angemietet.

Für die Geschäfte der Briefpost stand vielerorts weder ein eigener Raum, noch ein abgetrennter Bereich zur Verfügung.

Erst im 19. Jahrhundert läßt sich für Postämter in den größeren Städten eine arbeitsspezifische Ausstattung für Postzwecke feststellen. Die Einrichtung beschränkt sich auf Sortierkästen, Benützerschranken, Briefschalter, Kutschenremisen und Unterstände.

In der taxisschen Lehenpostzeit wurden von der fürstlichen Generalpostdirektion auch einige wenige Posthausneubauten veranlaßt, oft nicht aus organisatorisch–ökonomischen Gründen, sondern um Bestimmungen der Lehenpostverträge zu erfüllen. Nach der Zusammenfassung der auf mehrere Gebäude innerhalb der Stadt Frankfurt verstreuten taxisschen Posteinrichtungen im Rothen Haus wurde im Geviert zwischen der Zeil und den beiden Eschenheimer Gassen die zentrale taxissche Postverwaltung mit der Brief- und Fahrpost für die freie Stadt Frankfurt eingerichtet. Aus dem ursprünglich stattlichen Gasthof wurden im Inneren alle für die speziellen Bedürfnisse der Brief- und Fahrposten im 19. Jahrhundert notwendigen Räume geschaffen.

Die große Zeit der spezifischen Postamts-Neubauten in Deutschland setzte erst nach dem Ende der taxisschen Posten ein. M.D.

Lit.: R. Duffner, Das deutsche Posthaus von seinen Anfängen bis zur Gegenwart, Diss. Berlin 1939.

1 ALTES POSTHAUS IN STUTTGART–CANNSTATT
1919 (1593)
Foto, Aufnahme B. Klaiber, Stuttgart–Bad Cannstatt 1919

Das alte Posthaus mit der Renaissancefassade, hohem spitzen Treppengiebel und dreigeteiltem Baukörper zu Cannstatt bei Stuttgart in der Brunnenstraße nahe der Kirche gelegen stammt aus dem Jahre 1593. Die Haustüre ist von zwei Halbsäulen eingefaßt. Anstelle des linken Rundbogenfensters war bis in das 19. Jahrhundert die Tordurchfahrt zum hinter dem Haus gelegenen Poststall und sogenannten Kuriersaal, die 1868 abbrannten.

Über der Tür, ursprünglich dort nur ein Posthorn eingemeißelt, befand sich 1904 eine Tafel *Weinhandlung / zur alten Reichspost / Wilhelm Köler / 1593 – 1904* in Erinnerung an die alte Funktion des Gebäudes.

Eine Poststation zu Cannstatt bestand nachweislich seit 1506. Sie war lange Zeit die zuständige Posthalterei für die nahe gelegene Residenzstadt Stuttgart.

Lit.: F. Weber, Post und Telegraphie im Königreich Württemberg, Stuttgart 1901, S. 53.

Regensburg, FZA, TT – Post II. 22

D. II. Poststationen

2   MIETVERTRAG ÜBER DAS LINDAUER
    POSTHAUS
    1697 Mai 29 Lindau
    Ausf., Pap., 2 Bogen, mit zwei aufgedruckten
    Siegeln, aufgeschlagen: fol. 39' – Kopie fol. 37

Die Posthäuser zur Zeit der kaiserlichen Reichspost waren in der Regel im Besitz der örtlichen Posthalterfamilien. In den seltensten Fällen, meistens dann in den größeren Städten wie Frankfurt und Köln, waren Postgebäude ausnahmsweise im Besitz des kaiserlichen Reichspostgeneralates.
In Lindau mietete der Ulmer Postmeister Bernhardin von Pichlmayr von der Stadt für Postzwecke eine Behausung mit Stallung für die Postpferde an der Fischergassen auf zwölf Jahre zur Benutzung durch den örtlichen Postverwalter an. Anstelle des jährlichen Hauszinses von 75 Gulden erhielt die Reichsstadt Lindau ein Darlehen über 1500 Gulden gewährt.

Lit.: J. Lentner, Postmeister Bernhardin Pichlmayr. Sein Leben und sein Werk. In: APB 45 (1975) S. 244–262.

Regensburg, FZA, Postakten 6666, fol. 37–40

3   DER HEUMARKT ZU NÜRNBERG MIT DEM
    ÄLTESTEN KAISERLICHEN REICHSPOSTAMT
    IN DER STADT
    1725
    Kupferstich, mit zweisprachigem Titel *Nürnberg : Platz der Heumarckt genannt. Place de Nuremberg, dite le Marché au Foin*,
    gestochen von Joh. Adam Delsenbach

Die Errichtung eines ersten Posthauses in der Reichsstadt Nürnberg war sehr eng mit der Anlage des neuen Postkurses von Köln über Frankfurt und Nürnberg zur böhmischen Grenze verknüpft, zu der man sich bei der Belehnung mit dem Reichspostlehen 1615 verpflichtet hatte.
Das erste Postamt lag außerhalb der Stadtmauer vor dem Laufer Tor hinter dem Hl.Geist-Spital. Im Frühjahr 1617 richtete der Nürnberger Postmeister Christoph Haid im *Weißen Rößlein* auf dem Heumarkt eine Art Poststube ein, in der er an den Posttagen die Briefe annahm und verteilte.
Die Ansicht des Heumarktes von Johann Adam Delsenbach (1687–1765) aus dem Jahre 1725 läßt die günstige Lage dieser ältesten Nürnberger Poststube erahnen. Im vierten Haus vom rechten Rand des Stiches aus lag das Gasthaus *Weißes Rößlein*, erkenntlich am ausladenden Wirtshausschild. Nach dem Zwischenspiel der Schwedischen Post in Nürnberg 1632 bis 1634 wurde das Nürnberger Posthaus schließlich 1644 in die Hirschelgasse verlegt.

Lit.: R. Staudenraus, Die Anfänge der Post in Nürnberg (1609–1706) und die Geschichte Nürnberger Posthäuser (1615–1931). In: APB 7 (1931) S. 52–74, bes. S. 54 ff – Delsenbach, Johann Adam. In: Thieme–Becker 9 (1913) S. 38–39 (Th. Hampe).

Nürnberg, Germanisches Nationalmuseum, St.N. 1933 Kapsel 177

4   DAS KAISERLICHE REICHSPOSTAMT
    AUGSBURG IN DER GROTTENAU
    2. Hälfte 18. Jahrhundert
    Kupferstich, koloriert, gestochen von Balthasar
    Friedrich Leizel

Ähnlich wie in Nürnberg war das älteste Augsburger Posthaus (seit 1515) außerhalb des Mauerberinges an der Wertachbrücke gelegen. Eine Ansicht von Raphael Custos aus dem Jahre 1616 belegt eindrucksvoll die Existenz dieses taxisschen Posthauses.
Wann dessen Verlegung innerhalb die ummauerte Stadt vollzogen wurde, läßt sich nicht genau eingrenzen.
Im 18. Jahrhundert stand jedoch das kaiserliche Posthaus zu Augsburg nahe dem Heilig-Kreuztor in der Grottenau. Der Kupferstich von Leizel zeigt das Gebäude am linken Bildrand. Neben Postillion und Postboten, die zum Postamt eilen, weist das über den Eingang angebrachte *Salvaguardia*-Schild mit dem kaiserlichen Adler das Haus als öffentlich geschütztes kaiserliches Posthaus aus.

Lit.: O. Lankes, Zur Postgeschichte der Reichsstadt Augsburg. In: APB 2/3 (1926–1927) S. 39 ff – Leizel, Balthasar Friedrich. In: Thieme–Becker 23 (1929) S. 5 – AK Zwei Jahrtausende Post. Von cursus publicus zum Satelliten, Halbturn 1985, S. 73 – Historischer Atlas von Bayern, Teil Schwaben: Augsburg, Kallmünz 1975, S. 232 u. Kartenbeilage 3.

Regensburg, FZA, Graphische Sammlung A 7

Prospect des Heilig Creuzer Thors nebst der Kayserlichen Reichs Post in Augsburg. | Vüe de la Porte du St. Croix avec la Poste Imperiale d'Empire a Augsbourg.

5 LAGE DES REGENSBURGER
   REICHSPOSTHAUSES IN DER STADTANSICHT
   VON HANS GEORG BAHRE
   1630
   Foto,
   nach der Großen Regensburger Stadtansicht von
   Hans Georg Bahre,
   Zeichnung, Feder, getuscht

Seine Große Regensburger Stadtansicht von Norden schuf Hans Georg Bahre im selben Jahr, in dem das Regensburger Postamt der kaiserlichen Reichspost eingegliedert worden war. Das mit der Bezeichnung *Posthaus* am linken Bildausschnitt zu sehende, im Kern aus dem 16. Jahrhundert stammende Gebäude in der Goldenen Bärengasse lag verkehrsgünstig nahe der Steinernen Brücke. Zum Austausch der Briefpakete bei verschlossenen Toren befand sich ein sogenanntes *Posttürl* am nördlichen Kopf der Brücke.

Lit.: K. Bauer, Regensburg. Aus Kunst-, Kultur- und Sittengeschichte, Regensburg ⁴1988, S. 866 Stadtansicht Nr. 13 – W. Eisenbeiß, 1979 = 400 Jahre Post in Regensburg. Die *Posthäuser* in Regensburg. In: APB 50 (1980) S. 188 ff.

Regensburg, Museen der Stadt

6 DAS REGENSBURGER REICHSPOSTAMT
   IN DER GOLDENEN-BÄREN-STRASSE
   1929
   Fotografie, vom 23. Februar 1929

Im Gebäude Goldene-Bären-Straße 10 war seit der Zeit um 1630 das kaiserliche Reichspostamt untergebracht. Der österreichische Hofpostmeister, seit 1630 kaiserliche Reichspostmeister Wolf Thenn hatte es 1611 erworben. Dort vollzog sich am 13. Dezember 1630 der Übergang des Regensburger Postwesens von der Hofpost zur Reichspost. Zumindest bis gegen 1700 diente das Haus, das auch als Gasthof eine beliebte Absteige für die über die Steinerne Brücke in die Reichsstadt kommenden Fremden war, als Diensträume der kaiserlichen Reichspost. 1650 stieg der kaiserliche Feldmarschall Graf Octavio Piccolomini mit großem Gefolge im Post- und Gasthof *Zum Goldenen Posthorn* ab. Der Bau mit dem zweigeschossigen Kastenerker stammt in seiner ursprünglichen Substanz aus der ersten Hälfte des 16. Jahrhunderts, mit weitreichenden Umbauten im 18. Jahrhundert. Früher trug der Erker ein barockes Wirtshausschild mit einem vergoldeten Posthorn und den gekreuzten Stadtschlüsseln. Die Bekrönung des Schildes, ein kleiner Postillion auf springendem Rößlein, fehlt gegenwärtig.

Lit.: K. Bauer, Regensburg. Aus Kunst-, Kultur- und Sittengeschichte, Regensburg ⁴1988, S. 200–201 – W. Eisenbeiß, 1979 = 400 Jahre Post in Regensburg. Die *Posthäuser* in Regensburg.

D. II. Poststationen

In: APB 50 (1980) S. 188 ff – K.-H. Betz – F. Hufnagl, Regensburg IV. Lit. F. Witwangerwacht. Baualtersplan zur Stadtsanierung, München 1981, S. 99 ff – R. Freytag, Alte Regensburger Gasthöfe. In: Bayerland 36 (1925) S. 569 f.

Regensburg, FZA, TT – Post II. 84

7 DAS *POSTTHÜRL* AM NORDTURM DER STEINERNEN BRÜCKE IN REGENSBURG

1638 bzw. 1656
 a) Plan, Feder, Gesamtansicht des nördlichen Donauufers mit Stadtamhof, von Hans Georg Bahre, 1638
 b) Plan, Feder, Abriß von Stadtamhof in Sachen Reichsstadt Regensburg gegen Kurbayern

Die Stadttore, die bei den ummauerten Städten nachts geschlossen waren, bedeuteten für die Tag und Nacht reitende Post ein zeitliches Hemmnis. Deshalb mieden in den ersten Jahrzehnten die habsburgischen Postkurse ganz bewußt die Städte.

In Regensburg schuf man nach der Verlegung des kaiserlichen Hofpostamtes in die ummauerte Stadt eine Gelegenheit, die geschlossenen Tore nachts zu umgehen. Ein Beschluß des Regensburger Rates vom 27. Oktober 1568 legte fest, daß für den Fall, es käme bei der Nacht für den Kaiser, die Kurfürsten und Reichsfürsten *Post* an das Stadttor, der Kämmerer solche bei bestem Gewahrsam einlassen solle. Dies scheint durch die Schaffung des sogenannten *Posttürl* am nördlichen Brückenkopf der Steinernen Brücke gelöst worden zu sein. Als während des Regensburger Kurfürstentages 1575 Herzog Albrecht von Bayern im bayerischen Stadtamhof Quartier nahm, sollte für die Zeit seiner Anwesenheit das *Posttürl* offen bleiben.

Nach den gezeigten zwei Planunterlagen, die die bauliche Situation an der Nordseite der Steinernen Brücke in Höhe des Katharinenspitals im 17. Jahrhundert verdeutlichen, konnte der nördliche Brückenturm über das zur Reichsstadt gehörigen Territoriums des Katharinenspitals mittels einer Bohlentür durch die Stadtmauer und auf dem sogenannten *Poststeig* innerhalb der Mauer entlang zum *Posttürl* umgangen werden. Dadurch konnten auch zur Nachtzeit die Postsendungen von und nach Prag ohne längeren Zeitaufschub befördert werden. Den Schlüssel zum *Posttürl* hatte 1638 allein der reichsstädtische Kämmerer.

Dieser Durch- und Verbindungsgang zwischen dem bayerischen Stadtamhof am nördlichen Donauufer und der Reichsstadt Regensburg war mehrfach Anlaß zu gewaltsamen Vorgehen. 1647 bis 1649 war das *Posttürl* sogar zugemauert. Als zu Beginn des Spanischen Erbfolgekrieges sämtliche Tore der Stadt geschlossen wurden, blieb vom *Posttürl* nur ein schmales Einlaßtürchen für Kuriere und Posten.

Für das Jahr 1755 ist für das nordwestliche Emmeramer Stadttor ein ähnlicher Einlaß zur kontinuierlichen Postbeförderung gegen Augsburg nachgewiesen.

Lit.: W. Eisenbeiß, Briefe, Boten und Belege. Ein Beitrag zur Entwicklungsgeschichte des Botenwesens und der Post, dargestellt an der Geschichte der Stadt Regensburg bis zum Jahre 1920, Regensburg 1966, S. 121–123 u. S. 184–187 – W. Eisenbeiß, Regensburger Postgeschichte, Teil 1, Regensburg o.J., S. 25–26.

a) Regensburg, Museen der Stadt –
b) München, Bayerisches Hauptstaatsarchiv, Plansammlung 10 333

Kat.Nr. 8

8 NEUE BRIEFPOST DER KAISERLICHEN REICHSPOST AM REGENSBURGER NEUPFARRPLATZ

1808
Kupferstich, koloriert, auf Leinen aufgezogen, gestochen von Georg Adam, Nürnberg, nach einer Zeichnung von Georg Heinrich Speissegger, *Figuren staffiert* von Aegidius Touchmolin, verlegt bei Heinrich Augustin, Regensburg

Der Kupferstich aus dem Jahre 1808 zeigt den Neupfarrplatz zwischen Hochchor der Neupfarrkirche und Alter Wache, im Hintergrund führt die Residenzstraße zum Krauterermarkt mit der Westfassade des Domes. Auf dem Platz selbst haben verschiedene Kompagnien des fürstprimatischen Bürgermilitärs zur *solennen* Wachparade Aufstellung genommen.

Nachdem das kaiserliche Reichspostamt von der Goldenen–Bären Straße vorübergehend in die Dreikronenstraße verlegt worden war, erfolgte am 9. Juni 1731 die Verlegung der inzwischen zum Oberpostamt aufgestiegenen Regensburger Postanstalt in das *Steigersche Haus* an der westlichen Ecke Neupfarrplatz/Residenzstraße. Dieses heutige „Rothdauscher–Haus" beherbergte im Erdgeschoß die Briefpost – die Fahrpost war im ehemaligen Freydlischen Haus (= Zandthaus) in der Gesandtenstraße untergebracht –, im 1. Obergeschoß lagen die Wohnräume des Oberpostmeisters.

Zur Zeit des Fürstprimas Carl von Dalberg (1803–1810) ist über der weitgeöffneten Eingangstüre des ehemals kaiserlichen, nun fürstprimatischen Oberpostamtes das Wappen des Fürstentums Regensburg zum Schutz des Gebäudes angebracht. Aus den Wohnräumen des Postmeisters im 1. Stock betrachten Personen die Wachparade.

Kurz nach dem Übergang des Fürstentums und der Stadt Regensburg an das Königreich Bayern erhielt das nun kgl. Bayerische Oberpostamt am 15. Oktober 1811 einen neuen Standort gegenüber der Südseite des Domes am Domplatz.

Lit.: W. Eisenbeiß, 1979 = 400 Jahre Post in Regensburg. Die *Posthäuser* in Regensburg. In: APB 50 (1980) S. 191–193 – K. Bauer, Regensburg. Aus Kunst–, Kultur– und Sittengeschichte, Regensburg ⁴1988, S. 130 – Adam, Georg. In: Allgemeines Künstlerlexikon. Die bildenden Künstler aller Zeiten und Völker, Band 1, Leipzig 1983, S. 296 – Speissegger, Georg Heinrich. In: Thieme–Becker 31 (1931) S. 352.

Regensburg, FZA, Graphische Sammlung Resch IV/14

9 KAISERLICHE SALVAGUARDIA FÜR POSTHÄUSER UND POSTSTATIONEN

1644 August 30 Wien
Ausf., Perg., mit aufgedrucktem Siegel

Kaiser Ferdinand III. teilt allen Reichsständen, Untertanen und Kriegsherren mit, daß die Gräfin Alexandrine von Taxis als Vormünderin des Reichsgeneralpostmeisters samt allen Posthäusern, Postämtern und Postpersonal unter seinem und des Reiches *verspruch*, Schutz und Salvaguardia stehe. Der Schutzbrief oder dessen beglaubigte Abschrift und Nachdruck darf neben dem kaiserlichen Adler und Wappen an den Posthäusern angeschlagen werden.

Diese kaiserlichen Schutzbriefe für die Posthäuser und das Postpersonal, die seit Mitte des 16. Jahrhunderts für das Postgeneralat ausgestellt wurden, untersagten der Reichs– und Landesherrschaft, Posten mit Robat, Fron oder andere Dienste und Auflagen zu bedrücken, *gefäncklich zu bestricken* oder die Posthäuser zu brandschatzen. Ebenso waren Postämter und Posthäuser von Kriegseinquartierungen, Plünderungen und erpresserischen Pfändung der Postpferde geschützt.

Diese kaiserlichen Schutzbriefe sind in verschiedenen Ausführungen überliefert. Neben dem originalen kaiserlichen Schutzbrief mit anhängendem Wachssiegel finden sich zahlreiche Einblattdrucke zum Anbringen außen am Postgebäude.

Lit.: Dallmeier 1977/II, S. 117–118 Nr. 263.

Regensburg, FZA, Postakten 6978

10 POSTSCHILD DES KAISERLICHEN REICHSPOSTAMTES GELNHAUSEN

Um 1740
Eichenholz, farbig gefaßt

Zum Schutz der kaiserlichen Posthäuser ließ das kaiserliche Reichspostgeneralat neben den Schutzbriefen über oder neben der Eingangstüre Postschilder mit dem kaiserlichen bzw. thurn und taxisschen Wappen aufhängen. Diese Postschilder, deren Originale in das 17. Jahrhundert zurückreichen, so z.B. jenes von Quedlinburg, das vor dem Übergang an Brandenburg (1680) angefertigt worden sein mußte, sind unterschiedlich je nach Jahrhundert und Herkunft gestaltet.

Das Postschild von der kaiserlichen Reichspoststation in der freien Reichsstadt Gelnhausen dürfte gegen 1740

D. II. Poststationen

angefertigt worden sein. Der Korpus des gekrönten doppelköpfigen Reichsadler mit Schwert und Reichsapfel ist mit einem Wappenschild belegt, auf dem sich das kaiserliche Wappen findet. Darunter eine mit dem Fürstenhut gekrönte Hermelindecke mit dem thurn und taxisschen Wappen in der Form zwischen 1695 und 1786. Die farbig ausgeführte Darstellung von Reichsadler, Wappen und Wappendecke ist in den vier Ecken von der Inschrift *KAY REICHS . POST . AMT GELNHAUSEN .* eingerahmt. Der einfach profilierte Rahmen trägt seitlich geschnitzte Ranken und Blumen.

Marburg, Universitätsmuseum für Kunst und Kulturgeschichte

11 SALVAGUARDIA UND POSTHAUSSCHILD DER REICHSPOSTEXPEDITION FRANKFURT-HÖCHST
Um 1770
Blech, farbig gefaßt

Das sehr sorgfältig gearbeitete, in gelb-schwarz gehaltene Posthausschild von der ehemaligen kaiserlichen Reichspostexpedition Höchst bei Frankfurt am Main trägt nur den kaiserlichen, gekrönten Reichsadler, belegt mit dem kaiserlichen Wappen, in den Krallen das Reichsszepter und den Reichsapfel haltend. Anstelle des Stationsnamen nimmt den untersten Teil die Versalieninschrift *SALVAGUARDIA* ein. Die Schutzfunktion des Posthausschildes vor Übergriffen hatte Vorrang vor der namentlichen Nennung der Station.

Frankfurt, Deutsches Postmuseum, Postschilder

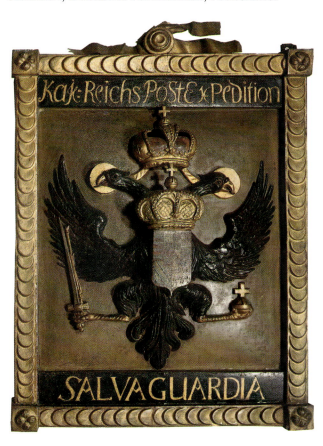

12 POSTSCHILD VON DER OBERPFÄLZISCHEN POSTSTATION PONHOLZ
Nach 1765
Eisen, durchbrochen, bemalt

Das Postschild von der ehemaligen kaiserlichen Reichspoststation ist das einzige bekannte aus der näheren Umgebung von Regensburg. Ponholz war die erste Station in Richtung Norden ab Regensburg. Heute noch lebt diese Poststation im Gasthof „Einkehr zur Post" fort. An der Fassade dieses ehemaligen Posthauses war bis in die Zeit um 1960 das gezeigte Schild angebracht. Das Ponholzer Posthauschild muß aus der Zeit nach 1765 stammen, da am 28. August 1765 Kurfürst Karl Theodor von Bayern die Verlegung der Posthalterei von Pirkensee nach Ponholz genehmigt hatte.
Das außen am Posthaus angebrachte Schild zeigt den doppelköpfigen Reichsadler, haltend Reichsapfel und Szepter, belegt mit dem kaiserlichen großen Wappen, umgeben von der Kette mit dem Orden vom Goldenen Vlies. Unten im geschweiften Band die Inschrift: *Kais. Reichs Post Station Bonholz.*

Regensburg, FZA, Museale Gegenstände

13 INNERES EINES POSTKONTORS
1728
Foto, aus Salander (= Franz Henning Schade), Briefsteller nebst Wörter- und Titulaturbuch, Frankfurt 1728

Das vorliegende Foto nach einem Kupferstich von Brühl aus Salanders Briefsteller zeigt links eine zur Straße offene *Poststube*, in der um einen Tisch mit verschlossenen Briefen, dem Tintenfaß, Federkiel und Petschaftsstempel die Sekretäre stehen. Ein gerade eintretender Bote, erkenntlich am angehefteten Botenschild, hat Botenspieß, Dreispitz und Tragebeutel abgelegt. Zur Poststube eilen von links drei weitere Boten mit Beuteln und Briefen. Während ein vierrädriger Wagen, bespannt mit zwei Pferden am Haus vorbeifährt, eilt ein reitender Postillion mit Posthorn und Fellsack der Silhouette einer Stadt im Hintergrund zu.

Regensburg, FZA, Fotosammlung A 1

14 INNERES EINES POSTBUREAU
1756
Christoph Ludwig Eber, Geographisches Reise-, Post- und Zeitungslexicon von Teutschland, Jena 1756: Joh. Heinrich Schulz, aufgeschlagen: Titelblatt und Titelkupfer, gestochen von Bernigeroth 1755, Ledereinband, geprägt

Das Titelkupfer des 1756 in Jena erschienenen, vom Verfasser dem Fürsten Eugen Alexander von Thurn und Taxis gewidmeten Reise-, Post- und Zeitungslexicons gewährt durch einen teilweise vom Vorhang bedeckten Rocaille-Rahmen einen Blick in ein Postbureau. Vor einem mit Geschäftsbüchern und Unterlagen vollen Wandregal sitzt ein Beamter, der Schriftstücke ausfer-

D. II. Poststationen

Kat.Nr. 12

tigt. Ein eintretender Postillion, erkenntlich in seiner Funktion an dem Felleisen unter dem linken Arm und an dem am Rücken baumelnden Posthorn, überreicht ein verschnürtes Briefpäckchen.
Unterhalb dieser Szene, in einem eigenen Muschelrahmen, sind unterschiedliche Typen der vor allem in Sachsen gebräuchlichen Postmeilensäulen abgebildet.

Regensburg, FHB, LIV G 33

15 SORTIERTISCH IM BUREAU DER KLEINEN
POST ZU PARIS
18. Jahrhundert
Foto, aus Le magasin pittoresque, Paris 1868, S. 169

Die mit *un bureau de poste sous Louis XV.* betitelte Abbildung zeigt eine Anzahl von Männern um einen Tisch, dessen Platte durch Abtrennungen in zahlreiche Fächer unterteilt ist. Die Personen sortieren aus Briefbündel einzelne Schreiben in die Fächer. Bei den Personen mit Dreispitz und umgehängten oder abgelegten Posttaschen dürfte es sich um Briefträger der *Petite Poste* zu Paris handeln. Die sogenannte Kleine Post, in Österreich auch als *Klapperpost* bekannt, besorgte im 18. Jahrhundert die innerstädtische Briefverteilung in den europäischen Zentren, etwa in London, Paris (1635), Lyon (1777), Brüssel (1776), Wien (1772), Prag (1782) und Budapest (1787).
Am numerierten Schlüsselbrett an der linken Wand hingen die zu den verschlossenen Brieftaschen gehörigen Schlüsseln. Am Boden vor dem Tisch liegt neben

D. II. Poststationen

einer Posttasche jene sogenannte *Klapper*, mit der sich die Briefträger bei ihren Stadtrundgängen bemerkbar machten. Sammlung und Verteilung der innerstädtischen Briefe erfolgte mehrmals täglich.

Lit.: A. Belloc, Les postes Françaises. Recherches historiques sur leur origine, leur développement, leur législation, Paris 1886, S. 86 ff. u. S. 195 ff – H. Himmel, *Klapperpost*. Das Wirken der *K.K. Privilegierten Kleinen Post zu Grätz* 1796 bis 1847. In: AK 2000 Jahre Post. Vom cursus publicus zum Satelliten, Halbturn 1985, S. 219–230.

Regensburg, FZA, Fotosammlung K.40.2.

16 ÖFFNUNGSZEITEN DES OBERPOSTAMTES KONSTANZ
o.J. [vor 1777]
Einblattdruck, mit Vignette

Das *Verzeichniß, an welchen Tägen, und Stunden das Ober Post=Amt Konstanz eröffnet ist,* war als Handzettel oder für den Aushang im Postamt bestimmt. Außer donnerstags war das Postamt täglich jedoch unterschiedlich lang geöffnet. Die Öffnungszeiten richteten sich nach Abgang und Ankunft der Posten. Vorher war im allgemeinen die Poststelle eine halbe Stunde *Vor Abgang der Post* zur Briefannahme geöffnet.

Regensburg, FZA, Postakten 4462

17 SORTIERKASTEN DES THURN UND TAXISSCHEN POSTAMTES IM SCHWEIZERISCHEN SCHAFFHAUSEN
1. Hälfte 19. Jahrhundert
Tannenholz, Rückwandplatte roh, sonst weiß mit Grüntönung bemalt

Von der materiellen Ausstattung eines funktionellen Postamtes im frühen 19. Jahrhundert hat sich zu Schaffhausen ein Postsortierkasten erhalten. Die Post in der Stadt und im Kanton Schaffhausen betrieb von 1833 bis 1848 das fürstliche Haus Thurn und Taxis. Als Postgebäude diente das um 1700 erbaute Haus zum Weißen Turm.
Der Postsortierkasten war unterteilt in zwölf unterschiedlich große Gefache. In der oberen Reihe für die Briefe nach Baden, Bayern, die Taxisschen Postanstalten und in die Innerschweiz.
Neben den Fach für Zeitungen und Eilbriefen enthält der Schaffhauser Sortierkasten noch weitere Fächer für Rücksendungen, Frankobriefe und jene Briefschaften, die auf die Postwägen gehörten.
Ein früher vorhandenes Schrankengitter aus dem Postlokal ist nicht mehr auffindbar.

Schaffhausen, Museum zu Allerheiligen, Inv.-Nr. 19 894

18 DER NEUERBAUTE GASTHOF *ZUM GROSSEN ROTHEN HAUS* IN FRANKFURT AUF DER ZEIL
1769
Kupferstich, fleckig, mit dreisprachiger Legende

Im Jahre 1766 kaufte der Gastwirt Johann Adam Dick einen Renaissancebau an der Zeil, der als vornehme

Absteige gedient hatte, riß ihn ab und führte 1769 dort ein neues barockes Gebäude auf. Dieses *Rote Haus* verkaufte sein Sohn Hermann 1831 an die Gräfin von Reichenbach, die morganatische Gemahlin des Kurfürsten Wilhelm II. von Hessen-Kassel, für 365 000 Gulden. Der Gasthof, eine weitläufige, dreigeschossige Anlage mit Seitenflügeln und geräumigen Innenhof schloß über den Garten rückseitig an das Palais Thurn und Taxis in der Großen Eschenheimer Gasse an.

Lit.: B. Faulhaber, Geschichte der Post in Frankfurt a.M. Archiv für Frankfurts Geschichte und Kunst. NF. 10 (1883) S. 222 ff – H.J. Altmannsperger, Vom *Roten Haus* zum Hauptpostamt. In: ADP 22 (1974/2) S. 94 f.

Regensburg, Fürst Thurn und Taxis Graphische Sammlung C 67

19 ANKAUF DES *ROTEN HAUSES* ZU POSTZWECKEN VON DER GRÄFIN REICHENBACH LESKONITZ
1837 Juni 1 Frankfurt
Vertrag, Ausf., Libell, mit zwei aufgedruckten Siegel
aufgeschlagen: fol. 3'–4 – dazu: Allgemeines Bauprogramm für den Umbau zu Postzwecken, 1 Bogen

Im Sommer 1837 schloß Fürst Maximilian Karl mit der Gräfin Emilie Reichenbach Leskonitz einen Verkaufsvertrag, auf Grund dessen die Frankfurter Taxissche Briefpost in das Anwesen Lit. D 25, das vormalige *Große Rote Haus* verlegt werden konnte. Der Kaufpreis betrug 365 000 Gulden einschließlich der Spiegel und Tapeten der *bel tage*. Am Montag, den 20. August 1838 konnten erstmals dort die Postschalter geöffnet werden. Zuvor war die Briefpost im Gebäude Zeil 31 untergebracht. Am 1. Januar 1841 zog die seit 1806 im Rahmhof etablierte Fahrpost ebenfalls in das Rote Haus um.
Nach dem Übergang des Fürstentums Regensburg an Bayern war 1811 die fürstliche Generalpostdirektion von Regensburg nach Frankfurt verlegt und im *Goldenen Schwan* in der Friedberger Gasse untergebracht worden. Auch diese zentrale fürstliche Postverwaltung siedelte in das neue Gebäude über.
Die anhand des beigelegten Bauprogramms erheblichen Umgestaltungen und Erweiterungen des Äußeren und Inneren für Postzwecke verschlang 125 000 Gulden. Räume für die separate Zeitungsexpedition und Oberpostamtskasse mußten geschaffen werden, ebenso Pferdeställe und Wagenremisen für die Fahrposten. Ferner mußte das Großherzoglich Hessische Oberhofmarschallamt wegen des angrenzenden Großherzoglichen Palais die Baupläne billigen.

Lit.: B. Faulhaber, Geschichte der Post in Frankfurt a.M. Archiv für Frankfurts Geschichte und Kunst. NF. 10 (1883) S. 238 f – H.J. Altmannsperger, Vom *Roten Haus* zum Hauptpostamt. In: ADP 22 (1974/2) S. 94 f.

Regensburg, FZA, Posturkunden, Posthäuser Frankfurt 1837 XII 23/28

20 DAS POSTGEBÄUDE *ROTHES HAUS* AUF DERZEIL ZU FRANKFURT
Um 1840
Zeichnung, laviert, von J.B. Bauer

Blick von der Gartenseite auf den Posthof mit vier unterschiedlichen ankommenden und abgehenden Postfuhrwerken und die Fahrposthalle im *Rothen Haus*.

Frankfurt, Historisches Museum N 43 230

21 SITUATIONSPLAN DER THURN UND TAXISSCHEN GEBÄUDE *ROTHES HAUS*, WEIDENHOF, PALAIS UND NACHBARSHÄUSER ZU FRANKFURT
1849 November
Plan, Feder, farbig laviert, mit Legende, gefertigt von J. von Essen, 1849

Der Situationsplan gibt die Lage des thurn und taxisschen Immobilienbesitzes im Geviert zwischen der Zeil sowie der Großen und Kleinen Eschenheimer Gasse wieder. Zuerst wurde auf städtischem Grund das Palais zwischen 1729 und 1740 erbaut (im Plan chamoisfarbig). Dann erwarb der fürstliche Generalpostdirektor von Dörnberg 1834 das Gasthaus Zum Weidenhof, eine bedeutsame Fuhrmannsherberge, auf der Zeil (Plan = grün). Schließlich erfolgte 1837 der Ankauf des *großen Roten Hauses* (Plan = rot).
Die Legende gibt die Nutzung dieser Gebäude im Revolutionsjahr 1848/49 wieder. Im Weidenhof waren verschiedene Läden und Comptoirs, darunter die Von Osterrieth-Zeitungsredaktion und das Revisionsbureau untergebracht. Das Palais „Thurn und Taxis" beherbergte u.a. Kanzlei und Büros der Reichsministerien sowie im 1. und 2. Stockwerk die Kaserne für 60 Mann Österreicher. Als Dienststelle der Generalpostdirektion waren im rückwärtigen Stallgebäude die Revisionsbüros eingerichtet.
Völlig für Zwecke der Post war das *große Rothe Haus* belegt: Briefpostexpedition und Fahrpostexpedition, Sitzungszimmer und Büros der Generaldirektion, Zeitungsexpedition, Passagierzimmer, Stallungen und Wagenhallen beanspruchten das gesamte Gebäude.

Regensburg, FZA, Plansammlung B 2

D. II. Poststationen

22 TAXISSCHES POSTAMT *ROTHES HAUS*. GRUNDRISS DES ERDGESCHOSSES MIT RAUMBEZEICHNUNGEN
Um 1850
Grundriß, Federzeichnung auf Transparentpapier, farbig laviert, mit Pappe unterlegt

Der Erdgeschoßgrundriß vom Rothen Haus in Frankfurt an der Zeil, das seit 1837 der Thurn und Taxisschen Post als zentrales Postgebäude diente, zeigt die durch den Umbau des ehemaligen Gasthofes erreichte funktionelle Einteilung für Postzwecke. Obwohl es sich hierbei noch um einen adaptierten Baukomplex handelte, kann man die Trennung und Einteilung der verschiedenen Funktionsbereiche eines großen Postamtes erkennen.

Das Frontgebäude gegen die Zeil beherbergt die Schalterhalle mit dem Publikumsverkehr. Dort konnten Briefe und Zeitungen an den Schaltern angenommen und abgegeben werden. Rechts und links vom rückwärtigen Posthof befanden sich das Hauptbureau, die übrigen Expeditions- und Zeitungsbureaux mit den Magazinen und der Passagierstube nahe der Fahrposthalle. Den Abschluß bildeten im Erdgeschoß die geräumigen Wagenremisen für über 70 Wagen aller Bauarten. Die Pferde für die Fahrpost waren in den ehemaligen Palaisstallungen (blau) untergebracht. Die ankommenden Postwagen erreichten über die Einfahrt von der Zeil her den Posthof, die Ausfahrt verlief rückseitig zur Kleinen Eschenheimer Gasse.

Regensburg, FZA, Plansammlung B 2

23 TAXISSCHES POSTAMT *ROTHES HAUS*. GRUNDRISS DER ERSTEN ETAGE MIT RAUMBEZEICHNUNGEN
Um 1850
Grundriß, Federzeichnung auf Transparentpapier, farbig laviert, mit Pappe unterlegt

Im ersten Stock des Vorderhauses wohnte der jeweilige Generalpostdirektor. Die Seitenflügel zum Posthof waren mit Büros, Archiv und Registratur sowie den Arbeitsräumen der Zeitungsredaktion belegt. Über den Wagenremisen lagen nun die Wagenmeister-, Ketten- und Geschirrkammern, die Kondukteursstube und gegenüber das große Holzmagazin, über den Stallungen die Wohnräume für die 29 Postknechte.

Das Taxissche Postamt in Frankfurt war im 19. Jahrhundert durch die Zusammenlegung der Brief- und Fahrpost mit der zentralen Generaldirektion und der Oberpostamtszeitungsexpedition das frequentierteste Gebäude der Thurn und Taxisschen Lehenpostzeit.

Regensburg, FZA, Plansammlung B 2

24 FEUERORDNUNG FÜR DAS FÜRSTLICH THURN UND TAXISSCHE POSTGEBÄUDE ZU FRANKFURT AM MAIN
1858 Januar 16
Druck

Die für den Aushang im Postgebäude von der Fürstlichen Generalpostdirektion erlassene Feuerschutzordnung war in zwei Abschnitte gegliedert: I. Vorkehrungen gegen Feuergefahr II. Verhaltensmaßnahmen und Rettungsschritte bei einem Brandausbruch.

Vor allem die Holzbrandheizungen der Einzelräume stellten zusammen mit der aufkommenden Gasbeleuchtung einen latenten Gefahrenherd dar. Die Feuerlösch-Requisiten sollten eine Eindämmung der Schäden bis zum Eintreffen des *städtischen Pompiers-Corps* möglichst gering halten. Interessant ist die Anordnung, daß bei einem Brandfall unverzüglich mindestens sechs Postwagen und zwei Eisenbahn-Packwagen zur rettenden Beladung bereitgestellt werden sollten.

Regensburg, FZA, Postakten 186

25 DAS NEUE POSTHAUS IN STUTTGART AM ALTEN POSTPLATZ
Um 1833
Aquarell, von Carl Victor Keim

Das Aquarell des fürstlichen Architekten Carl Victor Keim (1799–1876) zeigt die Situation für den Neubau des thurn und taxisschen Posthauses in der württembergischen Residenzstadt Stuttgart.

Nachdem 1819 das Königreich Württemberg nach den Bestimmungen der Deutschen Bundesakte dem Fürstlichen Hause Thurn und Taxis die Post auf seinem Staatsgebiet lehensweise übertragen hatte, investierte der Kronoberstlehenpostmeister in die württembergische Postanstalt.

Doch waren auch in Württemberg die Postdiensträume im 19. Jahrhundert meistens im Besitz der Postamtsvorstände selbst oder nur von der Postverwaltung angemietet worden. Noch in der Taxisschen Lehenpostzeit 1819–1851 besaß die Postverwaltung eigene Posthäuser nur in Biberach, Calw, Heilbronn, Ravensburg, Stuttgart, Tübingen und Ulm. Nachdem lange die Reichsposthalterei Cannstatt den Briefverkehr mit Stuttgart beanspruchte, wurde in der Zeit der württembergischen Staatsposten 1809 ein Anwesen am Stuttgarter Postplatz erworben. Da dieses Postgebäude das zunehmende Briefaufkommen nicht mehr bewältigen konnte, riß man es 1833 ab. Architekt des dreistöckigen neuen Gebäudes am Postplatz war C. Viktor Keim. Sein Aquarell aus dem erhaltenen Plansatz zeigt bereits das

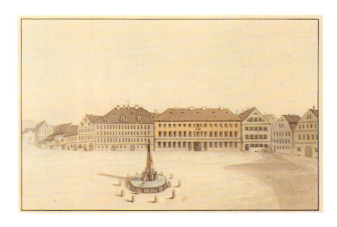

gelb verputzte, projektierte Postamt gegen den Postplatz zu.

Lit.: Keim, Victor. In: Thieme-Becker 20 (1927) S. 74 – H. Dünninger, Jean Baptiste Metivier und Karl Victor Keim in ihrer Bedeutung für das fürstliche Bauwesen. In: Thurn und Taxis Studien 3 (1963) S. 308 ff. – M. Piendl, Ein Jahrhundert Schloßbaugeschichte Regensburg. Thurn und Taxis-Studien 11 (1979) S. 39.

Regensburg, FZA, Plansammlung A l

26 DIE FASSADE DES NEUEN HAUPTPOSTAMTES IN STUTTGART GEGEN DEN POSTPLATZ
Um 1833
Aquarell, von Carl Victor Keim

Der fürstliche Architekt Viktor Keim war nach einer ersten in Augenscheinnahme des Projektes im Mai 1832 abermals ein Jahr später nach Stuttgart gereist, um die Realisierung des neuen Posthauses in die Wege zu leiten. Die Bauabnahme durch Keim erfolgte im Herbst 1834. Die Fassade der Hauptpost in Stuttgart von Keim weist sehr starke Anklänge an klassizistische Formen auf, das Dekorative tritt in den Hintergrund, der Bau wird von seiner Zweckmäßigkeit, etwa der für die Fahrposten notwendigen Durchfahrt beherrscht.
Im Hof des neuen Baukomplexes stand zusätzlich ein Passagiergebäude.

Lit.: F. Weber, Post und Telegraphie im Königreich Württemberg, Stuttgart 1901, S. 123–125.

Regensburg, FZA, Plansammlung A l

27 KOSTENVORANSCHLAG DES ARCHITEKTEN KEIM FÜR DEN STUTTGARTER POSTAMTSNEUBAU
1833
Band, Pap., aufgeschlagen: Titelblatt

In seiner speziellen Berechnung der Kosten für den Stuttgarter Posthausneubau hatte Architekt Victor Keim detailliert alle Einzelpositionen des Baus samt Inneneinrichtung verzeichnet. Zur Erläuterung lag der ausgearbeitete Plansatz bei.
Die Gesamtkosten beliefen sich nach dieser Schätzung auf 45 279 Gulden; dem gegenüber stand ein Gewinn von 600 Gulden Abbruchmaterial des alten Postgebäudes.

Regensburg, FZA, Postakten 2712

28 PLAKATAUSHANG *GEBRAUCH DER BRIEFLADE* BEIM STUTTGARTER HAUPTPOSTAMT
1834 Juli Stuttgart
Einblattdruck

In die Zeit des erwähnten Neubaues des Stuttgarter Hauptpostamtes fällt dieser zweisprachige, deutsch-französische Aushang *Belehrung über den Gebrauch der*

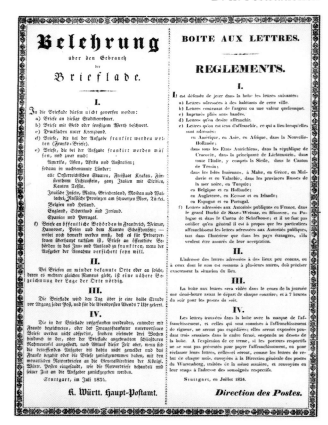

Brieflade. Ausgenommen vom Einwurf in die Brieflade waren zu Stuttgart: Stadtbriefe, Wertbriefe, Francobriefe und jene an öffentliche Behörden. Der Briefkasten wurde täglich eine halbe Stunde vor Abgang jeder Post geleert, abends bis 7 Uhr. Unberechtigt eingeworfene Briefe wurden drei Wochen in einer über der Brieflade angebrachten verschließbaren Namentafel *ausgesteckt*, dann als Retourbriefe behandelt.
Kästen zum jederzeitigen Einwurf von Briefen wurden in den deutschen Postanstalten offiziell erst im 19. Jahrhundert eingeführt, z.B. in Bayern 1810, in Baden 1819, in Preußen 1824. Doch schon in dem vom Verleger Christoph Weigel 1694 herausgegebenen Ständebuch ist bei dem Blatt *Der Postillion und Bott* im Hintergrund an einem Gebäude ein Briefkasten angebracht, in dem ein Vorübergehender gerade einen Brief einwirft. Dies dürfte auf holländische Vorbilder zurückgehen, wo im späten 17. Jahrhundert Briefkästen gebräuchlich waren.

Lit.: 150 Jahre Briefkasten, bearbeitet von G. North. AK des Bundespostmuseums, Frankfurt 1973.

Regensburg, FZA, Postakten 1130

D. Organisation, Dienstbetrieb und Dienstleistungen der Thurn und Taxis-Post

D. III. Postbeamte und Postpersonal

Das untergebene Postpersonal der Posten und Posthalter, der Postillione und Postknechte für die ersten Poststationen, welches die Taxis vom Innsbrucker oder Brüsseler Hof aus für die Postleger in den kleinen Ortschaften an den neu eingerichteten Kursen in die Niederlande, nach Italien, die Österreichischen Vorlande oder die habsburgischen Donauländer ausgewählt und verpflichtet hatte, stammte nach den überkommenen Familiennamen und ihren sonstigen biographischen Daten zu urteilen zunächst vor allem direkt oder aus der unmittelbaren Umgebung ihrer neuen Wirkungsstätten. Ihre Vertrautheit mit den lokalen Rechtsverhältnissen, auch geographischen Besonderheiten ihres Postkursabschnittes, der zunächst bis zu 70 km, später höchstens 30 km umfaßte, erleichterte ihnen die zeitlich fristgerechte Beförderung der anvertrauten staatlichen und privaten Briefsendungen.

Für die unverzügliche Abfertigung der Ordinari- und Extraordinarisendungen waren die Posthalter verpflichtet, zumindest zwei gute Pferde im Stall stehen zu haben. Diese Auflagen der taxisschen Generalpostmeister für ihre Posthalter läßt vermuten, daß diese Posten schon sehr bald zur ordentlichen Erledigung der ihnen übertragenen Aufgaben in eigener Verantwortung und Leitung weitere Personen als Postknechte oder Postillione anstellten, die auftragsgemäß die Postkurse mit den Briefpaketen abliefen. Daraus entwickelten sich nachweislich ab der Mitte des 16. Jahrhunderts hierarchische Personalstrukturen in den Posthaltereien. Auch finden sich jetzt wichtigere, oft mehrere Poststationen gleichzeitig, besonders am niederländisch-italienischen Kurs in den Händen von fremden Personen, vorwiegend italienischer Herkunft wie Joseph de Calepio oder Pierre de Herbais, die auch Missionen in Postsachen für das Brüsseler Generalat übernahmen.

Die offiziellen, dem obersten Postmeister im Reich verpflichteten Posthalter übten neben der Postverrichtung oft andere Tätigkeiten aus, etwa lokale öffentliche Funktionen für die zuständige Landesherrschaft oder sie verknüpften damit eine Gewerbegerechtigkeit, die Führung eines Beherbergungsbetriebes, einer Gast- oder Landwirtschaft. Einnahmen aus Unterkunft und Verpflegung der Postreisenden flossen somit in die eigenen Taschen.

Die gewöhnliche Besoldung der Posthalter für die mit zwei Pferden geleisteten wöchentlichen Ordinariritte betrug im gesamten 16. Jahrhundert jährlich 100 Gulden; während der Postkrise (1579-1595) blieben diese Soldzahlungen vielfach ganz oder teilweise aus, so daß sich die soziale und wirtschaftliche Lage der gewöhnlichen Posten in der Frühzeit der habsburgischen Post kaum von den benachbarten *bäuerlichen Untertanen* abhob. Um zu ihren Gehältern zu kommen, griffen die Posthalter in dieser schlimmen Lage sogar zum Mittel des solidarischen Streiks und hielten die kaiserlichen Postpakete als Faustpfand und Druckmittel gegen den Reichsgeneralpostmeister zurück.

Davon völlig unterschied sich jedoch die personelle und finanzielle Situation bei den wichtigsten Postämtern innerhalb des taxisschen Postbereichs, etwa zu Rom, Mailand, Venedig, Innsbruck, Trient, Augsburg, Brüssel und Antwerpen, wo unter der Führung von taxisschen Familienmitgliedern ein angestelltes Postpersonal die Annahme, Verteilung und Abfertigung der Postsendungen besorgte; die steigenden Gewinne aus den Portogebühren von den privaten Postsendungen wurden hier angehäuft und verteilt.

Nachdem durch die kontinuierliche Erweiterung des taxisschen Postkursnetzes und das parallele Ausscheiden einiger Familienmitglieder und -zweige aus dem Postbetrieb die zentralen Postämter und Poststationen nicht mehr innerhalb der *compagnia et società Tassis* vergeben werden konnten, setzten die Reichsgeneralpostmeister Leonhard I. und Lamoral I. von Taxis fähige Personen als ihnen verpflichtete Postmeister ein. An erster Stelle zu nennen wären Jakob Henot in Köln, der seinen Postbezirk mit dem Postamt Köln und den Stationen rheinaufwärts bis Wöllstein in kaiserlicher Verantwortung besaß, und Johann von der Birghden in Frankfurt, spanisch-niederländischer Lutheraner, der die Post in der Mainmetropole sehr eigenständig und in loser Abhängigkeit von Brüssel zum ersten Postort auf Reichgebiet ausbaute; dann Matthias Sulzer zu Rheinhausen, Johann TerBeck genannt Coesfeld in Köln, der Nachfolger Henots, Gerhard Vrints in Frankfurt, Albrecht und Jakob Kleinhans in Hamburg sowie Johann Sieber in Leipzig. Diese taxisschen Postmeister standen oft durch ihre fremdländische Herkunft, es handelte sich nicht selten um Niederländer, Flamen oder Italiener, und durch ihre katholische Religion im Gegensatz zu den Stadtregimenten jener Reichsstädte, in denen sich ihr Postamt befand. Tiefe Differenzen mit der städtischen Obrigkeit waren auch dadurch vorgegeben, daß diese Postmeister für sich und ihr Personal die der kaiserlichen Reichspost von seiten der Reichsherrschaft und der katholischen Landesherren zugestandenen Privilegien in Zoll- und Jurisdiktionsfragen gegen die eigenen Stadtrechte beansprucht. Eigener Gerichtsstand, Verlassenschaftsabwicklung, Ungeldbefreiungen, Bürgerrecht, Religionsfreiheit waren bis zum Ende des Reiches die Streitpunkte. Die flächendeckende Durchorganisation der kaiserlichen Reichsposten im 18. Jahrhundert in weiten Teilen des Reiches, die differenzierende Einteilung in Oberpostamtsdistrikte mit untergebenen Postämtern, Posthaltereien und Briefposten, das erhöhte Briefaufkommen und die Einführung der Fahrpost führte auch zu einer Personalanhebung mit arbeitsspezifischen Aufgaben. Kondukteure der Fahrposten, Expeditoren bei den Zeitungsbureaus, Briefträger in den größeren Städten, Packer für das Frachtgut der Postwagen sind die neuen Bezeichnungen innerhalb des Postpersonals neben dem bisherigen Postmeister, Postoffizial oder Postverwalter.

Noch zu Beginn des 19. Jahrhunderts beschäftigte nach dem Personaltableau von 1828 die thurn und taxissche Lehenpost 754 Personen in 19 Territorien, nicht eingeschlossen die unteren Beamten, die Postillione und Stallknechte. Deren Jahresgehalt war von 3500 Gulden für die Oberpostmeister bis hinab zu 300 Gulden bei den Briefträgern gestaffelt; nach den Territorien unterschiedlich bekannten sich zirka 29 Prozent zum katholischen Glauben, 71 Prozent waren Lutheraner oder Reformierte.
M.D.

Lit.: R. Freytag, Über Postmeisterfamilien mit besonderer Berücksichtigung der Familie Kees. In: Familiengeschichtliche Blätter 13 (1915) S. 1–6 – R. Freytag, Die Postmeisterfamilie Somigliano. Ein Beitrag zur Geschichte Hamburgs und Nürnbergs. In: APT 50 (1920) S. 217–222 – R. Freytag, Die fürstlich Thurn- und Taxisschen Expektanzdekrete. Eine Quelle der deutschen Post- und Familiengeschichte. In: APB 9 (1933) S. 52–80 – E. von Jungenfeld, Das Thurn und Taxissche Erbgeneralpostmeisteramt und sein Verhältnis zum Postamt Mainz. Die Freiherrn Gedult von Jungenfeld und ihre Vorfahren als Mainzer Postbeamte 1641–1867. In: Quellen und Studien zur Postgeschichte 4 (1981) S. 1–39 – R. Kamm, Aufnahme und Anstellung des Personals der ehemaligen kaiserlichen (taxisschen) Reichspost in Bayern (1665–1800). In: APT 38 (1910) S. 217–223 – Behringer 1990, S. 173 ff.

1   KAISERLICHER POSTMEISTER VIRGIL
    EHINGER ZU NÜRNBERG
    Um 1600
    Schabkunstblatt, gestochen von G. Fenitzer

Virgil Ehinger, auf dem vorliegenden Porträt fälschlich mit dem Vornamen *Wolffgang* seines Vaters bezeichnet, war nach Christoph Haid (1615–1625) der zweite kaiserliche Postmeister in der Reichsstadt Nürnberg. Am 20. Dezember 1625 teilte aus Brüssel Graf Leonhard II. von Taxis dem reichsstädtischen Rat die Einsetzung Ehingers mit. Ehinger war zum Zeitpunkt seiner Bestallung bereits 62 Jahre, ledig und im Gegensatz zum Ratsregiment katholisch. Als strenger Parteigänger des Kaisers und der Katholiken stand er bald nicht nur durch seine Politik gegen die städtischen Boten im Gegensatz zur evangelischen Reichsstadt. Seine Gegnerschaft zur Stadt und seine Ausfälle gegen die Mitbürger brachten ihm mehrmals Aufenthalte in den städtischen Gefängnissen ein. 1635 rief ihn Gräfin Alexandrine von Taxis wegen seiner altersbedingten Dienstunfähigkeit ab.

Lit.: R. Staudenraus, Die Anfänge der Post in Nürnberg (1609–1706) und die Geschichte Nürnberger Posthäuser (1615–1931). In.: APB 7 (1931) S. 56–59.

Regensburg, Fürst Thurn und Taxis Graphische Sammlung, TT – Post I.24

2   DER NÜRNBERGER KAISERLICHE
    REICHSPOSTMEISTER JOHANN ABONDIO
    SOMIGLIANO
    1677
    Schabkunstblatt, Porträt im ovalen Rahmen mit der Umschrift IOANNES ABONDI. L(IBER) BARO DE SOMIGLIANO. S(ACR.) C(AES.) M(AJEST.) CONSIL. RESID. NOR(INBERGAE) et AUG(USTAE) VIGIL. et resp. IMP. POST et MAGIST.

Mit dem Sohn Johann des kaiserlichen Reichspostmeisters Abondio Somigliano zu Hamburg wurde vom Brüsseler Generalat nach Gisbert de Bois und dem Flamen Jakob de Febuer ein weiterer unverbürgerter, ausländischer und katholischer Reichspostmeister in die Reichsstadt Nürnberg berufen. Somigliano leistete am

D. III. Postpersonal

19. August 1646 zu Frankfurt seinen Diensteid, trat aber seinen Dienst nicht sofort an. Nach einem Empfehlungsschreiben Kaiser Ferdinands III. an den Hoch- und Deutschordensmeister Erzherzog Leopold Wilhelm 1649 hatte er vor dieser, zu seiner *Beruhung* dienenden Postmeisterstelle mehrere Jahre im Felde gestanden. Aus diesem Jahre stammen auch die ersten Streitschriften mit den Gravamina des Nürnberger Rates gegen die der Stadt aufgezwungenen ausländischen Postmeister.

Postmeister Johann Abondio Somigliano starb 1677 zu Nürnberg.

Lit.: R. Freytag, Die Postmeisterfamilie Somigliano. In: APT 50 (1922) S. 217–227 – R. Staudenraus, Johann Abondio Freiherr von Somigliano, kaiserlicher Reichspostmeister zu Nürnberg 1646–1677 und sein *Leidletzender Denktrost*. In: APB 9 (1951) S. 249–252.

Nürnberg, Germanisches Nationalmuseum, Inv.–Nr. P 10135 Kapsel 897

3   WIRTSCHAFTLICHE BEDRÄNGNIS DER KAISERLICHEN POSTEN IM HUNSRÜCK UND RHEINGAU DURCH DEN DREISSIGJÄHRIGEN KRIEG
1622 September 29 Lieser
Ausf., 1 Bogen, aufgeschlagen: Blatt 1

Die kaiserlichen Reichsposthalter Nikolaus Ludtwich zu Lieser, Johann Faust(Vaust) zu Laufersweiler, Velten Schaus zu Eckweiler im Hunsrück und Jakob Scheurer zu Wöllstein im Rheingau, alle Posten am niederländisch–italienischen Kurs, klagen gegenüber dem Generalpostmeister in Brüssel ihre durch die Kriegsverwüstungen mißliche Lage. Nach dem Abzug des Marquis Ambrosius de Spinola, der ihnen zwar eine Salvaguardia erteilt gehabt hätte, seien ihnen *nicht allein etliche pferdt, sondern auch das unsrige zu haus gestollen und etlich under uns großen schaden zugefügt worden. Da sie bald ebensowenig freyheiten als die gemeinen bauren* hätten, bitten sie den Generalpostmeister, sich für sie um Schutz bei den Feldherrn Don Gonzales de Córdoba und Graf Tilly zu verwenden.

Der Vorstoß der ligistischen Heerführer Córdoba und Tilly nach der Eroberung Heidelbergs in den Rheingau stellte keine Garantie für die kaiserliche Post dar, daß sie ihren Postdienst unbeeinträchtigt ausüben könnte.

Lit.: Ak Zwei Jahrtausende Postwesen. Vom cursus publicus zum Satelliten, Halbturn 1985, S.76 Nr. C 19.

Regensburg, FZA, Postakten 1096

4   BESTALLUNG MIT DER POST ZU LONGWY/ LOTHRINGEN FÜR CHARLES DE LOUP
1624 November 22 Brüssel
Ausf., frz., Perg., mit aufgedrucktem Siegel

Der Generalpostmeister der kaiserlichen Reichsposten, der königlich-spanischen niederländischen und burgundischen Posten, Graf Leonhard II. von Taxis, stellt für den Posten Charles de Loup zu Longwy in Lothringen einen neuen Bestallungsbrief auf dieses Amt aus. Der Amtseid ist vor Nicolas Morel, Postbeamten zu Nancy zu leisten.

Longwy lag an dem zu Flamizoul vom italienisch–niederländichen Kurs abzweigenden alten Postkurs durch Lothringen nach Burgund, in die alten Residenzstädte Dôle und Gray. Von den Bestallungen der burgundischen Posten 1624 haben sich eine Reihe Urkunden mit demselben Ausstellungsdatum erhalten, da der neu belehnte Reichsgeneralpostmeister Leonhard II. allen bestehenden Posten neue Urkunden ausstellen ließ.

Regensburg, FZA, Posturkunden 990

5 BESOLDUNGSAKKORD MIT DEM LINDAUER POSTSCHREIBER JOSEPH HEINZL

1685 Juni 19 bzw. Januar 1 Lindau
Ausf., 1 Bogen und 1 Blatt, mit drei aufgedruckten Siegel

Der Ulmer Reichspostmeister Bernardin Pichelmayr schließt mit dem Lindauer Postamtsschreiber einen Besoldungsakkord. Das Einkommen setzt sich zusammen aus vierteljährlich:
1) Wöchentliche Ritte nach Wangen und Buchhorn (= Friedrichshafen) je 14 Gulden 45 Kreuzer
2) Zweimal wöchentlich nach Ravensburg 30 Gulden
3) Ordinaribesoldung 25 Gulden
4) für Spagat und Papier 4 Gulden

Die Einkünfte betragen somit jährlich 386 Gulden. Dazu erhält er pro Jahr von den Geistlichen zu Konstanz 32 Gulden 30 Kreuzer und von Tettnang 6 Gulden.

Die Gesamteinkünfte des Postpersonals beruhten – wie hier beim Lindauer Postamt – auf festen und variablen Positionen. Der Lindauer Postamtsschreiber erhielt für die von ihm übernommenen Postritte eine feste Vergütung pro Ritt neben seiner gewöhnlichen Grundbesoldung. Ein Posten in der Einnahmenaufstellung waren immer die *Neujahrsverehrungen*. Darunter wurden die freiwilligen Leistungen an die Posten und Postämter von benachbarten landesherrlichen und städtischen Verwaltungen sowie von Stiften als Anerkennung für die während des Jahres geleisteten Postdienste verstanden.

Im beiliegenden Eidrevers gelobt Joseph Heinzl, das kaiserliche Postamt in Lindau aufrecht und redlich zu verwalten, laut der ihm übergebenen Instruktion vom 12. September 1684, über Einnahmen und Ausgaben ordentlich Register zu führen und vierteljährlich darüber mit dem Generalat abzurechnen.

Lit.: M. Wiedemann, Die Postgeschichte der Stadt Lindau (Bodensee) und des westlichen Allgäus. In: APB 9 (1933) S. 152–153.

Regensburg, FZA, Postakten 6666, fol. 57, 58

6 ERNENNUNG DES ROBERT CRESPEL ZUM POSTDIREKTOR ZU ATH IN DEN ÖSTERREICHISCHEN NIEDERLANDEN

1763 Juli 6 Regensburg
Urkunde, Ausf., Perg., frz., mit an rot–blauen Schnüren anhangendem Siegel in Holzschale

Die Ernennung Crespels zum Postdirektor zu Ath erfolgte durch Fürst Alexander Ferdinand von Thurn und Taxis nach dem Tode des Herrn VanderHaghen. Die Urkunde ist durch die zum Turm (Torriani) und Posthorn gestalteten Initialen aus den gewöhnlichen Bestallungsurkunden herausgehoben.
Die Frankfurter Crespel, darunter der Jugendfreund Johann Wolfgang von Goethe's, standen in unterschiedlichen Funktionen, etwa als Postbeamte oder Bibliothekare im Dienste des Hauses Thurn und Taxis.

Regensburg, FZA, Posturkunden 1012 b

7 PORTRÄT DES REICHSPOSTHALTERS FRANZ JAKOB WEISS IN BRUCK

1784
Gemälde, Öl auf Leinwand

Das 1784 vom bayerischen Maler Andreas Hölzl geschaffene Porträt des Posthalters und Reichspoststallmeisters Franz Jakob Weiß zu Bruck nahe dem Kloster Fürstenfeld an der Poststraße München – Augsburg zeigt im Halbporträt eine energische Persönlichkeit in Amtstracht mit einer Tabatiere in den Händen. Am Rock trägt er den ihm 1744 von Kaiser Karl VII. verliehenen Orden.
Oben rechts in einer Wappenkartusche das Familienwappen. Geboren am 11. Juli 1712, übernahm er nach

mehreren Wanderjahren 1732 die kaiserliche Reichspost zu Bruck. Während der Anwesenheit österreichischer Truppen im Österreichischen Erbfolgekrieg vertrat er die Interessen des außer Landes geflohenen Kurfürsten und Kaisers Karl VII. Durch die Umlegung der Poststraße zwischen München und Augsburg von der Brucker Route auf jene über Schwabhausen verlor er trotz langjährigen Widerstandes seine Postdienststelle. Er ertrank am Allerheiligenabend 1767, als er sein Pferd bei außergewöhnlichem Hochwasser über einen Notsteg der Amper führen wollte.

Lit.:F. Schaehle, Zur Geschichte der Posthalterei Fürstenfeldbruck. In: APB 8 (1932) S. 39–44.

Fürstenfeldbruck, Privatbesitz Ludwig Weiß

8 PORTRÄT DER MARIA URSULA, GEMAHLIN DES REICHSPOSTHALTERS FRANZ JAKOB WEISS ZU BRUCK

1784
Gemälde, Öl mit Leinwand

D. III. Postpersonal

Das Gegenstück zum Porträt des Franz Jakob Weiß zeigt in Halbfigur seine zweite Gemahlin Maria Ursula, geborene Hörlin. Porträtiert in einer reichen Fürstenfeldbrucker Feiertagstracht, hält sie eine silberne Taschenuhr mit feingearbeiteter Kette in der Hand. Die Hörlin gehörten zu den wohlhabenden Brucker Bürgerfamilien. Sie waren im 18. Jahrhundert als Rotgerber tätig. Maria Ursula verheiratete sich 1774 zum zweitenmal mit dem Braumeister Castulus Zangmeister zu Maisach und starb 1805.

Lit.: F. Schaehle, Zur Geschichte der Posthalterei Fürstenfeldbruck. In: APB 8 (1932) S. 44–46.

Fürstenfeldbruck, Privatbesitz Ludwig Weiß

Der kaiserliche Orden für den Brucker Posthalter ist ein Unikat. An dem zur Schleife geflochteten weißblauen Rautenband mit vergoldeter Kaiserkrone en miniature hängt in einer Rokokokartusche die zierliche Inschrift: *PMC VII* (pro merito Carolus VII) mit den seitlichen Worten: *Imperator / Romanorum*.

Fürstenfeldbruck, Privatbesitz Ludwig Weiß

9   KAISERLICHER ORDEN FÜR DEN BRUCKER
    REICHSPOSTHALTER FRANZ JAKOB WEISS
    1744
    Orden, Silber, durchbrochen und vergoldet, an
    weiß–blauem Seidenband

Am ausgestellten Porträt des Posthalters Franz Jakob Weiß (Kat.Nr. D.III.7.) sticht der rotblaue Rock mit dem an der linken Brustseiten angehefteten Orden ins Auge. Diese Auszeichnung erhielt Franz Jakob Weiß von Kaiser Karl VII. für seine aufopfernden Dienste im Postwesen während des Österreichischen Erbfolgekrieges. So mußte er in diesen schwierigen Kriegsjahren 1744 die Heimreise der Kaiserin von Frankfurt nach München in seinem Postbereich organisieren. Aus den umliegenden Dörfern wurden 69 Reitpferde und 368 Zugpferde bereitgestellt, um den gesamten kaiserlichen Zug mit 50 Chaisen und 12 sechsspännigen Bagagewagen in Bewegung zu halten.

10 EINSCHREIBKALENDER DES BRUCKER
    POSTHALTERS MIT BESOLDUNGSANGABEN
    FÜR DIE POSTKNECHTE
    1736
    Druck, Band, Pap., mit handschriftlichen
    Notizen
    aufgeschlagen: fol. 42'–43

In einen der üblichen gedruckten Jahreskalender aus dem Jahre 1736 hat der Brucker Reichsposthalter Franz Jakob Weiß sich Notizen über das Postgeschäft gemacht. Auf den aufgeschlagenen Seiten findet sich links eine gedruckte Aderlaß–Tafel, rechts stehen die Einträge über die Lohnzahlungen an die Postknechte:
Die knecht getingt pro 1736.
Hausknecht Hans Schwanghardt von Alling sein Jahrs 8 Gulden, hafftgeld 20 Kreuzer ...
Ober–Postknecht Mathias Prunner von Hattenhofen sein jahrslohn 8 Gulden, hafftgeld 30 Kreuzer: hats empfangen;

*2 Gulden hat ihm mein vatter die letztere jahr mehrer gegeben,
wan ich [dies] will, ist mein guetter will
den 5.ten ubergib ich ihm ein gestefftes par stiffel per 4 Gulden
richtig bezahlt und die stiffel angeeignet.*
Diese genaue Aufzeichnung über die Löhne für die Postknechte bei einem Posthalter lassen einen Einblick in die sozialen Verhältnisse der unteren Postbediensteten zu.

Fürstenfeldbruck, Privatbesitz Ludwig Weiß

11 FREUNDSCHAFTSBECHER AUS DEM FAMILIENBESITZ DER POSTHALTERFAMILIE WEISS
1745
Kristallglas, geschliffen und graviert

Der sehr qualitative Freundschaftsbecher ist graviert mit den Buchstaben F.I.W., der Jahreszahl 1745 und dem Familienwappen: Im blauen Schild eine von zwei silbernen Sternen beseitete aufsteigende geschweifte Spitze, darin ein blau–silbern geschnürtes, goldenes Posthorn.
Der Glasbecher stammt aus dem Besitz des Reichsposthalters Franz Jakob Weiß zu Bruck. Die Sterne im Wappen deuten wohl auf das zusammen mit der Brucker Posthalterei ausgeübte Gastgewerbe hin.

Fürstenfeldbruck, Privatbesitz Ludwig Weiß

12 KIRCHENSTUHLZEICHEN DER POSTHALTER WEISS AUS BRUCK
1734
Blech, beiderseits bemalt, an den Ecken gelocht

Die Kirchenstuhlzeichen hielten einen bestimmten, oftmals nach den hierarchischen Strukturen einer Pfarrgemeinde ausgezeichneten Kirchenstuhlplatz im Gotteshaus zum Gottesdienst frei. Dafür mußte jährlich bis in die Zeit nach dem Zweiten Weltkrieg Kirchstuhlgeld entrichtet werden, eine Gebühr zugunsten der Pfarrkirche.
Das Kirchenstuhlzeichen des Brucker Reichsposthalters Franz Jakob Weiß zeigt das Familienwappen mit dem zusätzlich darin aufgeführten Monogramm *F.I.W.*, Namen des Kirchenstuhlinhabers und der Jahreszahl *1734*. Nach seinem Tode übernahm seine Witwe Maria Ursula dieses Zeichen und brachte auf der Rückseite ihren Namen mit der Jahreszahl 1765 an.

Fürstenfeldbruck, Privatbesitz Ludwig Weiß

13 PORTRÄT DES BRUCKER REICHSPOSTHALTERS UND MÜNCHENER REICHSPOSTSTALLMEISTERS LOUIS PHILIPP WEISS
Um 1810
Gemälde, Öl auf Leinwand, zeitgenössischer Rahmen

Louis Philipp Weiß, der beim Tode seines Vaters (1767) erst drei Jahre alt war, konnte wegen der nach 1760 verlegten Straße zwischen München und Augsburg auf die nördlichere Route Schwabhausen–Eurasburg–Dachau

D. III. Postpersonal

erst 1804 wieder seine Posthalterei zu Bruck betreiben. Die Brucker Route war in diesem Jahr wieder zur Poststraße erhoben worden und der Posthalter Weiß hatte durch den Ausbau der Straße auf eigene Kosten seinen Teil dazu beigetragen. Seit 1797 hatte er jedoch auf Zureden der thurn und taxisschen Postdirektion den völlig verschuldeten, längere Zeit unbesetzten Münchener Poststall am Rindermarkt übernommen und ihn unter Aufwendung von 6000 Gulden u.a. für die Beschaffung von 28 Postpferden vor dem endgültigen Verfall bewahrt. 1807, kurz vor dem Ende der thurn und taxisschen Post im Königreich Bayern mußte er sich auf obrigkeitliches Drängen zwischen dem Münchener Poststall und der Brucker Posthalterei entscheiden. Er gab ersteren gegen 135 000 Gulden an Johann Gruner aus Tirschenreuth ab.

Durch die wirtschaftlich schweren Jahre 1815 bis 1817 mit Mißwuchs, Viehseuchen und allgemeinen Teuerungen stand er 1822 fast vor dem völligen Ruin. Die spärlichen Einkünfte aus seiner jetzt königlich bayerischen Posthalterei Bruck konnten diese Verluste kaum kompensieren. Als er am 23. Juni 1824 mit Tod abging, blieben seinen Erben lediglich 39 von jenen 6 000 Gulden, die ihm aufgrund seiner früheren Verdienste aus der Kabinettskasse vorgestreckt worden waren. Seine gesellschaftliche Stellung und das hohe Ansehen seiner Mitbürger bewahrte er sich aber weiterhin. 1818 wurde er von diesen in die erste bayerische Ständeversammlung gewählt.

Lit.: F. Schaehle, Zur Geschichte der Posthalterei Fürstenfeldbruck. In: APB 8 (1932) S. 44–54 – F. Schaehle, Die Posthalter von Fürstenfeldbruck. Familiengeschichte des Hauses Weiß, München–Augsburg 1923, S. 47–62.

Fürstenfeldbruck, Privatbesitz Ludwig Weiß

14 PORTRÄT DER MARIA ANNA, EHEFRAU DES LOUIS PHILIPP WEISS
Um 1810
Gemälde, Öl auf Leinwand, zeitgenössischer Rahmen

Die Vorfahren der Ehefrau Maria Anna des Posthalters Louis Philipp Weiß stammte aus dem bei Fürstenfeldbruck gelegenen Palsweis. Ihre Eltern besaßen die Marthabrauerei im Markt Bruck des Klosters Fürstenfeld. Sie überlebte ihren Gemahl nur um zwei Jahre und verstarb 1826 zu Bruck.

Fürstenfeldbruck, Privatbesitz Ludwig Weiß

15 KARIKATUR *DER HERR POSTHALTER*
1784
Kupferstich, gestochen von R. Brichet, nach einer Zeichnung von J.F. Goez

Der Kupferstich zeigt als typenhafte Personifizierung eines *Posthalters* eine gedrungene, beleibte Person mit hohen Reitstiefeln und den großen Filzschlapphut in der Hand. Die Zuordnung auf eine bestimmte Person des Augsburger, Nürnberger oder Regensburger Postpersonals entbehrt jedoch jedes Nachweises.

Nürnberg, Germanisches Nationalmuseum, K 11305 Kapsel 378

16 NEUJAHRSGLÜCKWUNSCHE DES AUGSBURGER POSTBOTEN FERDINAND WÜNSCHLING AN DIE KAUFMANNSCHAFT
1759
Kupferstich

![Neujahrsgruß 1759 von Ferdinand Wünschling]

Ich wünsch Hoch Edler Kauffmanschafft zu disem neuen Jahre, das Mars werd aus dem Feldt geschafft, Fried, Einigkeit, sich paare, Mercurius der Matt und schwach, bißhero Kranck gelegen, sich auch erhohle nach und nach; In Suma lauter Seegen, zu Land und Wasser insgemein, Gesundheit Wohlergehen, So viel am Himmel Sterne seyn, Gott Sie laß Gutes sehen. Damit alsdann auch fernerhin, kan gleiche Wohlthat schreiben, und vor das was jezt hoffend bin, mit vielem Danck verbleiben

Augspurg, am Neuen Jahrs-Tag 1759.
Ferdinand Wünschling Nürnberger u. Lindauer Botten Schaffer.

Der zum Neuen Jahr 1759 von Ferdinand Wünschling, *Schaffer* (= Botenmeister) der Nürnberger und Lindauer Boten zu Augsburg gedruckte Glückwunsch an die Kaufmannschaft zeigt ihn mit einem Wagen voller Pakete und einer Pferdeattrappe auf dem Fischmarkt zwischen Rathaus und Perlach. Die Kaufleute zählten zu den besten Kunden sowohl der Posten als der Boten, da sie im Gegensatz zu den herrschaftlichen Verwaltungen für ihre Sendungen Porto entrichten mußten. Seine Wünsche – inmitten des Siebenjährigen Krieges – gelten im allgemeinen dem Frieden und persönlich der Gesundheit seiner Kunden.

Augsburg, Staats- und Stadtbibliothek, Graph. 29/146 a

17 MICHAEL BIZEL, BRIEFTRÄGER DES KAISERLICHEN REICHSOBERPOSTAMTES ZU AUGSBURG

Um 1740
Kupferstich, koloriert, gestochen von Martin Engelbrecht

Der Kupferstich zeigt Michael Bizel in seiner Berufskleidung beim Austeilen ihm anvertrauter Briefe. Einen Teil davon trägt er unter einer breiten Schärpe um den Leib. Im Hintergrund reitet ein Postillion einem größeren Gebäude zu, das durch den aufgemalten Reichsadler am Eingangstor als öffentliches geschütztes Haus ausgewiesen ist. Ein anderer Kupferstich von 1755 im Deutschen Postmuseum zu Frankfurt zeigt Michael Bizel zusammen mit seinem Sohn Aloys, beide in Diensten des Augsburger Reichsoberpostamtes.

Die Briefträger gehörten neben den Packern zu den unteren Personalchargen bei den Postämtern in den größeren Städten. Ansonsten wurde die Post bei der Poststation selbst angenommen, abgegeben oder durch zufällige Dienstleute und Boten in den umliegenden Orten verteilt. In Frankfurt gab es seit der Judenordnung von 1616 für die jüdische Gemeinde einen eigenen Briefträger beim kaiserlichen Reichspostamt.

Lit.: Das ehemalige Institut der Judenbriefträger in Frankfurt (Main). In: APT 19 (1891) S. 13–17.

Augsburg, Staats- und Stadtbibliothek, Graph. 29/146 a

18 SCHÜTZENSCHEIBE DES KRONENWIRTES UND REICHSPOSTHALTERS ZAGELMAYER IN LINDAU

Um 1800
Gemälde, Öl auf Holz, von Holzpfropfen durchschossen, Tafel zersprungen

Die Schützenscheibe, gestiftet von Johann Friedrich Zagelmeier, Kronenwirt und kaiserlicher Reichsposthalter zu Lindau, für den städtischen Schützenverein, zeigt einen taxisschen Postillion, vielleicht den Stifter der Scheibe selbst. Auf dem Spruchband am oberen Rand ist der Anlaß, die *Übernahme des Kr. Rs. Post Stallmeisterey im April 1800* genannt.

D. III. Postpersonal

Der Postillion trägt in dieser Darstellung einen hellbraunen Anzug, aufgeschlagenen schwarzen Hut, eine Blume im Mund und als Hoheitszeichen den Reichsadler auf dem linken Rockärmel.
Am Fuchs hängt seitlich das Posthorn, hinter dem Postillion ist quer das Felleisen aufgeschnürt.
Der Reichspostmeister und Kronenwirt Zagelmeier hatte die Poststallmeisterei zu Lindau von 1800 bis 1842, in die Zeit der Bayerischen Staatspost inne.

Lit.: M. Wiedemann, Zur Postgeschichte der Stadt Lindau (Bodensee) und des westlichen Allgäus. In: APB 9 (1933) S. 152 153.

Lindau, Städtisches Museum *Haus zum Cavazzen*, Inv.Nr. ÖAKD 25 Z Nr. 25

19 ANSTELLUNGSDEKRET FÜR CHRISTOPH GEORG DIESSEL ALS POSTHALTER IN PÖSENECK
1819 April 13 Regensburg
Ausf., 1 Bogen, aufgeschlagen: Blatt 1

Fürst Karl Alexander von Thurn und Taxis, Erblandpostmeister im Herzogtum Sachsen–Coburg ernennt auf landesherrlichen Vorschlag Christoph Georg Diessel zum Posthalter in Pöseneck. Der Postdienst ist nach Maßgabe der herzoglichen Postordnungen und fürstlichen Instruktion gegen eine angemessene Besoldung zu versehen. Mit halbjähriger Frist kann diese Anstellung aufgekündigt werden.
Diese Anstellungsdekrete aus der Zeit der thurn und taxisschen Lehenpost zwischen 1815 und 1867 konnten nur mit Zustimmung der Landeshoheit ausgestellt werden. Im allgemeinen mußten für Stellen bei der fürstlichen Post Landeskinder Berücksichtigung finden.

Regensburg, FZA, Postakten 6956

20 FÜRSTLICH THURN UND TAXISSCHER POSTILLION
1847
Photographie, koloriert, mit blauem Stoffmuster und Bordüre

Die Uniformen der thurn und taxisschen Posten in der Zeit der kaiserlichen Reichspost vor 1806 sind nicht eindeutig zu bestimmen. Es gibt im 18. Jahrhundert einige Hinweise, daß den Postillionen der kaiserlichen Reichspost gelbe Röcke vorbehalten waren. Denn in den Verträgen der Reichspost mit dem Erzstift Mainz (1725 und 1751) bzw. mit den Markgrafschaften Brandenburg-Bayreuth (1750 und 1764) und Brandenburg–Ansbach (1777) ist jeweils ein Paragraph aufgenommen, daß den Landkutschern, Hauderern und anderen unverpflichteten Postknechten das Tragen gelber Röcke oder Montur untersagt sei.
Eine exakte Beschreibung der Montur eines thurn und taxisschen Postillions vermerkt der Postalmanach des Jahres 1847:
Dunkelblaues Kollet, mit schwarzem Kragen und Ärmelaufschlägen mit gelbem Tuch passepoiliert. Um den linken Oberarm eine Binde mit Goldtressen gefaßt, darauf das fürstliche Wappen. Über der Schulter wird das Posthorn an einer schwarz–gelben Schnur mit Quasten getragen.
Gelbe, lederne Beinkleider in Schaftstiefel mit Sporen, die Knöpfe der Montur sind gelb, mit dem Posthorn geschmückt.
Als Kopfbedeckung dient ein schwarzlackierter Hut mit goldener Tresse, die vorne eine Rosette bildet. Die Mäntel sind von dunkelblauen Tuch mit rotem Futter und stehendem gelben Kragen.

Nur bei schlechtem Wetter dürften die Reithosen aus dunkelgrauem Tuch, gelb passepoiliert und mit Leder besetzt getragen werden.

Lit.: Deutscher Postalmanach für das Jahr 1847, hrsg. von Wilhelm Görges, Jhrg. 6 (1847) S. 16–17.

Regensburg, Fürst Thurn und Taxis Graphische Sammlung, TT – Post IV.156

21 QUALIFIKATION DES KAISERLICHEN REICHSPOSTPERSONALS

1797 November 30 Nürnberg bzw. Dezember 17 Hildburghausen
a) Druck, Formular, aufgeschlagen: fol. 139 –
b) 2 Bögen, Pap., aufgeschlagen: fol. 141

Zur Gewinnung einheitlicher Daten für die Bewerbungen um die Posthalterstellen im Oberpostamtsbezirk hatte das kaiserliche Reichsoberpostamt Nürnberg einen Fragenkatalog mit 14 Fragen für Anstellungen und Beförderungen anfertigen lassen.
Bei der Bewerbung für die Hildburghausener Poststelle hat der Bewerber Johann Christian Bachmann diese folgendermaßen ausgefüllt:
1. Hildburghausen
2. Kaiserlicher Reichspostverwalter
3. Johann Christian Bachmanns
4. 30 Jahre alt
5. protestantischer Religion
6. 1794 d(en) 5. Juni verheyrathet mit Johanna Sophia Sondermänin aus Königsberg in Franken
7. 2 Kinder, einen Sohn 2 Jahre alt Johann Christian Friedrich und ein Mädchen Augusta Antonette ½ Jahr alt
8. noch gar keins, in dem mein Vater der hiesige Hofrath und leibmedicus noch lebt und nach dessen Ableben kein beträchtliches auf mich erstreben wird.

Die weiteren Fragen auf der zweiten Seite des Formulars beantwortet Bachmann, daß er (9) Vorkenntnisse in Wissenschaften und Sprachen besitze, (10) keine anderen Geschäfte als die Postverwaltung betreibe, (11) am 9. Februar 1793 zu Coburg verpflichtet worden sei, (12) einige Äcker bebaue, (13) seine Besoldung durchschnittlich 240 Gulden betrage, er 138 Gulden 37 Kreuzer vierteljährlich Rittgelder einnehme, 3 Pferde und 2 Postillione halte, die Stafetten nur schlecht gehen, die Einnahmen von den Zeitungen 30 bis 40 Gulden betragen und 34 Gulden Douceur zu erwarten seien.

Regensburg, FZA, Postakten 6520, fol. 139–141

22 VORSCHLÄGE ZUR VERBESSERTEN AUSBILDUNG DER POSTBEAMTEN IN THEORIE UND PRAXIS

1800 Juni 13 Frankfurt am Main
Ausf., Libell, 5 Bll., aufgeschlagen: fol.4'–5 – Kopie fol.1

Der Frankfurter Postkommissar Diez schlägt der fürstlich thurn und taxisschen Generalpostdirektion zu Frankfurt in einem Gutachten vor, zur besseren Befähigung des Postpersonals theoretische und praktische Unterrichtsanstalten im Reichspostdistrikt zu errichten. Es fehle der Reichspost an Personen, *die Liebe und Geist für den Dienst besizzen*.
Die Hauptgegenstände zum Unterricht der Zöglinge wären.
Theoretischer Teil:
A) Geschichte des Reichspostwesens – Statistische Verhältnisse – Gerechtsame
B) System des Reichspostwesens – Postgeo– und Topographie – reitendes und fahrendes Postwesen – Kurssystem – Kombinationen – Konkurrenz der Provinzialposten
Praktischer Teil:
C) reitendes und fahrendes Speditionswesen – Tariffe – Verordnungen
D) Komtabilität – Revision – Untersuchungen – Berichte und Aufsätze

Die Umsetzung dieser Vorschläge des Frankfurter Postkommissars Diez hätte für die qualifizierende Ausbildung des mittleren und höheren Reichspostpersonal einen großen Fortschritt gebracht. Das Ende der Reichsposten 1806 hat diese Ansätze jedoch zunächst unterdrückt.

Regensburg, FZA, Postakten 787

23 STRAFGELDER FÜR DIENSTVERSÄUMNISSE

1800 Oktober 11 – November 22
Formular, 2 Bll., handschriftlich ausgefüllt

Die Poststundenzettel bei der kaiserlichen Reichspost dienten seit Ende des 15. Jahrhunderts zur Kontrolle der rechtzeitigen Übernahme und Weiterleitung des Felleisens mit den Briefpaketen. Überschreitungen der vereinbarten Zeiten mußten entweder begründet sein oder es drohten empfindliche finanzielle Einbußen für die Posten.
Das Formular, das anhand der Stundenzettel der Monate Oktober und November auf dem Kurs zwischen Augsburg und Frankfurt die *richtige* Beförderung der Posthalter kontrollieren sollte, faßt die Versäumnisse der Posthalterei Heilbronn zusammen.
Von den 14 durchgelaufenen Ordinariposten hatte jede zu Heilbronn eine schuldhafte Verspätung, insgesamt von 14½ Stunden. Je halbe Stunde Versäumnis wurden 30 Kreuzer Strafgelder verhängt.
In der Hoffnung, daß künftig sich die Beförderung bessern würde, reduzierte die Reichsoberpostamtsdirektion Frankfurt die Strafgelder in Höhe von 14 Gulden 30 Kreuzer auf 10 Gulden 15 Kreuzer. Nicht berücksichtigt dabei waren die Heilbronner Versäumnisse beim Ritt nach Ludwigsburg.
Die Strafgelder wurden im allgemeinen den schuldigen Posten mit der ersten Retour-Ordinari mitgeteilt und an der monatlichen Besoldung gekürzt.

Regensburg, FZA, Postakten 567

D. III. Postpersonal

24 PRÄGEMATRIZE UND WERKSTÜCK VON DEN POSTILLIONSSCHILDERN DER KAISERLICHEN REICHSPOST

Um 1790
a) Prägematrize, Eisen, graviert –
b) Werkstück, Blech, gestanzt und geprägt

Die Postillione der kaiserlichen Reichspost trugen als Kennzeichen ihres Amtes neben dem Posthorn an den Rockärmeln ein aufgenähtes Abzeichen aus gestanztem Blech. Dieses ovale Schild in der Art der Kokarden zeigt den Reichsadler, belegt mit dem kleinen kaiserlichen Wappenschild, darunter das fürstlich thurn und taxisschen Wappen.
Derartige Armschilder der Post dürften sich aus den Botenabzeichen des Mittelalters entwickelt haben. Sie gehörten auch noch in der Lehenpostzeit den 19. Jahrhunderts durchgängig zur Postillionsuniform.

Regensburg, FZA, Museale Gegenstände

25 PRÄGEFORMEN FÜR LIVRÉEKNÖPFE DER VORDERÖSTERREICHISCHEN POSTILLIONE ZU INNSBRUCK

18. Jahrhundert
Stahl, runde Negativprägeform, poliert, zwei Größen

Die beiden unterschiedlich großen Prägematrizen dienten zur Anfertigung halbrundgewölbter Livréeknöpfe für die Postillionsuniformen der tirolisch–vorderösterreichischen Post unter den Grafen von Thurn, Valsassina und Taxis. Die Knöpfe, zum Schließen des Rockes und der Weste bestimmt, weisen im geriffelten Rand das fünffeldrige taxissche Wappen unter der Grafenkrone samt Reichsadler auf.

Patsch, Privatbesitz Graf Franz von Thurn, Valsassina und Taxis

26 FRAGEBOGEN *KOSTENANALYSE POSTUNIFORMEN* FÜR POSTCOLLET UND HÜTE MIT STOFFMUSTER

1812 Juli 9 Dischingen
Schreiben mit Beilage, 2 Bll. – dazu: Stoffmuster

Der Schneidermeister Anton Warth zu Dischingen stellt für die Großherzoglich Thurn und Taxissche Generalpostdirektion zu Frankfurt am Main die Kosten für die Anfertigung der Hüte und Collets nach der Qualität der beigelegten Stoffmuster zusammen.
1) Für den Hut verlangt der Hutmacher 58 Kreuzer und dazu 3½ Ellen Borten, Gesamtkosten pro Hut 1 Gulden 57 Kreuzer
2) Für das Postcollet benötigt man vom grau–dunkelblauen und carmosen–roten Tuch je 2½ Ellen, vom hellblauen, scharlach und krebsroten Tuch für den Klappenkragen und die Aufschläge zusätzlich ¾ Ellen.
3) Für das Postillionsschild muß dem Gürtler Stück für Stück 24 Kreuzer bezahlt werden.

Dazu kamen noch die Kosten für das Futter des Postcollets und das Einfassen der Hüte.

Regensburg, FZA, Postakten 794

27 GESAMTAUSGABEN FÜR POSTMONTUREN

1820
1 Blatt, Pap.

Die Ausgaben für die Monturen der Postillione im thurn und taxisschen Postbezirk beliefen sich für das Jahr 1820 auf 1994 Gulden 2 Kreuzer. Die Uniformen mußten je nach Lehenpostanstalt unterschiedlich angefertigt werden. Zu den thurn und taxisschen Farben traten auch jene der Landesherrschaft. An der Fertigung der Postillionsuniformen waren mehrere Handwerker beteiligt, so Schneidermeister, Hutmacher, Bortenwirker, Mechanicus und Sticker. Für den Frankfurter Postbezirk wurden in diesem Jahre 20, für den Bückeburger 4, den Herzoglich Nassauischen 80, jenen von Hessen–Homburg 3, den Sachsen–Coburger 2 und den Olden–

burger (im Herzogtum Birkenfeld) 4 Uniformen in Auftrag gegeben.

Regensburg, FZA, Postakten 794

28 KONTRAKTE MIT DEM HANAUER GÜRTLERMEISTER HEINRICH KNABENSCHUH UND DEM KASSELER GÜRTLERMEISTER W. KLAREN ÜBER DIE ANFERTIGUNG DER POSTILLIONSMONTUREN

1853 Oktober 28 bzw. Oktober 31 Kassel
Vertragsformulare, ausgefüllt, 1 Bogen, Pap., mit Siegel und beigelegten Mustern

Das Oberpostamt Kassel der kurfürstlich thurn und taxisschen Lehenpost in Hessen schließt mit dem Gürtlermeister Knabenschuh einen Kontrakt über die Anfertigung von Postmontursgegenstände, nämlich verschieden große Knöpfe und Armschilder für Postillione. Grundlage der Lieferung sind die dem Vertrag beigelegten Muster. Die Lieferung erfolgt in das Postmonturdepot Kassel.

Regensburg, FZA, Postakten 11 001

29 SOLIDARISCHE FINANZIELLE UNTERSTÜTZUNG FÜR DIE DURCH EINE FEUERSBRUNST BETROFFENEN POSTHALTER ZU SCHÄRDING UND NEUKIRCHEN-BALBINI

1779 Mai 7 Regensburg
Druck, 1 Bogen, aufgeschlagen: fol.1'–2 – Kopie fol.1

Das kaiserliche Reichsoberpostamt Frankfurt publiziert das fürstliche Zirkular, in dem der Reichsgeneralpostmeister Fürst Carl Anselm von Thurn und Taxis seine Generalpostdirektion in Kenntnis gesetzt hat, daß sowohl der Poststallmeister Hueber zu München als auch die Posthalter Dosch zu Schärding und Schmidt zu Neukirchen–Balbini durch eine Feuersbrunst um ihr Hab und Gut gekommen seien. Da zur Hilfe eine allgemeine Beihilfe notwendig ist, soll dieses Zirkular an alle Posthalter ergehen.
In den Bezirken der Ober– und dirigierenden Postämter soll die von jedem abzureichende *Beisteuer* eingesammelt und unter Anlegung eines Verzeichnisses der Beteiligten mit dem Postwagen an die fürstliche Geheime Regierungskanzlei eingesandt werden.

D. III. Postpersonal

Diese Brandunterstützungsbeiträge für mittellos gewordene Posthalter waren mehr oder minder keine freiwilligen Almosen, sondern festgelegte Solidaritätsbeiträge. Sie sollten in außergewöhnlichen Fällen die Mittel der Postillionsarmenkasse, der Bolzischen Stiftung oder der Witwen- und Waisenunterstützungskasse bei den thurn und taxisschen Posten ergänzen.

Regensburg, FZA, Postakten 656

30 PENSIONSLISTE DER POSTBEAMTEN MIT IHREN WITWEN IM POSTBEZIRK NÜRNBERG
1808
Libell, 3 Bogen, aufgeschlagen: Personennamen D–H

Das Verzeichnis der pensionierten Postbeamten einschließlich deren Witwen im Oberpostamtsbezirk Nürnberg 1808 fällt in das Jahr des Überganges der thurn und taxisschen Post an das Königreich Bayern. Die berechtigten Personen sind alphabetisch aufgeführt. Ihre schriftlich bewilligten Pensionen schwanken auf der aufgeschlagenen Seite zwischen jährlich 1200 Gulden für den Oberpostmeister Dolle zu Ulm und 24 Gulden für die Conducteurswitwe Rosina Endres, ebenfalls zu Ulm. Die Pensionslaufzeiten waren in der Regel lebenslänglich, bei Waisenkinder auch bis zu ihrer Versorgung. Ein Rechtsanspruch bestand in den seltensten Fällen, die Begründungen für eine Pensionszuteilung sind in den *treu geleisteten Diensten* oder in der *Gnade und Bedürftigkeit* zu finden.

Regensburg, FZA, Postakten 741

31 PENSIONSREGULATIV FÜR THURN UND TAXISSCHE POSTBEAMTE SAMT WITWEN UND WAISEN IN KURHESSEN
1836 August 31 Kassel
Vertrag, Ausf., Libell, 6 Bll., aufgeschlagen: fol.5'–6 – Kopie fol.1

Auf der Grundlage des Postlehenvertrages vom 14. Mai 1816 und gemäß des Artikels 3 des Kurhessischen Staatsdienstgesetzes erlassen die Kurhessische Staatsregierung und der Erblandpostmeister Fürst Maximilian Karl von Thurn und Taxis ein gemeinschaftliches Regulativ betreffend die Pensionierung der Postbeamten samt Witwen und Waisen.
In Abschnitt I, § 1 bis § 17 des Vertrags ist der berechtigte Personenkreis zur Erlangung einer Pension festgelegt. Dies waren die Postbeamten bis hinab zum Postscribenten und Expeditor sowie die *Unterbedienten* wie Pedelle, Schirrmeister, Briefträger, Wagenmeister und Postwächter.
Abschnitt II, § 8 bis § 17 regelte die tatsächliche Pensionierung des Postpersonals, Abschnitt III, § 18 bis § 28 die Unterstützung von Witwen und Waisen der Postbeamten.
Die Ruhestandversorgung der fürstlichen Postbediensteten und deren Witwen und Waisen lag im 19. Jahrhundert über jenen vergleichbarer Staatspostanstalten.

Regensburg, FZA, Posturkunden 359

32 ERRICHTUNG EINER POSTILLIONSHILFSKASSE
1830 November 12 Frankfurt
Druck, Zirkular

Das Zirkular Nr. 74 der fürstlichen Generalpostdirektion ordnet an, daß die Poststallmeister und Posthalter zur angemessenen Belohnung und Unterstützung verdienter Postillione ein halbes Prozent ihrer ständigen Ritt- und Fahrtgebühren jährlich in einen Fonds einzahlen sollen. Daraus würden jene Postillione, die *sich durch Pünktlichkeit und Ordnungsliebe im Dienste und in der Warte und Pflege der Pferde, sowie durch tadelfreies Benehmen und Geschicklichkeit im Blasen auszeichnen*, besondere Ehrenzeichen und eine damit verbundene monatliche Unterstützung erhalten. Diese soll monatlich wenigstens 3 Gulden oder 2 Taler betragen.

Regensburg, FZA, Postakten 657

33 POLITISCHE NEUTRALITÄT DES REICHSPOSTPERSONALS
1805 September 18 Regensburg
Druck, Zirkular

In der Hoffnung, daß bei einem wiederausbrechenden Kriege die kriegsführenden Mächte den Postlauf nicht hemmen und die Ausübung der Postgeschäfte nicht behindern, soll das höhere und niedere Postpersonal pünktlichst seinen Dienst erfüllen und *sich in keine – politische Verhältnisse zum Gegenstand habende Gespräche an öffentlichen Orten oder noch weniger in dergleichen Korrespondenzführung* einlassen.

Das Zirkular des Reichsoberpostamtsdirektors zu Frankfurt, Alexander Freiherrn von Vrints-Berberich, wollte der kritischen Situation der Reichspost in den Napoleonischen Kriegen Rechnung tragen und die Postanstalt als unparteiisches, allumfassendes Kommunikationsinstitut aus den Kriegsbedrängnissen heraushalten.

Regensburg, FZA, Postakten 741

34 POLITISCHE UMTRIEBE DER POSTBEAMTEN
1832 Januar 7 Stuttgart
Schreiben, 1 Bogen, mit Umschlag

Der württembergische Staatssekretär Vellnagel setzt im Auftrag des württembergischen Königs den thurn und taxisschen Generalpostdirektor zu Frankfurt mit einem eingeschriebenen Brief vertraulich davon in Kenntnis, daß *die Posthalter zu Schorndorf, Aalen und Saulgau ... bei Gelegenheit der hiesigen Deputirten Wahlen im Sinne der Opposition gegen die Regierung mehrfach tadelnswerthe und auffallende Umtriebe* sich zuschulden hätten kommen lassen. Deren Bestreben sei es, *eine gegen die Regierung feindseelige Stellung zu nehmen und sich eine ihren amtlichen Verhältnissen widerstreitende politische Wirksamkeit anzumassen.*
Der König wies darauf hin, daß der Postdienst einen gewissen Grad des Vertrauens der Regierung voraussetze.

Regensburg, FZA, Postakten 8729

35 BERUFLICHE ORGANISATION DER POSTBEAMTEN. PROGRAMM UND BERICHT VON DER VERSAMMLUNG IN WEIMAR
1865
a) Einladung – b) Programm – c) Bericht in der Dorfzeitung Nr.20 – d) Bericht des Postkommissars Böde in Eisenach vom 22. Juli 1865, aufgeschlagen: fol. 1

Für Sonntag, den 6. August 1865 lud das lokale *Vereinigte Comité* unter Führung des Postsekretärs Hassert die Postbeamten im Bereich des Deutsch-Österreichischen Postvereins nach einer Veranstaltung im Jahr zuvor in Leipzig zu einer Zusammenkunft nach Weimar ein. Das Treffen sollte in erster Linie dem Kennenlernen der Kollegen dienen. Auch das Programm der Tagung beschränkte sich auf gesellschaftliche Veranstaltungen.
Themen politischer oder beruflicher Brisanz standen nicht als Programmpunkte auf der Tagesordnung, obwohl in den *Deutschen Blätter* kurz zuvor ein kritischer Artikel unter der Überschrift *Der feudale Poststaat 1 und 2* erschienen war. Nach Meinung der Hildburghausener *Dorfzeitung* vom 21. Juli 1865 sollte die Zusammenkunft anstelle gesellschaftlicher Veranstaltungen und Besichtigungen der Sehenswürdigkeiten brennende Fragen 1) der Aufhebung der indirekten Dienstverhältnisse in den kleineren Poststellen, 2) der periodischen Regulierung der Besoldungsverhältnisse, 3) der Verminderung der Probezeit für Praktikanten, 4) der Abschaffung des Kautionszwanges, 5) des Aufbaues einer postalischen Distriktbibliothek und vor allem 6) der Gründung eines Organs der deutschen Postbeamten aufgreifen.

Regensburg, FZA, Postakten 1095

D. Organisation, Dienstbetrieb und Dienstleistungen der Thurn und Taxis-Post

D. IV. a. Briefposten

Die Einrichtung der taxisschen Posten im gesamten Habsburger Reich 1490 galt vorrangig der schnellen, sicheren und regelmäßigen Bewältigung des Briefverkehrs, zunächst der wichtigen staatlichen Depeschen, Verwaltungsschreiben und persönlichen Korrespondenz zwischen den habsburgischen Residenzen und Verwaltungszentren im gesamten europäischen Machtbereich. Für äußerst wichtige Depeschen wurde die unterlegte Postenkette als Stafette oder Extraordinari außerhalb der gewöhnlichen, für das Publikum festgelegten Abgangszeiten in Bewegung gesetzt.
Mit der zunehmenden Öffnung dieser ursprünglich für dynastische, militärische, politische und verwaltungstechnische Korrespondenzen der Habsburger geschaffene Kommunikationseinrichtung auch für interessierte Privatpersonen, Kaufleute, Gelehrte und fremde städtische und landesherrliche Verwaltungen transportierte man die bei den zentralen Postämtern gesammelten Einzelbriefe – geschnürt zu Briefpaketen, geordnet nach den Empfängerpostämtern – im verschließbaren, wasserdichten Felleisen, dem Postpferd quer rückseitig aufgebunden, von Poststation zu Poststation.
Die Beförderungsgebühren richteten sich laut Taxaushang bei den Reichspostämtern nach Gewicht und Wegstrecke einer Sendung. Für jedermann verbindliche Taxverzeichnisse lassen sich bei den kaiserlichen Reichspostämtern Augsburg, Frankfurt und Köln seit 1627 nachweisen. Man unterschied einfache, doppelte Briefe und Briefpakete pro Unze Gewicht. Für besondere Sendungen wie Lotteriebriefe, Warenmuster, Zeitungen, Geldanweisungen, usw. gab es reduzierte Taxstufen, für eingeschriebene Briefe wurde eine zusätzliche Gebühr erhoben.
Mit der zunehmenden Schriftlichkeit im 18. Jahrhundert wurden auch die Unterwegs-Posthaltereien in das Briefsammlungs- und Verteilungssystem der Reichspost einbezogen. Die lokale Verteilung im Umland besorgten oft unverpflichtete Boten, durchziehende Metzgerposten oder herrschaftliche Untertanen. In den großen städtischen Postämtern überließ man die Briefausteilung eigenen Briefträgern; sonst konnte das Publikum bei der Ankunft der Posten die erwarteten Sendungen selbst abholen. Zur Abgabe seiner Briefe war im allgemeinen das Posthaus 1/2 Stunde vor Abgang der jeweiligen Post geöffnet.
Nachdem die taxisschen Briefposten zunächst alle der Post anvertrauten Sendungen, wie Zuckergepäck, Gemälde, Gelder, Aktenpakete, Zeitungen usw. übernahmen, traten sie mit dem Ausbau des Postwagennetzes zu Beginn des 18. Jahrhunderts die Beförderung schwerer Münzkästen, Akten- und Zeitungspakete und anderer sperriger Frachtstücke an die organisatorisch eigenständigen Fahrposten ab. Die Entlastung von gewichtigen Gütern erhöhte die von der Briefpost geforderte Schnelligkeit.

M.D.

1 DER *KLEINE POSTKURIER* VON ALBRECHT DÜRER
Um 1490
Kupferstich, beschnitten

Albrecht Dürers Kupferstich *Der kleine Postkurier* ist durch seine Verwendung als gemeinsames Briefmarkenmotiv der Länder Belgien, Österreich, Deutsche Demokratische Republik und Bundesrepublik Deutschland im Jubiläumsjahr 1990 sowie als Vorlage für Medaillen zum Leitmotiv *500 Jahre Post* gewählt worden.
Ein Reiter, gespornt, mit umgürtetem Schwert galoppiert auf einem steinigen Weg quer durch eine gebirgige Landschaft. Während er mit der linken Hand das Pferd zügelt, schwingt seine Rechte die Peitsche.
Die Identifizierung mit einem taxisschen Postreiter aus dem ausgehenden 15. Jahrhundert, denen Dürer auf seinen Reisen nach Italien und in die Niederlande begegnet sein könnte, ist nicht ganz unumstritten. Die taxisschen Ordinariposten trugen seit jeher das hier fehlende Posthorn als Hoheitszeichen sowie den auf das Pferd geschnallten Postsack oder Felleisen. Jedoch könnte Dürer einen privilegierten Kurier aus der damaligen Zeit gezeichnet haben. Seit Beginn der Briefbeförderung stellten die taxisschen Posten auch kaiserlichen und anderen Kurieren Postpferde zum postweisen Reiten gegen Bezahlung zur Verfügung.
Dürers zweite Darstellung eines Reiters, *Der Große Kurier*, ist ähnlich im Bildaufbau, jedoch nicht so detailliert ausgeführt.

Lit.:F.W.H. Hollstein, German Engravings Etchings and Woodcuts ca. 1400 – 1700, Band 7, Amsterdam o.J., S. 74–75.

Regensburg, Fürst Thurn und Taxis Graphische Sammlung, Altdeutsche Schule

2 DER VORAUSEILENDE KURIER UND DER HINKENDE BOTE

Um 1750

Radierung, mit zwei Kolumnen Text, gestochen von Johan Martin Will, Augsburg

Ein im Galopp reitender Kurier hält für alle sichtbar ein Blatt mit dem Text *Der Feind ist geschlagen und alles erobert* in der Hand. Im Gegensatz zum Westfälischer Friedensreiter, der nach den Drangsalen des Dreißigjährigen Krieges den Frieden verbreitet, gibt dieser Kurier nur die Kunde vom Siege wieder.

Hinter dem Kurier taucht der *Hinkende Bote* auf. Dieser Hinkende Bote war ursprünglich ein Zeitungstitel, der ab 1640 zum Kalendertitel aufrückte. Er wird häufig einträchtig mit dem Postreuter abgebildet. Eine Druckschrift von 1640 *Hinckender Post–Botte Vnd Kleiner wahrhaffter Post–reuter / welcher Zeitung [Nachricht] bringt / Oder Deutscher Wahrsager vnd Prophet ...* verbindet beide Gestalten. Gegen Ende des 16. Jahrhunderts bereits ist der Hinkende Bote eine beliebte volkstümliche Figur wie der Hanswurst oder Deutsche Michel. Er dürfte vor dem Hintergrund der beinamputierten, kriegsinvaliden Soldaten entstanden sein, die sich ihr Brot durch Hausieren oder mit Botengängen verdienten. Der Postreuter verbreitete schnell die Meldungen, der Hinkende Bote wurde zum Inbegriff der Geduld. Sein kleiner Zettel in der Hand bringt diese Devise mit den Worten: *Gemach, Gemach*.

Lit.: A. Dressler, Der Hinkende Bote als Kalendertitel. In: ADP 5 (1957), S. 50 – L. Rohner, Kalendergeschichte und Kalender, Wiesbaden 1978, S. 39–42

Regensburg, Fürst Thurn und Taxis Graphische Sammlung, TT – Post IV.91

3 POSTILLION UND FUSSBOTE

1621

Titelholzschnitt der Druckschrift *Extra ordinari Postilion. Zu suchen den von Prag verlohrnen Palatin, Antorff 1621*

Der Holzschnitt auf dem Titel dieser Druckschrift zeigt in einem Wald den vorausreitenden Postillion, das Posthorn blasend. Nach Inhalt der Flugschrift sucht der als *Extraordinari Postilion* bezeichnete Reiter den aus Prag entwichenen Pfalzgrafen und böhmischen Winterkönig Friedrich V.

Die Verse beginnen:

Ich reit vnd ren starck auff der Post / das mich viel mühe und arbeit kost / zu suchen der der König war / In Böhaimb jetzt verlohren gar /

Der Postillion könnte auf seinen Weg ins Reich den erst 1615 zwischen Antwerpen und Prag neu eröffneten Postkurs über Nürnberg und Frankfurt benutzt haben. Das Felleisen fehlt auf der Abbildung, da ihm als Extraordinaripostillion nur eine einzige wichtige Nachricht zur sofortigen Erledigung übergeben wurde, während die Ordinaripost die übrigen Briefbündel im Felleisen nach festgelegten Abgangszeiten beförderte.

Der Mann mit Schlapphut und begleitenden Hund, den der Postillion gerade in einem Waldstück überholt, ist durch den Spieß als unverpflichteter Bote ausgewiesen.

Regensburg, FHB, Häberlin C. 15 Nr. 39 a

D. IV. a. Briefposten

4 THURN UND TAXISSCHER POSTREITER
Um 1800
Kupferstich, anonym

Charakteristisch für diesen Reiter als *thurn und taxisscher* Postreiter ist das aufgebundene Felleisen und das Posthorn mit Schnur und Quasten. Im Felleisen waren die Briefe nach den Abgabe- oder Verteilungspostämtern gebündelt; sie wurden dort vom zuständigen Postmeister oder Posthalter entnommen, jene für andere Postämter am Kurs beigelegt. Von Venedig in die Niederlande waren in der Regel während des frühen 17. Jahrhunderts getrennte Briefpakete für die zentralen Reichspostämter Augsburg, Frankfurt, Köln und Antwerpen im Postsack verwahrt.

Frankfurt, Historisches Museum, Inv.Nr. C 8049

5 POSTSTUNDENZETTEL DER ORDINARIPOST VON BRÜSSEL NACH AUGSBURG
1627 Juni 5 – 11
Ausf., Libell, Pap., mit 4 Bll., Unterschrift und aufgedrucktem Siegel, aufgeschlagen: fol.1 – Kopien fol.1'–4 – Transkription: fol 1, 3–4

Dieser vom Reichsgeneralpostmeister Graf Leonhard II. von Taxis am 5. Juni 1627 um 5 Uhr nachmittags zu Brüssel abgefertigte Poststundenpaß läßt durch seine Vielzahl von Informationen Einblicke in den Postbetrieb während des Dreißigjährigen Krieges zu. Der Stundenzettel ist mit eigener Hand ausgefertigt, erst einige Jahrzehnte später finden gedruckte Formulare Verwendung.
Neben seiner ursächlichen Funktion als Kontrollinstrument der ordnungsgemäßen Übergabe von einem zum anderen Posten enthält er weitere Angaben. Die Briefpakete waren im Felleisen einzeln verpackt, so z.B. für Namur, Eckweiler, die württembergischen Postorte. Das Felleisen mußte zwischen den Stationen immer verschlossen sein. Die von den Posten entnommenen und neu eingelegten Briefpakete für andere Posten werden im Stundenpaß genau vermerkt. Augenscheinlich litt die ordnungsgemäße Weiterführung dieser Ordinari an den schlechten Wetterverhältnissen im württembergischen Streckenabschnitt. Mit der Durchnässung des Felleisens und Umwegen wegen großen Wassers werden die Verspätungen gerechtfertigt.

Regensburg, FZA, Postakten 653

6 INSTRADIERUNG DES WIENER BRIEFPAKETES
1637 Januar 9 Frankfurt
Ausf., 1 Bogen, frz.

Der kaiserliche Reichspostmeister Gerard Vrints zu Frankfurt antwortet der Gräfin Alexandrine wegen des kaiserlichen Auftrags, das Wiener Postpaket nicht mehr über Köln zu senden.
Dafür sei der Augsburger Postmeister zuständig; dieser könne das Paket über Rheinhausen, durch die Pfalz und Luxemburg laufen lassen. Er selbst müßte ein bereits nach Frankfurt gesandtes Paket über Köln laufen lassen, wenn er sich nicht der Gefahr aussetzen will, daß es über sieben Tage bis zur Ordinaripost über Kreuznach liegen bleibe.
Die Instradierung, die zeitlich abgestimmte Einleitung von Paketen der Nebenkurse in den Hauptpostkurs, war für die schnelle Beförderung entscheidend. Dort konnten die geforderten Zeitersparnisse eingebracht werden.
Im Anhang berichtet der Postmeister Vrints nach Brüssel über einige mit der letzten Ordinari aus Straßburg erfahrene Neuigkeiten: Die kaiserlichen Truppen würden das württembergische Mömpelgard im Sundgau beschießen und die Kroaten das Regiment des Pfalzgrafen angreifen.
Solche amtlichen Schreiben wurden gerne zum Austausch von Informationen über politische und militärische Ereignisse zwischen den Postmeistern benützt.

Lit.: AK Zwei Jahrtausende Postwesen. Vom cursus publicus zum Satelliten, Halbturn 1985, S. 77 Nr. C 21.

Regensburg, FZA, Postakten 1249

7 PROBIERSCHALE MIT DARSTELLUNG EINES POSTILLIONS
1680–1683 Augsburg
Silber, gegossen, getrieben, ziseliert, Innenbuckel und Lippenrand, vergoldet, Dchm. 12 : 13 cm, Höhe 3 cm – Marken auf der Außenseite des Lippenrandes: Stadtbeschau Augsburg (ähnlich Seling Nr. 128) für 1680–1683; Meistermarke IK (verschlagen) rund (ähnlich Seling Nr. 167) für Johannes Kilian, Meister vor 1666, gest. 1697.

Der Rand der oblongen Schale ist achtfach gebuckelt, wobei an den Längsseiten jeweils zwei kleinere Buckel einen größeren, an dem die volutenförmigen Henkel angebracht sind, rahmen. Die Buckel an den Schmalseiten schwingen in ihrer Mitte lanzettförmig aus, um das Trinken zu erleichtern.

D. IV. a. Briefposten

Den durch eine Perlschnur gerahmten Fond füllt ein reitender Postillion vor dem Hintergrund eines Waldes. Er bläst das mit der Linken gehaltene Posthorn. Alle Einzelheiten, u. a. das aufgeschnallte Felleisen, tragen durch die feine Treibarbeit im Halbrelief zur Plastizität und Perspektive der Darstellung bei.

Die Probierschale findet sich nicht nur in Weinanbaugebieten, sondern überall, wo mit Wein gehandelt wurde. Sie war das Arbeitsinstrument, mit dem der Wein gekostet und sein Bukett geprüft wurde, aber auch um seine Klarheit und Färbung zu begutachten, wodurch das Licht unterschiedlich reflektiert wird.

Lit.: G. North, Die wichtigsten Neuerwerbungen des Bundespostmuseums 1963–1967. In: ADP 16 (1968/1) S. 38–39.

Frankfurt, Deutsches Postmuseum, Silberschale 1   M.A.

8   TRINKGEFÄSS IN GESTALT EINES
    REITENDEN POSTILLIONS
    Um 1700 Regensburg
    Silber, gegossen, ziseliert, Bodenplatte getrieben; vergoldet. Standplatte 12,1 : 9,2 cm; Höhe max. 14,9 cm; Länge max. 18,8 cm. – Marken auf dem Standring des Sockels; Beschauzeichen Regensburg (R3 4444); Meisterzeichen IKG im Rund für Johann Georg Krenner.

Im Linksgalopp steht das schwere, niedere Pferd auf dem flach gewölbten, getriebenen Sockel mit Steinen, Gräsern und Laubwerk. Der auf ihm sitzende Postreiter mit einem Dreispitz hält in seiner Rechten das Horn an den Mund, seine Linke hielt die verlorengegangenen Zügel; vor ihm an beiden Seiten des Pferdes Pistolentaschen, hinter ihm das aufgeschnallte Felleisen. Bei dem massiv gegossenen vergoldeten Trinkgefäß aus Silber sind der Kopf und der Schweif des Pferdes abnehmbar. Trinkspiele dieser Art waren vor allem während des 16.

D. IV. a. Briefposten

und 17. Jahrhunderts in Deutschland ein fester Bestandteil der Tafeldekoration und dienten zur Belustigung der Gesellschaft. So finden sich neben Tieren wie Bär oder Hirsch silberne Trinkgefäße in Gestalt von Reitern oder Rittern als Porträts zeitgenössischer Fürsten, in Form eines reitenden Postillions dürfte dieses Trinkspiel jedoch einzigartig und nur auf das Haus Thurn und Taxis zu beziehen sein.

Aufgrund der erst kürzlich aufgefundenen Meisterliste der Regensburger Goldschmiede kann dieses gewichtige (615 g) Trinkgefäß erstmals als Arbeit von Johann Georg Krenner bestimmt werden. Seit 1695 Erbbürger der Freien Reichsstadt wurde er ein Jahr später als Meister in die Zunft der Regensburger Goldschmiede aufgenommen. Bis zu seinem Tode im Jahre 1712 war er der Beschaumeister und Beisitzer im Stadtgericht.

Lit.: M. Rosenberg, Der Goldschmiede Merkzeichen, 3. erw. und ill. Auflage, 3 Bde., Frankfurt 1922–1925 (= R3), Nr. 4462 (dort fälschlich *IG*). – Für Hinweise und Unterstützung danke ich Herrn Dr. Lorenz Seelig und Herrn Ralf Schürer M.A., Bayerisches Nationalmuseum München. – Unveröffentlicht.

München, Bayerisches Nationalmuseum, Inv.Nr. 14/24

M.A.

9 UNERÖFFNETE STEUERMANDATE AN DIE HERRSCHAFT EGLOFSHEIM
Um 1690
Ausf., Pap., mit aufgedrucktem Siegel

Die vom Landsteueramt Niederbayern in Landshut an den Inhaber der Herrschaft Eglofsheim bei Regensburg, Graf Johann Georg von Königsfeld, wahrscheinlich mit eigenen Boten zugesandten gedruckten Steuermandate zum Einbringen der jährlichen Rittersteuer blieben aus unbekannten Gründen uneröffnet beim Empfänger liegen. Postalische Vermerke fehlen völlig.

Die Mandate wurden gefaltet, auf der Rückseite durch einen Papierstreifen mit den eingeprägten Petschaften der vier Landsteurer verschlossen. Zum Öffnen mußte entweder dieser Verschluß oder der Pergamentstreifen unterhalb der Adresse beschädigt werden.

Regensburg, FZA, TT – Post VIII.4 – 5

10 ADRESSE MIT VERMERK DER BEFÖRDERUNG AUF DER BRIEFPOST
1682 September 30 Lindau
Ausf., 1 Bogen, Pap.

Ein Schreiben der Reichstadt Lindau an den Reichsgeneralpostmeister Franz (!) Eugen [Alexander] von Thurn und Taxis wegen Differenzen über die kaiserliche Post in der Stadt trägt eine Adresse ohne nähere Ortsangabe.

Das Reichsoberpostamt Augsburg setzte deshalb unter die Anschrift den Vermerk: *Mitwoch den 14. octobr. 1682 mit der ordin(ari) in Augspurg einkhommen per aviso.*

Dieses Schreiben wurde nicht eigens, sondern mit der gewöhnlichen Post zwischen Lindau und Augsburg befördert; zum Nachweis enthielt das Aviso oder der Poststundenzettel einen diesbezüglichen Vermerk.

Regensburg, FZA, Postakten 3776

11 NACHWEIS ÜBER DIE VERSENDUNG VON BRIEFEN AN AUSWÄRTIGE POSTANSTALTEN
1702 Januar 17 Nijmwegen
Formular, Druck, ndl., handschriftlich ergänzt

Der internationale Briefverkehr machte wegen der gegenseitigen Abrechnung des Portos oder Frankos einen genauen Nachweis über die ausgetauschten Briefsendungen nötig.

Der Postangestellte Melchior van Loon zu Nijmwegen in Vertretung seines Prinzipals, des Generalpostmeisters der niederländischen Provinz Gelderland, Baron Johann van Keppel, bestätigt die Versendung von 14 Briefen am 17. Januar 1702 an das Reichspostamt Köln. Keppel schloß noch am 3. April 1702 einen Vertrag mit der Reichspost über die zweimal wöchentliche Beförderung der Ordinari zwischen Pempelfort bei Düsseldorf und Holland ab. Die Konvention trat rückwirkend zum 1. Januar 1702 in Kraft.

Lit.: Dallmeier 1977/II, S. 251 Nr. 494.

Regensburg, FZA, TT – Post XIII

12 RECHNUNG FÜR GRAF KÖNIGSFELD ZU ALTEGLOFSHEIM ÜBER SEINE BEIM POSTAMT REGENSBURG EXPEDIERTEN BRIEFE
1695 Januar – Dezember
Ausf., 1 Bogen, Pap., mit aufgedrucktem Siegel, aufgeschlagen: fol. 1'

Das kaiserliche Reichspostamt Regensburg erstellt für seinen *Kunden* Graf Königsfeld eine Jahresrechnung über die für ihn versandten und an ihn gelieferten Briefe. Die insgesamt 43 Posten zwischen 2. Januar und 25. Dezember schwanken zwischen je 4 und 56 Kreuzer. Insgesamt belief sich die Forderung des Reichspostamtes auf 9 Gulden 22 Kreuzer, die erst am 19. Oktober 1696 bar bezahlt wurden.

Regensburg, FZA, Postakten 6976

13 STAFETTENSTUNDENPASS DES POSTAMTES EISENACH
1722 Februar 5 Eisenach
Formular, Druck, handschriftliche Einträge

Unter Stafetten oder Estafetten verstand man die Abfertigung besonders wichtiger und eiliger Briefe außerhalb der Ordinaripostzeiten. Die Rittzeiten selbst waren nur unbedeutend schneller, aber die Wartezeiten entfielen. Der in Personalunion für die Briefpost ins Reichs und die fahrende Landespost zuständige Herzoglich–Sachsen–Weimarer Postmeister Johann Wilhelm Heyne zu Eisenach nimmt den Stafettendienst für eine eilige Sendung an das Reichspostamt in Erfurt in Anspruch. Die Sendung, die am 5. Februar um 10 Uhr morgens Eisenach verließ, traf nachmittags um 1 Uhr in Gotha ein.

Zur Bestätigung der Rechtmäßigkeit und Wichtigkeit der Stafette ist auf dem Formular ein Abdruck des Eisenacher Reichspostamtsiegels eingedruckt.

Regensburg, FZA, TT – Post VII.1

14 EILIGER DIENSTBRIEF *BEI ABGABE ZAHLBAR*
1796 September 12 Stuttgart
Kuvert, Ausf., mit aufgedrucktem Siegel

Absender des Schreibens zu diesem Kuvert war Friedrich Cotta, *der Franken–Republik General– und Oberpostdirektor in Teutschland*, der Empfänger der Frankfurter Oberpostmeister Freiherr Vrints-Berberich, der sich seinerzeit in Ellwangen aufhielt. Der Briefumschlag ist unten links mit dem postalischen Vermerk *per Estaffette / bei der Abgabe zahlbar* versehen, d.h. der Empfänger, dem nach einem anderen Vermerk auf dem Schreiben selbst diese Sendung in der Nacht vom 12. zum 13. September um 1 Uhr zugestellt worden war, mußte das gegenüber der gewöhnlichen Brieftaxe erhöhte Stafettengeld entrichten.
Das Verschlußsiegel auf der Rückseite trägt die Umschrift: *Directeur des Postes en Allemagne, Republ. Franc.*.

Regensburg, FZA, Postdokumentation 010

15 ESTAFFETENBRIEF VON BUCHAU NACH ULM, VON DORT MIT DER ORDINARI NACH REGENSBURG
Vor 1809 Mai 16 Buchau
Kuvert, Ausf., Pap., mit postalischen Stempeln

Bei der Beförderung von wichtigen Briefen läßt sich manchmal eine Kombination zwischen Extraordinari- oder Stafettenpost und der Ordinaripost nachweisen. Der vorliegende eingeschriebene Brief zur fürstlichen Domänenoberadministration wurde, da vom etwas abgelegenen oberschwäbischen Buchau am Federsee die Ordinaripost nicht täglich ablief, einer anderen Estafettensendung anvertraut – bis Ulm. Durch die häufige Postverbindung zwischen Ulm und Regensburg konnte diese Depesche mit der gewöhnlichen, regelmäßigen Ordinaripost weiterbefördert werden.

Regensburg, FZA, Postdokumentation 010

16 NACHFRAGE DES KURFÜRSTEN VON DER PFALZ NACH EINEM GEPLÜNDERTEN PAKET EINES KAISERLICHEN HOFMUSIKERS
1697 April 24 Düsseldorf
Schreiben, Ausf., 1 Bogen, aufgeschlagen: fol. 1

Kurfürst Johann Wilhelm von der Pfalz reklamiert, daß bei der Plünderung des Postillions eine 3/4 Stunde von Brüssel entfernt dem bei ihm anwesenden kaiserlichen Kammermusiker Francesco Ballerini ein *mit gewächster leinwant überzogenes Bacquet* verloren gegangen sei. Er fordert vom Reichsgeneralpostmeister Auskunft über Verlauf der Nachfrage und Untersuchung des Vorfalles. Obwohl nach den postinternen Instruktionen schwere Pakete auf die Fahrpost gehörten, wurden kleinere Pakete bis ins 18. Jahrhundert wegen der Schnelligkeit mit der Reit- oder Briefpost befördert.

Regensburg, FZA, Postakten 2336

17 INTERZESSION KÖNIG FRIEDRICHS II. VON PREUSSEN ZUGUNSTEN SEINES UNTERTANS SEIBERT IN MAGDEBURG WEGEN EINER GELDSENDUNG
1752 Juli 7 Berlin
Ausf., Pap., 1 Bogen, mit Unterschrift Friedrichs II. aufgeschlagen: fol.1 – Kopie: fol.1'

Auf Bitten seines Untertans Johann Bernhard Seibert, Gastwirt zu Magdeburg, interveniert König Friedrich II. wegen einer auf der Reichspost verloren gegangenen Geldwertsendung.
Der Stiefvater des Reklamanten mit Namen Lorenz, wohnhaft zu Winterhausen in Franken, hätte am 4. März 92 Gulden fränkischer Währung zu Würzburg auf die Post gegeben – nach Inhalt des Postscheins –, das Geld sei in Magdeburg nicht angekommen.
Aufgrund des Postscheins solle bei der Reichspost die Erstattung dieses Betrages verfügt werden.
Neben den einfachen, doppelten Briefen und Briefpaketen wurden auf der Briefpost auch Wertsendungen angenommen. Für diese Geldsendungen erhielt der Einzahler eine Bestätigung des Aufgabepostamtes, den sogenannten Postschein.

Regensburg, FZA, Postakten 2336

18 VERBOT VON GELDSENDUNGEN AUF DEN REITENDEN POSTEN
1771 April 28 Regensburg
Einblattdruck

Die thurn und taxissche Geheime Kanzlei erneuert das Verbot bei allen Ober– und Postämtern, wegen der gehäuft vorkommenden Posträubereien zur Sicherheit der Korrespondenz keine Geldwertsendungen oder Briefe und Pakete mit Geldinhalt auf die reitende Post anzunehmen. Im Übertretungsfalle ist der Postbedienstete bei Verlust der Sendung einer Strafe in Höhe des deklarierten Wertes oder der Geldeinlage verfallen.

D. IV. a. Briefposten

Schon 1669 hatte Kaiser Leopold den Postverwaltern und Bediensteten unter Androhung der Dienstentlassung verboten, Edelsteine, Juwelen und Perlen auf der Post anzunehmen. Durch die Beförderung von Kleinodien würde bei einem Verlust das Postamt in *mißtrawen* gesetzt werden. Ein derartiges Verbot ist seit zwei Jahren auch für die erbländischen Posten verfügt.

Ein zweites Mandat zehn Tage später nimmt vom Verbot Kleinodien für den Kaiser selbst aus: Die Beförderung muß jedoch per Stafette und unter Ausfertigung eines Korrespondenzzettel (Stundenpaß) geschehen, der an den Kaiser abzuliefern ist.

Lit.: J. Rübsam, Kaiser Leopold verbietet die Beförderung von Juwelen und anderen Kostbarkeiten auf der Post. In: APT 24 (1896) S. 60–62 – Dallmeier 1977/II, S. 165 Nr. 356–357.

Regensburg, FZA, Postakten 2336

19 TESTBRIEFE ÜBER DIE LAUFZEITEN HAMBURG – PARIS

1816 August 9 bzw. August 14 Hamburg
Kuverts, Ausf., mit postalischen Stempeln

Testbriefe sollten auf den internationalen Routen die Schnelligkeit verschiedener Kurse ausloten. Sie liefen zum Teil unter Deckadressen. Im vorliegenden Fall sollte geprüft werden, ob im direkten Paketschluß zwischen Hamburg und Paris der Kurs über Frankfurt oder über das holländische Stadtpostamt in der Hansestadt vorteilhafter wäre.

Regensburg, FZA, Postdokumentation 012

20 TESTBRIEFBEGLEITSCHREIBEN HAMBURG – PARIS

1816 August 9 Hamburg
Schreiben, Ausf.

Der thurn und taxissche Oberpostverwalter Lindemann zu Hamburg teilt dem gegenwärtig zu Paris weilenden Herrn de l'Haye, Rat bei der fürstlichen Generalpostdirektion, mit, daß er mehrere Testbriefe wegen eines direkten Paketschlusses mit Paris abgesandt habe. Der erste ging über Frankfurt um 9 ½ Uhr abends von Hamburg ab; der zweite mit der Deckadresse *Mr. Ehrmann à Paris* (vgl. Kat.Nr. D. IV. a. 19) ist *unter der Handschrift eines Knaben und einem anderen Siegel bereits diesem Nachmittag durch unbekümmerte Hände bei dem holländischen Stadt-Postamt* zu Hamburg aufgegeben worden. Am 10., 13. und 14. August sollen nochmals je zwei bis drei Testbriefe laufen.

Die einen Monat später von Paris nach Hamburg retour gesandten Testbriefe kamen auf dem direkten Weg über Holland am achten, über Frankfurt am neunten Tag in Hamburg an.

Regensburg, FZA, Postakten 4938

21 RETOURBRIEF WEGEN UNZUSTELLBARKEIT AN DEN EMPFÄNGER

1776 Januar 19 Allenbach
a) Briefkuvert, mit postalischen Vermerken – b) Foto der Kuvertrückseite

Johann Hermann Nöh aus Allenbach in der Pfalz schreibt an seinen Sohn Johann Wilhelm, der im Graf Colloredischen Infanterieregiment zu Leitomischl in Böhmen dient. Der sehr sorgenvolle, persönlich gehaltene Brief über das Schicksal des Sohnes, von dem er über ein halbes Jahr nichts mehr gehört hatte, soll über Frankfurt, Nürnberg, Eger und Prag den Empfänger in Leitomischl erreichen. Der Postbeamte am Auslieferungsort vermerkte auf der Rückseite des Kuverts den Grund der Unzustellbarkeit: *dieser mann ist bereits über 2 monath von regiment desertirt dahero retour* und sandte den Brief auf derselben Route über Frankfurt nach Allenbach zurück.

Regensburg, FZA, Postdokumentation 017

22 UNZUSTELLBARKEIT UND RETOURSENDUNG EINES BRIEFES WEGEN MANGELHAFTER ADRESSE

1859
Kuvert, mit 1 Silbergroschen-Frankatur und postalischen Vermerken

Der an einen Pfarrverweser Popp in Bischofsheim adressierte Frankobrief hatte wegen der unvollständigen Ortsangabe eine längere Irrfahrt hinter sich. Die taxissche Post versuchte seine Auslieferung in den Orten Neckarbischofsheim, Rheinbischofsheim, Tauberbischofsheim und Bischofsheim vor der Röhn – ohne Erfolg, so daß er schließlich als unzustellbar an den Absender zurückkehrte. Die Stempel auf der Rückseite weisen den genauen Postweg zwischen den verschiedenen *Bischofheim* aus.

Regensburg, FZA, Postdokumentation 017

D. Organisation, Dienstbetrieb und Dienstleistungen der Thurn und Taxis-Post

D. IV.b. Personenbeförderung und Fahrposten

Neben dem Betrieb der taxisschen Briefpost wurden seit der Frühzeit der Posteinrichtungen die bei den einzelnen Poststationen eingelegten Postpferde der Posthalter für die Personenbeförderung zur Verfügung gestellt. Nicht nur privilegierte Personenkreise, sondern auch Kuriere, Diplomaten und gewöhnliche Privatpersonen etwa wie Lucas Rehm oder Andreas Masius, konnten postmäßig entlang der internationalen Postkurse zu Pferd reisen. Zur Sicherheit erhielten sie einen ortskundigen Führer mit, häufig den ihnen vorausreitenden Postillion mit der Ordinaripost. Diese Art des Reisens hatte gegenüber jener mit eigenen Pferden organisatorische Vorteile. An den Postlegern bestand die Möglichkeit des Pferdewechsels, der Verpflegung und Unterkunft. Da die dafür herangezogenen Reitpferde von den Posthaltern zusätzlich zur vorgeschriebenen Anzahl ihrer Briefpostpferde gehalten werden mußten, flossen die dafür erhobenen Gebühren in die Privatkasse der Posthalter, ein Anreiz zur Bereithaltung der *Überpferde*.

Jedoch erhielt man oft nicht den vollen Betrag. Zu gewissen Zeiten bestand die Verpflichtung, vom Kaiser oder Generalpostmeister persönlich abgefertigte Personen, die sich ausweisen konnten, gegen die halbe Rittgebühr auf den Posten reisen oder begleiten zu lassen.

Mit der schrittweisen Einführung von Postkutschen zur Personenbeförderung bei der kaiserlichen Reichspost in den Jahrzehnten nach dem Westfälischen Frieden verlor die reitende Personenbeförderung mittels Postmietpferden zwar an Bedeutung, jedoch blieb sie für Reisende mit wenig Gepäck und großer Eile weiterhin eine Alternative.

Den neuen Fahrposten, organisiert seit der Mitte des 18. Jahrhunderts in den kaiserlichen, fahrenden Reichspostkommissariaten Augsburg, Nürnberg, Frankfurt und Köln, kam neben dem Personenverkehr auf den regelmäßig verkehrenden Postwagen die Beförderung der schweren Briefpostsendungen zu.

In der zweiten Hälfte des 18. Jahrhunderts trennte man bei der Reichspost nicht nur organisatorisch, sondern auch lokal die Fahrposten von den Briefposten. Da für diese beide Institutionen der Reichspost unterschiedliche Gebäude notwendig waren, errichtete man für die Fahrposten eigene Reichspostställe mit ausreichenden Unterstellmöglichkeiten für die notwendigen Pferde und Remisen für die Postwagen. Dort wurden auch die Postkutschen fahrplanmäßig abgefertigt. Die Postwagenpassagiere mußten auf ihren Reisen neben dem ausgehängten taxmäßigen Fahrpreis pro Posten, gestaffelt nach einfachen, eineinhalbfachen und doppelten Posten, oder nach der Anzahl der vorgespannten Pferde sowie der Passagierzahl, auch die Nebenkosten wie Straßen–, Weg–und Brückengeld, Schmiergeld für den Wagen und das Trinkgeld für den Schaffner oder Konducteur entrichten. M.D.

Lit.: R. Helmecke, Die Personenbeförderung durch die deutschen Posten, Diss. Halle 1913 – A. Korzendorfer, Post, Poststraßen, Postwagen. In: Technikgeschichte 33 (1934) S. 79–85 – K. Herrmann, Die Personenbeförderung bei Post und Eisenbahn in der ersten Hälfte des 19. Jahrhunderts. In: Scripta Mercaturae 11 (1977) S. 3–25 – E. Rehbein, Zu Wasser und zu Lande. Die Geschichte des Verkehrswesens von den Anfängen bis zum Ende des 19. Jahrhunderts, München 1984 – K. Beyrer, Die Postkutschenreise. Untersuchungen des Ludwig-Uhland-Instituts der Universität Tübingen 66, Tübingen 1985 – K. Beyrer, Etappen der Personenbeförderung im deutschen Postreiseverkehr. In: ADP 37 (1987/1) S. 30–60.

1 POSTPFERDE FÜR DEN REGENTEN VON TIROL, ERZHERZOG FERDINAND
1555 Oktober 11 Innsbruck
Schreiben, Ausf., 1 Bogen, mit eigenhändiger Unterschrift

Erzherzog Ferdinand von Tirol ersucht den Rat der Stadt Memmingen, wegen einer von seinem Vater König Ferdinand aufgetragenen Reise zu Kaiser Karl V. ohne Verzug sechzig Postpferde für ihn und seine Diener gegen gebührliche Entlohnung bereitzustellen, damit derartige Reise auf der Post *desto sicherer und fürderlicher hinab und wider herauff* gehe. Die Pferde sollen bis zum 15. Oktober zur Verfügung stehen.

Unter gleichem Datum intervenierte auch König Ferdinand I. selbst bei der Reichsstadt Memmingen zur Unterstützung seines verreisenden Sohnes.

Seit den Anfängen der taxisschen Post in Innsbruck und Brüssel stellten die eingelegten Posten außerhalb der Ordinari– und Extraordinaribriefbeförderung ihre Pferde auch den habsburgischen Auftraggebern und privilegierten Personen, vor allem den königlichen und kaiserlichen Kurieren, als Reitgelegenheit von einer Station zur anderen zur Verfügung. Diese reitende Personenbeförderung durch die Posten konnten aber auch schon sehr bald Privatpersonen, wie um 1540 der jülich–klevische Rat Andreas Masius für seine Italienreise benützen.

D. IV. b. Personenpost

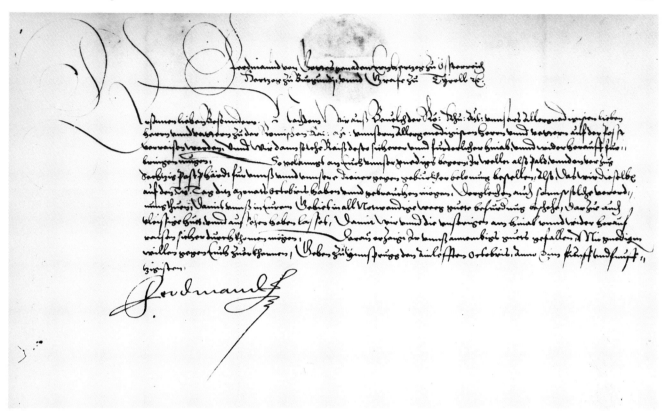

Die Bereitstellung von sechzig Pferden für die höfische Reise des Erzherzogs Ferdinand samt Gefolge auf der Post überforderte aber die damaligen Kapazitäten der Posten. Hier mußte zusätzlich der Rat der am italienisch-niederländischen Kurs gelegenen Reichsstadt Memmingen zur Requirierung von weiteren Pferden in der näheren und weiteren Umgebung eingeschaltet werden, da die Posten neben den zwei obligatorischen Briefpostpferden pro Poststation nur eine unterschiedliche Anzahl von sogenannten *Überpferden* als Reitmietpferde besaßen.

Lit.: M. Lossen, Briefe von Andreas Masius und seinen Freunden 1538–1573, Leipzig 1883 – A. Korzendorfer, Die Postreform, der Kampf der Taxis um die Post in Deutschland und die Errichtung des Postkurses Brüssel–Köln–Prag in den Jahren 1575–1616. In: APB 9 (1933) S. 121 Anlage 1.

Memmingen, Stadtarchiv, StaA I/3

2 TAXISSCHER POSTILLION ALS VORREITER UND BEGLEITER EINES REISENDEN
18. Jahrhundert
Gemälde, Öl auf Holz

Die taxisschen Posthalter und deren Postillione, die ihre Postpferde nach Bedarf an die *postweise* reisenden Personen vor der Einführung der Postkutschen im 17. Jahrhundert verliehen, begleiteten diese Reisenden auf den Streckenabschnitten zwischen den Poststationen, oft als wegekundige Führer, manchmal aus Sicherheitsgründen oder um die abgerittenen Pferde zurückzuführen. Als wegekundige Führer waren sie nicht nur in den dünnbesiedelten waldreichen Kursabschnitten unentbehrlich.
Auf dem ausgestellten kleinen Ölbild reitet der Postillion, erkennbar an Posthorn und Felleisen, vorneweg, dahinter in seiner Begleitung der Reisende.

Mindelheim, Stadtmuseum

3 REICHSPOSTTAXE FÜR POSTHALTER, KURIERE UND POSTREISENDE BEIM KAISERLICHEN REICHSOBERPOSTAMT REGENSBURG
1698 Oktober 18 [Regensburg]
Einblattdruck, beschnitten, Pap.

Neben der allgemeinen Reichspostordnung mit der anhängenden Briefposttaxe vom 17. Oktober 1698 wurden unter dem Reichsgeneralerbpostmeister Eugen Alexander von Thurn und Taxis auch die Taxgebühren und Vorschriften bei den Fahrposten und der reitenden Personenbeförderung geregelt, hier speziell für den Bereich des Reichsoberpostamtes Regensburg.

Von Regensburg aus konnten Kuriere und Reisende diese Fahr- und Reitposten auf den Poststraßen nach Augsburg, Nürnberg, Wien und Prag beanspruchen. Die Taxe für die Reisenden und Kuriere betrug in der Regel pro einfache Post (= 2 Meilen) 1 Gulden, dazu das Trinkgeld für die Postillione sowie Schiffs- und Brückengeld; wenn solche lieber fahren statt reiten wollten, kamen 10 Groschen zusätzlich für die Postchaise hinzu. In Zeiten hoher Futtermittelpreise konnte die Fahrposttaxe prozentual erhöht werden.

Um die Postpferde nicht *krumm* zu reiten und übermäßig zu strapazieren, wurden Höchstgewichtsgrenzen für das mitgeführte Gepäck erlassen. Die Pferde durften höchstens bis zu 40 Pfund beladen werden. Das *Rittgeld* für die Postchaise richtete sich nach der Wegstrecke und der Anzahl der mitfahrenden Passagiere im Verhältnis zu den vorgespannten Pferden.

Diese Reichsposttaxa der fahrenden Post beim Reichsoberpostamt Regensburg sollte zu jedermanns Kenntnis und Nachprüfung öffentlich am Posthaus ausgehangen werden.

Lit.: AK Zwei Jahrtausende Postwesen. Vom cursus publicus zum Satelliten, Halbturn 1985, S. 79 Nr. C 30

Regensburg, FZA, Postakten 1130

4 ANKÜNDIGUNG DER ZWEIMAL WÖCHENTLICH VERKEHRENDEN GESCHWINDFAHRENDEN REICHSPOSTKUTSCHE ZWISCHEN NÜRNBERG UND DRESDEN
1697 Oktober 2 Nürnberg
Faksimile, Einblattdruck

Das kaiserliche Reichspostamt Nürnberg kündigte zum besseren allgemeinen Nutzen der Korrespondenzen, Kommerzien und Reisenden die Einführung einer zweimal wöchentlich fahrenden Ordinaripost ab 5. Oktober 1697 in die kursächsische Residenzstadt Dresden an. Die Kutsche soll samstags bzw. dienstags zu Nürnberg über Erlangen, Bayreuth, Hof, Plauen, Zwickau, Chemnitz und Freyberg abgehen und dienstags bzw. freitags, also innerhalb vier Tagen Dresden erreichen. Die Fahrpost nimmt auch Briefe und Pakete für diese Route an.

Bei der kaiserlichen Reichspost wurden in den Jahrzehnten nach dem Westfälischen Frieden die ersten Postkutschen zur Personenbeförderung eingesetzt. Diese Transportmittel, hauptsächlich zunächst für zwei Reisende ausgelegt, glichen oft mehr Fracht- und Leiterwagen. Obwohl in den westlichen Reichspostgebieten am Niederrhein (Münster, Köln, Jülich-Kleve) die kaiserliche Reichspost aufgrund des günstigeren natürlichen Geländes verstärkt Fahrposten einsetzte, entwickelte sich Nürnberg neben Augsburg zum süddeutschen Mittelpunkt der Fahrposten. Eine der ersten regelmäßigen Postkutschen fuhr in die Universitätsstadt Jena.

Regensburg, FZA, TT - Post XI.26

5 VERORDNUNG FÜR POSTREISENDE AUF DEN ORDINARIFAHRENDEN KAISERLICHEN REICHSPOSTEN
1763 Juli 26 Schloß Trugenhofen
Einblattdruck, beschädigt

Zur Nachricht des Publici erließ das kaiserliche Reichspostgeneralat eine umfassende Verordnung, in der die gültigen Vorschriften bei der Fahrpost zusammengefaßt waren. Neben der Taxordnung, den genauen Abfahrtszeiten und Gepäckbegrenzung wurden in der Verordnung auch solche Fragen, wie die Rangfolge der Passagiere (15) und die Mitnahme von großen Hunden oder das Tabakrauchen (17) auf den Postwagen angesprochen. Die letzten beiden Paragraphen der Verordnung handeln vom Unterschleif und Trinkgeld der Postillione.

Nicht nur für Postreisende bestanden exakte Vorschriften. Berechtigte Klagen der Passagiere gegen die Postillione oder Kondukteure konnten beim vorgesetzten Postamt schriftlich oder mündlich eingereicht werden.

Regensburg, FZA, Postakten 756

6 BESOLDUNGS- UND FAHRGELDREGULATIV FÜR DIE FAHRENDE POST VON FRANKFURT AM MAIN NACH BASEL
1773 Dezember 5
Entwurf, 1 Bogen, Pap.

Die Fahrposten trugen zum Gewinn der kaiserlichen Reichspost im 18. Jahrhundert nur etwas unter 10 Prozent bei. Um ihre Betriebskosten zu senken, setzte Fürst Alexander Ferdinand von Thurn und Taxis eine eigene Kommission ein, die andere Besoldungsstrukturen erarbeiten und vorlegen sollte. Nach diesen Plänen wären die bei den Postkommissariaten der Fahrposten angestellten Bediensteten auf eine reduzierte Vergütung zurückgesetzt worden. Im aufgeschlagenen Entwurf ist diese Besoldungsänderungsvariante für den wöchentlich einmal zwischen Frankfurt und Basel verkehrenden kaiserlichen Reichspostwagen dem bisher an die Posten ausgeworfenen Besoldungsbetrag gegenübergestellt. Die neue Besoldungsordnung sah eine Verkürzung des Berechnungsfaktor: pro Pferd pro Meile – von 30 auf 22 $\frac{1}{2}$ Kreuzer vor. Die Anzahl der vorgespannten Pferde bei den Stationen schwankte je nach Gelände zwischen vier und sechs pro Postwagen. Dazu kam bisher eine individuelle Gratifikation für die Posthalter. Die neue Besoldung hätte bei den meisten Posthaltern eine Einbuße an ihren Einkünften zur Folge gehabt, einige wenige hätten jedoch durch die neue Taxe ein höheres Einkommen erhalten.

Aufgeschlagen sind die Berechnungen für die Stationen zwischen Frankfurt und Basel mit den reduzierten (rot) und erhöhten (grün) Beträgen gegenüber der bisherigen Handhabung.

Regensburg, FZA, Postakten 1102

D. IV. b. Personenpost

7 POSTSCHEINE FÜR PAKETE BEI DER REICHSPOSTVERWALTEREI OPPENHEIM
1786–1788
Formular, Druck, mit handschriftlichen Einträgen

Zur Bestätigung und als Nachweis über die auf die fahrende Post eingelieferten Sendungen erteilte die *kaiserliche Reichs fahrend= und reitende Postverwalterei Oppenheim* derartige Formulare, die ein Vierteljahr Gültigkeit hatten. Darin waren Art der Sendung, Wohnort und Name des Empfängers und der angebliche Wert der Sendung eingetragen. Da die Posten im allgemeinen für schuldhafte Verluste hafteten, mußte nach diesen Postscheinen der geforderte Schadenersatz geleistet werden.

Regensburg, FZA, Postdokumentation 202

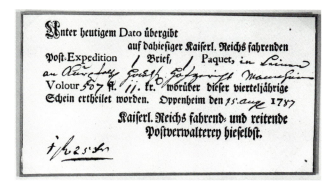

8 EILWAGENKURSKARTEN FÜR DIE TAXISSCHEN POSTWAGEN VON FRANKFURT NACH BASEL UND KASSEL
1827 März 30 Frankfurt
Lithographie, koloriert, mit Darstellung des Streckenverlaufs, gefertigt von Joseph Lehnhardt in Main bzw. Dunst in Frankfurt

Im Frühjahr 1827 legte der thurn und taxissche Registrator Emil Poppele der Frankfurter Generalpostdirektion Entwürfe für sogenannte Eilwagenkurskarten vor, wie sie einige Jahre zuvor in den kgl. preußischen Landen erschienen sind. Jedoch würde bei seinen Karten eine größere topographische Genauigkeit beachtet werden. Für die Kurskarte des Eilpostwagens zwischen Frankfurt und Basel suchte man die enge Zusammenarbeit mit der Großherzoglich Badischen Oberpostdirektion. Poppele wollte zunächst seine Karten gegen einen Verkaufspreis von 12 bis 18 Kreuzer selbst vertreiben, jedoch erhielt er von der Generalpostdirektion zwei Louisd'or Vergütung und die Karten wurden über die Expeditionen der Fahrposten und die Buchhandlungen abgesetzt.
Mit diesen Kurskärtchen sollte den Passagieren eine kleine, reisetaugliche Karte über den exakten Routenverlauf des Postwagens und sonstige wichtige Reiseinformationen zur Hand gegeben werden. Ein zweites, separates Blatt des Entwurfes, in der endgültigen Fassung als Rückseite des Kärtchen gedacht, enthielt die genauen Ankunfts-, Aufenthalts- und Abfahrtszeiten bei den einzelnen Stationen mit Anschlußverbindungen, die Höhe der Personentaxe und Angaben zu dem zusätzlich im Sommer eingesetzten sogenannten *Tag-Eilwagen*.
Derartige Eilwagenkurskarten stellen die Vorläufer der späteren Kursbücher über den Post-, Bahn- und Schiffsverkehr dar.

Regensburg, FZA, Postakten 1079

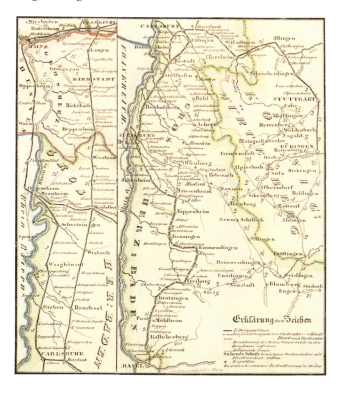

9 CHAUSSEEGELDVERTRAG DER REICHSPOST MIT DER FÜRSTPROPSTEI ELLWANGEN
1798 März 21 Ellwangen
Ausf.,Vertrag, 2 Bogen, Pap., aufgeschlagen: fol. 1'–2

Mit dem systematischen qualitativen Ausbau des bestehenden Straßennetzes zu Chausseen im späteren 18. Jahrhundert suchten die damit beauftragten Verwaltungen der Landesfürsten die Bau- und Unterhaltskosten anteilsmäßig auch auf die durchfahrenden Reichspostwagen umzulegen. Für die Benützung der neuen besseren Landstraßen durch die Reichspostwagen mußten je nach Anzahl der durchfahrenden Postwagen und Länge der Straßendistrikte Gebühren entrichtet werden. Erstmals 1767 in der Kurpfalz wurde das von den Posten geforderte Chausseegeld pauschal durch das Reichspostamt Mannheim an die Landesherrschaft anstelle der bisherigen Einzelbeträge abgeführt. Die Höhe der Pauschale glich man halbjährlich der Zahl der neu vollendeten Chausseedistrikte an.
Der vorliegende Vertrag des Reichsoberpostamtkommissariates Nürnberg mit dem Straßendepartement der Fürstpropstei Ellwangen kam 1798 deshalb zustande, da nach einem Beschluß der Schwäbischen Kreisverordnung vom 6. Dezember 1797 ab Jahresanfang 1798 das tarifmäßige Brücken- und Chausseegeld ver-

doppelt werden sollte. Die Pauschalvergütung für dieses nur von einem Postwagen durchquerte kleine Reichsterritorium belief sich danach auf jährlich 150 Gulden; dafür waren die zu Messezeiten den Postwagen beigegebenen Bei- und Leiterwagen abgabenfrei.

Regensburg, FZA, Posturkunden 603

10 CHAUSSEEGELDQUITTUNGEN
1800–1820
Quittungsformulare, Druck

Für das entrichtete Weg- oder Chausseegeld, in den Städten auch Pflastergeld und Straßenmaut genannt, an den dafür innerhalb eines Landes- oder Stadtterritoriums eingerichteten Stationen wurde dem Benützer eine Quittung über die geleistete Abgabe ausgestellt. Die dafür verwendeten Formulare hatten häufig neben dem Betrag zur Legitimation des rechtmäßigen Einzuges das herrschaftliche Wappen aufgedruckt. Sie galten zumeist nur bis zur nächsten Station und mußten dort als Zahlungsnachweis vorgewiesen werden.
Die hier gezeigten Quittungsformulare stammen aus:
1) Stadtzoll Höchstädt an der Donau, gezahlt am Mitteltor über 24 Kreuzer für sechs Pferde
2) Pflastermautschein der Stadt Linz in Oberösterreich über fünf Stück Zugvieh
3) Formular der Reichsstadt Frankfurt über drei Kreuzer Chausseegeld an der Sachsenhausener Wartstraße
4) Württembergische Chausseegeldquittung der Station Möglingen, 1809
5) Großherzoglich Würzburgische Chausseegeldquittung über 12 Kreuzer

Regensburg, FZA, TT – Post XIV.29 – XIV.30

11 DIE SOGENANNTE RIEDERNAUER'SCHE LANDKUTSCHE
1801 Februar 4 Kitzingen
Zeichnung, Feder, aquarelliert, von Georg Drittenpreiß in Erlangen

Die sogenannte *Riedernauerische oder Ritternauerische Landkutsche* bot acht Personen Platz; für das dazugehörige Reisegepäck befand sich über der hinteren Achse ein relativ langer geflochtener Korb. Zur Minderung der Straßenunebenheit war der Rahmen für die Passagierkabine mit Ketten an einem Holm über der hinteren Achse beweglich befestigt, während er auf der Vorderachse fest aufsaß. Die weitere Entwicklung im Postwagenbau sah zur Bequemlichkeit der Passagiere die völlige, bewegliche Verbindung mit Riemen oder Ketten über verschiedenartige Federn zwischen Wagenunterbau und Passagierkabine vor.
In Kitzingen am Main betrieb der Postverwalter Rudolf Ferdinand von Mastwijk neben der Postverwaltung auch den kaiserlichen Reichspoststall, nach der allgemeinen Meinung sehr erfolgreich. Für die thurn und taxissche Geheime Kanzlei in Regensburg hatte er eine detaillierte Beschreibung dieser über 24 Zentner schweren Landkutsche übersandt. Er wollte nämlich mit stiller Genehmigung der thurn und taxisschen Generalpostdirektion die Geschäfte des Poststalles an den Ankerwirt Johann Riedernauer zu Kitzingen abtreten. Der Wechsel erfolgte 1801. Der neue Kitzinger Poststallinhaber Riedernauer mußte wöchentlich zweimal den Postwagen von Kitzingen nach Würzburg und zurück bis Possenheim führen. Nach der Übernahme des Poststalles verzichtete Riedernauer aus Konkurrenzgründen auf das ihm von der fürstbischöflichen Landesregierung 1798 erteilte Privileg seiner wöchentlich zweimal verkehrenden achtsitzigen Marktkutsche nach Würzburg. Dieses Kutschenmodell, das Mastwijk durch den Erlanger Wagner Drittenpreiß zeichnerisch festhalten ließ, fand das Interesse der Reichspost. Die fürstliche Generalpostdirektion erwarb schließlich die Riedernauerische Kutsche für 400 Gulden von ihrem namengebenden Besitzer.

Lit.: A. Pfrenzinger, 250 Jahre Kitzinger Postgeschichte. In: APB 2 (1926) S. 112–122 u. 3 (1927) S. 98–111

Regensburg, Fürst Thurn und Taxis Graphische Sammlung, A 8

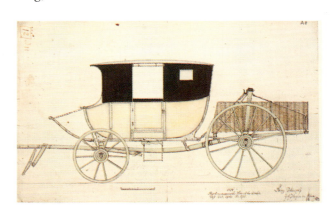

12 POSTKUTSCHE AN DER EHRENBERGER KLAUSE BEI NASSEREITH
Um 1825
Radierung, von Johann Adam Klein, Nürnberg

Die Radierung des Nürnberger Malers Johann Adam Klein, der sich in seinem Werk häufig mit Postkutschern, Postillionen, Fuhrleuten und Postpferden beschäftigte, zeigt einen *bayerischen* vierspännigen Postwagen auf der Fahrt durch eine kleinräumige, mit zwei Burgruinen besetzte Berglandschaft, die als Ehrenberger Klause bei Nassereith identifiziert werden kann. Die Postkutsche wird vom Postillion vom Sattel aus gefahren. Obwohl er das Posthorn bläst, hält er zugleich Zügel und Peitsche in der Linken. Auf dem Vordersitz der Kutsche sind zwei Reisende sichtbar, während zur Unterbringung des Reisegepäcks vor und hinter der Passagierkabine Körbe festgezurrt sind.

Lit.: C. Jahn, Das Werk von Johann Adam Klein, München 1863, S. 112–113 Nr. 272.

München, Staatliche Graphische Sammlung, Inv.Nr. 164705

D. IV. b. Personenpost

13 FRANZÖSISCHER EILPOSTWAGEN IN VOLLER FAHRT

Anfang 19. Jahrhundert
Lithographie, koloriert, von B. Adam

Der Anstoß zur Einführung der Eilpostwagen in Deutschland ging von England und Frankreich aus. England hatte schon Ende des 18. Jahrhunderts sogenannte *Mail-Coaches* zur gemeinsamen Beförderung von Personen und Briefpost in Betrieb. Bei den überdurchschnittlich guten englischen Straßen betrug ihre Durchschnittsgeschwindigkeit bis zu 15 km pro Stunde. In Frankreich fuhren etwa gleichzeitig etwas gemächlichere zwei- bis viersitzige *Courriers de malle*, ebenfalls speziell zur Briefpost- und Personenbeförderung.

In Deutschland bestand parallel dazu noch keine prinzipielle Trennung der Personen- und schweren Frachtbeförderung auf den Postwagen. Zunächst versuchte man die vorhandenen alten Diligencen zu beschleunigen. Dies scheiterte aber trotz des verbesserten Straßenbaues an der dafür ungeeigneten Wagenbautechnik.

Jedoch noch vor dem Ende des Reiches 1806 bot die kaiserliche Reichspostverwaltung 1805 in einem Vertrag mit dem Großherzogtum Baden die Einführung von sogenannten *Courriers de la malle* auf der überwiegend flachen Poststraße Frankfurt–Straßburg–Basel an. Diese *leicht und bequem gebaute(n) diligencen, die mit vier pferden bespannt und von einem conducteur begleitet, anstatt der reitenden post die briefschaften transportiren und zugleich kleine pakete und passagiers mit weniger bagage* aufnehmen sollten, liefen viermal wöchentlich nach Kehl und Basel. Aufgrund der hohen Kosten wurden sie jedoch nach 1811 eingestellt.

Die abgebildete französische Eilpostkutsche diente für den weiteren Eilwagenbau in den deutschen Postverwaltungen als technisches Vorbild.

Lit.: AK Postkutschen. Graphikausstellung im Bundespostmuseum Frankfurt am Main, bearbeitet von G. North, Frankfurt 1983 – Dallmeier 1977/II, S. 680–681 Nr. 950

Nürnberg, Verkehrsmuseum Bahn-Post-Verkehrsarchiv G 39/8

14 ENTWURF EINES SOGENANNTEN *MALLE-POSTWAGEN*

Mitte 19. Jahrhundert
Zeichnung, Tusche, koloriert, mit aufklappbaren Dachvarianten

Die Zeichnung zeigt den Entwurf für einen Eilpostwagen zur Beförderung von Passagieren mit geringem Gepäckaufkommen und der Briefpost, vom Kutscherbock aus gefahren. Der vollständig aus Stahl gefertigte Wagenunterbau trägt auf C-Federn den viersitzigen Wagenkasten.

Regensburg, FZA, TT – Post III.52.e.

15 DEUTSCHER EILPOSTWAGEN ZUR PERSONENBEFÖRDERUNG

Mitte 19. Jahrhundert
Zeichnung, Tusche, koloriert, Tektur mit offenem Dach

Der etwa mit der vorangestellten Abbildung zeitgleiche Eilpostwagen stammt aus der Offenbacher Wagenfabrik Dick & Kirschten. Hier wurde die Unterbringung der Bagage für die Reisenden baulich noch weniger berücksichtigt.

Regensburg, FZA, TT – Post III. 52.f.

16 RUNDE GELDKASSETTE ZUM SICHEREN ANBRINGEN UNTER DEM POSTWAGEN

Mitte 18. Jahrhundert
Eisen, gebändert, mit doppeltem Hakenschloß an der Schmalseite und geschmiedetem Bügel

Diese kleine Geldkassette stammt aus dem Besitz der Fürstenfeldbrucker Postmeisterfamilie Weiß. Sie besticht durch ihre Größe und die ungewöhnliche runde Form. Durch den Haken an der Oberseite war eine vor unberechtigtem Zugriff sichere Anbringung unter dem Postwagen gewährleistet. Die Stärke der Wandung und das doppelte Schloß sicherten zudem ein gewaltsames Aufbrechen.

Fürstenfeldbruck, Privatbesitz Ludwig Weiß

17 EISERNE GELDTRUHE

18. Jahrhundert
Eisenplatten, mit Bändern verstärkt, mehrfach gesichertes Deckelschloß

Die kaiserliche Reichspost beförderte in der Postkutschenzeit neben den Briefpaketen und Passagieren auch die unterschiedlichsten Waren. Dazu gehörten auch der Münztransport, so etwa nach dem Vertrag von 1750 mit der Markgrafschaft Brandenburg–Bayreuth, die Steuergeldlieferungen an die Landschaft, die Gelder der landesherrlichen Obereinnehmerei an die Reichs– und Kreiskassen oder die Münzkästen zwischen der fürstlichen Münzprägeanstalt und der Stadt Erlangen. Diese Eisentruhe weist noch eine Besonderheit auf. Das auf dem Deckel angebrachte Schloß ist durch eine eiserne Rosette verdeckt, die nur durch einen seitlich angebrachten versteckten Mechanismus das Schlüsselloch freigibt.

Regensburg, FZA, Museale Gegenstände

18 REISESCHEIN FÜR DIE JOURNALIERE ALTENBURG – COBURG

1847 November 25 Altenburg
Formular, Druck, handschriftlich ergänzt

Der Fahrschein für den täglich zwischen den Residenzstädten Altenburg und Coburg verkehrenden Postwagen enthält alle für den Passagier wichtigen Angaben. Für die Fahrt nach Coburg bezahlte Herr von Heger für einen Postwagenplatz 5 Taler 3 Neugroschen 5 Pfennig und 23 Neugroschen 3 Pfennig Reservierungsgebühr. Das Trinkgeld für den Postillion war darin inbegriffen; ebenso verursachten die 50 Pfund Übergepäck keine zusätzlichen Kosten. Auf der Rückseite des Reisescheines waren die allgemeinen Beförderungsbestimmungen zusammengefaßt.

Regensburg, FZA, Postakten 1576/1

19 FAHRBILLETS ZUR THURN UND TAXISSCHEN PERSONENPOST

o. J. [um 1850]
Formular, Druck

D. IV. b. Personenpost

Die beiden Fahrscheine aus dem Bereich der großherzoglich hessischen, fürstlich thurn und taxisschen Lehenpost für die Personenpost Frankfurt – Offenbach und Frankfurt – Homburg sind mit dem eingedrucktem Fahrpreis versehen. Bei Bedarf hätte das zusätzliche Beförderungsgebühr über die freien 30 bzw. 40 Pfund Gepäck pro Passagier eingetragen werden können.

Regensburg, FZA, Postakten 575/1

20 EILWAGENREISESCHEIN MIT COUPON DER TAUNUS–EISENBAHN NACH 1850
Formular, blauer Druck,

Nach dem Aufkommen der Eisenbahn bahnte sich im Gegensatz zur Beförderung der Briefsendungen keine engere Kooperation zwischen den Betreibern der Postwagen und den Eisenbahngesellschaften an. Man sah im neuen, modernen Verkehrsmittel mit Zukunft ausschließlich die Konkurrenz zur eigenen Personenbeförderungsanstalt.
Eine Arbeitsteilung, wie sie die taxissche Post selbst zwei Jahrhunderte zuvor den städtischen und unverpflichteten Boten beim Briefverkehr zugewiesen hatte, fand nur zögernd statt.
Der Reiseschein für den Eilpostwagen enthält jetzt einen abtrennbaren Coupon für einen Anschlußfahrschein zur Fahrt auf der Taunusbahn.
Durch diese Abgrenzung der Beförderungsbereiche konnte die Post abseits der überregionalen Eisenbahnstrecken noch bis in unser Jahrhundert den individuellen Personenverkehr weiterbetreiben. Erst die Einführung der motorgetriebenen Omnibusse beendigte endgültig das Zeitalter der Postkutschen, eines weit über 200 Jahre gebräuchlichen Verkehrsmittel zur Personen-, Fracht- und Briefbeförderung.

Regensburg, FZA, Postakten 575/1

21 VERORDNUNG ÜBER DIE PLÄTZE DER REISENDEN IN DEN EILWAGEN
1835 Dezember 20 Frankfurt
Druck, 1 Blatt

Diese Verordnung der thurn und taxisschen Generalpostamtsdirektion in Frankfurt legte die Besetzung der Plätze in den vier-, sechs-, neun- und zwölfsitzigen Typen der bei der Post gebräuchlichen Eilwagen fest. Vor allem beim Verlassen und Zusteigen der Passagiere an den Unterwegs-Poststationen schuf das Vorrücken anscheinend wegen der unterschiedlichen Qualität der Plätze im Postwagen Schwierigkeiten und Ärgernisse. Dieses Zirkular regelte dies, in dem es die Plätze in den Eilpostwagen durchnumerieren ließ und gleichzeitig das Vorrücken von den weniger guten und weniger bequemen auf die besseren Plätze in eine einheitliche Reihenfolge brachte. Jedoch stand es den Reisenden frei, nach besonderer Übereinkunft ihre Plätze zu wechseln und auf die Befugnis zum Vorrücken zu verzichten.

Regensburg, FZA, Postakten 575/1

22 ANKUNFT UND ABFAHRT BEI DEN THURN UND TAXISSCHEN FAHRPOSTEN IM NEUEN FRANKFURTER POSTGEBÄUDE AUF DER ZEIL
1849
Holzstiche, aus: Illustrirte Zeitung, Leipzig 1849, S. 341

Die beiden Holzstiche zur Illustration eines Artikels über die Thurn und Taxissche Post in der Leipziger Illustrirten Zeitung zeigen den geräumigen Innenhof des neuen Postgebäudes im *Rothen Haus* zwischen der Zeil und der Kleinen Eschenheimer Gasse. Während das Vorderhaus zur Zeil als Briefpost diente, war im Hof (oben) die Fahrpost untergebracht, mit Wagenremisen, Geschirrkammern und Unterkunft für Kutscher und Kondukteure. Die Pferde standen in der benachbarten, zum ehemaligen fürstlichen Palais gehörigen Stallung. Zentraler Punkt für die Ankunft und Abfahrt der Postkutschen war die den Hof teilende überdachte Fahrposthalle (unten). Hier warten die Reisenden auf die verschiedenen Postkutschen, Bedienstete verteilen und verstauen das Reisegepäck auf den Wagendächern, während von rechts ein Postillion vom Sattel aus mit dem Posthorn die Ankunft eines Postwagens meldet.

Regensburg, Fürst Thurn und Taxis Graphische Sammlung, A 39/40

Ankunft und Abfahrt Thurn und Taxisscher Posten zu Frankfurt a. M.

23 PERSONENPOSTVERBINDUNGEN IN DER GROSSHESSISCHEN PROVINZ STARKENBURG
1851 Oktober 15 Frankfurt
Druck, 1 Blatt

Die Übersicht über die Personenpostverbindungen innerhalb der großhessischen Provinz Starkenburg nach dem Stand vom 15. Oktober 1851 weist die zahlreichen Möglichkeiten der Beförderung mit den Postwagen aus. Jede der 26 aufgeführten Städte und größeren Orte der Provinz hatte zumindest eine tägliche Verbindung aufzuweisen, manche auch zwei– bis dreimal täglich. Zusätzlich bestanden Anschlußverbindungen zu Städten außerhalb der Provinz Starkenburg.

Regensburg, FZA, Postakten 1130

D. Organisation, Dienstbetrieb und Dienstleistungen der Thurn und Taxis-Post

D. IV. c. Kurswesen

Die Anfänge der gedruckten Landkarten zum Gebrauch für Personen, die aus handelspolitischen, militärischen oder religiösen Gründen Fernreisen auf sich nehmen mußten, liegen parallel zum Beginn des mitteleuropäischen Postwesens, an der Wende vom 15. zum 16. Jahrhundert. Die ältesten Karten verzeichneten hauptsächlich Pilgerrouten nach Rom, nach St. Jakob de Compostela in Spanien oder später nach Loreto. Vermutlich zum Heiligen Jahr 1500 entstand die berühmte Pilgerwegkarte des Nürnberger Kompaßmachers und Astronoms Erhard Etzlaub (um 1460–1532), die die wichtigsten Pilgerstraßen aus Nord-, Ost- und Mitteleuropa zwischen Dänemark – Frankreich – Polen und Mittelitalien zeigte.
Seine daraus hervorgegangene Deutschlandkarte von 1501 führte als zusätzliche Information für die Rompilger bereits die Dauer eines Tagesmarsches für Fußreisende an. Ihr folgte die Straßenkarte von Martin Waldseemüller (um 1470–1518) von 1511 und als erster Straßenatlas um 1579/80 das anonyme, von Franz Hogenberg zu Köln gestochene und verlegte *Itinerarium orbis christiani*. Ergänzend dazu erschienen seit der Mitte des 16. Jahrhunderts von Italien herkommend die *Weg- oder Reißbüchlein*, etwa eines Giovanni da l'Herba in Rom oder eines Jörg Gails in Augsburg. Noch ohne Kartenanhang führen beide und die weiteren derartigen Publikationen neben anderen Übersichten zu Messen und Botenanstalten die bedeutendsten Straßen und Wege in Europa – für Pilger, Händler und sonstige Reisende mit Angaben der Poststationen, Gasthäuser und Entfernungen auf. Meilenscheiben des 16. und 17. Jahrhunderts sowie die abstrakteren Meilenweiser seit dem 18. Jahrhundert waren andere, graphische Darstellungsformen der Wegeverzeichnisse zur Information der Reisenden.

Das 17. Jahrhundert mit den führenden Kartographen und Verlagen zu Paris und Amsterdam vervollständigte und intensivierte die Straßenkarte. Den Reisenden wurden bei den Neuauflagen der verbreitetsten französischen, holländischen, englischen und deutschen Landkarten Schritt für Schritt weitere Informationen topographischer und staatspolitischer Art für die bequemere Gestaltung der Reise zur Hand gegeben. Als eine Sonderform dieser Straßenkarten entstanden im 17. Jahrhundert die Postrouten- oder Postkurskarten. Diese stellen zusätzlich das kontinuierlich wachsende Netz der Poststraßen dar, nennen Lage und Art der Poststationen und Posthaltereien, kennzeichnen die Postkurse nach reitenden und fahrenden Posten und führen mittels einfacher Strichsymbole die nicht nur für die Bezahlung der Fahrposten wichtigen Entfernungen zwischen den Stationen in Postmeilen an.

Die Personenbeförderung der Post schuf für die Kartographen eine neue Interessentengruppe an ihren Publikationen. Deshalb darf es nicht verwundern, daß im Jahrhundert der Postkutsche, nämlich im 18. Jahrhundert, die Quantität und Qualität der Postkurskarten sprunghaft anstieg. Vor allem in Deutschland mit den großen kartographischen Verlagen von Johann Baptist Homann samt Erben in Nürnberg, Matthäus Seutter und Tobias Konrad Lotter in Augsburg erschien eine Flut neuer Postkarten. Oft waren Postbeamte wie der Feldpostmeister Johann Peter Nell oder die thurn und taxisschen Postbeamten Johann Jakob von Bors, Oberpostmeister zu Maaseik, oder der Frankfurter Postkommissar Franz Joseph Heger Initiator oder Verfasser der Kartenwerke.
Am Ende der postalischen Kartographie des 18. Jahrhunderts – und damit am Ende des Institutes der kaiserlichen Reichspost – steht das Unikat des sogenannten *Hendschel-Atlas*, der 1793 einen detaillierten Überblick über das gesamte Postamts- und Postkursnetz der kaiserlichen Reichsposten anschaulich wiedergibt.
Das 19. Jahrhundert trug zunächst den territorialen Veränderungen auch auf dem postalischen Sektor bei den einzelnen, zum Teil neu geschaffenen staatlichen Postanstalten Rechnung. Spezielle Karten über das Gebiet der eigenen Staatspost gewinnen deutlich an Boden; da die übergreifende staatliche Klammer des Alten Reiches fehlt, ging dieses neue Selbstverständnis der Postanstalten zunächst zu Lasten der Übersichtskarten. Mit der Einführung der Eilposten, den anderen grundlegenden Veränderungen im Postbetrieb durch das Aufkommen der konkurrierenden Verkehrsmittel Dampfschiff und Eisenbahn werden neue kartographische Darstellungskonzepte notwendig. Waren bisher die großen geographischen Verlagsanstalten bei der Herausgabe der Postkarten federführend gewesen, so übernahmen zunehmend die amtlichen Postverwaltungen Herstellung und Vertrieb der Postkurskarten. Das starke Anwachsen der Verkehrswege und der Häufigkeit der Beförderungsmöglichkeiten ab der Jahrhundertwende führte zur neuen Form der Verkehrs- oder Postkarte, der schematisch abstrakten Kurskarte, die sich bis zu unseren Tagen als Beilage zu den Kursbüchern der Deutschen Bundesbahn erhalten hat.

Die vom Reichspostamt in den Jahren 1873 – 1876 in 12 Blättern herausgebrachte *Neue Post– und Eisenbahnkarte von dem Deutschen Reich* leitet in eine neue Ära des Postkurswesens bei den Landkarten über. Auffälligste Änderung war dabei die Einführung und Anwendung der Kilometer–Messung anstelle der lokal stark differierenden alten Maßeinheiten.

M.D.

Lit.: W. Becker, Vom alten Bild der Welt. Alte Landkarten und Stadtansichten, München 1970 – W. Bonacker, Bibliographie der Straßenkarte, Bonn–Bad Godesberg 1973 – W. Bonacker, Straßenkarten aller Zeiten. Begleittext zur Ausstellung *Straßenkarten* in München, München 1959 – W. Bonacker, Kartenmacher aller Länder und Zeiten, Stuttgart 1966 – Cartographia Bavariae. Bayern im Bild der Karte, hrsg. von H. Wolff. Ausstellungskatalog der Bayerischen Staatsbibliothek 44, Weißenhorn 1988 – W. Eberle, Der Nürnberger Kartograph Johann Baptist Homann. Ein Lebensbild. In: Mitteilungen und Jahresberichte der Geographischen Gesellschaft in Nürnberg 3 (1924) – A. Herrmann, Die ältesten Karten Deutschlands bis Eberhard Mercator und ihre Bedeutung für die Gegenwart, Leipzig 1940 – A. Korzendorfer, Die Entstehung der Straßenkarte. In: Deutsche Verkehrszeitung 57 (1933) – A. Kreuzer, Post– und Reisekarten des 19. Jahrhunderts. In: ADP 9 (1961/1) S. 54–56, (1961/2) S. 53–55 – H. Krüger, Oberdeutsche Meilenscheiben des 16. und 17. Jahrhunderts als straßengeschichtliche Quellen. In: Jahrbuch der fränkischen Landesforschung 23 – 25 (1963 – 1965) – AK Landkarten und Postroutenkarten. Dokumente der Geschichte, bearbeitet von H. Jockel und G. North, Ausstellung des Bundespostmuseum, Frankfurt 1982 – Lexikon zur Geschichte der Kartographie von den Anfängen bis zum Ersten Weltkrieg, bearb. von I. Kretschmer u.a., 2 Bde., Wien 1986 – P.H. Meurer, Mappae Germaniae. Die schönsten und bedeutendsten Deutschlandkarten von 1482 bis 1803, Faksimilie–Edition, Neustadt a.d.Saale 1984 – D. Pfaehler, Orientierung vor und auf der Reise. Gedruckte kartographische Hilfsmittel zur Reiseplanung vom 16. bis zum 18. Jahrhundert. In: Deutsche Postgeschichte, Essays und Bilder, hrsg. von W. Lotz, Berlin 1989 – J. Reindl, Seltene und merkwürdige Landkarten im Postmuseum in Nürnberg, München 1926 – T. Seifert, Die Karte als Kunstwerk. Ausstellungskataloge der Bayer. Staatsbibliothek 19 (1979) – A. Wolkenhauer, Über die ältesten Reisekarten von Deutschland aus dem Ende des 15. und 16. Jahrhunderts. In: Deutsche Geographische Blätter 26 (1903) S. 120-138 – L. Zögner, Straßenkarten im Wandel der Zeiten. Ausstellungskatalog der Staatsbibliothek Preußischer Kulturbesitz 5, Berlin 1975 – L. Zögner, Tobias Conrad Lotter 1717-1777. Kartenmacher in Augsburg. In: Kartographische Nachrichten 27 (1977/5) S. 172–175.

1 ÄLTESTES REISEHANDBUCH DES GIOVANNI DA L'HERBA
1563
Band, *Itinerario delle poste per diverse parte del mondo ... con il viaggio di santo Jacomo di Galitia et altre cose notabile con tutte le fiere, che si fanno per tutto'l mondo ... con una narrativa de le cose di Roma*, 120, Roma : Valerico Dorico, 1563, ital., Titelvignette mit 168 S. gez. und 8 S. ungez., aufgeschlagen: Titelholzschnitt

Bei dem Reisehandbüchlein des Giovanni da l'Herba, der nach der Widmung an Kardinal San Giorgio als Kuriermeister der Republik Genua zu Rom in Diensten war, dürfte es sich um das älteste Werk dieser Spezies gedruckter Reisehandbücher handeln. Herba stammte aus Rezzo bei San Remo. Er nennt sich selbst Erfinder dieses Werkes. Sein Büchlein, das die Postkurse und Straßen in Italien, Spanien, Frankreich, Portugal, der Schweiz, in den südlichen Niederlande und im südwestlichen Deutschland, in Tirol und den Österreichischen Erblanden verzeichnet, sollte drei Gruppen von Reisenden dienlich sein: Jenen, die in Geschäften unterwegs sind, jenen, die – *per spasso* – zum Vergnügen reisen und jenen, die Pilgerorte aufsuchen wollen. Für letztere umfaßt sein Werk den Pilgerweg nach Loreto oder zum Heiligen Jakob in Santiago de Compostela im spanischen Galizien.

Des weiteren unterscheidet l'Herba zwischen jenen, die *in posta*, d.h. mit oder auf der Post reisen, und solchen Personen, die ihre Reiseroute auf eigene Faust erkunden. Ersteres bezog sich auf das Reisen mit den von den Posten gemieteten Pferden und die Begleitung durch Kuriere und Postillione.

Die einzelnen Poststraßen werden der Reihe nach aufgeführt, die Stationen mit den dazwischenliegenden Entfernungen in *posta*, unterschieden nach italienischen (*miglia*), französischen (*leghi*), deutschen oder spanischen Meilen berechnet. Die Stationen sind durch Zusätze wie *città* (Stadt), *monastero* (Kloster), *borgo* (Flecken), *castello* (Schloß) oder *hosteria* (Wirtshaus) näher bezeichnet.

Der Holzschnitt des Titelblattes zeigt einen galoppierenden, das Horn blasenden Postillion mit Federhut, Mantel und Sporen. Eingerahmt wird die Vignette durch den Spruch: *Labore, ingenio et diligentia equitando hoc opus acquisivi*.

Lit.: J. Rübsam, Ein internationales Postkursbuch aus dem Jahre 1563. In: UPU 14 (1889) S. 82–88, 93-103.

München, Bayerische Staatsbibliothek, Rar. 1073

D. IV. c. Kurswesen

2   POSTKURSBÜCHER DES OTTAVIO COTTOGNO

a) 1611 – b) 1620 – b) 1676
Ottavio Cottogno, *Nvovo Itinerario delle Poste per tutto il Mondo* – a) Ausgabe Venedig: Lucio Spineda, 1611, Schweinsledereinband, 12o, 32 S. ungez. und 446 S. gez., aufgeschlagen: Titelblatt – b) Ausgabe Venedig: Lucio Spineda, 1620, Schweinsledereinband, 12°, 32 S. ungez. und 446 S. gez., aufgeschlagen: S. 136–137 Postkurs Rom–Prag mit den Stationen zwischen Brixen und Prag – c) Ausgabe Venedig: Giacomo Zattoni, 1676, Schweinsledereinband, 12o, 44 S. ungez. und I – XXVII S. und 15 S. ungez. und 446 S., aufgeschlagen: Titel und Titelholzschnitt

Nach dem 1563 erschienenen Reisehandbüchlein des Giovanni da l'Herba (Kat.Nr.D.IV.c.1.) erlebten derartige Handbücher für Reisende mit dem stetigen Ausbau der europäischen Postkurse zu Beginn des 17. Jahrhunderts eine neue Blüte. Das Postkursbuch des Ottavio Cottogno, wahrscheinlich eines höheren Postbeamten im Herzogtum Mailand, erschien zwischen 1608 und 1676 in mehreren Auflagen, abwechselnd gedruckt zu Mailand oder Venedig. Die Fürst Thurn und Taxissche Hofbibliothek besitzt außer den hier gezeigten noch ein weiteres Exemplar der Ausgabe Mailand 1623.
Cottognos Werk umfaßt fünf Teile: 1. Notizen über die Generalpostmeister und Postpersonen. – 2. Wegemaße der verschiedenen Länder zur Berechnung der Postlängen sowie die gebräuchlichen Geldsorten. – 3. Das eigentliche Kursbuch: Postrouten mit den Abgangszeiten. – 4. Reiseführer für Pilger, insbesondere zu 18 berühmten Pilgerstätten, und – 5. Abfahrtszeiten der Ordinariposten mit Angaben über Märkte und Messen. Geographisch umfaßt Cottognos Reisehandbuch das Postwesen in Europa mit einem Schwerpunkt in den romanischen Territorien.
Die im deutschen Sprachgebiet aufgeführten Namen der Poststationen – wie am italienisch-böhmischen Postkurs zwischen Brixen und Prag – sind oft in sehr stark verballhornter Form wiedergegeben.
Die Titelholzschnitte der Ausgaben 1610 und 1676 zeigen einen galoppierenden Postillion mit blasendem Posthorn, letzterer mit der Umschrift *CELER AC FIDVS* (schnell und vertrauenswürdig).

Lit.: E. Trapp, Ottavio Cottognos Internationales Postkursbuch aus dem Jahre 1623, Regensburg 1912 – AK Zwei Jahrtausende Postwesen. Vom cursus publicus zum Satelliten, Halbturn 1985, S. 84 C 52.

Regensburg, FHB, CW 761/96 d, CW 761/96, CW 761/96 c

3   REISEFÜHRER ZU DEN DENKWÜRDIGKEITEN EUROPÄISCHER STÄDTE

1688
Band, Ledereinband, *Memorabilia / Europae / oder / Denckwürdige / Sachen / welche / Ein Reisender in den / fürnehmsten Städten Eu- / ropae .. zu observiren hat*, 6. verbesserte und vermehrte Auflage, Ulm 1688 : Matthäus Mayr, 12o, mit Titelkupfer und 11 Karten in Holzschnitt, 10 S. ungez. und 408 S. gez., beigebunden: *Richtiger / Wegweiser / Durch / Teutschland / Wie auch andere angränz- / tzende Länder ...*, Ulm 1688 : Matthäus Wagner, 48 S., und *der / Reisende / Samariter / oder / Kurtzes / artzney-Buechlein / ...* , o. O. 1688, 30 und 14 S. gez. aufgeschlagen: S. 318 Rochelle – Rom, mit aufgeklappter Karte von Italien

Das vorliegende Bändchen über die europäischen Städte beschreibt in kurzen Einträgen – alphabetisch von Abensberg bis Zweibrücken – die für die Reisenden wichtigsten topographischen und baulichen Sehenswürdigkeiten dieser Orte. Dazwischen eingestreut sind elf kleine Holzschnittkarten der wichtigsten europäischen Territorien mit rückseitiger Beschreibung. Die beigebundene Druckschrift *Wegweiser ...* gibt Hinweise auf die Entfernungen zwischen den Städten, der *Reisende Samariter...* auf Verhütung und Behandlung von Reisekrankheiten bei den Reisenden selbst und ihren eigenen oder gemieteten Pferden.

Regensburg, FHB, P 356

4   WEGWEISER DER POST- UND BOTENKARTEN ZU DEN VORNEHMSTEN RESIDENZ- UND HANDELSSTÄDTEN IN EUROPA

1741– 1742 Hamburg
Band, *LVIII / Accurate / Post= und Boten= / Charten / der / vornehmsten Residentz= / und Handels-Städte / in / Europa*, Hamburg 1742 : Christian Herold, 8 S. ungez. und 594 S. gez. und 24 S. ungez., mit beigelegter gefalteter Karte; beigebunden: *Die vornehmsten / Europäischen / Reisen, / wie solche durch / Deutschland / Franckreich / Italien / Holl- und Engeland / Dännemarck und / Schweden / vermittelst der darzu verfertigten Reise-Charten, nach den bequemsten Post- / Wegen anzustellen .... / 9. verbesserte Ausfertigung*, Hamburg 1741 : Christian Herold, 56 S. ungez. und 527 S. gez., mit beiliegenden zwei gefalteten Karten, aufgeschlagen: Titel mit Titelkupfer und ausgeklappte ..... *Post- und Reise Carte der wege durch Teutschland*, Kupferstich, beschädigt.

Der erste Teil dieses zu Hamburg erschienenen Druckes führt in 58 Kapitel alphabetisch die Boten und Posten verschiedener europäischer Städte und Territorien mit Brieftaxen, Ankunfts- und Abgangszeiten sowie den regelmäßigen öffentlichen und privaten Fahr- und Korrespondenzverbindungen in das Umland auf. Die genannten Städte sind im Alphabet der zeitgenössischen Schreibweise Amsterdam, Augsburg, Basel, Berlin, Braunschweig, Bremen, Breslau, Brüssel, Cassel, Cölln, Copenhagen, Dantzig, Dreßden, Eger, Erfurt, Florentz, Franckfurt [a.Main], Franckfurt an der Oder, Genua, Gustrau, [Den] Haag, Halle, Hamburg, Hannover, Heylbronn, Jena, Königsberg, Leipzig, Lintz, London, Lübeck, Magdeburg, Mayland, München, Münster, Nürnberg, Posten durch Franckreich, Paris, Prag, Quedlinburg, Regensburg, Riga, Schafhausen, Schleßwig-Hollstein, Schwolle [= Zwolle], Stettin, Stockholm, Stralsund, Venedig, Ulm, Warschau, Wien, Wismar, Wittenberg, Würtzburg, Zell [= Celle], Zerbst und Zürich.

Die oben links beschädigte beigelegte Karte der Post- und Reisewege durch Deutschland gibt einen zusammenfassenden Überblick über die einzelnen Postkurse zwischen Kopenhagen und Venedig, Paris und Warschau. Die Kartenvignette links unten mit Merkur, dem altrömischen Gott des Verkehrs und Handels, zeigt eine vereinfachte Stadtansicht von Hamburg.

Regensburg, FHB, P 169

5 ITALIENISCHE POSTSTRASSEN IM 18. JAHRHUNDERT
Nach 1775
Band, Handschrift *Guida / Per viaggiar l'Italia / Per le Poste, le quali / si distinguono / dalla presente figura,* o. Jahr und Ort, mit 15 Streckenkarten, Feder, aquarelliert, aufgeschlagen: *7. Viaggio da Milano a Venezia*

Die vorliegende kleine Handschrift mit den fünfzehn Streckenkarten zwischen den italienischen Städten Rom, Neapel, Florenz, Ancona, Bologna, Venedig, Trient, Mailand, Mantua, Turin, Piacenza, Genua, Pisa und Livorno basiert auf C. Barbieri, *Direzione de' viaggiatori in Italia,* das zu Bologna in mehreren Auflagen gedruckt wurde.
Die Streckenkarten umfassen nur, ähnlich dem Bayerischen Straßenatlas von A. Riedl (vgl. D.IV.c.22), die Poststraße mit den Postorten und dem nächsten beiderseitigem Umland. Die Abstände zwischen den Stationen sind in *poste* bemessen.
Die Poststraße und der Postkurs zwischen Mailand und Venedig, der 22 Posten umfaßte, wurde seit dem 15. Jahrhundert von der Botenanstalt der Republik Venedig, der *Compagnia dei corrieri della Signoria* bedient; in diesem Botenin stitut sind innerhalb der Bergamasker Kuriere im Dienste der Markusrepublik auch zahlreich die Tassis vertreten.

Lit.: A. Serra, Corrieri e postieri sull'itinerario Venezia–Roma nel cinquecento et dopo. In: Le Poste dei Tasso, un'impresa in Europa, Bergamo 1984, S. 33–46 – N. Basezzi – P. Capellini, Viabilità e itinerari postali nella Bergamasca. In: Le Poste dei Tasso, un'impresa in Europa, Bergamo 1984, S. 157–170, bes. S. 167.

Regensburg, FHB, P 693

6 FRÜHE LANDKARTE DER POSTEN UND STRASSEN IN ITALIEN
1695
Kupferstich, gestochen von Barbey, verfaßt von Giacomo Cantelli, Modena

Der vom Verleger und Bediensteten Domenico de Rossi in Rom dem Fürsten Don Michele de Tassis, Marchese di Paullo und Graf di Zel, gewidmeten gedruckten Karte der Straßen und Posten auf der Apenninenhalbinsel diente die Karte des Geographen, Kartographen und Bibliothekars Giacomo Cantelli da Vignola (1643–1695) als Grundlage. Cantelli stammte aus Montorsello bei Vignola und war zu Rom, Ferrara, Venedig und Modena tätig.
Don Michele de Tassis gehörte zur mailändisch-römischen Linie der Bergamasker Tassis, deren Mitglieder seit dem beginnenden 16. Jahrhunderts bis zur Inkammerierung 1760 unter Kaiserin Maria Theresia das ursprünglich kaiserliche, dann königlich-spanische (seit 1555) und schließlich kaiserlich-österreichische Postamt (1714) in Rom leiteten. Die Widmungskartusche zeigt unter der Grafenkrone das taxissche Wappen in ungebräuchlicher Feldeinteilung; im unteren Teil galoppiert ein Kurier in Begleitung eines Reisenden.
Die genordete Karte zeigt gekennzeichnet durch Doppelstriche die wichtigsten Poststraßen auf dem italienischen Festland; die Inseln Korsika, Sardinien und Sizilien sowie die dalmatinische Küste weisen Ende des 17. Jahrhunderts noch keine eigenen Poststraßen auf.
Unter dem veränderten Titel *Italia cursoria* und gleichzeitiger Abänderung der taxisschen Widmungskartusche wurde diese Post- und Straßenkarte im 18. Jahrhundert von Verleger Johann Baptist Homann zu Nürnberg neu aufgelegt.

Lit.: Grande Dizionario Enciclopedico Utet, hrsg. von P. Fedele, Bd. 3, Turin 1967, S. 810 – W. Bonacker, Kartenmacher aller Länder und Zeiten, Stuttgart 1966, S. 62 – A. Serra, Corrieri e postieri sull'itinerario Venezia–Roma nel cinquecento e dopo. In: Le Poste dei Tasso, un'impresa in Europa, Bergamo 1984, Abb. S. 37.

Regensburg, FZA, Kartensammlung 489

7 GEORG MAYR, VERFASSER EINES WEGBÜCHLEINS DURCH DEUTSCHLAND
1590 Augsburg,
Druckbögen, geleimt, als Makulatur verwendet

Seit der Mitte des 16. Jahrhundert erschienen in den Reiseführern und Itinerarien Angaben über Postwege und Poststationen. Neben den Itinerarien, die in ihrer graphischen Gestaltungsform zu Nürnberg und Augsburg auch als Meilenscheiben gedruckt wurden, tauchen vor allem in beiden süddeutschen Reichsstädten die deutschen Wegeverzeichnisse auf. Das Augs-

D. IV. c. Kurswesen

burger *Raißbüchlein* von Jörg Gail aus dem Jahre 1563 beeinflußte auch das seit 1590 in mehreren Auflagen verbreitete *Wegbüchlein der fürnemesten Wege unnd gebreuchlichsten Strassen durch gantz Teutschlandt / Hungern / Böhem / Polen / Lüttaw/ Schweden .. zu Raysen* des Augsburger deutschen Schulmeisters Georg Mayr. Von diesem seltenen Druck, der weitgehend die Gail'sche Vorlage benützte, haben sich in der fürstlichen Hofbibliothek neun Druckbogen erhalten.

Kat.Nr. 8

Im Wegebüchlein sind die einzelnen Poststraßen mit den Stationen und Entfernungen aufgeführt. Der letzte Druckbogen nennt vor dem Anhang der *Carmina* den Namen des Herausgebers Georg Mayr.

Lit.: J. Brunner, Meilenzeiger im Dienste der Post. In: APB 15 (1940) S. 37–46, bes. S. 38 – H. Krüger, Das älteste deutsche Routenhandbuch, Jörg Gails *Raißbüchlin*, Faksimile, Graz 1974.

Regensburg, FHB, Fragmente

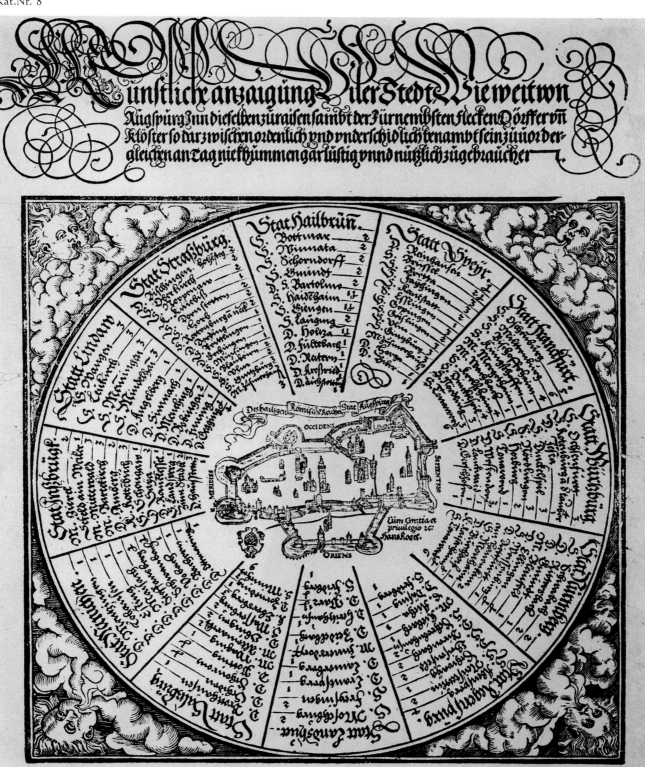

8 AUGSBURGER MEILENSCHEIBE DES HANS ROGEL

Um 1565
Einblattholzschnitt, verfertigt von Hans Rogel, Titel:
Künstliche anzaigung Viler Stedt, Wie weit von / augspurg Inn dieselben zu raisen sambt der Fürnembsten Flecken Dörffer vn(d) / Klöster so darzwischen ordenlich vnd vnderschidlich benambt sein zuuor der– / gleichen an Tag nie khummen gar lustig vnnd nutzlich zugebrauchen.

Der gegen 1532 zu Augsburg geborene Formschneider, Briefmaler, Zeichner und Verleger Hans Rogel gilt als Erfinder der Darstellung von Straßenverbindungen aus einem zentrierten Hauptort zu den weiter entfernt liegenden Städten in der Form einer Meilenscheibe. Augsburg, dargestellt in groben Umrissen mit Mauerbering und Hauptgebäuden, bildet den Mittelpunkt eines Kreises, von dem in zwölf Sektoren strahlenförmig die Reiserouten nach Speyer, Frankfurt, Würzburg, Nürnberg, Regensburg, Landshut, Salzburg, München, Innsbruck, Lindau, Straßburg und Heilbronn wegführen. Die Ecken füllen vier allegorische Darstellungen der Winde aus.
Hans Rogels Meilenscheibe von 1565 setzt erstmals die genauen Straßenläufe und Entfernungsangaben von Jörg Gails Reisebüchlein kartographisch um.

Lit: A. Hämmerle, Die Augsburger Meilenscheibe des Formschneiders Hans Rogel. In: APB 3 (1927) S. 16–18 – H.,Krüger, Oberdeutsche Meilenscheiben des 16. und 17. Jahrhunderts als straßengeschichtliche Quellen. In: Jahrbuch f. fränkische Landesforschung 22 (1962) S. 171–195, 24 (1964) S. 167–206 – AK Welt im Umbruch. Augsburg zwischen Renaissance und Barock, Bd. I: Zeughaus, Augsburg 1980, S. 234 – AK Cartographia Bavariae. Bayern im Bild der Karte, hrsg. von H. Wolff, Weißenhorn 1988, S. 320 f. und S. 412 Nr. 14.2.

Augsburg, Staats- und Stadtbibliothek, Graph. 29, 140

9 DIE JÜNGERE MEILENSCHEIBE DES AUGSBURGER SCHULLEHRERS KASPAR AUGUSTIN

1629
Kupferstich, mit typographischem Text in Latein und Deutsch, verfertigt von Kaspar Augustin, Augsburg 1629 : Johann Ulrich Schönigk –
Titel:*Accurata descriptio XXIII. praecipuorum itinerum ... Aigentliche Beschreibung 23. Fürnemer Strassen, welche von augspurg auß vblich gebraucht werden: allen Raisenden Personen zu sonderm lieb und nutzen ...*

Kaspar Augustin, der als Schullehrer 1612 in Augsburg am Judenberg eine Mädchenschule eröffnet hatte, wurde 1629 im Zuge des Restitutionsedikts entlassen, siedelte nach Nürnberg über und kehrte erst nach der Einnahme Augsburgs durch die Schweden 1632 wieder in seine Vaterstadt Augsburg zurück. Seine erstmals 1629 bei Schönigk gedruckte Meilenscheibe zeigt vom zentralen Augsburg scheibenförmig ausgehend dreiundzwanzig große Straßen zu den bekanntesten Städten Europas, geordnet nach Himmelsrichtungen und mit Angaben der Entfernungen und dazwischenliegenden Poststationen. Die allegorischen Füllungen in den Ecken des Blattes verkörpern die vier Staaten Deutschland, Spanien, Frankreich und Italien, zugeordnet die Götter Bacchus, Mars, Merkur und Apollo. Um die Kreissektoren legt sich ein Kranz mit Veduten jener Städte, zu denen die jeweilige Straße führt.
Augustin benutzte zwar auch die Rogel'sche Meilenscheibe als Grundlage, jedoch ließ er Elemente aus den Nürnberger Meilenscheiben des Georg Kreydlin und Johann Schirmer einfließen.

Lit.: A. Hämmerle, Die Augsburger Meilenscheibe des Formschneiders Hans Rogel. In: APB 3 (1927) S. 16–18 – H. Krüger, Oberdeutsche Meilenscheiben des 16. und 17. Jahrhunderts als straßengeschichtliche Quellen. In: Jahrbuch f. fränkische Landesforschung 22 (1962) S. 171–195, 24 (1964) S. 167–206 – AK Welt im Umbruch. Augsburg zwischen Renaissance und Barock, Bd. I: Zeughaus, Augsburg 1980, S. 235 Nr. 180 – AK Zwei Jahrtausende Postwesen. Vom cursus publicus zum Satelliten, Halbturn 1985, S. 81 C 37.

Augsburg, Staats- und Stadtbibliothek, Graph. 29, 140 a

10 WEINKARTE DES REGENSBURGER WIRTSHAUSES *ZUR WEISSEN LILIE*

1740
Kupferstich, gestochen von Anton Scheller, Augsburg

Die *berühmte* Weinkarte des Regensburger Gastgebs und Weinhändlers Johann Christoph Glätzl zeigt in einem mit Rocaille-Elementen verzierten Kupferstich den Wirt mit einem Verzeichnis der angebotenen Weinsorten und die von Regensburg ausgehenden Postkurse nach Wien, Straßburg, Salzburg, Leipzig, Berlin, Prag, Hamburg, München, Venedig, Köln, Dresden, Hannover und Hildesheim; vermerkt sind auf der Weinkarte auch die Zwischenstationen und die Entfernungen nach Postmeilen.
Der heute noch existierende Gasthof *Weiße Lilie* lag nahe des Peterstors. Gasthof und Herberge dürften in engen Zusammenhang mit dem vor 1777 unweit davon eingerichteten Poststall der kaiserlichen Reichsfahrposten zu sehen sein.

Lit.: R. Freytag, Zur Postgeschichte der Städte Augsburg, Nürnberg und Regensburg. In: APB 5 (1929) S. 43 ff. – Scheller, Anton. In: Thieme-Becker 30 (1936) S. 20 f. – AK Zwei Jahrtausende Postwesen. Vom cursus publicus zum Satelliten, Halbturn 1985, S. 80 Nr. 33.

Regensburg, Fürst Thurn und Taxis Graphische Sammlung, TT – Post II.85

11 MEILENWEISER DER VORNEHMSTEN STÄDTE EUROPAS

1731 Nürnberg
Kupferstich, mit großer Vignette, koloriert, in: *Atlas Novus Terrarum Obris Imperia, Regna et Status ...*, hrsg. von Johann Baptist Homann, Nürnberg 1731 : Johann Ernst Adelbulner

D. IV. c. Kurswesen

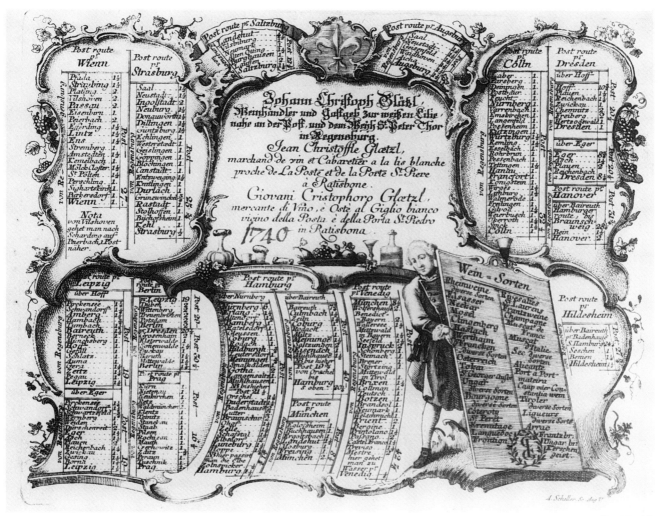

Kat.Nr. 10

Johann Baptist Homanns 1731 veröffentlichter *Großer Atlas der Ganzen Welt* enthält unter den Spezialkarten im Anhang einen Meilenweiser oder Meilenanzeiger. In der Funktion ähnlich den vorhergegangenen Meilenscheiben, bilden die Entfernungstabellen mit den Städtenamen ein Dreieck, dessen Schenkel durch vertikale und horizontale Übereinstimmung die Anzahl der zwischen den gesuchten Städten liegenden Meilen leicht und gut lesbar aufzeigen.

Vorliegender Meilenweiser zeigt in zwei gegenüberliegenden Dreiecken einmal die Entfernungen in Meilen zwischen a) Augsburg und den größeren Städten des Reiches und b) zwischen Augsburg und den europäischen Metropolen. Den linken oberen Teil nimmt eine Vignette ein: In einer vom Erdglobus begrenzten Kartusche mit dem Titel *Neu vermehrter Curioser Meilenzeiger ...* wird beispielhaft der Gebrauch erläutert; darunter Handels- und Reisegott Merkur mit zwei Puttos.

Lit.: D. Pfaehler, Orientierung vor und auf der Reise. Gedruckte kartographische Hilfsmittel zur Reiseplanung vom 16. bis zum 18. Jahrhundert. In: Deutsche Postgeschichte, Essays und Bilder, hrsg. von W. Lotz, Berlin 1989 S. 105–122, bes. S. 116–117.

Regensburg, FHB, XIV A 2

12 AUGSBURGER MEILENZEIGER

Mitte 18. Jahrhunderts
Kupferstich, koloriert, *Richtige Anzeige wie weit die Hauptorte in Deutschland und andere berühmte Staedte in Europa von einander entlegen*, hrsg. von Tobias Conrad Lotter, Augsburg

Der auch unter dem lateinischen Titel *GERMANIAE ALIORUMQUE QUORUNDAM LOCORUM EUROPAE POLIOMETRIA* vom Augsburger Kartograph und Kupferstecher Tobias Konrad Lotter (1717–1777) verlegte Meilenweiser ist im Aufbau fast identisch mit jenem aus dem Nürnberger Verlag Homann (vgl.Kat.Nr. D.IV.c.11.). Es ist eine teilweise Umzeichnung der Homannschen und späteren Seutterschen Vorlage, da Lotter nach dem Tode seines Schwiegervaters Matthäus Seutter 1757 Werkstatt und Verlag zu Augsburg fortführte. So ist auch hier Augsburg Ausgangsort für die Entfernungsanzeige zu den übrigen Städten.

Die Vignette zeigt hier rechts von der Titelkartusche den Gott Merkurius mit einem vor ihm liegenden Meilenweiser, wie er einem Boten mit Speer, Brief und Rückenlade den Weg mit schutzerhobener Hand weist; im Hintergrund galoppieren blasende Postillione.

Lit.: J. Brunner, Meilenzeiger im Dienste der Post. In: APB 15 (1940) S. 42 f. – Orientierung vor und auf der Reise.

Gedruckte kartographische Hilfsmittel zur Reiseplanung vom 16. bis zum 18. Jahrhundert. In: Deutsche Postgeschichte, Essays und Bilder, hrsg. von W. Lotz, Berlin 1989, S. 105–122, bes. S. 116–117 – Lotter, Tobias Konrad. In: Thieme–Becker 23 (1929) S. 409 – W. Bonacker, Kartenmacher aller Länder und Zeiten, Stuttgart 1966, S. 147 – L. Zögner, Tobias Conrad Lotter 1717–1777. Kartenmacher in Augsburg. In: Kartographische Nachrichten 27 (1977/5) S. 172–175.

Regensburg, FZA, Kartensammlung 680

13 PETER NELL, *POSTARUM SEU VEREDARIORUM STATIONES PER GERMANIAM ET PROVINCIAS ADIACENTES*
Ausgabe 1711 Brüssel
Kupferstich, flächenkoloriert, verlegt Brüssel 1711 : Eugene Henry Fricx

Die vom Feldpostmeister Johann Peter Nell erstmals im Jahre 1709 veröffentlichte berühmte Karte der Post– und Kurierstationen in Deutschland erlebte mehrere Auflagen, u.a. 1711, 1714 und in einer undatierten Ausgabe. Sie diente gern als Vorlage für Nachstiche (vgl. Kat.Nr. D.IV.c.15). 1714 wurde sie vom Verleger Johann Baptist Homann (1664–1743) als *Neu–vermehrte Post–Charte durch gantz Teutschland nach Italien, Franckreich, Niederland, Preußen, Polen und Ungarn* mit einer neuen Vignette und Legende neuerlich aufgelegt.
Die Poststraßen sind als einfache Striche dargestellt, Angaben zur Entfernung zwischen den Poststationen fehlen.
Johann Peter Nell von Nellenberg (1672–1743) war Feld– und Hauptpostmeister in den Österreichischen Erblanden, tätig vor allem zu Wien und Prag. Seine Karte widmete er Graf Karl Joseph von Paar, dem Hof– und Generalerbpostmeister der Österreichischen Lande. Die Widmungskartusche trägt deshalb auch das Paarische Wappen, daneben ein auf einem Pferd sitzender, ein Posthorn blasender Putto.
Die Familie Paar, die seit 1624 erblich das obriste Hof– und Erbländische Postmeisteramt bis zur Inkammerierung 1740 inne hatte, stammte ebenfalls aus dem Bergamasker Gebiet.

Lit.: Orientierung vor und auf der Reise. Gedruckte kartographische Hilfsmittel zur Reiseplanung vom 16. bis zum 18. Jahrhundert. In: Deutsche Postgeschichte, Essays und Bilder, hrsg. von W. Lotz, Berlin 1989, S. 105–122, bes. S. 112 – R. Wurth, Die Familie Paar und das habsburgisch erbländische Postwesen. In: AK Zwei Jahrtausende Postwesen, Halbturn 1985, S. 132–142.

Regensburg, FZA, Kartensammlung 861

D. IV. c. Kurswesen

14 DIE POSTKARTE DEUTSCHLANDS VON MATTHÄUS SEUTTER
1. Hälfte 18. Jahrhundert
Kupferstich, flächenkoloriert, mit Titelkartusche (links oben) und Legende (rechts oben), gestochen von Melchior Rein

Nells Postkarte von Deutschland diente auch dem Augsburger Verleger Matthäus Seutter (1678–1757) als Vorlage seiner *Postarum seu Cursorum publicorum diverticula et mansiones Germaniam et confin. Provincias* als Vorbild. In der Karte und dazugehörigen Legende wird jedoch nun zwischen reitenden (einfacher Strich) und fahrenden Posten (doppelter Strich) unterschieden. Ferner wird durch verschiedenartig kombinierte Querstriche an den schematisierten Postlinien die Länge der Poststrecke zwischen den Poststationen in einfachen, eineinhalb-, doppelten und dreifachen *Posten* vermerkt. Von der Titelkartusche unter dem Reichsadler und Fama streben reitende und blasende Postillione in verschiedene Richtungen weg.

Lit.: W. Bonacker, Kartenmacher aller Länder und Zeiten, Stuttgart 1966, S. 209 – Ch. Sandler, Matthäus Seutter und seine Landkarten. In: Mitteilungen des Vereins für Erdkunde zu Leipzig 1894, S. 1–38.

Regensburg, FZA, Kartensammlung 862

15 NACHSTICH DER NELLKARTE BEI PETER SCHENK
1. Hälfte 18. Jahrhundert,
Kupferstich, flächenkoloriert, Titel: *Postarum seu Veredariorum Stationes per Germaniam et Provincias adiacentes*

Unter Verwendung der Nell'schen Kartenvorlage samt Widmung an Graf Karl Joseph von Paar entstand der Nachstich von der Hand des Peter Schenck des Älteren aus Elberfeld. Peter Schenk (1660–1718/19) als Kupferstecher und Verleger, Buch- und Kunsthändler in Amsterdam tätig, bezeichnet sich hier als Bildhauer in Diensten des polnischen Königs August des Starken, von dem er nach 1709 zum Hofgraveur ernannt worden war.
Vom Schenck'schen Nachstich der älteren Postkarte von J.P. Nell dürften nur wenige Exemplare existieren.

Lit.: Schenk, Pieter. In: Thieme–Becker 30 (1936) S. 29–30

Bernkastel–Kues, Privatbesitz Dietmar J. Hübner

16 POSTKURSNETZ UM DUDERSTADT UND GOSLAR
1718
Zeichnung, Feder, braun, aquarelliert

Diesen *Plan, wie die Stationes auf dem kaiserlichen Post Cours zwischen Braunschweig, Frankfurth und Nürnberg reguliret und in Goslar Influentz nehmen* legte der Goslarer Reichspostmeister Christian Ludwig Arendes zur Erläuterung seines Berichtes vom 7. Februar 1718 an das thurn und taxissche Postgeneralat in Brüssel bei.
Die Skizze zeigt das Postkursnetz mit den dazugehörigen Stationen zwischen Wesel im Westen und Halle bzw. Berlin im Osten, Hamburg im Norden und Frankfurt bzw. Nürnberg im Süden. Zentrale Mittelpunkte aus der Sicht des Postmeisters Arendes sollten die Reichspostämter Duderstadt und vor allem Goslar werden. Eingezeichnet sind in der farbigen Planskizze teilweise die Entfernungen zwischen den Stationen nach Meilen sowie die Anschlußkurse in die preußischen und sächsischen Territorien.
Für den Goslarer Postmeister war von Bedeutung, daß der überregionale Ost–Westkurs zwischen Berlin und Wesel die Stadt Goslar und sein Reichspostamt nicht berührte, sondern zwei Meilen nördlich davon zu Hornberg vorbeilief; nach seinen Ausführungen strebte er die Kursverlegung über Goslar unter Errichtung einer eigenen Postroute von dort bis Hildesheim an.

Regensburg, FZA, Postakten 6375

17 SPEZIALKARTE ÜBER DIE KAISERLICHEN REICHSPOSTEN IN DEN HERZOGLICH BRAUNSCHWEIGISCHEN LANDEN
2. Hälfte 18. Jahrhundert
Zeichnung, Sepia, koloriert, mit Legende

Die anonyme, undatierte, handgezeichnete Karte mit den kaiserlich reitenden und herzoglich braunschweigisch fahrenden Postanstalten zwischen Kassel im Süden und Hamburg–Lübeck im Norden zeigt ein deutliches Bild der Gemengelage beider Institutionen. Das herzoglich braunschweigische Territorium wurde vor allem vom bedeutenden Reichspostkurs Nürnberg – Kassel – Braunschweig – Celle – Hamburg durchzogen, in den zu Braunschweig der Reichspostkurs Hamburg – Leipzig influierte; dazu bestand eine Verbindung zwischen Braunschweig und Hildesheim.
Die landesherrlichen Fahrposten waren flächig auf das Territorium radiziert, stellten aber auch die Fahrgelegenheiten für Personen und Frachtstücken zu den außerhalb gelegenen Städten anderer Reichsterritorien her.

Regensburg, FZA, Kartensanmmlung 682

18 SKIZZE DES KURSNETZES DER REITENDEN UND FAHRENDEN REICHSPOSTEN ZWISCHEN TRIER, KÖLN, MAINZ UND FRANKFURT
1784
Skizze, Feder, laviert, mit Legende

Die Skizze veranschaulicht die Situation der kaiserlichen Reichspostkurse kurz vor Ende des Heiligen Römischen Reiches im mittleren Rhein–Mosel-Gebiet. Trier ist mittels der Fahrpostroute durch die südliche Eifel über Hetzerath, Lutzerath, Kaisersesch und Polch mit Koblenz verbunden; von Köln nach

Koblenz lief linksrheinisch ebenfalls ein Reichspostwagen, der dort den Rhein querte und nördlich des Lahntals über das Sauerland und durch den Taunus Frankfurt am Main erreichte. Ein weiterer Reichspostwagen fuhr westlich davon näher am Rheintal über Bad Ems, Nastätten und Bad Schwalbach nach Wiesbaden und Mainz. Das Rheintal zwischen Mainz und Koblenz hingegen war nur durch eine linksrheinische reitende Post erschlossen. Nach Inhalt der Legende kennzeichnet das Symbol des Posthorns die Posthäuser am Kurs, während auf den Reitkursen ein Briefkuvert Hinweise auf die Briefposten gibt.

Regensburg, FZA, Kartensammlung 677

19 POSTKARTE VON DEUTSCHLAND
a) 1764 – b) 1764 – c) 1786
d) Band, mit 16 Kartensegmenten und Übersichtsblatt, Kupferstich, grenzkoloriert, aufgeschlagen: Segment I – b) Band, Franz Joseph Heger, *Tablettes des Postes de l'Empire d'Allemagne et des provinces limitrophes ...*, 8 S. ungez. und 122 S. gez. und 14 S. Register, Mainz 1764, aufgeschlagen: S. 1 – c) Band, mit 16 Kartensegmenten und Übersichtsblatt, *Nouvelle Carte Geographique des Postes D'Allemagne ...* , Kupferstich, grenzkoloriert, verlegt bei Homanns Erben, Nürnberg 1786

Die vom thurn und taxisschen Postkommissar Franz Joseph Heger bearbeitete und publizierte Postkarte von Deutschland ist dem Mainzer Kurfürsten Emmerich Joseph von Breidbach, dem *protector postarum imperialium* gewidmet. Sie wurde als Taschenatlas angeboten und zwar in 16 Kartensegmenten mit zwei Titelkartuschen und einer Vignette mit Merkur, kurmainzischem Wappen in Rocaillerahmen und einem reitenden Putto, der aus dem Posthorn den Glückwunsch *Vivat Neo Princeps Elector* erschallen läßt.
Hegers Postkarte in Bandform zeigt das gesamte Postgebiet der kaiserlichen Reichspost nach der Mitte des 18. Jahrhunderts. Erfaßt sind die Postkurse in Deutschland einschließlich der angrenzenden Gebiete von Holland, Belgien, Frankreich, Italien, Österreich, Böhmen und Polen. Die Postkurse für Fahrposten sind durch die Verwendung einer Doppellinie, bei den Reitposten durch eine einfache Linie ausgewiesen. Querstriche auf den Linien geben die Entfernungen zwischen den Poststationen in doppelter, einfacher, halber und vierteler *Post[meile]* an.
Zu seiner Postkarte von Deutschland brachte Heger gleichzeitig sein Verzeichnis der Poststraßen in einer deutschen und einer französischen Ausgabe heraus. Aufgeführt sind darin die Postbezirke zu Mainz, Köln, Maaseik, Münster, Hamburg, Berlin, Erfurt, Leipzig, Prag, Breslau, Nürnberg, Regensburg, Wien, Augsburg und Mannheim mit den darinliegenden Poststraßen. Diese werden im eigentlichen Straßenverzeichnis durch weitere Symbole erläutert.
Von der Hegerischen Postkarte Deutschlands erschien 1786 eine weitere Auflage, eingeteilt ebenfalls in 16 Kartensegmenten, die von den Homann'schen Erben verlegt wurde. Aufgeschlagen ist hier die Titelkartusche mit dem Postkursnetz zwischen Ems und Eidermündung bzw. Bremen und Hamburg.

a) Regensburg, FZA, Kartensammlung – b) Regensburg, FHB, P 168 – c) Regensburg, FHB, PrD 1786 IV

20 ATLAS DER KAISERLICHEN REICHSPOSTAMTSDISTRIKTE AM ENDE DES ALTEN REICHES
1793 Regensburg
Band, Ledereinband, mit Blindprägung, beschädigt, Goldschnitt, aufgeschlagen: a) *Post Carte von Deutschland in die Kaiserliche Reichs Ober- und Postamtliche Directionsdistrikte eingeteilt* (Übersichtskarte) – b–g) Faksimileblätter der einzelnen Postamtsbezirke

Das vorliegende *Verzeichnis der den kaiserlichen Reichs-, Ober- und dirigierenden Postämtern untergeordneten Stationen und Expeditionen nach den postamtlichen Directionsbezirken* wird auch nach dem Verfasser als *Hendschel–Atlas* bezeichnet. Der fürstlich thurn und taxissche Rechnungsrat Johann Gottlieb Christian Hendschel hatte diesen repräsentativen Band mit acht handgezeichneten, flächenkolorierten, zum Teil mit klassizistischen Motiven umrahmten Kartenblättern der kaiserlichen Reichspostamtsdistrikte 1793 verfaßt und dem damaligen Erbprinzen Karl Alexander von Thurn und Taxis gewidmet. Anschließend an die Karten findet sich auf Blatt 11 – 32 ein Verzeichnis der den Postämtern nachgeordneten Stationen und Expeditionen sowie auf Blatt 33 – 35 ein Register aller Poststationen und Expeditionen. Die einzelnen Kartenblätter umfassen außer der Übersichtskarte die Oberpostamts- bzw. Immediatpostamtsdistrikte von:
1. Augsburg und Ulm mit dem Vorderösterreichischen Postkommissariat
2. München und Regensburg
3. Nürnberg und Würzburg
4. Erfurt und Duderstadt
5. Frankfurt, Koblenz, Mainz und Mannheim
6. Lüttich, Köln, Münster und Paderborn
7. Hamburg, Bremen, Lübeck und Hildesheim

D. IV. c. Kurswesen

Über den Bearbeiter des Bandes, Rechnungsrat Gottlieb Christian Hendschel, liegen nur spärliche biographische Nachrichten vor. Geboren am 28. Dezember 1766 zu Regensburg als Bürgersohn, trat er am 5. Januar 1788 als Kanzlist in den fürstlichen Dienst. Sein Expektanzdekret von 1786 vermerkt lobend seine *schöne Handschrift*. Das Todesjahr ist unbekannt.

Hendschel hatte bei der Anfertigung seiner Oberpostamtsbezirkskarten große Schwierigkeiten, deren Amtssprengel topo– und kartographisch richtig darzustellen, da diese Reichspostbezirke im 18. Jahrhundert keine in sich geschlossenen territorialen Einheiten bildeten, sondern nur aus punktuellen, dem jeweiligen Oberpostamt subordinierten Poststellen wie Postämter, Posthaltereien, Postverwaltungen, Post– und Briefexpeditionen bestanden.

Da Hendschel jedoch diese punktuellen, lokalen Abhängigkeitsformen als territoriale Einheit wiedergibt, spiegelt er eine unrealistische, vollflächige Aufteilung des Reichsgebietes in Reichspostdistrikte vor.

Die Einzelblätter zeigen neben den Postorten auch systematisch und schematisch die 1793 bestehenden Postkurse der kaiserlichen Reichspost. Eingeteilt waren die kaiserlichen Reichspostkurse in Kurier–, Kurier/Felleisen– und Postwagenkurse; auf erstgenannten lief die Ordinari– und Extraordinaribriefpost oder *reitende* Post, während auf den ausgewiesenen Fahrpoststrecken zusätzlich Reichspostwagen zur Personen– und Frachtbeförderung eingesetzt wurden. Ferner sind in den Distriktkarten die *postalischen* Entfernungen zwischen den Poststationen eingezeichnet. Die Vergütung bei den Fahrposten errechnete sich in dieser Reichspostepoche nach den Streckenabständen zwischen den Poststationen, nämlich nach 1/1, 5/4, 1½, 7/4, doppelten und 2½ Post(en). Grundlage war die vorherrschende einfache (1/1) Post mit ungefähr zwei Postmeilen à 7,5 Kilometer, variierend je nach Geländebeschaffenheit.

Auffallend ist bei den Kartenblättern des Hendschel–Atlas ferner, daß im Gegensatz zur den Postkarten des 17. und frühen 18. Jahrhunderts die Reichspostdistrikte völlig von der politisch–territorialen Einteilung des Reiches losgelöst sind. Die territoriale Lage der einzelnen Reichspoststation spielt für Hendschel keine entscheidende Rolle. Erst bei den Staats– und Lehenposten des 19. Jahrhunderts wird die vollständige Radizierung der Postverwaltung auf das zugehörige Staatsgebiet eine grundlegende staatspolitische Forderung, die sich auch in der kartographischen Darstellungsweise deutlich ausdrückt.

Lit.: Historischer Atlas von Bayerisch Schwaben, hrsg. von W. Zorn, 2. neu bearbeitete und ergänzte Auflage, hrsg. von H. Frei, P. Fried u. F. Schaffer, Augsburg 1981, Blatt I,3 (M. Dallmeier).

Regensburg, FHB, P 532

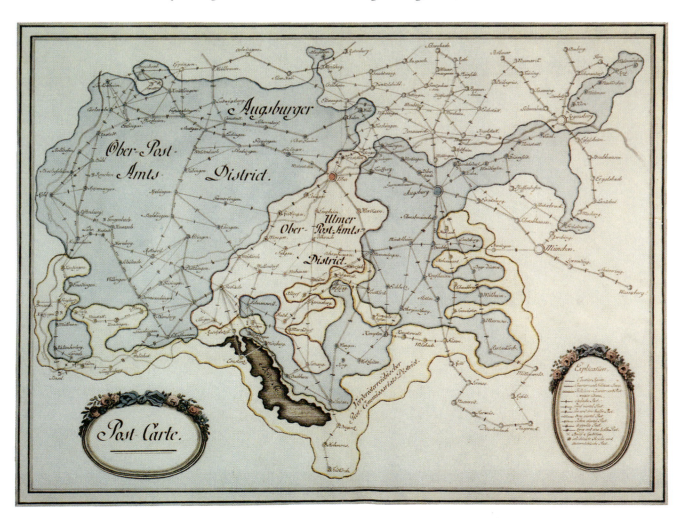

21 VERPFLICHTUNG DER LANDESHERREN ZUM UNTERHALT DER WEGE UND STEGE

1715 März 1 Wien
Ausf.,Pap., mit aufgedrucktem Siegel unter Papierdecke

Kaiser Karl VI. erneuert das erstmals von seinem Vater Kaiser Leopold I. am 19. Juni 1698 publizierte Patent an die Kurfürsten und Reichsstände, in ihren Territorien die Postwege zu reparieren, zu unterhalten und mit Stegen und Brücken zu versehen; auf Ansuchen des Postpersonals sollten im Bedarfsfalle *ordentliche* Postwege ausgezeichnet werden.

Ein zufriedenstellender Zustand der Ordinaripoststraßen im Reich war für die rechtzeitige Übermittlung der Postsendungen wichtig. Der tatsächliche Zustand der Poststraßen und Wege ließ jedoch bis zur Einführung des Chausseestraßenbaues im späteren 18. Jahrhundert viele Forderungen von Seiten der Post unberücksichtigt. Starke Verschlammung und Verfurchung der Wegspuren nach regnerischen Tagen trieben die Postillione oft *in die tieffe, enge hohlweeg und grundtlose landstraßen mit gewalt* oder ließen sie zum Ärger der bäuerlichen Landbevölkerung in die angrenzenden Fluren ausweichen. Um Flurschäden auch durch die Einrichtung von Nebenpostwegen zu unterbinden, versperrten wiederum die Bauern die Postwege mit Zäunen und Schranken.

Druck: J.J. Moser, Teutsches Staatsrecht, Teil 5, worinnen sonderlich die Materie von dem Postwesen .., 2.Aufl., Frankfurt–Leipzig 1752, S. 186. – Lit.: AK Zwei Jahrtausende Postwesen. Vom cursus publicus zum Satelliten, Halbturn 1985, S. 84 Nr. C 50.

Regensburg, FZA, Posturkunden 226

22 VERBESSERUNG DER WEGE UND STEGE IM SCHWÄBISCHEN KREIS

1737 Juni 5 Ulm
Druckschrift, *Information / Was wegen / Verbesserung / der / Weege und Straßen / in dem / Hoch=Löbl. Schwäbischen Creyß /,hiebevor ... heilsame Verordnung–/gen gemacht worden / und wie dieselbe bey nunmeh= / ro wiederum erlangten lieben Frieden zu ih= / rer einstmaligen Vollstreckung / zu bringen*, Druckschrift, 8 Bll., mit zwei Planbeilagen (Kupferstiche), Ulm 1737: Christian Ulrich Wagner

Diese Informationsschrift und emaniertes Mandat des Schwäbischen Reichskreiskonventes faßte die bisher zur Verbesserung des Straßenzustandes getroffenen Anordnungen seit 1700 zusammen; z.B. die Festlegung der Spurweite des Geleises, das zuvorderst einheitliche Abstände der Räder bei den Fuhrwerken voraussetzte, oder das Verbot, zum Schutze vor der Vertiefung des Geleises mit Gabel zu fahren. Nun sollten nach Inhalt der Informationsschrift und beigelegten Planskizzen die Straßen im Reichskreis hinsichtlich Linienführung, Untergrund und Oberfläche verbessert und vereinheitlicht werden.

Regensburg, FHB, Druckschriften

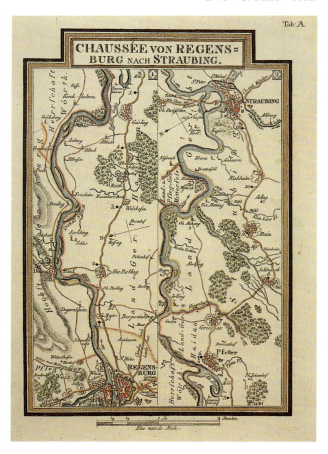

23 ADRIAN VON RIEDL, REISEATLAS VON BAJERN

1796 – 1803 München
4 Teilbände, Textteil mit 62 Kartenblättern, Kupferstiche, koloriert, Maßstab 1 : 100 000, München 1796–1803 : Lentner
aufgeschlagen: a) Chaussee von Donauwörth nach Regensburg, Streckenabschnitt Regensburg – Vohburg – b) Chaussee von Regensburg nach Straubing

Neben seinem Stromatlas von Bayern ist der vom churpfalzbayerischen Oberst des Generalstabes, General Straßen–und Wasserbau–Director Adrian von Riedl, herausgebrachte *Reiseatlas von Bajern oder geographisch geometrische Darstellung aller bajrischen Haupt– und Landstraßen mit den daranliegenden Ortschaften und Gegenden...* eines der am meisten verbreitetsten und populärsten Straßenkartenwerke der damaligen Zeit und dieses vielseitigen bayerischen Kartographen gewesen. Riedl hatte auf 62 Kartenblättern den Verlauf aller bayerischen Chausseen abgebildet, ergänzt mit vielen nützlichen Angaben für Reisende auf 50 Blätter Textbeilagen. Nach englischen Vorbildern wurde auf einem Blatt der Straßenzug in mehrere Einzelstreifen nebeneinander zerlegt. Die Abfolge der Streifenkarten ist durch den Nordpfeil und die Numerierung vorgegeben. Neben dem Straßenverlauf selbst stellt Riedl die nähere Umgebung als Geländestreifen links und rechts davon dar, erläutert die Topographie mit zusätzlichen Angaben, wie Straßenmeilensierung oder Markierung der Posthäuser und Wirtshäuser. Die Unterteilung der

D. IV. c. Kurswesen

Straßenzüge zwischen den Ortschaften erfolgt mit sogenannten *Stundensäulen* im Abstand von rund einer halben Meile oder 3,7 km.

Die aufgeschlagenen Straßenkarten aus dem Bayerischen Reiseatlas von Riedl zeigen die Chausseen von Regensburg nach Straubing bzw. in Richtung Donauwörth. Eingezeichnet sind dabei mit dem Symbol *gelbes Posthorn* die Reichspoststationen Regensburg – Pfatter – Straubing bzw. Regensburg – Postsaal – Neustadt a.d. Donau. Ergänzend dazu sind im Textteil bei den größeren Städten auch die Ankunfts– und Abgangszeiten der Posten vermerkt.

Lit.: R. Finsterwalder, Zur Entwicklung der bayerischen Kartographie, München 1967 – AK Cartographia Bavariae. Bayern im Bild der Karte, hrsg. von H. Wolff, Weißenhorn 1988, S. 338 f.

Regensburg, FHB, LK 941/35 a bzw. 35 b

24 AREAL DER ORDINAIREN FAHR–, REIT–, KARIOL– UND BOTENPOSTEN BEI DER FÜRSTLICH THURN UND TAXISSCHEN POST
1822 Weißensee
Kupferstich, grenzkoloriert, Maßstab 1 : 1 080 000

Die vom kgl. preußischen Postmeister und Lieutenant F.W. Heidemann verfertigte Karte zeigt in einer Haupt– und mehreren Insertkarten das nach 1819 noch von den thurn und taxisschen Posten versorgte Postgebiet innerhalb des Deutschen Bundes. Nachdem im Laufe des Jahrhunderts noch einige Postgebiete wegfielen, vor allem 1851 die thurn und taxisschen Lehenposten im Königreich Württemberg, betreute die thurn und taxissche Generalpostdirektion bei ihrer Auflösung 1867 ein Gebiet von 670 Quadratmeilen mit über 3,5 Millionen Einwohner, verteilt auf 15 Staatsgebiete.

Diese Karte hebt durch die farbige Linienführung die jeweils durchgehenden Fahr– und Briefposten hervor, so daß die Reisenden Hinweise auf *Umsteigmöglichkeiten* erhielten. In Bremen, Lübeck und Hamburg unterhielt die taxissche Post jeweils nur ein Postamt mit den angedeuteten Postverbindungen zum übrigen thurn und taxisschen Postgebiet.

Lit.: AK Landkarten und Postroutenkarten. Dokumente der Geschichte, hrsg. und bearbeitet von G. North, Frankfurt 1982, S. 26 Nr.32.

Frankfurt, Deutsches Postmuseum, Landkarten – Postkurskarten 34 (IA–1.3.–68/315)

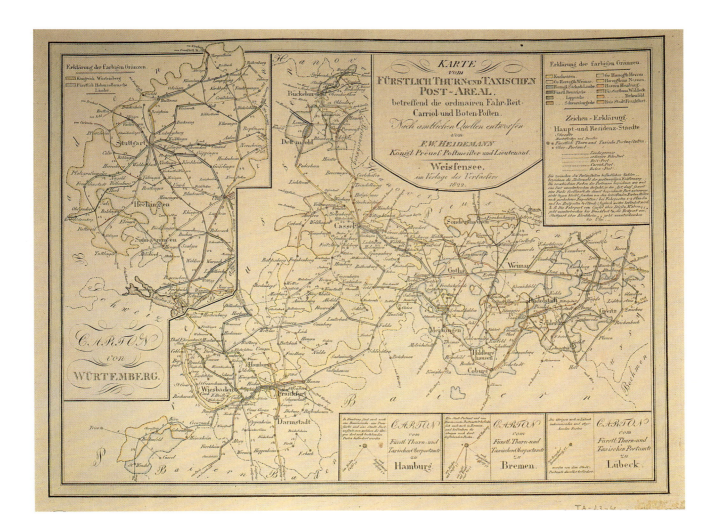

25 POSTKARTE VON BAYERN, WÜRTTEMBERG, BADEN UND DEN ANGRENZENDEN LÄNDERN

1837 München
Stahlstich, grenzkoloriert, auf Leinen aufgezogen, gestochen von Joh. Baptist Seitz und Johann Löhle, verlegt von Piloty – Löhle, München, Maßstab 1 : 700 000

Auf dieser Verkehrskarte des südlichen Deutschlands mit den angrenzenden Gebieten sind unter den Wappen der drei Deutschen Bundesstaaten Württemberg, Bayern und Baden die Poststraßen als Hauptverkehrswege und die Postorte der Staatsposten nach ihren Funktionen graphisch herausgehoben. Die Karte wurde vom kgl. bayerischen Assessor bei der Generalpostadministration, Franz Loehle, herausgegeben, unter Leitung der kgl. bayerischen und fürstlich thurn und taxisschen zentralen Post[verwaltungs]stellen; bei letzteren vor allem für das Gebiet der württembergischen Lehenposten.

Die Entfernungen zwischen den Posten werden wie im 18. Jahrhundert nach dem Schema 1 Post = 2 Meilen = 4 Stunden gemessen, in Frankreich hingegen nach Lieues (= 4–5 km), in Preußen und Sachsen nach den deutschen Meilen (= 7,5 km), in der Schweiz sind die Schweizer Stunden zu je 4,8 km Gradmesser der Entfernungen.

Zur besseren Übersicht wurden am unteren Kartenrand neben der Kartenlegende die wichtigeren Reiserouten innerhalb Süddeutschlands und ins benachbarte Ausland schematisch wiedergegeben.

Loehle's Karte erlebte nach der Erstauflage 1836 bis 1854 noch weitere Neuauflagen.

Lit.: AK Landkarten und Postroutenkarten. Dokumente der Geschichte, hrsg. und bearbeitet von G. North, Frankfurt 1982, S. 26 Nr.33 – Seitz, Johann Baptist. In: ADB 33 (1893) S. 663 – Seitz, Johann Baptista. In: Thieme–Becker 30 (1936) S.471.

Regensburg, FZA, Kartensammlung 838

26 SCHEMATISCHE KURSKARTE VON DENEN ZWISCHEN FRANKFURT UND DEN BEDEUTENDEN STÄDTEN IN DEUTSCHLAND VERKEHRENDEN EILWAGEN UND FAHRPOSTEINRICHTUNGEN

1837 April
Druck, Frankfurt bei Streng & Schneider

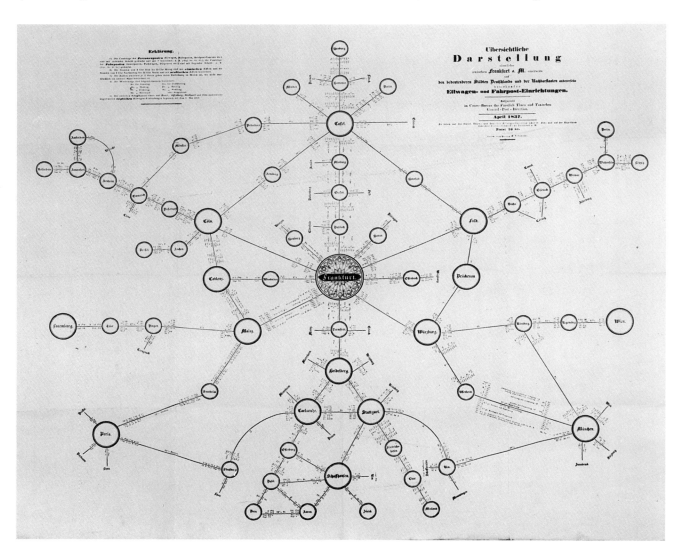

D. IV. c. Kurswesen

Im 19. Jahrhundert werden dem Reisenden als Benutzer der Posteinrichtungen zur seiner Information zunächst kleinere Kärtchen von der Streckenführung zur Hand gegeben (vgl.Kat.Nr. D.IV.b.8), aufgebaut ähnlich den Streckenkarten des Straßenatlas von Adrian Riedl (vgl.Kat.Nr.D.IV.c.22).
Mit der zunehmenden Dichte der Beförderungsmöglichkeiten ging man auf die abstrakten sogenannten Kurskarten über, deren Schema sich bis zur Gegenwart bei der Deutschen Bundesbahn erhalten hat. Die Orte werden nur noch namentlich erfaßt, die Verbindungslinien der Fahrposten zwischen ihnen mit Strichen ohne topographischen Hintergrund dargestellt. An den Verbindungsstrichen sind durch Zahlen und Siglen die wöchentlichen Fahrgelegenheiten, die Anschlußverbindungen und die Entfernungen aufgeschlüsselt. Die thurn und taxissche Generalpostdirektion verwendete derartige schematische Kurskarten seit den Dreißigerjahren des 19. Jahrhunderts und glich sie in regelmäßigen zeitlichen Abständen dem erweiterten Postkursnetz an.

Regensburg, FZA, Kartensammlung 867

27 POST – REISE – KARTE VON DEUTSCHLAND MIT SPEZIELLER ANGABE DER EISENBAHN – UND DAMPFSCHIFFAHRT – VERBINDUNG
Um 1850
Stahlstich, grenzkoloriert, hrsg. von Frhr. von Hagedorn und Fr. Loehle, auf Leinen aufgezogen

Die unter Leitung der Generaladministration der Posten entstandene Post- und Reisekarte von Deutschland zeigt das äußerst dichte mitteleuropäische Postkursnetz zusammen mit den Hauptpostkursen des benachbarten Auslands um die Mitte des 19. Jahrhunderts. Berücksichtigung im Bild und innerhalb der Karte finden nun aber auch die modernen, konkurrierenden Verkehrsmittel Dampfschiffahrt und Eisenbahn. Vignetten mit der Darstellungen von Zügen und Dampfschiffen in den vier Ecken des Kartenblattes verweisen auf die zusätzlichen Randinformationen zu diesen Verkehrsmitteln: Schematisch dargestellt sind rechts die Streckenführungen der 1) Budweis – Linz–Gmundner Bahn – 2) Münchner–Augsburger Bahn – 3) Amsterdamer–Rotterdamer Bahn – 4) Berlin–Stettiner Bahn – 5) Berlin–Potsdamer Bahn – 6) Berlin–Sächsische Bahn – 7) Kaiser – Ferdinand Nordbahn – 8) Magdeburg–Leipziger Bahn – 9) Leipzig–Dresdener Bahn und links 10) Belgischen Bahnen – 11) Taunusbahn – 12) Rheinische Bahn – 13) Straßburg–Basler Bahn – 14) Düsseldorf–Elberfelder Bahn – 15) Wien–Raaber Bahn – 16) Braunschweig–Harzburger Bahn und 17) Nürnberg–Bamberger Bahn; am unteren Kartenrand sind die Dampfschiffahrtslinien auf Donau (Ulm – Donaudelta), Rhein (Bregenz – Rotterdam) und Elbe (Theresienstadt – Elbmündung) samt Anlegestationen und Flußunebenheiten graphisch umgesetzt.

Regensburg, FZA, Kartensammlung 869

28 CHAUSSEEGELD–ERHEBUNGSKARTE DER PROVINZ OBERHESSEN DES GROSSHERZOGTUMS HESSEN – DARMSTADT
1855
Lithographie, 1 : 180 000 Maßstab

Um die Kosten für den chaussierten Straßenbau und Unterhalt aufzubringen, wurde auch in Hessen 1824 die Abgabe eines Chausseegeldes eingeführt. Diese Abgabegebühr für Fuhrwerke, Lasttiere, Zug- und Schlachtvieh betrug pro 1000 Klafter Wegstrecke zwischen $\frac{1}{2}$ und 3 Kreuzer. Die Berechnung der Chausseegeldhöhe basierte auf der Anzahl der Pferde und der Breite der Radfelgen; schmale Räder beanspruchten den Straßenunterbau bedeutend höher.
Die Erhebungsstätten waren flächendeckend an den Durchgangsstraßen innerhalb der Provinz verteilt.
Die Chausseegeldabgaben für die durchlaufenden Postwagen, die hier fehlen, wurden zumindest in der zweiten Hälfte des 18. Jahrhunderts mit dem Ausbau der schlechten Straßen zu Chausseen pauschal der Landesherrschaft vergütet. Bei den Personenpostwagen wurde das Chaussee- oder Weggeld als Nebenkosten auf die Passagiere abgewälzt.

Lit.: AK Landkarten und Postroutenkarten. Dokumente der Geschichte, hrsg. und bearbeitet von G. North, Frankfurt 1982, S. 39 Nr. 75.

Frankfurt, Deutsches Postmuseum, IV–4.–38

D. Organisation, Dienstbetrieb und Dienstleistungen der Thurn und Taxis-Post

D. IV. d. Schiffspost – Dampfschiffahrt

Im Binnenverkehr spielte der Posttransport auf Wasserwegen lange eine nur untergeordnete Rolle. Reitpost, Fahrpost, Extraposten sorgten für einen relativ flächendeckenden Postdienst. Hinzu kam in den zwanziger Jahren des 19. Jahrhunderts wie bei andern Postverwaltungen die Schnellpost. In diesem Jahrzehnt erhielt ganz Europa ein Netz von Eilpostwagenkursen. Sie setzten die Reisezeit bis auf die Hälfte herab und beschleunigten auch den Briefverkehr ganz wesentlich. Der Bodensee, ein Riegel für die Verbindung in die Schweiz und nach Süden, veranlaßte die fürstlichen Posten allerdings zu eigenen Aktivitäten, als das Aufkommen des neuen Verkehrsmittels *Dampfschiff* neue Akzente setzte. Hier wie dann auf dem Rhein, bei dem es um Fernverbindungen bis Rotterdam mit Anschluß nach London ging, suchte man alsbald nach Absprachen und vertraglichen Lösungen.

In Deutschland gab es anfänglich keine durch die Post geregelte Briefbeförderung im See- und Übersee-Verkehr, sondern nur Gelegenheitsbeförderung durch die Kapitäne der meist von Hamburg oder Bremen abfahrenden Schiffe. Die ersten Dampfschiffe boten alsbald die Möglichkeit, die Beförderung schneller und effektiver zu machen. Als erster Raddampfer überquerte die *Savannah* im Mai/Juni 1819 den Nordatlantik. Nach 31 Tagen – wobei nur ein kleiner Teil der Strecke mit Dampf gefahren wurde – konnte das Schiff in Liverpool 302 Pfund Post ausliefern. Erst im August 1833 überquerte das Dampfschiff *Royal William* – nun nur unter Dampf – den Atlantik in kanpp 20 Tagen, und ab 1838 mehrten sich die Dampfschiffahrten laufend. Jetzt war an die planmäßige Einrichtung regelmäßiger Postdienste im transkontinentalen Verkehr zu denken.

Die taxisschen Lehenposten verhandelten wegen der Postbeschleunigung des See-/Übersee-Verkehrs durch Dampfschiffe seit den frühen dreißiger Jahren mit Gesellschaften und auswärtigen Postverwaltungen: seit 1832 wegen der Errichtung einer Dampfschiffahrt zwischen Hamburg und Le Havre, 1839 mit der französischen Postadministration wegen des Seekurses zwischen Dünkirchen und Hamburg. Eine *regelmäßige deutsche Dampfschiffahrt* zwischen Bremen/Hamburg und New York war 1852 Verhandlungsgegenstand beim Fürstlichen Immediatbüro in Regensburg, wo auch der Preußisch-Amerikanische Postvertrag seinen Niederschlag in den Akten fand. Hier ging es im März 1855 um die *Beförderung und Auswechslung der Korrespondenz zwischen Europa und den Nordamerikanischen Frei-Staaten mittels direkter Kartenschlüsse zwischen europäischen und nordamerikanischen Postämtern* (FZA, Postakten 8203–8205 u.a.). Mit der Immediatbüro-Registratur kamen diese Akten an das Fürstliche Zentralarchiv. Die allgemeinen Verwaltungsakten der Frankfurter Generalpostdirektion nahmen einen anderen Weg; sie wurden 1867 mit der Registraturauslieferung durch Stephan dem preußischen Generalpostamt in Berlin überwiesen (vgl. Kat.Nr. D.I.5.). E.P.

Lit.: H. Leclerc, Die Post als Bindeglied zwischen den Völkern. Bilaterale Beziehungen zwischen deutschen und ausländischen Postverwaltungen in der Geschichte. In: ADP 1984 (Sonderheft zum Weltpostkongreß) S. 82–108 – A. Fabke, Die grenzüberschreitenden Postverbindungen zu Wasser. In: ADP 1984 (Sonderheft) S. 171–188 – A. Koch, Deutsche Schiffs- und Seeposten sowie mögliche Briefbeförderungsgelegenheiten nach Übersee. In: ADP 12 (1964/1) S. 1–37; 12 (1964/2) S. 21–37; 13 (1965/1) S. 62–67 – Handwörterbuch des Postwesens, Frankfurt 1953, S. 663 (Schiffsbriefe) – L. Kalmus, Weltgeschichte der Post, Wien 1937, S. 451, 454–466.
Allg. neuerdings W. Treue, Neue Verkehrsmittel im 19. und 20. Jahrhundert. Dampfschiff ... In: Die Bedeutung der Kommunikation für Wirtschaft und Gesellschaft (Vierteljahresschrift für Sozial- und Wirtschaftsgeschichte, Beihefte Nr. 87, 1989, S. 321–357), bes. S. 322f., 335f.

Binnenschiffahrt konventioneller Art

1   UNERLAUBTE POSTBEFÖRDERUNG AUF DEM BODENSEE
1719 März Lindau
Dekret, 1 Bogen, Abschrift
aufgeschlagen: 1. Seite

Im März 1719 verboten Bürgermeister und Rat der Reichsstadt Lindau zum Schutz des kaiserlichen Reichspostwesens den *Schiffsleuten* die Annahme von Briefen nach Schaffhausen bzw. in umgekehrter Richtung. Es war lediglich erlaubt, die zu den Warensendungen gehörigen *Avis-Briefe* auf Schiff mitzunehmen. Übertretungen sollten *mit empflindlicher Straff* geahndet werden. Wiederholte Beschwerden des Lindauer Postamts, das im Handeln der Schiffsleute eine Gefährdung des kaiserlichen Postregals, insbesondere der wöchentlich zweimaligen Postritte nach Schaffhausen erblickte, hatten das städtische Mandat veranlaßt.

Regensburg, FZA, Postakten 3374

D. IV. d. Schiffspost – Dampfschiffahrt

2 POST– UND TREIDELSCHIFF AUF DEM MAX–CLEMENS–KANAL ZWISCHEN MÜNSTER UND MAXHAFEN
[1803]
Zeichnung, Feder, laviert

Die Darstellung von *Grundris und Profil des Postschiffes aufm Canal zu Münster* zeigt als Einzelheiten *No 1 Standplatz der Schiffspumpe – No 2 Bänke zum Sitzen der Passagiere – No 3 Fenster – No 4 Kajütte – No 5 Eingang zu derselben – No 6 Schiffstreppe – No 7 Seil woran das Postpferd das ganze Schiff in Bewegung setzt*. Die Zeichnung wurde auf Veranlassung der preußischen Post angefertigt.
1725 begann unter Fürstbischof Clemens August der Kanalbau, der ursprünglich Münster mit dem niederländischen Zwolle verbinden und sogar bis nach Emden oder Groningen verlängert werden sollte. Unter dem Nachfolger Max–Friedrich gedieh der Bau freilich nur bis Maxhafen zwischen Neuenkirchen und Wettringen. Seit 1731 wurde der Wasserweg zur Güter– und Personenbeförderung regelmäßig genutzt. Wegen der schlechten Straßenverhältnisse war selbst das Teilstück ein willkommener Beförderungsweg. Ende 1734 wurde der Kanal mit dem münsterschen Postwesen vereinigt. Die Boote, sogenannte *Treckschouten*, sind von Pferden gezogen worden; Passagiere wurden auf den Postschiffen transportiert.
Als 1763 die Bemühungen des Fürsten Alexander Ferdinand scheiterten, das gesamte münstersche Postwesen zu übernehmen, wurden Post und Postschiffahrt an den bisherigen Postkommissar Duesberg verpachtet. Von den fünf Kanalschiffen diente damals eines wohl als Postschiff. Mit der Aufteilung des Hochstifts 1803 war der östliche Kanalteil Preußen zugefallen. Ende 1804 beabsichtigte die Oberpostdirektion in Berlin, die Postschiffahrt einzustellen. Wohl zur Vorinformation ist das Planmaterial entstanden. Unter der Postverwaltung Frankreichs innerhalb der neuen *Départements* befuhr letztmals 1812 ein Postschiff den Kanal. Er wurde 1840 endgültig stillgelegt.

Lit.: Münster 800–1800. 1000 Jahre Geschichte der Stadt. AK hrsg. v. Stadtmuseum Münster, 1985, S. 380–383 – W. Fleitmann, Wann fuhr das letzte Postschiff auf dem Max–Clemens–Kanal? In: Postgeschichtsblätter Münster. N.F. 17 (1980) S. 332 – H. Knüfermann, Geschichte des Max–Clemens–Kanals im Münsterland (Beiträge für die Geschichte Niedersachsens und Westfalens 10, Hildesheim 1907), S. 59–64, 80 ff., 96–102.

Frankfurt, Deutsches Postmuseum, Bilder, Seepost 48

3 BODENSEE–SCHIFFAHRT VON LANGENARGEN UND BUCHHORN NACH RORSCHACH – FRACHTKAPAZITÄT UND FRACHTPREISE
Um 1811
Tabelle, Abschrift

Die Übersicht unterrichtet über die Art der eingesetzten Schiffe. Ihre Frachtkapazität schwankte zwischen 1800 und 75 Zentnern. Die Fahrtdauer unterschied sich nach der Schiffsart, nach Fahrten mit oder ohne Segelzug, *mit ordinairer Bemannung, mit vermehrter Mannschaft oder mit Vorspannschiff.* Sie hing aber auch von der Stärke des Windes ab, ob *guter, starker, oder regelmäßiger Wind* herrschte. – Dazu Einzelheiten: Bei großen Schiffen wird ohne Segelzeug jeweils mit zwei Vorspannschiffen gefahren, wobei jedes sechs Matrosen hat. Bei regelmäßigem Wind sind *Baraken* [Barken = leichte Lastschiffe] *und Jagdschiffe* [Jachtschiffe = schnellsegelnde leichte Schiffe] am schnellsten und sichersten, wenn sie keine zu große Ladung haben. Bei regelmäßigem Wind kann jederzeit ausgefahren werden, lediglich *contrairer Wind* macht die Fahrt an die Seite, von der er kommt, unmöglich.

Als die Liste 1811 erstellt wurde, betrieb der Bodensee-Anrainer Württemberg die Post schon einige Jahre in eigener Regie, bis sie 1819 als Lehenpost wieder an Taxis kam; Baden überführte 1811 gerade die taxissche Lehenpost in die großherzogliche Verwaltung.

Bis zum Aufkommen der Dampfschiffe ließ Thurn und Taxis den Posttransport auf zwei eigenen Segelschiffen durchführen. Die Aufsicht über diese Boote oblag dem Posthalter Kees in Friedrichshafen, den Betrieb übernahm die Friedrichshafener Schifferschaft. Die Post hatte je Fahrt 10 fl. zu vergüten, bei zweimal 52 Fahrten im Jahr also 1 040 fl. Hinzu kamen die Unterhaltskosten für die Segelschiffe sowie Ausgaben für Extrafahrten, im Jahresdurchschnitt nochmals etwa 75–100 fl.

Lit.: J. Leidenfrost, Die Lastsegelschiffe des Bodensees. Ein Beitrag zur Schiffahrtsgeschichte, Sigmaringen 1975 – G. Keckeis, Zur Geschichte der Schiffahrt auf dem Bodensee. In: Archiv für Geschichte und Landeskunde Vorarlbergs, H. 4-11, Bregenz 1905–1909.

Regensburg, FZA, Postakten 5378

Dampfschiffe und Postbeförderung auf Flüssen und Seen

Dampfschiffe und Postbeförderung auf dem Bodensee

4   POSTBEFÖRDERUNG MIT DAMPFSCHIFFEN AUF DEM BODENSEE DURCH DIE PRIVILEG. BODENSEE-DAMPFSCHIFFAHRTSGESELLSCHAFT
    1824 Dezember 1/14 Friedrichshafen/Stuttgart
    Ausfertigung, Ratifikation

Ein erster Vertrag zwischen den taxisschen Lehenposten und einer Dampfschiffahrtsgesellschaft kam 1824 mit der *zur Errichtung einer Dampfschiffahrt auf dem Bodensee privilegierten Aktiengesellschaft in Stuttgart* zustande. Der 1826 und 1836 mit dem *Ausschuß der Dampfschiffahrtsgesellschaft Friedrichshafen* erneuerte Vertrag der Generaldirektion der Königlich Württembergischen Posten in Frankfurt regelte die Beförderung von Postgütern und Reisenden auf dem See unter Berücksichtigung des *neuen* Verkehrsmittels Dampfschiff.

Der württembergische Finanzminister Frhr. v. Weckherlin hatte im April 1823 dem König eine Stellungnahme vorgelegt, nach der allein der Transport von Reisenden nicht ausreiche, die Anschaffung eines Dampfschiffs zu gestatten. Eine relativierte Einschätzung des Postverkehrs brachte bald darauf der Schaffhauser Kaufmann Schalch. Er führte auf der Friedrichshafener Reede die Aufsicht über den Bau des Dampfbootes *Wilhelm*. Für Schalch war der Getreidetransport vorrangig; der Übernahme von *Posteffekten* maß Schalch eine vergleichsweise geringe Bedeutung zu.

Lit.: K. Herrmann, Die Thurn und Taxis-Post und ihre Beziehungen zur Bodensee-Dampfschiffahrt (Studien und Quellen zur Postgeschichte [Reihe A] 3), Kallmünz 1980, S. 5. Vorwiegend aus philatelistischer Sicht: Th. Lechner, Die Schiffspost auf dem Bodensee. Hrsg. v.d. Arbeitsgemeinschaft Schiffspost im BDPh. e.V., Kirchlinteln 1989, S. 8 f. – H. Weidlich, Zur Postgeschichte der Badischen Bodensee-Dampfschiffahrt. In: Postgeschichtliche Blätter für Südbaden, N.F. Nr.2, Freiburg 1972, S. 21–24 – F. Boxler, Württembergs Postbeförderung auf dem Bodensee. In: Postgeschichtliche Blätter aus Württemberg Nr. 7, Stuttgart 1962, S. 3 f.

Regensburg, FZA, Posturkunden 298

5   DAMPFSCHIFF *WILHELM*
    a) 1825 (April 25)
    Tasse mit Untertasse, Porzellan, handbemalte Hausmalerarbeit
    Tasse D 7,5 cm – Höhe 8,5 (ohne Griff) bzw. 9,5 cm (mit Griff) – Untertasse D 13,4 cm – Höhe 3,2 cm, davon Fuß 1,2 cm

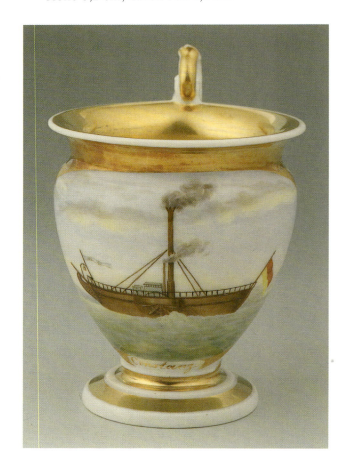

D. IV. d. Schiffspost – Dampfschiffahrt

Das Bildfeld der Tasse zeigt den Schaufelraddampfer auf dem See, am Bug die Schiffsglocke und eine schmale, aber lange blau weiße Fahne, am Heck eine überdimensionale rot–gelbe Fahne; im Hintergrund ist eine Gebirgslandschaft. Die Abbildung wird eingefaßt von einem goldenen mit Ziermuster ausgefüllten Schriftband, das in Schreibschrift die Hafenorte *Lindau / Friedrichshafen / Constanz / Rorschach / Bregenz* aufführt. Die Untertasse hat den Text *Erinnerung an die Seereise* (Umschrift) *am 26ten August 1825* (Boden). Der Anlaß der Fahrt ist nicht bekannt, auch nicht der Maler. Aus dieser Zeit stammen viele unbezeichnete Stücke derartiger Souveniermalerei.

Die *Wilhelm* hatte ein Fassungsvermögen von 800 Zentnern und 124 Reisenden, davon 100 auf dem Verdeck und 24 in einer beheizbaren Kajüte. Es gehörte damit zu den größeren Bodenseeschiffen. Seit dem 10. November 1824 wurden wiederholt erfolgreich Probefahrten durchgeführt. Am 11. November überquerten die *Wilhelm* und das Postschiff bei heftigem Südwind in einer Art Wettbewerb den See. Die positiven Ergebnisse veranlaßten die Generalpostdirektion, alsbald den Stuttgarter Postrat und Postkommissär Boger nach Friedrichshafen zu entsenden, wo er gegenüber dem Beauftragten der Gesellschaft, Freiherrn Johann Friedrich von Cotta, die taxisschen Belange vertrat. Cotta war seit Juli 1824 Großaktionär der Gesellschaft.

Die postalische Bedeutung Friedrichshafens lag in der Mittlerrolle für den deutsch–italienischen Postverkehr. Das örtliche und regionale Postaufkommen spielte dagegen eine nur untergeordnete Rolle, wie auch das bescheidene Einkommen des dortigen Posthalters vermuten läßt.

Lit.: G.E. Pazaurek, Deutsche Fayence– und Porzellanhausmaler, Bd. 2, Leipzig 1925, S. 417 ff.
Herrmann (1980) S. 5 u. 7 – E. Graf Zeppelin, Geschichte der Dampfschiffahrt auf dem Bodensee 1824–1884 (Schriften des Vereins für Geschichte des Bodensee's und seiner Umgebung 14, Lindau 1885) S. 46 – Allg.: F.P. von Bärnstein, Die Dampfschiffahrt auf dem Bodensee und ihre geschichtliche Entwicklung während ihrer ersten Hauptperiode 1824–1847 (Wirtschafts– und Verwaltungsstudien mit besonderer Berücksichtigung Bayerns 21, Leipzig 1905) S. 84–89 – Zu Cotta neuerdings M. Neugebauer-Wölk, Revolution und Constitution. Die Brüder Cotta. Berlin 1989.

Freiburg, René Simmermacher, Antiquitäten– und Kunsthandel

b) 1827
Kupferstich, koloriert
Bez. unter dem Bild in Bildrandmitte: *Constanz von der Morgenseite*. Signatur rechts unter dem Bild: *Nicolaus Hug fecit 1827,* unter der Bezeichnung: *Zuhaben in Constanz bey Nicolaus Hug.* Beiderseits Erklärungen (1–29) zum Stadtbild.

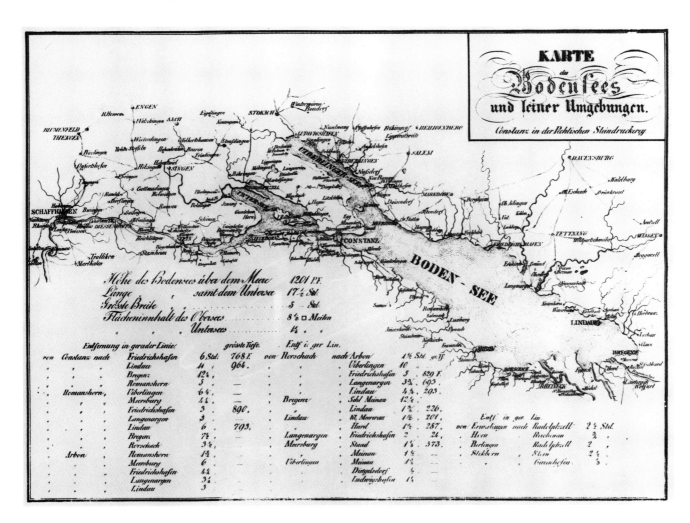

Die Radierung zeigt im Vordergrund neben einem weiteren Dampfschiff rechts die *Wilhelm,* im Hintergrund Konstanz von Osten; die Hafenbecken sind noch deutlich durch Palisaden begrenzt.

Der Konstanzer Maler, Kupferstecher und Verleger Nikolaus Hug (1771–1852) war auch in Regensburg kein unbekannter Künstler. Seine aquarellierten Handzeichnungen taxisscher Orte der Grafschaft Friedberg–Scheer, die er 1803 für ein Geschenk an den Erbprinzen Karl Alexander anfertigte, werden heute noch in zwei stattlichen Lederbänden in der Fürstlichen Hofbibliothek in Regensburg verwahrt.

Lit.: Konstanz in alten Ansichten, Tl. 1 (Konstanzer Museumskataloge I,1: Die Sammlung im Rosgartenmuseum), Konstanz 1987, S. 42 Nr. 2.2.16 – Zu Hug: M. Schefold, Die Bodenseelandschaft, Sigmaringen 1970, S. 30 u.a. – Thieme–Becker Bd. 18 (1925) S. 79.

Konstanz, Rosgartenmuseum, Inv.Nr. T.14

6   *KARTE DES BODENSEES UND SEINER UMGEBUNGEN*
1832
Reproduktion nach Druck: *Pechtische Steindruckerei in Konstanz*
aus: *Ansichten vom Bodensee und seinen Umgebungen in 100 lithographirten Blättern ...*

Die Karte reicht von Schaffhausen im Westen über Engen und Stockach im Norden bis zur Linie Wangen–Bregenz im Osten. Die Südseite zeigt die schweizerischen Bodensee– und Rheinorte wieder bis an den Rheinfall. Texte erläutern u.a. die Entfernungen der wichtigeren Bodenseeorte untereinander, gemessen in Stunden. Die Karte entstand in dem Jahrzehnt, in dem erstmals Dampfschiffe den Bodensee befuhren und so eine wesentlich raschere Transportzeit für Reisende, Ware und Post erreicht werden konnte als früher.

Das Kartenblatt ist eine Beilage zu einer zweibändigen reich bebilderten, 1968 und 1977 bei Friedrich Stadler in Konstanz nachgedruckten Beschreibung der Bodenseelandschaft. Die Steindruckerei wurde 1815/16 von Andreas Pecht gegründet; um 1824/25 entstanden die ersten lithographischen Arbeiten seines Sohnes Friedrich Pecht, dessen Anteil an den *Bodensee–Ansichten* neuerdings allerdings geringer eingeschätzt wird als bisher.

Lit.: Thieme–Becker Bd. 26 (1932) S. 335 – Zu Andreas Pecht: Schefold, Die Bodenseelandschaft, Sigmaringen 1970, S. 274 u.a. – Zu Friedrich Pecht: M. Bringmann, Friedrich Pecht (1814–1903), Berlin 1982, S. 15 f., 25 ff. – F. Pecht, Aus meiner Zeit, München 1896.

Regensburg, FZA, Fotosammlung

Dampfschiffe auf Main, Rhein und Donau: eine ernstzunehmende Konkurrenz

7   EINFÜHRUNG DER DAMPFSCHIFFAHRT AUF DEM MAIN ZWISCHEN FRANKFURT UND MAINZ
1828 September 2 Frankfurt
Bericht der Generalpostdirektion
an Fürst Maximilian Karl
Ausfertigung, 2 S.

Die Generalpostdirektion berichtet über die Wiederaufnahme des Dampfschiffverkehrs zwischen Mainz und Frankfurt. Die Fahrzeit belief sich auf 6 – 6 1/2 Stunden. Somit bedeutete sie für den Eilwagenkurs *noch keine Gefahr. Anders war es bei der Talfahrt, wo das Dampf–Schiff nicht allein den Eilwagen bisher gleich geblieben, sondern schon an Schnelligkeit übertroffen hat.* Hier hoffte man aber darauf, daß ein geringer Wasserstand des Mains und die spätere Jahreszeit den neuen Konkurrenten wieder zurückzudrängen vermochten. In Regensburg wurde der Bericht nach internen Verhandlungen am 4. November ohne weitere Maßnahmen *ad acta* gelegt.

In dieser Zeit des Umbruchs, auch einer Intensivierung der Eilpostkurse, waren die Meinungen in Frankfurt und Regensburg offensichtlich geteilt. Nachteilig wirkten sich auch die durch die Bundesstaaten vorgegebenen Grenzen und Interessen der Lehengeber aus, die immer wieder Verhandlungen erforderten, aber kaum ein einheitliches Organisationsschema auf breiter Ebene ermöglichten.

Lit.: F. Schaub, Vom Main zu Donau und Rhein. Geschichte der Mainschiffahrt, Würzburg 1979, S. 42–46 (weitgehend aus bayerischer Sicht).

Regensburg, FZA, Postakten 2391

8   DAMPFSCHIFF *CONCORDIA* AUF DEM RHEIN
1827
Aquarell, J. Kraemer

Die *Concordia* war das erste von deutschem Kapital finanzierte Dampfschiff. Es wurde auf dem Rhein seit 1827 eingesetzt. Auch die Rheinschiffahrt wurde wie

die Dampfschiffahrt auf dem Main von der Generalpostdirektion in Frankfurt argwöhnisch betrachtet. Auch hier waren ständig Unterhandlungen zwischen der Generalpostdirektion, den Landesregierungen und dann auch den Schiffahrtsgesellschaften erforderlich. Positiv verliefen in der Frühphase beispielsweise 1826 Unterhandlungen mit dem Großherzogtum Hessen wegen des von dieser Seite *zugestandenen Schutzes gegen die auf dem Rhein und Main einzuführenden Dampfschiffe* (FZA, Postakten 8202). Hier wurde noch auf landesherrliche Verordnungen von 1818 und 1822 zugunsten der Post Bezug genommen. Das *Kurswesen Frankfurt–Mainz*, vor allem der Anschluß des Mainzer Eilwagens an das Kölner Dampfschiff, war in den dreißiger Jahren wiederholt Verhandlungsgegenstand, der dann durch Verträge mit der *Kölner Dampfschiffahrtsgesellschaft* 1838/39 geregelt wurde (FZA, Postakten 7715). Am 13. April 1839 machte die Generalpostdirektion bekannt, daß der in Frankfurt um 2 Uhr früh und 6 Uhr morgens abgehende Mainzer Eilwagen *Anschlüsse an die von Mainz abgehenden Dampfschiffe* habe und *directe Billets von Frankfurt bis Basel einerseits, und bis London andererseits, sowie nach allen dazwischenliegenden Stationen in der Fahrpostexpedition im Rahmhof* gelöst werden könnten.

Lit.: H. Weber u. A. Linder, Old-Timer der Rhein-Schiffahrt. 150 Jahre Dampfschiffahrt auf dem Rhein, Duisburg-Ruhrort 1966, S. 21 f. – B. Faulhaber, Geschichte der Post in Frankfurt a.M. In: Archiv für Frankfurts Geschichte und Kunst, N.F. 10 (1883) S. 215.

Frankfurt, Historisches Museum, Graphische Sammlung C 8705

9 DAMPFSCHIFF UND DAMPFWAGEN CHARAKTERISIEREN DIE NEUE ZEIT: DAMPFMASCHINEN FÖRDERN PERSONEN– UND FRACHTTRANSPORT ZU WASSER UND ZU LAND
Um 1840
Kreidelithographie, J.C. Hockwind, München
Bez. unten links: *G. Kraus lith.*

Zwei Darstellungen, *Dampfschiff und Dampfwagen*, sind hier auf einem Blatt vereinigt: oben ein bei Regensburg auf der Donau fahrendes der Personen- und Frachtbeförderung dienendes Dampfschiff. Am rechten Bildrand die *alten* Verkehrsmittel: Treidelschiff mit zwei Zugpferden, dahinter Donauzille. Der *Dampfwagen*, eine Reihe gedeckter und offener Eisenbahnwagen ziehend, Stadt und Bahnhof München hinter sich lassend, ist das zweite *neue* Zeitsymbol. Insgesamt will das Blatt den Fortschritt Bayerns auf technischem und gerade verkehrstechnischem Gebiet bildlich darstellen. Eine gleichformatige vergröberte Kopie wurde bei *F. Weber in Leutkirch* verlegt.

Die Dampfschiffahrt war für die Zeitgenossen ein ebenso faszinierendes Erlebnis wie die Eisenbahn. Beide wurden in Bayern etwa zur gleichen Zeit eingeführt. Dabei hatte schon 1811 der aus New York stammende Robert Fulton – freilich erfolglos – angeboten, auf der Donau die Dampfschiffahrt einzusetzen. – Die *Bayerisch-Württembergische Schiffahrtsgesellschaft* gründete 1837 in Regensburg eine Werft, wo der erste Dampfer der Gesellschaft unter Hilfe holländischer Zimmerleute und dem Neffen des rheinischen Schiffahrts-Pioniers Gerhard Moritz Roentgen, Carl Roentgen, gebaut wurde.

Lit.: AK Industriezeitalter (Leben und Arbeiten im Industriezeitalter). Germanisches Nationalmuseum, Nürnberg 1985, S. 48 (M. Jehle) – C. Pressler, Gustav Kraus 1804–1852. Monographie und kritischer Katalog, München 1977, S. 290f. Nr. 443 – Thieme-Becker Bd. 21 (1927) S. 452.

Nürnberg, Germanisches Nationalmuseum, Graphische Sammlungen, HB 3866 Kapsel 1376a

10 TAXIS ALS AKTIONÄR DER PRIVILEGIERTEN BAYERISCH–WÜRTTEMBERGISCHEN DONAU–DAMPFSCHIFFAHRTSGESELLSCHAFT
1842
Aktenband
aufgeschlagen fol. 406'–407: *Verzeichniss der in Regensburg und Stadtamhof wohnenden Herren Actionaire ...*

Die Verhandlungen wegen der zwischen Ulm, Regensburg, Linz und Wien verkehrenden Dampfschiffe setzten 1835 beim Fürstlichen Immediatbüro, der obersten Verwaltungsstelle in Regensburg, ein; sie umfassen in zwei umfänglichen Aktenbänden den Zeitraum bis 1852 (FZA, Postakten 2393–2394). Interessenten aus Handels- und Industriekreisen in Ulm, Regensburg und Passau gründeten 1836 eine Schiffahrts-Aktiengesellschaft, die sich zum Ziel setzte, die gesamte bayerische Donaustrecke mit Dampfschiffen zu beschicken. 1837 genehmigten die Regierungen Bayerns und Württembergs einen Fusionsvertrag und verliehen – gegen den heftigen Widerstand der Regensburger Fischer-Innung – der Gesellschaft für 40 Jahre das Recht, als einziges deutsches Unternehmen die Donau mit Dampfschiffen zu befahren.

Wie bei der Eisenbahn spielte auch bei den Dampfschiffahrtsgesellschaften neben der staatlichen Genehmigung die Finanzierung eine wesentliche Rolle. Das Aktionärsverzeichnis von 1840 erwähnt Fürst Maximilian Karl als Inhaber von 30 Aktien à 100 Gulden. Besitzer noch größerer Pakete waren zu diesem Zeitpunkt *Dr. Herrich-Schäffer (98 à 100 fl.), Börer & Porzelius (61), Hammerschmidt's Eidam (51),* und *Hofrat Dr. Herrich Senior (42).* Ein Jahr später forderte die Gesellschaft massiv entweder die Übernahme durch den Staat oder die Gewährung eines Darlehens von 200 000 Gulden aus Staatsmitteln zum Weiterbetreiben der Dampfschiffahrt, aber Bayern zögerte noch. 1842 erschienen bei Friedrich Pustet in Regensburg *einige Betrachtungen über die bayrisch-würtemberg. Donau-Dampfschiffahrtsgesellschaft mit Hinblick auf Vergangenheit, Gegenwart und Zukunft ...,* verfaßt *von einem Aktionär.* Und 1846 stand diese Zukunft fest: Nach einer immer schlechteren Ertragslage mußte das Unternehmen am 8. Januar Konkurs anmelden. Bereits am 16. Februar beschloß die Bayerische Landesregierung, die Gesellschaft für 500 Gulden zu kaufen. Aus der *Kgl.bayerischen–Kgl.württembergischen Donaudampfschiffahrtsgesellschaft* wurde die *Kgl.bayerische Donaudampfschiffahrtsgesellschaft,* die dann weitere 16 Jahre fortbestand.

Lit.: W. Zeitler, Regensburger Schiffahrt, Regensburg 1985, S. 82–104 – O. Rathmayer, Die Anfänge der Dampfschiffahrt auf der bayerischen Donau. In: Donauschiffahrt Bd. 2, hrsg. v. Arbeitskreis Schiffahrts–Museum, Regensburg 1984, S. 17–31 – O. Rathmayer, Die Königlich Bayerische Donau–Dampfschiffahrt 1846–1862. In: Donau–Schiffahrt Bd.4, Regensburg 1987, S. 49–75.

Regensburg, FZA, Postakten 2393

11 DONAU–DAMPFSCHIFFAHRT ZWISCHEN REGENSBURG UND LINZ
1846
Plakatdruck: Fahrplan und Preisliste

Das Dampfschiff *Ludwig I.* nahm 1837 für die Kgl.bayerische-Kgl.württembergische Privilegierte Donau-Dampfschiffahrtsgesellschaft den Betrieb auf. Versuche, das Schiff auch zwischen Regensburg und Ulm einzusetzen, scheiterten; daraufhin beschränkte man sich auf den Abschnitt Regensburg–Linz. Ab Linz konnten seit 1837 die Gäste auch mit der priv. k.k. österreichischen Gesellschaft in Wien dorthin Anschluß finden.

Bis zum Übergang an die Kgl. Bayerische Donau–Dampfschiffahrtsgesellschaft wurden vier Personendampfer in Dienst gestellt: 1837 Ludwig I., 1838 Königin Therese, 1839 Kronprinz Max und 1842 die Stadt Regensburg. Zwischen 1838 und 1846 beförderte die Gesellschaft bei 556 Fahrten 44 570 Personen.

Lit.: W. Zeitler (1985) S. 104 u. 268 – F. Dosch, Die DDSG und ihr Einfluß auf die Donauschiffahrt im bayerischen Raum. In: Donau–Schiffahrt Bd. 3, Regensburg 1985, S. 81–95.

Regensburg, FZA, Postakten 2395

12 KLASSIFIZIERUNG UND DETAILTARIFE DES BEFÖRDERUNGSGUTES
1846 Regensburg
Druck, Handzettel: Vorder- und Rückseite

Der Handzettel bietet einen Überblick über die Passagier-, Pferde- und Wagen- sowie Warentransportkosten von Regensburg nach Linz bzw. zu den einzelnen Unterwegsstationen Straubing, Deggendorf, Vilshofen, Passau, Obernzell und Engelhardszell. Bei Passagieren wurde zwischen *Abwärts- und Aufwärtspreise* sowie zwischen *I. und II. Cajüt* unterschieden; auch bei den Waren – hier gab es ebenfalls zwei Klassen – waren die Preise für Tal- und Bergfahrt verschieden; bei Wagen wurde unterschieden, ob sie zwei-, drei- oder vierspännig waren. Bemerkenswert ist, daß *Nachnahmen* in der im Frachtbrief genannten Münzsorte bezahlt werden mußten.

Regensburg, FZA, Postakten 2395

13 *RHEIN-DAMPFSCHIFFAHRT DER CÖLNER UND DÜSSELDORFER GESELLSCHAFT*
1854 April Frankfurt
Reproduktion
aus: *Hendschel's Telegraph, VIII. Jahrgang Nr. 3,*
S. 128–129

Die beiden Fahrplanseiten der *Rhein-Dampfschiffahrt* unterscheiden sich kaum von unseren heutigen Kursbüchern, als deren Vorgänger sie auch zu werten sind. Zusätzlich informieren sie allerdings noch auf die anfallenden Kosten. Das Blatt unterrichtet über die direkten Fahrgelegenheiten von Mannheim bis Rotterdam bzw. London und umgekehrt, ferner über die Teilabschnitte Koblenz–Köln, Mainz–Köln, Köln–Arnheim und Düsseldorf–Rotterdam.

Hier wird, wie bei den Eisenbahnen, der enorme Fortschritt innerhalb von nicht einmal drei Jahrzehnten deutlich: die Möglichkeit, in kürzerer Zeit immer größere Strecken zu bewältigen. Auch der immer mehr steigende Umfang des *Kursbuchs* zeigt, wie schnell sich die *modernen* Verkehrsmittel zu Lasten der *alten* Post ausbreiten und an Bedeutung gewinnen.

Der Autor und zugleich Verleger des *Telegraph*, Ulrich Friedrich Hendschel (1804–1862), war wie Johann Gottlieb Christian Hendschel (vgl. D. I. 5c) langjährig in fürstlichen Diensten. Die Jahrgänge 1–10 (1847–1856) des *Telegraph* trugen den Zusatztitel *Monatliche nach Notizen des Coursbureaus der Thurn und Taxisschen General-Post-Direction u. anderen officiellen Quellen bearbeitete Übersicht über Abgang u. Ankunft der Eisenbahnen, Posten und Dampfschiffe in Deutschland u. den angrenzenden Ländern ...* Es handelte sich also um verläßliches Zahlenmaterial, das hier verarbeitet wurde und dessen Veröffentlichung offensichtlich auch im Interesse der Generalpostdirektion lag, obwohl *die Post* im Titel bereits an zweiter Stelle rangierte.

Lit.: H. Leclerc, Von der Botenordnung zum Reichskursbuch. In: ADP 33 (1985/I) S. 8 ff., bes. S. 21 ff.
Regensburg, FHB, P. 1036

Mit Segler und Dampfschiff über die Meere

14 HAMBURGER VORSCHRIFTEN ZUR POSTBEFÖRDERUNG NACH AMERIKA
1800 August 6 / 1815 Hamburg
Druck, 2 Bogen
Vorschrift welche künftig in Ansehung der Expedition der von hier nach Amerika abgehenden so wie der von Amerika hier ankommenden Briefe und Packete zu befolgen ist – Auf Befehl Eines Hochedlen Raths publicirt Hamburg, den 6 August 1800. Aufs Neue gedruckt 1815, von Gottlieb Friedrich Schniebes, E. Hochedl. und Hochw. Raths Buchdrucker.

Die Vorschriften in der Druckfassung von 1815 gliedern sich in die zwei Hauptteile *nach Amerika abgehende Briefe* (9 Positionen) bzw. *der von Amerika ankommenden Briefe oder Pakete* (8 Positionen).
Die in die nordamerikanischen Staaten bestimmten Sendungen konnten *bey der hiesigen Amerikanischen Post-Expedition im Posthause auf der Herrlichkeit No. 106 alle Tage in der Woche, und zwar zu jeder Tageszeit, gegen Erlegung der festgesetzten Expeditions- und Transport-Kosten,* die dann in Pos.2 aufgeschlüsselt wurden, aufgegeben werden. Weitere Bestimmungen betrafen u.a. Portovermerke auf den Briefen und das Ausstellen von Postscheinen bei *beschwert* abgehenden Briefen. Den Schiffsmaklern, ihren Gehilfen und Jollenführern war das *Collectiren von Briefen für Amerika verboten,* dagegen waren die Schiffsmakler verpflichtet, zwei Tage vor dem Auslaufen eines unmittelbar nach Amerika destinierten Schiffs dem Amerikanischen Post-Comptoir die Abfahrt bekanntzugeben.

Bei der Ankunft der Schiffe aus Amerika hatte das Amerikanische Comptoir die mitgebrachte Post an Bord in Empfang zu nehmen und *beym Post-Comptoir ungesäumt zu Distribuirung einliefern* zu lassen. Waren Sendungen unterwegs von Kapern oder sonst durch Zufall erbrochen oder in Unordnung gebracht, so hatten sich die Schiffer mit diesen Sendungen selbst zum Amerikanischen Post-Comptoir zu begeben und dort die Post gemeinschaftlich mit der Postexpedition in Ordnung zu bringen und neu zu versiegeln. Jeder Schiffer erhielt einen gedruckten Empfangsschein über die Anzahl der ausgelieferten Briefe, ferner *auch eine Bezahlung für jeden gelieferten Brief, nach dem Verhältnisse von 2 Mark für 25 Stück Briefe,* vom *Post-Comptoir.* Weitergehende Briefe waren alsbald den jeweils zuständigen Postämtern auszuhändigen.
Den Druck des Textes von 1800 besorgte der Ratsbuchdrucker Carl Wilhelm Meyn.
Seit dem Frühjahr 1828 bestand dann zwischen Hamburg und New York eine regelmäßige Post-, Fracht- und Personenbeförderung durch amerikanische Paket-Segler. Erst 1836 eröffnete die Hamburger Reederei Slomann eine Schiffslinie nach New York; sie hatte bis 1847 keine Konkurrenz.

Lit.: E. Kuhlmann, Aus Hamburgs älterer Postgeschichte. In: ADP 1984 (Sonderheft) S. 44 f. (mit Abb. der Titelseite der Fassung von 1800) – A. Fabke, Die grenzüberschreitenden Postverbindungen zu Wasser. In: ADP 1984 (Sonderheft) S.172.

Frankfurt, Deutsches Postmuseum, Verordnungen, Hamburg 1, 1800

15 POSTBEFÖRDERUNG IN DEN RUSSISCHEN OSTSEERAUM:
Brief-Taxe von Lübeck nach St. Petersburg per Dampfboot
1830 Juli 16 Frankfurt
Zirkular mit Brieftaxe
Druck, 3 S.

Die taxisschen Postanstalten werden von der Generalpostdirektion angewiesen, *das Publikum mittelst Anschlags an den Schalter in Kenntniß zu setzen,* daß durch die neuerdings eingerichtete *Dampf-Packetfahrt* auch Briefe befördert werden.
Für diese Verbindung wurden die beiden Dampfschiffe *der Superb, geführt von Capitain H. Whittingham,* und *De Beurs van Amsterdam, geführt von Capitain J.C. Diets,* eingesetzt. Die jeweils Donnerstags stattfindenden Fahrten dauerten gewöhnlich viereinhalb bis fünf Tage. Die für die Schiffe bestimmte Korrespondenz mußte bis Lübeck frankiert sein, ab Lübeck bestand kein Frankierungszwang. Wollte der Absender bis Petersburg frankieren, war das *Weiter-Franco* nach der dem Zirkular beigegebenen Taxliste zu berechnen.

Lit.: R. Frick, Schiffspost im Nordsee- und Ostseeraum, Hannover 1981 (mit Stempelbelegen).

Regensburg, FZA, Postakten 764

D. IV. d. Schiffspost – Dampfschiffahrt

16 BRIEF VON FRANKFURT NACH ST. PETERSBURG
1865 nach Juli Frankfurt

Rekommandierter Brief von Frankfurt-Bahnhof an den Schweizer Generalkonsul in Petersburg, 20 Kr.-Frankatur (2 x 9 Kr., 2 x 1 Kr.), mit Schreibschrift-Chargéstempel in Rahmen.

Regensburg, FZA, Postdokumentation 038

17 KORRESPONDENZBEFÖRDERUNG NACH UND AUS DEM ORIENT
1837 August 17 Frankfurt
Generale an sämtliche taxisschen Postanstalten
Druck, 3 S.

Das *Generale*, eine Verfügung an sämtliche Postanstalten, unterrichtet über die Fahrtordnung der Dampfschiffe von Triest zu verschiedenen Mittelmeerhäfen. Sie wurde ermöglicht, nachdem der Österreichische Lloyd von Wien die Genehmigung erhielt, mit Dampfschiffen Reisende, Gelder und Waren zwischen Triest, Konstantinopel und Alexandrien zu befördern. Durch Vermittlung der k.k. Obersten Hof-Postverwaltung konnte so auch die taxissche Postverwaltung Korrespondenzen in verschlossenen Briefpaketen weiterleiten lassen. Damit war für Griechenland und die Ionischen Inseln die *schnellste Beförderungs-Gelegenheit* geschaffen. Für die Post nach Konstantinopel und Smyrna wurde dagegen der bisherige Landweg über Wien und Belgrad empfohlen, auf dem einmal wöchentlich Post befördert wurde. Die jeweils gewünschte Instradierung *über Triest mit den Dampfschiffen* oder *über Wien auf dem Land-Postkurse* war nun auf den Umschlägen zu vermerken. Das Generale informierte weiterhin über die unterwegs berührten Anlegeplätze, über die Postgebühren für den Transport auf See, nicht zuletzt über besondere Versendungsarten wie Warenmuster unter Kreuzband oder an Briefen angehängt, Zeitungen, Journale usw.

Regensburg, FZA, Postakten 7595

18 KORRESPONDENZ IN DIE LEVANTE ÜBER TRIEST

a) 1865 August 22 Frankfurt

20 Kr.-Frankatur nach Alexandria, Ägypten
2 Kr.-Ganzsache mit 18 Kr. (2 x 9 Kr., 4. Ausg.) Zusatz in Briefmarken –
Leitweg: Österreich, mit dem Österreichischen Lloyd nach Alexandria –
Taxvermerk: 9/11 Wfr. in blau –
Gesamttaxe 20 Kr. nach Portoperiode 1.11.1858 bis Ende 1865: 9 Kr. *Vereinsporto* je Loth bis Triest, 11 Kr. Weiterfranko je Loth, das an den Österreichischen Lloyd für die Weiterbeförderung bis zum österreichischen Postamt in Alexandrien vergütet wurde.

b) 1866 Januar 31 Frankfurt

16 Kr.-Frankatur nach Alexandria, Ägypten
9 Kr.-Ganzsache mit 7 Kr. (1 Kr. + 6 Kr., 4. Ausg.) Zusatz in Briefmarken –
Leitweg: Österreich, mit dem Österreichischen Lloyd nach Alexandria –
Taxvermerk: 7 Wfr. in blau –
Gesamttaxe 16 Kr. nach Portoperiode von Ende 1865 bis 1867: 9 Kr. *Vereinsporto* je Loth bis Triest, 7 Kr. Weiterfranko wie oben. F.L.

Regensburg, FZA, Postdokumentation 039

19 POSTBEFÖRDERUNG ZWISCHEN HAMBURG UND LE HAVRE DURCH DIE DAMPFSCHIFFAHRTSGESELLSCHAFT IN HAVRE
1837 Februar 11 Hamburg
Ausf., Libell, 14 S.

Die Vertragsunterhandlungen wurden zwischen der Postbehörde der Stadt Hamburg, vertreten durch Stadtpostdirektor Dr. Sillem, Thurn und Taxis, vertreten durch den fürstlichen Postkommissär G. Voigt, und den Bevollmächtigten der Dampfschiffahrtsgesellschaft geführt und – mit Separatartikeln wegen Portofreiheiten – in einer 14 Paragraphen umfassenden Vereinbarung abgeschlossen. Dabei wurde u.a. festgelegt, daß die von den beiderseitigen Postämtern aufgegebenen Briefbeutel und Depeschen dem Kapitän oder dessen Bevollmächtigten versiegelt zu übergeben waren. Für jede Fahrt erhielt der Kapitän einen Stundenzettel, in dem Zeit der Ablieferung sowie Zahl, Art und Beschaffenheit der Poststücke zu spezifizieren waren. Die Compagnie hatte für allen Schaden und Verlust – höhere Gewalt ausgenommen – zu haften. Dagegen verpflichteten sich die *vereinigten Post-Anstalten*, für den vertragsmäßigen Transport *eine Vergütung von Acht Schilling Courant für je Dreißig Grammes Netto Gewicht der beförderten Briefe* zu entrichten. Der Vertrag wurde zunächst für 1837 abgeschlossen und konnte dann jährlich gekündigt werden.

Regensburg, FZA, Posturkunden 311

20 ERSTE ANKUNFT DES DAMPFERS *WASHINGTON* AUF DER REEDE VON BREMERHAVEN
1847 Juni 19 Bremerhaven
Lithographie, koloriert
Unten rechts bez. *H. Michaelis*

Die Abbildung zeigt die *Washington* bei ihrer Ankunft in Bremerhaven, unmittelbar vor dem Fort Wilhelm. Das Dampfschiff ist von einer Menge kleiner Segelschiffe und Dampfer umgeben, darunter der ersten *Roland*. Im Vorhafen des alten Hafens liegt das Vollschiff *Johann Smidt*. Das Postschiff, ein Raddampfer von der Werft Westervelt & Mc Ray New York, wurde am 1. Juni 1847

für die *Ocean Steam Navigation Compagny* – einer Vorgängerin der Norddeutschen Lloyd – in Dienst gestellt. Mit einer Länge von knapp 80 Metern und 1640 Reg.To. war die *Washington* jedenfalls ein respektables Schiff. Dementsprechend fiel der Empfang aus: Die Ankunft war ein besonderes Ereignis. Der Dampfer hatte am 1. Juni New York unter großer Anteilnahme der Bevölkerung verlassen. Die für Großbritannien und Frankreich bestimmte Post wurde unterwegs in Southhampton und Le Havre abgeladen. An Bord befand sich der amerikanische Vize-Generalpostmeister Major Hobbie, der mit den europäischen Postverwaltungen entsprechende neue Verträge abschließen sollte, in Großbritannien allerdings auf Schwierigkeiten stieß.

Von dem mit finanzieller Beteiligung einiger deutscher Staaten für die direkte Postverbindung nach Nordamerika gebauten Dampfer gibt es eine Reihe von bildähnlichen Darstellungen und Beschreibungen. Bereits im Oktober 1847 zierte der Dampfer als Druckgraphik den Briefkopf eines Schreibens aus Oldenburg (Fahrtrichtung des Schiffs nach rechts). Ebenfalls kleinformatig erschien ein Bild (jetzt Fahrtrichtung links) im *Deutschen Post-Almanach 1849*, samt Beschreibung bis ins Detail.

In der großformatigen, eingangs erwähnten Art besitzen das Deutsche Postmuseum Frankfurt und das Focke-Museum (Bremer Landesmuseum für Kunst- und Kulturgeschichte) fast bildidentische Darstellungen. Das hier gezeigte offensichtlich beschnittene Frankfurter Blatt in kräftigen, dunklen Farben, viel grau und blau, ist mit *H. Michaelis unten rechts* gezeichnet. Daneben gibt es dort eine kolorierte Lithographie, mit Weiß überhöht, die den Vermerk *H. Michaelis* unten links hat. Bremen erwarb 1899 ein handkoloriertes Farblitho nach einem Original von C.J. Fedeler (1799–1858).

Ein 1907 von Focke erworbenes Schwarzdruckblatt nach dem gleichen Original, das in Bremen zu den Kriegsverlusten gezählt wird, war bezeichnet *J.C. Fedeler pinxit – Michaelis sculpsit.* Carl Justus Fedeler läßt sich bei Thieme-Becker nachweisen, Michaelis nicht.

Lit.: W. Hubbard u. R. F. Winter, North Atlantic Mail Sailings 1840–75, Canton/Ohio 1988, S. 81–90 (mit Fahrtterminen) – L. Kalmus, Weltgeschichte der Post, Wien 1937, S. 465 f. – H. Szymanski, Die Anfänge der Dampfschiffahrt in Niedersachsen und in den angrenzenden Gebieten von 1817 bis 1867, Hannover 1958, bes. S. 334–337, 344ff. – W. Ehlers, Vom Klipperschiff zum Riesendampfer. In: Lloyd-Zeitung 7 (Bremen 1927) Nr. 3, S. 13 f. (Abb. Briefkopf 1847) – H. Leclerc, Die Post als Bindeglied zwischen den Völkern. In: ADP 1984 (Sonderheft) S. 104 – H. Besold u. H. Leclerc, Wilhelm Görges: Postbeamter, Schriftsteller, Verleger. In: ADP 30 (1982/2) S. 52 u. 61 – Zu Fedeler: Thieme-Becker Bd. 11 (1915) S. 333 f. Zeitgenössische Berichte: Deutscher Post-Almanach für das Jahr 1849, hrsg. v. W. Görges, S. 12–14 (m. Abb.); ebenso für 1850, S. 108–111.

Frankfurt, Deutsches Postmuseum, Bilder, Seepost 43.2

21 KORRESPONDENZBEFÖRDERUNG NACH NORD- UND SÜDAMERIKA

1854 März 22 Frankfurt
Generale an sämtliche taxisschen Poststellen und Posthaltereien
Druck, 3 S. u. Beilage
aufgeschlagen: Beilage S. 3–4

Die ausgestellten Seiten zeigen Portosätze nach Neu-Granada, Bolivien und Peru, getrennt nach Briefporto und Taxen für Kreuzbandsendungen bzw. Warenproben und Mustern. Es wird jeweils auch zwischen *Vereinsporto* und *fremdes Porto* (Weiterfranco) unterschieden.

D. IV. d. Schiffspost – Dampfschiffahrt

Zusammen mit den veränderten Tax- und Portobestimmungen wurden die Poststellen unterrichtet, *daß die Bremischen Dampfschiffe Germania und Hansa gegenwärtig einer Reparatur unterliegen und deshalb die directe Dampfschiffverbindung zwischen Bremerhafen und Newyork dermalen lediglich durch die Amerikanischen Dampfschiffe Washington und Hermann ... unterhalten wird.* Dieser Information schließen sich die Abfahrtstermine dieser Dampfer an.

Lit. zur Schiffspost Bremen: W. Diesner, Amerika über Bremen. In: AK IBRA Internationale Briefmarkenausstellung München '73, S. 164–171 – K. Knauer u. A. Salm: Bremen-Handbuch, Bremen 1967 – H. Szymanski, Die Anfänge der Dampfschiffahrt (1958) S. 340–350 – Hubbard-Winter, North Atlantic Mail Sailings (1988) S. 125–128.
Allg., auch in West-Ost-Richtung, hinsichtlich Poststempel und Portoansatz: J. van der Linden, Transatlantische Postverbindungen USA–Europa (als Ms. veröffentlicht, o.O. 1987) – Ch.J. Starnes, United States letter rates to foreign destinations 1847 to GPU UPU, Louisville 1982 – G.E. Hargest, History of Letter Post Communication Between the United States and Europe 1845–1875. 2. Aufl. Lawrence Mass. 1975.

Regensburg, FZA, Postakten 7597

Schiffspost im Spiegel der Philatelie

22 SCHIFFSPOST – MIT SEGLER UND DAMPFSCHIFF ÜBER DIE WELTMEERE
Schiffspostbriefe und Leitwege von Schiffspostbriefen zur Zeit des Deutsch-Österreichischen Postvereins über Frankreich und über England

Für das taxissche Postgebiet gab es hinsichtlich der *Überseekorrespondenzen* zwei wichtige Leitwege über Frankreich bzw. über Großbritannien.
Leitweg über Frankreich: Die Gebühr setzte sich aus dem *Vereinsporto*, das die Postanstalt des Aufgabeortes gem. Art 10 u. 33 ff. DÖPV von 1850 erhielt, und dem *Weiterfranco* zusammen. Letzteres wurde zwischen Thurn und Taxis und französischen Grenzpostämtern abgerechnet. Wurde die Korrespondenz über weitere, beispielsweise britische Postämter geleitet, so hatte die französische Post aus dem Weiterfranco auch deren Gebührenanteil zu zahlen. Das Gesamtporto war eine Addition sämtlicher einzelner Porti, die auf dem Beförderungswege anfielen. Ein neuer am 1. April 1862 zwischen Thurn und Taxis und Frankreich in Kraft getretener Vertrag vereinfachte die Taxen wesentlich; nach ihm wurde das Gesamtporto zwischen beiden Postverwaltungen in unterschiedlichen Prozentsätzen aufgeteilt.
Leitweg über Großbritannien: Zwischen Großbritannien und Thurn und Taxis bestand bei Einführung der Briefmarken 1852 kein Postvertrag. Man bediente sich der preußischen Post als Vermittler (Art. 10 u. 33 ff. DÖPV). Das Weiterfranco war an die preußische Post abzuführen, die dann mit der britischen Post abrechnete. Für Thurn und Taxis trat ein neuer Postvertrag zwischen Preußen und Großbritannien am 1. April 1862 in Kraft. Taxierungsgrundlage bildete eine prozentual aufgeteilte Gesamttaxe. Seit Einführung einer reduzierten britischen Überseetaxe wurden die zusätzlichen Gebühren der britischen Gesamttaxe zugeschlagen. F.L.

a) Schiffspostbrief nach Butler (USA)
    1857 November 10 Hersfeld

Leitweg: Preußen – Belgien – Großbritannien; befördert mit britischen Paketbooten in die USA.
Frankatur 13 3/4 Sgr.: 1/4 + 1/2 + 1 + (4x) 3 Sgr. 1.Ausg.
Entwertung: Nr.-Stempel 31, Ortsstempel Type 2.
Preußische, englische und amerikanische Grenzübergangsstempel.
5 cents US-Inlandsporto waren noch zu zahlen; Frankierung nur bis zum Landungshafen New York.
Taxvermerke: *3 / 10 3/4 Sgr.*; der Weiterfranco-Vermerk wurde bei der Abrechnung blau mit *fr.* überschrieben.
Taxerklärung: 13 3/4 Sgr. Gesamttaxe, zusammengesetzt aus 3 Sgr. Vereinsporto für 1 Loth und dem Weiterfranco 10 3/4 Sgr. Letzteres wurde aufgeteilt: 1 Sgr. belgisches, 3 Sgr. britisches Transitporto, 6 3/4 Sgr. Seeporto jeweils für 1 Loth (Portoperiode 1853 – 1. April 1862)

b) Schiffspostbrief nach Eben Ezer (USA)
    1857 November 6 Büdingen

Leitweg: Frankreich – USA; mit französisch-amerikanischen Briefpaketen.
Frankatur 46 Kr.: 9 (Fünferstreifen) + 1 Kr. 1. Ausg.
Entwertung: Nr.-Stempel 100, Ortsstempel Type 2.
Französische und amerikanische Grenzübergangsstempel.
US-Seeporto und Inlandsporto waren bis zum Empfänger bezahlt.
Nebenstempel: 1) *P.D* (Payé à destination = bezahlt bis zum Bestimmungsort) – 2) *Servire*.
Taxvermerk in blau: *37 Wfr* = 37 Kr. Weiterfranco, an die französische Post zu vergüten.
Taxerklärung: 46 Kr. Gesamttaxe. 9 Kr. Vereinsporto für 1 Loth. 37 Kr. an die französische Post für ein Gewicht von 7,5 gr. Die französische Post zahlte den Transport bis zum Bestimmungsort in den USA. Einführung dieses Leitweges am 1. Mai 1857. Ab 1. April 1862 wurde das Gesamtporto auf 33 Kr. ermäßigt.

c) Schiffspostbrief nach Veracruz / Huatusco (Mexiko)
    1860 Juli 28 Darmstadt

Leitweg: Frankreich – Großbritannien – Mit britischen Briefpaketen nach Veracruz; hier bestand ein britisches Postamt.
Frankatur 148 Kr. = 2 fl. 28 Kr.: 9 Kr. 1. Ausg., 1 + 3 + 15 + 30 (2 x 2) 2. Ausg.
Entwertung: Nr.-Stempel 104 1. Type, Ortsstempel Type 3.
Französischer Grenzübergangsstempel; britischer *paid*-Stempel. Gewichtsvermerk 8/10 Loth = 30 g.
Taxerklärung: 2 fl. 28 Kr. Gesamttaxe. Vom Gewicht war das Vereinsporto zweimal (1 8/10 Loth), das französische Porto viermal (4 x 7,5 g) zu berechnen. Portoperiode 1853 bis 1. April 1862. – Vereinsporto 2 x 6 Kr., da die Entfernung von Darmstadt bis zur französischen Grenze unter 20 Meilen beträgt. Der französische Por-

toanteil beläuft sich auf 4 x 34 Kr. = 136 Kr.. Dafür mußte die Beförderung des Briefes bis zum britischen Postamt in Veracruz bezahlt werden. Der Empfänger hatte noch das mexikanische Porto von Veracruz bis Huatusco zu entrichten.

d) Schiffspost nach Santiago (Chile)
    1860 Juli 23 Bebra

Leitweg: Frankreich – Großbritannien – Mit britischen Briefpaketen weiter bis Panama; weiter nach Chile.
Frankatur 17 1/2 Sgr.: 1/2 + 2 + 3 (5 x als Einheit 3:2) 1. Ausg. Entwertung: Nr.–Stempel 5. Ortsstempel Type 2. Französische und britische Grenzübergangsstempel; *London paid;* britischer Stempel in Panama 23. August 1860. In Panama, das zu Kolumbien gehörte, amtierte ein britisches Postamt – Nebenstempel: *PD* durchstrichen, berichtigt mit *PP*–Stempel; Portostempel *15.*
Taxvermerke: *3 – 14 1/2* (rot), *14 1/2* (blau).
Taxerklärung: 17 1/2 Sgr. Gesamttaxe, zusammengesetzt aus 3 Sgr. Vereinsporto bis 1 Loth, 14 1/2 Sgr. Weiterfranco für 7,5 g; Umsetzung bei der französischen Post in blau. Für 14 1/2 Sgr. hatte die französische Post die Beförderung bis zum Panama zu besorgen.

e) Schiffspost nach Mendoza (Argentinien)
    1864 Oktober 24 Kassel

Leitweg: Frankreich – Großbritannien – Mit britischen Briefpaketen an das britische Postamt in Buenos Aires.
Frankatur 9 1/2 Sgr.: 2 Sgr. Ganzsache, 2 + 5 Sgr. 2. Ausg., 1/2 Sgr. 3. Ausg.
Entwertung: Streckenstempel *Cassel Frankfurt Bahnpost 2.* Französische, britische und argentinische Grenzübergangsstempel – Nebenstempel: *CASSEL* Zugstempel zur Bezeichnung des Aufgabeortes; *PP* (rot): Bezahlt bis zum überseeischen Landungshafen, britisches Postamt in Buenos Aires.
Taxvermerke: *2 / 7 Sgr.* – *24 Wfr.* von Thurn und Taxis; *apagare 2 reales* von der argentinischen Post.
Taxerklärung: Gesamttaxe 9 Sgr., daher 1/2 Sgr. überfrankiert. 2 Sgr. je Loth bis zur französischen Grenze nach dem Postvertrag vom 1. April 1862 zwischen Frankreich und Thurn und Taxis, 7 Sgr. umgerechnet in 24 Kr. Vergütung an die französische Post, von der die Beförderung bis zum überseeischen Landungshafen zu bezahlen war. Die argentinische Post erhob vom Empfänger in Mendoza noch 2 Reales.

f) Schiffspostbrief nach Funchal (Madeira)
    1861 November 19 Königstein

Leitweg: Preußen – Belgien – Großbritannien – Funchal.
Frankatur 36 Kr.: 6 + 30 Kr. 2. Ausg.
Entwertung: Nr.–Stempel 191, Ortsstempel Type 2.
Grenzübergangsstempel: preußischer Stempel in rot: *P* in Kreis, von Aachen – britischer Stempel in rot: *London paid* – Nebenstempel *80* in schwarz.
Taxvermerke: *9 – 27* und *27 Wfr* in rot, *7 1/2 wf.* in blau.
Taxerklärung: 36 Kr. Gesamttaxe, gebildet aus 9 Kr. Vereinsporto bis 1 Loth, an Preußen zu vergütendes Weiterfranco 27 Kr. Letzteres als *7 1/2 Sgr* in blau ausgewiesen. Das Weiterfranco gliedert sich auf in 4 Kr. (1 Sgr.) belgisches Transit, 10 Kr. (3 Sgr.) britisches Transit je Loth, und 13 Kr. (3 1/2 Sgr.) Seeporto je 1/2 Loth, frankiert bis zum überseeischen Landungshafen.

g) Schiffsbrief nach Madras (Portugiesisch Indien)
    1862 Oktober 12 Wiesbaden

Leitweg: Frankreich – Von Marseille mit dem Schiff nach Alexandrien – *Overland–Mail* nach Suez – Mit Schiff nach Madras.
Frankatur: 30 Kr. 2. Ausg. (Einzelfrankatur).
Entwertung: Nr.–Stempel 215 Type 1, Ortsstempel Type 4.
Grenzübergangsstempel: Französischer Stempel von Forbach, britisch–indischer Stempel *Ship Letter,* Madras 18. November 1862 – Nebenstempel: *PP* in rot und blau; bezahlt bis zum überseeischen Landungshafen – *Affranchissement Insuffisant*–Stempel (unzureichend frankiert), schwarz, wurde gestrichen.
Taxvermerke: *24 Wfr.* in blau. Weiterfranko für die französische Post.
Taxerklärung: Gesamttaxe 30 Kr. – Ab 1. April 1862 trat der neue Postvertrag zwischen Frankreich und Thurn und Taxis in Kraft. Das Vereinsporto für den taxisschen Bezirk bis zur französischen Grenze belief sich einheitlich auf 2 Sgr. / 6 Kr. je Loth. Die Gewichtseinheit betrug für die französische Post 7,5 g. Mit dem Weiterfranco von 24 Kr. hatte die französische Post den Transport bis zur Anlandung in Madras zu bezahlen. In Madras fiel noch das portugiesische Porto für den Empfänger an.

h) Schiffspostbrief nach Canton (China)
    1866 März 24 Hamburg

Leitweg: Hamburg – Frankreich – Von Marseille mit Schiff nach Alexandrien – *Overland Mail* nach Suez – Mit Schiff nach Hongkong, weiter an das britische Postamt in Canton.
Frankatur 16 Sgr.: 10 Sgr. 2. Ausg., 3 (2 x) Sgr. 4. Ausg.
Entwertung: Nr.–Stempel 300, Ortsstempel Type 3.
Grenzübergangsstempel: Französischer Stempel in blau (Erquelines) – Nebenstempel: *PP,* da Porto nur bis Honkong bezahlt war.
Taxvermerk *2* in rot: französisches Weiterfranco ist zweimal zu berechnen.
Taxerklärung: Gesamttaxe von 16 Sgr. nach dem Postvertrag zwischen Frankreich und Thurn und Taxis vom 1. April 1862. Für 14 Sgr. hatte die französische Post die Beförderung des Briefes bis Hongkonk zu bezahlen. Das Restporto entrichtete der Empfänger.   F.L.

D. Organisation, Dienstbetrieb und Dienstleistungen der Thurn und Taxis-Post

D. IV. e. Eisenbahn und Bahnposten

Als erster Vorkämpfer der Eisenbahn auf dem Kontinent gilt Franz Joseph Gerstner. Er hatte schon 1807 eine Eisenbahn zwischen Moldau und Donau vorgeschlagen; sein Sohn verwirklichte dann die Pferdebahn Budweis–Linz, die in der Eisenbahngeschichte einen wichtigen Platz einnimmt. Ebenfalls 1807 warb der bayerische Oberstbergrat Joseph Ritter von Baader (1763–1835) für Eisenbahnen. Er sah im Bahnbau ein wirkungsvolles Mittel zur Stärkung der staatlichen Wirtschaftskraft. Ein Jahrzehnt vor der Eröffnung der Nürnberg–Fürther Eisenbahn veröffentlichte Friedrich Harkort (1793–1880) in der westfälischen Zeitschrift *Hermann* ein entschiedenes Plädoyer für den Eisenbahnbau. Der Volkswirtschaftler Friedrich List (1789–1846) prophezeite sogar 1833 für das Königreich Sachsen, daß sich in den ersten Jahren nach einem Bahnbau der Wert des Grundvermögens und die gesamte Nationalproduktion um mindestens 10 % vermehren dürften.

Der *wirtschaftliche Fortschritt* stand meist im Vordergrund. Aber auch volkswirtschaftliche Einwände blieben nicht aus. Gefürchtet wurde um die Existenz ganzer Gewerbezweige, um Arbeits- und Verdienstmöglichkeit. Solche Gedanken faßte wenige Monate nach Eröffnung der Ludwigsbahn ein ungenannter Autor in seinen *Ideen über die Eisenbahn in Bayern und deren Gefahren für das bayerische Vaterland und für ganz Deutschland* zusammen. Und auch politische Aspekte traten zutage, so im Bayerischen Landtag die Meinung, daß die Eisenbahn, als eine *Saat von Drachenzähnen* bezeichnet, eine Revolution erzeugen müsse.

Das Aufkommen der Dampfeisenbahn fiel in eine Zeit, in der gerade das Fahrpostwesen mit dem Ausbau der neuen Eilwagenkurse Punkte sammeln konnte; so wird von Reisezeitverkürzungen von nahezu 40 % berichtet, die Disziplin und die Pünktlichkeit dieser Einrichtung gerühmt. Nicht übersehen werden sollte auch, daß selbst bei den neuen *Eisenbahnen* sich Dampfkraft und Pferdekraft keineswegs ausschlossen: Noch 1845, nach zehn Jahren, standen bei der Nürnberg–Fürther Ludwigs-Eisenbahn den täglichen acht Fahrten mit Dampfkraft fünfzehn bis zwanzig Fahrten mit Pferdekraft gegenüber.

Trotzdem trat rasch der *Epochengedanke* zutage: Schon vor der Eröffnung der Ludwigsbahn bezeichnete die weitverbreitete *Augsburger Allgemeine Zeitung* am 24. November 1835 die Eisenbahn als *die Kunst der neuen Zeit*, etwas später nannte sie das 19. Jahrhundert schlechthin *Eisenbahnzeit*. Freilich, Aufgeschlossenheit, Kritik und Abwehr, Techniklob und Technikfurcht bewegten sich in diesen Jahren vom einen Extrem zum anderen.

Die Konfrontation mit dem bisherigen *Transportmitel Post* konnte nicht ausbleiben: Diese sah in der Bahn mehr und mehr einen Konkurrenten, der ihr nicht nur an Schnelligkeit, sondern auch an Beförderungskapazität bald den Rang ablaufen würde. Hinzu kam die Frage, wie der Verlust an Postgefällen zu entschädigen war.

In den Staaten des Thurn und Taxisschen Postbezirkes vollzog sich der Verdrängungsprozeß unterschiedlich. Die Verkehrsanstalten versuchten, das Verhältnis zueinander zu bestimmen. Erst als der Bau staatlicher Eisenbahnen einsetzte und die Auseinandersetzungen ein Ausmaß annahmen, das die wirtschaftliche Entwicklung allgemein zu behindern drohte, trafen die Regierungen Entscheidungen, die freilich nicht auf einer Linie lagen. Die Gesellschaften innerhalb des Postbezirks lehnten Entschädigungsansprüche grundsätzlich ab. Schließlich brachte der Streit zwischen Post und Taunus-Eisenbahn Ende 1848 eine richtungweisende Entscheidung für den gesamten Postbezirk: Ohne nachweisbare finanzielle Einbußen sollte auch keine Barentschädigung geleistet werden.

Die sehr unterschiedliche Rechtslage zwischen Thurn und Taxis und Eisenbahngesellschaften bzw. Staatsregierungen zeichnet sich wohl am deutlichsten in den 22 zwischen 1844 und 1864 geschlossenen Vereinbarungen und Verträgen ab. Sie vermitteln auch Aufschlüsse über die betriebliche Handhabung, über Postaustausch und Transit, nicht zuletzt über Haftungsfragen.

Mit den Entschädigungsfragen rückte die Frage der Bahnbenutzung zum Posttransport mehr und mehr in den Mittelpunkt. Das Post-Bahn-Verhältnis verbesserte sich indes zusehends, als von der Vergütung nach Einzelgewicht zum Wagenraumtarif übergegangen wurde, als an die Stelle der zugweisen Abrechnung die Zahlung eines monatlichen Aversums trat. Mit der Einführung spezieller Eisenbahn-Postwagen boten sich neue Möglichkeiten der Zusammenarbeit. Die *Fahrenden Post-Büros* traten bei Thurn und Taxis aber erst relativ spät, seit 1861, in Erscheinung. Zahlreiche Bahnhof- und Bahnpost-Stempel taxisscher Herkunft zeugen indes auf Postumschlägen jener Jahrzehnte vom Auf- und Ausbau des Postwesens auch in der *neuen* Richtung.

E.P.

Lit.: R.R. Rossberg, Geschichte der Eisenbahn, 2.Aufl. Künzelsau 1984, S. 30f. f. – F. Sonnenberger, Mensch und Maschine. Technikfurcht und Techniklob am Beispiel Eisenbahn. In: Zug der Zeit / Zeit der Züge. Deutsche Eisenbahn 1835–1985, Bd. 1, Berlin 1985, 25ff. – M. Jehle, Eiserne Kunststraßen. Zur Vor- und Frühgeschichte der Eisenbahn. In: Zug der Zeit (1985) S. 69–94 – K.W. Mück, Deutschlands erste Eisenbahn mit Dampfkraft. Die Königlich privilegierte Ludwigs-Eisenbahn zwischen Nürnberg und Fürth, Würzburg 1968 (Phil. Diss. 1967).

K. Beyrer, Das Reisesystem der Postkutsche. Verkehr im 18. und 19. Jahrhundert. In: Zug der Zeit (1985) S. 53 ff. – H. Körting, Entstehung und Weiterentwicklung der grenzüberschreitenden deutschen Bahnposten. In: ADP 1984, Sonderheft, S. 132–168 – L. Kalmus, Weltgeschichte der Post, Wien 1937, S. 452–455.

T. Liebl, Anstoß zur Modernisierung. Der Eisenbahnbau als Rechts- und Verwaltungsproblem. In: Zug der Zeit (1985) S. 95–100, bes. S. 98f. – H. Kunze, Das Wegeregal, die Post und die Anfänge der Eisenbahnen in den Staaten des Deutschen Bundes. Phil. Diss. Bochum 1982.

Zum Verhältnis Bahn/Post: K. Herrmann, Die Postbeförderung auf den Deutschen Eisenbahnen von den Anfängen bis zur Reichsgründung. In: Jahrbuch für Eisenbahngeschichte Bd. 14 (Dokumente zur Eisenbahngeschichte Bd. 23), Mainz 1982, S. 7–32 – Handwörterbuch des Postwesens, Frankfurt 1953, S. 71 ff. (Bahnpost), S. 226 (Eisenbahnpostgesetz).

Zu Thurn und Taxis: K. Herrmann, Thurn und Taxis-Post und Eisenbahnen. Vom Aufkommen der Eisenbahnen bis zur Aufhebung der Thurn und Taxis-Post im Jahre 1867 (Thurn und Taxisstudien Bd. 13) Kallmünz 1981 – Kurzregesten: E. Probst, Verträge und Vereinbarungen zwischen den Thurn und Taxisschen Lehenposten und Staatsregierungen bzw. Eisenbahngesellschaften wegen der Bahnbenutzung für postalische Zwecke. In: Haferkamp–Probst, Stempelhandbuch Bd. 2 (1977) S. VIII/67–83; Vollabdrucke besonderer Urkunden aus den Jahren 1851, 1857, 1858 und 1861 im Dokumententeil a.a.O. im Dokumententeil; Die von Thurn und Taxis benutzten Eisenbahnlinien, a.a.O., S. VIII/23–66.

Vom Aufkommen der ersten Eisenbahnen

1   FRIEDRICH LIST – ÜBER EISENBAHNEN UND DAS DEUTSCHE EISENBAHNSYSTEM
1835 Leipzig
Druck
aus: *Das Pfennig–Magazin der Gesellschaft zur Verbreitung gemeinnütziger Kenntnisse*, 3.Bd., Verlag F.A. Brockhaus, Nr. 101, 7. März 1835, S. 74–79
Aufgeschlagen: Kartenskizze, S. 74

Eisenbahnen oder Schienenbahnen sind parallel nebeneinander fortlaufende ... Geleisebäume (im Englischen Relais) oder Schienen von Eisen ..., worauf eigens dazu bestimmte Wagen mit gußeisernen Rädern, welche durch die an ihrer inneren Peripherie befindlichen Ränder oder Kränze stets auf dem flachen Geleise gehalten werden, in beliebiger Schnelligkeit fortbewegt werden können. In Einzelheiten beschreibt Friedrich List (1789–1846) das neue Verkehrsmittel, das er von seinem Amerika–Aufenthalt (1824–1832) her gut kannte und zu dessen Befürworter er in etlichen Denkschriften auch in Deutschland wurde, bevor die ersten Züge auf den Gleisen der Ludwigseisenbahn rollten. Das *Pfennig–Magazin* hat sich verständlicherweise bald der Eisenbahnfrage angenommen. 1835 veröffentlichte List hier seine Vorstellungen zu einem künftigen deutschen Eisenbahnsystem. Maßgebend dafür war die Verbindung der wichtigsten deutschen Handels- und Produktionszentren untereinander und deren Anschluß an ein zukünftiges europäisches Bahnnetz. Auffallen mag, daß bei dieser Planung – im Gegensatz zu Frankreich – nicht etwa eine Stadt oder Region Mittelpunkt des Netzes war, sondern sich mehrere *Zentren* über den Planungsraum verteilten. – Schon vorher hatten seine 1833 in Leipzig erschienenen Ausführungen *Über ein sächsisches Eisenbahnsystem, als Grundlage eines allgemeinen deutschen Eisenbahnsystems und insbesondere über eine Eisenbahn von Leipzig nach Dresden* allgemein Beachtung gefunden.

Druck: H.G. Gerlach, Atlas zur Eisenbahngeschichte. Zürich und Wiesbaden 1986, S. I f.

Lit.: Zug der Zeit – Zeit der Züge. Deutsche Eisenbahn 1835 1985, Bd.1, S. 23 – AK Industriezeitalter (Leben und Arbeiten im Industriezeitalter, Germanisches Nationalmuseum Nürnberg) 1985, S. 45 – P. Gehring, Friedrich List, Tübingen 1964 – F. Bülow, Friedrich List, Göttingen 1959.

München, Stadtbibliothek, 4° Per. 412/3, 1835

D. IV. e. Eisenbahn und Bahnposten

2 EISENBAHNPROJEKTE IN DEUTSCHLAND
1835 Ulm
Druck: *L.P. Albert, Verzeichnis von 119 Eisenbahnen, welche in England, Frankreich, Holland, Belgien, Deutschland und Nordamerika, theils erbaut, theils im Bau begriffen, oder zur Ausführung bestimmt sind.*
E.Nübling's Officin, Ulm. 15 S.
Aufgeschlagen S. 10: Projekte in Deutschland

Erwähnt werden im Detail – mit Angabe der Länge, der Baukosten, des erwarteten Transportvolumens sowie der Frachtkosten und des Prozentertrags – sechs Projekte: zwischen Leipzig, Meissen und Dresden; zwischen Hamburg, Berlin, Magdeburg und Leipzig; von Berlin nach Stettin; von Hamburg nach Lübeck; zwischen Hamburg, Bremen, Hannover und Braunschweig, von Mannheim nach Basel. Lediglich mit Angabe der Baukosten sind zusätzlich Linien – dabei im süddeutschen Raum die Strecken von Donauwörth bis Marktbreit und von Heilbronn nach Friedrichshafen – genannt, schließlich ohne Angabe der Baukosten weitere sechs Linien, darunter von Ulm nach Augsburg und von Nürnberg nach Augsburg. Bei allen diesen Bahnen war der *Dampf* das neue *Bewegungsmittel*.
Längere *Pferdeeisenbahnen auf Holzlager* bestanden damals zwischen Prag und Pilsen (Länge in württembergischen Stunden: 42) sowie zwischen Budweis und Linz (34 Stunden). Bescheiden nimmt sich dagegen die erste *echte* Dampfeisenbahn, die teilweise auch mit Pferden fortbewegt wurde, mit 1 2/3 wttbg. Stunden aus: die Verbindung zwischen Nürnberg und Fürth.
Überraschen mag bereits die Vielzahl der *Projekte* zu dem Zeitpunkt, als gerade die erste Dampfeisenbahn ihre Jungfernfahrt hatte, also eigene Erfahrungswerte noch nicht vorliegen konnten. Die tabellarischen Übersichten sind so ein Zeugnis des frisch ausgebrochenen *Eisenbahnfiebers*, das rasch um sich griff. Der Autor, L.P. Albert, war kgl. württembergischer Straßenbau-Inspektor und Oberleutnant a.D. Deswegen und wohl auch zum besseren Vergleich sind in den Übersichten die Länge nach württembergischen Stunden, die Baukosten in Landeswährung *und* Gulden, das Transportvolumen in württembergischen Zentnern angegeben.

Regensburg, FZA, Postakten 2399

3 DEUTSCHLANDS ERSTE EISENBAHN
1836 zweite Januarhälfte
Plan, Feder, auf Karton

Die Planskizze zeigt im Maßstab von 200 Fuß unter Weglassung der Krümmungen den Streckenverlauf zwischen Nürnberg und Fürth, die verschiedenen Gebäudearten (massive und interimistische Expeditionsgebäude, Remisen, Magazin und Wärterhaus), die *Excentric* (Gleisverzweigung) und das Wasser-Reservoir

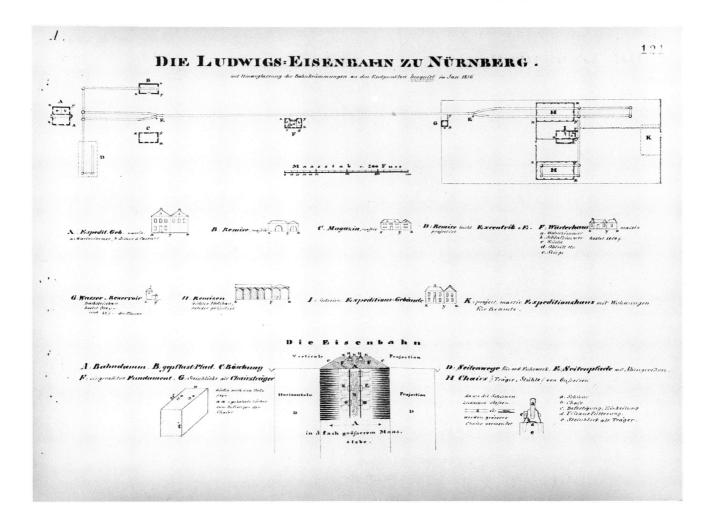

(Backsteinbau, kostet 900 fl. und 42 fl. die Pfanne). Weiter zeigt die Skizze Risse für Gleis, Gleislager und Bahndamm mit Böschung, Seitenwege *für ordentliches Fuhrwerk* und Seitenpfade mit Abzugsgräben auf.
Die für die taxisschen *Bahnverhandlungen* angefertigten Pläne und Skizzen lassen erkennen, daß Taxis alsbald nach Betriebsaufnahme der ersten deutschen Dampfeisenbahn bestrebt war, sich auch über technische Einzelheiten zu unterrichten. Hier handelt es sich um eine Planbeilage zu Protokollen vom 22./23. Januar 1836.

Lit.: K. Hermann, Thurn und Taxis-Post und die Eisenbahnen. Vom Aufkommen der Eisenbahnen bis zur Aufhebung der Thurn und Taxis-Post im Jahre 1867 (Thurn und Taxis-Studien 13) Kallmünz 1981, S. 102ff.

Regensburg, FZA, Postakten 2399

4 ERRICHTUNG DER FÜRSTLICHEN EISENBAHNKOMMISSION BEI DER GENERALPOSTDIREKTION IN FRANKFURT

1836 Januar 15 Regensburg
Anordnung des Fürsten, 1 Bogen
Aufgeschlagen: 1. Seite

Schon Ende 1835 bestellte Ernst von Dörnberg den Oberjustiz- und Oberpostrat Dr. Liebel, einen hochqualifizierten fürstlichen Beamten, auch zum Gutachter in Eisenbahnfragen. Man hatte alsbald erkannt, daß das neue Verkehrsmittel eine Problematik mit größter Tragweite aufwerfen würde. Von Regensburg aus betrieb dann ab Januar 1836 Ernst von Dörnberg *(Doernberg)* eine Art *Krisenmanagement.* Frankfurt sollte bei sämtlichen Landesregierungen des Bezirks vorstellig werden und darauf hinwirken, daß die Postgerechtsame bei Erteilung von Konzessionen an Eisenbahngesellschaften von den Regierungen gebührend berücksichtigt würden. Auch die Frage der Kapitalbeteiligung an Bahnen spielte eine Rolle.
Fürst Maximilian Karl ordnete am 15. Januar an, *es soll ohne allen Verzug zwischen Unserem Geheimen Rath und Generalpostdirector Alexander Freyherrn von Vrints-Berberich und dem Chef Unserer Gesamtverwaltung Ernst Freyherrn von Dörnberg ein Zusammentritt in Nürnberg, um den Aufenthalt daselbst zugleich für die Beobachtung der Eisenbahn zu benützen, stattfinden.* An den Unterhandlungen sollten außerdem die beiden Referenten des Immediatbüros und der Referent in Kurssachen bei der Generalpostdirektion beigezogen werden. Weiterhin wurde ein *besonderes Comite* unter Vorsitz Vrints-Berberichs angeordnet, über das man in Nürnberg verhandeln sollte. Der Chef der Gesamtverwaltung, Freiherr von Dörnberg, wurde *in gleichem Maße beauftragt,* tätig zu werden, *in der Hoffnung, daß durch diese Beschlüsse die unserem Postwesen drohenden Gefahren möglichst abgewendet werden.* Am 22./23. Januar trafen sich dann in Nürnberg, also unmittelbar *vor Ort,* die führenden Köpfe der taxisschen Verwaltung, um das weitere Vorgehen abzusprechen.

Lit.: K. Herrmann, Thurn und Taxis-Post und die Eisenbahnen, Kallmünz 1981, S. 93ff., 100ff.

Regensburg, FZA, Postakten 2398

5 BETEILIGUNG DES FÜRSTENHAUSES AN DER WÜRTTEMBERGISCHEN EISENBAHNGESELLSCHAFT

1836 Stuttgart
Druck: *Entwurf der Statuten der Württembergischen Eisenbahn Gesellschaft. Gedruckt in der J.B. Metzler'schen Buchdruckerei.* 15 S.

Wiewohl die Nürnberger Verhandlungen vom Januar 1836 größere Kapitalbeteiligungen an Eisenbahngesellschaften befürworteten, erlaubte die Schwerfälligkeit des Apparats nicht, Entscheidungen rasch zu treffen, zumal zunächst die Frage der Mittelaufbringung für die angestrebte Kapitalbeteiligung – einerseits Allodialvermögen des Fürsten, andererseits Haus- und Stammvermögen – im Raume stand.
Für das württembergische Eisenbahnprojekt Stuttgart–Ulm–Ravensburg–Friedrichshafen beliefen sich die Kostenvoranschläge auf ca. 20 Millionen Gulden. Oberpostrat v. Boger in Stuttgart subskribierte zunächst Aktien für 25000 fl.; am 23. Februar 1836 erhielt er dann aus Frankfurt den Auftrag, Aktien im Betrag von 50000 fl. zu zeichnen. Das Ziel, Sitz und Stimme in den Gremien der Bahn zu erwerben, wurde damit allerdings nicht erreicht; nach dem Entwurf der Statuten wäre ein Aktienkapital von 100000 fl. erforderlich gewesen. Die Generalversammlung vom 25. Mai 1836 bestätigte, was sich schon im Vormonat abgezeichnet hatte: Der Fürst zählte nicht zu den 25 höchstbeteiligten Aktionären und gehörte auch nicht dem aus der Mitte der stimmberechtigten Aktionäre zu wählenden Gesellschaftsausschuß an. – Auch der weitere Ankauf von zehn Aktien, über den v. Boger im Juli 1836 berichtete, nützte nichts, da das Projekt wegen Terrainschwierigkeiten schließlich zum Erliegen kam. Das taxissche Vorhaben, über die Teilhaberschaft an der Eisenbahngesellschaft auch Einfluß auf das problematische Verhältnis Post–Bahn auszuüben, war somit gescheitert.

Lit.: K. Herrmann, Thurn und Taxis-Post und die Eisenbahn, Kallmünz 1981, S. 119. – F. Frhr. v. Reden, Die Eisenbahnen in Europa und Amerika. Statistisch-geschichtliche Darstellung ihrer Entstehung, ihres Verhältnisses zur Staatsgewalt, so wie ihrer Verwaltungs- und Betriebs-Einrichtungen, 3.–4. Lfg., Berlin 1843–1845, S. 1138.
Allg. zum Engagement des Fürstlichen Hauses beim Eisenbahnbau vgl. Behringer 1990, S. 179 ff., 336 ff. u.a.

Regensburg, FZA, Postakten 2405

6 SPOTTBILD AUF DIE EISENBAHN

Um 1835
Lithographie, koloriert

Während die Postkutsche im Hintergrund rechts ungehindert auf der Landstraße dahinfährt, bemühen sich im Bildvordergrund zahlreiche Helfer und Passagiere, die Lokomotive mit dem Zug, von dem lediglich noch der erste vollbesetzte offene Wagen sichtbar ist, voranzubringen. Wie zum Hohn ist der lange Lokomotivschlot oben in einem kurzen Stück im rechten Winkel in Fahrtrichtung ausgerichtet, so daß ein Rauchabzug

D. IV. e. Eisenbahn und Bahnposten

praktisch nicht möglich ist. Die Karikatur aus der Frühphase der Eisenbahn veranschaulicht den Spott über die Anfälligkeit der Lokomotive. Andererseits wird die Graphik auch dahin interpretiert, den Willen zu zeigen, allen Widrigkeiten zum Trotz durch gemeinsame Anstrengung der neuen Maschine zum Sieg zu verhelfen. Die Konkurrenz zwischen der *langsamen alten* Postkutsche und dem *neuen modernen* Verkehrsmittel war wiederholt ein willkommenes Bildmotiv zur Charakterisierung des Fortschritts. Karikatur und Idealbild wechselten sich dabei ab.

Druck: AK Zug der Zeit – Zeit der Züge 1 (1985) S. 68.

Frankfurt, Deutsches Postmuseum, Bilder, Humor 16

7   EISENBAHN CONTRA POSTKUTSCHE
    1843 Wien
    Stahlstich, koloriert; nach Zeichnung von Anton Elfinger (Pseudonym Cajetan) gestochen von Andreas Geiger
    Aus der Wiener Theaterzeitung, 1. November 1843, Bildbeilage Bl. 29 der Serie *Satyrische Bilder*

So viele Passagiere, und wir können mit langer Nase zusehen!
Diese Bildunterschrift aus der Beilage zur Wiener *Theaterzeitung* umreißt das den Postillonen vor Augen stehende Schicksal. Ihre Zeit ist anscheinend vorbei: abwartend, biertrinkend, nachdenklich stehen und sitzen sie vor dem Poststallgebäude, über dessen Tür das *Fahr-Post*-Schild mit dem Posthorn hängt, während im Hintergrund der Personenzug mit dem *Beförderungsgut Mensch* vorbeirollt und urplötzlich ihre Existenz gefährdet.

Der Zeichner Anton Elfinger nimmt hier ein Bildmotiv auf, das mit ziemlicher Sicherheit auf Honoré Daumier (1808–1879) zurückgeht. Gestochen wurde das Blatt von Andreas Geiger (1765–1856).
Der Maler Gustav Müller hat das Motiv bis in Details 1913 nochmals aufgegriffen. Sein Ölgemälde zeigt die drei Postillone in fast gleichen Haltung, jetzt allerdings in korrekten Uniformen und ohne *lange Nasen*. Geändert ist das Schild am Eingang des Gebäudes, das ein K.(österreichisch-kgl.bömisches Post-)Amt vermuten läßt. Nach der Bildbeschreibung handelt es sich um einen sächsischen, einen bayerischen und einen österreichischen Postillon, bei der Eisenbahn im Hintergrund um *die erste Eisenbahn bei Franzensbad 1855*.

Lit. zu Geiger: Thieme-Becker Bd. 13 (1920) S. 341 – Zu G. Müller AK Halbturn (1985), Farbabb.

Regensburg-Burgweinting, Privatbesitz A. Münzberg

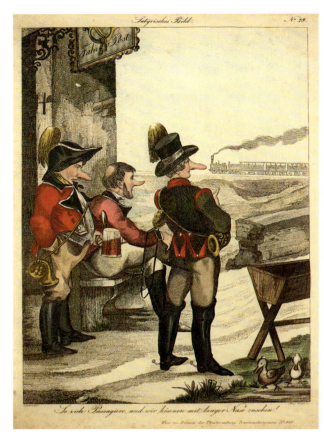

8   LAND–, WASSER– UND SCHIENENWEGE IN BAYERN: STRASSE, LUDWIGSKANAL UND EISENBAHN BEI ERLANGEN
Um 1844
Holzstich, anonym, *Nürnberg, b. Friedr. Scharrer*

Der aus dem Tunnel herauskommende Eisenbahnzug und der Ludwigskanal kennzeichnen die neue Epoche. Zwischen den beiden *modernen* Beförderungswegen fahren die Kutschen auf der Landstraße dahin, während im Hintergrund auf der gewunden dahinfließenden Regnitz Schelche den Fluß überqueren. Von dieser Druckgraphik gibt es Varianten (ohne Himmel / mit Himmel).

Das Motiv Bahn – Wasserstraße – Landstraße begegnet uns in Bayern wiederholt, so auf einer Darstellung des Nürnberger Kanalhafens um 1845 mit der Ludwigsbahn im Hintergrund, oder auf einem Bild der Kanalbrücke bei (Nürnberg–) Doos um 1850. In der Konkurrenz zwischen Schienen– und Wasserstraße unterlag schließlich der Ludwigskanal.

Die Bayerische Postverwaltung war von Anfang an bestrebt, von den Eisenbahnen die zur gedeihlichen Weiterentwicklung der Posten gebotenen Zugeständnisse zu erhalten. So wurde bereits 1837 bei der Konzession der Eisenbahn zwischen Augsburg und München der Unternehmerin, einer Aktiengesellschaft, auferlegt, alle *Gegenstände, welche sich zur Beförderung mit der Briefpost eignen, namentlich alle Felleisen mit Brief– und Zeitungspaketen, dann Estafettalsendungen, die auf die Richtung und den Abgang der Eisenbahnfahrt influieren, sowie den allenfallsigen Bedarf der Post an leeren Eil– und Packwagen unentgeltlich zu transportieren, ferner zweckmäßig konstruierte Wagen für die Beförderung der Postwagensendungen herzustellen und den beigegebenen Postkondukteur unentgeltlich zu befördern.* Bis zur Verstaatlichung der Eisenbahngesellschaft 1845 mußte diese zudem für die Überlassung des Personen– und Frachttransportes eine nicht unerhebliche Entschädigung leisten. – Hier hatte der Staat mit seiner Staatspost natürlich gegenüber den Eisenbahngesellschaften eine ganz andere Handhabe als Thurn und Taxis in den Bereichen der fürstlichen Lehenposten, wo doch oft genug landesherrliche Interessen dem Bahnbau näherstanden als postalische Belange des Postleheninhabers.

Lit.: M. Jehle, Eiserne Kunststraßen. Zur Vor– und Frühgeschichte der Eisenbahn. In: AK Zug der Zeit (1985) S. 89–91 – Rückblick auf das erste Jahrhundert der K. Bayer. Staatspost, hrsg. v. K. B. Staatsministerium für Verkehrsangelegenheiten, München 1908 bzw. Nachdruck München 1982, S. 73.

Nürnberg, Verkehrsmuseum, Bildarchiv Bahn, Fach 46, Mappe 7, Bild 21

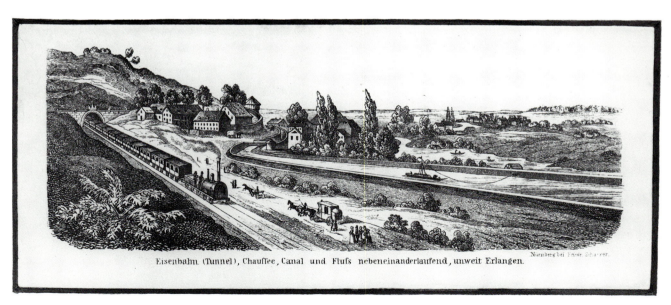

D. IV. e. Eisenbahn und Bahnposten

Ausbau des Bahn- und Bahnpostnetzes

9 KOPFLEISTE WOCHENBLATT FÜR DAS
TRANSPORTWESEN
1846 April 5 Frankfurt
Druck: *Wochenblatt für das Transportwesen. Hrsg. von A. Vogtherr, Post-Revisor in Frankfurt am Main, Jahrgang 1846. Gedruckt bei Ernst Chr. Schrön*

Die Kopfleiste der Nr. 14 zeigt erstmals die drei wichtigsten zeitgenössischen Transportmittel vereint: den Eilpostwagen, die Lokomotive als Symbol der Eisenbahn, schließlich das Dampfschiff. Die vorausgehenden Nummern entbehren dieses graphischen Beiwerks.
Das *Wochenblatt* hat eine lange Tradition. Es ist hervorgegangen aus dem *Archiv für das Transportwesen*, das anfangs in drei Abteilungen zusammen mit dem *Archiv der Postwissenschaft* und einer *Sammlung aller europäischen Postverordnungen* seit 1829 von Hofrat v. Herrfeldt herausgegeben wurde. Schon im ersten Jahrgang finden sich Notizen und Berichte auch über die *Eisenbahn in Österreich* und von *Dampfwagen in England*, ebenso von der *Dampfschiffahrt zwischen Neuyork und Hamburg*. Das alte Quartformat ist nach einem kurzen Formatwechsel (16.-18.Jg., N.F. Bd.1-3, 1844-1846) dann im Vogtherr'schen *Wochenblatt* wieder aufgenommen worden; später wechselte der Titel über in *Nachrichten vom Transportwesen*. Johann Albrecht Vogtherr war zuletzt Revisionsbüro-Vorsteher und Oberrevisor bei der Generalpostdirektion in Frankfurt (FZA, Personalakten 9750-9751).

Regensburg, FHB, P 471

10 MISSGLÜCKTE PROBEFAHRT DER
TAUNUS-EISENBAHN
1839 Juni 23
Lithographie, anonym

Die erste Probefahrt der Taunus-Eisenbahn zwischen Höchst und Frankfurt a.M. verlief keineswegs glücklich. Eine Lithographie jener Tage vermittelt die *Bildliche Darstellung, wie die Locomotive aus Entkräftung im Niederwalde stille stehen thäte, wie die Actionaire aussteigen und die sämtliche Wagenburg selbsten nach dem Bahnhofe ziehen u. drücken mußten, wobei es viele Stöße und einige zerbrochene Nasen absetzte. Das Bild zeigt die Große Unglücksfahrt, welche sich am 23ten Juni 1839 bei Nied zugetragen hat. Von einem Augenzeugen nach der Natur gezeichnet.*
Im Gegensatz zu anderen ebenfalls mehr oder minder ironisierenden zeitgenössischen Darstellungen, die das neue Transportmittel Eisenbahn allgemein als ein willkommenes Bildmotiv teils in positiver, teils in negativer Weise aufgreifen, bietet bei der Taunuseisenbahn ein realer Anlaß die Möglichkeit graphischer Darstellung. Dabei entbehren auch hier Bild und Bildunterschrift nicht des Spotts.
Die Linie wurde in mehreren Abschnitten gebaut und am 13. April 1840 eröffnet; Stationen waren der Taunus-Bahnhof in Frankfurt, Höchst a.M., Hattersheim, Flörsheim, Castell und Wiesbaden. Hinzu kam noch im August 1840 die Anschlußkurve Castell-Biberich.

Lit.: Historisches Museum Frankfurt (Hrsg.), Historische Dokumentation 16.-18. Jahrhundert, Frankfurt 1975, S. 209: 33.04.03 – B. Faulhaber, Geschichte der Post in Frankfurt a.M. In: Archiv für Frankfurts Geschichte und Kunst, N.F. Bd.10 (1883), S. 216 ff. – Haferkamp-Probst, Stempelhandbuch Bd. 2 (1977) S. VIII/25 u.a. – K. Herrmann, Thurn und Taxissche Poststationen an der Main Neckar- und an der Taunus-Eisenbahn. Studien und Quellen zur Postgeschichte (Reihe A) Nr. 1, Kallmünz 1979.

Frankfurt, Historisches Museum, Graphische Sammlung C 15095

11 INTERESSENABGRENZUNG ZWISCHEN BAHN UND POST

1840 Februar 11 Wiesbaden
Druck: *Promemoria des Ausschusses der vereinigten Taunus Eisenbahn–Comités*. 21 S.

Die Denkschrift betrifft die Regulierung der Verhältnisse zwischen Post und Bahngesellschaft, ferner die für die Post noch zu ermittelnde bzw. zu leistende Entschädigung. Von einer solchen waren die Konzessionen zum Bahnbau und Bahnbetrieb abhängig gemacht worden. Selbst – oder gerade – auf dieser an sich kurzen Bahnstrecke wird deutlich, wie noch zur Zeit des Deutschen Bundes durch Kleinstaatlichkeit einheitliche oder großzügigere Lösungen erschwert oder verhindert werden konnten: Die Linie erstreckte sich auf das Gebiet der Freien Stadt Frankfurt, auf herzoglich nassauisches und großherzoglich hessisches Gebiet. Die *Eisenbahn–Comités* hatten ihren Sitz in Frankfurt, Wiesbaden und Mainz. Frankfurt hielt zunächst die nach Ansicht der Gesellschaft *jedenfalls höchst übertriebenen Ansprüche der Postverwaltung* für unbegründet, verwies diese an die Gerichte und erlaubte die *partielle Eröffnung* der Bahn. Im Gegensatz dazu erkannte die Großherzoglich Hessische Staatsregierung die taxisschen Ansprüche an und verlangte vor Inbetriebnahme der Bahn eine Einigung zwischen dieser und der Post. Die Herzoglich Nassauische Regierung dagegen gestattete die *partielle Bahneröffnung*, traf aber bislang keine Entscheidung auf die von der taxisschen Postverwaltung Ansprüche.

Bemerkenswert erscheint, daß das Fürstliche Haus selbst sich schon 1837 mit einer Subskription 30 000 Gulden an der Taunus-Eisenbahn beteiligen wollte, sich nach der vorbehaltenen Kürzung aber nur mit 750 Gulden beteiligen konnte; dem Eisenbahn–Comité gehörten u.a. die Gebrüder Bethmann, M.A. von Rothschild & Söhne und Grunelius & Co. an (FZA, Postakten 8180).

Lit.: K. Herrmann, Thurn und Taxis–Post und die Eisenbahnen (1981) S. 172–208.
Zeitgenössische Literatur u.a.: E. Scharff, Die Ansprüche und Rechte der fürstlich Thurn und Taxisschen Post gegenüber den Eisenbahn-Unternehmungen mit besonderer Berücksichtigung der Taunus–Eisenbahn, Frankfurt 1840 – M. Mohl, Eisenbahnen und Postmonopol, Stuttgart 1843, mit Nachtrag – G.A. Gruber, Wie müßte die Stellung der Posten und Eisenbahnen zu einander sein, wenn beide Institute allen gerechten Anforderungen unserer Zeit entsprechen sollen ? In:

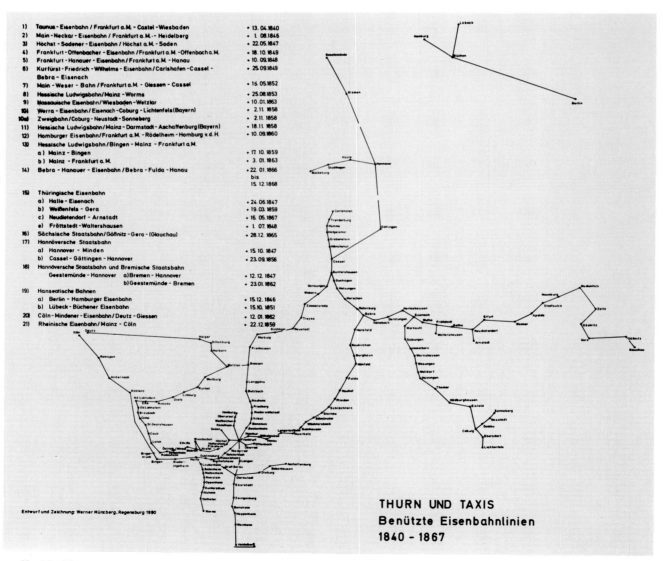

Kat.Nr. 12

D. IV. e. Eisenbahn und Bahnposten

Deutscher Postalmanach Bd. 3 (1844) S. 17–48 – E. Kästner, Die Fürstlich Thurn und Taxissche Postanstalt im Verhältniß zu Telegraphen und Eisenbahnen. In: Deutscher Postalmanach Bd. 3 (1844) S. 105–122 – H. Knapp, Über das Verhältniß der Post zu der Eisenbahn in Württemberg. In: Sarway's Monatsschrift für die Justizpflege in Württemberg 9 (1844) S. 152–160 – K. Stängel, Das deutsche Postwesen in geschichtlicher und rechtlicher Beziehung ...; über das Postrecht Württembergs, und das rechtliche Verhältniß der Post zu den Eisenbahnen (Stuttgart 1844).

Regensburg, FZA, Postakten 301

12 DIE VON DER THURN UND TAXIS-POST BENÜTZTEN EISENBAHNEN
1840–1867
Graphik; Entwurf und Zeichnung W. Münzberg

In Ergänzung zum Thurn und Taxis-Stempelhandbuch (Bd. 2, 1977), das lediglich die einzelnen von der taxisschen Post benutzten Bahnlinien graphisch darstellt, wird hier versucht, das gesamte Netz zu zeigen. Die Nord-Süd- und die Ost-West-Achsen treten klar hervor, aber auch der Eisenbahn-Schwerpunkt im Bereich Frankfurt und Mainz mit Queranschlüssen.

Kartengrundlagen: Haferkamp-Probst, Stempelhandbuch Bd. 2 (1977) VII/23–65 – Druck: H.G. Gerlach, Atlas zur Eisenbahngeschichte. Zürich und Wiesbaden 1986.

Regensburg, FZA, Graphiktafeln

13 ZEICHNUNGSPROSPEKT DER SÜDWESTDEUTSCHEN UND SCHWEIZER BAHNLINIEN
1853 März 19 Schaffhausen
Gründungsstatuten und Zeichnungsprospekt der Rheinfall-Bahn
Druck, IV u. 4 S., mit kolor. Plan
aufgeschlagen: S. IV mit Planskizze u. S. 1 der Statuten

Die Planskizze zeigt in Farbabstufungen in Dienst und in Bau befindliche Bahnlinien, projektierte Eisenbahnlinien und speziell die Rheinfall-Bahn Schaffhausen–Winterthur, ferner regelmäßige Dampfschiffahrtslinien.
Am 27. Juli 1853 schrieb Dr. Hans von Zieglern, der Stadtratspräsident von Schaffhausen, in seiner Eigenschaft als Vorstand der Stadtgemeinde sowie der *Wohladeligen Gesellschaft „zun Kaufleuten"*, der auch der Fürst angehörte, an Maximilian Karl. Unter Hinweis auf die früheren postalischen Beziehungen (s. Kat.Nr. C.IV.b. 14) bat der Präsident um Zeichnung von Aktien. Das Geschäftskapital war auf 4,4 Millionen Franken festgelegt, die Aktie auf 500 Franken, die jährliche Verzinsung der Einlage auf 4 Prozent. Auch die dem Präsidenten-Schreiben beigefügten *Eisenbahn-Blätter für's Schaffhauser Volk,* von der Brodtmann'schen Buchdruckerei nach einem Vortrag des Präsidenten des provisorischen Eisenbahn-Komite's, Friedrich Peyer im Hof, 1853 gedruckt und durch v. Zieglern dem Kaufangebot beigefügt, lösten in Regensburg kein Kaufinteresse aus: das Haus lehnte ab, wegen anderweitig eingegangener ähnlicher und sonstiger Verbindlichkeiten. Dagegen griff das Fürstliche Haus drei Jahre später, als eine neue Gesetzgebung in Bayern die Gründung privater Eisenbahngesellschaften zuließ, in seiner *Heimatregion* in ganz anderen Größenordnungen zu: bei der Bayerischen Ostbahn-Gesellschaft, an der auch die königliche Staatsbank Nürnberg und das Bankhaus Rothschild beteiligt waren. Vom Grundkapital von 60 Millionen Gulden übernahm Thurn und Taxis sofort 4 Millionen und sicherte sich die Option auf weitere 8 Millionen Gulden, wobei der Staat attraktive 4,5 % Kapitalzinsen garantierte.

Lit.: H. Wanner-Keller, Nationalrat Friedrich Peyer im Hof (1817–1900). In: Beiträge zur Vaterländischen Geschichte, H.10 (Schaffhausen 1925), S. 140–144 – Zur Bayerischen Ostbahn vgl. Behringer 1990, S. 337 f. u.a. – W. Zeitler, Eisenbahnen in Niederbayern und der Oberpfalz. Die Geschichte der Eisenbahn in Ostbayern, Regensburg 1985, S. 22 f.

Regensburg, FZA, Postakten 8192

14 WERRA-BAHN-VERTRAG MIT SACHSEN
1858 August 24 / Oktober 4 Weimar
Ausf., Libell, 11 S., 2 Petschaften
Ratifikation durch die Großherzoglich Sächsische Post-Inspektion, Lacksiegel

Der Vertrag wurde zwischen der Großherzoglich Sächsischen Regierung und der Fürstlichen Generalpostdirektion in Frankfurt abgeschlossen. Er steht in unmittelbarem Zusammenhang zu den mit Sachsen-Coburg-Gotha (FZA, Posturkunden 428) und Sachsen-Meiningen (FZA, Posturkunden 448) zustandegekommenen Vereinbarungen. In ihnen wurde der Post auferlegt, *für die Überweisung dieser Leistungen der Werra-Eisenbahn-Gesellschaft* an die einzelnen Staatskassen *eine aversionelle Vergütung von jährlich vierhundert Talern für jede Längenmeile* der in den einzelnen Staaten gelegenen Bahnstrecke der Werrabahn zu zahlen.

Regest: Haferkamp-Probst, Stempelhandbuch Bd. 2 (1977) S. VIII/73 – Druck a.a.O. Anhang: Doc. 1858 VIII 24/1–4
Lit.: Haferkamp-Probst, Stempelhandbuch Bd. 2 (1977) S. VIII/39 ff. – K. Herrmann, Thurn und Taxis und die Eisenbahnen (1981) S. 270 f. u.a.

Regensburg, FZA, Posturkunden 451

15 KRIEG HEMMT DEN BAHNVERKEHR: EINSCHRÄNKUNGEN AUF DER STRECKE MAINZ–BINGEN
1866 Juli 1 Mainz
Plakat, Druck

In knapper Form unterrichtet der Verwaltungsrat der Hessischen Ludwigs-Eisenbahn-Gesellschaft die Öffentlichkeit von der durch die Kriegsereignisse notwendig gewordenen Einstellung des Personenverkehrs.
Über die Störungen des Postenlaufs auf der Route Mainz–Bingen berichtete das Postamt Mainz am 1. Juli an die Generaldirektion der Großherzoglich Hessischen Posten nach Frankfurt. Die Situation erforderte

einen Notfahrplan auch für die *Kurfürst–Friedrich Wilhelms–Nordbahn,* wie er ab 1. Juli bis auf weiteres gelten sollte.

Regensburg, FZA, Postakten 2425

Hessische Ludwigs-Eisenbahn-Gesellschaft.

Bis auf Weiteres ist der Personen-Verkehr auf der Strecke

Mainz-Bingen

vollständig eingestellt.

Mainz, den 1. Juli 1866.

Der Verwaltungsrath.

16 ÖSTERREICH DEPESCHIERT WEGEN ZERSTÖRTER EISENBAHN MAINZ–BINGEN AN DIE GENERALPOSTDIREKTION
1866 Juli 3 Wien bzw. Frankfurt
Telegrammformulare des Deutsch–Österreichischen Telegraphen-Vereins
Druck, handschriftlich ausgefüllt

K.K. Ministerium für Handel und Volkswirthschaft an Fürstlich Thurn und Taxissche General Post Direktion:
Da Eisenbahn Mainz–Bingen zerstört, so ersucht man um telegraphische Mittheilung, auf welchem Wege die österreichischen Briefkartenschlüße an Bahnposten Bingerbrück, Cöln u. Cöln-Verviers, dann die Fahrpostkartenschlüße nach Cöln von Darmstadt aus weiter gesendet werden u. wer insbesondere dortseits aus diesem Anlaße verfügt wurde.
Die über die bayerische Telegraphenstation gelaufene Depesche hat als Aufgabevermerk *5 Uhr Nachmittag,* der Entwurf der telegraphischen Antwort nach Wien, eine Stunde später abgefaßt, lautet: *Fahrpostverkehr mit Preußen ganz eingestellt. Briefpost nach Preußen geht über Ludwigshafen und Neunkirchen.* Noch eine Reihe weiterer Depeschen aus den Juni- und Julitagen 1866 spiegelt die militärische Situation. So bat z.B. Postkommissar Röder in Eisenach mit Telegramm 18. Juni 1866 um die Einrichtung einer direkten Post über Hanau, Fulda, Eisenach bzw. Fulda, Bebra, Kassel, und nach Mitteilung des Postamtes Bingen vom 22. Juni weigerte sich die Königlich Preußische Poststelle in Bingerbrück, die ihr *per Furgon* zugeführten Poststücke in Empfang zu nehmen.

Regensburg, FZA, Postakten 2425

Eisenbahntechnik: ein Zeichen des Fortschritts

17 VORRICHTUNG ZUM ÜBERSETZEN VON EQUIPAGEN AUF EISENBAHNWAGEN
1844
Reproduktion eines zeitgenössischen Holzstichs, anonym

Zu den einfachsten und ältesten Formen von Güterwagen zählten Flachwagen. Sie dienten auch der Beförderung von Kutschen. Kutschenkasten und Eisenbahncoupé unterschieden sich zunächst kaum, die ersten Personenwagen der Eisenbahn übernahmen die traditionellen Räumlichkeiten des Reisens. Mobile Kutschenaufbauten erlaubten es, am Zielbahnhof wieder auf die Kutschen gesetzt zu werden. Entsprechend gut situierte Reisende konnten sich so für die Reiseabschnitte, für die bereits Bahnverbindungen bestanden, des modernen Verkehrsmittels Eisenbahn bedienen und zu Zielen ohne direkten Bahnanschluß dann mit der eigenen Kutsche weiterfahren. Auch Postverwaltungen bedienten sich dieser Möglichkeit. Eine solche Art der Beförderung von Reisefahrzeugen mag als Vorstufe der heutigen Auto-Reisezüge und der *Rollenden Landstraße* angesehen werden.

Lit.: D. Vorsteher, Reisen mit der Eisenbahn. Von der Kutsche zur „Reisemaschine" (Zug der Zeit – Zeit der Züge. Deutsche Eisenbahn 1835–1985, Bd.2) S. 407f. m.Abb. – R.R. Rossberg, Geschichte der Eisenbahn, 2.Aufl. Künzelsau 1984, S. 414 m.Abb.

Regensburg, FZA, Fotodokumentation

D. IV. e. Eisenbahn und Bahnposten

18 VORRICHTUNG ZUM FANGEN UND ABGEBEN DER BRIEFBEUTEL BEI SCHNELLZÜGEN

1853 Februar 6 Stuttgart
Reproduktion einer Lithographie
aus: *Eisenbahn-Zeitung. XI: Jahr. Nro. 6.*
(München, Deutsches Museum, Sondersammlungen)

Vom Januar 1853 sind die Notizen des Stuttgarter Architekten Bok datiert, die unmittelbar darauf in der wöchentlich von J.B. Metzler herausgegebenen *Eisenbahn-Zeitung* in Detailbeschreibung und Planzeichnung veröffentlicht wurden. Die Zeitschrift war das *Organ der Vereine deutscher Eisenbahn-Verwaltungen und Eisenbahn-Techniker,* somit also das richtige Forum. Bereits in Nr. 27 des Vorjahres war in diesem Organ eine *Vorrichtung zum Fangen von Briefbeuteln bei Eisenbahnschnellzügen auf den Stazionen, welche ohne Aufenthalt passiert werden,* publiziert worden. Bok erinnerte an ein ähnliches Verfahren, das er 1851 auf der Strecke zwischen Paris und Brüssel kennengelernt und bei dieser Gelegenheit gezeichnet habe. So hielt er es nun für seine *Pflicht, die skizzirte Vorrichtung einem größeren Publikum mitzutheilen. Im übrigen: Was die Kosten ... anbelangt, so sind dieselben unbedeutend, und werden den Aufwand, welcher für die in Nr. 27 beschriebene Einrichtung berechnet ist, jedenfalls nachstehen. Die Anfertigung erfordert ebenfalls wenig Geschicklichkeit, und kann von gewöhnlichen Handwerksleuten besorgt werden. ...*

Erstmals wurden 1838 an der Bahnlinie London–Birmingham Briefbeutel mit einer durchfahrenden Bahnpost zum Abwerfen und Auffangen ausgetauscht. Die späteren Erfahrungen in Deutschland mit dem System einer *fliegenden Übergabe* von Beuteln waren wegen der häufigen Schadensfälle nicht gut. Auch die *Fangvorrichtungen neuer Art,* wie sie anfangs der fünfziger Jahre veröffentlicht wurden, führten zu keiner Besserung, ja es kam sogar zu Verletzungen beim Postpersonal. Daher wurden 1875 derartige Versuche dann ganz aufgegeben.

Lit: H. Leclerc, Bahn-Post. In: ADP 28 (1980/1) S. 127 – Handwörterbuch des Postwesens, Frankfurt 1953, S. 264 – Fangvorrichtung von 1867 vgl. H. Miosga, 130 Jahre Bahnpost in Deutschland. In: ADP 28 (1980/1) S. 27 (m. Abb.).

Regensburg, FZA, Fotodokumentation

19 PREUSSISCHE BAHNPOSTWAGEN

Um 1860
Lithographie bzw. Zeichnung

a) Dreiachsiger Bahnpostwagen der Gattung I ab 1859, teilkoloriert

Seitenansicht: Anstrich olivgrün (nach 1865, vorher gelb), Fenster und Fensterladen holzfarben, Zierstücke metallfarben, ebenso preußischer Adler und Inschrift oberhalb des mittleren Fensterpaares: *KOENIGL: PREUSS:POST.* Darunter: zwei Längsschnitte, ein Querschnitt.

b) Dreiachsiger Bahnpostwagen

Frontansicht mit Türen, Fenster teilweise vergittert. Oberhalb der Türe an der Wagenmitte: *KOENIGL: PREUSS:POST.* Am Wagenschlag Königskrone, von Ziermuster eingefaßt.
Allgemein dienten zur Postbeförderung auf Bahnen zunächst gewöhnliche Güterpostwagen, die mit Pferdegespann zum Bahnhof gebracht und dort durch Portalgerüste und Hebezeuge auf Eisenbahnflachwagen gesetzt, am Bestimmungsort dann wieder abgehoben wurden (s. oben Nr. 17). Ab 1841 wurden dann *richtige* gedeckte Eisenbahnwagen für die Postbeförderung

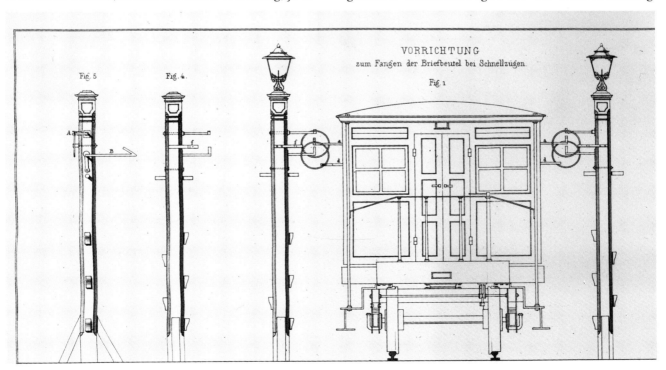

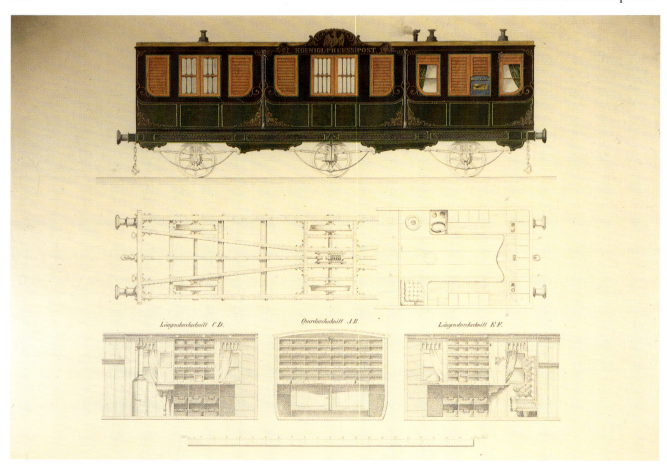

gebaut. Zur Bearbeitung der Postsendungen während der Fahrzeit wurden in Preußen 1849 *Post–Speditions–Bureaus* eingerichtet; Baden hatte schon ein Jahr vorher *echte* Bahnposten. In Bayern hatte die Postverwaltung ebenfalls 1849 einen Güterwagen der Staatsbahn probeweise umbauen lassen; er diente als Muster für die zu beschaffenden Bahnpostwagen. Ein Jahr später wurden dann neun größere Wagen in Auftrag gegeben. Die ersten *Bahnposten (bureaux ambulants)* verkehrten 1851 auf den Strecken München–Nürnberg und Nürnberg–Hof. Thurn und Taxis bediente sich der *Eisenbahnpostbüros* erst relativ spät, seit 1861.

Lit.: H. Miosga, 130 Jahre Bahnpost in Deutschland. Entwicklungsgeschichte der deutschen Bahnposwagen von 1849–1979. In: ADP 28 (1980/1) S. 5–116 – Handwörterbuch des Postwesens, Frankfurt 1953, S. 77 f. (Bahnpostwagen) – Rückblick auf das erste Jahrhundert der K. Bayer. Staatspost, München 1908 bzw. Nachdruck 1982, S. 91.

Frankfurt, Deutsches Postmuseum, Bahnpost 11 (1860 / 1865)

Bahn und Post in der Philatelie

Grundsätzlich ist zu unterscheiden zwischen Bahnhofsstempel im Charakter der Ortsstempel und Bahnpost–Streckenstempel. Bis zum 1. Juli 1867, dem Tag des Übergangs der Post an Preußen, bestanden im taxisschen Bereich 22 Bahnen, teilweise mit Zweigbahnen. Einige dieser Linien reichten nur wenig in das taxissche Postgebiet hinein, so etwa die Strecken Deutz–Gießen oder Mainz–Köln. So ist es verständlich, daß wiederholt Stempel auf Marken anderer Postverwaltungen vorkommen.

Lit.: Rundbriefe des Deutschen Altbrief–Sammlervereins e.V. – Mitteilungen der Arbeitsgemeinschaft Thurn und Taxis e.V. u.a.

Regensburg, FZA, Postdokumentation

20 STEMPELTYPEN UND MARKENENTWERTUNGEN

a–e) Thüringische Eisenbahn Halle–Eisenach

Strecke Halle–Eisenach; ab November 1858 hat die Thüringische Eisenbahn den Betrieb der Werra-Bahn mitgeführt.
Preußische Bahnpoststempel / Nummernstempel 573.
a) Aufgabeort Gotha (handschriftlich, blau), Ringnummernstempel 573 rot; Rahmenstempel *HALLE/Datum/EISENACH* rot –
b) Aufgabeort Apolda (handschriftlich, blau), Dreizeiler *HALLE/Datum/EISENACH* schwarz –
c) Aufgabeort Sulza (handschriftlich, blauer Stift); Rahmenstempel wie a), aber schwarz –
d) Preußische Frankatur nach Altenburg, Ringnummernstempel 573, schwarz; Ortsstempel: Rahmenstempel *HALLE/BAHNHOF/Datum* schwarz –
e) Dreizeiler *HALLE/Datum/EISENACH* als Durchgangsstempel

D. IV. e. Eisenbahn und Bahnposten

Lit.: Haferkamp–Probst, Stempelhandbuch Bd. 2 (1977) S. VIII/48–51.

f–i) Werra–Bahn
Strecke Eisenach–Coburg–Lichtenfels, mit Zweigbahn Coburg Neustadt–Sonneberg; von der Thüringischen Eisenbahn betrieben. Ringnummernstempel 377 für Bahnhof Meiningen, *Fahrendes Eisenbahn-Postbüro*
f) Aufgabeort Hildburghausen (handschriftlich, schwarz), Ringnummernstempel 377 schwarz –
g) Bayerischer Streckenabschnitt, bayerische Frankatur, Aufgabeort Lichtenfels (handschriftlich), Ringnummernstempel 377 –
h) Aufgabeort Koestritz, Federstrichentwertung –
i) Aufgabeort Meiningen, Federstrichentwertung

Lit.: Haferkamp–Probst, Stempelhandbuch Bd. 2 (1977) S. VIII/14 u. 39–41.

k–m) Hessische Ludwigsbahn
Strecke Mainz–Worms und Rhein–Main–Bahn, Strecke Mainz–Darmstadt–Aschaffenburg.

k) Aufgabeort Osthofen (handschriftlich, blau), Kreisstempel *BAHNPOST WORMS–MAINZ* –
l) Ganzsache, Aufgabeort Worms (handschriftlich), Markenentwertung wie k) –
m) Markenentwertung (Briefstück) wie k)

Lit.: Haferkamp–Probst, Stempelhandbuch Bd.2 (1977) S. VIII/ 36 u. 42.

n–o) Main–Neckar–Eisenbahn
Strecke Frankfurt–Darmstadt–Heidelberg.
n) 15 Kr.-Einzelfrankatur nach Genf: Markenentwertung Kreisstempel *FRANKFURT A.M. / BAHNHOF* schwarz –
o) Einzeiler FRANKFURT A.M. schwarz; Kreisstempel wie n)

Lit.: Haferkamp–Probst, Stempelhandbuch Bd. 2 (1977) S. VIII/18 u. 26

Regensburg, FZA, Postdokumentation

D. Organisation, Dienstbetrieb und Dienstleistungen der Thurn und Taxis-Post

D. V. Reisen und Schreiben

Aber zur Regel wird es mir seyn, lieber zu fus zu gehen, als in einem Postwagen zu fahren, schrieb Wolfgang Amadeus Mozart nach seiner Ankunft in München am 8. November 1780 an seinen Vater. *Dieser Wagen stößt einem doch die Seele heraus! – und die Sitze! – hart wie Stein!* fährt er in seinen Zeilen fort. Bis weit in das 18. Jahrhundert, in die erste Blütezeit der Postkutsche hinein, galt das Reisen als beschwerliches Geschäft. Zunächst zu Fuß auf den großen Straßen des Kontinents, dann in ungefederten Reisewägen oder wegen der schlechten Straßen mit eigenen oder gemieteten Pferden, letztere von Privatleuten oder auch an den Postkursen von den Posthaltern, war Reisen niemals Selbstzweck, sondern entsprach einer Notwendigkeit, einer Pilger-, Geschäfts- oder politisch-diplomatischen Reise. Das feudale Reisen mit großem Gefolge beschränkte sich auf den absolutistischen Hof samt Hofstaat und den höheren Adel, die über Prunkkarossen verfügten. Ganz anders reiste das gemeine Volk – langsam in der überladenen Postkutsche und in der drangvollen Enge Seinesgleichens. Reisen als eigenständiges Erziehungs- und Ausbildungsziel, als Bildungsideal (Kavaliersreise) für junge Adelige, Gelehrte und Bürger ging Hand in Hand mit dem Eindringen aufklärerischer Ideale in die spätfeudale Standesgesellschaft. Erst die Entdeckung der landschaftlichen Schönheiten und die Institutionalisierung der Fahrposten, der privaten Landkutschen, der staatlichen Ordinari- und Extraordinari-Postkutschen unter Einführung der Schnellposten für Passagiere mit wenig Gepäck um die Wende zum 19. Jahrhundert ließen das Reisen schneller, bequemer und endlich auch zum Selbstzweck werden. Schließlich steigerte die Möglichkeit und Lust, schnell große geografische Räume zu überwinden, das Bedürfnis sozial aufsteigender Bevölkerungsschichten zum Reisen. Im neuen Zeitalter der Dampfschiffe, der Eisenbahn und der modernen Straßenfahrzeuge verklärte aber auch diese neue Bequemlichkeit im idealisierenden Rückblick das Reisen in früheren Jahrhunderten – in der Epoche der Postkutschen.

Neben dem unmittelbaren Reisen steht das intermediäre Korrespondieren als alternative Kommunikationsform zwischen den menschlichen Individuen. Medien sind der private Brief und das amtliche Schreiben. Von der ursprünglich mündlichen, nachbarschaftlichen Botschaft ausgehend, direkt oder schon in Ansätzen von Boten vermittelt, ließen schriftlich fixierte Nachrichten einen kontinuierlichen Gedankenaustausch zwischen Einzelindividuen und Personengruppen über größere Entfernungen zu. Das Schreiben, das Übermitteln allgemeiner oder privater Informationen an bestimmte andere Personen wird zum Kulturzeugnis. Zunächst öffneten sich aufgrund ihrer Vorbildung und beanspruchbaren Kommunikationseinrichtungen die geistig oder politisch führenden Bevölkerungsschichten der Schriftlichkeit. Das gemeine Volk, vielfach des Schreibens und Lesens unkundig, vertraute noch lange dem retardierenden Element der mündlichen Überlieferung, des persönlich bekannten Botens. Der allmähliche Übergang vom nicht allgemein verständlichen Latein zur Muttersprache ebnete weiteren Bevölkerungsgruppen den Zugang zur Schriftlichkeit. Weiterhin dominierten jedoch jene aus den Kanzleien der Reichsinstitutionen, des Kaisers und Papstes sowie der Landesherren und städtischen Ratskollegien emanierten amtlichen Schreiben gegenüber dem privaten Gedankenaustausch, jedoch gewann der bürgerliche, private Brief seit dem 14. Jahrhundert allmählich an Boden. Dazwischen stand die sachlich, kurz und präzis formulierte Korrespondenz aus den Kontors der privaten Handelshäuser und Kaufleute.

Humanismus, Frühkapitalismus und die Diplomatie ließen schnell Briefaufkommen und Briefbeförderung anschwellen. Wie aber auch in der Neuzeit das Latein weiterhin die Briefsprache der Gelehrten und Geistlichkeit blieb, prägte nun im 17. Jahrhundert die französische Gesellschaftssprache die deutsch-französische Briefsprache in Deutschland. Der Zeitgeist forderte auch in deutschen Briefen das Einstreuen französischer Fremdwörter, die Verwendung französischer Anreden und Floskeln. Eine Flut neuartiger Briefsteller und Titulaturbücher erleichterte die Anwendung des neuen Briefstils. Neben diesen Hilfsmitteln beeinflußten Schreibmeisterbücher, Schreiblehren oder Schreibschulen mit neuen Schrifttypen und kalligraphischen Vorlagen die äußere Form der Schriftstücke.

Als *Jahrhundert des Briefes* galt das 18. Jahrhundert. Noch immer bestimmten die gebildeten Bevölkerungskreise Stil und Umfang des Korrespondenzflusses. Nicht nur die Quantität nahm zu, auch die Briefe selbst wurden umfangreicher und häufiger. Aus Liebe zum Korrespondieren, also auch um des Schreibens selbst willen, strebten weite Kreise des Bildungsbürgertums den posttäglichen oder postwendenden brieflichen Gedankenaustausch an. Der jeweilige Posttag, bekannt durch die in den Poststuben aushängenden Ankunfts- und Abgangsverzeichnisse der Posten, bestimmten den Rhythmus der Briefschreiber und Empfänger. Jeweils eine halbe Stunde – nach Ankunft oder vor Abgang der Post – fand man sich auf dem Postamt ein.

Man kann die nachfolgende Briefkultur der ersten fünf Dezennien des 19. Jahrhunderts noch als Nachklang des vorangegangenen Jahrhunderts betrachten. Erst die Revolution von 1848 setzte neue Akzente der brieflichen Ausdrucksformen: Nüchternheit und der eilige Charakter der Zeitläufe bestimmten auch die inhaltlichen und gestalterischen Elemente der Briefe. Eine eigene Note bewahrte sich allein bis in die Gegenwart – im Gegensatz zum nüchternen, die Handschrift verdrängenden Geschäftsbrief – der persönliche Privatbrief.
M.D.

Lit.: C. Beck, Deutsches Reisen im Wandel der Jahrhunderte, Berlin 1936 – K. Beyrer, Die Postkutschenreise. Untersuchungen des Ludwig–Uhland–Instituts der Universität Tübingen 66, Tübingen 1985 – Reisen und Reisende in Bayerisch-Schwaben, hrsg. von H. Dussler, 2 Bde., Weißenhorn 1968–1974 – Reisen und Reisebeschreibungen im 18. und 19. Jahrhundert als Quellen der Kulturbeziehungsforschung, hrsg. von B. I. Krasnobaev, G. Robel, H. Zeman. Studien zur Geschichte der Kulturbeziehungen in Mittel- und Osteuropa 6, Berlin 1980 – A. Neuburger, Reisen im Wandel der Zeit, Reutlingen 1922 – N. Ohler, Reisen im Mittelalter, München 1986 – W. Schadendorf, Zu Pferde, im Wagen, zu Fuß. Tausend Jahre Reisen, München 1959 – Wolfgang Amadeus Mozart. Briefe. Eine Auswahl, hrsg. von H. Wandrey, Berlin 1977 – G. Steinhausen des deutschen Volkes, 2 Teile, Berlin 1889–1891 – A. F. Kumpf-Mikuli, Der Brief als kulturgeschichtliches Studien- und Sammelobjekt, Genf – New York – Buenos Aires ²1949 – R. Wurth, Der Brief – Kulturgeschichtliche und künstlerische Aspekte. In: AK Zwei Jahrtausende Postwesen. Vom cursus publicus zum Satelliten, Halbturn 1985, S. 321–330.

1 EMPFEHLUNG FÜR EINEN POSTIERENDEN REISENDEN
1526 Juli 8 Granada
Schreiben, span., 1 Blatt

Der königlich spanische Generalpostmeister Maffeo von Taxis gibt allen Posthaltern auf der Strecke Granada – Fuenterranja zur Kenntnis, daß der Vorzeiger dieses Ausweises in wichtigen königlichen Angelegenheiten reise. Deshalb müssen sie ihm die notwendigen Pferde gegen die gewöhnliche Rittgebühr zur Verfügung stellen.
Maffeo von Taxis, der Bruder des spanisch–niederländischen Generalpostmeisters, war nach 1517 auf die Iberische Halbinsel übergesiedelt, um von der königlichen Residenz, von Madrid, Valladolid oder Granada aus, den Postverkehr mit den Spanischen Niederlanden und den spanischen Besitzungen in Italien zu organisieren. Der Geleitbrief wurde vom spanischen Generalpostmeister für den Geheimsekretär des Pfalzgrafen Friedrich II., Johann Maria Warschitz, ausgestellt. Der Pfalzgraf war am Reichsregiment beteiligt, das während der Abwesenheit des Kaisers die Regierungsgeschäfte im Reich führte.

Lit.: A. Korzendorfer, Urkunden zur Frühgeschichte der Deutschen Post. In: APB 3 (1927) S. 70–74.

Regensburg, Archiv des St. Katharinenspitals, Nachlaß Warschitz
A.D.

2 *BEWEGLICHE* REGISTRATUR DES KURPFÄLZISCHEN GEHEIMSEKRETÄRS JOHANN MARIA WARSCHITZ
1519 – 1527
Sechs handgewebte Leinensäcke, getränkt in Öl, mit Tragriemen aus Hanf, Oberkante durch Holzleisten verstärkt

Die sechs Leinensäcke stammen aus dem Nachlaß des kurpfälzischen Geheimsekretärs Johann Maria Warschitz, der 1531 im Regensburger St. Katharinenspital verstarb.
Auf seinen zahlreichen diplomatischen Reisen quer durch Europa von Spanien über Frankreich und die Niederlande bis nach Böhmen und Ungarn führte er die notwendigen Schriftstücke in dieser *beweglichen* Registratur mit. Eigenhändig beschriebene und auf die Leinensäcke aufgenähte Pergamentstreifen geben Inhalt und Ordnungssystem der *Registraturbehältnisse* wieder. In den Leinensäcken wurden danach die Korrespondenzen, Briefentwürfe und Instruktionen, getrennt nach den einzelnen kurfürstlichen Aufträgen und Reisen aufbewahrt: Ein Sack enthielt alle *passbrief unnd anzeigung der weg auff manigke reis*, ein anderer neben den Paßbriefen die *anzeigung der strassen und register der rais und zerung*;
Pfalzgraf Friedrich gehörte vor dem Antritt der Herrschaft in der Pfalz 1544 nach dem kinderlosen Tod seines Bruders, des Kurfürsten Ludwig V., zum kaiserlichen Reichsregiment. Sein Sekretär Warschitz genoß

sein volles Vertrauen, er schrieb nicht nur Briefe im Namen seines Herrn, sondern durfte auch dessen Namenszug kopieren. Diplomatische Missionen führten Warschitz – wie auch aus den Aufschriften seiner Registratur ersichtlich – zu Kaiser Karl V. und König Ferdinand von Böhmen.

Er reiste als kurfürstlicher *Bote* oder Gesandter mit obrigkeitlichen Passierbriefen und Beglaubigungsschreiben ausgestattet auf der Post. Kaiser Karl V. persönlich stellte Warschitz für dessen Reise in Reichsangelegenheiten nach Spanien am 2. März 1523 einen derartigen Passierbrief aus.

Diese hier präsentierten Leinensäcke einer *Reiseregistratur* des 16. Jahrhunderts zeigen sehr eindrucksvoll, daß trotz der Beschränkung auf das Notwendigste für eine Reise, die wichtigsten Dokumente für die Erledigung der Aufträge und für die Reise selbst fein säuberlich geordnet mitgeführt wurden. Man mußte jederzeit im Bilde sein können.

Lit.: A. Korzendorfer, Urkunden zur Frühgeschichte der Deutschen Post. In: APB 3 (1927) S. 70–74 – A. Korzendorfer, Finanzverhältnisse Friedrichs II. von der Pfalz und Jakob Fugger. In: Scripta Mercaturae 4 (1970) S. 81–85 – N. Ohler, Reisen im Mittelalter, München 1986.

Regensburg, Archiv des St. Katharinenspitals, Nachlaß Warschitz   A.D.

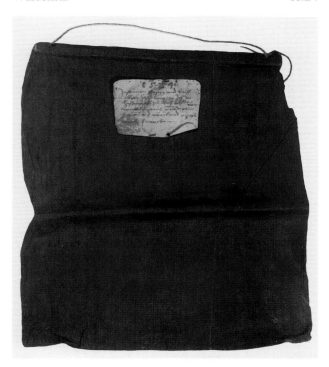

3   VERSORGUNG DER POSTREISENDEN MIT
    PFERDEN UND FÜHRERN
    1522 Januar 22 Brüssel
    Schreiben, 1 Bog., frz. und deutsch

Der spanisch-niederländische Generalpostmeister Johann Baptista von Taxis zu Brüssel befiehlt allen Postboten auf den Postkursen von Brüssel nach Deutschland, den auf der Post reisenden kurpfälzischen Geheimsekretär Johann Maria Warschitz mit guten Pferden und Führer zu versehen, da er in Angelegenheiten des Kaisers reist. Sie dürfen von jenem für zwei bereitgestellte Pferde nur einen Gulden pro [Poststation] abfordern.

Dieser Befehl ist zweisprachig französisch und deutsch, da die Postlinie Brüssel – Innsbruck beide Sprachgebiete durchquerte. Das jeweils von den Posten geforderte zweite Pferd dürfte Warschitz als Packpferd für sein Gepäck gedient haben.

Neben ihrer ursächlichen Aufgabe, der Briefbeförderung, waren die taxisschen Posten für alle jene Reisenden zugänglich, die das *Postieren*, d.h., das Reisen mit Miet- oder Leihpferden von einer Post zur nächsten Station, dem langsameren, gewöhnlichen Reisen mit eigenen Pferden vorzogen.

Lit.: A. Korzendorfer, Urkunden zur Frühgeschichte der Deutschen Post. In: APB 3 (1927) S. 72.

Regensburg, Archiv des St. Katharinenspitals, Nachlaß Warschitz   A.D.

4   REISEPASS DES SPANISCH-
    NIEDERLÄNDISCHEN STATTHALTERS FÜR
    DEN GENERALPOSTMEISTER
    1653 Juli 27 Brüssel
    Urkunde, frz., 1 Blatt, mit aufgedrucktem Siegel

Herzog Karl von Lothringen, Statthalter der Spanischen Niederlande, stellt für seinen Generalpostmeister Graf [Lamoral Claudius Franz] von Thurn und Taxis einen Paßbrief aus, damit dieser sich ungehindert mit seinem Reisetroß (Pferde, Kutschen) nach Regensburg zum Reichstag begeben könne. Die militärischen und zivilen Amtschargen, die den Reiseverkehr durch das Territorium kontrollieren, sollen ihn bei der Hin- und Rückreise nach Inhalt dieses Reisepasses unterstützen.

Regensburg, FZA, Haus- und Familiensachen 1916

5   REISEBESTECKKASTEN MIT
    BESTECKGARNITUR
    18. Jahrhundert
    Holzkasten, überzogen mit blindgeprägten rotbraunem Leder, innerer Einsatz mit grünem Samt ausgeschlagen, eingefaßt mit goldfarbenen Stoffbordüren, darin silbernes Dessertbesteck Augsburger Provenienz.

Dieser Holzkasten zur sicheren, raumsparenden Unterbringung von Eßbesteck auf Reisen stammt aus einer größeren Garnitur ähnlicher Behältnisse, geeignet zur Aufbewahrung von Geschirr samt Zubehör, in der fürstlichen Silberkammer.

Nicht nur das aufwendige höfische Reisen, sondern vor allem die alljährlichen Umzüge des gesamten Hofstaates mit der fürslichen Familie zwischen den verschiedenen Residenzen, bei den Fürsten von Thurn und Taxis alljährlich im Mai vom Regensburger Palais des kaiserlichen Prinzipalkommissars nach Schloß Trugenhofen bei Dischingen, der Sommerresidenz in den württembergischen Besitzungen des Hauses, und im

D. V. Reisen – Schreiben

September zurück nach Regensburg, kamen einer teilweisen Übersiedelung des gesamten Hof-, Regierungs- und Verwaltungsapparates gleich. Neben den Hofstäben mußten die Spitzen der Geheimen Kanzlei, der Generalpostdirektion und der Regierung samt Hofräten und Sekretären in Schloß Trugenhofen anwesend sein. Im ausgehenden 18. Jahrhundert bedeutete dies den Umzug von etwa 350 Personen, im Status vom Dirigierenden Geheimen Rat bis hinab zum einfachen Lakaien. Die für die fürstliche Familie und diese Personen notwendigen Hausgerätschaften mußten größtenteils auf dem Wasser- oder Landweg transportiert werden. Solche platzsparenden, bruchsicheren Reisegepäckgarnituren zur Beförderung der fürstlichen Hausgerätschaften fanden alljährlich ihre Verwendung.

Lit.: M. Piendl, Die fürstliche Hofhaltung im Schloß Trugenhofen 1792. In: Thurn und Taxis-Studien 10 (1978) S. 125–139.

Regensburg, Fürst Thurn und Taxis Sammlungen, Silberkammer

6 DIPLOMATISCHES REISEN IM 19. JAHRHUNDERT
1829 Mai 8 London
Formular, Druck, 1 Bogen, handschriftlich ergänzt

Fürst Paul von Esterhazy, k.k. österreichischer außerordentlicher Botschafter am königlichen britischen Hofe zu London, stellt für Friedrich Lumlecker, der mit Depeschen für die k.k. Gesandtschaften in Frankfurt und Den Haag abgefertigt wurde, einen Reisepaß aus. Lumlecker reist über Rotterdam nach Frankfurt, der Paß ist nur für diese Reise gültig.

Der gebührenfrei ausgestellte, registrierte Paß ist vom Botschafter persönlich unterzeichnet und oben in der Mitte mit dem kaiserlichen Wappen versehen.

Regensburg, FZA, Postakten 1576

7 AMTLICHE MITTEILUNG AN EINE STÄDTISCHE VERWALTUNG
1479 März 11 Straubing
Brief, gefaltet, mit Adresse und Verschlußsiegel (erbrochen)

Das vorliegende Schreiben des herzoglichen Rates Hans Posch zu Straubing im Herzogtum Bayern-Landshut an den *fursichtigen ersamen vnnd weisenn kamrer vnd rate der stat zu Regenspurg, meinen lieben herren* ist ein einfacher Brief, gefaltet, mit dem Text auf der Innenseite, außen die Adresse und der Präsentationsvermerk, wann das Schreiben den Empfänger in Regensburg erreichte (*presentatum feria secunda post oculi 79*). Dieses Schreiben, das von einem eigenen landesherrlichen oder städtischen Boten befördert worden sein dürfte, ging am Donnerstag, den 11. März in Straubing ab und wurde am Montag, den 15. März beim Regensburger Rat abgegeben.

Regensburg, FZA, Sammlung König-Warthausen Nr.2

8 KOMMUNIKATION ZWISCHEN LANDESFÜRSTEN
1529 Februar 15 Neuburg a.d. Donau
Kanzleischreiben, Pap., 1 Blatt, mit Verschlußsiegel (erbrochen)

Die jungen Pfalzgrafen zu Pfalz-Neuburg, die Brüder Ottheinrich und Philipp, bestätigen dem Regensburger Bistumsadministrator, Herzog Johann in Baiern, den Erhalt eines Schreibens seiner Verwaltung in der Sache der Landsassen Öttlinger zum Haimhof und Hans Scharpfenberger zu Allersburg.
Derartige amtliche Schriftstücke wurden von den landesherrlichen Kanzleien ausgefertigt, vom Kanzler gegengezeichnet, und zu Beginn des 16. Jahrhunderts noch mittels eigener Kanzlei- oder fremder Nebenboten dem Empfänger zugestellt.
Das beschriebene Blatt Papier – auch der Briefbogen – wurde kanzleimäßig so gefaltet, daß sich die Ränder berührten und der Text innen durch das Verschlußsiegel vor unbefugten Blicken geschützt war.

Regensburg, FZA, Sammlung König-Warthausen Nr.6

9 GELEHRTENKORRESPONDENZ. BRIEF DES PHILOSOPHEN GOTTFRIED WILHELM LEIBNIZ AN DEN NUMISMATIKER UND GESCHICHTSPROFESSOR DUVAL
1716 Juni 4 Hannover
Brief, eigenhändig, 1 Bogen, frz.

Der Brief des Philosophen Gottlieb Wilhelm Leibniz (1646 – 1716) in seinem Todesjahr ist an den späteren Direktor des kaiserlichen Münzkabinetts in Wien,

Valentin Jamerai Duval gerichtet. Außer diesem Leibnizbrief umfaßt der vorliegende Band die Korrespondenz des Monsieur Duval mit anderen Bibliothekaren und Wissenschaftlern aus den Jahren 1736 – 1775. Duval, geboren 1695 zu Artenay in der Champagne, gestorben 1775 zu Wien, stammte aus einer armen Bauernfamilie. 1718 reiste er in Begleitung des Prinzen Franz von Lothringen, des späteren Kaisers Franz I. nach Paris, Holland und Belgien. Nachdem er 1719 zum Oberbibliothekar und Professor der Geschichte in Luneville aufgestiegen war, berief ihn Kaiser Franz I. nach der Abtretung Lothringens an den polnischen König Stanislaus Lesczỳnski 1748 zum Direktor des kaiserlichen Münzkabinetts in Wien.

Leibniz bedankt sich für zwei vorausgegangene Schreiben und eine ihm von Leizig unter dem Titel *Die bedeutungen und innschriften einer Wienerischen redenden Erleuchtung zugegangene Schrift*, die er mit Duval in Verbindung bringt. Nach einigen Bemerkungen über Astrologie für einen Nachkommen Kaiser Karls des Großen und des Grafen Karl von Flandern widmet er Kaiser Karl VI. (?) folgendes Hexastichon:

Quae Belgas Italos Tibi Germania debet /
In NATO junctas CAROLE cernat Aves /
Austria prae reliquis toto Gens eminet orbe /
Perpetuam facias ELISABETA PARENS /
Delicias hominum Clementis munus Olympi /
Dent Regem VOBIS fata videre virum /

Diese Verse beziehen sich auf den Anfall der ehemaligen spanischen Besitzungen in den Niederlanden und Italien (Mailand, Neapel, Sizilien) im Frieden von Utrecht (1713) an die österreichischen Habsburger unter Kaiser Karl VI.

Lit.: A. Chr. Kayser, Leben des Herrn V.J. Duval, Regensburg 1784 – Duval, Valentin Jamerai. In: ADB 5 (1877) S. 499–500 (K. Weiß) – Leibniz, Gottfried Wilhelm. In: NDB 14 (1985) S. 121–131.

Regensburg, FHB, MS 71/2

10 CURIEUSER MORALISCHER SCHREIB– UND BILDERSAAL
1734
Band, in blindgeprägter, dreiteiliger Lederschatulle, roter Samteinband, mit gelben Seidenbändern und Spiegeln in Buntpapier, auf der Vorderseite graviertes Wappen des Hauses Württemberg mit den Initialen *C(arl) E(ugen) H(erzog) z(u) W(ürttemberg)*, 56 Pergamentblätter, Feder, gezeichnet, laviert und aquarelliert, gezeichnet und geschrieben von Johann Michael Laechler

Diese überaus kostbare Schreibschule mit vielen Beispielen aus allen Sparten der Kalligraphie ist von Johann Gottfried Essich zu Augsburg dem *Durchleuchtigsten ErbPrintzen und Herrn Herrn Carolo Eugenio Herogen zu Würtemb(erg) und Theck, Graffen zu Mömpelgard ...* wegen der ihm und seiner Familie gewährten Wohltaten des Hauses Württemberg gewidmet; 1634, hundert Jahre zuvor und mitten in der Schreckenszeit des Dreißigjährigen Krieges, trat ein Johann Essich als vormundschaftlicher Forstmeister zu Mömpelgard und Land–Seemeister zu Güglingen in den Dienst des Herzogs Eberhard von Württemberg.

Federzeichnungen und kalligraphische Schriften stammen von Johann Michael Laechler, Gefreiter der Stadtguarde [zu Augsburg].

Die Schreibschule oder *Bildersaal* beginnt nach der Widmungsseite mit einer kurzgefaßten Genealogie des Hauses Württemberg (fol.3–5), aufgeschlagen die beiden Wappen Württemberg und Thurn und Taxis (rechts) neben der Generationsabfolge der Herrscher des Hauses Württemberg seit Herzog Eberhard im Bart. Die Eltern des Erbprinzen waren Herzog Carl Alexander und Augusta Maria, Herzogin von Württemberg, geborene Prinzessin von Thurn und Taxis. Auf Blatt 9 wird zwischen den farbigen Wappen der württembergischen Ämter und Städten mit der schraffierten Feder ein *Kupferstich* nachgeahmt.

Auf Blatt 11 und 12 folgen Ansichten der Residenzstädte Stuttgart und Tübingen, ein Plan der 1717 eroberten Festung Belgrad (fol. 13).

Im folgenden werden einzelne Buchstaben und Gruppen des Alphabetes in Aphorismen, erbaulichen und biblischen Sinnsprüchen, oft im Bezug auf Personen und Ereignisse des Hauses Württemberg kalligraphisch gestaltet (fol.14–25). Den Blättern der vier Elemente (fol.26–29) und fünf Sinne (fol.30–34) folgt die Chronologie der Jahreszeiten (fol.35–40). Augsburger Bürgertrachten, zugeordnet bestimmten kalligraphisch

gestalteten Buchstaben, nehmen folio 41–45 ein, Zahlen und Berufsstände runden diesen Teil des Bandes ab. Verschiedene Typen unseres Alphabetes in Kursive, in Versalien oder lateinischem Ductus (fol.49–52) leiten zum Bandende über: Vier nach Vorlagen des Augsburger Kartographen Gabriel Bodenehr unterschiedlich gestaltete Karten Italiens (fol.53–56).

Dieser *Bildersaal* verbindet Elemente der im 18. verbreiteten Schönschreibkunst mit der absolutistischen Devotion einer Widmungsschrift für das gelobte Herrscherhaus. Die Tochter aus der genannten Verbindung zwischen den Häusern Württemberg und Thurn und Taxis, Auguste Maria Elisabeth, ehelichte 1753 den Fürsten Carl Anselm von Thurn und Taxis (vgl. Kat. Nr. B.III.13).

Regensburg, FHB, MS XII

11 NOTIFIKATIONSSCHREIBEN DES ENGLISCHEN KÖNIGS AN DIE FÜRSTIN THERESE
1820 August 12 Carlton House
Schreiben, frz., 1 Bogen, Papier schwarz gerändert, dazu Umschlag

Der englische König Georg IV. gibt Fürstin Therese von Thurn und Taxis, geborene Prinzessin von Mecklenburg–Strelitz, davon Kenntnis, daß sich in seiner Familie *de nouveau une perte douleureuse* ereignet habe: Seine Schwägerin, S.A.R. Herzogin [Friederike] von York und Albany, geborene Prinzessin von Preussen, sei verstorben. Solche sogenannten Notifikationsschreiben, d. h. Schreiben, mittels deren in sehr formelhaften Wendungen fast ausschließlich persönliche und familiäre Ereignisse, wie Geburten, Taufen, Heiraten und Todesfälle innerhalb der europäischen Adelshäuser verbreitet wurden, bewahrten dem Adelsstand über die Zeit seiner gesellschaftlichen Dominanz hinaus den Hauch einer elitären, geschlossenen, in sich sehr familiär verkehrenden Gesellschaft.

Regensburg, Haus- und Familiensachen 1623

12 PRIVATBRIEF EINES VATERS AN DEN *VERLORENEN* SOHN
1776 Januar 7 Allenbach
Brief, 1 Bogen, Papier, aufgeschlagen: Seite 1 – Kopie: Seite 2–3

Mit der Formel *Gott Zum Gruß Vilgelibter Sohn* beginnt ein sorgenvoller Vater aus Allenbach seinen drei Seiten

langen Brief an den *verlorenen Sohn* Johann Wilhelm Nöh, der nach den letzten Informationen im Graf Colloredo Regiment, Kompagnie des Hauptmannes Baron Sinodt, zu Leitomischl in Böhmen diente.
Neben den allgemeinen guten Wünschen für Gesundheit war der konkrete Anlaß, daß er ihm am 6. August 1776 einen Brief mit drei Dukaten auf der Post zugesandt hätte; auf diesen Geldwertbrief, dem er auch noch ein Schreiben an den Feder Jakob beigelegt hätte, stehe noch die eine Antwort aus, ebenso auf einen weiteren Brief vom 25. Oktober des vergangenen Jahres. Die zweite Seite des Briefes geht auf eine Feuersbrunst zu Leitomischl ein und daß er gegenüber dem Postmeister wegen der geldbeschwerten Briefe ein Mißtrauen habe.
Der Brief des Johann Herman Nöh aus Allenbach an seinen Sohn kam einige Wochen später mit dem Vermerk auf der Rückseite des Briefkuverts zurück: Der Sohn wäre schon vor zwei Monaten vom Regiment desertiert, so daß der Brief nicht hätte zugestellt werden können und unzustellbar gewesen sei (vgl. Kat. Nr. D.IV.a.21).

Regensburg, FZA, Postdokumentation 017

13 DAS ZEREMONIELL DER TITULATUREN
1796
Druck, *Privatversuch eines neuen deutsch- und französischen Titulaturbuchs aller Stände und Würden des österreichischen Staates, dann französisches aller hohen regierenden Häuser nebst einem deutsch- und französischen Titular-Lexicon* ... , Wien : 1796 : Trattner, [VI] + 234 S. + Register, aufgeschlagen: S. 98–99

Die Etikette des absolutistischen Staates verlangte nicht nur von den gebildeten Schichten, sondern auch von jedem, der zu Tinte und Kielfeder griff, gute Briefe zu verfassen, vor allem für jeden Adelsrang, jeden weltlichen und geistlichen Amts- und Würdenträger, für jeden Minister, Beamten und Offizianten die *richtigen, standesmäßigen* Anschriften und Ergebenheitsformeln anzuwenden. Titulaturbücher mit den Anreden im *Deutsch* der Umgangsformen, im *Französisch* der Diplomaten- und Adelswelt erlebten dadurch ihre Blüte. Nichts war mehr gefürchtet als ein Faux-pas der in Anschrift und Ergebenheit ausgedrückten falschen Rangordnung.
Die Muster der Anschriften reichen im vorliegenden Band vom Kaiser bis zum Polizeihauptmann oder herrschaftlichen Pächter, von den Geistlichen und weltlichen Regenten bis zur Hohen Pforte.
Aufgeschlagen ist die Anrede an den Prinzipalkommissar am Immerwährenden Reichstag zu Regensburg, der nach seinen sekundären Titel als Mitglied des fürstlichen Hauses Thurn und Taxis ausgewiesen ist.

Lit.: A.F. Kumpf-Mikuli, Der Brief als kulturgeschichtliches Studien- und Sammelobjekt, Genf-New York-Buenos Aires ²1949.

Regensburg, FHB, LIV D 47

14 BRIEFSTELLER *DER DEUTSCHE SEKRETÄR*
1818
Druck, J.D.F. Rumpf, *Der deutsche Sekretär. Eine praktische Anweisung zur guten Schreibart überhaupt, ingleichen zum Briefstil ... nebst einem Unterricht über die heutigen Titulaturen in Deutschland*, Berlin ⁴1816: Hayn, XVIII + 434 S., aufgeschlagen: S.300–301

Briefsteller nennt man Bücher mit Anweisungen zum Briefschreiben und Briefmustern. Schon in der Antike und im Mittelalter dienten die als Briefmuster benutzten *Formelbücher* demselben Zweck. Im 17. und 18. Jahrhundert wurde im Titel häufig anstelle *Briefsteller* auch *Sekretär* oder *Sekretarius* verwendet.
Die Briefsteller enthielten schöngeformte Musterbriefe für alle in Frage kommenden Gelegenheiten, von den Liebesbriefen bis zu den Geschäftsbriefen, oder auch Bettelbriefe, die wörtlich abgeschrieben wurden; dazu Hinweise auf das Äußere eines Briefes, die richtige Verwendung ganzer oder halber Briefbogen, das Spatium der Ergebenheit, die Besiegelung des Briefes, usw. Aufgeschlagen ist u.a. ein Musterbrief für ein anonymes *Warnungsbillet* wegen äußerst unbedacht geführter Reden.

Lit.: G. Steinhausen, Geschichte des deutschen Briefes. Zur Kulturgeschichte des deutschen Volkes, 2. Teil, Berlin 1891, S. 214–244

Regensburg, FHB, LIV E 45

15 REISESCHREIBZEUG MIT KIELFEDER
18. Jahrhundert, französisch
Kofferförmiger Metallbehälter, feuervergoldet; Korpus verziert mit Rankenmuster, auf dem Deckel zusätzlich Medaillon *Drei mit Blumen spielende Puttos*. Inneneinteilung durch gestanzte Kupferplatte über Holzklotz. Darin: Tintengefässe (Glas mit messinggefaßten Porzellandeckel, Blume und Schäferszene), Streubüchse (Glas), Federhalter mit Metallfeder, Trichter zum Einfüllen von Tinte, Stichel.

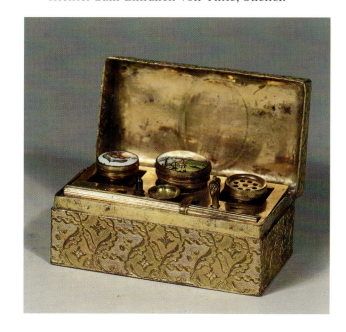

Dieses Reiseschreibzeug französischer Provenienz ermöglichte die Unterbringung aller zum Schreiben notwendiger Utensilien auf äußerst begrenzten Raum. Gerade für das sehr schreibfreudige 18. Jahrhundert eine Notwendigkeit. Von der erhaltenen Innenausstattung fallen beiden unterschiedlich großen Tintenbehältnisse und die verschraubbare Feder mit metaller Spitze auf. Einer der Stichel und die Feder dürften nach der Einteilung zu schließen nicht zur ursprünglichen Ausstattung gehört haben.

Frankfurt, Deutsches Postmuseum, Schreibzeug 60

16 ZIERBRIEFE SAMT UMSCHLÄGE
    1852–1853
    a) Briefumschlag, lithographiert, grün, Darstellung eines Paares in Biedermeierkleidung, Blattranken mit Füllhorn, Puttos, Hündchen und Hahn, aufgegeben am 12. April 1852 in Vilbel –
    b) Zwei Bogen Briefpapier, geprägt und durchbrochen, mit aufgemalter Blumengirlande
    – c) Briefumschlag, blindgeprägtes Muster, mit 4 Kreuzer-Frankatur der Thurn und Taxis-Freimarken von Bad Schwalbach nach Königstein i. Taunus am 1. Januar 1853.

Für sehr persönliche schriftliche Mitteilungen bot der Schreibpapierhandel im 19. Jahrhundert sehr individuell gestaltetes Briefpapier an. Die hiergezeigten Zierbriefe aus der Zeit der Thurn und Taxis–Lehenpost zeigen einen kleinen Querschnitt durch die Varianten von Briefpapier und Briefumschlägen.

Regensburg, FZA, Postdokumentation 017

17 REISESEKRETÄR
    Ende 19. Jahrhundert
    Rosenholz, mit Perlmutt und Ebenholz intarsiert und Messingstäbe graviert

Der verschließbare, geschwungene Reisesekretär mit der intarsierten Oberfläche birgt in seinem Inneren eine Anzahl größerer und kleinerer Fächer, zur Unterbringung aller für die Ausfertigung eines Schreibens notwendigen Utensilien, wie Tinte, Federkiel und Streusand. Er wurde unter Fürst Albert Ende des 19. Jahrhunderts für den Privatbedarf erworben.

Regensburg, Fürst Thurn und Taxis Sammlungen, Inv.Nr. St.E. 427

D. Organisation, Dienstbetrieb und Dienstleistungen der Thurn und Taxis-Post

D. VI. Reisebegleitungen – Hofreisen

Spezielle Sachakten über *Reisebeförderungen* setzen im Fürst Thurn und Taxis-Zentralarchiv kurz nach dem Ende des Dreißigjährigen Krieges ein (FZA Postakten 1534–1580). In fast 50 Aktenfaszikeln vermittelt diese Quellengattung ins Detail gehende Aufschlüsse über Reisen der kaiserlichen Majestäten und der kaiserlich-königlichen Prinzen. Besonders beachtlich sind die Wahl- und Krönungsreisen, so von Kaiser Karl VI. (1711), Franz I. (1745), Joseph II. (1764), Leopold II. (1790) und Franz II. (1792), aber auch die Reise des Papstes Pius VI. von Wien über München und Augsburg ins Tirolische (1782). Erwähnt seien noch für das 18. Jahrhundert der Zar von Rußland und der König von Preußen (beide 1792), für das 19. Jahrhundert beispielsweise Napoleon I. (1812/13), die Kaiser von Österreich und Rußland sowie der König von Preußen nach dem Zusammenbruch der napoleonischen Herrschaft (1814/18), der König von England (1821) und der König von Bayern (1823).

Im Alten Reich ging es Thurn und Taxis vor allem darum, *die Vorrechte und Amtsobliegenheiten eines kaiserlichen Erbgeneralpostmeisters* zu wahren, besonders im Blickpunkt auf die Grafen von Paar und das kaiserlich-königliche Hofpostamt. In den Akten spiegelt sich daneben das stete Bemühen und die *Ehrenpflicht* der Reichspost, für derartige *Post-Züge* das entsprechende Personal und die jeweils erforderlichen Pferde parat zu haben. Hier wurde eine *Logistik* betrieben, wie sie für andere Transportunternehmen jener Zeit kaum feststellbar ist.

Die Übersiedlung des Fürstenhauses nach Frankfurt im frühen 18. Jahrhundert, das Amt des Kaiserlichen Prinzipalkommissars seit 1743 bzw. 1748 und nicht zuletzt die seit den frühen siebziger Jahren des 18. Jahrhunderts bestehende Hofbibliothek der Fürsten Thurn und Taxis führten dazu, daß heute noch zahlreiche auf Kaiser- und Königswahl und Krönung bezügliche zeitgenössische Schriften, Wahlkapitulationen, gedruckte Diarien usw. in Regensburg verwahrt werden. Sie vermitteln ein vielseitiges rechts- und verfassungsgeschichtliches, nicht minder kulturgeschichtliches und volkskundliches Bild, gerade aus dem letzten Jahrhundert des Alten Reiches und vor allem aus Frankfurt. E.P.

Lit.: H.O. Schembs, Kaiserkrönungen im historischen Frankfurt, Frankfurt 1987 – H. Schomann, Kaiserkrönung. Wahl und Krönung in Frankfurt nach den Bildern der Festbücher, Dortmund 1982, S. 269 f. u.a. – G.L. Kriegk, Die deutsche Kaiserkrönung. In: Zeitschrift für deutsche Kulturgeschichte, N.F. 1, 1872.

Hofreisevorbereitung und Hofreise im 17.–18. Jahrhundert

1 *KAYSSERLICHE REISS* LEOPOLDS I. VON WIEN INS REICH
1689 Juni/Juli
1 Bl., 2 Seiten (*No.1*)

Die *Tagraißen*-Übersicht umfaßt den ersten Reiseabschnitt vom 27. Juli bis zum 7. August, an dem ein Ganztagesaufenthalt in Altötting vorgesehen war. Die Fahrtroute verlief zunächst über Tulln, St. Pölten, Melk, Amstetten, Enns nach Linz. Hier war für 1. August das *Nachtmahl*, für den 2. August, *Fest Portiuncoli,* ein ganzer Tag eingeplant. Für die weiteren Übernachtungen ab 3. August werden noch Lambach, Ried und Braunau genannt. Am 6. August war das *Frühmahl* in Burghausen; nachts sollte der Reisezug dann schon in Altötting sein. – Ein gesondertes Blatt (*No.2*) enthält die weiteren Tagreisen zwischen 8. und 12. August von Altötting bis Neuburg: Zwischenstationen waren *Erchingen* (Erharting), *Neuenmarck* (Neumarkt-St.Veit), *Büburg* (Vilsbiburg), Landshut, Furth, Mainburg, Geisenfeld und Ingolstadt.

Ähnlich ausführlich werden auch die den Kaiser, die Kaiserin und Thronfolger Joseph begleitende Hofstaaten aufgeführt: die Geheimen Räte, die Obersthofmeister-, Oberstkämmerer- und Oberststallmeister-Stäbe, die Offiziere und andere Bediente bis hinunter zu Barbier, Schmied und Wachtknecht, dann zur Reiseabwicklung das Hofzahlamt mit einem Hofzahlamts-Offizier und schließlich das *Hof-Post-Amt* mit einem Postamts-Offizier und einem Kurier.

Die Jahre 1689/90 machten Augsburg zum Schauplatz einer Reichshandlung: der Krönung der dritten Gemahlin Leopolds I. zur Kaiserin sowie der Wahl und Krönung Josephs I. zum römischen König. Am 31. August 1689 ist Leopold I. in Augsburg eingezogen, nach ihm noch fünf Kurfürsten und viele Fürsten, Grafen und Adelige.

Lit.: R. Miller, Die Hofreisen Kaiser Leopolds I. In: MIÖG 75 (1967) S. 66–103 – Geschichte der Stadt Augsburg, hrsg. v. G. Gottlieb u.a., Stuttgart 1984, S. 452 f. – Augsburg. Geschichte in Bilddokumenten, hrsg. v. F. Blendinger u.a., München 1976, S. 88, 94, Abb. 272 – J.P. Spielman, Leopold I of Austria, London 1977.

Regensburg, FZA, Postakten 1534

D. VI. Reisebegleitungen

2 DES RÖMISCHEN KÖNIGS JOSEPH I. *POST-MARSCH-ORDNUNG* VON WIEN INS LAGER BEI LANDAU

1704 September 1 Wien
Druck, aus: Johann Christian Lünig, *Theatrum ceremoniale historico-politicum, oder Historisch-Politischer Schauplatz aller Ceremonien*. 2. Teil, Leipzig 1720, S. 1276–1278
Aufgeschlagen: S. 1276–1277

Lünig veröffentlichte im Rahmen seiner Zeremonialbeschreibungen anhand offizieller Quellen u.a. auch die *Ordnung des Post-Marsches, so bey der zweyten Abreise des Römischen Königs Josephi nach dem Lager vor Landau* (Pfalz) *in der Marsch-Route observiret worden*. Die Liste führt in 52 Positionen die einzelnen Reiter- und Wagengruppen auf, ebenso den Pferdebedarf, nämlich 214 Zug- und 31 Reitpferde. Dabei werden an Post-Personal bzw. für Postzwecke genannt: *Ein Postillion, so vorgeritten* (1 Reitpferd), ... *zwey Postillionen, deren ein jeder ein Hand Pferd führet* (4), *zwey Postillionen von Wien* (2), *zwey Courier* (2), *Post-Ampts-Stall-Meister* (1), *eine Chaise, worinnen der Obrist-Stall-Meister, Obrist-Post-Meister, und Obrist-Cämmerer gesessen* (4 Zugpferde). Dann folgte bereits die *Königliche Leib-Chaise* mit den beiden kaiserlichen Majestäten. Ihr schloß sich eine aus 13 Personen bestehende Reitergruppe an, darunter der *Stall-Meister vom Obrist-Post-Meister*. An 34. Stelle rangiert *ein Stangen-Wägerl vor des Obrist-Post-Meisters Bagage* (4 Zugpferde), an 38. Stelle *ein Säulen-Wagen vor das Post-Amt* (4), an 40. Stelle *eine leere Welsche Chaise vor des Obrist-Post-Meisters Zurück-Reise* (4), an 42. Stelle *ein Rüst-Wagen vor die Post-Nothdurfften* (4). *Drey Post Amts-Officierer, so die Anstallten machen, mit einem Postillion*, benötigten weitere fünf Reitpferde.

Die sich dieser Auflistung anschließende Beschreibung des Empfangs in Nürnberg betont, daß der *Einzug, weiln der König nur auf einer Post-Reise angelanget, ohne großen Pracht oder sonderbahrer Zug-Ordnung* erfolgt sei. Trotzdem führt Lünig 21 Positionen an, darunter an Hof- und Reichspostpersonal: an vierter Stelle *zwey Postillions*, an neunter Stelle einen Postillion *in gelber Liberey*, an 12. Stelle *drey Postilions von dem Grafen von Paar, in rother Liberey*. An 14. Stelle wird der Nürnberger Poststallmeister genannt, dann nach zwei Königlichen Edelknaben zu Pferd an 16. Stelle *der Obriste Post-Stall-Meister von dem Grafen von Paar*. Unmittelbar darauf folgte *der König selbsten in einem nur mit vier Post-Pferden bespannten Leib-Wagen*. – Auch die Rückkunft in Wien am 17. Dezember 1704 wurde von Lünig entsprechend ausführlich beschrieben (S. 1280f.). Hier amtierte dann ausschließlich die Hofpost unter dem Oberst-Postmeister Graf Paar.

Lit.: V. Press, Joseph I. (1705–1711). Kaiser zwischen Erblanden, Reich und Dynastie. Veröffentlichungen des Instituts für europäische Geschichte, Abt. Universalgeschichte, Bd. 134/I, Mainz 1988 – K.O. von Aretin, Kaiser Joseph I. zwischen Kaisertradition und österreichischer Großmachtpolitik. In: Historische Zeitschrift Bd. 215, 1972, S. 529–606 – R. Wurth, Die Paar. Österreichisches Jahrbuch für Postgeschichte und Philatelie 10 (Klingenbach 1987) S. 77 f.

Regensburg, FHB, LII. J. 18.

3 KAISER KARL VI. (1685–1740), SOHN KAISER LEOPOLDS I.

Undatiert
Schabblatt, beschnitten
bezeichnet rechts unten: *Christoph Weigel exc.*

Brustbild, in Blickrichtung nach links gewendet. Der Kaiser trägt eine große Allongeperücke. Umhang über den Brustpanzer, Goldenes Vlies. Umschrift im Ovalrahmen: CAROLVS VI. D.G.ROM.IMP.S.A. GERM. HISP. HVNG. & BOHEM. REX. Unten am Bildrahmen angelehnt unter der Kaiserkrone Kartusche mit Weltkugel, umgeben von Wolkenkranz, darüber die Devise *CONSTANTIA ET FORTITVDINE*.

Der zweite Sohn Leopolds I. wurde 1703 gegen den Bourbonen Philipp V. als Karl III. zum König von Spanien ausgerufen. Als im April 1711 Kaiser Joseph I. unerwartet und ohne männliche Nachkommen verstarb, folgte Karl VI. als Deutscher Kaiser. Im Gefolge des Spanischen Erbfolgekrieges (1701–1714) mußte das Haus Thurn und Taxis Brüssel verlassen und übersiedelte nach Frankfurt. Nach dem Krieg konnte Karl VI. dann die Spanischen Niederlande, die Lombardei, Neapel und Sizilien erwerben. Dies ermöglichte, wenn auch unter veränderten Rechtsverhältnissen, die Wiederaufnahme des Postbetriebes in den Niederlanden durch Taxis.

Lit.: M. Bauer, Christoph Weigel (1654–1725), Kupferstecher und Kunsthändler in Augsburg und Nürnberg. Aus: Archiv für Geschichte des Buchwesens, Bd. 23, Frankfurt 1983, Sonderdruck Sp. 830 Anm. – Thieme-Becker Bd. 35 (1942) S. 277 f.

Regensburg, Fürst Thurn und Taxis, Graphische Sammlung, Porträtsammlung III.24

4 REICHSVIKARIAT BEREITET DIE ITALIENREISE KARLS VI. VOR

1711 Oktober 15 Frankfurt
a) Ausf., 1 Bogen, mit Reichsvikariatssiegel
b) Einblattdruck

Pfalzgraf Johann Wilhelm, Erbtruchseß und Kurfürst, ersucht in seiner Eigenschaft als Reichsvikar, den Generalerbpostmeister Fürsten *von Tassis* mit den benötigten Pferden und Sachbedarf zu unterstützen, da dieser sich zur Begleitung des Römischen Königs (Karl VI.), König von Spanien, Ungarn und Böhmen, nach Italien begeben habe.
Gegenübergestellt sind die für das Reichspostgeneralat bestimmte Ausfertigung mit eigenhändiger Unterschrift des Kurfürsten und Gegenzeichnung durch L.F. von Hundheim, und die Druckfassung, die zur Verteilung an die Reichsstände usw. bestimmt war.

Druck: *Kurze doch gründliche Information wider das Graf Paarischer Seits im heil. Römis. Reich praetendirende sogenannte Obrist-Reichs-Hof-Post-Amt sammt unumstößlicher Darthuung ...* Wien 1770, S. 30–31, Anlage K
Regest: Dallmeier 1977/II, S. 288 Nr. 552

Regensburg, FZA, Postakten 1534

5 POSTPERSONAL BEIM KRÖNUNGSEINZUG KAISER LEOPOLDS II. IN FRANKFURT

1790 Oktober 9 Frankfurt
Kupferstich: Kaiserkrönung im Dom
Druck aus: *Vollständiges Diarium der Römisch-Königlichen Wahl und Kaiserlichen Krönung ... Leopold des Zweiten.* Frankfurt 1791
Aufgeschlagen Kupferstich nach S. 314: Kaiserkrönung im Dom

Leopold II. (1747–1792), Großherzog von Toskana, der dritte Sohn Maria Theresias, wurde 1790 nach dem Tode seines Bruders, Kaiser Joseph II., deutscher Kaiser. Wie auch bei früheren Wahl- und Krönungsfahrten erschien ein stattliches mit zahlreichen Kupferstichen ausgestattetes *Diarium* als selbständiges Druckwerk, das es erlaubt, die Reise von Wien nach Frankfurt minutiös nachzuvollziehen.
Vorausgegangen war am 15. September in Wien eine dreifache Hochzeit im Haus Habsburg: die Trauung der Erzherzogin Clementina mit dem Kronprinzen beider Sizilien, die Eheschließung des Erzherzogs Franz mit Prinzessin Therese von Neapel, schließlich die ihrer jüngeren Schwester Louise mit Erzherzog Ferdinand. Leopold konnte, ohne Schwierigkeiten bei seiner Wahl befürchten zu müssen, die Reise nach Frankfurt antreten. *Am 23. September traten des Königs von Ungarn und Böhmen Majestät nebst Ihro allerdurchlauchtigsten Gemahlin und den jüngeren Erzherzogen Carl und Leopold - und am folgenden Tage die Sicilianischen Majestäten nebst den Erzherzogen Franz und Ferdinand mit Ihren nunmehrigen Gemahlinnen die Reise von Wien nach Frankfurt an. Am 25. folgten des jüngsten Erzherzogs Joseph K. Hoheit mit Ihrem Obersthofmeister nach.* Der erste Reisezug traf am Abend des 30. September im kurfürstlich mainzischen Schloß in Aschaffenburg ein. Noch an diesem Abend übermittelte Reichserbmarschall Graf von Pappenheim *unter Vorreitung von 4 Couriers und 30 blasenden Postillons* die Nachricht von der Wahl. Am 4. Oktober war dann der feierliche Einzug in der Reichsstadt. Am Zug beteiligten sich der Frankfurter Poststallmeister mit 50 Postillonen, denen nach zwei sechsspännigen Reisewagen nochmals 18 kaiserliche Reichsposthalter, offensichtlich aus dem weiteren Frankfurter Umfeld, folgten.

Lit.: H. Peham, Leopold II., Herrscher mit weiser Hand. Graz 1987 – A. Wandruska, Leopold II., Erzherzog von Österreich ... römischer Kaiser, 2 Bde., Wien 1963–1965.
Zu Wahl und Krönung: E. Berger und K. Bund (Hrsg.), Wahl und Krönung Leopolds II. 1790. Brieftagebuch des Feldschers der kursächsischen Schweizergarde, Frankfurt 1981 – Julius Wilhelm Hamberger, Merkwürdigkeiten der römischen Königswahl und Kaiserkrönung, 2. Aufl. Gotha 1791.

Regensburg, FHB, III.G.1.

6 RÜCKREISE DER *SIZILIANISCHEN MAJESTÄTEN* VON DER KAISERKRÖNUNG IN FRANKFURT NACH WIEN

1790 vor Oktober 30
Druck, 1 S.: *Lista di Statione de Francforto a Wienna*

Am 26. Oktober berichtete Alexander Freiherr von Vrints-Berberich ausführlich über die vom 28. Oktober bis 10. November vorgesehene Reise bzw. Reisebegleitung des Königs und der Königin von Neapel von Frankfurt nach Wien. Geplant waren innerhalb des Reichsgebietes Übernachtungen in Mainz, Mannheim, Stuttgart, Ulm, Augsburg, München und Altötting; von hier aus ging es ab 7. November weiter über Markel, Braunau und Altheim nach Ried, dann über Linz und Melk zurück nach Wien. Die *lange* Fahrtdauer war durch Ganztagesaufenthalte in den Residenzstädten Mannheim, Stuttgart und München bedingt.
Die gesamte Strecke umfaßte 54 1/2 Posten. Benötigt wurden 133 Pferde. Vrints-Berberich ließ bis zur öster-

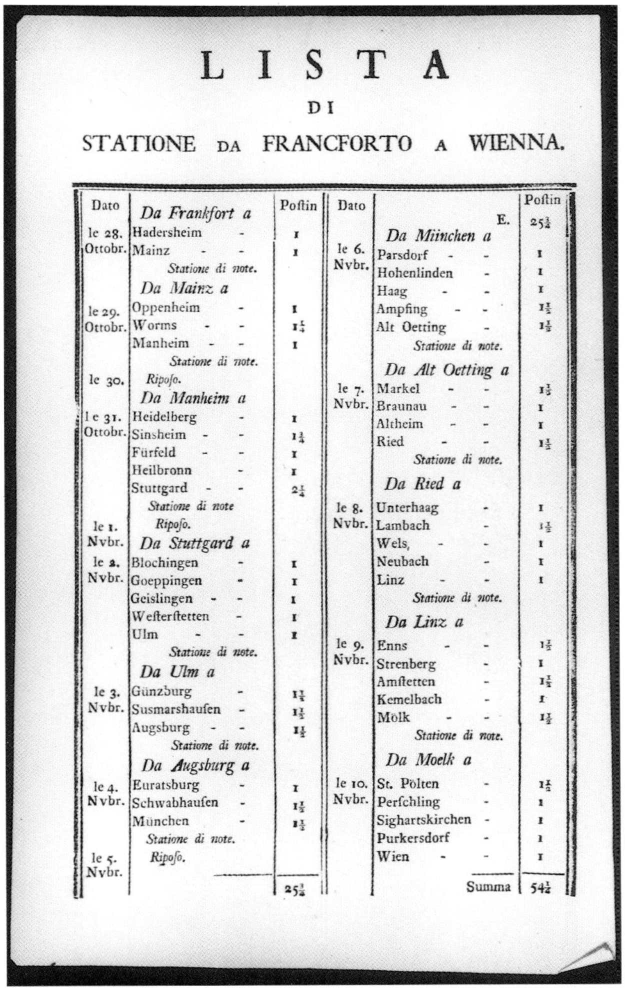

LISTA

DI

STATIONE DA FRANCFORTO A WIENNA.

Dato		Postin
	Da Frankfort a	
le 28.	Hadersheim -	1
Ottobr.	Mainz - -	1
	Statione di note.	
	Da Mainz a	
le 29.	Oppenheim -	1
Ottobr.	Worms - -	$1\frac{1}{4}$
	Manheim - -	1
	Statione di note.	
le 30.	*Riposo.*	
	Da Manheim a	
le 31.	Heidelberg -	1
Ottobr.	Sinsheim - -	$1\frac{3}{4}$
	Fürfeld - -	1
	Heilbronn -	1
	Stuttgard - -	$2\frac{1}{4}$
	Statione di note	
le 1.	*Riposo.*	
Nvbr.	*Da Stuttgard a*	
le 2.	Blochingen -	1
Nvbr.	Goeppingen -	1
	Geislingen - -	1
	Westerstetten -	1
	Ulm - -	1
	Statione di note.	
	Da Ulm a	
le 3.	Günzburg -	$1\frac{1}{2}$
Nvbr.	Susmarshausen -	$1\frac{1}{2}$
	Augsburg - -	$1\frac{1}{2}$
	Statione di note.	
	Da Augsburg a	
le 4.	Euratsburg -	1
Nvbr.	Schwabhausen -	$1\frac{1}{2}$
	München -	$1\frac{1}{2}$
	Statione di note.	
le 5.	*Riposo.*	
Nvbr.		
		$25\frac{3}{4}$

Dato		Postin
	E.	$25\frac{3}{4}$
	Da München a	
le 6.	Parsdorf - -	1
Nvbr.	Hohenlinden -	1
	Haag - -	1
	Ampfing - -	$1\frac{1}{2}$
	Alt Oetting -	$1\frac{1}{2}$
	Statione di note.	
	Da Alt Oetting a	
le 7.	Markel - -	$1\frac{1}{2}$
Nvbr.	Braunau - -	1
	Altheim - -	1
	Ried - -	$1\frac{1}{2}$
	Statione di note.	
	Da Ried a	
le 8.	Unterhaag -	1
Nvbr.	Lambach -	$1\frac{1}{2}$
	Wels, - -	1
	Neubach -	1
	Linz - -	1
	Statione di note.	
	Da Linz a	
le 9.	Enns - -	$1\frac{1}{2}$
Nvbr.	Strenberg -	1
	Amstetten -	$1\frac{1}{2}$
	Kemelbach -	1
	Mölk - -	$1\frac{1}{2}$
	Statione di note.	
	Da Moelk a	
le 10.	St. Pölten -	$1\frac{1}{2}$
Nvbr.	Perfchling -	1
	Sighartskirchen -	1
	Purkersdorf -	1
	Wien - -	1
	Summa	$54\frac{1}{4}$

reichischen Grenze durch Laufzettel und Instruktionen die Reise gründlich vorbereiten. Zusätzlich schickte er seinen *treuen und deren Anstalten kundigen Postverwalter Handel* 24 Stunden vor dem Hauptzug voraus, um unerwartete Zufälligkeiten zu verhindern.

Regensburg, FZA, Postakten 1536

7 *POSTANSTALTEN* FÜR DIE KRÖNUNGSREISE FRANZ II. NACH FRANKFURT

1792 – 1793 Mai 15 Regensburg
Rechnungsband, Reiserechnungen, 7 S. beschr.
aufgeschlagen: Schlußseite mit Endabrechnung

Über die taxisschen *Ausgaben bey Gelegenheit der Crönung Sr. allerhöchst Kaiserl. Majest.* unterrichtet die 135 Positionen umfassende Reiserechnung, die Wilhelm Friedrich Held am 15. Mai 1793 abschloß. Held amtierte als *Expeditor Kaiserl. Reichs fahrender Posten* in Regensburg. Die Schlußabrechnung endete mit der beachtlichen Summe von 10 267 Gulden 54 Kreuzer. Die der Rechnung beigefügte *Billance* zeigt die Finanzierung dieses Betrages teils durch à Conto-Zahlungen anderer Rechnungsführer, so der Herren von Mastwyck, Geiger und Weidner, teils durch Abschlagszahlungen der Oberpostämter Nürnberg und Augsburg.

Kaiser Franz II. (1768–1835, als Kaiser von Österreich seit 1804 Franz I.; s. oben C.II.2) folgte 1792 seinem Vater Leopold II., der nach knapp anderthalbjähriger Regierung am 1. März 1792 verstorben war, auf den Thron. Bereits am 15. März hatten in Frankfurt die Wahlvorbereitungen begonnen. Am 5. Juli wurde Franz II. gewählt, am 14. Juli, bewußt am Jahrtag des Sturms auf die Bastille, war die Krönung. Es sollte der letzte Krönungstag in Frankfurt werden.
Am 19. Juli verließen der Kaiser, seine Gemahlin und Brüder, darunter der Erzbischof von Köln, die Stadt in Richtung Mainz.

Lit.: H.O. Schembs, Kaiserkrönungen (1987) 92 ff.

Regensburg, FZA, Postakten 1569

8 ROUTEN WICHTIGER REISEBEGLEITUNGEN DER REICHSPOST IM 18. JAHRHUNDERT

18. Jahrhundert
Graphische Darstellung, bearb. v. W. Münzberg u. E. Probst

Darstellung von *Reiserouten Hoher und Höchster Personen* anhand einschlägiger Postakten aus dem Fürst Thurn und Taxis Zentralarchiv.

Regensburg, FZA, Graphiken

Beispiel Wahlreise **nach dem Siebenjährigen Krieg: Die Wahlreise des späteren Kaisers Joseph II. zur Königswahl nach Frankfurt im Jahre 1764**

Die Frage der Königswahl war nach dem Siebenjährigen Krieg neuerlich aufgerollt worden. Auf dem Kurfürstentag 1764 in Frankfurt kam es zur Einigung und Wien konnte die Krönung großzügigst vorbereiten.
Am 27. März trat Kaiser Franz in Begleitung von Joseph und Leopold die Reise an, am 3. April war in Frankfurt die Krönung Josephs II. zum römischen König. Die Reisevorbereitungen selbst reichen bis Ende 1763 zurück, als der Frankfurter Postmeister Freiherr von Berberich angewiesen wurde, anstehende Reparaturen am Taxis-Palais in Auftrag zu geben. Fürst Alexander Ferdinand, seit 1748 als kaiserlicher Prinzipalkommisar in Regensburg, stellte seine ehemalige Frankfurter Residenz, *den einzigen repräsentativen Bau in der Krönungsstadt,* den Habsburgern bereitwillig zur Verfügung.
Die Reise nach Frankfurt erfolgte auf dem Landwege, die Rückreise auf dem Wasserweg der Donau, über Regensburg. Bei der Rückfahrt schrieb Joseph II. am 15. April 1764 an Maria Theresia: *Die Regensburger Brücke haben wir ohne Schaden passiert und alles was man davon hört, scheint stark übertrieben. Allerdings ist das Wasser an der Stelle sehr reißend und die Durchfahrt schmal, man muß gut durchmanövrieren.*

Lit.: Probst, AK Halbturn (1985) S. 88–91 – F. Lübbecke, Das Palais Thurn und Taxis zu Frankfurt am Main. Frankfurt 1955, bes. S. 411 f. – K. Gutkas, König und Kaiser. In: AK Österreich zur Zeit. Kaiser Josephs II., Stift Melk 1980, S. 76–79, 402–405, 712–715 (Karten der Reisen Josephs II.) – Maria Theresia und ihre Zeit. In: AK Schloß Schönbrunn 1980, S. 183–186 – Maria Theresia und Joseph. Ihre Correspondenz ... hrsg. v. A. Ritter v. Arneth, 1. Bd. Wien 1867, S. 119–122 – A. Graf zu Preysing, Die Krönungsreise Josephs II. durch Kurbayern. In: Der Zwiebelturm 9 (1954) S. 131–138 – R.R. Wuthenow, Die Kaiserkrönung von 1763 [!] zu Frankfurt a.M. Goethes Jugenderinnerung und der Abschied vom Alten Reich. In: Das Fest, hrsg. v. U. Schultz, München 1988, S. 232–243, bes. 236 ff.

Regensburg, FZA, Postakten 1549

9 WAHLREISE DES SPÄTEREN KAISERS JOSEPH II.

[1764]

Porträtkupferstiche: Franz I. und Joseph II., jeweils hinter Tisch mit den Reichsinsignien stehend. Inschrift in durch Wappenkartuschen geteilten Textfeldern links: *FRANZ I., Römischer Kaiser in Germanien u: zu Jerusalem, König, Herzog zu Lotringen und Baar, Grosherzog zu Toskana etc. etc.* – rechts: *JOSEPH der andere, in Germanien König, zu Hungarn, Böhmen, Dalmatien, Groatien Königl[iche]r Erbprinz, Erzherzog zu Oestreich, Großprinz zu Toskana etc. etc.* – Gez. unten links und rechts: *Hen. Cöntgen delin. et Sculpt. Mog.*

Die in der *privilegirten Hospitals Buchdruckerei* in Mainz zwischen 1767 und 1771 erschienenen dreiteiligen *Diarien* vermitteln interessante Aufschlüsse zum Zeremonial jener Zeiten. Ausführlich wird die Krönung auch durch Goethe in *Dichtung und Wahrheit* beschrieben. Daneben erinnern eine Vielzahl anderer Drucke, zeitgenössischer Druckgraphiken und Medaillenprägungen aus Frankfurt an das Jahr 1764.

Die Fürstliche Hofbibliothek in Regensburg verwahrt als zeitgenössische Drucke neben den Diarien u.a. (G.121709/3): *Text, Gesänge, Gebeth auf das Danck- und Freudenfest, welches ... in Frankfurt ... den 1. April 1764 ganz feyerlich begangen werden soll* (8 ungez. Blatt); ferner *Freudengesang zur Verherrlichung des höchsterfreulichen Tages, ... den 1. April 1764 in denen zwo Hauptkirchen zu Frankfurt musicalisch aufgeführt durch Johann Christoph Fischer, Capell-Meister* (4 ungez. Blatt).

In den Graphischen Sammlungen des Fürstlichen Hauses liegt auch der 1765 von Johann Ernst Mansfeld geschaffene Kupferstich Josephs II. vor. Nach dem Tode Franz Stephans (Franz I.) wurde Joseph II. noch 1765 Kaiser und Mitregent Maria Theresias. In diesem Jahr heiratete er in zweiter Ehe Prinzessin Maria Theresia von Bayern, die Tochter des Kurfürsten Karl Albert (des späteren Kaisers Karl VII.).

Lit.: Zu Coentgen: Thieme-Becker Bd. 7 (1912) S. 169.

Regensburg, FHB, I.G.22

D. VI. Reisebegleitungen

10 ZOLLFREIPASS DES WÜRZBURGER FÜRSTBISCHOFS ADAM FRIEDRICH VON SEINSHEIM

1763 Dezember 24 Würzburg
Ausf., Formular, m. Verwaltungssiegel

Der Fürstbischof von Bamberg und Würzburg weist seine Zollstätten im Lande an, Frachtstücke, die wegen der bevorstehenden Wahlhandlungen an den k.k. Staatsrat Freiherrn von Borié in Frankfurt bestimmt sind, innerhalb seiner Territorien zoll- und abgabenfrei zu behandeln. Freigestellt wurden *drey Fuder Wein, vier Commod Kästen, ein Tresor, 28 Sessel, ein Stübig mit Bett, und 2 Bettladen,* ferner in einem Nachtrag *drey Sessel mit Armblehnen und ein kleines Väslein Wein.* Der *Stübig* diente als Packfaß (vgl. Grimm, Deutsches Wörterbuch Bd. 20, 1942, S. 192). Die Sendung passierte noch am 24. Dezember die Zollstätte Würzburg, am 25. Dezember Lohr, am 26. Dezember Prozelten, Freudenberg und Miltenberg; sie war beim kaiserlichen Postmeister in Frankfurt, Freiherrrn von Berberich, frei abzuliefern. Valentin Freiherr von Borié (1719–1793) wirkte zunächst in Würzburg, seit 1754 als kaiserlicher Hofrat in Wien. Versehen mit geheimen Instruktionen trug er in Frankfurt 1764 wesentlich zur Beschleunigung der Wahl bei. Seit 1770 war Borié u.a. österreichischer Gesandter am Reichstag in Regensburg. Hier vertrat er auch die fürstlichen Stimmen von Würzburg, Bamberg und Fulda sowie den Fürsten Thurn und Taxis.

Lit.: Probst, AK Halbturn (1985) S. 89: C.67 – Zu Borié: Repertorium der diplomatischen Vertreter 2–3 (1950–1965) – ADB 3 (1876) S. 159 f.; Wurzbach 2 (1857) S. 66 f.

Regensburg, FZA, Postakten 1551

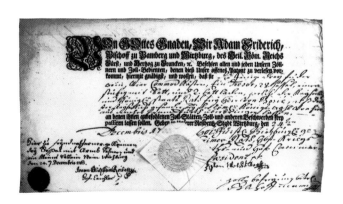

11 INSTRUKTION UND NORMEN FÜR DIE POSTEN

1764 Januar 15 Frankfurt
Druck, 2 Seiten
Aufgeschlagen: 1. Seite Druck, 2. Seite Reproduktion

Die an bestimmte, namentlich nicht genannte Reichsposthaltereien gerichtete Verfügung diente dazu, für die Begleitung des kaiserlichen Gefolges *wohlerwachsene, tüchtig und des Fahrens, auch des Blasens geübte Postillons* und ausreichend Pferde bereitzustellen. *Von denen auf einer jeden Station vorfindlichen nüchternen und guten Postillons* war binnen Wochenfrist eine Liste an das Oberpostamt einzusenden, aus der Name, Alter, ungefähre Größe und Herkunft ersichtlich sein sollten.

Lit.: Probst, AK Halbturn (1985) S. 89

Regensburg, FZA, Postakten 1550

12 POSTREISELISTE DES KAISERS VON SCHÄRDING NACH FRANKFURT

1764 [Januar / Februar]
Druck, 3 Seiten; Beilage zu einer Instruktion der Fürstlich Thurn und Taxisschen Geheimen Kanzlei vom 3. Februar 1764 wegen der bevorstehenden Reise des Kaisers
Aufgeschlagen: 1. Seite Orig., 2.–3. Seite Reproduktion

Die undatierte *Post–Reiss–Lista* führt 63 numerierte und vier unnumerierte Wagen auf, für die 406 Pferde benötigt wurden. Der erste Wagen (ohne Nummer) war *für den Kayserl. Reichs–Post Chef–Commissaire, so allzeit voraus gehet,* bestimmt. Es folgte ein Postillon als Wegweiser und sechs Postillone als Bläser. Wagen Nr.1 war *Ihro Majestät des Kaysers Leib–Wagen.* Nach bestimmten Wagengruppen ritt jeweils ein kaiserlicher Reichsposthalter, der letzte zum Nachtreiben der ganzen Suite. Die Posthalter zwischen Schärding und Frankfurt wurden mit der 13 Punkte umfassenden Instruktion versorgt, damit Ankunft und Abfahrt des Kaisers und seiner *so zahlreichen Suite* glatt verliefen. Für den Wagen des Kaisers und die ersten fünf Wagen *für die Ministres und Cammerherren* war die Bespannung mit Postpferden angeordnet; gleiches galt für die *Reitpferde für die Noble-Guarde, Kayserl. Reichs–Postverwaltere und Couriers, welche vor und hinter den Wagen Ihro Majestät, des Kaysers, reiten, à parte.* An den Umspannplätzen mußten auch *12 Bauern mit sechs Eimern, mit Wasser angefüllet, und so viel Schmier Stangen bereit stehen, die nichts anders zu besorgen haben, als die ankommende Wägen sogleich zu schmieren, und die erhitzten Axten abzulöschen.* Auch für den einwandfreien Straßenzustand waren die Posthalter verantwortlich.

Lit.: Probst, AK Halbturn (1985) S. 90: C.70–71

13 EINZUG IN FRANKFURT

1764 März 29 Frankfurt
Kupferstich: Einzug des Kaisers Franz I. und des Röm. Königs Joseph II.
Bez. unten rechts: *Ioh. Martin Will exud. Aug.Vind.*
Aus: *Vollständiges DIARIUM Von denen Merckwürdigsten Vorfällen Die sich Bey dem letzt gehaltenen hohen ChurfürstenTag Und darauf Höchstbeglückt erfolgten Wahl- und Crönung Des ... HERRN JOSEPHI des Andern Erwehlten Römischen Königs, ... In der Freyen Reichs– und Wahl–Stadt Frankfurt am Mayn Ergeben. Erster Abschnitt Durch FRANCISCUM ERWINUM SERGER ... verfasset. ... von einem Churfürstl. S[anc]ti Rochi Hospital selbsten zum Druck befördert. Mainz 1767*

Auf dem Kupferstich wird der *Höchst Prächtige Einzug, welchen Ihro Röm. Kayserl. Majestat Franciscus und Ihro Römisch Königl. Maj. Iosephi II. unter Höchstansehnlichen Begleitung Ihro Churf. Gnaden Mainz, Cölln u. Trier, u. Dero Churfürst. Fürtrefflichen Herrn Wahl Bottschaffter zu aller Höchst Deroselben Röm. Königs Crönung Iosephi II. in des Heil. Röm. Reichs Stadt Frankfurt am Mayn unter allgemeinen Froloken u. Iubel Geschrey, Donnerstag d. 29. Mart. 1764 gehalten worden*, dargestellt.

Das obere Bilddrittel ist mit der Stadtansicht von Süden, einem Schriftband mit obigem Text und vier lorbeerumgränzten hochovalen Textfeldern ausgefüllt. Darunter folgen – je weiter nach unten desto größer dargestellt – in vielfachen Windungen die einzelnen Reiter- und Wagengruppen. Ziemlich am Ende des Zuges, nur noch gefolgt von 15 Wagen des reichsstädtischen Magistrats und einer Grenadierkompanie, zogen *4 Fürstliche Taxische Courier, 16 Kayserl. Reichs-Postillions, 8 Kayserl. Reichs Posthalter, die Kayserl. Reichs-Post-Verwalter, sodann folgte der Herr Chef, Commissaire Vicomte v. Becker, 1 Kayserl 6 spänniger leerer Reise-Wagen, ...* – Das Blatt erschien als Beilage zum *Vollständigen Diarium* von 1767.

Lit. zu Will: Thieme-Becker Bd. 36 (1947) S. 7.

Regensburg, Fürst Thurn und Taxis, Graphische Sammlung

Beispiel Brautfahrt
Die Brautfahrt der Marie Antoinette, Tochter der Kaiserin Maria Theresia, von Wien an den französischen Hof nach Versailles

Am 19. April 1770 wurde Erzherzogin Maria Antonia Josepha Johanna, die Tochter des Kaisers Franz I. und Maria Theresias, mit dem französischen Thronfolger Louis Auguste, dem späteren König Ludwig XVI., in Wien feierlich vermählt. Die anschließende *Brautfahrt* war *der letzte großartige Hofreisezug des 18. Jahrhunderts*, ein Staatsereignis, geprägt vom Glanze der Hofhaltung Maria Theresias. Fürst Stahremberg hatte als Bevollmächtigter der Kaiserin zur Übergabe in Versailles die Braut dorthin zu begleiten.

Der Reise ging ein Kompetenzstreit zwischen Wien und Regensburg voraus, da Generaloberhofpostmeister Fürst Paar die Hofreise durch das Reich leiten sollte. Hierin erblickte der Fürst Thurn und Taxis einen Eingriff in das Reichspostgeneralat. Nach erfolgloser Intervention beschränkte sich die Reichspost darauf, die Reise der Erzherzogin *mit einigen vorausreitenden Postofficiers und Postillons zu mehrerem Decor einzubegleiten, dann auch zwei oder drei Postzüge auf den Reichspost-Stationen zur Bedienung in Bereitschaft zu halten.*

Lit.: Probst, AK Halbturn (1985) S. 90–92 – G. Beck, Die Brautfahrt der Marie Antoinette durch die vorderösterreichischen Lande. In: AK Barock in Baden Württemberg, Schloß Bruchsal, hrsg. v. Badischen Landesmuseum, Karlsruhe 1981, S. 311–324 – Maria Theresia (AK Schönbrunn 1980) S. 246–251 – G. Stail, Marie Antoinettes Aufenthalt in Obermarchtal anläßlich ihres Brautzuges nach Frankreich 1770, Munderkingen 1931.

14 MARIE ANTOINETTE (1755–1793), KÖNIGIN VON FRANKREICH
1780 Paris
Kupferstich, koloriert, von Pierre Duflos, nach einem Gemälde von Mme. Le Breun (Vigée-Lebrun) – Bez. unten links: *Touzé del* – unten rechts: *P. Duflos junior sculp*.
Aus: *Recueils d'estampes représentant les Grandes, les Rangs et les Dignitées sulvant le costume de toutes les nations existantes,* Paris 1780, von Pierre Duflos

Die farbfrische Graphik entstammt einem 264 Tafeln umfassenden Werk von Duflos, das in Zusammenarbeit mit der Frau des Kupferstechers, Marie Elisabeth Thibault, entstanden war.

Als Fünfzehnjährige war Marie Antoinette nach Frankreich gekommen, lebte fortan am glänzendsten und luxuriösesten Hof der damaligen Welt, in Versailles. Nach dem Tode Ludwigs XV. 1774 wurde der Dauphin, sein Enkel, König, Marie Antoinette Königin von Frankreich; aus ihrer Ehe gingen sechs Kinder hervor. Als das Bild der prunkvoll gekleideten Regentin entstand, war das bittere Ende des Herrscherpaares unter der Guillotine noch nicht zu erahnen. Verschwendungssucht, die *Halsbandaffäre,* die Kontaktaufnahme mit Mirabeau zur Erhaltung der Monarchie, überhaupt Vorgeschichte und Verlauf der Französischen Revolution bestimmten das Schicksal der Königsfamilie: Am

D. VI. Reisebegleitungen

21. Januar 1793 wurde Ludwig XVI. hingerichtet, am 16. Oktober die habsburgische Kaisertochter.

Lit.: Probst, AK Halbturn (1985) S. 91: C 73 – H. Schreiber, Marie Antoinette, München 1988 – Vincent Cronin, Ludwig XVI. und Marie Antoinette. Düsseldorf 1975 –
Zu Marie Louise Elisabeth Vigée–Le Brun: E. Bénézit, Dictionnaire critique et documentaire des Peintres, Sculpteurs, Dessinateurs et Graveurs, Bd. 10 (1976) S. 500 ff. – A. Blum, Mme. Vigée–Lebrun, peintre des grandes dames due 18e siècle. Paris 1919 – Thieme–Becker Bd. 34 (1940) S. 346 f. – Zu Pierre Duflos: Bénézit 3 (1976) S. 717 – Thieme–Becker Bd. 10 (1914) S. 882.

Regensburg, FHB, G 8114/2 (Graphik)

15 STATIONSLISTE VON WIEN ZUR FRANZÖSISCHEN GRENZE MIT PFERDEBEDARFSLISTE
1770 vor April 21 Wien
Druck; *Gedruckt bey Maria Susanna Jahnin, Wittwe, Universitäts–Buchdruckerin, in der Singerstrasse, im Hüpschischen Hause*
Folio, 4 Seiten

Die Liste umfaßt die Nachtstationen vom 21. April bis 7. Mai, ferner die Orte, an denen Pferdewechsel erfolgte, schließlich Angaben über deren Entfernung und die Stundenzahl, in der die *Posten* zu erledigen waren. Nachtstationen wurden festgelegt für *Mölk, Lambach, Braunau, Alt–Oetting, München, Augsburg, Günßburg, Markthal* [Kloster Marchtal], *Stockach, Donau Eschingen, Freyburg* [mit Rasttag am 5. Mai] und *Schütten*. Am Pferdewechsel Haag wurde Oberösterreich verlassen, Ried, die nächste Wechselstation, war seinerzeit noch bayerisch, ebenso wie Altheim und Braunau. Am längsten war die Etappe von Altötting nach München mit sechs Posten und zehn Stunden Fahrzeit. Die Pferdewechsel Günzburg, Ehingen, Riedlingen und Mengen waren vorderösterreichisch, ebenso die Nachtstation zu Stockach und der Wechselort *Steug oder sogenannte Höll*.
An allen Stationen fanden abendliches Schauspiel, Festbeleuchtung, auch Feuerwerk und folkloristische Darbietungen statt, auch Tafelmusik und feierliche Gottesdienste, Günzburg prägte eigens eine Medaille. Ignatius Stein, der Prälat des Prämonstratenserstiftes Marchtal, das nach dem Reichsdeputationshauptschluß an Thurn und Taxis fiel, ließ im Theatersaal Sebastian Sailers Festspiel *Beste Gesinnungen schwäbischer Herzen* aufführen, und der umständliche Überschwang des Ehrengedichtes *Der erste May* von Bernhard Maria Kögel vermittelt einen genauen Bericht über die Ehrentore. Die Kaiserin ließ als Zeichen des Dankes durch den Reisemarschall Fürst Stahremberg dem Prälaten ein Pektorale mit Ring überreichen: Stücke, die nach der Säkularisation Marchtals an das Fürstliche Haus Thurn und Taxis kamen, 1921 aber dem durch Fürst Albert erneuerten Kloster Obermarchtal überlassen wurden.
Für einen minutiösen Ablauf der Fahrt sorgten neben der Stationsliste auch die gleichzeitig im Druck erschienene *Post–Reis Wägen–Lista* (4 Seiten) und eine Liste der *Eintheilung deren Pferden zur Reise*. Hierbei werden *57 Wagen genannt, für die bei jedem Wechsel 330 Pferde und zusätzlich 20 Reservepferde erforderlich waren.*

Lit.: Probst, AK Halbturn (1985) S. 92: C.76 – Beck, AK Bruchsal (1981) S. 318, 320 f. – AK Melk (1980) S. 433 f. – AK Schloß Schönbrunn (1980) – Stail (1931) – G. Probszt Ohstorff (Hrsg.), Schau– und Denkmünzen Maria Theresias, Graz 1970, S. 307 ff.

Regensburg, FZA, Postakten 1553

16 ZEITUNGSBERICHT IM *WIENERISCHEN DIARIUM* ÜBER DIE FEIERLICHKEITEN ZU EHREN MARIA ANTOINETTES
1770 Mai 19 Wien
Druck in: *Wienerisches Diarium, oder Nachrichten von Staats, vermischten, und gelehrten Neuigkeiten. Verlegt bey den von Ghelischen Erben. Nro. 40,. Sonnabend den 19. Maymon. 1770.*
Aufgeschlagen: Titelseite

Vier Quartseiten nehmen die Berichterstattung über Brautzug und Feierlichkeiten in München am 26. und 27. April, Meldungen aus Donaueschingen vom 4. Mai und aus Freiburg vom 5. Mai, schließlich ein Bericht über die Fortsetzung der Reise nach Straßburg ein. Glaubt man dem Zeitungsbericht aus München, so sind *auf jeder Poststation 500 Pferde erforderlich gewesen*. Und weiter: *Unser gnädigster Landesfürst* – Kurfürst Maximilian III. Joseph – *welcher nichts gesparret, um Ihrer kön. Hoheit dero hier gemachten kleinen Aufenthalt möglichst angenehm zu machen, hatten höchstdieselbe mit dero ganzem Gefolge während der ganzen Reise durch Bayern freygehalten, und Befehl ertheilet, auf jeder Station 600 Pferde zu Dero Dienste bereit zu halten.* Wesentlich weniger Raum nimmt die Berichterstattung aus der Fürstenberg–Residenz Donaueschingen und dann aus Freiburg ein.
In Kehl wurde schließlich die junge Erzherzogin den Franzosen übergeben. Sie mußte sich von ihrem Hofstaat trennen. Lediglich Stahremberg durfte Marie Antoinette nach Versailles begleiten.

Lit.: Zu Fürstenberg (Donaueschingen) und Freiburg bes. Beck, AK Bruchsal (1981) S. 319 u. 321.

Regensburg, FHB, aus G. 12701

Beispiel Papstreise:
Die Reise des Papstes Pius VI. nach Wien, München und Augsburg 1782

Pius VI., 1775–1799 auf dem päpstlichen Stuhl, hatte insbesondere auch gegen die staatskirchenrechtlichen Ansprüche des aufgeklärten Absolutismus anzukämpfen. Dem *Josephinismus* in Österreich mit seinen Folgen für die Kirche, zumindest einer Milderung der unter Joseph II. angeordneten *Reformen*, galt der Papstbesuch in Wien.
Am 27. Februar 1782 hatte Pius VI. Rom verlassen. Über Venedig, Görz, Laibach und Graz verlief die Reiseroute.

Von 22. März bis 24. April währte der Aufenthalt in Wien. Und der Kaiser war, wie ein Brief an seinen Bruder Leopold erkennen läßt, offensichtlich froh, als der Oberhirte nach München weiterreiste: *... denn namentlich in den letzten acht Tagen war die Geschichte fast unerträglich geworden.* Andererseits schuf die herzliche Aufnahme des Pontifex maximus durch den Kurfürst von Pfalz–Bayern in München und dann durch den Augsburger Fürstbischof Clemens Wenzeslaus von Sachsen, zugleich Kurfürst von Trier, eine Atmosphäre des Vertrauens und der Verbundenheit, die durch den Gegenbesuch Karl Theodors in Rom, bereits im Mai 1783, noch verstärkt wurde.

Lit.: Probst, AK Halbturn (1985) S. 92–94 – G. Wacha, Papst Pius VI. in Österreich (AK Melk 1980) S. 153–156, 495–503 – F. Blendinger u. W. Zorn (Hrsg.), Augsburg. Geschichte in Bilddokumenten, München 1976, S. 100 u. Abb. 303–304 – G. Schwaiger, Pius VI. in München. In: Münchener Theologische Zeitschrift 10 (1959) S. 123–136 – R. Freytag, Wie Pius VI. im Jahre 1782 durch Bayern reiste. In: APT (1921/H. 4), S. 141–150 – J. Kapfer, Die Reise des Papstes Pius VI. nach Deutschland und sein Aufenthalt in Wien und München. In: Monatsschrift des Histor. Vereins für Oberbayern 6 (1897) S. 90–103, 105–113.

17 PAPST PIUS VI. (1775–1799) IN WIEN UND BAYERN

1780 Paris
Kupferstich, koloriert: *Jean Ange Braschi, Pape, Pie VI. d'Après diverses Peintures du tempa* – Bez. unten links: *A Paris chez Duflos le jeune* – unten rechts: *Avec Privilege du Roi.*
Aus: *Recueils d'estampes,* von Pierre Duflos (vgl. oben Kat.Nr. 14)

Der Papst wurde von seinen Zeitgenossen wegen seines gemessenen, stets auf Würde bedachten Auftretens sehr gelobt. Als Goethe den Papst 1786 auf dem Quirinal zu sehen bekam, sah er in Pius VI. *die schönste, würdigste Männergestalt.* Sein Pontifikat wurde dann durch die Französische Revolution schwerstens belastet.

Regensburg, FHB, G 8114/23 (Graphik)

18 PÄPSTLICHE SUITE BEI DER ABFAHRT VON WIEN

1782 April 22 Wien
Notiz, 2 Seiten, aus dem ehemals Königsfeldischen Archiv

Die Aufzeichnungen erwähnen vier Tagreisen von Wien bis Altötting mit Übernachtungen in Melk, St. Florian und Ried. Es wurden 48 Einspann– und 34 Reitpferde benötigt. Die Notiz stammt wohl von Graf Christian August von Königsfeld (1716–1785), seit 1773 Geheimer Konferenzminister in München, der auch das Amt des Oberstkämmerers wahrnahm.

Kurfürst Karl Theodor hatte am 19. April Fürst Carl Anselm von Thurn und Taxis wegen der Papstreise angeschrieben. Da die Route anfangs nicht feststand, wurde der Regensburger Oberpostverwalter Joseph von Blanck zunächst nach Passau beordert. Am 24. April war er beim Empfang des Papstes in Ried, auch zur Unterstützung des dortigen taxisschen Posthalters Franz Xaver Heyß. In Altötting wurde der Reisezug durch den Münchener Oberpostamtssekretär Hepp in Empfang genommen.

Lit.: Probst, AK Halbturn (1985) S. 93: C.78 – Wacha in AK Melk (1980) S. 155 – Freytag (1921) S. 142–147 – Zu Ried: F. Raminger, Postgeschichte von Ried im Innkreis. In: 75 Jahre IBSV, Festschrift, Ried i.I. 1984, S. 18 – Zu Königsfeld: W.D. Peter, Johann Georg Joseph Graf von Königsfeld 1679–1750. Regensburger Historische Forschungen Bd. 7 (1977) S. 384 f. (Christian August war der Sohn des Grafen Joh. Georg Joseph von Königsfeld).

Regensburg, FZA, Postakten 1557

19 KURBAYERISCHE RECHNUNGSLEGUNG FÜR FUHRWESEN UND KOSTGELD

1782, wohl Mai, München
Folio, 11 S., aus dem ehem. Königsfeldischen Archiv, Alteglofsheim

D. VI. Reisebegleitungen

Rechnungsteller war Graf Königsfeld, der den Papst schon in Altötting namens des Kurfürsten als *Reis–Commissarius* in Empfang genommen hatte. Die Gesamtaufwendungen beliefen sich auf 4 848 fl. 14 1/2 Kr. Allein für das *Fahrwesen* wurden 3 000 Gulden aufgewendet. Im einzelnen werden das Reichspostamt München und die Reichsposthaltereien Parsdorf, Hohenlinden, Haag, Ampfing, Altötting, *Märktl*, Schwabhausen und Eurasburg genannt.

Die Kosten waren sehr unterschiedlich. So hat der Posthalter und Hofwirt Franz Reicheneder in Altötting, wo auch übernachtet wurde, für die Verpflegung der päpstlichen und hochfürstlich salzburgischen Suite fast 527 Gulden kassiert, wogegen die 14 Gulden 24 Kreuzer *zur kurfürstl. Kapellmusik wegen solemniter abgesungenen Te Deum laudamus und figurirter Messe* kaum ins Gewicht fielen.

Lit.: Probst, AK Halbturn (1985) S. 93: C.80.
Zu München: Papst Pius VI. in München. Ausführliche Beschreibung des feierlichen Empfangs ..., 2. Aufl. München 1782.

Regensburg, FZA, Postakten 1557

20 *KURZE BESCHREIBUNG ALLER GEMACHTEN ZUBEREITUNGEN*
1782 Mai 2 Günzburg
Druck, 8 Seiten, *gedruckt mit Jungnickel– und Köllischen Schriften*
Titel– und erste Textsseite

Außer dem obern Thore, wo der Einzug ... geschehen sollte, wurde die erste Ehrenpforte aufgerichtet, ... Vier weitere Pforten säumten den Weg bis zum unteren Tor. Unweit des Rathauses aber *ware ein prächtig gezierter Altar aufgerichtet, ... Der Magistrat, die ganze Bürgerschaft, alles war auf den Beinen, als am Nachmittag um 4 Uhr Se. Heiligkeit allda ehrfurchtvollest empfangen* wurde. Dann ging die Fahrt weiter nach Augsburg.

Regensburg, FZA, Postakten 1557

Hofreisen und Reisebegleitungen im Zeitalter der Lehenposten

21 GENERALPOSTDIREKTOR VRINTS–BERBERICH BEGLEITET NAPOLEON VON FRANKFURT NACH HANAU
1812 Mai 13 Frankfurt
Bericht an Fürst Karl Alexander von Thurn und Taxis, 3 Seiten

Ausführlich berichtete der Geheime Rat und Generalpostmeister Freiherr von Vrints–Berberich über die Durchreise Napoleons nach Regensburg. Ursprünglich wollte der Kaiser schon am 11. Mai in Frankfurt sein. Auch noch am 12. Mai warteten die Frankfurter vergeblich: auf der Zeil herrschte Hochbetrieb; hier war das ganze Bürgermilitär zu Fuß und zu Pferd aufgestellt, allerdings wieder umsonst. Schließlich traf dann Napoleon am 13. Mai in der Frühe ein. Am Hanauer Tor wurden die Pferde umgespannt, dann ging es bis Würzburg weiter.

Zur *Reisebegleitung der Hohen Herrschaften* berichtet Vrints Berberich weiter: *Ich selbst war so glücklich, Ihre Majestäten bis an die Thore von Hanau zu Pferd zu begleiten und mich zu überzeugen, daß die Anstalten in Frankfurt zur allerhöchsten Zufriedenheit ausgefallen seyen.* Dies bestätigte ihm auch nochmals der kaiserliche (französische) Oberstallmeister. Dabei war auf jeder Station ein Wechsel von nahezu 300 Pferden erforderlich. Für die weitere Route nach Bamberg amtierte Hofrat und Postmeister von Gruben, der mit einem k. französischen Unter–Inspektor vorausgesandt war.

Regensburg, FZA, Postakten 1575

22 DER GENERALPOSTDIREKTOR LEGT DIE *MARSCH–ROUTE* FÜR DIE REISE DER KAISERIN VON RUSSLAND VON BRUCHSAL NACH BERLIN VOR
[1815 November 4 Frankfurt]
Beilage zu einem Bericht an Fürst Karl Alexander von Thurn und Taxis

Am 4. November 1815 berichtete Generalpostdirektor Vrints Berberich nach Regensburg. Die Kaiserin war am Abend des 2. November in Frankfurt eingetroffen und hat die Reise nach Berlin am Morgen des 4. November fortgesetzt. In der dem Bericht beigegebenen Liste ist die *Marsch–Route* ab Bruchsal bis Berlin, mit allen Aufenthalten für *Mittagessen und Nachtlager*, festgehalten. Es waren insgesamt 81 Meilen zurückzulegen. Dabei wurden zahlreiche Orte im hessisch–thüringischen Raum berührt.

Regensburg, FZA, Postakten

23 POST–WAGENLISTE FÜR DIE REISE DES KAISERS VON ÖSTERREICH VON WIEN NACH AACHEN
1818 September 6 Wien
Druck, 4 Seiten

Das k.k. Oberst–Stallmeisteramt unterrichtete mit der *Postreise–Wagen–Liste* die österreichischen wie die deutschen Poststellen. Der ganze Reisezug einschließlich Suite umfaßte 22 numerierte Wagen und zwei *Courier–Callescheen* ohne Nummer, die zwischen 8. und 16. September je nach Funktion an unterschiedlichen Tagen Wien bzw. Baden b. Wien verließen. Der Kaiser trat am 18. September von Persenbeug aus die Reise an. Nach dem Plan erreichte er nach Übernachtung in Schärding am 19. September über Fürstenzell bayerisches Gebiet und übernachtete von 19. auf 20. September in Regensburg. Die Weiterfahrt auf der Poststraße ging über Nürnberg, Würzburg, Aschaffenburg nach Mainz (22./23. September). Ungeklärt war noch, ob der

Fahrtabschnitt Mainz–Bingen auf dem Rhein stattfinden sollte. Die Ankunft in Aachen war für den 27. September in Aussicht genommen.

Die inländischen (österreichischen) und ausländischen *Postrittgelder und Wartgelder* waren durch den in Wagen 8 mitfahrenden Hofreise–Rechnungsführer an die Postmeister auszuzahlen, *Trink- und Schmiergelder* hatte jeder einzelne Wagen unmittelbar zu entrichten: *der Leib–Wagen Nr. 1 jedem Postillon einen Dukaten in Gold, mithin an zwey Postillons pr. Post zwey Dukaten in Gold, und dieses zwar sowohl im In– als Auslande.* Das Trinkgeld für die Suite belief sich für jede einfache Post auf das festgesetzte halbe Postrittgeld. An Schmiergeld war für jede zweite Post, wenn geschmiert wurde, für jeden Wagen 1 Gulden (Wiener Währung) zu zahlen, oder, wo Konventionsmünze üblich war, 30 Kr. Konventionsmünze. Dieser Betrag fiel auch nach jeweils vier Posten für *Spritzgeld* an.

Die Fahrt des Kaiser war durch den Aachener Kongreß (29. September bis 21. November 1818) ausgelöst. Es war das erste Treffen der Großmächte entsprechend der Verpflichtung des Viererbundes von 1815 zur Sicherung des Friedens in Europa. Für die Rückreise ab Aachen gibt es – bis München unter dem Namen eines Herrn Grafen von Habsburg – eine entsprechende Liste (Deutsches Postmuseum Frankfurt, E 13/8, Mappe 5: Fuhrwesen).

Regensburg, FZA, Postakten 1577

D. Organisation, Dienstbetrieb und Dienstleistungen der Thurn und Taxis-Post

D. VII. Tax- und Rechnungswesen – Portofreitum

In den ersten Jahren der taxisschen Post ist häufig die Rede davon, daß man Briefe durch einen Boten zum nächsten Postamt schickte mit der Bitte an den Postmeister, die Briefe weiterzubefördern. Solche Botenlöhne sind wiederholt überliefert. Wie aber stand es um das *reguläre Porto*? Und wie verhielt es sich später mit *Porto* und *Franco*? Zu Beginn des 16. Jahrhunderts wurden bei noch geringem Briefaufkommen die Portobeträge individuell ausgehandelt. Aber wie ging es weiter? Zu den bislang am wenigsten systematisch untersuchten Bereichen der Postgeschichte gehört die Entwicklung des Portowesens von den Anfängen selbst bis in das 19. Jahrhundert. Eine sehr unterschiedliche Quellenlage, zeitlich wie regional, und vor allem die Umrechnung der unterschiedlichsten Währungen mögen dafür verantwortlich sein.

Ähnlich verhält es sich mit dem Rechnungs- und Abrechnungswesen, auch auf der Ebene der Reichs-Oberpostämter und der Dirigierenden Postämter, oder mit Fragen des finanziellen Einsatzes und der Rentabilität. Hier zeichnen sich allerdings Ansätze ab, die jüngst von W. Behringer eingeleiteten Forschungsarbeiten zu intensivieren.

Ein wie das Portowesen wenig gewürdigtes Kapitel innerhalb der Postgeschichtsforschung ist der Komplex der Portofreiheit und des Porto-Aversums. Es setzt einmal die Kenntnis um die jeweiligen Rechtsgrundlagen voraus, dann das Wissen um die Abwicklung, und erfordert die Durchforstung unterschiedlichster, oft voluminöser Quellengattungen. Einige Mosaiksteinchen zu diesem Thema, weitgehend aus philatelistischer Sicht zustandegekommen, erlauben heute kaum schon ein klares Bild. Allein die in den Generalien und Verhandlungsakten der taxisschen Postverwaltung aus dem 19. Jahrhundert dazu vorkommenden Betreffe sind im einzelnen kaum faßbar.

Die nachfolgende Auswahl unterschiedlichster Belege zum Komplex *Rechnung und Abrechnung – Porto und Franco – Aversum und Portofreitum* mag die Vielschichtigkeit der Materie andeuten. E.P.

Lit.: Behringer 1990, S. 52 ff., 79 ff. u.a. – G. North, Die Post. Ihre Geschichte in Wort und Bild, Heidelberg 1988, S. 88 ff. – W. Hirtsiefer, Seit wann hat die Taxissche Post Gebühren für Briefe erhoben? In: Deutsche Postgeschichte 1937/38, S. 282 f. – Handwörterbuch des Postwesens, Frankfurt 1953, S. 513–517 (Postgebühren: Geschichte).
Allg.: H. Winkel, Die Entwicklung des Kassen- und Rechnungswesens im Fürstlichen Haus Thurn und Taxis im 19. Jahrhundert. In: Scripta Mercaturae 1973/H. 1–2, S. 3–19.
Zur Portofreiheit: H. Hübner, Zur Geschichte der Portofreiheit, einer die deutsche Post jahrhundertelang bedrückenden betriebsfremden Last. In: ADP 9 (1961/H. 1) S. 28–33.

Die alte Nord-Süd-Achse von Deutschland nach Italien

1 ABRECHNUNG DER ORDINARIPOSTEN
  VENEDIG-FRANKFURT
  1597 März 28 – Dezember 26 Rheinhausen
  Ausf., 2 Bogen, ital.

Auflistung der Frankfurter Briefe nach Venedig, ebenso der in umgekehrter Richtung abgesandten Briefe, erstellt durch Postmeister Matthias Sulzer in Rheinhausen. Hier, gegenüber der Stadt Speyer, überquerte der niederländisch-italienische Postkurs den Rhein. Das wichtige Postamt war 1540 vom Generalpostmeister Johannes Baptista von Taxis errichtet und zusammen mit den Posten Bobenheim und Deidesheim seinen Vettern aus der Augsburger Taxis-Linie verschrieben worden. Diese ließen das Amt durch Verwalter leiten, bis es Ende des 17. Jahrhunderts in die Stadt Speyer verlegt wurde.
Von März bis Dezember 1597 kreuzten sich hier insgesamt 36 niederländische und 39 venetianische Postpakete im Gesamtgewicht von 1219 1/2 Unzen, teils frankiert, teils unfrankiert. Die Pakete wurden nach Unzen verrechnet. Diese Taxierung nach Gewicht erfolgte bei Briefpaketen, während separierte Briefe nach der Anzahl der Briefbogen als *einfache* oder *doppelte* Briefe zu bezahlen waren.
Die Zusammenstellung fällt in die Zeit, in der das eben im Reich reformierte Postwesen durch Kaiser Rudolf II. zu einem kaiserlichen Reichsregal erhoben wurde. Erst im Vorjahr war zur Festigung der Postverhältnisse auf dem wiederhergestellten Hauptpostkurs von Brüssel nach Innsbruck und für die Posten zwischen Venedig und Trient eine neue Postordnung erlassen worden (vgl. oben D.I.14). Um so mehr mag es überraschen, daß bereits 1601 wieder Instruktionen erforderlich waren, die auf eine *Neuordnung* der Postämter Rheinhausen und Frankfurt abzielten.

Druck: Adolf Korzendorfer, Die ersten hundert Jahre Taxis-Post in Deutschland. In: APB 6 (1930) S. 38–53, S. 50–53.
Lit.: Dallmeier, AK Halbturn (1985) S. 72 f. C 5 – Korzendorfer, in APB 6 (1930) S. 43 – Dallmeier 1977/I, S. 66f., 70; 1977/II, S. 68 Nr. 143.

Regensburg, FZA, Postakten 652

2 POSTAVISI UND POSTCONTI: VENETIANISCHE POST NACH NORDEN 1608–1610

1608 Dezember 4 / 1610 November 26
Graphik, Bearbeitung W. Behringer
Kreisdiagramme:
a–c) Venetianische Post nach Augsburg, Frankfurt, Köln, Antwerpen bzw. insgesamt 1608, 1609, 1610
Liniendiagramme:
d) Zusammenfassung der Jahre 1608–1610
e) Venetianische Post für Augsburg 1608 unfrankiert/frankiert

Unter *aviso* im postalischen Sinn versteht man das Begleitschreiben, das von den einzelnen Postämtern dem die Ordinaripost befördernden reitenden Postillon als Ausweis über die abgefertigten Schriftstücke mitgegeben wurde. Die aufgegebenen Briefe wurden je nach Bestimmungsort in versiegelten Paketen vereinigt. Tag und Stunde des Abgangs der *Ordinari* waren zu vermerken, ebenso Anzahl der Briefpakete, Bestimmungsort und Gewicht. Letzteres wurde in Unzen – *oncie* – vermerkt. Die Beförderung eines Briefs im Gewicht einer Unze, etwa 30 Gramm, kostete von Venedig nach Augsburg 9 Soldi, nach Frankfurt 12, nach Köln 18 und nach Antwerpen 21 Soldi (20 Soldi = 1 Lira). Gleichzeitig wurde auf den Avisi vermerkt, ob das Briefgeld – *Porto* – noch offen oder bereits bezahlt war.

Die internationale wöchentlich verkehrende Postlinie Brüssel–Venedig war das Rückgrat des europäischen Postwesens (Behringer). Die Laufzeit der Ordinari hatte sich zuverlässig bei zehn Tagen eingependelt. Der Fund einer vollständigen Serie venetianischer Post-Avisi für 1608/10 erlaubt erstmals exakte Angaben über die Regelmäßigkeit des Postabgangs und über die beförderten Briefmengen: In den drei Jahren gab es keinen einzigen Ausfall. Pro Ordinari wurden ca. 650 Unzen befördert. Nach diesen Richtwerten gingen ca. 140 000 Briefe jährlich nach Norden, davon mehr als die Hälfte zur weiteren Verteilung an das süddeutsche Hauptpostamt Augsburg, knapp 20 % nach Köln; die restlichen 25 % liefen bis Antwerpen durch. Ein Beispiel zur Frankierung: Es gingen am 6. Februar 1609 nach Augsburg 128 frankierte und 268 unfrankierte Briefe ab, nach Antwerpen war das Verhältnis 90:70.
Für das Postrechnungswesen bzw. für die Abrechnung, wie sie quartalweise zwischen den einzelnen größeren Postämtern durch die *conti* abgewickelt wurden, bildeten die *avisi* die Grundlage.

Druck: Behringer 1989, S. 81 (Diagramm d)
Lit.: Behringer 1989, S. 79–83 – J. Rübsam, Postavisi und Postconti aus den Jahren 1599 bis 1624. In: Deutsche Geschichtsblätter 7 (1906), S. 8–19.

Graphikgrundlage: FZA, Haus- und Familiensachen, Akten 117–118

Regensburg, FZA, Graphiken

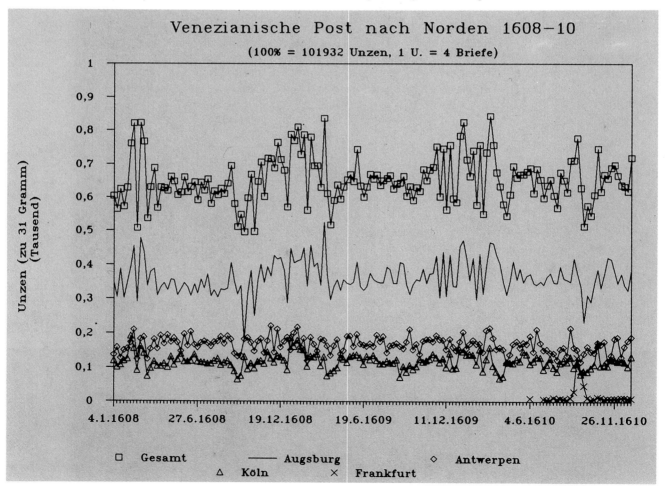

D. VII. Tax- und Rechnungswesen

3 ABRECHNUNG ZWISCHEN VENEDIG UND DEM REICHSPOSTGENERALAT
1651 April – 1652 Dezember
1 Bogen mit angebundenem Zettel

Nach der Abrechnung zwischen dem Grafen Ottavio di Tassis in Venedig und dem Reichspostgeneralat wurden 1651 befördert: 1660 Unzen franco Antwerpen, 4866 Unzen franco Köln, 1029 Unzen franco Frankfurt und 2323 zahlbar zu Augsburg.

Regensburg, FZA, Postakten 2146

Formulare und Normen im Rechnungswesen

4 TAGESLISTE FÜR EINGEHENDE UND AUSGEHENDE POSTSENDUNGEN
1760 Regensburg
Druck, 1 Bogen, Blankoformular
Aufgeschlagen: 1. Seite

Das Formular diente dem Reichsoberpostamt Regensburg zur Ermittlung der eingehenden und auslaufenden Post. Der Foliobogen umfaßte zwei Tage: im Rubrum die Wochentagangabe, darunter in zwei Spalten die am betreffenden Tag ein– und abgehende Post. Für Montag sind ankommende Posten aus Nürnberg, Augsburg, Wien, Prag und Eger, ferner auslaufende Posten nach München, Salzburg, Prag, Wien, Augsburg und Nürnberg aufgelistet. Die dritte, für Dienstag bestimmte Seite nennt ankommende Posten aus Nürnberg, Augsburg und Wien, abgehende Posten nach Bayreuth, Eger, Wien, Augsburg, Salzburg und Nürnberg. Die Seiten 2 und 4 sind unbedruckt.
Das *Muster-Formular* wurde der *General-Intendanz* zur Kenntnisnahme zugeleitet, dort mit ähnlichen Formularen anderer Ämter gesammelt, und blieb so erhalten. Die am Oberpostamtssitz verwendeten Formulare sind nach sachlich rechnerischer Prüfung und angemessener Frist für Revisionserinnerungen vernichtet worden.

Regensburg, FZA, Postakten 1675

5 WOCHENLISTE MIT DETAILAUFSCHLÜSSELUNG NACH POSTTAGEN UND POSTKURSEN
1760 Regensburg
Druck, 1 Bogen, Blankoformular

Die Ergebnisse der *Tageslisten* (vgl. Kat.Nr.4) wurden vom Oberpostamt in *Wochenlisten* zusammengefaßt. Die erste Seite enthält die für die einzelnen Kurse angefallenen Beträge für Ankünfte von Sonntag bis Mittwoch; die Angaben für Donnerstag bis Samstag befinden sich auf der Rückseite. Die Seiten 3 und 4 sind unbedruckt.

Regensburg, FZA, Postakten 1675

Detail- und Schlußabrechnungen bei der Kaiserlichen Reichspost

6 KÖLNER OBERPOSTAMTSERTRÄGE
1723–1766
Nach 1766
Tabellen, Libell, 9 S.
Aufgeschlagen: vorletzte und letzte Seite

Die Erträge sind quartalweise in Reichstaler erfaßt. Sie liegen in der Anfangsphase je nach Jahreszeit zwischen knapp 1200 und knapp unter 4000 Rtl. Die 5000 Rtl.-Grenze wird 1744 erreicht. Höher liegen dann die Quartalserträge für 1751 mit Summen zwischen ca. 7100 und 9700 Rtl. Erst 1758 wird die 10000 Rtl.- und noch im gleichen Jahr sogar die 11000 Rtl. – Grenze überschritten. Zwischen 1762 und 1764 liegen die Quartalserträge wieder tiefer, zwischen 8000 und knapp 10000 Rtl., wobei 1763 mit der einzigen namentlich genannten Sonderausgabe von 3466 Rtl. und einem Reinertrag von lediglich 3918 Rtl. *das von Aussemische Privilegium* negativ zu Buche schlägt. Hier handelte es sich um die 1705 dem kurpfälzischen Kommerzienrat Heinrich von Außem erteilte Fahrkonzession für eine Kutsche von Mülheim am Rhein nach Heidelberg und Mannheim. Der Kölner Kurfürst hat 1716 das Privileg auf einen Postwagen zwischen Köln und Aachen erweitert, so daß diese Einrichtung weit über eine lokale Fahrpost hinausging. Erst als das Unternehmen durch den Übergang auf etliche Erben in finanzielle Schwierigkeiten geriet, konnte es von der Reichspost durch Kauf erworben werden.
Dem laufenden Ertrag schließt sich ab 1753 der separat aufgelistete *Postwagen Ertrag* an. *Mali* treten abgesehen vom ersten Quartal 1753 erst ab 1759 auf, jeweils vor allem im ersten und vierten Quartal. Den Erträgen von 38684 Rtl. stehen 3484 Rtl. Minderertrag gegenüber, fast 10 %, so daß sich für diese 14 Jahre lediglich ein Reinbetrag von 35200 Rtl. errechnet: eine bescheidene Summe im Vergleich zu den allgemeinen Kölner Oberpostamtsbeträgen des Schlußjahres 1766 mit etwa 42350 Rtl.

Lit.: Dallmeier 1977/I, S.169 – J. Huck, Das Post- und Fernmeldewesen bis 1945. I. Das Postwesen. In: Unser Porz, Beiträge zur Geschichte von Stadt und Amt Porz 6, 1964, S. 23 ff.

Regensburg, FZA, Postakten 655

7 REINERTRÄGE DER FÜRSTLICHEN OBERPOSTÄMTER
[1733]
Libell, 26 Seiten
aufgeschlagen: Hamburg – Würzburg

Hauptpositionen innerhalb der Einnahmen waren die Posterträge; sie stehen daher an der Spitze der jeweiligen Jahresabrechnungen, die seit 1733 fast lückenlos – es fehlen lediglich die Jahre 1738/39 und 1742/48 – erhalten sind. Sie stellen eine immense Quelle zur Geschichte des Fürstlichen Hauses und seiner Verwaltung, zur Verkehrs- und Wirtschaftsgeschichte, zur

Kultur- und Sozialgeschichte dar, wie die neuen Forschungen von W. Behringer deutlich offenlegen.
Als abrechnende Poststellen werden für 1733 die Oberpostämter und Immediatpostämter Augsburg, Bremen, Koblenz, Köln, Erfurt, Frankfurt, Hamburg, Hildesheim, Maaseik, Mainz, München, Münster, Nürnberg, Paderborn, Regensburg, Trier, Ulm und Würzburg genannt. Separat rechneten die Feldposten ab, ferner die Niederländischen Posten. Abgerechnet wurden pro Quartal die Reinerträge, fallweise die *Mali*. Für die Reichsposten ergab sich ein Plus von 227 601 fl. 33 kr. Brüssel rechnete 90 348 fl. 12 kr. ab, wovon freilich 89 285 fl. 43 kr. Reichswährung (125 000 fl. Brabanter Währung) in zwei Halbjahresbeträgen dem Staat von Brabant zu entrichten waren; maßgebend für diese hohe Belastung war die Verleihung des Postgeneralats in den österreichischen Niederlanden lt. Urkunde vom 14. März 1729 durch Kaiser Karl VI. an Fürst Anselm Franz (FZA, Posturkunden 236). Somit ergab sich 1733 für die Niederländischen Posten gerade noch ein Ertrag von 1062 fl. 29 kr. in Reichswährung.
Bis 1767 war die Verwaltungssprache französisch, obwohl das Fürstliche Haus schon im Spanischen Erbfolgekrieg den Hauptsitz 1702 nach Frankfurt, dann 1748 nach Regensburg verlegte.

Lit.: Behringer 1990, S. 308 u.a. – Dallmeier 1977/I, S. 135; 1977/II, S. 353 Nr. 643.

Regensburg, FZA, Generalkasse – Rechnungen

8 BRÜSSELER BRIEFSTATISTIK MIT TAGESNACHWEISUNGEN DER WESTEUROPÄISCHEN KORRESPONDENZ
[1738]
Aktenteil, 14 Seiten
aufgeschlagen: Monat Dezember u. Jahresabschluß für Paris und Bordeaux

L'Import des Lettres Envoyés de Paris pendant toutte l'année 1738						
	De Paris			De Bordeaux		
	Simples	Doubles	Onces	Simples	Doubles	Onces
Janvier	2341	86	63	1234	21	4
Fevrier	1647	64	52	947	26	16
Mars	2023	73	54	941	12	6
Avril	1726	85	52	721	8	4
Maij	1956	79	33	772	14	12
Juin	1872	87	56	592	10	12
Juillet	2099	88	87	834	13	3
Aoust	2138	93	56	882	26	12
Septembre	1884	95	55	1259	31	9
Octobre	1987	81	133	1369	16	8
Novembre	1711	57	61	1744	30	3
Decembre	2304	106	112	1466	33	9
	23688	994	814	12761	240	98

Die Statistik, die sich mehr oder minder zufällig erhalten hat, enthält Tagesnachweisungen mit Gewichtsausscheidung der für Brüssel bestimmten Stücke aus Paris, Bordeaux, Spanien und Andalusien für das Kalenderjahr 1738. Für jeden Herkunftsort waren drei Spalten nach *Simples, Doubles* und *Onces* vorgesehen. Zusammengefaßt ergeben sich für Paris 25 496, für Bordeaux 13 099 Sendungen, für Spanien 4228 und, was überraschen mag, für Andalusien 6733 Sendungen; die Jahresergebnisse von Spanien und Andalusien sind auf der letzten Seite des Aktenstücks aufgelistet.

Regensburg, FZA, Postakten 5196

Fahrpostabrechnungen aus der Mitte des 18. Jahrhunderts

9 *BONI* UND *MALI* DER NEUEN FAHRPOSTKURSE VON REGENSBURG NACH HOF, MÜNCHEN UND WIEN
1747–1748
5 Seiten

Die *Special Bilanca* weist ganz erhebliche Minusbeträge nach, wie sie allgemein bei Neueinrichtung von Fahrpostkursen zu beobachten sind. So standen auf der Route Regensburg–Hof den Einnahmen von 1006 fl. Ausgaben von 2877 fl. gegenüber, also Mali von 1870 fl., bei der Gesamtstrecke München–Hof sogar 2972 fl. Mit 2372 fl. Minusbetrag schlug die Route Regensburg–Wien und zurück zu Buch. Einigermaßen ausgeglichen war die Route von und nach Augsburg. Insgesamt errechneten sich Mali von 5361 fl. 47 kr., zu denen noch *nicht zum jährlichen Ertrag gehörige Kösten* von 2463 fl. kamen, darunter 1143 fl. Reisekosten für die Einrichtung der neuen Kurse und 418 fl. für zwei neue Wagen auf der Wiener Route. Unter Einbeziehung auch dieser Beträge ergibt sich für die zwei ersten Betriebsjahre, genauer für nur zwei (Wiener Kurs) bis fünf Quartale (Regensburg–Hof), ein Gesamtminus von 7824 fl. 57 kr. In diese Jahre fielen die Einrichtung des neuen Kurses Augsburg–Landsberg–Weilheim–Murnau–Mittenwald (1746) zu einer unmittelbaren Verbindung mit Italien, die Verbindung Landshut–Au–Mengkofen–Straubing (1755) und schließlich die Verbindung zwischen München und Linz (1758).

Lit.: A. Korzendorfer, Bayerischer Verkehrsgeschichtsatlas. In: APB 7 (1931), bes. Karte 2 – Dallmeier 1977/I, S. 188 – M. Brunner, Das Postwesen in Bayern, München 1900, S. 72 f.

Regensburg, FZA, Postakten 1712

10 BILANZEN DER FAHRENDEN POSTEN DES DISTRIKTS DER OBERPOSTÄMTER UND POSTÄMTER FRANKFURT, KÖLN, MAASEIK, MAINZ UND KOBLENZ

a) [1751] Februar 6 Frankfurt
Heft, 3. Quartal 1750
aufgeschlagen: linke Schlußseite

D. VII. Tax- und Rechnungswesen

b) 1751 April 30 Frankfurt
   Heft, 4. Quartal 1750
   aufgeschlagen: Metzer und Baseler Route

Die quartalweise abgeschlossenen Bilanzen sind jeweils nach Routen angelegt. Für jeden Abrechnungsort wurden Einnahmen, Ausgaben und Besoldung der Posthalter erfaßt, die sich ergebenden *Boni* und *Mali* errechnet, die Sondereinnahmen und Ausgaben festgehalten und die Zwischensummen in der *Recapitulation* zusammengefaßt. Diese Quellen erlauben es, über einen längeren Zeitraum die Entwicklung der Fahrpostkurse und deren Wirtschaftlichkeit zu verfolgen.

Die beiden Bilanzen umfassen die von Frankfurt ausgehenden Routen nach Nürnberg (bis Remlingen), Fulda, Metz, Basel und Köln, die Köln–Düsseldorfer, die Düsseldorf–Elberfelder, die Köln–Aachener, die Aachen–Lütticher Route, die Routen von Koblenz nach Wetzlar und nach Trier, die Trier–Luxemburger Route, schließlich die Mainz–Limburger und die Mainz–Mannheimer Route. Sieht man vom Nürnberger, vom Metzer und Basler Kurs sowie von der Route Mainz–Mannheim ab, so sind die Reinerträge minimal bzw. (besonders beim Düsseldorfer Kurs) im Minus. Insgesamt negativ wirkten sich Zusatzbesoldungen und Spesen von 935 bzw. 800 fl. aus. Die Reinüberschüsse von 617 bzw. 1109 fl. für die beiden Quartale sind als bescheiden zu bezeichnen.

Regensburg, FZA, Postakten 1752

Statistik der Posteinnahmen und Ausgaben

11 POSTEINNAHMEN UND POSTAUSGABEN IM SCHAUBILD
1730–1867
Graphiken, Bearbeitung W. Behringer

a) Die Post als wirtschaftliche Basis des Fürstlichen Hauses:
   Einnahmen und Ausgaben 1733–1806
   Die Posterträge im Vergleich zu den übrigen Erträgen

b) Lehen- und Pachtposten 1806–1866/67
   Gegenüberstellung von Einnahmen und Ausgaben

c–d) Anteil der 11 größeren und der 12 kleineren Postämter am Postertrag 1749–1793
   Größere Postämter: Maaseik, Frankfurt, Köln, Hamburg, Nürnberg, Augsburg, Mainz, Koblenz, Regensburg, Ulm, Würzburg
   Kleinere Postämter: Bremen, Braunschweig, Erfurt, Duderstadt, München, Münster, Trier, Lübeck, Elberfeld, Osnabrück, Paderborn

e) Lehen- und Pachtposterträge bei der Reitpost 1806
   Ertrag 600000 Gulden aus den Postämtern Frankfurt, Hamburg, Augsburg, Nürnberg, München, Bremen, Eisenach, Regensburg, Würzburg, Thal, Mannheim, Ulm

f) Posterträge und Pachtpost in Württemberg 1834/35–1850/51

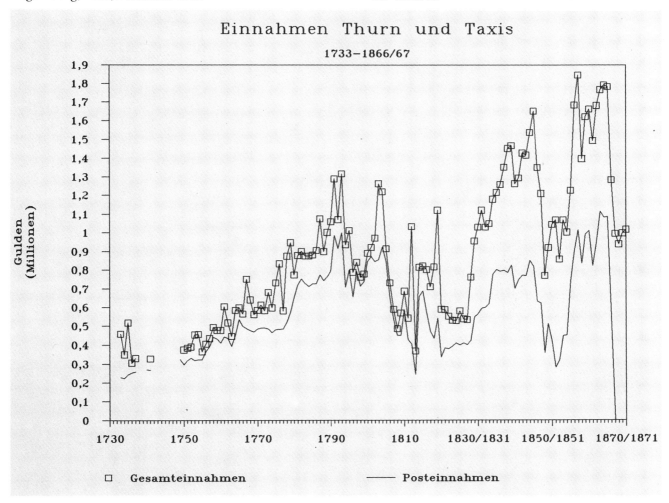

Nach Abzug des Lehenkanons errechnet sich ein Nettogwinn von 1,2 Millionen Gulden. Auffallend ist das Minus 1848, dem erst in den beiden folgenden Jahren ein leichtes Plus gegenübersteht. 1851 wurden die Posten in Württemberg wie 1805/06–1819 wieder in eigene Regie übernommen.

g) Die Thurn und Taxis-Post in den Jahren um die 1848er Revolution
Tiefpunkte sind 1848 und 1851/52; ab 1855 stiegen die Einnahmen steil an. Im Gegensatz dazu waren die Ausgaben bei ca. 350 000 Gulden im Durchschnitt relativ konstant.

Die graphischen Darstellungen sind EDV-erarbeitete Teilergebnisse einer ersten systematischen Auswertung der sog. *Generalkasse-Rechnungen,* die als eine einzigartige wirtschafts- und kulturgeschichtliche Quelle fast lückenlos erhalten blieben (vgl. Kat.Nr. 7).

Druck: Behringer 1989, S. 113 (Diagramm a), S. 130 (c/d), S. 187 (b)
Lit.: Behringer 1989, S. 308 ff.

Graphikgrundlagen: FZA, Generalkasse – Rechnungen

Regensburg, FZA, Graphiken

Rechnungs-, Abrechnungs- und Revisionswesen im Zeitalter der Lehenposten

12 REVISIONSORDNUNG FÜR DIE GENERALDIREKTION DER LEHENPOSTEN
1812 Juni 30 Regensburg
Ausfertigung, Libell. 33 S. u. Formularmuster
Aufgeschlagen: 1. Seite

Die Verlegung der *Generaldirektion der Lehenposten* von Regensburg nach Frankfurt 1811 (FZA, Postakten 7837) veranlaßte, daß das Postfinanz-, Postrechnungs- und Revisionswesen ab 1. Januar 1812 aus dem Regensburger *Finanz- und Rechnungs-Bureau* herausgelöst und mit eigenem Revisionspersonal und Amtsvorstand der Generalpostdirektion unterstellt wurde. 64 Paragraphen regelten den Geschäftsgang der neuen Institution. *Gewöhnliche Kanzleistunden* waren von Mai bis Oktober 8–13 und 15–17 Uhr, von November bis April von 9–13 und 15–18.00 Uhr. Außerdem hatten die Revisoren *auch des Sonntags und an gebottenen Feyertagen des Morgens um 10 Uhr auf der Revision nachzusehen, ob keine dringende Arbeit oder Anfrage vorgekommen ist, welche sie dann ohnweigerlich zu besorgen hätten.*
Nach der neuen Ordnung hatten die Oberpostämter und Postämter die Überschüsse quartalweise an die *Obereinnehmerei* abzuführen. Untergeordnete Ämter, Postverwaltungen und Expeditionen mußten ihre Rechnung 14 Tage, spätestens drei Wochen nach Quartalende mit Belegen und dem dazugehörigen Saldo einschicken. Rechnungsmonita waren vom *Revisionsvorstand* in der *General-Post Directions-Sitzung* vorzulegen. In jeder Hauptrechnung waren eigene Spalten für *Boni* und *Mali* vorgesehen. Jeder Rechnungsführer mußte ein Tagebuch und ein Manual führen. Die früher unterschiedliche Revidierung der Rechnungen für die Reit- und Fahrposten wurde aufgehoben.

Vorstand der Revision war zunächst Hof- und Generalpostdirektionsrat Marx. Bestimmte Abrechnungsbetreffe konnten auch einem anderen Rat zugeteilt werden. Zur Sicherung des Postärars war von den Beamten eine Kaution – in Geld oder in Grund und Boden – zu stellen, oder es mußte *ein hinlänglich vermöglicher Bürge* gestellt werden. Die Generalpostdirektion hatte der Rechnungsrevision alle das Rechnungs- und Kassenwesen betreffenden Beschlüsse mitzuteilen. Der Revisions-Vorstand hatte jederzeit zur Registratur der Generalpostdirektion freien Zutritt. Einzelinformationen, Stundenpässe und Rechnungsnotizen konnte die Revision von den Lehenposten unmittelbar abverlangen, nicht aber von auswärtigen Postverwaltungen. Im übrigen sollte ein vollständiges Verzeichnis aller eingeführten Paketschlüsse, wofür Vorarbeiten offensichtlich vorlagen, angelegt und auf den *nunmehr allgemein eingeführten General-Post-Tarif* geachtet werden.
Für jedes Ober- oder Dirigierende Postamt war ein Formular zu führen, das eine genaue Kontrolle des Revisionsweges vom Rechnungseingang bis zur Dechargirung zuließ. Außerdem war ein *ordentliches Geschäfts-Protocoll* anzulegen und ein (Geschäfts-)*Tagebuch* zu führen. Revidierte und dechargierte Rechnungen samt Belege waren *in guter Ordnung* aufzubewahren. Das Revisionsverfahren selbst wurde bis ins Detail geregelt. Die *Moniten-Bogen* hatten Soll- und Habenspalten. Besondere Sorgfalt wurde bei der Verrechnung ausländischer Münzsorten sowie bei den Ansätzen für Retour-Briefe empfohlen. Ausgaben bei Ober- und Postämtern, z.B. für *Anschaffung der Felleisen, Schreib- und Packmaterialien, Druckkosten etc.* waren quartalweise festzuhalten, um evt. Einsparungsvorschläge machen zu können. Bei Portoanteilen an Besoldungsstatt sollte ebenso verfahren werden. Jeweils zum Jahresende hatten die Abrechnungsämter ein *Inventarium über die herrschaftlichen Meublen und Effecten etc.* vorzulegen. Falls sich Rechnungssteller über Monita beschwerten, mußten die Mali nochmals durch einen anderen Rat geprüft, *in pleno vorgetragen und entschieden* werden.

Lit.: Probst, Verwaltungsstellen (1978) S. 285.

Regensburg, FZA, Postakten 1713

13 KASSENBESTANDSVERZEICHNIS ÜBERRHEINISCHER POSTSTELLEN
1814 Januar/Februar
1 Blatt

Das Verzeichnis überliefert für 11 Postorte der Pfalz und des Saarlandes Kassenbestände für Dezember 1813 und Amtsrequisiten, die der französischen Generaladministration der Posten gehörten.
Thurn und Taxis hatte bei dem im Oktober 1813 gebildeten *Zentral-Verwaltungsrat für Deutschland* die Rückübertragung der Posten auf dem linken Rheinufer beantragt. Preußen und Österreich stimmten auch der Übernahme der Posten in den von den Verbündeten Heeren eroberten Gebiete Frankreichs nach den Grenzen von 1792, Belgiens, Luxemburgs und der Niederlande zu. Ab Januar 1814 wurden taxissche *Postdistrikte* gebildet, deren Umfang sich in der Folge wiederholt änderte. Hier seien nur die Distrikte Mainz (ehem.

D. VII. Tax- und Rechnungswesen

Departement Donnersberg, spätere Provinz Rheinhessen bzw. Bayerische Pfalz), Koblenz und Köln erwähnt. Die Handhabung des Geldvorrats war nach dem Anfang 1814 angelegten Verzeichnis sehr unterschiedlich: Lediglich die Distribution Frankenthal verfügte über Geld (11 Francs 35 Centims). Die Distribution Kirchheimbolanden zahlte posttäglich nach Alzey. Die Distribution Oppenheim hatte noch einen Geldrest, auf den sie selbst Ansprüche erhob. Bei der Direktion in Kreuznach wurden die Gelder an die Mairie abgegeben. Bei der vormaligen Direktion, dann Distribution Neustadt hat Postdirektor Thomas alle Gelder nach Frankreich mitgenommen; vom Inventar ließ er *blos Siegel und Stempel* da. Die Direktion Kaiserslautern schickte ihre Gelder noch am 4. Januar 1814 nach Paris ein. In Zweibrücken wurde das Geld durch General Beurmann mitgenommen. Die Direktionen Homburg und Saarbrücken sowie die Distribution Landstuhl hatten überhaupt keine Gelder in Händen.

Lit.: W. Münzberg, Links des Rheins (Leitfaden zur Postgeschichte und Briefkunde 1, Seeshaupt 1981) Erläuterungen zur Geschichte S. 14 ff., 33 ff. u. Verzeichnis der Postanstalten – Probst, Postorganisation (1977) S. 23 f. – E. Schilly, Zur Geschichte des Postwesens im Bereich des Generalgouvernements Mittelrhein und der österreichisch–bayerischen gemeinschaftlichen Landesadministration. In: APF 21 (1969) S. 201 ff.

Regensburg, FZA, Postakten 4478

14 SCHLUSSABRECHNUNG DES POSTMEISTERS KLEIN IN SCHAFFHAUSEN IM AUFTRAG DER EIDGENOSSENSCHAFT

1849 September 15 Schaffhausen
Formular, Foliobogen, Rechnung für Juli/August 1849
Aufgeschlagen: S. 2–3

Nach dem Inkrafttreten der Schweizerischen Bundesverfassung von 1848 wurde das bisherige kantonale Postwesen ab 1849 zentralisiert. Die Thurn und Taxissche Generalpostdirektion in Frankfurt mußte sich hinsichtlich der Ende 1833 erworbenen Post im Kanton Schaffhausen bereiterklären, *die Verwaltung ... vom 1. Januar 1849 an bis zu einer Verständigung* – die dann allerdings erst 1853 erreicht wurde (vgl. oben C.IV.b 20) – *provisorisch für Rechnung der Eidgenossenschaft fortzuführen.* Postmeister Klein hielt sich an diese Anweisungen. Die letzte von ihm erstellte Rechnung für Juli/August 1849 wurde nach Auflösung der Postverwaltung (31. August) am 15. September ausgefertigt. Bei 11092 fl. 20 kr. Einnahmen und 4158 fl. 48 kr. Ausgaben schloß sie immerhin mit einem Aktivrest von 6933 fl. 32 kr. (nach dem 24 1/2–Gulden–Fuß) ab. – Bei den Ausgaben schlugen neben den Besoldungen für 14 Beamtete (in den zwei Monaten 1208 fl.), für das Aushilfspersonal (256 fl.) und für Botenlöhne (77 fl.) vor allem 1865 fl. *Vorschüsse und erogatorische Ausgaben* zu Buch, besonders bei der Fahrpost, so daß hier ein etwas schiefes Bild entsteht.

Der aus Frankfurt stammende Schaffhauser Postmeister war 1823 als Postpraktikant in taxissche Dienste gekommen; von 1835–1837 amtierte er als Kontrolleur der Expedition der Briefposten in Frankfurt, von 23. Juni 1837 bis Ende Dezember 1841 war Klein Amtsverweser des Kantonalpostamtes Schaffhausen, dann Postmeister. Seine Fähigkeiten veranlaßten den Schweizer Bundesrat, ihn als Experten beim Departement der Eidgenössischen Postverwaltung in Bern zu bestellen, bis er 1851 *unter Anweisung eines angemessenen Wirkungskreises dem Oberpostamt Frankfurt zugeteilt* wurde.

Lit.: E. Probst, Beiträge zum Personal- und Besoldungswesen beim Fürstlichen Kantonalpostamt Schaffhausen. In: Rehm (Schaffhausen 1987) S. 137; Ders., Erwerb, Rentabilität und Verlust des Thurn und Taxisschen Kantonalpostamtes Schaffhausen 1833/34–1848/53, a.a.O., S. 155.

Regensburg, FZA, Postakten 5389

15 STATISTIK DER RECHNUNGSTELLENDEN POSTBEHÖRDEN UND DEREN KARTENSCHLÜSSE

1856 Februar 12 [Frankfurt]
Formular, Foliobogen

Die *General–Uebersicht* ist der Entwurf einer Statistik sämtlicher *rechnungstellenden Postbehörden* innerhalb des taxisschen Postverwaltungsbezirkes. Bemerkenswert ist die dreiteilige Aufschlüsselung der Poststellen. Die Kartenschlüsse sind jeweils für Brief- und Fahrpost aufgeteilt in den Internen Postbezirk und den Vereinsbezirk. Zusammenfassend ergibt sich folgendes Bild:

	Anzahl der Poststellen:				Karten-
	große	mittlere	kleinere	in Summa	schlüsse
I. Kurhessen	6	23	57	86	2661
II. G.H. Hessen	7	12	59	78	2262
III. Nassau	2	14	37	53	1252
IV.–IX. Weimar-Eisenach, Meiningen-Hildburghausen, Coburg-Gotha, Schwarzburg-Sondershausen, Schwarzburg-Rudolstadt und Reuß:	15	10	62	87	2531
X. H. Homburg	1	1		2	36
XI–XII. Lippe-Detmold und Schaumburg-Lippe:	3	2	14	19	605
XIII. Hohenzollern		2	5	7	127
XIV. Frankfurt	1			1	752
XV–XVII. Hamburg, Bremen und Lübeck:	3			3	146
Summa:	38	64	234	336	10372

Die 38 *größeren Poststellen* werden zusätzlich *nach ihrer Wichtigkeit* klassifiziert:

Frankfurt	Giessen	Arnstadt	Karlshafen
Kassel	Hanau	Worms	Apolda
Mainz	Offenbach	Saalfeld	Bückeburg
Darmstadt	Gera	Bingen	Hersfeld
Wiesbaden	Lemgo	Schleiz	Pösneck
Gotha	Fulda	Sonneberg	Hamburg
Weimar	Limburg	Rudolstadt	Bremen
Eisenach	Sonneberg	Alzey	Lübeck
Coburg	Marburg	Hildburghausen	
Detmold	Meiningen	Jena	

Das hohenzollernsche Sigmaringen steht erst an fünfter, Hechingen an achter Stelle der 64 *mittleren Poststellen*.

Regensburg, FZA, Postakten 1713

Porto – Taxa

Gedruckte Taxverzeichnisse der kaiserlichen Reichspost und der Niederländischen Posten

16 BRIEF–TAXA DER FÜRSTLICH BRAUNSCHWEIG–LÜNEBURGISCHEN POSTEN AB BRAUNSCHWEIG, HANNOVER UND CELLE

1682 Celle
Druck, 6 u. 5 ungez. S.; beigebunden zu *Fürstliche Braunschweig–Lüneburgische revidirt– und erneuerte Post–Ordnung, ... Gedruckt in der Fürstl. Residentz–Stadt Zelle durch Andreas Holwein / Im Jahr 1682.* von 1682
Aufgeschlagen: Briefposttarif nach Regensburg

Die der Postordnung beigegebenen Tarife gliedern sich in die Briefposttarife *an und von den fürnehmsten und bekantesten Orthen, Stückweiß oder nach dem Gewicht*, ab bzw. nach Braunschweig, Hannover und Celle, das Stück bzw. das Loth in Guten Groschen/Pfennigen. Außerdem war angegeben, wie weit die Sendung freigemacht werden konnte. Im Beispiel Regensburg war eine Versendung *franco Nürnberg* – von jedem der drei Absendeorte zahlbar 6 GGr. für den Brief, 8 GGr für das Loth – möglich; das Restporto von Nürnberg nach Regensburg war vom Empfänger an die kaiserliche Reichspost zu entrichten.
Die Fahrposttaxen waren nach Ordinari–Posten und *extraordinari fahrend und reitenden Posten* gegliedert, ferner in die *Taxa der Packereyen*, bei denen Entfernung und Gewicht ausschlaggebend waren. Postreisende durften *ein Fell–Eisen oder kleinen Koffer von 20 biß 30 lb. schwer frey* mit sich führen, *Übergewicht* mußte extra bezahlt werden.

Regensburg, FHB, 4/K P. 516

17 GENERALTARIF DER NIEDERLÄNDISCHEN POSTEN

1729 Brüssel
Druck von *Eugene Henry Fricx*, 29 S.
aufgeschlagen: S. 1 u. S. 4–5: *Dans le Bureau des Postes à Herve Duché de Limbourg – Dans le Bureau des Postes à Luxembourg*

Der in gebundener Form vorliegende Tarif stand den niederländischen Poststellen zur Portoberechnung der üblichen Form – nach *simples / doubles / onces* – zur Verfügung. Er umfaßte auch die Auslandsporti.
Daneben gab es natürlich auch, wie bei der kaiserlichen Reichspost, für den Aushang bestimmte Einblattdrucke (Plakate), die jeweils auf die örtlichen Belange abgestellt waren.

Lit.: R. Freytag, Verzeichnis geschriebener und gedruckter Postberichte, Posttarife und ähnlicher Dokumente des f. Thurn und Taxisschen Zentralarchivs Regensburg. In: APB 7 (1931/H. 1) S. 15–48, bes. S. 21.

Regensburg, FZA, Postakten 655

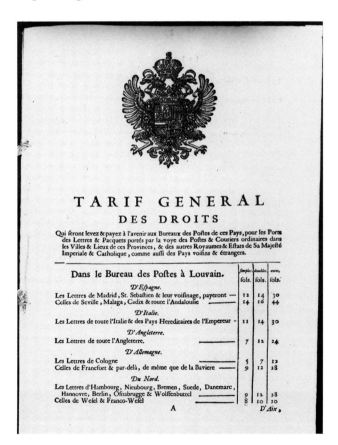

18 VERGLEICH DES ALTEN FAHRPOSTTARIFS MIT DEM NEUEN TARIF VON 1748
1748

Druck, 12 ungez. S.
Aufgeschlagen: Nürnberg–Hof (Ende), Nürnberg–Coburg, Augsburg–Hof, Augsburg–Coburg und Regensburg–Nürnberg (Anfang)

D. VII. Tax- und Rechnungswesen

Die Veröffentlichung stellt eine Art Rechtfertigungsschrift dar. Der *Unterschied, welcher am porto höher oder niedriger sich verhalte,* blieb *eines jeden freyen Beurtheilung überlassen.*

Die neuen Tarife lagen zumindest bei den Paketsendungen zum Teil sehr erheblich unter den früheren Sätzen. Die Passagier-Tarife wurden weitgehend belassen. *Passagiers* durften *für Bagage mehrers nicht dann 25 biß 30 Pfund frey* mitführen. Während im alten Tarif Angaben über *Baarschafften oder Contenti* fehlten, wurde jetzt die Taxe für *100 fl. an Geld* genannt.

Regensburg, FZA, Postakten 655

**Portofreiheiten:
Eine ständige Schmälerung der Posteinkünfte –**

Bemühungen um Erlangung der Portofreiheit

Mißbrauch der Portofreiheiten: ein ständiges Ärgernis

19 KAISER FERDINAND II. AN DEN NIEDERLÄNDISCHEN STATTHALTER WEGEN DES PORTOFREITUMS

1620 September 9 Wien
Ausf., Reskript, 2 Bogen; Großes Kanzleisiegel unter Papierdecke; aufgeschlagen: Schlußseite mit Unterschriften

Ferdinand II. ersucht auf Bitten des Generalpostmeisters Freiherrn Lamoral von Taxis, das unter Kaiser Matthias den königlich spanischen Ministern für deren Pakete und Briefe eingeräumte Freitum aufzuheben, auch hinsichtlich der aus Italien und Deutschland kommenden Post für diesen Personenkreis. Der Generalpostmeister hatte auf die *grossen Unkosten* verwiesen, die durch die Neuanlage von Kursen zwischen Antwerpen, Köln und Hamburg sowie von Köln über Frankfurt bis Nürnberg und Augsburg entstanden seien.

Regensburg, FZA, Postakten 653

20 REICHSHOFRATSPRÄSIDENT HANS ERNST FUGGER WEGEN POSTGELDBEFREIUNG

1635 Dezember 12 Wien
Ausf., 1 Bogen
Aufgeschlagen: 1. Seite

Der kaiserliche Reichshofratspräsident wendet sich an Gräfin Alexandrine von Taxis nach Brüssel und bittet, ihm wie seinem Amtsvorgänger Graf Fürstenberg, der *dieses officy wegen durchgehent des Post Gelts befreyt gewest,* ebenso Portofreiheit einzuräumen. Die Gräfin wolle ihren untergebenen Postämtern eine entsprechende Anordnung erteilen.

Regensburg, FZA, Postakten 653

21 PORTOBEFREITE SENDUNGEN BEIM KAISERLICHEN REICHSPOSTAMT KÖLN

1671 nach Januar 31 Köln
Libell, 12 Seiten
Aufgeschlagen: 1. Seite

Die Auflistung umfaßt ausschließlich die Sendungen für Januar 1671. Sie zeigt den Umfang der Portofreiheiten weltlicher und geistlicher Personen und Institutionen an diesem Postamt und macht deutlich, wie viele Sendungen allein hier unentgeltlich zu befördern waren.
Innerhalb der *Einnahmen-Seite* der Oberpostamts- und Postamtsrechnungen war das Portofreitum ein nicht unwesentlicher Minus-Posten, zumal gerade die portobefreiten Kreise relativ viele Sendungen abschickten oder erhielten.

Regensburg, FZA, Postakten 654

22 BRIEFPORTOFREITUMSREGELUNG MIT DER MARKGRAFSCHAFT BADEN

1718 Juli 7 / August 8 Rastatt
Ausf. Vertrag mit anschließender Ratifikation
Libell, 4 Bll., 3 S. (1 unter Papierdecke über rot-gelber Seidenschnur)
Aufgeschlagen: Schlußseiten des Vertragstextes und Anfang der Ratifikationsformel

Die verwitwete regierende Markgräfin Augusta von Baden und Friedrich Christian Dolle, der kaiserliche Postverwalter in Rheinhausen, vergleichen sich wegen einer Verminderung des von den Postämtern Rheinhausen und Cannstatt geforderten rückständigen Stafetten- und Briefportogeldes sowie wegen eines zukünftigen Brieffreitums.
Nach der Neuregelung erhielten die Markgräfin, ihre Dikasterien, Geheim-, Hof- und Kammerräte sowie Sekretäre Portofreiheit für die abgehenden und ankommenden Sendungen, ausgenommen Briefe aus Frankreich. Dagegen verpflichtete sich die Markgräfin zu einer jährlichen Zahlung von 300 Gulden an das Postamt Cannstatt und weiterer 400 Gulden (wie bisher) an das Postamt Rheinhausen. In diesem Zusammenhang mußte Taxis auf ein Drittel der Portorückstände verzichten. Als dann 1742 die Reichspost die Ordinari und einen *Geschwindpostwagen*-Kurs zwischen Frankfurt und Basel über Mannheim und Karlsruhe einrichtete, wurden die früheren Vereinbarungen durch einen Vertrag von 1743 auch hinsichtlich der herrschaftlichen Portofreiheit revidiert.

Regest: Dallmeier 1977/II, S. 321 Nr. 600.
Lit.: Dallmeier 1977/I, S. 176 f. – K. Löffler, Geschichte des Verkehrs in Baden, Heidelberg 1910, S. 233–240.

Regensburg, FZA, Posturkunden 489

Portobefreite Lotterie-Sendungen: Ein Novum in der zweiten Hälfte des 18. Jahrhunderts

Die erste deutsche Geldlotterie, nach Art der holländischen, wird in Hamburg erwähnt, gefolgt von Nürnberg und Berlin. Hier gründete man 1740 die erste einklassige gemischte Geld- und Warenlotterie. Dann folgte eine schnelle Verbreitung, selbst in den kleinsten Territorien des Reiches. Auch bei der Post sollte sich dies auswirken: Von Aachen bis Wiesbaden mochten es bald zwei Dutzend Orte gewesen sein, die – besonders in den sechziger/siebziger Jahren – wegen ihrer *Lotterie*-Korrespondenz um Portoerlaß oder Porto-Moderation bei der kaiserlichen Reichspost nachsuchten, freilich mit unterschiedlichem Erfolg.

Lit.: Glück im Spiel zu allen Zeiten. Zürich u. Frankfurt 1970, S. 128–133 – Zedler, Allgemeines Universal-Lexicon Bd. 18, 1738, Sp. 564–573.

23 LOTTERIE-PLÄNE 1760–1780

Die folgenden *Lotterie-Zettel* sind beispielhaft für eine Vielzahl ähnlicher Lotteriepläne, die meist im Zusammenhang mit Anträgen auf Portobefreiung für Lotteriesendungen oder mit der Bitte um Portoermäßigung bzw. Portopauschalierung an die Reichspost gerichtet wurden.

a) Lotterie der Reichsstadt Speyer,
    2. Ziehung
    [1761/62] Speyer
    Druck, Quartblatt, zweisprachig, 2 Seiten
    Vorderseite: *Lotterie der Kayserlichen Freyen Reichs-Stadt Speyer* – a: Rückseite: LOTERIE DELA VILLE LIBRE & IMPERIALE DE SPIRE

Ein Ratsdekret vom 12. November 1760 regelte die Errichtung dieser Lotterie. Die zweite Ziehung war auf den 15. Februar 1762 festgelegt. Sie umfaßte 30 000 Lose mit 15 000 Gewinnen zwischen 20 000 und 12 frz. Livres. Der Lospreis lag bei *4 kleine Frantzösische Thaler, den Thaler zu 3 Frantzösische Livres gerechnet.* Da der *kleine französische Taler* mit 1 fl. 22 1/2 Kr. angeschlagen wurde, belief sich der Preis umgerechnet auf 5 fl. 30 Kr.
Zur Bezugsmöglichkeit: *In Speyer kan man sich derer Loose wegen addressiren an Herrn d'Aly, welcher mit der Haupt-Distribution chargirt, deßgleichen an Herrn Christoph Friedrich Enßlin, und Herrn Georg Friedrich Ußlaub, wie auch an andere daselbst bekannte Kaufleute.*

b) Württembergische Lotterie in Ludwigsburg
    1770 November 23 Ludwigsburg
    Druck, Folioblatt, 1 Seite
    PLAN der Herzoglich Württembergischen Lotterie, in der Haupt- und Residenz-Stadt LUDWIGSBURG

Diese Lotterie bestand aus 40 000 Losen. Ein Jahreslos mit 12 Ziehungen kostete 2 fl. 24 Kr. Der höchste Monatsgewinn belief sich bei 12 000 Gewinnen auf 5 000 fl.; 8 000 Gewinne waren auf 3 fl. festgesetzt.

c) *PREMIERE LOTERIE DE LIEGE*
    1771 Lüttich
    Druck von *Clement Plomteux, Imprimeur de Messeigneurs les Etats,* 2 Seiten, frz. – In der Kopfleiste Wappen des Hochstifts Lüttich

Die Darstellung von Wappen oder auch Siegelabbildungen, die sich auch bei anderen Lotterie-Ankündigungen mehr und mehr einbürgerte, unterstrich die „staatliche" Garantie und Verwaltung dieser Lotterie in den lüttichischen Landen und in der Grafschaft *Looz* (Loos). Die Ausspielung erfolgte in drei Klassen bei einem Lospreis von 6, 8 und wieder 6 fl. Die Vorderseite des Drucks enthält eine Aufschlüsselung der Klassen und Gewinne, die Rückseite die Einzelheiten über Losbezug, Termine und sonstige Bedingungen.

d) Geldlotterie des Freiherrn Carl Franz Forstmeister von Gelnhausen
    1777 November 27 Steinbach an der Kahl
    Druck, Quartblatt, 2 Seiten. – In der Kopfleiste Wappensiegel mit Umschrift *FREIHERLICH* [!] *FORSTMEISTERISCHES AMTS UND GERICHTS SIEGELL*

D. VII. Tax- und Rechnungswesen

Die *Generaldirektion* der Forstmeister'schen Geld-Lotterie hatte ihren Sitz in Wetzlar, die Direktion war in Steinbach. Die Lotterie umfaßte vier Klassen mit 6 500 Losen. Die Bilanz der Lotterie ging bei 7 fl. Lospreis (für alle vier Klassen) von 35 250 fl. Einnahmen aus; diesen standen Ausgaben in gleicher Höhe für 6 502 Preise und Prämien, einschließlich der angekündigten 4 600 Freilose zur ersten Klasse der folgenden Lotterie, gegenüber.

Der am 24. Januar 1778 von der Lotterie-Direktion gestellte Antrag auf freien Briefwechsel gegen ein jährliches Aversum von 50 fl. wurde mit einem *Beruht*-Vermerk offensichtlich ohne weitere Sachbehandlung zu den Akten gelegt.

Lit.: E. H. Kneschke (Hrsg.), Neues allgemeines Deutsches Adels-Lexicon, Bd. 3 (Nachdruck der Ausg. v. 1859-1870: Leipzig 1929), S. 302 (mit ausführl. Wappenbeschreibung).

Regensburg, FZA, Postakten: a) 1639 - b) 1637 - c) 1637 - d) 1639

24 ORIGINALLOSE DER HERZOGLICH WÜRTTEMBERGISCHEN LOTTERIE

1771 Ludwigsburg
Druck, Quartblatt, 2 Seiten - Losnummer hdschr. eingetragen
Vier Viertellose zu je 36 Kreuzer, mit herzoglichem Stempel *W* im Kreis und Unterschrifts-Faksimilestempel der Lottoverwaltung; rückseitig Gewinnliste

Jedes Los hatte eine eigene Einrahmung, die das Abtrennen der jeweils fälligen Abschnitte erleichterte. Der Loskauf wurde den württembergischen Landeskindern dadurch schmackhaft gemacht, daß die Ludwigsburger Lotterie (vgl. Kat.Nr. 23b) erlaubte, selbst ein Viertellos quartalweise mit 9 Kr. zu zahlen.

Das vorliegende Los kam als Beilage zu Akten über Verhandlungen, die Freiherr von Wimpfen ab 1771 wegen der Briefportofreiheit des Ludwigsburger Kleinen Zahlenlottos mit der Reichspost führte. Bald darauf wurde das Lotto dann an einen *Herrn von Khrone* abgetreten.

Regensburg, FZA, Postakten 1637

25 AVERSALVERTRAG MIT DER GENERAL-LOTTODIREKTION IN WETZLAR

1772 Januar 27 Wetzlar
Ausf., Folio, 2 Seiten m. *Lotto Insiegel* u. Schreibschriftstempel *General-Direction* mit Unterschrift des von der Direktion zu den Verhandlungen *abgeordneten Herrn de la Blache*

In sieben Positionen gegliedertes Vertragsprojekt mit der Zielsetzung der Portobefreiung der Lotto-Direktion, *jedoch nur für die unter dem Lotto Insiegel aufgebende, und von denen Collecteurs, unter die Inschrift General Lotto Direction in Wetzlar wiederum einlaufende Brieffe, soweit sich die Kayserliche Reichs Posten erstrecken*. Ausgeschlossen waren also die Bar-Auslagen, die fremden Posten zu ersetzen waren. Neben einer Aversalsumme von 1900 Gulden, zahlbar in vierteljährigen Raten zu 375 Gulden, war *sodann denen Post-Officianten zu Wetzlar für Ihre mit der Correspondenz habende ganz besondere Bemühung ein Douceur von 100 f jährlich* zu verabreichen. Dem Postamt Wetzlar war es bei begründetem Verdacht des Porto-Unterschleifs übrigens erlaubt, *in Gegenwart eines Lotto-Buralisten die Brieffe zu eröffnen*.

Lotterie-Vereinbarungen kamen u.a. auch zwischen der Reichspost und den Zahlen-Lotterien von Kurtier und Augsburg (31. Mai 1771 Ehrenbreitstein, FZA Posturkunden 765), mit Brandenburg-Ansbach (20. September 1777, FZA Posturkunden 574), und mit dem Wiesbadener Lotto (25. April 1783, FZA, Posturkunden 396) zustande. Im Fall Ansbach einigte man sich auf den Verzicht des halben Briefportos und eines Viertels des Paketportos für in den fünf vorausgegangenen Jahren angefallene Rückstände in Höhe von 12 775 fl., ferner auf den halben Portosatz für die reitende Post. Ab 1777 sollte - unter gewissen Auflagen - nur noch das halbe Porto für die reitende Post zu zahlen sein.

Lit.: Dallmeier 1977/I, S. 531 f., 568 f., 579.

Regensburg, FZA, Postakten 1639

26 LOTTERIE-BRIEFE AUS DEM AUSGEHENDEN 18. JAHRHUNDRT

Einzelne Sendungen konnten teilweise sehr umfangreich sein, da ja einerseits die Losabschnitte einzusenden waren, andererseits die Gewinnlisten und Gewinne von der Zentrale zu verschicken waren. Bisweilen dienten große Foliobogen, zum *Umschlag* gefalzt, als Briefhülle, teilweise dienten kleine *Los Briefchen* zur Versendung der Losabschnitte.

a) Lotteriebrief–Umschlag, *2 1/4 Onces* Gewicht, *franco*, an die Generaldirektion der Klassen- und Leibrenten-Lotterie in Kehl
[1774]
Hülle ohne Angabe des Aufgabeorts, rückseitig Lacksiegel des Absenders, Hausmarke mit aneinandergerücktem *HH*

Der Umschlag entstammt Akten, die im Zusammenhang mit dem Briefporto–*Freitum* der Kehler Lotterie angefallen sind.

b) Lotteriebrief–Umschlagformular an die Zahlenlotterie in München
1794 September 3
Druck mit handschriftlicher Ergänzungen, u.a. Präsentationsvermerk des Reichsoberpostamts München

Der kleinformatige Brief ging lt. Vordruck *An eine Hochlöbl. General–Administration der Churfürstl. Pfalz–Baierischen Zahlen Lotterie München*. Er enthielt *Listen zur 362. Ziehung zu Stadtamhof – Aufgegeben 1 Tag vor der Ziehung, als den 3ten Sept. 1794*, kam aber offenbar nach dem rückseitigen Vermerk verspätet *den 5.7bris 1794 Abends 3 Uhr* an. Diesem Umstand und der damit verbundenen Reklamation mag die Briefhülle ihren Erhalt bis in die Gegenwart verdanken.

Regensburg, FZA: a) Postakten 1637 – b) Postdokumentation 17

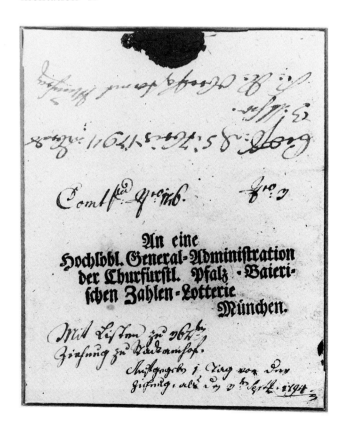

Causa Domini –
Ein Kapitel mit unsicheren Grenzen

27 SIEGEL DES REICHSMARSCHALLS UND REICHSQUARTIERMEISTERS ZUR KENNZEICHNUNG AMTLICHER UND PRIVATER KORRESPONDENZEN
[1784]
Ausf. mit 5 schwarzen Lacksiegel- bzw. Petschaftabdrucken
Unterschrift: *Antoni: Neri à Lang*

Die Siegelabdrucke dienten als Vorlage bei der kaiserlichen Reichspost zur Kennzeichnung der amtlichen Korrespondenz sowie der Privatkorrespondenz des Reichsquartiermeisters anläßlich der Wahlreise des späteren Kaisers Josephs II. nach Frankfurt. Zu seinen Obliegenheiten gehörte es, den Gesandtschaften auf den öffentlichen Reichsversammlungen durch sog. *Ansag-Zettel* mitzuteilen, wo, wann und warum sie sich zu den einzelnen Sessionen zu versammeln hatten. Den drei offiziellen Siegelabdrucken setzte v. Lang zwei private mit dem Familienwappen – Schild quergeteilt, belegt mit zwei in Form eines Andreaskreuzes nach oben gekehrten Pfeilen, dazwischen jeweils ein sechsstrahliger Stern – bei: *gesetzt, daß ich ... während meiner hiesigen Funktion* [in Frankfurt] *von Briefen, die ich nach Hauß an die meinigen und unter meinem eigenem Pettschaft zu schreiben habe, auch frey wär, wie ich zuversichtlich hoffe ...*

Lit.: Probst in AK Halbturn (1985) S. 90: C 72

Regensburg, FZA, Postakten 5049

28 MONOGRAMMSTEMPEL *CT* FÜR PORTOFREIE KORRESPONDENZ

a) 1803 April 19 München
Schreiben des Reichsoberpostamts Augsburg an das Reichsoberpostamt München; Abschr.

Der Augsburger Oberpostamtsdirektor v. Haysdorff unterrichtete München von einer Ende März zwischen dem Kurfürsten von Trier und Fürstbischof von Augsburg und Fürst Carl Anselm von Thurn und Taxis geschlossenen Vereinbarung. Danach waren die Korrespondenzen des Kurfürsten mit Ausnahme des fremden Auslage–Portos bei Aufgabe wie Abgabe frei. In die Übereinkunft einbezogen wurde *die privat Correspondenz der in Höchst Dero Diensten stehenden Herrn Cavaliers und Räthen*. Da auch die übrige Dienerschaft in den Genuß der Portobefreiung – ausschließlich des Auslage-Portos – kommen sollte, zahlte der Kurfürst ein jährliches Aversum von 208 fl. an das Oberpostamt Augsburg. Zur Vermeidung des Unterschleifs waren derartige Briefe bei der kurfürstlichen Hofökonomie vorzulegen. Dort wurden sie mit einem Monogramm (*CT* im Rahmen) abgestempelt.
Der Kurfürst-Erzbischof von Trier war seit 1768 auch Fürstbischof von Augsburg. Sein Trierer Territorium verlor er durch die französische Besetzung, das Hochstift Augsburg nach der Säkularisation.

Regensburg, FZA, Postakten 4341

D. VII. Tax- und Rechnungswesen

b) *CT*–Stempel auf Briefen aus Augsburg
1803 April Augsburg

Briefhüllen nach München und Thal–Ehrenbreitstein mit zusätzlichem Orts–Aufgabestempel *R.4.AUGSBURG*

Regensburg, FZA, Postdokumentation 017

In eigener Sache: Franco Taxis

Unbeschadet der späteren Regelungen des Portofreiheitswesens im Bereich des Norddeutschen Bundes, geregelt durch Gesetz vom 5. Juni 1869, und durch die Reichspostgesetzgebung vom 29. Mai 1872, bestand für Thurn und Taxis in Bayern eine historisch begründete Sonderregelung, die u.a. zurückgeht auf die Zessionsurkunde des Fürsten Karl Alexander vom 28. Februar 1808 und auf eine Übereinkunft zwischen Bayern und Thurn und Taxis vom 23. Juli 1831. Erst am 31. Dezember 1909 wurde in Bayern die Portofreiheit des Fürstlichen Hauses endgültig aufgehoben, nachdem der Landtag auf eine Neuregelung des inzwischen übrigens mehr und mehr beschnittenen Portofreiheitswesens drängte.

Auch mit anderen Gliedstaaten des Deutschen Bundes, so mit Württemberg nach dem Postübergang an den Staat 1851, dann auch mit Preußen ab Juli 1867, nicht zuletzt mit der Österreich–Ungarischen Monarchie – hier sogar bis zum Ende des Ersten Weltkrieges – bestanden vertragliche Abmachungen, die im jeweils unterschiedlichen Umfange Portofreiheiten einräumten. Die Kennzeichnung portofreier taxisscher Sendungen geschah in verschiedenfacher Form. Sie reichte vom handschriftlichen Vermerk über aufgeklebte Siegelmarken, aufgedrückte Lacksiegel und Stempel bis hin zu sogenannten Portofreiheits–Vignetten und *Franco-Umschlägen* mit entsprechend aufgedruckten Vermerken.

Lit.: E. Probst, Kennzeichnungsarten für portobefreite thurn und taxissche Postsendungen und Franko Taxis (Regensburg 1976, Maschinenschrift, FZA); Ders., Thurn und Taxis–Bayern–Ingolstadt. Aus vier Jahrhunderten Postgeschichte. In: Postgeschichte und Altbriefkunde 83 (1986) S. 32–36 – F. Wachter, Zusammenstellung der Bestimmungen über Postportofreiheit in Bayern. Mit Zusammenstellung der persönlichen Portofreiheiten (Bamberg 1839; Nachdruck in: Studien und Quellen zur Postgeschichte, Reihe B, H.1) Kallmünz 1983, S. V f., 4, 44–48 – M. Eckhardt und G. Stail, Franco Taxis. Ein Rückblick auf das Portofreitum des Hauses Thurn und Taxis und dessen endgültige Beseitigung in Bayern vor 45 Jahren. In: APB 25 (1955/H.2) S. 79–87.

29 FRANCO–TAXIS–POSTSENDUNGEN DES 19. UND FRÜHEN 20. JAHRHUNDERTS

a) Thurn und Taxis–Dienstbrief des Kriminalgerichts Chrudim (Böhmen)
[Nach 1825] Chrudim

Der einzeilige Stempel *THURN.TAX.EXPEDIT.POST* wurde erst in jüngerer Zeit auf Dienstpost bekannt. Die Verwendungszeit läßt sich nicht festlegen. Offensichtlich handelt es sich um einen innerdienstlich gebrauchten Stempel.
Chrudim gehörte zur Herrschaft Koschumberg, die Thurn und Taxis 1826 von Freiherrn Leopold von Laing käuflich erwarb; 1855 kam auch die benachbarte Herrschaft Leitomischl aus früherem Besitz der Grafen Waldstein hinzu.

Lit. zu Koschumberg und Richenburg: Probst, Verwaltungsstellen (1978) S. 341 f., 380 f.

b) Geldsendung der Fürstlichen Generalkasse Regensburg an die Rentkammer Banja (Kroatien)
1876 Juli 18 Regensburg

Postpaketadresse zu einer Einschreibe–Sendung von 140 000 Mark. Für das bayerische Gebiet bestand Portofreiheit, deswegen der Zusatz *Franco 0 Bayerisch–Österreich. Grenze. Fürstl. Dienstsache*. Die österreichische Portobelastung belief sich auf 36 fl. 46 Kr. österr. Währung zuzüglich Botengebühr.
In die siebziger Jahre fiel der Erwerb bzw. Ausbau des fürstlichen Besitzes in Kroatien und die Organisation der dortigen Verwaltung. Dadurch war wiederholt die Transferierung größerer Geldmengen erforderlich.

Lit.: Probst, Verwaltungsstellen (1978) S. 343 f., 383–386.

c) *Franco–Taxis* – Kennzeichnung durch Lacksiegel
1887 Januar 19 Neuburg/Donau

Private Karte des Prinzen Maximilian Karl Friedrich von Thurn und Taxis (1831–1890) aus der Neuburger Linie. Lacksiegel und Zusatzvermerk *Franco Taxis*.

Die den Angehörigen des Fürstlichen Hauses bei den deutschen Postverwaltungen zu Anfang des 19. Jahrhunderts eingeräumten Portofreiheiten wurden nach 1867 erheblich eingeschränkt. In Bayern bestand diese Freiheit, freilich in bestimmten Grenzen, noch weiter.

d) Gedruckte Portofreiheitsvermerke nach dem Deutsch–Österreichischen Postvertrag vom 7. Mai 1872
1912 März 30 Gmunden (Salzkammergut/Oberösterreich)

Der Briefumschlag hat einen aufgedruckten Portofreiheitsvermerk. Der Postvertrag von 1872 sah in Art. 23 die Gleichstellung der Mitglieder des Fürstlichen Hauses mit Mitgliedern von Regentenfamilien vor. Für derartige Sendungen wurden zunächst aufklebbare *Vignetten* gedruckt, dann auch Umschläge mit dem Hinweis auf die gesetzlichen Bestimmungen.

e–f) *Letzttags–Stempel* des taxisschen Portofreitums in Bayern
1909 Dezember 31 Ergoldsbach bzw. Regensburg

Kennzeichnung der eben auslaufenden Portofreiheit durch Rahmenstempel des Absenders *Dr. Rübsam, Archivrat* bzw. lediglich durch handschriftlichem Vermerk *Portofrei*.

30 KÜNDIGUNG DER PORTOFREIHEIT DES FÜRSTLICHEN HAUSES DURCH BAYERN
1909 Dezember 31 München / 1910 Januar 1 Regensburg

Mit dem 31. Dezember endeten unter Zubilligung einer Abfindung von 400 000 Mark sämtliche Portofreiheiten des Fürstlichen Hauses in Bayern.
Ausschlaggebend waren in den vorausgegangenen Jahren wiederholte Debatten im Landtag. Der Ablösungsvertrag war vorbehaltlich der Einwilligung beider Kammern und der Zustimmung des Prinzregenten Luitpold geschlossen worden. In den anschließenden Kammerverhandlungen spielte dann die Frage eine wesentliche Rolle, ob es sich beim Portofreitum des Fürstlichen Hauses um ein vertragsmäßiges Recht des Fürsten oder nur um ein *Ehrenrecht* gehandelt habe. Dies änderte aber nichts an der Ablösung als solcher.

D. Organisation, Dienstbetrieb und Dienstleistungen der Thurn und Taxis-Post

D. VIII. Zeitung, Zensur und Post

Post und Zeitungswesen, die kontinuierliche Bereitstellung und Übermittlung von Nachrichten und deren regelmäßige Publikation, zunächst handgeschrieben und dann gedruckt, stellen sich als symbiosenhafte Verflechtung seit den Anfängen von Post und Presse dar. In den ersten Jahrzehnten, in den Entwicklungsstufen der geschriebenen und Neuen Zeitungen, treten die Postmeister als Zeitungsschreiber, Novellisten oder Herausgeber nur sehr zurückhaltend auf. Erst bei den periodischen, den *Ordinari Zeitungen* konnten die kaiserlichen Reichspostmeister, die an den Schnittpunkten der Nachrichtenströme saßen, ihre monopolistische Stellung im Kommunikationssystem ausspielen. In ihren Postämtern liefen mit den ankommenden Postillionen wöchentlich die neuesten Nachrichten von den wirtschaftlichen, politischen, militärischen und dynastischen Ereignissen zusammen.

Anfang des 17. Jahrhunderts – seit 1609 kann die erste periodische Zeitung nachgewiesen werden – versuchten sich die Reichspostmeister neben ihrer Funktion als Nachrichtenvermittler auch als Herausgeber. Darin erfolgreich war vor allem der Frankfurter Reichspostmeister Johann von der Birghden, dessen von ihm gegründete Frankfurter Postamtszeitung von 1616 bis 1866 vom dortigen Postamt redigiert und verlegt wurde. In Hamburg, Augsburg, Nürnberg und in anderen Städten mit Reichspostämtern vor Ort war der Reichspost bei der Herausgabe von Zeitungen kein derartiger Erfolg vergönnt, nachdem das vom Kaiser 1628 geforderte generelle Publikationsmonopol der kaiserlichen Reichspost für wöchentliche Avisen als Annex des Reichspostregals nicht erwirkt werden konnte.

Im 18. Jahrhundert besann sich die kaiserliche Reichspost auf ihre ursprünglichen Aufgaben, der Übermittlung von Nachrichten, und beschränkte sich außerhalb Frankfurts weitgehend auf die Distribution von Dritten herausgegebenen periodischen Presseerzeugnissen. Der Postdebit der kaiserlichen Reichspost konnte beim Vertrieb unliebsamer Presseerzeugnisse durch ein Speditionsverbot eine reichsweite Zensur ausüben, im Interesse des Kaisers, der Reichsstände und des fürstlichen Hauses. Mit dem Eindringen der zahllosen Druckerzeugnisse der Französischen Revolution war die kaiserliche Reichspost in ihrer Funktion als Reichszensurinstitut überfordert. Das Ende des Reiches entzog der kaiserlichen Reichspost jegliche Aufsichtsfunktion über das neu aufkommende Pressewesen.

In der Zeit des Deutschen Bundes beschränkte man sich neben dem Zeitungsvertrieb auf die direkte Herausgabe der Frankfurter Oberpostamtszeitung, dem Sprachrohr einer großdeutschen, auf Österreich ausgerichteten politischen Linie. Die Besetzung Frankfurts durch preußische Truppen im Juli 1866 beendigte dieses letzte Kapitel fürstlich thurn und taxisscher Pressepolitik.

M.D.

Lit.: K. Schwarz, Der Zeitungsvertrieb in der deutschen Postgeschichte. Post und Telegraphie in Wissenschaft und Praxis 34, Berlin 1934 – O. Groth, Die Zeitung. Ein System der Zeitungskunde, 4 Bände, Mannheim–Berlin–Leipzig 1928–1930 – M. Lindemann, Deutsche Presse bis 1815. Geschichte der deutschen Presse Teil 1. Abhandlungen und Materialien zur Publizistik 5 (1969) – K. Koszyk, Geschichte der deutschen Presse. Abhandlungen und Materialen zur Publizistik 6, Teil 1, Berlin 1966 – R. Freytag, Post- und Zeitung. Ein Streifzug des Post- und Zeitungswesens bis zum Beginn des 19. Jahrhunderts. In: APB 4 (1928) S. 24–50 – M. Dallmeier, Die Funktion der Reichspost für den Hof und die Öffentlichkeit. In: Daphnis. Zeitschrift für Mittlere Deutsche Literatur 11 (1982) S. 399–431 – M. Dallmeier, Die kaiserliche Reichspost zwischen Zeitungsvertrieb und Zensur im 18. Jahrhundert. In: Presse und Geschichte II. Neue Beiträge zur historischen Komunikationsforschung. Deutsche Presseforschung 26 (1987) S. 233–258.

1 NEUE ZEITUNG DES POSTMEISTERS PELGERIN VON TASSIS IN ROM
1527 Mai 23
Druck, 4 Bll., Quart

Unter der Titelleiste *Neüe zeyttung von Rom* und der Verfasserangabe *Kay. Mayestat Postmayster zu Rom Pelgerin de Cassis etc.* hat sich in der Bayerischen Staatsbibliothek in München ein Exemplar einer Neuen Zeitung mit dem Bericht über die Plünderung Roms durch Truppen Kaiser Karls V. unter Führung Georgs von Frundsberg erhalten. Bei dem Gewährsmann Pelgerin, genannt auch Peregrin oder Piligrin de Tassis handelt es sich um den kgl. spanischen Postmeister in Rom, der in den Jahren 1522/23 für Johann Baptista und Maffeo von Taxis die dortige Post leitete. Er starb 1530, Testamentsvollstrecker war der Generalpostmeister Johann Baptista selbst.

Bei der *Neuen Zeyttung aus Rom* fehlen Drucker und Druckort. Vermutlich wurde sie in Augsburg gedruckt, wo Pelgerin de Tassis über die dortige Gesellschaft

Bartholomäus Welser & Co seine finanziellen Transaktionen abwickeln ließ. Das bei seinem Tode 1530 dort vorhandene Guthaben wurde seinem Testamentsvollstrecker bar ausgehändigt.

Pelgerin von Taxis dürfte den schockierenden Bericht vom *sacco di Roma* über die Welser nach Augsburg übermittelt haben, wo dies gedruckt wurde. Pelgerin von Taxis stellt in der Frühzeit der Zeitungen, in der Epoche der *Neuen Zeitung*, die Verbindung zwischen Post und Presse als Novellist durch die Übermittlung von Meldungen an die Nachrichtendienste der großen Handelshäuser wie Fugger und Welser entlang der ersten Postkurse her.

Lit.: P. Roth, Die neuen Zeitungen in Deutschland im 15. und 16. Jahrhundert, Leipzig 1914 – H. W. Lang, Die Neue Zeitung des 15. bis 17. Jahrhunderts. Entwicklungsgeschichte und Typologie. In: Presse und Geschichte II. Neue Beiträge zur historischen Komunikationsforschung. Deutsche Presseforschung 26 (1987) S. 57–60 – A. Dressler, Die *Neue zeyttung* des Postmeisters Pelgerin de Tassis aus Rom von 1527. In: APB 25 (1955) S. 29 – W. Beck, Ursprung und Ende der fremden Posten in Rom. In: APF 11 (1959) S. 569–571.

München, Bayerische Staatsbibliothek, Res.4 Eph.-pol.46

2 WERKSTATT EINES WINKELDRUCKERS UND VERLEGERS *NEUER ZEITUNGEN*
1632
Foto, nach Abb. in Harms, Illustrierte Flugblätter

Diese Illustration eines Flugblattes von 1632 mit dem Titel *Newe Jahr Avisen. In Jehan petagi Kramladen* gewährt einen Blick in eine Werkstatt, wo Avisen oder *Neue Zeitungen*, jene frühen, noch nicht periodischen Presseerzeugnisse, gedruckt wurden.

Von der Decke des Raumes hängen rechts über der Druckerpresse die noch feuchten Zeitungen aus verschiedenen Ländern. Der Begriff der *Zeitung* findet hier in der älteren Bedeutungsschicht: *Meldung eines Ereignisses*, noch nicht für das gedruckte Medium der Meldungen selbst Verwendung. Im Hintergrund sind weitere Produktionsvorgänge einer Buchdruckerwerkstatt abgebildet: Ein Setzer vor dem Setzkasten und nebenan ein Stecher mit Nadel, der eine menschliche Figur in eine Platte ritzt.

Im Vordergrund rechts bietet ein *Zeitungsverkäufer* aus seinem Traggestell *Relationes* oder *Neue Zeitungen* feil. In der Truhe am linken Bildrand befinden sich jene für den Drucker notwendigen Privilegia impressorum, dahinter diskutieren drei Kalendermacher über die Astrologie der Geschichte.

Ein Schreiber in der Bildmitte fällt durch seine Kleidung auf. Narrenkappe, der sich in Nase-Bauch beißende Vogel und der Kolben weisen ihn als *komische Figur* aus.

Diese Radierung, die durch 158 Knittelverse in drei Kolumnen erläutert wird, spottet der Leichtgläubigkeit des sensationshungrigen Publikums.

Lit.: Deutsche Illustrierte Flugblätter des 16. und 17. Jahrhunderts, hrsg. von W. Harms, Band II: Die Sammlung der Herzog August Bibliothek in Wolfenbüttel, 2. Teil: Historica, München 1980, S. 484–485 Nr. II, 278.

Regensburg, FZA, Fotosammlung

3 INFORMATION DES HERRSCHERS ALS AMTSPFLICHT SEINES POSTMEISTERS. DER TOD DES FRANZÖSISCHEN KÖNIGS BEIM STECHSPIEL
1559 Juli 19 Augsburg
Schreiben, 1 Bogen, Pap., aufgeschlagen: fol. 1

Der Hofpostmeister Christoph von Taxis informiert den böhmischen König Maximilian II. aus Augsburg, daß der König von Frankreich den 10. Juli *zu morgens des stichs halben, so er im jungst gehalten Stechspill halben empfanngen, mit tott verschiden* und am selben Tage *der delphin zu khunig publiciret worden* sei. Am Tag zuvor, am 9. Juli sei noch die Hochzeit zwischen dem Herzog von Savoyen und der Schwester des Königs gehalten worden. Der Hofpostmeister, der dies dem König bei eigener Post sofort anzeigen wollte, hatte diese Kunde von einem zwischen Italien und den Niederlanden postierenden Kurier erhalten.

König Heinrich II. von Frankreich war bei einem Turnier am 30. Juni vom Grafen von Montgomery verwundet worden und erlag zehn Tage später dieser Verletzung. Der plötzliche Tod löste eine Krise in Frankreich aus. Sein erst 15jähriger Sohn Franz II., später verheiratet mit Maria Stuart, trat die Thronfolge an.

Für den Hofpostmeister war die schnelle Übermittlung vom Tod des französischen König an den böhmischen König und zukünftigen Kaiser selbstverständlich.

Lit.: R. Freytag, Post und Zeitung. Ein Streifzug des Post- und Zeitungswesens bis zum Beginn des 19. Jahrhunderts. In: APB 4 (1928) S. 26 f. – M. Dallmeier, Die Funktion der Reichspost für den Hof und die Öffentlichkeit. In: Daphnis. Zeitschrift für Mittlere Deutsche Literatur 11 (1982) S. 414 f. und Anm. 41.

Regensburg, FZA, Postakten 652

4 GESCHRIEBENE ZEITUNGEN AUS ROM UND KORFU
1570 Januar 28 Rom bzw. April 16 Korfu
a) 1 Bogen, Pap., ital. – b) 1 Blatt, ital.

Als handgeschriebene Zeitungen oder Avisen werden jene Schriftstücke bezeichnet, die als Postscriptum-Anhang zu einem Schreiben oder als eigenständiger Vorgang eine oder mehrere politische, militärische, wirtschaftliche oder biographische Nachrichten aus einer Stadt, einem Territorium, einem fremden Kontinent – handschriftlich zusammengestellt und für einen begrenzten gehobenen Leserkreis bestimmt – wiedergaben. In Deutschland war zunächst Augsburg, das frühkapitalistische oberdeutsche Handelszentrum, Mittelpunkt der geschriebenen Zeitungen, später auch Nürnberg und Frankfurt. Diese meist aus Nachrichtenzentren an den Postkursen stammenden Meldungen wurden von eigenen Agenten oder gebildeten Personen verfaßt. Im Gegensatz zu den gedruckten *Neuen Zeitungen* gleichen Inhalts waren diese Informationen für einen beschränkten Personenkreis gedacht. Die umfangreichen Fuggerzeitungen des 16. Jahrhunderts fallen unter diese Kategorie. Durch die Übermittlung derartiger Meldungen als verschlossene Briefe umging man den Zensurbeschluß für gedruckte Publikationen

D. VIII. Zeitung und Zensur

des Speyerer Reichstages von 1570, bis im 17. Jahrhundert andere Städte und Territorien den Versand geschriebener Zeitungen völlig verboten.
Die geschriebene Zeitung aus Rom vom 28. Januar 1570 brachte Meldungen über den Tod des Kardinals Bordigiera, die Inquisitionskommission, die Rückkehr des Cardinals Medici, aus Neapel den Einfall des Königs von Algier in Tunis, den Abmarsch des Herzogs von Florenz in Begleitung von Bewaffneten nach Rom, jene aus Korfu Berichte über das Auslaufen von 30 Galeeren nach Zypern und die Auseinandersetzungen zwischen Konstantinopel und der Republik Venedig.

Lit.: J. Kleinpaul, Die Fuggerzeitungen 1568 – 1605. Abhandlung aus dem Institut für Zeitungskunde der Universität Leipzig, Band 1, Heft 4, Leipzig 1921, S. 19 f., 107 ff. – AK Die Post, Mutter der Zeitung, hrsg. vom Bundespostmuseum Frankfurt 1968, S. 2 f.

Regensburg, FZA, Haus– und Familiensachen 115

5   REICHSPOSTMEISTER JOHANN VON DER
    BIRGHDEN, BEGRÜNDER DER
    FRANKFURTER OBERPOSTAMTSZEITUNG
    1639
    Porträt, Kupferstich, gestochen von Sebastian
    Furck

Der am 7. August 1582 zu Aachen geborene spätere kaiserliche Reichspostmeister zu Frankfurt, Johann von der Birghden, zählt zu den herausragenden und schillerndsten Persönlichkeiten im Postwesen des frühen 17. Jahrhunderts. Neben seinen großen Verdiensten für die kaiserliche Reichspost bei der Erweiterung des Reichspostkursnetzes bis Hamburg, Leipzig und Prag und den Auseinandersetzungen mit den städtischen Botenanstalten versorgte er seinen Schutzherrn, den Mainzer Kurfürsten, seit seinem Dienstantritt in Frankfurt gegen jährlich 40 Gulden mit den einlaufenden Neuigkeiten. In Konkurrenz zu den Messerelationen des Frankfurter Buchhändlers Egenolph Emmel druckte Birghden seit 1616 – zunächst im benachbarten kurmainzischen Höchst – seine wöchentlichen Avisen, eine der ersten periodisch erscheinenden Zeitungen in Deutschland und Vorläufer der Frankfurter Oberpostamtszeitung.
Birghden, der nach seiner Entsetzung vom Frankfurter Postamt 1627 als königlich schwedischer Postmeister die schwedische Post auf Reichsboden bis zur Schlacht bei Nördlingen organisierte, ließ seine Avisen, deren Hauptverbreitungsgebiet neben dem Reich Frankreich war, durch die Posthalter vertreiben. Von seinen wöchentlich gedruckten 450 Zeitungen erhielt allein der Mainzer Buchdrucker und Posthalter Strohecker 150 Exemplare zugestellt.

Lit.: R. Freytag, Post und Zeitung. Ein Streifzug des Post– und Zeitungswesens bis zum Beginn des 19. Jahrhunderts. In: APB 4 (1928) S. 24–50 – B. Faulhaber, Geschichte der Post in Frankfurt am Main. Nach archivalischen Quellen. Archiv für Frankfurter Geschichte und Kunst NF. 10 (1883) S. 30 ff. – Birghden, Johann von der. In: NDB 2 (1955) S. 255 (G. Stail) – K.H. Kremer, Johann von den Birghden 1582 – 1645, des deutschen Kaisers und des schwedischen Königs Postmeister zu

Frankfurt am Main. In: ADP 32 (1984) S. 7–43, bes. S. 19–21 – G. Barudio, Zu treuen Händen. Schwedens Postwesen im Teutschen Krieg 1618–1648. In: Deutsche Postgeschichte, Essays und Bilder, hrsg. v. W. Lotz, Berlin 1989, S. 67–76.

Frankfurt, Historisches Museum, C 13 933

6   UNTERSCHIEDLICHE EXEMPLARE DER
    FRANKFURTER OBERPOSTAMTSZEITUNG
    1747, 1802, 1816

Die zwischen 1616 und 1866 vom Frankfurter Reichspostamt verlegte Zeitung wechselte mehrfach Titel und Format. Zunächst von Birghden noch ohne Titel, dann als *Vnvergreifliche continuirende Post Zeitungen* vertrieben, wurde sie später als *Ordentliche Wochentliche Postzeitungen* gedruckt. Im 18. Jahrhundert setzte sich die Bezeichnung *Oberpostamtszeitung* durch, seit 1754 mit der vorausgesetzten Herkunftsangabe *Frankfurter* in der Titelzeile. Format, Kopfleiste und Aussehen der Zeitung änderte sich entsprechend den politischen Verhältnissen und Zeitgeist. Zunächst trug die wöchentlich, dann mehrmals wöchentlich bis täglich mit Extraordinari–Ausgaben erscheinende Zeitung den Reichsadler, seit 1807 einen blasenden Postillion, der abwechselnd nach links oder rechts ritt. Im 19. Jahrhundert hatte das Blatt, im allgemeinen je Ausgabe einen Bogen, mit dem Frankfurter Konversationsblatt eine eigenständige belletristische Beilage. Mit der Besetzung Frankfurts durch preußische Truppen 1866 mußte sie ihr Erscheinen einstellen (vgl. Kat.Nr. D.VIII. 21–22).

Lit.: Die deutschen Zeitungen des 17. Jahrhunderts. Ein Bestandsverzeichnis mit historischen und bibliographischen

Angaben, Band 1: Text, hrsg. von E. Bogel und E. Blühm, Studien zur Publizistik – Deutsche Presseforschung 17 (1971) S. 10 ff., 19 ff., 173 ff. – AK Die Post, Mutter der Zeitung, hrsg. vom Bundespostmuseum Frankfurt 1968, S. 22–26.

Regensburg, FZA, Post- und Zeitungswesen, III Frankfurt

7 ILLUSTRIERTES FLUGBLATT *SCHWEDISCHER KRIEGSPOSTILLION*
1631
Radierung, mit 15 Liedstrophen in drei Kolumnen

Das Flugblatt *Postbot / So von Ihre Koenigl. Mayest. in Schweden ist ausgesandt worden / dem Mons(eigneur) Johann von Tylli nach zu fragen / Wohin er mit seiner grossen Armée ... sich eylends verkrochen habe* zeigt zwischen einer Bordüre einen blasenden Postillion, der durch eine nicht näher bestimmbare Landschaft reitet; rechts von ihm ein Pilger zu Fuß.

Das Blatt entstand nach der für Tilly verheerenden Schlacht bei Breitenfeld. Der reitende Postillion erkundigt sich nach dem Verbleib des flüchtigen kaiserlichen Feldherrns und seiner Armee.

Das fünfzehnstrophige Lied im unteren Blatteil frägt im Refrain verschiedene Berufsgruppen und Stände nach dem Aufenthaltsort des geschlagenen Generals, darunter die pilgernden Jakobsbrüder.

Diese Radierung mit verändertem Text ist erstmals 1621 nachgewiesen, dort als propagandistischer Anlaß die Flucht des Winterkönigs Friedrich V. von der Pfalz aus Böhmen. Als Vorlage diente ein in Antwerpen gedrucktes niederländisches Blatt. Diese illustrierte Flugschrift ist in sechs verschiedenen Auflagen bekannt, der Liedtext wurde neben dem Deutschen ins Französische und Tschechische übersetzt und wegen des außerordentlichen Erfolgs auch auf Johann Moritz von Nassau und – wie hier 1631 – auf den General Tilly umgearbeitet. Der Postillion dieses Flugblattes verkündet nicht wie der spätere Westfälische Friedensreiter die Kunde vom ersehnten, geschlossenen Frieden, sondern er ist ein politischer Publizist kriegerischer Erfolge, ein propagandistischer Kriegsherold.

Lit.: Deutsche Illustrierte Flugblätter des 16. und 17. Jahrhunderts, hrsg. von W. Harms, Band II: Die Sammlung der Herzog August Bibliothek in Wolfenbüttel, 2.Teil: Historica, München 1980, S. 328–329 Nr. II, 186 – F.W. von Ditfurth, Die historisch-politischen Volkslieder des Dreißigjährigen Krieges, hrsg. v. K. Bartsch, Heidelberg 1882, S. 203–205 Nr. 77 – O. Klopp, Der Dreißigjährige Krieg bis zum Tode Gustav Adolfs, 3. Band, Paderborn 1896, S. 294 ff. – AK Zwei Jahrtausende Post. Vom cursus publicus zum Satelliten, Halbturn 1985, S. 76 Nr. C 18.

Regensburg, Fürst Thurn und Taxis Graphische Sammlung, A 29

8 DIE AUF HERZOGLICH BAYERISCHEN BEFEHL GEÖFFNETE UND VISITIERTE ORDINARIPOST
1611 Oktober 28 Augsburg
Schreiben, 1 Bogen, Pap., aufgeschlagen: fol. 1

Octavio von Taxis, kaiserlicher Reichspostmeister zu Augsburg, berichtet seinem Schwager, dem Brüsseler Reichsgeneralpostmeister Freiherrn Lamoral von Taxis, daß das *ordinar velleiß vom kayserlichen hoff und die darin verleibte pagget ganz eröffnet und unverpettschiert seindt inkommen*, also alles eröffnet und durchsucht worden ist. Für ihn sei dies umso verwunderlicher, als *deß Bayr fürssten selbst eygne leute* dies zu Regensburg waren. In Hinblick auf die kaiserlichen Regalien und der Differenz mit Jülich, Kleve und Straßburg sollte kein Felleisen geöffnet und die darin verschlossenen Pakete dissolviert werden.

Diese kaiserliche Ordinaripostsendung lief vom Prager Kaiserhof auf der sogenannten Böhmerwaldroute über Regensburg nach Augsburg. Selbst innerhalb des konfessionellen Bündnisses der Liga war der unversehrte Lauf der Post wie in diesem Falle nicht gewährleistet.

Regensburg, FZA, Postakten 2336

9 DÄNISCHER ZEITUNGSVERKÄUFER
1631
Holzschnitt, Titelseite der Druckschrift *Gründliche Erweisung, daß der Anfang des jetzigen Schwedischen Kriegswesen dem Dänischen ... bei weitem nicht gleicht ...*

Der Titelholzschnitt dieser Flugschrift zeigt einen Mann im Rock, mit breitkrempeligen Hut, der in seinem Bauchladen Relationen, Neue Zeitungen, aber auch illustrierte Flugblätter feilbietet. Am Gürtel trägt er einen verschließbaren Beutel. In der linken Hand breitet er eine seiner *Relationes* für das Publikum besser sichtbar aus.

Regensburg, FHB, Sammlung Haeberlin, Carton 33 Nr. 9

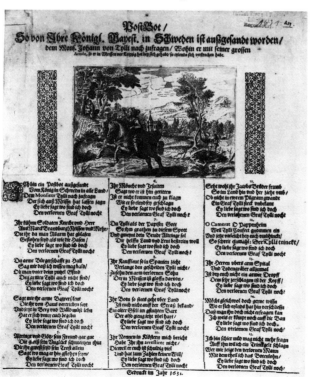

D. VIII. Zeitung und Zensur

10 THURN UND TAXISSCHES DRUCKPRIVILEG
    FÜR DIE NÜRNBERGER POSTAMTSZEITUNG
    1701 Juni 10 Brüssel
    Urkunde, mit aufgedrucktem Siegel und Unterschrift

Fürst Eugen Alexander von Thurn und Taxis erneuert nach dem Tod seines Nürnberger Reichspostmeisters Wolff Anton Öxle von Friedenberg das von dessen Amtsvorgängern Somigliano sowie Öxle Vater und Sohn der Witwe des Johann Jonathan Felseckers, Buchdruckers und Buchhändlers zu Nürnberg, für ihren minderjährigen Sohn Adam Jonathan zugestandene Privileg eines gewissen zweimal wöchentlichen Postzeitungsdruckes und Verkaufs; jedoch darf das dem Nürnberger Postamt zustehende Zeitungsdruckprivileg nicht beeinträchtigt werden.
In Nürnberg überließ die Reichspost den Druck ihrer Postamtszeitung der Buchdruckerfamilie Felsecker, nachdem das angestrebte kaiserliche Privileg für die Reichspost, ausschließlich die wöchentlichen Zeitungen zu drucken, gegen den Widerstand der Reichsstände nicht durchgesetzt werden konnte. Seit 1663 erschienen unter unterschiedlichen Titeln, z.B. als *Ordinari Friedens- und Kriegs-Curier* die Zeitung aus der Felseckerischen Druckerei. Diese druckte daneben für die Reichspost gegen die Gewährung eines beschränkten Reichsportofreitums unentgeltlich sämtliche Expeditionspapiere des Reichspostamtes Nürnberg.

Lit.: AK Die Post, Mutter der Zeitung, hrsg. vom Bundespostmuseum Frankfurt 1968, S. 32–34. – W. Zimmermann, Entwicklungsgeschichte des Nürnberger *Friedens- und Kriegskuriers*, Nürnberg 1930. – R. Freytag, Post und Zeitung. Ein Streifzug des Post- und Zeitungswesens bis zum Beginn des 19. Jahrhunderts. In: APB 4 (1928) S. 42 f. – M. Dallmeier, Die

Funktion der Reichspost für den Hof und die Öffentlichkeit. In: Daphnis. Zeitschrift für Mittlere Deutsche Literatur 11 (1982) S. 429.

Regensburg, FZA, Postakten 1974, fol. 89

11 BESCHWERDE DES POSTAMTES GEGEN DEN
    UNBEFUGTEN ZEITUNGSDRUCK
    1715 Januar 9 Goslar
    Aktenband, Schreiben

Der Reichspostmeister zu Goslar, Christian Ludwig Arends, beschwert sich beim städtischen Rat, daß *der Buchdrucker Georg Duncker Depesches und Zeitungen zu drucken und wöchentlich auszugeben sich hautement declarieret, auch damit würcklich einen Anfang gemachet* hätte. Dadurch würden viele Personen die *ordinairen* Postzeitungen aufkündigen, was ihm einen großen Schaden verursacht hätte. Er bittet den Rat, den Drucker zumindest dazu anzuhalten, daß dieser die für seine Depeschen und Zeitungen notwendige *Correspondentz und Avisen* vom Reichspostamt nehmen müsse.
Der Goslarer Postmeister Arends als Exponent der kaiserlichen Reichspost kann den konkurrierenden Zeitungsdruck des ortsansässigen Druckers Duncker nicht verhindern. Jedoch sollen die Zeitungsnachrichten, die Zeitungen selbst und die darüber geführte Korrespondenz über das kaiserliche Postamt laufen müssen.

Lit.: AK 3 Jahrhunderte Post in Goslar, hrsg. von W. Hillebrand, Goslar 1973, S. 8–9 Nr. 18.

Goslar, Stadtarchiv, B 4414

12 BEDENKEN DER POST GEGEN DAS VON
    KAISER LEOPOLD I. ANBEFOHLENE ÖFFNEN
    ZWISCHENSTAATLICHER
    KORRESPONDENZEN
    1675 Oktober 23 Wien
    Schreiben, 1 Bogen, aufgeschlagen: fol. 1 –
    Kopie: fol. 1'

Der Generalpostmeister Lamoral Claudius Franz von Thurn und Taxis hatte gegen die vom Kaiser anbefohlene Eröffnung der Korrespondenz von und nach Schweden auf mögliche Repressalien von Seiten Frankreichs hingewiesen. Im vorliegenden Dekret wägt Leopold I. diese Motive seines Generalpostmeisters ab und teilt ihm mit, daß er deshalb an den kaiserlichen Residenten von Rondeck und den Reichspostmeister zu Hamburg reskribiert hätte, die ihnen jüngst *anbefohlene eröffnung sothaner brieffen inskünftig zu underlassen*. Das gegenteilige kaiserliche Reskript vom 11. September 1675 sah beim Postamt die geheime Öffnung aller Briefe und Pakete zwischen dem Reich, Frankreich, Holland einerseits und Schweden andererseits vor, um die schädliche Korrespondenz mit der Krone Schwedens und deren Minister zu unterbinden.
In den Reichskriegen gegen Frankreich versuchte Kaiser Leopold I. mittels der Reichspost die Korrespondenz zwischen den feindlichen Verbündeten zu kontrol-

lieren, 1677 beschränkte er diese Kontrolle durch das Reichspostpersonal auf die Übertreter der kaiserlichen Ächtungsmandate.

Lit.: Dallmeier 1977/II, S. 177 Nr. 383 bzw. S. 181 Nr. 391.

Regensburg, FZA, Postakten 743 fol. 8–9'

13 AUSLIEFERUNG VON VERDÄCHTIGEN BRIEFSCHAFTEN AN DIE LOKALE POLITISCHE INSTITUTION
1733 Januar 3 Biberach
Kommissionsbefehl, 1 Bogen, mit zwei aufgedruckten Siegeln

Die kaiserliche Kommission verlangt vom Postmeister die Auslieferung von verdächtiger Korrespondenz der Biberacher Bürger:
Demnach aus denen zu handen gebrachten burgerlichen brieffschaften, so viel zu ersehen gewesen, daß gefährlich= und seditiose Correspondenzen unter den wiederig gesinnten burgern alhier hin und wider geführet werden, worauß gar bald größerer tumult und aufruhr entstehen könte, und nun zur Vorkommung deßen, eine alhier anwesende hochfürstliche creyßausschreib amtliche Subdelegationscommission höchst nötig zu seyn erachtet, daß alle jene brieffschafften, welche bey allhiesiger kayserlicher Postverwaltung, sowohl an die bereits zur hafft gezogene burger als auch ihre consorten einlauffen, forderist zu handen höchstgedachter commission sollen beliefert werden; alß wird dem kayserlichen Postverwalter alhier Antoni Scherer ain solches von kayserlicher commissions wegen zu seiner Nachricht und Verhalt hiemit beditten, auch demselben zugleich zu seiner allenfals nöthigen Legitimation diese Signatur zugestellt.
Dieser Befehl der Kreiskommission steht im Zusammenhang mit den Biberacher *Bürgerhändel* (1729–1752), in deren Verlauf die protestantischen Bürger die Absetzung eines korrupten Bürgermeisters erreichten. Schon 1707 hatten sie sich das Recht erkämpft, die zweite protestantische Geheimenstelle (= Bürgermeisteramt) durch einen aus ihrer Gemeinde zu besetzen.

Lit.: K. Diemer, Aus der Geschichte Biberachs. In: Der Kreis Biberach, Stuttgart–Aalen 1973, S. 112–124.

Regensburg, FZA, Postakten 743

14 EINDRINGEN VON AUFRÜHRERISCHEN PRESSEERZEUGNISSEN DER FRANZÖSISCHEN REVOLUTION
1791 August
Einblattdruck, mit beiliegendem französischen Nationalbändchen

Am 24. August 1791 verteilte der von Straßburg mit der Augsburger Diligence kommende Postwagenkondukteur Johannes Dufner, ein Sohn des Weißgerbers von Hüfingen, bei der Passage von Donaueschingen und an weiteren Postorten teilweise gratis die *gefährlich und höchst aufrührerische* Druckschrift *Letzter Ruf der frey gewordenen Franken an die unterdrückten Deutschen*. Der Donaueschinger Kaufmann Constantin Gallimberti erwarb ein ganzes Paket dieser und anderer Schriften, während die Fürstenbergische Regierung zu Donaueschingen sofort dem Kommissariat der fahrenden Post zu Augsburg Bericht erstattete, da dem Postpersonal die Teilnahme an den französischen Angelegenheiten verboten sei. Nach Aussage des Posthalters zu Gengenbach hatte Dufner zudem ein kleines französisches Nationalband am Rock angesteckt.
Die Verbreitung dieses Flugblattes mit dem aufrührerischen Aufruf zur Erhebung gegen die Reichsfürsten zog eine Visitation aller Poststationen am Kurs nach sich und brachte Dufner eine empfindliche Strafe ein.
Mit der Französischen Revolution schwappte eine Flut von Flugblättern, Zeitungen und Broschüren mit den neuen Ideen von Freiheit und Gleichheit der Personen über den Rhein in das Reich, die zum größten Teil durch die Post und das Postpersonal Verbreitung fanden. Ein Speditionsverbot französischer Zeitungen auf den Reichsposten konnte ihre Flut nur eindämmen, nicht aber ganz verhindern.

Lit.: M. Dallmeier, Die kaiserliche Reichspost zwischen Zeitungsvertrieb und Zensur im 18. Jahrhundert. In: Presse und Geschichte II. Neue Beiträge zur historischen Komunikationsforschung. Deutsche Presseforschung 26 (1987) S. 247–250.

Regensburg, FZA, TT – Post, Zeitungswesen II.29 – Postakten 1986

15 KORRESPONDENZÜBERWACHUNG VERHAFTETER MAINZER JAKOBINER
1794 Januar 14 Mainz
Liste, 5 Bogen, Pap., aufgeschlagen: Familiennamen D – G

Der kurmainzische Kanzler Albini erteilt dem Hof- und Regierungsrat Freiherrn von Vorster den Auftrag, sich täglich zur Zeit der ankommenden und abgehenden Briefposten im Postamt Mainz einzufinden, die Korrespondenz verdächtiger Personen an sich zu nehmen und uneröffnet an die kurfürstliche Regierung einzu-

D. VIII. Zeitung und Zensur

senden. Ein Verzeichnis der Mainzer Klubisten und deren Anhänger wird ihm zugestellt. Diesem kurmainzischen Befehl zur Überwachung des Briefverkehrs ist dieses alphabetische Verzeichnis der zu Mainz, Königstein und Ehrenbreitstein inhaftierten Klubisten oder Jakobiner beigelegt. Aufgeführt sind darin 478 Personen unterschiedlichster Berufe mit Wohnort Mainz und Umgebung.

Mit dem Fall von Mainz am 21. Oktober 1792 war in der Stadt eine revolutionäre *Mainzer Republik* unter Leitung führender Jakobiner errichtet worden, die bis zum Juli 1793 Bestand hatte. Nach dem Abzug der französischen Truppen am 24. Juli 1793 kam es vereinzelt zu Übergriffen gegen ehemalige Jakobiner, einige *Klubisten* fielen der Lynchjustiz vor und in Mainz zum Opfer, 41 von ihnen wurden als Geiseln nach Ehrenbreitstein verbracht.

Mit der Rückkehr des Kurfürsten Erthal am 9. September 1793 nach Mainz wurde die alte Ordnung und Verwaltung wiederhergestellt. Die verdächtigen Anhänger der Klubisten wurden verhaftet und in die Gefängnisse verbracht. Sie galten als Gegengeiseln zu den nach Lothringen verschleppten Mainzern.

Lit.: F. Dumont, Die Mainzer Republik von 1792/92. Studien zur Revolutionierung in Rheinhessen und der Pfalz, Alzey 1982, S. 475 f.

Regensburg, FZA, Postakten 744

16 ERTRAG DER ZEITUNGSEXPEDITION BEIM KAISERLICHEN REICHSPOSTAMT HAMBURG
Um 1800
Einblattdruck

Die Zeitungsexpedition beim Oberpostamt Hamburg publiziert eine Bilanz ihres Zeitungsvertriebs. Dieser war im 18. und beginnenden 19. Jahrhundert auf der Ebene einzelner Oberpostämter und dirigierender Postämter organisiert, wie Hamburg, Nürnberg, Frankfurt, Augsburg und München. Das Bezugs- oder Verteilungssystem der dort etablierten eigenen Zeitungsexpeditionen umfaßte im allgemeinen einen oder mehrere Oberpostamtsbezirke, in denen die Zeitungen portofrei an die subalternen Postämter, Posthaltereien und Postexpeditionen zur Distribution versandt wurden.

Die Hamburger Zeitungsexpedition hatte den Debit von den 250 Hamburgischen Zeitungen nach Frankfurt und Nürnberg, von den insgesamt 410 Exemplaren Pariser Zeitungen *l'ami des Loix* und *La Quotidienne* in der Stadt und in Altona, von 50 Stück des *Londoner Cronickel*, von 100 Stück der Frankfurter Oberpostamtszeitung bzw. 150 Stück der Frankfurter Französischen Zeitung; vom *Journal Enciclopedique* wurden 100 Exemplare vertrieben.

Für die insgesamt 860 Zeitungsexemplare, die zu Jahresabonnements zwischen 5 und 20 Gulden verkauft wurden, nahm man 9 380 Gulden ein; davon gingen 4 950 Gulden an die Zeitungsverleger und Expeditionen, 810 Gulden in die Kasse des Reichsgeneralpostmeisters.

Nach Abzug der Kosten für die Gehälter des ersten und zweiten Zeitungsexpeditors, Papier, Bindfaden und Siegellack blieb dem Hamburger Oberpostamt nach dieser Tabelle ein jährlicher Reingewinn von 2 540 Gulden vom Zeitungsvertriebgeschäft.

Lit.: M. Dallmeier, Die kaiserliche Reichspost zwischen Zeitungsvertrieb und Zensur im 18. Jahrhundert. In: Presse und Geschichte II. Neue Beiträge zur historischen Kommunikationsforschung. Deutsche Presseforschung 26 (1987) S. 235–237.

Regensburg, FZA, Postakten 744

17 SIEGELTYPARE DER ZEITUNGSEXPEDITION REGENSBURG UND DER OBERPOSTAMTSZEITUNGREDAKTION FRANKFURT
2. Hälfte 18. Jahrhundert – Mitte 19. Jahrhundert
a) Runde Messingsplatte mit Eisengriff, Umschrift K:R:O:P:A: ZEITUNGSEXPEDITION REGENSBURG – b) Stahl, runde Platte mit Griff, Umschrift REDACTION DER FRANKFURTER POST–ZEITUNG – c) Stahl, runde Platte mit Griff, Umschrift REDACTION DES FRANKF. *Konversationsblattes*

Mit der Abtrennung der Zeitungsexpeditionen vom übrigen Postbetrieb – sie führten eine separatre Abrechnung außerhalb der Postamtskassen durch – wurden ihnen eigene Siegel, wie jenes für die Zeitungsexpedition zu Regensburg, zugestanden. Im 19. Jahrhundert war die Frankfurter Oberpostamtszeitung redaktionell und organisatorisch von der Brief- und Fahrpost, mit denen sie das sogenannte Rothe Haus an der Frankfurter Zeil teilte, völlig getrennt; *Konversationsblatt*, von dem sich ebenfalls ein Siegeltypar erhalten hat, hieß um die Mitte des 19. Jahrhunderts die belletristische Beilage zur thurn und taxisschen Frankfurter Oberpostamtszeitung.

Lit.: M. Piendl, Die Siegeltypare im Fürstlichen Zentralarchiv. In: Thurn und Taxis–Studien 10 (1978) S. 140–267.

Regensburg, FZA, Typare B 147, B 74, B 73

18 ZEITUNGSPREISLISTE DER OBERPOSTAMTS ZEITUNGSEXPEDITION IN FRANKFURT AM MAIN FÜR DAS JAHR 1829
1828 Dezember
Band, Druck, 44 S., aufgeschlagen: Titelblatt – Kopie: Seite 6–7

Die Zeitungspreisliste der Zeitungsexpedition beim Frankfurter Oberpostamt für auswärtige Postämter verzeichnet auf 40 Seiten die lieferbaren Zeitungen, Journale, Zeitschriften, Amts- und Wochenblätter, die durch die thurn und taxissche Post distribuiert wurden. Alle darin verzeichneten periodischen Publikationen waren als Jahres- oder Halbjahresabonnements lieferbar, jedoch immer *praenumerando*, d.h. unter Vorausbezahlung.

Das Verzeichnis gliedert die vom Oberpostamt lieferbaren periodischen Publikationen alphabetisch in:

1. Politische Zeitungen
2. Unterhaltende, belehrende Tages- und Wochenschriften
3. Amts-, Anzeigen-, Intelligenz-, Regierungs-, Verordnungs- und Wochenblätter
4. Auf den Handel Bezug habende Zeitschriften, Courszettel, Waren-Preis-Courante, Einfuhr- und Börsenlisten
5. Fremden-Blätter und Kurlisten, z.B. von Baden-Baden, Marienbad, Wiesbaden
6. Periodische Zeitschriften in Heften oder in Bänden

Bei den fremdländischen Publikationen werden unter den Nummern 7-10 die französischen, 11-13 die englischen, 14-16 die italienischen, 17-19 die holländischen, 20 die schwedischen, 21 die dänischen, 22 die russischen, 23 die polnischen und 24 die lateinischen Veröffentlichungen verzeichnet. Diese Zeitungspreisliste für das Jahr 1829 umfaßt insgesamt 951 verschiedene lieferbare und vom Frankfurter Oberpostamt vertriebene Einzelpublikationen. Die Titel werden durch den Erscheinungsort, die Abonnementdauer, das Erscheinen pro Woche und den jährlichen Abonnementpreis ergänzt. Die letzte, unausgefüllte Spalte diente zum Eintragen des eigenen Bezugspreises für das Frankfurter Oberpostamt von Seiten des Herausgebers und läßt durch die handschriftlichen Ergänzungen Rückschlüsse auf die Gewinnspanne zu.

Lit.: G. Arnecke, Die Frankfurter Oberpostamtszeitung 1814-1848. Zur Typologie der Biedermeier-Presse, Diss. München 1942.

Regensburg, FHB, 4/K P 714

19 ÜBERSICHT DER EINNAHMEN UND AUSGABEN FÜR DIE OBERPOSTAMTSZEITUNG NACH DEM 10 GULDEN-ABONNEMENTPREIS
1848 Juni 25 Frankfurt
Tabelle, 1 Bogen, Pap., aufgeschlagen: fol.1'-2

Im Revolutionsjahr 1848 legte die Redaktion der Frankfurter Oberpostamtszeitung eine Gegenüberstellung der Einnahmen und Ausgaben ihrer Zeitung vor. Die Auswirkungen der 1848er Revolution hatte auf die gesamte Thurn und Taxis-Post negative finanzielle Folgen. Die Oberpostamtszeitung erschien Ende 1848 in einer Auflage von 4300 Exemplaren, davon bestand für 4031 ein Abonnement, der Rest wurde frei verkauft. Davon wurden 1617 an Poststellen im Thurn und Taxisschen Postbezirk geliefert, 1114 an ausländische Poststellen wie Preußen oder Bayern und 1300 Exemplare in der Stadt Frankfurt verteilt. Neben dem jährlichen Bezugspreis von 10 Gulden pro Abonnement (bei der Verteilung an die eigenen Poststellen nur 9 Gulden) erbrachten die Anzeigen in der Zeitung jährlich 20000 Gulden Einnahmen. Den Gesamteinnahmen des Jahres 1848 in Höhe von 58693 Gulden standen 62085 Gulden Ausgaben gegenüber, nämlich: 19440 Gulden für Satz und Druck, 17702 Gulden für Papier, für Honorare und Gehälter der Redakteure Dr. Malten, Dr. Sattler sowie der Korrespondenten in Paris und Frankfurt 19500 Gulden. Die übrigen Unkosten verteilten sich auf fremde Zeitungen, Postporto und Bürokosten.
Das Ergebnis dieser Abgleichung lief auf den Vorschlag hinaus, die Beilagen der Zeitung statt wöchentlich viermal nur noch zweimal zu bringen, wodurch das Jahresdefizit von 3392 auf 580 Gulden gesenkt werden könnte.
Die finanzielle Situation des Krisenjahres 1848 war jedoch für die allgemeine Lage der Frankfurter Oberpostamtszeitung völlig untypisch; sonst wurden ansehnliche Gewinne erwirtschaftet.

Lit.: Behringer 1990, S. 168-172.

Regensburg, FZA, Postakten 7820

20 POLITISCHE RICHTLINIE DER FRANKFURTER OBERPOSTAMTSZEITUNG IM REVOLUTIONSJAHR 1848
1848 Juni 25 Frankfurt
Schreiben, 3 Bogen, aufgeschlagen: fol.2'-3 – Kopie: fol.1

Im Zusammenhang mit der durchgesetzten Entlassung des progressiven Redakteurs Dr. Wiesner gegen eine Abstandszahlung von 2000 Gulden legt der Chefredakteur Geheimrat von Vahlkamp einen mit dem Fürsten Maximilian Karl von Thurn und Taxis während seines Regensburger Aufenthaltes besprochenen Plan über die künftige politische Generallinie der Zeitung vor.
Die Frankfurter Oberpostamtszeitung vertrat im allgemeinen eine konservative, großdeutsche Stellung im Interesse Österreichs. Sie war das Sprachrohr der Stimmen gegen die Intentionen Preußens und der kleindeutschen Partei.
Die Oberpostamtszeitung soll sich von allen radikalen Tendenzen fern halten, kein Tummelplatz der Partheien, keine Verbreiterin solcher Ansichten seyn, die mit der friedlichen Entwicklung, mit Herstellung und Begründung der Ordnung und mit den Standes Interessen des Fürstlichen Eigenthümers in Widerspruch stehen.
Von diesen Grundsätzen wird nicht abgewichen, vielmehr wird ihnen dadurch nachgelebt, daß der Parthei, für welche Dr. Schlemmer in Regensburg aufgetreten ist, die Benutzung des Blattes vorzugsweise zugestanden wird.
Sein Ziel sei es, *durch die Debatten über die Centralgewalt eine Festigkeit der Partheien durch Solidarität ihrer Interessen zu erwecken. Bis zu diesem Punkt wolle er dem Blatt seine Unabhängigkeit bewahren.*

Lit.: G. Arnecke, Die Frankfurter Oberpostamtszeitung 1814-1848. Zur Typologie der Biedermeier-Presse, Diss. München 1942.

Regensburg, FZA, Postakten 7820

21 TELEGRAMM *MASSNAHMEN GEGEN EINE PREUSSISCHE INVASION* IN FRANKFURT
1866 Juli 8 Frankfurt
Telegramm, 1 Blatt, Text mit Blaustift

Über den Deutsch-Österreichischen Telegraphenverein frägt der Chefredakteur der Frankfurter Oberpostamtszeitung, Hofrat Fischer-Goullet, beim Chef

D. VIII. Zeitung und Zensur

der Fürstlichen Verwaltung in Regensburg wegen der Verhaltensmaßnahmen beim Einmarsch der Preußen in Frankfurt an:
Bitte um Instruktion, was mit der Postzeitung zu geschehen, wenn Preussen einziehen sollten.
Am 16. Juli 1866 erfolgte der im Telegramm befürchtete Einmarsch preußischer Truppen in Frankfurt. Die gesamte taxissche Post samt der Oberpostamtszeitung wurde in kgl. Verwaltung übernommen und dem geheimen Postrat Heinrich Stephan unterstellt.

Lit.: R. Schwemer, Geschichte der freien Stadt Frankfurt a. M. (1814–1866), Bd. 3/2, Frankfurt 1918, S. 298 ff.

Regensburg, FZA, Postakten 7827

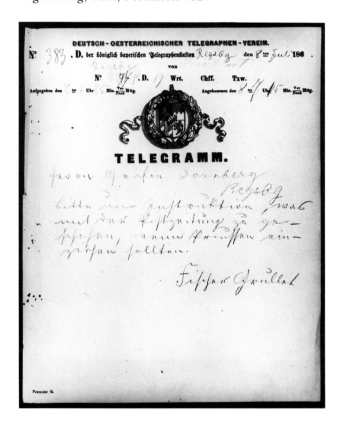

22 BESETZUNG DER OBERPOSTAMTSZEITUNG-REDAKTION UND DER TOD DES CHEFREDAKTEURS
1866 Juli 21 Frankfurt
Bericht, 1 Bogen, aufgeschlagen: fol.1'–2 – Kopie: fol.1

Die beiden Mitredakteure F. Rittweger und Dr. Ed. Ziehen sowie der Drucker August Osterrieth der Postzeitung geben einen Augenzeugenbericht über den Einmarsch preußischer Truppen in Frankfurt und die Besetzung der Redaktionsräume.
Nach dem Einmarsch preußischer Truppen am 16. Juli abends gegen 1/2 8 Uhr wurden Schritte zur Beschränkung der örtlichen Presse unternommen. Am nächsten Morgen gegen 9 1/2 Uhr erschien preußisches Militär mit aufgepflanzten Bajonetten in der Osterrieth'schen Druckerei, besetzte alle Ein- und Ausgänge und unterband jeglichen Verkehr mit der Außenwelt. Der zuständige Offizier verhaftete den in den Hof eintretenden Chefredakteur der Frankfurter Postzeitung, Hofrat Dr. jur. Fischer-Goullet und den Setzer und *Metteur en pages* Wilhelm Hedderich. Die Vernehmung beider Personen im Gasthof zum Englischen Hofe mußte auf Anraten eines herbeigerufenen Arztes wegen Unwohlsein des Herrn Chefredakteurs unterbrochen werden.
Am Mittwoch Morgen (18. Juli 1866) wurde auf der Oberkommandatur die Anzeige gemacht, die Frankfurter Postzeitung dürfe vorerst nicht mehr erscheinen, Büro, Redaktion und Druckereiräume wurden versiegelt.
Bei weiterer Verschlimmerung seines gesundheitlichen Zustandes verschied der Chefredakteur Dr. Fischer-Goullit am Donnerstag früh gegen 5 Uhr. Abends wurde die Leiche nach Rödelheim überführt und am Samstag Morgen gegen 8 1/2 Uhr unter großer Beteiligung am dortigen Friedhof bestattet.
Die letzte Ausgabe der Frankfurter Postzeitung war unter der Nr. 364 am 16. Juli 1866 erschienen. Damit endete über 350 Jahre Frankfurter Zeitungs- und Postgeschichte des Hauses Thurn und Taxis.

Lit.: R. Schwemer, Geschichte der freien Stadt Frankfurt a. M. (1814–1866), Bd. 3/2, Frankfurt 1918, S. 323 f.

Regensburg, FZA, Postakten 7827

D. Organisation, Dienstbetrieb und Dienstleistungen der Thurn und Taxis-Post

D. IX. a. Post im Krieg – Feldpost – Militärpost

Post im Krieg, Nachrichtenübermittlung unter erschwerten Verhältnissen, bedeutete stets eine Herausforderung. Plötzliche Kursumlegungen, Neuanlegungen oder Aufhebungen von Postkursen wurden in solchen Krisenzeiten immer wieder nötig. So waren im Dreißigjährigen Krieg die Kurse der Reichspost sehr eng mit den militärischen Erfolgen der kaiserlichen Truppen und denen der Liga verknüpft. Die Reichspost bemühte sich zunächst, die Gebiete postalisch zu erschließen, die durch militärische Erfolge Tillys und Wallensteins über Christian IV. von Dänemark (1626) von kaiserlichen Truppen besetzt wurden: in Jütland, Mecklenburg und Vorpommern. Gleiche Bemühungen galten dem von Protestantischen Truppen geräumten Teil des Niedersächsischen Kreises. Andererseits führten militärische Rückzüge auch zur gänzlichen Einstellung von Postkursen. Das Vordringen der protestantischen und schwedischen Armeen zwischen 1631 und 1634 in den Süden des Reiches brachte die etablierten Reichspostkurse fast völlig zum Erliegen. Wegen der Änderungen des Postenlaufs entstanden allein bis zum Jahre 1634 Mehraufwendungen von über 100 000 Gulden. Die Post war also generell gefordert, in Zeiten kriegerischer Auseinandersetzungen – und deren gab es vom 17. bis frühen 19. Jahrhundert auf deutschem Boden nicht wenige – kurzfristig Lösungen zu suchen, die der momentanen Lage am besten gerecht wurden.

Feldpost im heutigen Sinn, als eine Einrichtung, die im Krieg den Postverkehr zwischen den Truppen und der Heimat für jedermann vermittelte, hat sich seit dem 17. Jahrhundert nach und nach entwickelt, wiewohl es *feldpostähnliche Einrichtungen* auch schon vorher gab. – Bemerkenswert sind aus der frühen Phase des Reichs-Feldpostwesens die Differenzen zwischen der kaiserlichen Reichspost (Thurn und Taxis) und der österreichischen Hofpost (Grafen von Paar), wenn es um die Ausübung des Feldpostwesens im Reich ging. Aber selbst noch während der Koalitionskriege betrachtete Österreich das Feldpostwesen argwöhnisch, wenn es wie 1800/01 in österreichischen Landen amtierte. Zu unterscheiden ist von der Feldpost die *Militärpost,* also Postgut militärischer Stellen, Truppenteile usw., das in Zeiten des Friedens weitgehend von den allgemeinen Posteinrichtungen mitbefördert wurde. E.P.

Lit.: Behringer 1990, S. 89 f. u.a. – M. Dallmeier, Poststreit im Alten Reich. Konflikte zwischen Preußen und der Reichspost. In: Deutsche Postgeschichte hrsg. v. W. Lotz, Berlin 1989, S. 77–104; S. 78 f. – Piendl 1980, S. 25. – Dallmeier in AK Halbturn 1985, S. 51 f. u. 85 – L. Kalmus, Weltgeschichte der Post, Wien 1937, S. 200–221 – H. Herzog, Feldposten bis zum beginnenden 19. Jahrhundert. In: APT 45 (1917) S. 188–203.
Aus philatelistischer Sicht u.a.: F.A. Bernath, Feldpostbriefe. In: Europa im Spiegel alter Briefe, hrsg. v. Deutschen Altbriefsammler-Verein e.V. 1986, S. 15 ff. – H. Himmel-Agisburg, Feld- und Militärposten in Österreich von ihren Anfängen bis 1866. In: AK Halbturn (1985) S. 297–315 – A. Clement, Handbuch der Feld- und Militärpost in Österreich, Bd.1, Graz 1964 – A.E. Glasewald, Die Post im Kriege. Beiträge zur Geschichte der Feldpost, Gössnitz 1913.

Kriege des 17. und 18. Jahrhunderts
Vom Dreißigjährigen Krieg zum Siebenjährigen Krieg

1 KRIEGSBEDINGTE KURSUMLEGUNGEN IM DREISSIGJÄHRIGEN KRIEG

1621 November 27 Wien
Mandat, Ausf., 1 Bogen;
Großes kaiserl. Siegel Ferdinands II. unter Papierdecke

Kaiser Ferdinand II. befiehlt seinem Generalpostmeister Freiherrn Lamoral von Taxis, die Ordinaripost aus den Niederlanden *nicht mehr so gar nahend gegen den Rheinstrom und unserer und des Hey*[ligen] *Reichs Statt Wormbß, sondern von Creuzenach aus auff Aschaffenburg, Würzburg, und also fortan weiter* bis zum kaiserlichen Hoflager zu verlegen, da durch die Kriegsvorbereitungen im Bereich von Jülich und Kleve sowie in der Pfalz die Post verspätet oder überhaupt nicht am Kaiserhof ankommt.

Hier bedrohen die Kriegsvorbereitungen des Herzogs Christian von Braunschweig–Lüneburg in Westfalen die Reichspostkurse. Der Herzog brach im November 1621 mit 13 000 Mann südwärts auf, durchzog das Hochstift Paderborn und die Landgrafschaft Hessen, um seine Truppen mit Graf von Mansfeld in der unteren Pfalz zu vereinigen.

Regest: Dallmeier 1977/II, S. 87 Nr. 189.
Lit.: O. Klopp, Der Dreißigjährige Krieg bis zum Tode Gustav Adolfs 1632, Bd. 2, Paderborn 1892, S. 114 ff.

Regensburg; FZA, Posturkunden 85

D. IX. a. Krieg – Feldpost – Militärpost

2 SCHUTZBRIEF DES GENERALERBPOSTMEISTERS FÜR DAS UNTERSTELLTE POSTPERSONAL

1628 März 1 Frankfurt
Ausf., 1 Bogen, Rotbraunes LackS mit Taxis–Wappen II (geteilt mit wachsendem doppelköpfigen Adler, unten nach rechts schreitender Dachs)

Der Schutzbrief sollte den Postillionen *nit allein frey sicher und unaufgehalten paßiren und repaßiren, sondern ihme auch auf sein gebührliches Ansuchen alle Hülff und nothwendige Assistenz wiederfahren lassen.*
Einige Wochen nach Unterzeichnung des Schriftstücks, am 23. Mai 1628, wurde Graf Leonhard (II.) in Prag plötzlich aus dem Leben gerissen. Noch kurz vor seinem Tod hatte er sich bereiterklärt, *zum Besten des Kaisers und des Königs von Spanien und des ganzen gemeinen Wesens* von Augsburg aus einen neuen Postkurs über Lindau bis nach Mailand einzurichten, da die Post von Trient nach Italien durch Unruhen in diesem Gebiet gefährdet war.

Lit.: Piendl 1980, S. 23 f. – Dallmeier I/1977, S. 73–77.

Regensburg, FZA, Postakten 2341

3 SCHWEDISCHER SCHUTZBRIEF FÜR DIE ORDINARIBOTEN

1646 November 4 Burbach (Hessen)
Einblattdruck

Der schwedische Feldmarschall und General in Deutschland Carl Gustav Wrangel nimmt alle Boten, besonders jene zwischen Osnabrück, Münster und Augsburg, wegen der *allgemeinen Friedenshandlungen* unter seinen Schutz.
Der im schwedischen Hauptquartier in Burbach ausgestellte Schutzbrief nahm keine Rücksicht mehr auf die konfessionell–kriegsparteiliche Herkunft der Posten. Vorrangig waren jetzt alle am Krieg beteiligten Parteien an einer gesicherten und schnellen Nachrichtenübermittlung interessiert. Die in Osnabrück und Münster anwesenden Gesandten und Bevollmächtigten bedienten sich der Reichspost oder unterhielten wie Schweden und die Generalstaaten eigene Posteinrichtungen.

Regest: Dallmeier 1977/II, S. 125, Nr. 280.
Lit.: Dallmeier, AK Halbturn (1985) S. 76 f., C 20 – Dallmeier 1977/II, S. 79–82 – W. Fleitmann, Postverbindungen für den Westfälischen Friedenskongreß 1643–1646. In: Beiträge zur Geschichte der Post in Westfalen, Münster 1969, 35 f. – Kalmus (1937) Abb. vor S. 241.

Regensburg, FZA, Postakten 2000

4 DER *WESTFÄLISCHE FRIEDENSREITER*
1648
Flugblatt, anonym
neuer / Auß Münster vom 25. des Weinmonats im Jahr / 1648. abgefertigter Freud=vnd Friedenbringender Postreuter.

In der Bildmitte ein nach rechts galoppierender kaiserlicher Postreiter, als solcher ausgewiesen durch das Posthorn, auf der Brust Schild mit Reichsadler, auf dem Rücken des Pferdes ein Felleisen. Am linken Bildrand Posthaus mit ausgesteckter Reichsfahne. Im Hintergrund Nennung der Zielorte der Friedensnachricht: links *WIEN*, schrägrechts am Horizont *PARIS*, am rechten Bildrand neben einem Segelschiff, das die Fahne *FRIED* gehißt hat, *STOCKHOLM*. Links oben auf Wolken schwebend *Fama*, eine Fanfare blasend, als Verkörperung der Botschaft, rechts oben *Merkur*, in der Rechten einen mit *PAX* beschrifteten Brief haltend, als Symbol für die Übermittlung der Friedensnachricht. Rechts im

D. IX. a. Krieg – Feldpost – Militärpost

Bildvordergrund zerstörtes Kriegsgerät. Unter dem Bildrand in drei Textspalten 96 Alexandriner, beginnend *Ich komm von Münster her gleich Sporenstreich geritten* ... Ein ähnlicher Holzschnitt, *Freüdenreicher Postilion von Münster, den ... daselbst den 24. vnd 25. Octob. Anno 1648 ratificierten, vnterschrieben und mit grosser Frewden offentlich Publicierten hochwerthen lieben Frieden bringent,* mit 263 Versen in fünf Textspalten unterhalb des Holzschnitts stammt von dem Verleger und Briefmaler Hannas, der in Augsburg wirkte. In der Bildkomposition unterscheidet sich dieses Blatt vor allem links durch die Ruinen im Bildhintergrund; rechts ist lediglich der Küstenstreifen mit dem Segelschiff; von der Küste her geht der *hinkende Bote* – der zwar langsame, aber sichere Gewährsmann – auf eine Brücke zu. Hier fehlen auch Ortsangaben; dagegen ist das Blatt rechts signiert: *BEY MARX ANTHO:HANNAS.*

Lit.: G. Dethlefs in AK Der Westfälische Frieden. Krieg und Frieden. Stadtmuseum Münster 1988, S. 246 f. – A. Hämmerle, Augsburger Briefmaler als Vorläufer der illustrierten Presse. In: APB 1 (1928) S.3–14: S.8 – Zu Hannas: Thieme-Becker 15 (1922) S. 591.

Nürnberg, Germanisches Nationalmuseum, Graphische Sammlungen, HB 711, Kapsel 1220

5 FELDPOST AUS DEM ÖSTERREICHISCHEN ERBFOLGEKRIEG

a) 1744
Briefhülle mit Stempel, *AHOL* in Rahmen

Der an Baron Sickenhausen, Generalpostdirektor in den österreichischen Niederlanden, gerichtete Brief wurde bei der holländischen Armee aufgegeben. Die Abkürzung *AHOL* weist auf die Herkunft von der *Armée Hollandaise* hin.

b) 1745 Juni 1 *camp*

Briefhülle mit Stempel, übereinandergestelltes *AA* im Kreis. Der Stempel *AA* wurde von der *Armée Autrichienne* verwendet. Es war das erste Mal, daß von österreichischen Truppen in den Niederlanden ein Stempel eingesetzt wurde. Belegstücke sind zwischen 1744 und 1746 bekannt. Die Absendung des Briefes fällt in eine Zeit, in der nach dem Sieg des französischen Heerführers Graf Moritz von Sachsen über das englische Heer bei Fontenoy (11. Mai 1745) Frankreich die Spanischen Niederlande besetzte.

Ein ähnlicher Stempel, *AB* im Kreis für *Armée Britannique,* wurde von den britischen Verbündeten in den Niederlanden benützt.

Lit.: H. Himmel–Agisburg (1985) S. 298 u. 310 – A. Clement, Bd.1 (1964) S. 13 f. – H. Deninger, Handbuch der abgekürzten vorphilatelistischen Stempel, Nürnberg 1963, S. 1 Nr. 27 u. S. 6 Nr. 122.

a–b) Regensburg, FZA, Postdokumentation 019

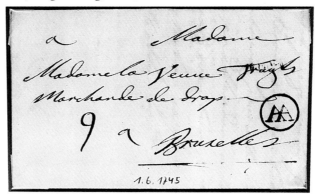

6 MILITÄRPOST AUS DEM SIEBENJÄHRIGEN KRIEG

1757 April 5 und Mai 14
Briefhüllen mit Feldpoststempeln
ARM:DU.B.RHIN in unterschiedlichen Typen

Die beiden Umschläge der an (General–)Postdirektor De Bors nach Maaseik gerichteten Schreiben zeigen die gleichzeitige Verwendung gleicher Stempel der *Armée du Bas Rhin,* also der Armee vom Niederrhein, in verschiedenen Schrifttypen.

Lit.: Deninger (1963) S.6 Nr. 230. – Zur Organisation des Feldpostwesens: Ein Feld–Postdienst–Reglement aus der Zeit des Siebenjährigen Krieges (1762 Oktober 30). In: APT 24 (1896) S. 789–791.

Regensburg, FZA, Postdokumentation 019

7 KURIER UND POSTREITER IM SIEBENJÄHRIGEN KRIEG

Um 1760
Reproduktion nach Kupferstich

Im Vordergrund nach links (*nach Paris*) reitend französische, im Bildhintergrund nach rechts (*Cito! Cito! Magdeburg*) reitend preußische Kuriere nach der Schlacht bei Roßbach. Preußischer Kurier (A), dem ein das Horn blasender Postreiter vorausreitet, ist Rittmeister von Schulenburg, der dem preußischen König und dem königlichen Hof in Magdeburg die Nachricht von dem am 5. November 1757 erfochtenen Sieg über die französische und die mit ihr vereinigte Reichsarmee übermittelt. Der Sieg steigerte die Popularität Friedrichs d. Gr. ganz erheblich.

Nürnberg, Verkehrsmuseum–Postabteilung, Fotosammlung

8   DER *BLASENDE POSTREITER* VERKÜNDET DEN HUBERTUSBURGER FRIEDEN

1763
Silbermedaille, Durchmesser 29 mm
Vorderseite: nach links sprengender Postreiter, das Horn blasend. Umschrift: *DA UNS DIE FRIEDENS POST VERGNÜGT – 1763 –*
Rückseite: Symbol des Friedens, neben einem Früchtekorb einen Baum pflanzend. Umschrift: *GENUEG GEFOCHTEN UND GESIEGT*
Medailleur: I. R.

Anlaß zur Prägung der Medaille war der Frieden von Hubertusburg und damit das Ende des Siebenjährigen Krieges. Die übrigen Mächte waren bereits aus dem Kampf ausgeschieden oder in Friedensunterhandlungen eingetreten, als durch Intervention Sachsens im November 1762 ein Waffenstillstand zwischen Preußen und Österreich zustande kam. Daraufhin wurde in Schloß Hubertusburg bei Leipzig am 15. Februar 1763 der *Hubertusburger Friede,* der Preußen endgültig zur Großmacht machte, geschlossen.
Das Zeichen I. R. ist für den Stempelschneider Jakob Römer überliefert. Er arbeitete um 1739 in London, ist aber nicht als Schöpfer dieser Medaille gesichert.

Lit.: C. v. Beaulieu–Marconnay, Der Hubertusburger Friede, Leipzig 1871 – zu I. R.: G. K. Nagler, Die Monogrammisten, Bd. 4, München o.J., S. 115.

Frankfurt, Deutsches Postmuseum, Medaillen, Postillion 1

**Revolutionskriege – Koalitionskriege – Befreiungskriege:
Von der Französischen Revolution zum Ende der Napoleonischen Ära**

9   SIEGEL DES REICHSFELDPOSTAMTES

a) 18. Jh., 2. Hälfte
Stahl, runde Platte mit Griffansatz
beiliegend Siegelabdruck

Reichsadler mit Thurn und Taxis–Wappen V (vier Felder und Herzschild) als Herzschild, umgeben von Fahnen, Trommel und anderem Kriegsgerät. Die Umschrift lautet: *KAISERLICH REICHS FELD POST AMT.*

b) 18. Jh., 2. Hälfte
Messing, runde Platte. Griff

Reichsadler mit Thurn und Taxis–Wappen V als Brustschild. Umschrift: *KAISERLICHS · REICHS · FELD · POST · AMPT*

c) Nach 1787
Ovale Messingplatte, gedrehter Holzgriff

Reichsadler mit kaiserlichem Wappen als Brustschild, darunter Thurn und Taxis–Wappen VI (sechs Felder und Herzschild). Umschrift: BUREAU DES POSTES DE CAMPAGNE DE · S · M · I · R ·

Lit.: M. Piendl, Die Siegeltypare im Fürstlichen Zentralarchiv. In: Thurn und Taxis–Studien 10, 1978, S. 140–265: S. 199.

a–c) Regensburg, FTA, Typare B 181–183

D. IX. a. Krieg – Feldpost – Militärpost

10 BEISTEUERERSUCHEN FÜR DEN DURCH KRIEGSEREIGNISSE ABGEBRANNTEN POSTVERWALTER VON KUSEL

1794 August 16
Zirkular an alle fürstlichen Oberpostämter und Postämter;
Entwurf

Das Zirkular fordert zur Leistung einer Brandsteuer für den Postverwalter Locher in Kusel auf. Die Stadt war am 26. Juli im Gefolge der Kriegsereignisse durch die Revolutionsheere niedergebrannt worden. Über die Vorgänge in Kusel berichtete Posthalter Valentin Grimm am 19. August ausführlich. Dessen Brandschaden wurde mit 30 685 Gulden in das Kuseler Brandschaden–Register eingetragen. Trotz der finanziellen Nöte der Postverwalter und Posthalter und der allgemeinen Teuerung in jenen Kriegsjahren ging allein von den Oberpostämtern Augsburg, München und Ulm bei der Fürstlichen Geheimen Kanzlei ein Brandsteuerbeitrag von 288 Gulden 16 Kreuzer ein. – Kusel, das damals etwa 2 000 Einwohner hatte, war in Kriegen schon vorher, 1635 und 1677, durch große Brände heimgesucht worden.

Lit.: Deutsches Städtebuch Bd.4, Städtebuch Rheinland–Pfalz und Saarland, Stuttgart 1964, S. 222.

Regensburg, FZA, Postakten 5955

11 AUSGABEN DES K.K. REICHSFELDPOSTAMTES

1799 Juli
Rechnung
Formulardruck, hdschr. Eintragungen für Juli 1799, 1 S.

Der Rechnungsbeleg des Feldpostamtsbriefträgers für Juli listet die Alltagsausgaben auf, *von fein Schreib Papier, großes Bak Papier, Concept Papier* bis *Schreib Feder Kiel* und *Sigellak,* aber auch *ein Kasten für die Recomandirten Brief,* wofür an Schreiner und Schlosser 8 fl. 30 kr. zu zahlen waren.
Die *Nota* ist ein Beleg aus der *Rechnung ... bei der Kaiserl. Reichs–Feld–Post–Amtsdirektion der Kaiserlichen Königlichen Armee unter dem Commando Sr. des K.K. und Reichs Herrn Général Feld Marschalls Erzherzogs Carl ...* für Juli bis September 1799. Zu diesem Zeitpunkt waren die Einnahmen mit 12 145 fl. 50 3/4 kr. (darunter *an officiosen Brief Porto 4 424 fl. 39 kr.)* sehr beachtlich, zumal dem Ausgaben von lediglich 4 155 fl.19 1/2 kr. gegenüberstanden. Hauptposten der Ausgaben im Rechnungsvierteljahr waren 1 328 Gulden für die Besoldung des Feldpostpersonals und 1 889 Gulden für den Feldpoststall. Erzherzog Karl von Österreich (1771–1847) hatte 1796 als Reichsfeldmarschall das Oberkommando über die österreichische Rheinarmee erhalten und stand auch im Zweiten Koalitionskrieg an deren Spitze.

Lit.: O. Christe, Erzherzog Karl von Österreich, o.O. 1912.

Regensburg, FZA, Postakten 2037

12 SCHUTZBRIEF DES FRANZÖSISCHEN GENERALS AUGERAU FÜR DIE POSTEN IM REICH

1800 Dezember 8 Hauptquartier zu Würzburg
Druck; zweisprachig, französische u. deutsche Fassung

In Erwägung der Wichtigkeit des allgemeinen Postdienstes, der in den von französischen Truppen besetzten Lande nicht unterbrochen werden soll, wird dem gesamten Postpersonal *Schutz und Sicherheit für ihre Person und all ihr Eigentum* garantiert. Das Militär wurde angewiesen, *keinen Postbeamten auf eine oder die andere Art zu belästigen, ihre Geschäfts–Führung auf keine Weise zu hindern, und zu unterbrechen, und weder ihre Pferde, noch die zum Unterhalt derselben nöthige Fourage in Requisition zu setzen.* Außerdem wurde dieser Personenkreis von allen Frohndiensten befreit. Auch die *Post–Bureaux* – so in der Übersetzung vom französischen Wortgebrauch übernommen – sollten von aller Einquartierung befreit sein. Daß es trotzdem zu Übergriffen und Belastungen des Postpersonals kam, wie immer wieder schon in früheren Kriegszeiten, steht auf einem anderen Blatt.

Regensburg, FZA, Postakten 2336

13 FELDPOST–ESTAFETTENPASS VON SCHWANENSTADT NACH LINZ

1800 Dezember 15 Schwanenstadt
Formulardruck, hdschr. ergänzt, 4 S.

Der Stundenpaß wurde *von dem K.R. Feld–Postamt zu Schwanenstadt* am 15. Dezember, früh 4 Uhr ausgefertigt. Die Estafette verließ 6.30 Lambach, 9.00 Wels und kam 14.30 in Linz an; an den Unterwegsorten war sie jeweils eine Viertelstunde vorher angekommen. Das Formular weist auf die Dringlichkeit solcher Estafetten hin: *Da es für den Dienst Sr.K.K. Majestät und des gemeinen Wesens von der größten Wichtigkeit ist, daß die Beförderung ... mit möglichster Sorgfalt und Eile geschehe,* wurden die Postmeister und Posthalter angewiesen, derartige Depeschen *ohne Auffenthalt Tag und Nacht reitend ... zu führen.*
Anfang Dezember 1800 hatte sich im Zweiten Koalitionskrieg die Lage endgültig zu Ungunsten Österreichs entschieden. Mit dem Sieg Moreaus über das letzte österreichische Heer bei Hohenlinden – Erzherzog Johann verlor 15 000 Mann an Toten, Verwundeten und Gefangenen – war die Entscheidung gefallen. Dem Waffenstillstand von Steyr am 25. Dezember folgte am 9. Februar 1801 der Frieden von Lunéville.

Lit.: Probst in AK Halbturn (1985) S.101, C 99.

Regensburg, FZA, Postakten 3907

14 ÖSTERREICH, BAYERN UND ITALIEN IM ZWEITEN KOALITIONSKRIEG

1801 Regensburg
Karte: *Neueste Waffenstillstands–Linie beiderseitiger Hauptkriegs–Heere in Deutschland*
Kupferstich von Johann Mayr in Regensburg
kolorierte Waffenstillstandsgrenzen

Die Karte umfaßt den Raum von Schweinfurt–Bamberg im Norden über Melk–Judenburg im Osten, bis zum Gardasee, Venedig und Fiume im Süden. Die Waffenstillstandslinie der französischen Seite ist gelb, die der kaiserlichen Seite grün auf Grund des Waffenstillstands von Steyr vom 25. Dezember 1800 eingetragen. Die am 15. Juli 1800 in Parsdorf ausgehandelte Linie ist rot eingezeichnet. Nach der Übereinkunft vom 25. Dezember 1800 sollten die kaiserlichen Posten *immer eine deutsche Meile von der Französ. Linie entfernt bleiben, außer an der Donau nicht, so aber in dieser Karte nicht schicklich bemerkt werden kann.*

Johann Mayr war in Regensburg als Kupferstecher tätig (1780–1809), stach Schriften, Bildnisse, Prospekte und zeitgenössische Historie. Die Karte kostete 24 Kr. Daneben hat Mayr auch noch eine Karte der *älteren Waffenstillstandslinie* (Parsdorf) gestochen.

Lit.: Probst in AK Halbturn (1985) S. 101 – Zu Mayr: Thieme-Becker 24 (1930) S. 482.

Regensburg, FZA, Karten– und Plansammlung

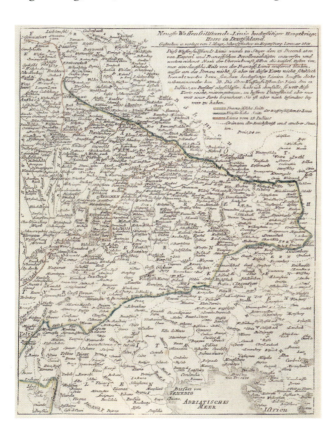

15 ERWOGENER ABZUG DES KAISERLICHEN REICHSFELDPOSTAMTS AUS DEN K.K. ERBSTAATEN

1801 Februar 14 Nußdorf bei Wien
Ausf. des Feldpostamtsdirektors Haysdorf an die Fürstliche General(post)direktion in Regensburg, 8 S.
aufgeschlagen S.1
beiliegend Estaffetten–Umschlag mit Expeditionsvermerk

Haysdorf empfiehlt, das kaiserliche Reichsfeldpostamt mit allem Personal und Zubehör aus den k.k. Erblanden abzuberufen. Diese dringliche Empfehlung ging per Estaffette am 14. Februar abends 7 Uhr in Nußdorf ab und kam am 17. Februar früh 8 Uhr, in Regensburg an. Vorausgegangen waren Querelen, die das k.k. Oberhofpostamt auslöste, obwohl Erzherzog Karl am 15. Januar das kaiserliche Feldpostamt ausdrücklich anwies, bei der Armee in den Erbstaaten zu bleiben. Der in die Sache eingeschaltete Reichshofrat von Faßbender wünschte dagegen offensichtlich, daß das Reichsfeldpostamt die Geschäfte auf Rechnung des k.k. Ärars führe: Dabei hätte ein Großteil des Pferdebestandes abgestoßen werden müssen.

Regensburg, FZA, Postakten 3907

Militär– und Feldpost–Briefbelege seit dem ausgehenden 18. Jahrhundert

16 KENNZEICHNUNG UND ABSTEMPELUNG VON MILITÄR– UND FELDPOSTSENDUNGEN

Die folgenden Stücke sind lediglich Einzelbeispiele aus der Vielfalt der Erscheinungsformen für Sendungen in Kriegs– und Friedenszeiten.

Lit. aus philatelistischer Sicht u.a.: Mitteilungen des Deutschen Altbriefsammler–Vereins e.V.

a) 1794 September 4

Feldpost–Briefhülle, hdschr. v: *Clösterle – Saazer Kreiß in Böhmen*, an einen Angehörigen in der Leibkompanie des Fürst Kinskyschen Regiments nach *Mastritt in Holland, im lager.* Leitvermerke über Eger, Frankfurt und Köln.

b) 1796 September 12 Stuttgart

Dienstbrief *per Estaffette, bei der Abgabe zahlbar,* von Friedrich Cotta, *der Franken-Republik General- und Oberpostdirektor in Teutschland,* an Oberpostmeister Baron Vrints-Berberich in Frankfurt, der seinerzeit in Ellwan-

D. IX. a. Krieg – Feldpost – Militärpost

gen weilte. Das Briefverschlußsiegel trägt die Umschrift *DIRECTEUR DES POSTES EN ALLEMAGNE – REPUBL. FRANC.* Nach dem Empfängervermerk wurde das Schreiben noch in der Nacht zum 13. September um 1 Uhr zugestellt.

Lit.: G. Sautter, Friedrich Cotta, General–Postdirektor der Französischen Republik in Deutschland 1796. In: Historisches Jahrbuch Bd. 37, 1916, S. 98–121.

c) 1847 März 26 u. 1848 August 14 Mainz

Post aus der Bundesfestung Mainz nach Hostan im Klattauer Kreis (Böhmen), *ex off*[ici]*o / Privat Angelegenheit / obligts Mil*[i]*t*[ä]*r Mannsch*[a]*fft*, mit zweizeiligem Schreibschriftstempel Mainz / Datum; Brief nach Gladbach, *frei als Off. Brief d. Bundesf*[estung] *Mainz, Absend. v. Spies, Lt. 35.*, mit kleinem Mainzer Kreisstempel.
Sendungen, die nicht nach Österreich und den Kronländern bestimmt waren, erhielten den taxisschen Ortsstempel von Mainz.

Lit.: W. Balzer u. H. Himmel–Agisburg, K.K. Gouvernement Bundesfestung Mainz, Mainz 1977.

d) 1860 November 22

Briefhülle für Schreiben eines Militärangehörigen nach Sigmaringen, mit preußischem Feldpoststempel, badischem Eisenbahnstempel und taxisschem Ankunftsstempel. Der als *Militaria* gekennzeichnete Brief – ein Dienstsiegel mangelte nach dem Rückenvermerk des Absenders – wurde innerhalb Hohenzollerns auch von der Thurn und Taxis–Post portofrei befördert.

e) 1866

Post aus dem preußisch–österreichischen Krieg 1866, Feldpost-Rahmenstempel (Ecken abgeschrägt), *Gr. H.Feldpost–Exped.*: Der Dienstbrief nach Hanau hat als Absender das Kommando der Ghzgl. Hessischen Feldgendarmerie und den bayerischen Ortsaufgabe–Segmentstempel Nördlingen.

Regensburg, FZA: a) u. c–e) Postdokumentation 018; b) Postdokumentation 010

D. Organisation, Dienstbetrieb und Dienstleistungen der Thurn und Taxis-Post

D. IX.b Seuchen – Pest – Cholera

Die Abwehr ansteckender Krankheiten, die Seuchenbekämpfung, spielte auch im Postverkehr eine wesentliche Rolle, befürchtete man doch schon bald nach Einführung der Posten, daß durch sie aus verseuchten Orten ansteckende Krankheiten an andere Orte verschleppt werden könnten. Dabei bestand über die Entstehung der Seuchen und ihre Übertragungsmöglichkeiten noch völlige Unklarheit. Selbst in Werken über postrechtliche Angelegenheiten, so bei Hoernigk (De regali postarum jure, Wien 1659) und Emmeram Ackold (Von dem ... Post–Regal, Halle 1685), wurden solche Fragen angeschnitten. Zur Abwendung der Gefahr regte Hoernigk an, zu Pestzeiten Briefe und Briefpakete keineswegs mit Fäden aus Flachs, Hanf oder Wolle zu umwickeln oder in leinene Decken zu verpacken. Für Briefe sollte nur dünnes und geglättetes oder durch Leimwasser gezogenes Papier verwendet werden, weil dieses nicht so leicht Ansteckungsstoffe an sich ziehen würde. Ackold widmet ein ganzes Kapitel der Frage, *ob ein Postmeister davor stehen müsse, wann er von inficirten Oerthern Brieffe oder Paquete an reine Oerther schicket und sie damit ansteckt.* Er berichtete auch, daß es an vielen Orten üblich sei, in Pestzeiten die Briefe zu durchräuchern. Dieses Verfahren wurde auch schon im ausgehenden 15. Jahrhundert angewendet.

Die um die Wende zum 18. Jahrhundert gültigen Instruktionen bei der kaiserlichen Reichspost verpflichteten Postverwalter und Posthalter, *in Sterbensläufften sich wohl fürzusehen, daß sie keine fremden verdächtigen Personen unterwegs aufsitzen und mit der Post befördern, wenn solche Leute nicht mit guten obrigkeitlichen Paß–Scheinen versehen ...* Besonders ausführliche Vorschriften zum Verhalten beim Auftreten ansteckender Krankheiten enthielt die preußische Postordnung von 1712. Frühere diesbezügliche Vorschriften wurden in der Postordnung von 1782 fast unverändert wieder aufgenommen. Auch das Verhalten der Postbeamten bei Viehseuchen wurde entsprechend reglementiert.

Daß durch die unterschiedlichen Prozeduren zur Seuchenabwehr Beschränkungen oder Verspätungen eintraten, liegt auf der Hand. Im Interesse der Sicherheit waren sie nicht zu vermeiden – auch nicht bei den verschiedenen Cholera–Epidemien des 19. Jahrhunderts. Anweisungen zur Anwendung von Räucher– und Schutzmitteln aus den Apotheken, Stempel zur äußeren Kennzeichnung *gereinigter* Postsendungen, mit Lochzangen behandelte Briefe, dies alles sind postgeschichtliche Zeugnisse, die alle für sich sprechen. Sie lassen aber kaum erahnen, welche Sorge, welches Leid sich bisweilen hinter derartigen Postsendungen verbergen konnte.

E.P.

Lit.: K. Meyer, Die Desinfektion von Briefen. Ein Teil der Abwehrmaßnahmen gegen Seuchen. In: Beiträge zur Geschichte der Pharmazie, Beilage der Deutschen Apotheker-Zeitung 40 (1988) S. 18–30 – Vogt, Seuchenbekämpfung und Postverkehr. In: APT 67 (1939) S. 219–223.

Kontagion im 17. und 18. Jahrhundert

1 *CONTAGION HEIST EINE ANSTECKENDE KRANKHEIT ...*
1733 Halle und Leipzig
Artikel in J.H. Zedler, *Grosses vollständiges UNIVERSAL LEXICON aller Wissenschaften und Künste ...* , Bd. 6
aufgeschlagen: Sp. 1111 – zusätzlich: Reproduktion der Titelseite

Contagion heist eine ansteckende Krankheit, insonderheit die Pest, daran die Menschen an großer Menge und plötzlich dahin sterben. – Contagium, eine Ansteckung, ist, wenn das Gifft der Kranckheit von einem Sujécto dem andern mitgetheilet wird: welches auf zweyerley Art geschiehet, theils durch die Lufft, welche mittelbar ist, theils unmittelbar durch Berühren des Krancken Cörpers, oder, wenn man sich des krancken Kleider und Wäsche bedienet. Die ansteckende Krankheiten werden Morbi contagiosi genennet, und sind Fleck–Fieber, Pest, Krätze, Venus–Seuche etc. ...

So umreißt Zedler den Begriff der *Contagion*, der auch in den Akten der Postverwaltungen immer wieder als ein beunruhigendes Übel auftaucht, als Hemmschuh des Postenlaufs, als Gefährdung der Allgemeinheit. Der Pest selbst, *Pestilenz, Pestanstalten* und *Pestordnungen,* widmet Zedler eine umfängliche Abhandlung im 27. Band des Universallexikons (Sp. 757–793). In diesen Textbeiträgen dürfte das damalige Wissen wohl weitgehend zusammengefaßt sein.

Lit. zu Zedler: ADB 44 (1898) S. 741 f. – Speziell in Blickrichtung Post: G. Brandtner, Die Post im Lexikon – im Jahre 1771. In: ADP 28/29 (1980/81) S. 136 ff.

Regensburg, FHB, 2 O.1.6

E.P.

D. IX.b. Seuchen – Pest – Cholera

2   SCHREIBEN DER WITWE SUSANNE JAKOBE
DES POSTMEISTERS OCTAVIO VON TAXIS
NACH BRÜSSEL
1628 Oktober 10 Augsburg bzw. Rohrenfels/
Donau
Ausf., Pap., 1 Bogen

Bericht über die fortbestehende Contagion an Alexandrine von Taxis nach Brüssel.
Anläßlich der Übersendung der Augsburger Postamtsrechnung berichtete die Witwe Susanne Jakobe von Taxis über die örtlichen Verhältnisse, daß *die laidige infection noch wol haußen thut*, und über ihre persönlichen Verhältnisse sagt sie: *uns samentlich noch in guter gesundheit und wolstand befündlich* zu sein. Die Pestseuche erlosch wenige Wochen später.
Die Pest war als epidemisch auftretende Seuche jahrhundertelang ständiger Begleiter des mittelalterlichen Lebens. Sie hatte sich wieder einmal seit Ende 1626 in Augsburg ausgebreitet und das ganze folgende Jahr viele Tote gefordert. Nachdem im Februar 1628 die Seuche zurückgegangen war, brach sie im Juli umso schrecklicher wieder aus und hatte bis Oktober allein 6160 Tote gefordert. In Brüssel war Taxis sehr daran interessiert, ständig über alle möglichen Behinderungen informiert zu sein, um Verzögerungen in der Briefbeförderung vermeiden zu können.

Lit.: D. Oeter, Sterblichkeit und Seuchengeschichte bayrischer Städte von 1348–1870, Diss., Köln 1961.
Regensburg, FZA, Postakten 2333   K.M.

3   BRIEF DER OBERÖSTERREICHISCHEN
REGIERUNG AN GRAF LAMORAL VON TAXIS
1664 August 18 Innsbruck
Schreiben, Ausf., 1 Bogen
aufgeschlagen: fol. 1'–2

Schreiben mit der Bitte um Informationen über die Fortdauer der Pest in den Niederlanden.
Die letzte große Pestepidemie von europäischen Ausmaßen begann 1663 in Amsterdam und breitete sich über England, aber auch über den ganzen europäischen Kontinent aus, wodurch die Postbeförderung zwischen den südlichen und nördlichen Landesteilen im Reich erheblich behindert wurde.
Aufgrund einer *materia contagionis* vom 19. Juli wird daher die besorgte Anfrage nach Brüssel gerichtet, *ob also zu Antverp, Nieder: und Hollandt dergleichen ybel grassieren.* Diese Pestepidemie hat später auch Österreich nicht verschont.

Lit.: G. Sticker, Seuchengeschichte und Seuchenlehre, Bd. 1, Die Pest, Gießen 1908, S. 175 ff.
Regensburg, FZA, Haus– und Familiensachen 1719
K.M.

4   AUSZUG AUS DEM PREUSSISCHEN
POSTREGLEMENT (1712):
RÄUCHERPULVER
1770/1771
Abschrift

Rezeptur für Räucherpulver zur Desinfektion von Briefen.
Obwohl schon seit dem 16. Jahrhundert die Briefräucherung üblich war, so hat es doch bis 1712 gedauert, bis eine genaue Vorschrift über die Zusammensetzung des dabei benötigten Räucherpulvers in einem Postreglement niedergeschrieben wurde. Dabei hatten neben den bisher üblichen Kräutern bereits zu diesem Zeitpunkt die Chemikalien *Salpeter* und *Schwefel* Eingang in die Mischung gefunden, ein Zeichen für die zunehmende Bedeutung der *chymiatrischen* Wissenschaft.
Die preußische *Neue Post Ordnung* hatte mit ihrer detaillierten Rezeptur und der damit verbundenen Behandlungsvorschrift der Briefe sehr viel Anklang gefunden und wurde vielfach kopiert, so auch 1770/71 von der taxisschen Postbehörde zur Behandlung der ihr anvertrauten Post.

Lit.: K. Meyer, Die Desinfektion von Briefen. Beiträge zur Geschichte der Pharmazie. Beilage zur Deutschen Apotheker–Zeitung 40 (1988/2–3) S. 18.

Regensburg, FZA, Postakten 2333   K.M.

5   *REGENSBURG IN DER CONTAGION* – UND DANACH

Wiederholt wurde Regensburg von der Pest heimgesucht, letztmals 1713/14. Über diese Pestepidemie ist man genauestens unterrichtet. Die zeitgenössischen Berichte von E.S. Alkofer vermitteln ein anschauliches Bild der damaligen Vorgänge in Stadt und Umland. Es wurden nahezu 8000 Menschen dahingerafft. Erste Anzeichen gab es bereits Anfang 1713. Als im August die tägliche Sterbeziffer auf 20 Personen anstieg, sah sich der *Immerwährende Reichstag*, die Reichsversammlung, veranlaßt, während der Dauer der Seuche nach Augsburg zu übersiedeln. Der Adel und ein Großteil der Geistlichkeit schloß sich an. Es mögen 7000 Personen gewesen sein, die der Stadt den Rücken kehrten.

K. Bauer, Regensburg. Aus Kunst–, Kultur– und Sittengeschichte. 4. Aufl. Regensburg 1988, S. 788–796 – Schöppler, Die Geschichte der Pest zu Regensburg. Regensburg 1914 – Ch.G. Gumpelzhaimer, Regensburg's Geschichte, Sagen und Merkwürdigkeiten ... 3. Abt. 1618–1790, Regensburg 1838, S. 1527–1537 – E.S. Alkofer, *Regenspurgisches Pest– und Buß–Denckmahl wegen der im Jahr Christi 1713. allhier grassirten Seuche der Pestilentz ...; Fortsetzung des historischen Berichts ...* Regensburg 1714.

a) *Regensburg in der Contagion*
Um 1715
Kupferstich, Stadtansicht (Bauer Nr. 35) von Süden:
Des H. Röm. Reichs Freye Stadt / Regensburg / im Prospect gegen Mittag. / Wie solche in der Contagion vom / Monat Aug. 1713 biß im May des / 1714den Jahrs mit dem Marckt / versehen und in Sperr / gehalten worden.
Bez. Delineirt .. von Andr. Wisneyer (richtig: Wismeyer); Stich von Friedrich Paul Lindner

Eine ausführliche Legende in der Kartusche der Wi(e)smeyer'schen Stadtansicht nennt eine Vielzahl von Einrichtungen und Vorkehrungen innerhalb und außerhalb der Reichsstadt zur Bekämpfung der Seuche. Unter *M* werden genannt: *Schilder Hauß, Briefkastl u. aufgesteckt Zeichen, wie weit man gehen dörffe.* Bemerkenswert erscheint die Darstellung des postalischen Hilfsmittels *Briefkasten,* hier in der speziellen Forms des *Pestbriefkastens,* über den dann möglicherweise auch der postalische Verkehr zwischen der Stadt und dem nach Prüfening evakuierten Postamt abgewickelt wurde. Dies läßt vermuten, daß während der Absperrung in der Stadt dort irgendjemand legitimiert war, die *sanitäre Reinigung der Post* zu veranlassen, zumal an anderer Stelle eine *eiserne Truhe* am nördlichen Brückenturm der Steinernen Brücke erwähnt wird, in die die *geräucherten* Briefe eingelegt wurden.

Hatte die Stadt zunächst ihrerseits Fremden den Zugang versperrt, um sich vor dem Einschleppen der Pest zu schützen, so führte der Auszug des Reichstags und des zahlreichen Stadtvolkes nun zu einer *bairischen Sperre,* um im bis nahe an die Stadtmauern heranreichenden eigenen Territorium eine Ausbreitung der Seuche zu verhindern: *Pestkommissäre* bezogen in Karthaus Prüll Quartier. Husaren schlugen Bretterhütten auf den Feldern vor der Stadt auf; sie war durch einen militärischen *Sicherheitscordon* weitgehend abgeriegelt.

Lit.: Bauer (1988) S. 789 f., 871 – W. Eisenbeiß, Von der *Boite* zum Briefkasten. In: APB 45 (1975/I) S. 270–275 – Zu Lindner Thieme–Becker Bd. 23 (1929) S. 248.

Regensburg, Museen der Stadt E.P.

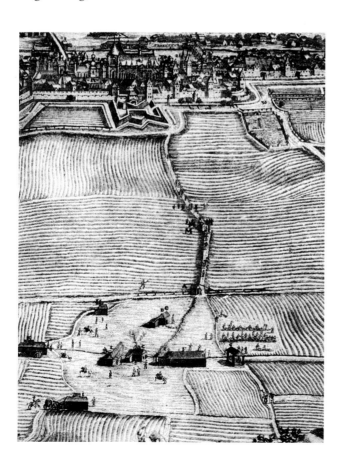

b) *Das Regenspurgische Lazareth* auf dem Unteren Wöhrd
1714
Kupferstich von Jacob Andreas Fridrich, *bey Johann Ernst Fritzens seel. Wittib*

Quer über die Breite der Insel verläuft ein Bretterzaun, der ihre Ostspitze von der übrigen Außenwelt abschließt. Die ganze Tragik jener Zeiten tritt hier zutage, Hilflosigkeit und Schmerz: im Bild, aber auch in Worten, in einem *Sonett* im unteren Drittel des Blattes. Es wurde 1715 nochmals bei Johann Heinrich Krütinger aufgelegt.

Das Pestlazarett, der *Pestinhof am Spitz,* diente im 17. Jahrhundert als Militärlazarett und Krankenhaus, dann 1713 als Pestkrankenhaus. Das Gebäude (Wöhrdstraße 91 und 93) hat sich in seiner baulichen Form unverändert erhalten. Auf dem *Osterberg,* im Hintergrund des Bildes, errichteten nach einem Gelöbnis die Bürger von Stadtamhof und Steinweg in Erinnerung an die Seuche eine Kirche zu Ehren der hl. Dreifaltigkeit; sie wurde dann namengebend für den heutigen *Dreifaltigkeitsberg.*

Lit. H.E. Paulus: Baualtersplan zur Stadtsanierung, Regensburg VIII, München 1987, S. 244–247, Abb. 367–375 – Bauer (1988), S. 790–792 – A. Kraus u. W. Pfeiffer, Regensburg. Geschichte in Bilddokumenten. 2. Aufl. München 1986, S. 121 u. Abb. 319 (G. Hable) – G. Hable, Geschichte Regensburgs. Studien und Quellen zur Geschichte Regensburgs Bd. 1 (1970) S. 98.

Regensburg, Fürst Thurn und Taxis, Graphische Sammlung, Sammlung Resch IX. 64 E.P.

c) Ende der Pest in Regensburg – Der Reichstag kehrt von Augsburg zurück
Medaillenprägung der Stadt Regensburg

1) Medaille von 1714 auf das Ende der Pest

Vs. Stadtansicht von Norden – Umschrift mit Chronogramm 1714: *ADIVTORE ALTISSIMO A PESTE LIBERATA SECURA.* (nach Alkofer: *Sie ist durch Gottes Gütigkeit / Jetzt von der Pest in Sicherheit*) – Im Abschnitt: *RATISBONA*
Rs. Dankopfer des Noah und seiner Familie vor der Arche – Umschrift *AETERNO RATIS BONA FERT / POST FUNERA GRATES* (nach Alkofer: *Seht! Wie das gute Schiff / so Regensburg auch heisset / Nach vieler Noth und Todt / Gott / den Erhalter preisset*) – Im Abschnitt: *GEN. C. VIII. V. XX.* Stempelschneider Johann Pichler (Zuschreibung) – Prägungen in Gold und Silber – Durchmesser 44 mm.

Die Stadtansicht der Vorderseite gibt den Kupferstich J. Sandrarts aus der Zeit um 1660 wieder: in der Bildmitte ist die Brücke zum Oberen Wöhrd und das Beschlächt, der die beiden Wöhrde verbindende Steindamm, dargestellt. In meisterhafter Umsetzung des extrem querformatigen Vorbilds gelingt dem Stempelschneider eine ausgewogene Komposition. Die Umschrift der Rückseite endet mit einer fünfblättrigen Rosette, nach Beckenbauer dem Stempelschneiderzeichen des Johann Pichler, nachweisbar 1706–1712. Wenngleich die einfache ornamentale Form dieses Zeichens nicht immer eine Identifizierung zuläßt, so unterstützt die hohe Qualität der Medaille eine Zuschreibung an Pichler.

D. IX.b. Seuchen – Pest – Cholera

Erasmus Alkofer, der Historiograph der Pest von 1713/14, überliefert *eine fürnehme und sehr gelehrte Feder in der Reichs Freyen Stadt Nürnberg* als den Erfinder der Gedenkmünze, ohne deren Namen zu nennen.

Lit.: E. Alkofer, Regenspurgisches Pest- und Bußdenckmahl, Fortsetzung, Regensburg 1714, S. 31 f. – A. Godin, Ratisbona Politica, Regensburg 1729, Taf. II zu S. 810 – G.G. Plato gen. Wild, Regensburgisches Münz-Kabinet oder Verzeichniß ..., Regensburg 1779, S. 153 (Manuskript fol. 111; Museen der Stadt Regensburg) – Verzeichnis einer Medaillen- und Thaler-Sammlung, Regensburg 1806, S. 201 – H. Schöppler, Die Geschichte der Pest zu Regensburg, München 1914, S. 167 f., Taf. III, Nr. 3 – L. Pfeiffer, Pestilentia in numis, Weimar 1880, S. 12 ff. – Zur Stadtansicht: K. Bauer, Regensburg, 4. Aufl., Regensburg 1988, S. 870, Nr. 29.

Regensburg, Museen der Stadt
Regensburg, Fürst Thurn und Taxis Münzsammlung
P.G–B.

2) Medaille zum Andenken an die Öffnung der *Pässe* (Grenzen) am 3. Mai 1714

Vs. Allegorie der Stadtgöttin *Ratisbona*, die von der Glücksgöttin *Fortuna* den Stadtschlüssel zurückerhält. – Umschrift: *OCULIS EST REDDITA NOSTRIS* (unsere Augen sehen sie wieder) – Abschnitt: *D. 3. MAI*
Rs. Sechszeilige Inschift mit Chronogramm 1714: *DEO /*
OPITULANTE ITINERIS / LIBERTAS / REGINIS CASTRIS / REDDITA (nach Alkofer: *Als Regenspurg zu Gott den rechten Paß getroffen / und neue Lebens-Krafft darauf vom Himmel floß:/ So stund ihm auch der Paß auf Erden wieder offen / Den ihm die Seuche fast drey Viertel-Jahr verschloß*).
Münzmeister Johann Michael Federer (nach Alkofer); Stempelschneider Johann Pichler (?) – Prägungen in Gold und Silber – Durchmesser 37 mm.

Die Darstellung der Schlüsselübergabe wird von Alkofer so gedeutet, daß die klagende *Weibs Person / die eine Stadt-Crone neben sich liegen / und einen Schleyer aufgesetzt hatte / ... das bisher in so großer Noth und Elend gesteckte Regenspurg angezeiget*. Die Umschrift *OCULIS EST REDDITA NOSTRIS* stammt aus Vergils Aeneis II. V. 740 in folgendem Zusammenhang: Aeneas verliert auf der Flucht aus dem brennenden Troja seine Gattin Creusa und fürchtet, daß sie sich verirrt, ermüdet am Wegrand niedergesetzt habe und seine Augen sie nie mehr wiedersehen würden. Creusa war jedoch von der Göttin Kybele entrückt und selbst zur Gottheit erhoben worden. Kybele wiederum wird in biblischen Darstellungen häufig als Schutzgöttin von Städten mit einer Mauerkrone dargestellt. Somit ist die gelehrte Allusion des Schulrektors Christoph Zippeln, den Alkofer schon 1714 als den Erfinder der Medaille nennt, mehrfach zu deuten.
Die Darstellung der Ratisbona mit Mauerkrone findet

sich auf zwei Huldigungsmedaillen von der Hand des Augsburger Stempelschneiders Philipp Heinrich Müller aus den Jahren 1705 und 1718 (A. Godin, Taf. II zu S. 810). Die Mauerkrone im Vordergrund der Pestmedaille aber ist so groß, daß sie mehr der *Stadt-Crone* auf dem bereits erwähnten Titelkupfer zu Alkofers Werk von 1714 ähnelt, die hier neben der um Abwendung der Plage bittenden Personifikation der Stadt am Boden liegt.

Lit.: Alkofer (1714) S. 42–44 – Godin (1729) Taf. II zu S. 810 – Plato gen. Wild (1779) S. 153 (Manuskript fol. 112; Museen der Stadt Regensburg) – Verzeichnis (1806) S. 206 – Pfeiffer (1880) S. 13 – Schöppler (1914) S. 169, Taf. III, Nr. 1 – E. Bekkenbauer, Die Münzen der Reichsstadt Regensburg, Grünwald 1978, S. 77 f., 82 ff.

Regensburg, Museen der Stadt   P.G–B.

3) Medaille von 1715

Der *Immerwährende Reichstag* kehrt nach dem Ende der Pest von Augsburg nach Regensburg zurück

Vs. Personifikation des Reiches bzw. des Reichstages, umgeben von sechs allegorischen Figuren; Initialen C.D.Ö. – Umschrift: CONSILIIS FIRMANT PATRIA IURA PIIS (*Durch rechtmäßige Ratschlüsse stärken sie die Gesetze des Vaterlandes*) – Im Abschnitt: EXCVS. RATISP. MDCCXV

Rs. Stadtansicht von Süden, darüber halten zwei Engel Kartuschen mit Stadt- und Reichswappen; Initialen C.D.Ö – Im Abschnitt: REGINVM S.R.I. COMITIIS A. 1662 INCHOATIS, A. 1713. AUGUSTAM VIND. OB PEST. TRANSLATIS, A. 1714. CVM PACE BAD. RELATIS, SACRUM – (*Der „Immerwährende Reichstag", eingerichtet 1662, 1713 wegen der Pest nach Augsburg ausgelagert, 1714, als der Friede zu Baden geschlossen wurde, wieder zurückgeführt*)
Stempelschneider Christoph Daniel Öxlein – Prägungen nur in Silber bekannt – Durchmesser 46 mm.

Die Vorderseite der Medaille zeigt in der Mitte die bekrönte Personifikation des Reichstags mit Kurhut, Schild und Lanze, zu ihren Seiten Adler, Schwert, Krone und Szepter. Am linken Rand sitzt eine nach oben weisende weibliche Gestalt mit einer Binde über der Stirn, in der linken Hand ein brennendes Herz haltend: wohl die Allegorie der Justitia. Die fünf übrigen, männlichen Figuren sind zum Teil durch ihre Attribute als Vertreter der Wissenschaften anzusprechen: so die Medizin mit dem Äskulapstab. Die Stadtansicht von Süden ist aus aktuellem Anlaß gewählt: Im Vordergrund die Stadt, die Steinerne Brücke leitet nach Stadtamhof über; zuoberst ist die ab 1713 während der Pestzeit errichtete und 1715 geweihte Dreifaltigkeitskirche abgebildet. Als Vorlage mag dem Medailleur der Kupferstich von Wismeier und F.P. Lindner von 1714 gedient haben (s. oben 5a) oder das Titelblatt von Alkofers 1714 bei Johann Zacharias Seidel verlegtem *Regenspurgischen Pest- und Bußdenckmahl*.

Die formal etwas unbefriedigend gelöste Umsetzung des graphischen Vorbilds zeigt, daß der ab 1714 in Regensburg tätige Münzeisenschneider Christoph Daniel Öxlein nicht den künstlerischen Rang seines Vorgängers Johann Pichler erreichte.

Lit.: Godin (1729) Taf. II zu S. 810 – Plato gen. Wild (1779) S. 115, Nr. 93 (Manuskript fol. 84; Museen der Stadt Regensburg) – Schöppler (1914) S. 170, Taf. III, Nr. 3 – W. Boll, Reichstagsmuseum. Sammlungen der Stadt Regensburg Nr. 9, Regensburg 1963, Abb. 16.

Regensburg, Museen der Stadt   P.G–B.

6   KAISERLICHES MANDAT FÜR DIE REICHSPOST WÄHREND DER PESTSEUCHE 1720
1720 Oktober 30

Anordnung von Sicherheitsmaßnahmen bei den von Frankreich kommenden Briefen und Paketen.
Im Juni hatte sich von Marseille aus eine verheerende

Pestepidemie über ganz Südfrankreich ausgebreitet. Alle europäischen Länder, die seit mehr als einer Generation von der Pest verschont geblieben waren, versuchten, durch drakonische Abwehrmaßnahmen die weitere Ausbreitung der Seuche auf europäischem Territorium zu verhindern.

Dies war auch die Absicht Kaiser Karls VI., als er Fürst Eugen Alexander von Thurn und Taxis die Anordnung für *deroselben aunvertrauten Reichsposten und deren auß Frankreich, auß der Schweitz und auß Graubünden kommenden brieffen und paquettern deren außessigung und außräucherung ... sicherheitshalber die dießfalls nothwendige sorge aller ortten zu tragen* befahl. Zugleich wird ein Bericht über die dabei geforderten Maßnahmen angefordert.

Die Epidemie dauerte bis zum Herbst 1721 und erlosch, ehe sie sich weiter in Europa ausgebreitet hatte. Es war der letzte große Pestausbruch in Europa.

Lit.: Sticker 1908/Bd. 1, S. 222.

Regensburg, FZA, Postakten 2333   K.M.

7   BITTBLATT *DER PESTHOF*

1746 Hamburg
Einblattdruck mit der Darstellung des
Hamburger Pesthofes und einem Bittgedicht um
Gebet und Almosen

Das Blatt mit allegorischen Randdarstellungen zeigt in drastischer Weise die Zustände in einem überfüllten Krankensaal des *Pesthofes*. Amputation und Starstichoperation in der Mitte des Vordergrundes, Labung eines Bettlers und Tröstung eines Sterbenden durch einen Pfarrer sind dicht nebeneinander zu finden. Im Hintergrund sind 6 *Tollkoben* zu sehen, Einzelzellen für gemeingefährliche Geisteskranke, aus denen zwei hervorglotzen.

Das Blatt wird begleitet von einem Gedicht, in dem der Jammer und das Elend der Kranken beschrieben und an die Mildtätigkeit der Betrachter und Leser appelliert wird, was bereits in der hier nicht sichtbaren Überschrift über das Blatt deutlich gemacht wird: *Neunhundert schreyn hier Weh und Ach! Thu wohl! Gott segnes tausenfach.*

Lit.: S. Winkle, Die Pest in Hamburg, Hamburger Ärzteblatt 2/3 1983.

Nürnberg, Germanisches Nationalmuseum, Graphische Sammlungen, HB 24210, Kapsel 1260   K.M.

8   DARSTELLUNG EINES PESTARZTES
      Um 1700
      Elfenbeinfigur, portugiesisch, aus Goa

Der *Pestarzt*, eine 18 cm hohe Figur, hat als Charakteristikum eine nach oben und unten spitz zulaufende Kapuze über den Kopf gezogen. Einzige Öffnungen sind lediglich zwei Querschlitze für die Augen; Mund und Nase werden völlig abgedeckt. Der Stab, den der Pestarzt ursprünglich in seiner Rechten hielt, ist nicht mehr vorhanden. Über die Herkunft des Stückes ist nichts bekannt.

Es ist davon auszugehen, daß eine Schutzkleidung allerorts verbreitet war, wo die Pest drohte. Aus Deutschland kennt man ölgetränkte abwaschbare Kleidung. Die kapuzenartigen Überwürfe hatten einen schnabelartigen Fortsatz, in den Watte mit riechenden Essenzen eingelegt werden konnte; man glaubte, auf diese Weise den Pestbazillus fernhalten zu können. Ein ähnliches Bild zeigt der von dem rührigen Kunsthändler Paul Fürst (+ 1666) verlegte Kupferstich *Der Doctor Schnabel von Rom / Kleidung wider den Tod zu Rom Anno 1656*, mit dem *Schnabel* an der Maske: *Also gehen die Doctores Medici daher, wann sie an der Pest erkranckte Personen besuchen ...*

Dem Pestarzt in sittlich–moralischer wie in rechtlicher Sicht des 18. Jahrhunderts widmet Zedler (vgl. oben Nr.1) nicht weniger als drei Folioseiten.

Lit.: H. Steinbart, Arzt und Patient in der Geschichte, in der Anekdote, im Volksmund, Stuttgart 1970, S. 203 (Abb. aus R. Goldhahn, Spital und Arzt von einst bis jetzt, Stuttgart 1940) – J.H. Zedler, Großes vollständiges Universal-Lexicon Bd. 27, Halle u. Leipzig 1741, Sp. 794–800.

Ingolstadt, Deutsches Medizinhistorisches Museum
    E.P.

9   CHOLERAPASS DER REICHSSTADT AALEN
      1787 VI 6 Aalen
      Druck, Formular, handschriftlich ergänzt
      Aufgedruckt Lacksiegel (rot): Kanzleisiegel der
      Stadt Aalen

Der von Rat und Bürgermeiser der Reichsstadt ausgestellte Sanitätspaß war für *Conrad Köppeldorfer von Newsdorf bei Schwabach gebürtig, der sich meist in Ansbach aufhält und eine Bestellung mit Pettschaften besorget, in dieser Absicht mit den beglaubtesten Zeugnissen, als ein alter, ehrlicher und bekannter Mann hiehero gekommen und nun in das herzoglich Würtemberg, und so weiter zu gehen gesonnen ist.* Der auf Ansuchen ausgefertigte Paß bestätigt die *GOTTLob! gesunde und reine Luft* und daß *von einer ansteckenden Krankheit oder Contagion nicht das geringste zu hören seye.* Die großen Pestepidemien des ausgehenden Mittelalters hatten umfangreiche Abwehrmaßnahmen, so die 40tägige Überwachung (Quarantäne) oder den Nachweis reisender Kaufleute, aus *pestfreien* Gegenden zu kommen, ausgelöst. Zunächst hatte Venedig damit Erfolg im Kampf gegen die Seuchen, so daß die Maßnahmen bald auch in anderen Städten und Ländern übernommen wurden. Der Sanitätspaß gab dem Bürger die Gewähr für eine durch Quarantäne nicht behinderte Reise, sofern der Paß anerkannt wurde.

Frankfurt, Deutsches Postmuseum, Archivmappe B.45
    K.M.

D. IX. b. Seuchen – Pest – Cholera

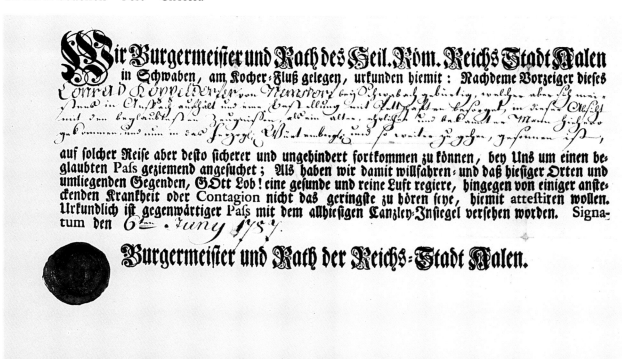

"Pestzangen" – *Handwerkszeug der Post*

10 PERFORIERZANGE
19. Jahrhundert
Perforierzange, Hilfsmittel zur Durchstechung von Briefen für die Briefdesinfektion, Eisen

Die Brieferäucherung ist schon seit dem 16. Jahrhundert nachzuweisen. Stand anfangs die Eröffnung der Briefe im Siegel und Räucherung mit dem Rauch würziger Kräutermischungen im Vordergrund, so wurden diese Räuchermischungen im 18. und 19. Jahrhundert mehr und mehr durch chemische Stoffe, wie Chlor und Salpeter, ersetzt. Dabei war es wichtig, stets den Rauch auch in das Innere dringen zu lassen. Dies geschah im 19. Jahrhundert mittels einer Zange, bei der spitze Nägel mit einer Lochscheibe korrelierten. Briefe wurden zur Perforation in die Zange eingelegt und so in charakteristischer Weise durchstochen.

Lit.: K. Meyer, Die Desinfektion von Briefen. Beiträge zur Geschichte der Pharmazie. Beilage der Deutschen Apotheker-Zeitung 2/3 1988, S. 18.

Heidelberg, Deutsches Apotheken-Museum   K.M.

11 "PESTZANGE" – Briefzange der Cholera-Zeit
Angeblich 1830
Briefzange, Holz und Eisen

Die Angst der Bevölkerung vor der Ansteckung durch Seuchen hatte zu allerlei Schutzmaßnahmen, zu denen die Briefräucherung gehörte, geführt. Dies war fast immer eine Aufgabe der Postbediensteten, deren Gesundheit zu schützen stets auch das Anliegen der entsprechenden Vorschriften war. Deutlich wird dies u.a. in einem Erlaß von 1805, der vorschrieb, *die Briefe, Pappiere etc. nicht mit bloßen Händen, sondern mit einem Zänglein zu fassen.*

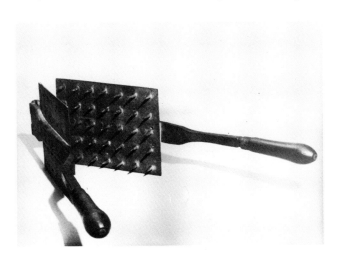

Lit.: J. Lentner, Das Brieferäuchern in Bayern bei Seuchengefahr. In: APB 33 (1963) S. 265–269, 282–308, APB 34 (1964) S. 57–81 – T. Winterscheid, Das Postamt Neuwied im Cholerajahr 1831. In: ADP 16 (1968/H. 2) S. 28 f.

Frankfurt, Deutsches Postmuseum, Pestzange 1   K.M.

Cholera-Epidemien im 19. Jahrhundert

12 VERBREITUNG DER CHOLERA IN DEN PREUSSISCHEN STAATEN
1831
Kartographische Darstellung
Grundlage: *Karte vom Preussischen Staate, Berlin bei Simon Schropp & Comp. 1827*
Lithographie; 20 preußische Meilen = 9cm = 1 : 1 600 000, gezeichnet und entworfen von F. von Döring, gestochen von Heinrich Kliewer

Das Kartenbild reicht im Norden bis Helsingborg, im Osten zur Ostgrenze Ostpreußens, im Süden bis auf die Höhe von Nürnberg, im Westen bis nach Aachen. Die mit der Cholera infizierten Orte sind durch farbige Punkte gekennzeichnet. Der handschriftliche Kartentitel, unten, lautet: *Uebersicht des Fortschreitens der Cholera in den Preußischen Staaten.*

Die Datierung in *The British Museum Catalogue* (1967) ist irreführend, da dort fälschlich Mai bis November 1827 als Zeitraum für die Ausbreitung der Cholera angegeben ist.

Markiert sind durch schwarze Punkte (Mai 1831): Raum um Danzig und Magdeburg – Gelbe Punkte (Juni): Raum nördlich Danzig; Grenze zu Rußland bei Gumbinnen – Rote Punkte (Juli): Ostteil Preußens um Memel, Königsberg, Danzig, Thorn, Posen, Stettin, Orte entlang der Straßen nach Berlin, südliches Schlesien um Ratibor und Beuthen – Blaue Punkte (August): Ausbreitung um die bisherigen Zentren.

Nicht bekannt ist, wer die Kennzeichnungen vorgenommen hat, wann dies geschah und auf welchen Quellen die Seuchenkartierung beruht. Die Kartengrundlage zeichnete möglicherweise ein etwas älterer Verwandter des aus Stolp stammenden Militärkartographen Ferdinand von Döring (1820–1889), da sonst 1827 als Erscheinungsjahr nicht stimmen könnte. Heinrich Kliewer (d.Ä.) wird als Pflanzengeograph und Kupferstecher in Berlin erwähnt.

Lit.: W. Bonacker, Kartenmacher aller Länder und Zeiten, Stuttgart 1966, S. 79 u. 130 – The British Museum Catalogue of Printed Maps, Charts and Plans Bd.5, London 1967, Sp. 47: Nr. 33130.(5.)

Frankfurt, Deutsches Postmuseum, Kartensammlung, IV.4.31   E.P.

13 DESINFEKTIONSHÜTTE AM PÜSSERKRUG VOR SCHWERIN
1831
Lithographie
bez. unten links *A. Achilles in Schwerin 1831;* unten Mitte *Wachposten der Schweriner Brandwache, zum Schutze gegen die Cholera im Herbst 1831 am Püsserkruge aufgestellt.*

Die *Cholera-Wache* gehört zu den Darstellungen von Achilles, die eine wahrheitsgetreue Schilderung mit einer Gruppe lebendig bewegter Figuren zu einer mit guter Raumwirkung aufgebauten Szene verbinden; dabei finden sich in den Darstellungen auch stadtbekannte Typen wieder (v. Langermann).

D. IX. b. Seuchen – Pest – Cholera

Sanherib, König von Assyrien, Abzug von den Mauern Jerusalems.

Und in derselben Nacht fuhr aus der Engel des Herrn und schlug im Lager von Syrien 185000 Mann. Und da sie sich des Morgens früh aufmachten, siehe, da lag alles eitel todte Leichnam. II.tes Buch der Könige, 19, 35.

August Achilles (1798–1861) lithographierte meist nach eigenen Zeichnungen. Zwischen 1829 und 1841 schuf er eine Reihe von Porträts des Mecklenburg–Schweriner Hofes sowie von Schweriner Künstlern und Künstlerinnen. In die Frühphase dieser Zeit fiel die Choleraepidemie, die ihn auch zur Darstellung der Desinfektionshütte veranlaßte.

Als 1831 die gefürchtete Cholera sich weiter ausbreitete, konnte die Stadt davor durch einen Kordon der eben erst gebildeten Bürgerwehr und der Schützenzunft bewahrt werden. Krankheitsverdächtige Reisende mußten sich einer mehrtägigen Qurantäne unterziehen. Ende Dezember 1831 wurden die letzten Wachen von der Schleifmühle und aus dem Püsserkrug vor dem Berliner Tor wieder abgezogen.

Lit.: W. Jesse–Hamburg, Geschichte der Stadt Schwerin, Bd. 2, Das 19. Jahrhundert. Schwerin i. Meckl. 1920, S. 355 u. Abb. – L. Dube, Die mecklenburgischen Landesposten bei Seuchengefahr. In: ADP 27 (1979/1) S. 138 f.
Zu Achilles: A. von Langermann, August Achilles. Ein Künstler der alten Zeit. In: Jahrbücher des Vereins für mecklenburgische Geschichte und Altertumskunde 91 (Schwerin 1927), S. 144, 150 – Allgemeines Künstler Lexikon, hrsg. v. Günter Meißner, Bd. 1, Leipzig 1983, S. 228 – Thieme–Becker Bd. 1 (1907) S. 45.
Schwerin, Staatliches Museum, Kunstsammlungen
E.P.

14 ZIRKULAR DER GENERALPOSTDIREKTION
1831 August 26 Frankfurt

Anordnung von Maßnahmen gegen das Eindringen der Cholera in das Großherzogtum Hessen.
Im Jahr 1831 hatte sich eine bislang unbekannte Seuche, die Cholera, von Indien kommend, auf dem Weg über Rußland und das Mittelmeer in ganz Europa ausgebreitet. Die Heftigkeit der Krankheitssymptome mit der abrupten Todesfolge verbreitete Furcht und Schrecken und war der Anlaß für umfangreiche Schutzmaßnahmen. Die Anordnungen betrafen die Quarantäne– und Desinfektionsmaßnahmen für Waren– und Viehtransporte aus verseuchten Gegenden; Reisende hatten sich durch *gültige Gesundheitsscheine* auszuweisen und auch Briefe und andere *Effecten, welche mit der fahrenden Post ein– und durchgehen*, unterlagen den getroffenen Anordnungen.
Dieses Frankfurter Circular entspricht im Inhalt weitgehend denen anderer deutscher Staaten, die fast alle nach dem preußischen formuliert wurden.

Lit.: Sammlung (der) ... Verordnungen und Instruktionen wegen Verhütung und Behandlung der ... Cholera morbus, Frankfurt/Main 1831 – K. Meyer, Die Desinfektion von Postsachen während der Choleraepidemie 1831 im Königreich

Hannover. In: Postgeschichte und Altbriefkunde 60 (1980) S. 1–22.

Regensburg, FZA, Postakten 764, 7593   K.M.

15 DRUCKSCHRIFT *DIE CHOLERA HEILBAR!*
1836 Quedlinburg und Leipzig
Dr. Florian Sentimer, *Die Cholera heilbar! Oder Beleuchtung aller bisher erschienenen Heilarten dieser Krankheit, nebst Angaben einer ... allgemein ausführbaren Heilmethode. Verlegt bei Gottfried Basse.*
Aufgeschlagen: Titelseite

Es handelt sich hier um eine typische Streitschrift, die einige Jahre nach Abklingen der großen Choleraseuche fertiggestellt wurde und sich mit den damals bekannten Heilmethoden der verschiedenen Ärzte auseinandersetzt. Von diesen gab es eine kaum überschaubare Zahl, die alle darin übereinstimmten, daß sie nahezu wirkungslos waren. Die epidemiologischen Ursachen der Cholera waren eben noch nicht bekannt.
Auch die von Sentimer ausführlich beschriebene Heilmethode variiert nur die bislang bekannten Verfahren. Nicht zuletzt deswegen wird er sich in meist beleidigenden Angriffen gegen seine Kollegen und deren Heilverfahren ergangen sein; typisch für diese Zeit, in der die Medizin dieser Seuche gegenüber hilflos war.

Regensburg, FHB, MD 706   K.M.

16 DIE ORIENTALISCHE CHOLERA IM TAXISSCHEN FÜRSTENTUM CHROTOSCHIN
1837 September 26 Krotoszyn
Bericht der fürstlichen Rentkammer, 3 S.
aufgeschlagen 1. Seite

Die Cholera, die sich 1837 über alle östlichen Provinzen Preußens in den Städten und auf dem flachen Land ausbreitete, verschonte auch das Großherzogtum Posen – und damit das taxissche Fürstentum Chrotoschin – nicht. Der Amtsbericht an die Oberdomänenadministration nach Regensburg erwähnt, daß in der Mediatstadt Adelnau in den vergangenen zwei bis drei Wochen über 30 Personen verstorben seien. Ärztliche und polizeiliche Vorkehrungen wurden getroffen, auch dafür gesorgt, daß *ein kleiner Vorrath an augenblicklichen Hülfsmitteln von Thee, sogenannten Cholera Tropfen,* zur Verfügung stand. Eine *eigentliche Sperre von Staatswegen* war zu diesem Zeitpunkt nicht angeordnet, wohl deswegen, weil in Chrotoschin selbst – *außer einigen der Cholera ähnlichen Krankheiten* – bis dahin kein echter Cholerafall vorgekommen war.
Der Bericht ist Bestandteil eines umfangreichen Faszikels *Polizeisachen, betr. die Orientalische Cholera morbus,* mit Material aus der Zeit zwischen 1836 und 1907.

Regensburg, FZA, Domänenkammer 15 342   E.P.

17 REISEAPOTHEKE IN WÜRFELFORM
Um 1870
Mahagoniholz, Bronzebeschlag, Orginalschlüssel

Die Reiseapotheke kann nach oben und an der Vorderseite durch Klappdeckel geöffnet werden. Innen ist sie geteilt. Im oberen Teil des Behältnisses sind neun mundgeblasene Fläschchen in zwei Größen: drei sind jeweils 6 cm, sechs jeweils 7,5 cm hoch. Die Flaschenstöpsel sind achteckig geschliffen. Der untere Teil des Kästchens hat eine Schublade mit sechs Fächern, teilweise noch mit alter Füllung. In derartigen Behältnissen konnten die wichtigsten Medikamente und Essenzen untergebracht und auch *auf der Reise* bequem mitgeführt werden.

Ingolstadt, Deutsches Medizinhistorisches Museum
    E.P.

Cholera-Briefe und Desinfektionsstempel aus dem 19. Jahrhundert

18 CHOLERA-BRIEFE UND CHOLERA-STEMPEL

Cholera-Briefe, äußerlich durch sog. Sanitäts-, Desinfektions- oder „Gereinigt"-Stempel erkennbar, zum Teil auch wegen der angestochenen oder durchstochenen Briefhüllen, sind äußerst interessante kulturge-

D. IX. b. Seuchen – Pest – Cholera

schichtliche Zeugnisse. Inzwischen hat sich auch die Medizingeschichte derartiger bislang meist nur postgeschichtlich oder lokalgeschichtlich gewürdigter Dokumente angenommen.

Lit.: C. Ravasini, Documenti sanitari; Bolli e suggelli di disinfezione nel passato. Triest 1958 – Mitteilungen des Deutschen Altbriefsammler-Vereins e.V. u.a. E.P.

a) Desinfizierter Brief Madrid–Nürnberg
   1805 Juni 27
   Brief aus Madrid nach Nürnberg mit Desinfektionsmerkmalen und Nürnberger Desinfektionsstempel

Im Jahr 1805 war durch Handelsschiffe und aus Mittelamerika zurückströmende napoleonische Truppen Gelbfieber in verschiedenen Häfen des Mittelmeeres, besonders in Spanien, ausgebrochen. Obwohl bereits vor Ort Quarantänemaßnahmen durchgeführt wurden, sah sich dennoch die Fränkische Kreisverordnung veranlaßt, eine Beschränkung des Handels- und Postverkehrs anzuordnen, um die Seuche vom eigenen Territorium ferzuhalten.

In dieser Verordnung stand, daß Briefe aus den befallenen Häfen nur nach sorgfältiger Räucherung, Durchstechen und Behandeln mit Essig, und nur im eröffneten Zustand nach Nürnberg zugelassen wurden. Zusätzlich wurden solche und andere nicht vorbehandelte Briefe in einer eigens errichteten Kontumazanstalt *an der Bärenschanze* gereinigt und dies mit einem Stempel bestätigt. Dieser Brief hat die Merkmale der Desinfektion (Durchstiche) und trägt den Stempel *GEREINIGT VON INNEN UND AUSSEN / NÜRNBERG.*

Lit.: Fränkische Kreisverordnung ... gegen die ansteckende Seuche in Spanien und Italien ..., Nürnberg 1804 30. Nov. – J.v.Lentner, Das Briefeäuchern in Bayern bei Seuchengefahr. In APB 33 (1963) S. 265–269 u. 282–308, APB 34 (1964) S. 57–81. – G. Schrötter, Geschichte der Stadt Nürnberg, Nürnberg 1909, S. 199, 202 f.

Regensburg, FZA, Postdokumentation 046 K.M.

b) Frankfurter Cholera-Stempel auf Durchgangspost
   1831 September 28
   Brief von Hamburg nach Isny mit Durchstich und Räucherspuren, Hülle

Der zentrale Umschlagplatz der taxisschen Post von Hamburg nach Süden war Frankfurt. Dort wurde der vorliegende Brief durchstochen, geräuchert und mit dem querovalen *Cholerastempel GEREINIGT IN FRANKFURT a.M.* gekennzeichnet.

Im Jahre 1831 hatte sich die Cholera, bekanntlich von Osten und Südosten kommend, fast in ganz Deutschland ausgebreitet (s. oben 12), obwohl die einzelnen Staaten bemüht waren, durch Absperrung und Kontrolle von Reisenden und Waren die weitere Ausbreitung zu verhindern. Der Briefkorrespondenz maß man eine besondere Bedeutung wegen der vermuteten Übertragung der Cholerakeime bei. Die Briefe wurden daher durchstochen und mit mineralsauren Dämpfen behandelt, in der Hoffnung, so den Übertragungsstoff auch im Inneren der Hülle abtöten zu können.

Aus dem Bundestagssitz Frankfurt meldete am 22. September 1831 der bayerische Gesandte nach München, daß *alle aus verdächtigen Gegenden eintreffenden Sendungen, wenn sie nicht schon das unzweifelhafte Gepräge der Desinfection an sich tragen, von der hiesigen Post desinfiziert* würden. *Zu diesem Behuf findet sich ein ganzer Desinfectionsapparat auf dem Postamt.* Die Desinfektion geschehe bei der taxisschen Post unentgeltlich, *obwohl damit nur eine im allgemeinen Interesse liegende, von der Regierung angeordnete Arbeit geleistet wird.*

Lit.: Lentner (1962) S. 265–269 u. 282–308, (1964) S. 57–81.

Regensburg, FZA, Postdokumentation 046 K.M.

c) Brief Rittmannshausen–Netra, desinfiziert
   1831 Oktober 19
   Brief mit Desinfektionsmerkmalen und dem Reinigungsstempel des Postamtes Netra, abgesandt mit dem Siegel der Sanitätskommission von Rittmannshausen

Das unaufhaltsame Vordringen der Cholera tief nach Deutschland hinein hatte sich trotz aller Quarantänebemühungen nicht aufhalten lassen. Auch auf dem wichtigen Handels- und Postweg von Gotha/Eisenach nach Kassel war in Rittmannshausen direkt an der Grenze zum Kurfürstentum Hessen eine Kontumazstation zur Quarantäne von Reisenden und Briefen errichtet worden, deren zuständige Sanitätskommission ihren Sitz in Netra hatte.

Der hier gezeigte Brief enthält einen Bericht *von der vorschriftsmäßigen Contumaz eines Müllerburschen aus Berlin* an die Sanitätskommission in Netra mit dem Siegel der Kontumazstation von Rittmannshausen als Absender. Netra war thurn und taxissche Poststation seit 1817; sie hat den Brief geräuchert und dies mit dem Stempel *GEREINIGT P.A.NETRA* bestätigt (P.A. = Postamt).

Lit.: Feuser/Münzberg, Deutsche Vorphilatelie, Stuttgart 1988, S. 600.

Regensburg, FZA, Postdokumentation 046 K.M.

d) Desinfektionssiegel Gattendorf auf Briefhülle
   1831 Dezember 5
   Briefhüllenrückseite mit Durchstichen und dem Stempel der Kontumazstation Gattendorf; Absenderlacksiegel der Rentkammer Krotoschin

Bereits im Sommer 1831 hatte der bayerische Staat aufgrund der alarmierenden Nachrichten des bayerischen Gesandten am preußischen Hof umfangreiche Quarantänemaßnahmen angeordnet. Dazu gehörte die Einrichtung von Kontumazämtern an den östlichen Grenzen Bayerns.

Mit weiterem Vordringen der Choleraseuche nach Westen mußten alle Briefe aus östlichen Ländern, aber auch aus Sachsen und Preußen, einer gründlichen Räucherung unterzogen werden. Dieser Brief aus der thurn und taxisschen Korrespondenz von Krotoschin (Polen) nach Regensburg hatte auf seinem Postweg über Hof in Gattendorf die bayerische Grenze überquert und war dort perforiert und geräuchert worden, was mit dem Kontumazstempel *KOENIGL. BAYER. CONTUMAZ DIRECTION GATTENDORF* bestätigt wurde.

Regensburg, FZA, Postdokumentation 046 K.M.

e) Desinfektionsstempel Greiz und Schleiz
1831
Brief aus Wien nach Greiz, Hülle, perforiert und geräuchert, mit Desinfektionsstempel von Greiz

Die Briefhülle weist eine feinporige Perforation auf; durch sie sollte der Desinfektionsrauch in das Innere des Briefes gelangen. Das im plauenschen Vogtland gelegene Fürstentum Greiz errichtete eigene Kotumazstellen zur Desinfektion ankommender Post.
In einer Korrespondenz – wohl des Postmeisters von Hof – mit dem Bayerischen Ministerium des Äußeren wurde noch Mitte September 1831 klagend darauf hingewiesen, daß das taxissche Postamt, das ja einen Speditionspunkt zwischen Wien und Hamburg bildete, und eine Masse der Korrespondenz aus verdächtigen Gegenden, aus ganz Österreich usw. nach Braunschweig, Hannover, Hessen usw. umzuspedieren hatte, noch nicht daran gedacht habe, *auch nur einen Brief zu reinigen*, obwohl schon am 19. Juni das Postamt auf die Gefahr aufmerksam gemacht worden sei. Inzwischen habe Schleiz allerdings einen Reinigungskasten in Auftrag gegeben. Bayern befürchtete indes, *daß bei anderen taxisschen Postämtern ebenso wenig oder noch weniger Vorkehrungen getroffen sind,* intervenierte beim Bundestag in Frankfurt, erfuhr dann aber am 22. September durch seinen dortigen Gesandten, daß die taxisschen Behörden angewiesen seien, sich streng an die von den einzelnen Regierungen erlassenen Sicherheitsvorschriften zu halten. Die Verhandlungen lassen erkennen, daß selbst die drohende Cholera-Epidemie des Jahres 1831 nicht ausreiche, innerhalb der Glieder des Deutschen Bundes eine gemeinsame Quarantänefront gegen die Seuche zu errichten.

Lit.: K.F. Meyer, Disinfected Mail, Holten/USA 1962, S. 162 – Lentner (1963) S. 265–269, 282–308, (1964) S. 57–81.

Regensburg, FZA, Postdokumentation 99

K.M./E.P.

f) Markenbrief Greiz–Reichenbach, mit Cholera-Stempel entwertet
1852 März 29
Brief von Greiz nach Reichenbach mit Thurn und Taxis-Briefmarke 1/2 Silbergroschen und dem beigesetztem Ortsstempel *GREIZ 29.3.1852*, Marke entwertet mit Cholera-Stempel *GEREINIGT IN GREIZ*

Das Postamt in Greiz war seit 1820 Thurn und Taxis-Lehenpostanstalt und verwendete die Briefmarken des taxisschen Postgebietes. Die Entwertung erfolgte auf diesem Brief jedoch versehentlich mit dem ovalen Stempel *GEREINIGT IN GREIZ*, mit dem 1831 während der Choleraepidemie die Brieferäucherung bestätigt wurde. Nachdem der Postbeamte wohl seinen Fehler bemerkt hatte, hat er den ordnungsgemäßen Entwertungsstempel von Greiz daneben gesetzt.

Lit.: Haferkamp-Probst, Stempelhandbuch 1 (1976) S. V/41f.

Regensburg, FZA, Postdokumentation 99

K.M.

D. Organisation, Dienstbetrieb und Dienstleistungen der Thurn und Taxis-Post

D. IX. c. Raub – Diebstahl – Betrug

Die Postberaubungen stellen – bei jeder Postverwaltung – ein dunkles Kapitel der Postgeschichte dar. Sie boten vor allem den Gegnern der taxisschen Kaiserlichen Reichspost willkommenen Anlaß, angebliche oder tatsächliche Mängel aufzugreifen, um so gegen das Reichspostgeneralat Front zu machen. Tatsächlich haben sich sehr umfangreiche Aktenbestände über Postberaubungen bis heute erhalten. Im Regensburger Zentralarchiv setzen sie 1561 ein. Derartige Unterlagen, deren soziologische Auswertung in Blickrichtung auf den *Täterbereich* und dessen Umfeld nicht uninteressant wäre, nehmen vor allem in der Mitte des 17. Jahrhunderts sprunghaft zu. So beschwert sich der Kaiserliche Hof 1753/54 wegen verschiedener räuberischer Ausplünderungen der Reichspost. Ein ganzes Felleisen, das sächsische, wird 1757 in Frankfurt geraubt. Über eine ganze Bande, die 1758 im mittelfränkischen Oberzenn tätig wurde, reichen die Akten bis 1770; in diese Zeit fallen weitere Postraubzüge in Oberzenn, so durch königlich preußische Husaren (1762/63), und noch ein späterer, der 1768/72 wegen eines geraubten Geldpakets von 503 fl. zu einem Prozeß der verwitweten Fürstinnen von Hohenlohe-Langenburg und Hohenlohe-Kirchberg gegen Fürst Alexander Ferdinand führte. Hier war die Postverwaltung immer wieder gefordert, das Personal auf die von außen drohenden Gefahren hinzuweisen. Kaiserliche Mandate und fürstliche Reskripte warnten immer wieder vor den Gefahren, schärften Vorsichtsmaßregeln ein, drohten mit drakonischen Strafen; die Beraubungen waren dadurch allerdings nicht auszuschließen.

Die Reihe von Überfällen und Beraubungen, ja auch Mord, ließe sich beliebig fortführen, vor allem im südwestdeutschen Raum. Aber auch die Lehenpost des 19. Jahrhunderts blieb vor Postberaubungen nicht verschont. Erwähnt sei hier nur der Postwagendieb *Großjean vulgo Grandison* aus Berlin, dessen *Aktivitäten* sich in fünf umfangreichen Postaktenfaszikeln mit Schriftgut aus den Jahren 1810 bis 1819 auch heute noch bis in das Detail verfolgen lassen.   E.P.

Lit.: U. Danker, Räuberbanden im Alten Reich um 1700. Ein Beitrag zur Geschichte von Herrschaft und Kriminalität in der Frühen Neuzeit. 2 Bde., Frankfurt 1988 – C. Küther, Räuber und Gauner in Deutschland. Das organisierte Bandenwesen im 18. und frühen 19. Jahrhundert. In: Kritische Studien zur Geschichtswissenschaft, Bd. 20, 2. Aufl. Göttingen 1976 – C.N. Fernau, Von Mördern, Räubern und anderen Galgenvögeln. In: ADP 17 (1969/2), S. 28–33 – Posträubereien. Überfälle auf reitende und fahrende Posten. In: Württembergische Postgeschichte H. 24, Stuttgart 1987, S. 17–20.

Aus der zeitgenössischen Literatur: *Traugott Groot vom Sichersten Mittel wider die so häufige Beraubung der ... Posten, Anno 1769 – Verthaidigung der kaiserl. Reichsposten gegen die Anfälle des verkappten Traugott Groots in seinem vermeintlich sichersten Mittel wider die Beraubung der reutenden und fahrenden Posten von I. A. W.*, Frankfurt und Leipzig 1769 – E.L. Posselt, Über das Postwesen, besonders in Teutschland, dessen Geschichte, Recht und Mängel, 1785.

1   KAISER FERDINAND BEAUFTRAGT CHRISTOPH VON TAXIS, DEN POSTRAUB IM HUNSRÜCK ZU UNTERSUCHEN
1561 September 28 Prag
Ausf., 5 S.

Am 27. August 1561 wurde auf der Poststraße von Brüssel über Rheinhausen nach Augsburg ein berittener Postillon im *Soon-Wald* zwischen Eckweiler und Lebersweiler beraubt. Der Kaiser beauftragte den Hofpostmeister Christoph von Taxis, den späteren Postmeister von Augsburg, mit der Untersuchung des Falls. Er sollte an Ort und Stelle erkunden, *wann, wo und da solche Niederlag des Postbotten geschehen, und wie es ... allenhalben zugegangen, ob der Postbott selbst daran schuldig, ...* Auch sollten Christoph von Taxis mit dem Kurfürst von Mainz und Trier sowie mit den benachbarten Territorialherren, *in deren Oberkeit und Gebiet solche Niederlag fürgangen sein*, wegen des Postraubs und der Sicherheit auf den Poststraßen entsprechend Kontakt aufnehmen.

Der kaiserliche Beauftragte verließ am 25. Oktober Prag, war am Mittag des 27. Oktober bereits in Augsburg, und setzte von da seine Untersuchungsreise über Cannstatt, Rheinhausen, Mainz Koblenz, Lieser in die Niederlande fort, überall Erkundigungen einziehend, wohl aber ohne Erfolg. Verdacht fiel u.a. auf den Schultheißen von Hausen (Rheinhausen?) sowie einen gewissen *Stallhannß*. Ein Oberamtmann des Rheingrafen wurde als Mitwisser bezeichnet.

Druck: APT 33 (1905) S. 651 f.
Lit.: Ein Fall von Postberaubung aus dem Jahre 1561. In: APT 33 (1905) S. 650–652.

Regensburg, FZA, Postakten 2347

Der Beraubte Postwagen
Zu finden in Wien bey dem Kupferhändler Artaria unter den Tuchlauben

2 DER *BERAUBTE POSTWAGEN*
18. Jahrhundert
Kupferstich von Fried. Brand nach Gemälde von Chr. Brand, Verlag Artaria, Wien

Der Überfall auf den von rechts kommenden Postwagen spielt sich in einer bergigen Landschaft ab. Links ist der Kutsche der Weg durch ein fließendes Gewässer und einen Steilhang abgeschnitten, halbrechts vor dem Wagen mit den scheuenden Pferden versperren die mit Gewehren bewaffneten Räuber den weiteren Weg.

Das Bildmotiv des Postwagenüberfalls wurde schon vorher von anderen Künstlern aufgegriffen und in der Folge immer wieder dargestellt, so von Phil. Wouwerman (1619–1668), dessen Bilder vom Leben und Treiben auf den Landstraßen bekannt sind. Friedrich August Brand (1735–1806) war der Sohn von Christian Hülfgott Brand (1695–1756). Beide Künstler lebten in Wien.

Lit.: Zu Brand: Thieme–Becker Bd. 4 (1910) S. 525 – Zu Wouwerman: Czezik–Müller, Österreichs Post einst und jetzt, Wien 1931, S. 27 (Abb.) u. Thieme–Becker Bd. 36 (1947) S. 265–268.

Frankfurt, Deutsches Postmuseum, Bilder, Reisen 15

3 ÜBERFALL AUF KUTSCHE UND REITENDEN BOTEN
18. Jahrhundert
Kupferstich, anonym

Unsicherheit und Raub auf den Strassen ist der Titel der Graphik, die im Vordergrund den am Kopf lädierten,

von Schmerz gezeichneten Boten darstellt, zu dessen Füßen noch einige eröffnete Briefe am Boden liegen. Im Hintergrund spielt sich vor einer Felskulisse ein Überfall auf den Postwagen ab. Zwei Sechszeiler erläutern Bild und Zeit: *Ein Würckung ist von Krieges–Noth / Daß gleich unsicher seyn die Strassen / Weil leider die Busch Klepper–Rott / Den reisenden pflegt auf zu passen; / Wer nicht will all sein Gut preiß geben / Den kostet es wohl gar sein Leben. // Der muß es halten vor ein Beut / Der noch kann seine Haut salviren. / Die Handlung ligt zu solcher Zeit / Da nichts als Raub und Mord grassiren / Nicht Botten, noch Postilionen / Pflegt solch Gesindel zu verschonen.*

Frankfurt, Deutsches Postmuseum, Bilder, Reisen 9

4 WARNUNG VOR BETRÜGENDEM POSTPERSONAL
1743 Leipzig
Druck: *D. George Paul Hönns ... Kurtzeingerichtetes Betrugs=LEXICON, Worinnen die meisten Betrügereyen in allen Ständen ... entdeckt werden. Neue und verbesserte Edition. Verlegts Christian Samuel Krug.*
461 S. u. Register – Beigebunden: *Fortgesetztes Betrugs=LEXICON ...* 111 S. u. Register

Nicht gegen den *außenstehenden Posträuber,* sondern gegen das Postpersonal richten sich Hönns Ermahnungen, in denen mehr oder minder vor Übeltätern in allen Berufsständen gemahnt wird.
Post–Meister betrügen nach Hönns Meinung in acht verschiedenen Formen. Die Skala reicht vom zuviel erhobenen *Post–Geld* bei Reisenden über Unkorrektheiten bei Anbringung der *Franco* Vermerke bis hin zur Versendung als *herrschaftliche Sache,* also gebührenfrei, nachdem vorher vom Auflieferer das Porto erhoben wurde. *Post–Reutere betriegen* nach Hönn in sieben Varianten, nicht zuletzt, *wenn sie die Passagiers in solche Wirths Häuser führen, und ihnen dieselben als die besten heraus streichen, in welchen sie freye, oder desto geringere Zehrung haben.*
Der aus Nürnberg stammende Jurist *Georg Paul Hönn* (Höne auf Ehnes, 1662–1747) wirkte auch als populärer Schriftsteller. Sein *Betrugs-Lexicon,* das in fünf Original– und mehreren Nachdrucken verbreitet wurde, erschien zunächst in Coburg 1721–1730. Die in satirisch–humoristischem Ton verfaßten Texte brachten ihm allerdings vielfach Feindschaft, ja auch Konfiszierungen der Veröffentlichung ein.

Zu Hönn: ADB Bd. 13 (1881) S. 72–74

Regensburg, FHB, CW 335

5 ABGÄNGIGE GELDPAKETE AUF DER DURLACHER ROUTE
1749 November 12 Blaufelden
Aktenstück, *species facti,* Bericht des Posthalters von Blaufelden, 21 S.

Untersuchungen wegen einiger *eingeschriebene Geldpaqueter, so zusammen in 441 fl. 15 kr. bestanden,* die zwischen Künzelsau und Blaufelden im Juni 1749 *verlohren gegangen oder entwendet worden seyn müssen.* Die Nachforschungen mit umfangreichen Verhörprotokollen zu Postdiebstählen auf der Durlacher Route vermitteln ein typisches Bild der allgemein üblichen postamtlichen wie auch der landesherrlichen Untersuchungen der Zeit.

Regensburg, FZA, Postakten 2364/1

6 FAHNDUNG NACH *FÜNF BÖSSWICHTE* WEGEN POSTBERAUBUNGEN ZWISCHEN AUGSBURG UND GÜNZBURG
1753 Oktober 10 Augsburg
Steckbrief; Druck, 4 S.

Das Reichsoberpostamt Augsburg veröffentlicht einen Steckbrief mit der Beschreibung von fünf Posträubern aus dem Süden des Reichs. Diese hatten zuletzt die Reichsposten zwischen Augsburg und Günzburg sowie zwischen Augsburg und Donauwörth geplündert. Die Informationen stammen von drei Posträubern, die ebenfalls 1753 in Schwäbisch Hall und in Günzburg hingerichtet worden sind. Die gesuchten Raubgesellen, *so der Daniel, der Franzosen Barthel, der einäugige Christian* waren ihren vollen Namen nach nicht bekannt. Lediglich *Caspar Bischner, ohngefehr 30 Jahr alt,* ein österreichischer Deserteur, wird namentlich erwähnt. Rote Randnotizen geben ein noch deutlicheres Bild der sonst schon drastisch formulierten Personalbeschreibungen.

Lit.: E. Pastor, Die Räuber vom Mainhardter Wald, Schwäbisch Hall 1986 – Zum süddeutschen Bandenwesen s. Karten bei Küther (1987) zw. S. 16/17.

Regensburg, FZA, Postakten 2336

Beschreibung
des noch auf dem Land herum vagierenden
Straffen- und Post-Raubers
Caspar Bischners.

Caspar Bischner/ ohngefehr 30. Jahr alt/ ein Kayserl. Königl. Oesterreichischer Deserteur, kleiner doch etwas besetzter Postur, brauner aufgeschlossener Haar/ runden/ rothlechten/ glatten/ vollkommenen Angesichts/ grauer Augen/ spitziger Nasen/ etwas aufgelossenen Mauls/ mittleren besetzten graden Fuffes/ meistens ein kleines/ auch bißweilen etwas grösseres bluntes Schnautz-Bärtl tragend/ führe ein Soldaten-Sprach/ und trage ein flörenes Halß-Tuch mit Band/ glatten aufgestürmten Huth/ Hecht-grauen Rock mit Cameel-haarenen Knöpff von gleicher Farb/ und langlechten Taschen/ ein silberfarbes roth-ausgeschlagenes Leibl mit weiß metallenen Knöpff/ und kleinen Täschl/ gebe sich mittelst seinem zu solchem End bey sich habenden Patenten vor einen Pilgram aus/ und halte sich mehristen Theils bey Augspurg herum
auf.

7 BESCHREIBUNG DES NOCH AUF DEM LAND HERUM VAGIERENDEN STRASSEN- UND POSTRAUBERS CASPAR BISCHNERS

[1753 Augsburg]
Steckbrief; Einblattdruck

Die Personenbeschreibung Bischners aus dem großen Fahndungsersuchen des Oberpostamts Augsburg erschien auch als Einzeldruck. Sie ist im Wortlaut mit dem Druck vom 10. Oktober 1753 identisch und diente in dieser Form wohl als öffentlicher Anschlag.

Druck: Behringer (1990) S. 141 – Piendl (1980) S. 29 – AK Thurn und Taxis (Frankfurt 1967).

Regensburg, FZA, Postakten 2336

8 ... MIT DEM SCHWERT VOM LEBEN ZUM TODT GERICHTET

1753 September 17 Günzburg
Aktenteil: Todesurteil, *Trauer- und Warungslied* – Gleichzeitige Abschrift

Das Todesurteil betrifft die drei Verbrecher *Magdalena G., 30 Jahre, Michael B., 50 Jahre, und Franz Antoni F., die wegen Kindermord, Sodomiterey und Postrauben* am 17. September 1753 in Günzburg hingerichtet wurden. Ihnen sind die Personalbeschreibungen der im Augsburger Steckbrief (s. oben 6) genannten Verbrecher zu verdanken. Fünfmaliges Ausplündern der Post und andere Räubereien wurden dem Franz Anton F. aus Hochberg, Hsch. Altshausen, zur Last gelegt und von ihm auch zugegeben, wofür er *enthaubet, zugleich auch ihme die rechte Handt abgehauen, der Cörper auf das Rad geflochten, Kopf und Hand an Orten der beschehenen Postangriffen aufgesteckt worden.*
Das *Trauer- und Warungslied* mit sieben Sechszeilern stammt von Franz Anton Frischholz, dem Posträuber (frdl. Hinweis des Deutschen Volksliedarchivs Freiburg i.Br., Frau B. James, aus dem Jahre 1985).

Lit.: Posträubereien. In: Württembergische Postgeschichte H. 24 (1987) S.18.

Regensburg, FZA, Postakten 2365

9 ERTRAGSKONTO *DER POSTRÄUBER IN DER GRAFSCHAFT HOHENLOHE*

Nach 1754 Mai 10 Nürnberg
Reskript des Reichsoberpostamts Nürnberg an die Reichsstände u.a.
Druck, 4 S.

In der Nacht vom 9. auf 10. Mai wurde die Fahrpost von Basel und Straßburg nach Nürnberg bei Langenburg in der Grafschaft Hohenlohe durch eine *starke Anzahl Räuber* überfallen. Die Anzeige des Reichsoberpostamts enthält neben der Beschreibung des Tathergangs und der vermutlichen Täter eine umfangreiche Aufstellung der geraubten Stücke. Die Stände werden ersucht, alles zur Aufklärung zu unternehmen und *das öffentliche Wege, Land- und Poststrassen von Raub- und Mord-Gesindel rein- und allgemeine Sicherheit aufrecht* [zu] *erhalten.*

Regensburg, FZA, Postakten 2336

10 VERWENDUNG TÜCHTIGER UND MANNHAFTER KNECHTE ZUR FÜHRUNG DER FELLEISEN

1763 Dezember 10 Erfurt
Reskript des Reichsoberpostamts Erfurt an die Poststation Duderstadt
Druck, Empfangspostamt hdschr. eingetragen, Siegel unter Papierdecke, 2 S.

Als durch die sich stark mehrenden Postberaubungen immer deutlicher wurde, *wie wenig ein mit der wichtigsten Correspondenz beschwertes Post-Felleisen einem schwach- und Wehr-losen Post Jungen künftighin mehr anvertraut werden könne,* erließ Erfurt an die ihm untergeordneten Poststationen unter Hinweis auf frühere Reskripte die dringliche Anweisung, *zu Ueberführung derer Post-Felleisen jedesmalen tüchtige und Mann-veste Knechte* einzusetzen. Den Posthaltern, die Felleisen zu Fuß tragen ließen, drohte eine Strafe von vier Dukaten, im Wiederholungsfall die Suspendierung.

Regensburg, FZA, Postakten 6008

11 EIN VERLORENES FELLEISEN DER KURBAYERISCHEN WAHLGESANDTSCHAFTEN-SUITE

1764 Mai 19 Frankfurt
Samstägige Franckfurter Kayserl. Reichs-Ober-Post-Amts-Zeitung Numero 80
Druck, 4 S.

Unter den *AVERTISSEMENTS* wird angezeigt, daß bei der Rückreise der Wahlgesandtschaft von Frankfurt nach München, nach der Wahl und Krönung Rudolfs II. zum deutschen König, dem Wahlbotschafter Portier *unter Weges ... sein ganz Gepäck in einem grosen ledernen Felleisen verlohren gegangen, auser seinen eigenen Effecten auch verschiedene Commissions-Waaren ...* Mit der Zeitungsanzeige werden *die Herren Post-Officianten und Fuhrleute* gebeten, Fundstücke oder Hinweise dem Grafen von Baumgarten in München oder dem kurbayerischen Gesandtschafts-Quartier in Frankfurt weiterzugeben.

Regensburg, FZA, Postakten 1551

12 BEFÖRDERUNGSVERBOT FÜR WERTBRIEFE AUF DER REITPOST

1771 April 28 Regensburg
Reskript der Fürstlichen Geheimen Kanzlei
Einblattdruck mit vier Druckformen

Gleichzeitig mit einem Zirkular des Fürsten Alexander Ferdinand an die Oberpostämter und Postämter wird *ein Ehrsames Publicum* unter Hinweis auf die Zeitverhältnisse, auf gewaltsame *Post raubereyen* u.a. hingewiesen, daß keine Geld- oder Geldeswert enthaltenden Briefe und Pakete zur Reitpost angenommen werden. Zuwiderhandelnden Postbediensteten drohte Bestrafung in der Höhe des deklarierten Wertes oder der Geldeinlage.

Regensburg, FZA, Postakten 656

D. IX. c. Raub – Diebstahl – Betrug

13 FÜRSTLICHE VORSICHTSMASSREGELN BEIM POSTPERSONAL GEGEN *RÄUBER UND GESINDEL*
1779 Juni 26 Regensburg
Fürstliches Reskript
Druck, 4 S.

Die nicht abbrechenden Postberaubungen in allen Teilen des Reichspostbereichs veranlaßten Fürst Carl Anselm neuerdings, die einschlägigen kaiserlichen und fürstlichen Mandate, Zirkulare usw. in Erinnerung zu bringen. Der Druck faßt die Vorschriften in sechs Punkten zusammen, beginnend mit dem erneuten kaiserlichen Befehl von 1773, *mannhafte, herzhafte unerschrockene, nicht unter 20 Jahr alte Postillions* für diesen Dienst einzusetzen, bis hin zur Verfügung, Geld und Geldeswert, *es seye der Betrag noch so gering*, grundsätzlich an die Fahrposten zu verweisen.

Regensburg, FZA, Postakten 2336

14 ORTSPOLIZEILICHE VORSCHRIFTEN WEGEN DER IN DÜSSELDORF ANKOMMENDEN POSTREISENDEN WÄHREND DER FRANZÖSISCHEN REVOLUTION
1794 Mai 21 Düsseldorf
Einblattdruck

Eine Folgeerscheinung der Revolutionsereignisse in Frankreich war innerhalb des Reiches die Furcht vor durchreisenden Fremden, deren Herkunft und politische Einstellung ja keineswegs bekannt war. Unter diesem Gesichtspunkt ist die kurfürstliche Verfügung vom 20. Mai 1794 zu verstehen, die der Städtische Polizeikommissar bereits am folgenden Tag publizierte. Verfügt wurde u.a., *daß die mit der Post ankommende Frembde von hiesigem Kaiserlichen Posthaltern sollen weiterst fortgebracht werden, es seye dann, daß der Frembde sich wenigstens drey Täge dahier aufgehalten hätte.*

Regensburg, FZA, Postakten 1124

15 BEGLEITUNG DES POSTWAGENS DURCH BERITTENES MILITÄR
1798 November 25 Nürnberg
Zirkular des Reichspostkommissariats Nürnberg
Kopf und Adresse Druck, hdschr. ergänzt
aufgeschlagen 4. (Adressen-) u. 1. (Text-) Seite

Postkommissar Karl von Pauerspach unterrichtet die Postamtsexpedition Hof, daß zum Schutz der Postwagen bewaffnete Militärpersonen eingesetzt werden sollen. Der Postmeister von Hof wurde beauftragt, sich entweder beim Militärkommando in Bayreuth oder in Hof selbst dafür einzusetzen, daß nach dem Beispiel des Postamts Bayreuth und des Oberamtes Uffenheim *ein bewaffneter reitender Militarist gegen die hergebrachte Gebühr von 45 kr. rh. per ganze Station* den Postwagen begleitet. Außerdem war die Instruktion nach Bayreuth weiterzuleiten.

Derartige Maßnahmen waren seinerzeit nicht nur wegen der Postberaubungen durch kriminelle Elemente wünschenswert, sie wurden auch wegen der militärischen Ereignisse des ausgehenden 18. Jahrhunderts, wegen der Truppendurchzüge in den Koalitionskriegen usw., erforderlich, um den Posten wenigstens eine gewisse Sicherheit zu vermitteln.

Regensburg, FZA, Postakten 2340

16 BERÜHMTER POSTRÄUBER DES 19. JAHRHUNDERTS: *CARL GRANDISSON ODER GROSSJEAN*
1816 Heidelberg
Druck: *Aus dem 2. Theile der merkwürdigen Criminalfälle des Stadtdirectors D. Pfister zu Heidelberg besonders abgedruckt.* 254 S.
aufgeschlagen: Titelabb. *Carl Grandisson*, Lithographie u. Titelseite

Postberaubungen gab es auch noch zur Zeit der Lehenposten im 19. Jahrhundert. Gerade die unruhigen Zeitläufe während der napoleonischen Kriege ermöglichte es kriminellen Elementen, ihr Betätigungsfeld auszuweiten. Hier war es vor allem *Großjean, der berüchtigte Postwagendieb und Betrüger*, dem der Verleger Joseph Engelmann in Heidelberg sogar *eine criminalistische Novelle* widmete.
Großjahn, alias Grandisson, alias Grandis, alias Walter, alias Griesbach ... wurde zum gefürchteten Meisterdieb. Er ließ sich unter einer Vielzahl von Namen in die Passagierlisten der Fahrposten eintragen, war allerdings im Gegensatz zu manchem *Berufskollegen* aus dem 18. Jahrhundert kein Gewaltverbrecher. Ausweislich seiner Reisepässe war *der reiche Kaufmann Grandisson*, wie er sich in Heidelberg nannte, von 1800 bis zu seiner Verhaftung 1814 immer wieder auf *Geschäftsreisen.*

Lit.: Fernau, in: ADP 17 (1969 H.2) S. 32f.

Regensburg, FHB, G 8123

E. Boten der Städte und Landesherrn – Konkurrenten der Post

Die Post nach unseren heutigen Maßstäben ist eine *Erfindung* aus der Welt der neuzeitlichen europäischen Staatenbildung, der Entdeckungen, der frühkapitalistischen Wirtschaftsform. Davor, in der mittelalterlichen Welt, herrschten die individuellen Boten und organisierten Botenanstalten der Städte, Klöster, Universitäten und Landesherren über die Kommunikation der Menschen. Kaufleute, Pilger und Metzger, Schiffsleute, Mönche und Studenten, beritten oder zu Fuß, übermittelten Briefe und Nachrichten zwischen Auftraggeber und Empfänger. Die gebotenen Möglichkeiten zur Beförderung waren jedoch individuell sehr unterschiedlich, ungewiß, kostspielig und langwierig. Regelmäßige Abgangszeiten und feste Gebührensätze waren zunächst unbekannt.
Aus dieser Fülle unterschiedlicher Transportmedien bildeten sich vor allem in Italien und Spanien korporative Botenanstalten heraus, mit Botenordnungen und Strukturelementen der späteren Post, etwa dem Pferdewechsel. Genannt sei hier die genossenschaftliche *Compagnia dei Corrieri* der Republik Venedig oder die Bruderschaft der Kuriere zu Valencia in Spanien.

Mit diesen verschiedensten regionalen und überregionalen Botenanstalten geriet die habsburgische Post der Taxis in Konflikt. Beide Institutionen verließen ihr ursprüngliches Aufgabengebiet. Die taxissche Post konkurrierte mit den Boten um die Privatbriefe, die Boten übernahmen von der Post die schnellere Technik des Postierens. Nicht die Gebühren, sondern die größere Schnelligkeit der Post brachten die mittelalterlichen Boten ins Hintertreffen. Andererseits bedurfte die Post noch lange – bis in das 19. Jahrhundert – der Boten zur Sammlung, Beförderung und Verteilung der Briefschaften abseits der internationalen Postkurse. Auf den parallelen, überregionalen Kursen hingegen wurden nicht nur die unverpflichteten, privaten sogenannten Neben– oder Winkelposten, sondern auch die althergebrachten reichsstädtischen Botenanstalten zunehmend als lästige Konkurrenz empfunden. Die deshalb von der taxisschen Post gegen die Boten angestrebte monopolistische Briefbeförderung stützte sich auf ihre zwei organisatorischen Neuerungen: 1) Den Boten war das Wechseln der Pferde oder der Briefschaften an Mitgenossen unterwegs verboten. 2) Alle mit den Postwagen ankommenden Passagiere durften erst nach einem dreitägigen Aufenthalt mit privaten Fuhrwerken weiterbefördert werden.

Neben der Kleidung, häufig in den Farben der Auftraggeber, der Landesherren oder Städte, waren die Boten am Botenspieß, Botenschild und der Botenbüchse zu erkennen. Kaiserliche und kgl.–spanische Mandate verboten ihnen seit Beginn des 16. Jahrhunderts das Tragen von Posthörnern, des primären Zeichens der Post.
Seit dem ausgehenden 16. Jahrhundert, der Erklärung des Reichspostwesens zum Reichsregal und den scharfen Botenmandaten der Kaiser Rudolf II. und Matthias I. gegen die Nebenboten, waren die Botenanstalten der Reichsstädte Augsburg, Köln, Frankfurt und Nürnberg die Hauptkonkurrenten. Prozesse vor dem Reichshofrat, gegenseitige Visitationen, Niederwerfung und Verhaftung der Postillione und Boten, Durchsuchung der mitgeführten Waren und Briefpakete beherrschten den Kampf der Post mit den Boten im Reich. Die Boten verloren proportional zur Erweiterung des Postkursnetzes immer mehr an Boden. 1618 mußten die Nürnberger Boten nach Antwerpen eingestellt werden, 1686 verlor der Jahrhunderte alte Botenkurs St. Gallen – Nürnberg seine Bedeutung. Die städtischen Boten fanden zunehmend ihre Existenzberechtigung in der lokalen Ergänzung der Reichspostämter abseits der Postrouten. In einzelnen Teiles des Reiches kam ihr Ende erst nach dem Übergang der thurn und taxisschen Lehenposten an die kgl. preußische Postverwaltung.

M.D.

Lit.: L. Kalmus, Weltgeschichte der Post. Mit besonderer Berücksichtigung des deutschen Sprachgebietes, Wien 1937, S. 41–53 – F. Ohmann, Die Anfänge des Postwesens und die Taxis, Leipzig 1909, S. 25–38 – E. Melillo, Le Poste Italiane nel medio evo. Alta e media Italia (a.476–1600), Rom 1904 – W. Eisenbeiß, Briefe, Boten und Belege. Ein Beitrag zur Entwicklungsgeschichte des Botenwesens und der Post, dargestellt bis zum Jahre 1920, Regensburg 1966 – L. Ennen, Die Geschichte des Postwesens in der Reichsstadt Köln. In: Zeitschrift für deutsche Kulturgeschichte N.F. 2 (1873) S. 289–302, 357–379, 425–445 – E. Kießkalt, Die Entstehung der Post, Bamberg 1930 – K.E. Loeper, Das Botenwesen und die Anfänge der Posteinrichtungen im Elsaß, insbesondere in der freien Reichsstadt Straßburg. In: APT 4 (1876) S. 231–241 – H. Sessler, Das Botenwesen der Reichsstadt Nürnberg, Masch. Diss. Erlangen 1946 – G. North, Vom Botenwesen des Mittelalters bis zur Gründung der Post durch Kaiser Maximilian I. In: AK Zwei Jahrtausende Postwesen. Vom cursus publicus bis zum Satelliten, Halbturn 1985, S. 25–40.

E. Boten – Konkurrenten der Post

1 KOSTEN DER STADT FÜR DIE
BOTENBÜCHSEN
1419/1420
Rechnungsband, Pap., mit Perg.–Einband, 170 Bll.
aufgeschlagen: Seite 99

Unter der Rubrik *Auf die rais gen Behaim – tzäld* enthält das Ausgabenbuch der Reichsstadt Regensburg für das Jahr 1420 einen Eintrag über die Existenz von Botenbüchsen für die Regensburger Stadtboten:
Item mer haben wir dem maler geben von den panntter an die tzäldsäul vnd 1 potenpuchsen an tzu streichen xvi den(arios).
Die Bemalung der Botenbüchse für die reichsstädtischen Boten steht im Zusammenhang mit den Kosten für die Herstellung eines größeren, lederbezogenen Zeltes mit einer Zeltsäule in der Mitte. Über das Material der Botenbüchse und Details der Bemalung gibt der Eintrag keine Auskunft. Aus einer weiteren Notiz im Rechnungsbuch 1478 über die Bemalung von acht Botenbüchsen wird jedoch deutlich, daß diese aus Holz gefertigt waren. Aus den städtischen Rechnungsbüchern geht ferner hervor, daß die Stadt 1459 vier, 1460 sieben, 1472 elf, 1475 fünfzehn und 1482 zehn Botenbüchsen anfertigen ließ. Ein Ratsbeschluß vom 26. März 1515 über die Anfertigung von Botenbüchsen beschreibt das nähere Aussehen: *... mit der stat zaichen, der slussell darjn, vnden ain loch, das man ain potschafft darein mug machen.*
Die Botenbüchsen, die in den ersten Jahrzehnten die neuerrichteten habsburgischen Posten zu Innsbruck unter den Taxis noch benutzten, schützten die übergebenen Briefe vor den Unbilden des Wetters und neugierigen Blicken (vgl.Kat. Nr.A.I.9.).

Lit.: W. Eisenbeiß, Die Botenbüchsen der Regensburger Boten im 15. und 16. Jahrhundert. In: APB 43 (1973) S. 51–82.

Regensburg, Stadtarchiv, Cameralia IX, S. 99

2 FRANKFURTER STADTBOTE HENNICHEN HANAUWE
1439/1440
Zwei Faksimilie, nach den Frankfurter Botenbüchern, Bände, Perg.–Einband, Federzeichnung, farbig

Die Frankfurter Botenbücher der beiden Jahre 1439 und 1440 zeigen außen auf dem Pergamenteinband unter dem Titel die farbige Federzeichnung des Frankfurter Stadtboten Henn(i)chen Hanauwe. Auf der Brust trägt dieser das Botenschild mit dem Stadtwappen (Adler), auf dem Rücken die metallene Botenbüchse, in der rechten Hand einen Brief, in der Linken den Botenspeer; dazu läuft er auf Trippenschuhen. Die Doppelfigur des Boten Hanauwe soll ihn einmal in seiner Sommer–, einmal in seiner Winter-Botenkleidung zeigen. Kleidung, Botenschild, Botenbüchse und der Speer zur Verteidigung gegen den Anfall von Hunden in Städten und Dörfern oder um über die Gräben besser hinwegzuschwingen, waren nach Christoph Weigel, Abbildungen derer gemeinnützlichen Hauptstände (1698), die Zeichen der verpflichteten städtischen und landes-

herrlichen Boten, die im obrigkeitlichen Auftrag und Schutz Briefe reitend oder laufend vom Absender zum Empfänger übermittelten. Die Kosten für ihre Ausstaffierung einschließlich Kleidung trug die Stadt.

Lit.: B. Faulhaber, Geschichte der Post in Frankfurt a.M. Nach archivalischen Quellen bearbeitet. Archiv für Frankfurts Geschichte und Kunst NF. 10, Frankfurt 1883, S. 1–12 – F. Lübbecke, Das Palais Thurn und Taxis zu Frankfurt am Main, Frankfurt 1955, S. 20–21.

Frankfurt, Stadtarchiv, Botenbücher Nr. 23 u. 24

3   VERSCHWIEGENHEITSPFLICHT DES BOTEN
    14. Jahrhundert
    Foto, aus *Sämtliche Miniaturen der Manesse-Liederhandschrift*, Aachen 1988, Tafel 79

Auf fol. 248' der Manesse-Liederhandschrift ist der vermutlich um 1200 in Österreich lebende Sänger Hartwig von Raute abgebildet. Er sitzt neben dem abgelegten Schwert auf einem Stuhl und fertigt einen neben ihm stehenden Boten ab. Der Bote, im kurzen roten Rock und schwarzen Beinkleidern, einen Dolch am Gürtel, hält ein leeres Schriftband in die Höhe.
Der Sänger legt (oder schlägt ?) dem Boten die rechte Hand auf den Mund, eine Geste, die den Boten an seine Schweigepflicht hinsichtlich Inhalt und Adressat seiner Botschaft erinnern soll.

Lit.: Codex Manesse. Die Miniaturen der Großen Heidelberger Liederhandschrift, hrsg. und erläutert von I.F. Walther u.a., AK der Universität Heidelberg, Bd. 2, Frankfurt am Main 1988, S. 163, Taf. 79 – Sämtliche Miniaturen der Manesse 1/2 Liederhandschrift, hrsg. von I.F. Walther u.a., Aachen 1988, Tafel 79.

Regensburg, FHB

4   HERRSCHAFTLICHER BRIEFBOTE AUS DER ZEIT KAISER MAXIMILIANS I.
    1517
    Band, Druck, [Augsburg] 1517: Johann Schönsperger,
    aufgeschlagen: Holzschnitt mit Vers, Abb. 6

Im *Theuerdank* formte Kaiser Maximilian I. (1459–1519) allegorisierend seine Brautfahrt um Maria von Burgund zu einem Heldenbuch mit Parallelen zu den mittelalterlichen Epen um. Bei der Ausarbeitung der autobiographischen Vorlage, vom Kaiser selbst entworfen und ausgeführt, zum Versepos wirkte u. a. als Redaktor Melchior Pfinzing (1481–1535), Propst zu St. Sebald in Nürnberg, mit. Für den Text wurde nach Vorlage des kaiserlichen Kanzlisten Vinzenz Rockner eine eigene Schriftform, die sogenannte *Theuerdank-Type*, gegossen. Die insgesamt 118 Holzschnitte stammen z.T. von Hans Burgkmair und dem Memminger Hans Schäufelin, der überwiegende Teil jedoch vom Augsburger Maler und Zeichner Leonhard Beck.
Die aufwendige Drucklegung unter Aufsicht Konrad Peutingers erfolgte beim Augsburger Buchdrucker Hans Schönsperger. Als sehr beliebtes Volksbuch erfuhr der *Theuerdank* bis zum Ende des 17. Jahrhunderts insgesamt neun Auflagen.

Der aufgeschlagene Holzschnitt zeigt einen ankommenden Boten, gespornt und das Horn am Gürtel, der leicht gebeugt der auf dem Thron sitzenden Königin die Antwort des Helden *Theuerdank* überreicht.

Lit.: AK Ausstellung Maximilian I. Innsbruck. Ausstellung des Landes Tirol, Innsbruck 1969, S. 140 f. Nr. 524 – Kaiser Maximilian I. In: Die deutsche Literatur des Mittelalters. Verfasserlexikon 6 ([2]1987) Sp. 219–223 – AK 450 Jahre Staats- und Stadtbibliothek Augsburg. Kostbare Handschriften und alte Drucke, hrsg. von H. Gier u.a., Augsburg 1987, S. 53 f. Nr. 137.

Regensburg, FHB, [2] Inc. 782

5   ORDNUNG DER AUGSBURGER VENEDIGERBOTEN
    1555
    Handschrift, Perg., 12 Bll., mit anhängendem Siegel

Die *Der Venediger Potenn Ordnung . 1555 .* mit dem anhängenden Augsburger Stadtsiegel wurde vom reichsstädtischen Rat erlassen, da durch die zunehmende Konkurrenz zur Post, vor allem auf dem niederländisch-italienischen Kurs, Unordnung unter den Boten, die *gen Venedig zu reyten pflegen*, entstand.
Die Handschrift enthält auf den ersten sechs der insgesamt zwölf Pergamentseiten den Text der Ordnung von 1555. Zwei daran anschließende Ratsbeschlüsse von 1562 und 1571 legen die Anzahl der mitgeführten Pferde

auf zwei fest (sonst muß ein eingeschriebener Bote beigezogen werden) und sorgen für die erkrankten Venedigerboten, denen von den Genossen wöchentlich 1 Gulden Zubuß entrichtet werden mußte. Sollte ein Bote völlig dienstunfähig werden, muß der an seine Stelle nachrückende Bote von jeder *Ordinari-Reise* vier Gulden zahlen.

Den Abschluß der Handschrift bilden die Botenverzeichnisse der Jahre 1555 bis 1580 und eine Zusammenstellung der geleisteten Bürgschaften.

Die Kernbestimmungen dieser neben Straßburg sehr frühen Botenordnung einer Reichsstadt für ihre Fernboten nach Venedig lauteten:

1) Die Reihenfolge der Ritte wird durch das Los bestimmt.
2) Die Boten allein sind berechtigt, Briefe und Gelder auf der Venediger Straße zu befördern; sie stellen dafür 300 Gulden Kaution.
3) Die Anzahl der eingeschriebenen Boten darf acht nicht übersteigen.
4) Jeden Samstag abends sammelt der Venediger Bote, den der Ordinariritt trifft, zu Augsburg die Briefe ein und übergibt sie am nächsten Samstag zu guter Tageszeit in Venedig; die Briefsammlung in Venedig für Augsburg erfolgt freitags, Ankunft übernächsten Samstag in Augsburg.
5) Überschreitungen dieser Beförderungszeiten – mit einem Zuschlag im Winterhalbjahr – werden bestraft.

Die Venedigerbotenordnung der Reichsstadt Augsburg von 1555 wurde am 20. April 1602 von der *Neue(n) Ordnung vber die Venediger Ordinary vnd Nebenbotten* abgelöst, die auch jene seit 1555 erlassenen Ratsbeschlüsse zum städtischen Botenwesen integrierte.

Lit.: Kränzler, Die Augsburger Botenanstalt. In: APT 4 (1876) S. 658–662 – P. Krinner, Die Venediger Botenordnung der Reichsstadt Augsburg. In: APB 1 (1925) S. 15–18 – B. Roeck, Reisende und Reisewege von Augsburg nach Venedig in der zweiten Hälfte des 16. und der ersten des 17. Jahrhunderts. In: Alpenübergänge vor 1850, hrsg. von U. Lindgren. Vierteljahresschrift für Sozial- und Wirtschaftsgeschichte, Beiheft 83 (1986) S. 179–187, bes. S. 186 f.

Augsburg, Staats- und Stadtbibliothek, 2 Cod. H 32 a

6   BOTENROLLE ODER BOTENBÜCHSE DER
    REICHSSTÄDTISCHEN NÜRNBERGER
    STADTBOTEN
    Um 1600, Nürnberg
    Kapsel, gedrechselter Buchenholzkorpus, grün
    gebeizt mit farbigem Wappen der Stadt
    Nürnberg und zwei Herolden, Deckel abnehmbar

Die 38,7 cm lange, im Durchmesser 4,7 cm starke Botenbüchse oder Botenrolle der Nürnberger Rats- oder Kaufmannsboten ist aus Buchenholz gedrechselt. Auf der vorderen Schauseite ist in einer Kartusche jenes Nürnberger Stadtwappen aufgemalt, das sich sonst auf Münzen und Siegeln findet: im gespaltenen Schild vorne ein halber steigender Adler, hinten von Silber und Rot sechsfach schrägrechts geteilt. Zwischen dem zentralen Wappen und den Bordüren am oberen und unteren Abschluß je eine männliche Gestalt mit hohem Hut, kurzer Hose und Wams; von diesen Herolden

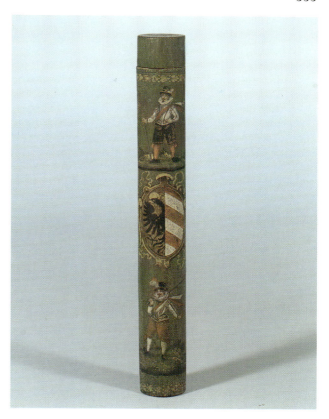

trägt die obere Figur in der Rechten einen Stab und auf der Brust ein Abzeichen.

Die Botenbüchsen waren zur sicheren Aufnahme der aufgetragenen Briefschaften vorgesehen. Zur besserem Schutz und Legitimation trugen sie vielfach das städtische Wappen.

Lit.: A. Karll, Botenabzeichen in Deutschland. Tabellarius. Internationale Posthistorische Zeitschrift 1 (1927), Beiblatt S. 3–12 – W. Eisenbeiß, Die Botenbüchsen der Regensburger Boten im 15. und 16. Jahrhundert. In: APB 43 (1973) S. 77 bzw. S. 80.

Nürnberg, Germanisches Nationalmuseum, HG 9971

7   QUITTUNG DES RHEINHAUSENER
    POSTMEISTERS FÜR DEN KÖLNER
    STADTBOTEN
    1563 Juni 19 Rheinhausen
    Aktenband, Pap., aufgeschlagen

Der Rheinhausener Postmeister Antonio Regazzi quittiert dem Kölner Stadtboten Heinrich Schweizer die Einlieferung einiger Schreiben an den kaiserlichen Hof bzw. an die Päpstliche Hofregistratur gegen Rom, die dieser der taxisschen Post zu Weiterbeförderung anvertraut hatte. Der Kölner Stadtbote hat dem Postmeister für *portata* 13½ Batzen (= 3 Gulden 45 Kreuzer) entrichtet.

Nach dem regelmäßigen wöchentlichen Lauf der taxisschen Posten zwischen den Niederlanden und Italien auf der *deutschen Poststraße* seit den 1530er Jahren ließen die großen Reichsstädte wie Köln oder Frankfurt ihre weitergehenden Briefe von ihren vereidigten Stadtboten nur noch bis zur nächstgelegenen Reichspoststation bringen. Für die Sendungen Richtung Tirol, die Donauländer und Italien war dies bis zum postalischen Anschluß Kölns auf der linksrheinischen Route unter Postmeister Jakob Henot (1587) das wichtige Postamt Rheinhausen gegenüber Speyer. Von dort liefen die Sendungen künftig auf der taxisschen Ordinari-Post.

Auch für die Jahre 1564/65 sind mehrere derartige Quittungen für die Kölner Stadtboten Heinrich Baur, Hannes Khoch und Andreas von Straubing bekannt, die nun der Augsburger und Rheinhausener Postmeister Seraphin von Taxis ausstellte. Das Postgeld für Sendungen an den Kaiserhof (in Prag ?) bzw. nach Rom betrug zwischen drei Batzen (= 45 Kreuzer) und 2 Taler.

Lit.: W. Hirtsiefer, Seit wann hat die Taxische Post Gebühren für Briefe erhoben ? In: Deutsche Postgeschichte 2 (1938) S. 282–283 – Behringer 1990, S. 52.

Köln, Historisches Archiv, Akte Handel Nr. 587 Quittungen und Rechnungen

8   NÜRNBERGER BRIEFBOTE
    16. Jahrhundert
    Holzschnitt, farbig

Der farbige Holzschnitt aus dem Germanischen Nationalmuseum zeigt einen vereidigten Nürnberger Stadtboten. Er ist erkenntlich am kleinen Nürnberger Stadtwappen, dem Brief in seiner Rechten und dem Botenspieß in seiner linken Hand. Rechts am Rock trägt er zusätzlich ein Botenschild, hier versehen mit den Nürnberger Stadtfarben des kleinen Wappens, am Gürtel den ledernen (?) Briefbeutel.

Lit.: H. Sessler, Das Botenwesen der Reichsstadt Nürnberg. Eine rechtsgeschichtliche Studie, Masch.-Diss. Erlangen 1946.

Nürnberg, Germanisches Nationalmuseum, HB 2304 Kapsel 1377

9   SCHILD DER NÜRNBERGER BOTEN NACH
    KÖLN UND ANTWERPEN IN FRANKFURT
    AM MAIN
    1584
    Holzschnitt, farbig

Einen der wichtigsten Botenkurse zu Nürnberg betrieben die sogenannten *Antorffer Boten*. Sie verkehrten als *Ordinariboten* regelmäßig über Frankfurt und Köln bis Antwerpen. Diese Botenverbindung hatte ihren Ursprung in den engen, mittelalterlichen Handelsbeziehungen zwischen den beiden Städten Antwerpen und Nürnberg. 1529 wurde für die Antorffer Boten zu Nürnberg eine Botenordnung erlassen, 1570 betrug ihre gewöhnliche Zahl fünf Boten. Nachdem im ausgehenden 16. Jahrhundert Versuche scheiterten, den Botenkurs zwischen den Antwerpener und Nürnberger Boten – jeweils bis Köln – aufzuteilen, kam es seit 1598 zu Zusammenstößen mit der konkurrierenden taxisschen Post, zunächst auf der Strecke Frankfurt–Köln. Die Reichspost ging daran, diese Boten nach Inhalt der kaiserlichen und kurfürstlichen Mandate als *unverpflichtete Boten* niederzuwerfen.

Jedoch erst mit der Errichtung des neuen Postkurses von Antwerpen über Köln, Frankfurt und Nürnberg bis zur böhmischen Grenze 1615 kam das endgültige Aus

der reichsstädtischen Antorffer Boten. Der erste taxissche Postmeister zu Nürnberg Christoph Haid legte die Ordinaritage der Post so geschickt, daß den Boten die bisherigen Kunden aus der Kaufmannschaft wegblieben. Als 1619 der letzte Antorffer Bote starb, wurde dieser Botenkurs eingestellt.

Das Botenschild der Nürnberger Boten nach Antorff verkündet unter dem Nürnberger Stadtwappen und der Jahreszahl 1584 – zweisprachig deutsch und französisch – die Briefannahmestelle zu Frankfurt:
Welcher auff Cöllen oder ghen / Anttorff schreiben will der bringe / seine Brieffe hinder den kleinen / Römer Inn Klingenbürgers Behau– / sung. Der Post wird morgen Raisen. /

Lit.: H. Sessler, Das Botenwesen der Reichsstadt Nürnberg. Eine rechtsgeschichtliche Studie, Masch.–Diss. Erlangen 1946, S. 45 f.

Frankfurt, Historisches Museum, C 5510 a

10 BRIEFINVENTAR EINES ZU NÖRDLINGEN VERSTORBENEN JENAER BOTEN
1594 März 16 Nördlingen
Zwei Bogen, Pap., aufgeschlagen: Seite 1, 2 und 7

Am 16. März 1594 starb zu Nördlingen während einer Botenreise Sebastian N., Amtsbote aus Jena. Der Rat der Reichsstadt Nördlingen ließ ein Inventar über die hinterlassenen Briefschaften und die Verlassenschaft des Boten anfertigen und die zustellbaren Briefschaften am 20. April 1594 einem von Jena abgefertigten Boten aushändigen. Der größte Teil der Schreiben, die beim Verstorbenen gefunden wurden, mit Adressen in deutscher und lateinischer Sprache waren bereits für die Rückreise gesammelt, vor allem für zu Jena Studierende aus Nördlingen und dem Ries. Einige weitere Briefe ins Schwäbische (Harburg, Wemding), Fränkische (Weißenburg, Roth) und Württembergische (Enzweihingen) konnte er anscheinend vor seinem Tode nicht mehr verteilen; solche Schreiben wurden von Nördlingen aus direkt weiterbestellt.

Im Inventar wird Sebastian N. als Jenaer Amtsbote bezeichnet, der eine zinnerne Botenbüchse mit dem herzoglich sächsischen Wappen trug. In seiner Verlassenschaft finden sich neben Botenbüchse auch Botenspieß und Botenbeutel. Möglicherweise stellte er als Jenaer Universitätsbote die Kommunikation zwischen den Studenten und ihren Angehörigen her.

Lit.: P. Hintermayr, Der Nachlaß eines 1594 in Nördlingen verstorbenen Jenaer Boten. In: APB 9 (1933) S. 127–131.

Nördlingen, Stadtarchiv, Inventare

11 PORTRÄT DES NÜRNBERGER BOTEN PAULUS BÜGEL
17. Jahrhundert
Radierung, Text, gestochen von Wolfgang Hartmann

Die Radierung zeigt die Halbfigur des Boten Paul Bügel, ausgewiesen durch das an seinem Rock befestigte Botenschild mit dem kleinen Wappen der Reichsstadt Nürnberg. Seine Hände umfassen ein verschnürtes Briefpäckchen. Im Hintergrund schemenhaft eine sich abwendende Gestalt mit Botenspieß und Schlapphut. Die vier Verse zum Porträt lauten: *Baullus Büegel Der Ehrlich Mann / Hat Manche schwere Reiß Gethan / Darum Halt ich im Lieb vnd Wert / Hab im Das Kuffer stuckt ver Ehrt / Wolffgang Hartmann fecit.*

Der Kupferstecher Wolffgang Hartmann war überwiegend in Stockholm und Riga als Porträtist tätig; Paulus Bügel könnte ihm auf einer seiner Reisen begegnet sein.

Lit.: Hartmann, Wolffgang. In: Thieme–Becker 16 (1923) S. 86

Regensburg, Fürst Thurn und Taxis Graphische Sammlung, TT – Post IV.58

12 PORTRÄT DES STUTTGARTER ORDINARIBOTEN HANNS STECK
Nach 1671
Radierung, anonym, *Hanns Steck, Studgart: OrdBoth. /Natus 1587 . Denatus 1671*

Unterhalb des kleinformatigen Porträts sind Name, Herkunft und Lebensdaten des Stuttgarter Ordinariboten Hans Steck angegeben (1587–1671). Das Porträt zeigt den Boten als älteren Mann.

Regensburg, Fürst Thurn und Taxis Graphische Sammlung, TT – Post IV.44

13 KAISERLICHES MANDAT GEGEN DIE UNVERPFLICHTETEN NEBENBOTEN
1614 Januar 11 Linz
Einblattdruck, an den Faltungen beschädigt, mit Vidimus und aufgedrucktem Siegel der Reichshofkanzlei vom 18. Februar 1614

Zusammen mit der Erklärung des kaiserlichen Reichspostwesens zum hochbefreiten Reichspostregal hatte Kaiser Rudolf II. am 6. November 1597 auch das eingeschlichene unverpflichtete Nebenbotenwesen und die Metzgerposten im Reich und den Erblanden durch ein Pönalmandat verboten. Nebenboten, die über den städtischen Botenbrauch hinaus extendieren, soll das Durchgangsrecht verweigert werden. Übertretungen sind mit Konfiskation der Pferde, Haft und 100 Gulden Strafe bedroht; für unbefugtes Postieren und Tragen von Posthörnern werden 50 Gulden Strafe und Konfiskation angedroht. Die gehenden und reitenden städtischen Boten sind zwar zugelassen, müssen jedoch ohne Abwechslung der Boten ihre Sendungen befördern.
Diese von seinem Bruder Kaiser Rudolf II. erlassene Ordnung zur Handhabung des ordentlichen Postwesens und Abschaffung der Metzgerposten bzw. des eingeschlichenen Nebenbotenwesens erneuerte Kaiser Matthias im vorliegenden Mandat, nachdem sogar türkische Kuriere mit unterlegten Pferden die Post aus Italien durch das Reich geführt hätten.
Mit diesen Botenmandaten von 1597 und 1614 begann die Reichspost den Kampf gegen das konkurrierende Botenwesen, soweit deren Einrichtungen nicht zur Ergänzung des noch weitmaschigen Postkursnetzes im Reich und den Niederlanden benötigt wurden.
Derartige Mandate wurden nach dem Original als Einblattdrucke zur Verbreitung des Inhaltes und zum Aushang an den Posthäusern vervielfältigt und durch Reichsinstitutionen bestätigt.

Druck: J. Rübsam, Kaiserliches Patent zur Abschaffung der Metzgerposten und Nebenbotenwesens aus dem Jahre 1614. In: MPT 3 (1901) S. 246–249.
Lit.: L. Kalmus, Weltgeschichte der Post. Unter besonderer Berücksichtigung des deutschen Sprachgebietes, Wien 1937, S. 179 – Dallmeier 1977/II, S. 58–60 Nr. 124 bzw. S. 79 Nr. 169 – Behringer 1990, S. 72 f.

Regensburg, FZA, Posturkunden 69

14 BOTENSCHILD DER STADT KONSTANZ AM BODENSEE
Mitte 17. Jahrhundert
Silberarbeit, z.T. vergoldet, getrieben und gegossen

Zur Identifikation ihrer offiziellen Funktion trugen die städtischen Boten sogenannte Botenschilder, die an der Kleidung direkt oder mittels einer Kette befestigt wurden. Bekannt sind u.a. Exemplare aus Frankfurt, Basel, Ribeauvillé, Gouda, Cluny, Hattingen, Zürich und im vorliegenden Falle aus der Bischofsstadt Konstanz.
Das Konstanzer Botenschild ist herzförmig gestaltet. Ein gewölbter, mit Blumenmuster gravierter und vergoldeter Rahmen umschließt einen Schild mit dem Konstanzer Stadtwappen; oben begrenzt ein Band mit der Inschrift *Costanz* das Botenschild. Mittels zweier Ösen ist eine Kette befestigt, an deren anderem Ende eine mit einer menschlichen Maske verzierte Spange sitzt.
Das Botenschild trägt auf der Rückseite eine Konstanzer Beschaumarke und ein Meisterzeichen eines anonymen Goldschmiedes, der um die Mitte des 17. Jahrhunderts tätig war.

Lit.: R.E.J. Weber, The Messenger-Box as a Distinctive of the Foot-Messenger, Haarlem 1972 – R. Nissen, Silberne Boten- und Spielmannsabzeichen und ihre Träger. In: Westfalen. Hefte für Geschichte, Kunst und Volkskunde 36 (1958) S. 167–191, bes. S. 176 f. – Rosgartenmuseum Konstanz, hrsg. von den Städtischen Museen Konstanz, Redaktion B.R. Kommer, Konstanz 1988, S. 40.

Konstanz, Rosgartenmuseum

15 POST- UND METZGERORDNUNG DES HERZOGTUMS WÜRTTEMBERG
1622 Juni 26 Stuttgart
Druck, 1 Bogen Pap., aufgeschlagen: Seite 1

In Südwestdeutschland, besonders im Herzogtum Württemberg, werden neben den gewöhnlichen Boten der Städte, Landesherren, Klöster und Universitäten schon früh die sogenannten *Metzgerposten* genannt. Die Metzger und Viehhändler, deren berufliche Tätigkeit sie in die nähere und weitere Umgebung eines Ortes führte, besaßen häufig Pferde; sie wurden deshalb bevorzugt zur lokalen Briefbeförderung und Briefzustellung herangezogen.
Schon 1611 erließ Herzog Johann Friedrich nach Klagen eine Verordnung, die Metzger müßten wie die anderen Untertanen gegen gebührende Bezahlung Pferde den Posten zur Verfügung stellen.
Schließlich erschien 1622 diese *Post- und Metzgerordnung*, durch die alle großen und schädlichen Unordnungen zwischen Posten und Metzger bei diesen ganz gefährlichen Kriegsläufen abgestellt werden sollten. Das Schwergewicht liegt auf der Bereitstellung von Pferden für Reisende. Die Metzger sind auch zur Briefbeförderung bis zur nächsten Ordinaripost verpflichtet.

Beide Fronlasten für die Metzger werden in dieser Ordnung geregelt.

Lit.: K. Greiner, Zur Geschichte der Metzgerposten in Württemberg. In: ADP 5 (1957) S. 27–37.

Regensburg, FZA, Postakten 4547

16 ORDNUNG DER ST. GALLENER BOTEN NACH NÜRNBERG
1681 November 25 St. Gallen
Abschrift, 1 Blatt

Die St. Gallener Boten betrieben seit altersher einen regelmäßigen, im 17. Jahrhundert wöchentlichen Ordinaribotenkurs nach Nürnberg, der seit Anfang des 17. Jahrhunderts – mit dem Anschluß Nürnbergs an das Kursnetz der taxisschen Posten – mehr und mehr zur Konkurrenz erwuchs. Nach dem letzten Aufbäumen der städtischen Boten gegen die im überregionalen Briefverkehr immer dominierende Post 1686 verlor auch dieser alte Botenkurs seine Bedeutung.
Die Botenordnung von 1681 regelt den Betrieb auf dem Kurs in mehreren Artikeln. Alle über den Botenkurs hinausgehenden Briefe und beschwerte Sendungen sollen zu Nürnberg gegen Erstattung des Portos auf das Posthaus getragen werden. Die Boten sollen auf ihrer Reise keine fremden Leute führen. Bis Lindau dürfen sie nur Kaufmannsbriefe annehmen. Auf der Straße sollen sie sich *der nüchternheit befleissen* und keine bösen oder truzigen Worte gegen die Postmeister gebrauchen. Festgelegt sind auch Abgangs- und Beförderungszeit zwischen St. Gallen und Nürnberg. Den Abschluß der Ordnung bildet die Nürnberger Boten-Brieftax vom 25. März 1671, bestätigt am 27. Oktober 1681. Darin geregelt ist das Briefporto von 1 bis 2 Bogen, von Brief- und Warenpaketen pro Lot, von Geldsendungen für die ganze Strecke und zwischen den Unterwegsorten Lindau, Ravensburg, Biberach, Nördlingen.

Lit.: H. Hellmuth, Der Kampf des Kaisers mit den Ständen des Reiches um das Postregal im siebzehnten und achtzehnten Jahrhundert. In: APT 54 (1926) S. 237–244, S. 262–272, S. 291–298.

Regensburg, FZA, Postakten 4963 (Faszikel 1684)

17 REICHSSTÄDTISCHE VERTEIDIGUNGSSCHRIFT *BOTHEN-WESEN DER REICHSSTADT NÜRNBERG*
1765
Druckschrift, 32 S., 56 S., 28 S., Nürnberg 1765 : Fleischmann, aufgeschlagen: Beilagen S. 2–3

In der von Johann Michael Friedrich Lochner verfaßten Streitschrift *Ausführlich-documentirte Geschichts-Erzählung und Rechtsgegründete Rettung des althergebracht- und gemeinnützlichen Reichs-Stadt Nürnbergischen Bothen-Wesens wider die harte Bedruckungen und grundverderbliche einseitige Einschränkungen des löblich kayserlichen Reichs-Ober-Postamts ..* werden nochmals aus der Sicht der Reichsstadt Nürnberg alle rechtlichen Aspekte des eigenen städtischen Botenwesens unter Abdruck von Auszügen aus den Reichsgesetzen, Wahlkapitulationen, kaiserlichen Patenten und Mandaten sowie Akten zusammengefaßt. Anlaß dafür war, daß nach Meinung der Stadt besonders in dem Jahre 1765 die Nürnberger Stadtboten einer außerordentlichen und unverantwortlichen Verfolgung mit dem Ziel ausgesetzt seien, das reichsstädtische Botenwesen völlig niederzuwerfen; besonders der arme Leipziger Bote sei durch Visitationen und Konfiskationen davon betroffen.
Die hierin vorgebrachten Gravamina der Stadt Nürnberg richten sich ferner gegen die Privilegien der ihr aufgezwungenen kaiserlichen Postmeister, die beschränkte Gewährung des Postportofreitums, die katholischen Gottesdienste für die Postoffizianten im Deutschen Haus, die zulasten des ordentlichen Fuhrwerks angelegten Postwagen und Kaleschen. Das in den kaiserlichen Mandaten verbotene eingeschlichene *Neben- und Winkel-Bothenwerk* sei *himmelweit* vom uralten Nürnberger Stadtbotenwesen unterschieden.
Aufgeschlagen ist unter Nr. I a das Schreiben des Reichsgeneralpostmeisters Lamoral von Taxis vom 2. August 1615, in dem er der Reichsstadt Nürnberg zusagt *nicht ... einige Neuerung wider Ihre Stadt-Bothen und alten Gebrauch einzuführen* und (links) Extrakte aus dem Nürnberger Adress-Kalender über den Personalschematismus des Reichsoberpostamtes 1765.

Regensburg, FHB, 4 P 508 und 4 P08 Dupl.

18 ADVERTISSEMENT DES REICHSOBERPOSTAMTES NÜRNBERG GEGEN DIE UNBERECHTIGTE BEFÖRDERUNG VON KAUFMANNSKORRESPONDENZ DURCH DIE STÄDTISCHEN BOTEN
1765 März 3 Nürnberg
Einblattdruck

Das kaiserliche Reichsoberpostamt Nürnberg gibt dem Nürnberger Handelsstand als Warnung zur Kenntnis, daß aufgrund der kaiserlichen Verordnungen und Wahlkapitulationen der Leipziger Beibote Veit Johann Steinnacker unterwegs visitiert und die vorgefundenen verbotenen Briefe und Pakete konfisziert worden seien; dem Bote sei nur die Annahme direkt nach Leipzig gehörender Briefschaften erlaubt; die laut anschließendem Verzeichnis vorgefundenen, an andere Orte adressierten Briefe und Pakete seien aus Achtung vor dem Handelsstand zurückgegeben worden. Die nach Hamburg, Augsburg und Regensburg gehenden Nürnberger Boten würden ebenfalls visitiert werden.
Im Jahre 1765 unternahm die Reichspost zu Nürnberg einen neuerlichen Versuch, sich das konkurrierende städtische Botenwesen vom Hals zu schaffen und durch Visitationen bzw. Konfiskationen die städtischen Boten zur Aufgabe zu bewegen. Durch dieses Advertissement sollte der Handelsstand veranlaßt werden, seine Briefe (-pakete) nicht mehr den Boten, sondern der Post anzuvertrauen. Die reichsstädtische Verteidigungsschrift vom August 1765 war die Reaktion auf dieses energische Vorgehen der Reichspost (vgl.Kat.Nr.E.17).

Regensburg, FZA, Postakten 2332

19 BOTEN-VIGNETTE AUF EINEM
POSTSTUNDENFORMULAR DES ULMER
REICHSPOSTMEISTERS
Nach 1780
Formular, Druck, 1 Bogen, aufgeschlagen: fol.1'–2

Das Ulmer Poststundenformular für die kaiserliche Reichsordinaripost nach Schaffhausen führt auf fol.1'–2 die einzelnen Stationen Ehingen, Riedlingen, Mengen, Meßkirch, Stockach und Singen auf. Den Abschluß des Stundenpasses bildet eine Holzschnitt-Vignette, die einen Boten bei der Briefbeförderung darstellt. Daß es sich um einen Boten und keinen kaiserlichen Reichspostillion handelt, wird aus dem Botenspieß und dem Einzelbrief (kein Felleisen) deutlich.
Die Unterscheidung Bote – Postknecht oder Postillion muß danach noch am Ende der Reichspostepoche in der bildlichen Darstellung zu Schwierigkeiten geführt haben, nicht aber in ihrer rechtlichen Beschränkung durch die Post.

Regensburg, FZA, Postakten 1119

20 VERZICHT DER MEVIUS-ERBEN IN SACHSEN
AUF IHRE BOTENPRIVILEGIEN
1858 Januar 25 Gotha
Vertrag, 1 Bogen, mit drei aufgedruckten Siegeln, aufgeschlagen: fol.1'–2

Der Gothaer Buchhändler August Boetius hatte am 28. Dezember 1691 ein Privileg erhalten, eine *wöchentliche Gazette* herauszugeben, die durch eigene Boten zu Fuß und zu Pferd außerhalb der thurn und taxisschen Poststraßen verteilt wurde. Nach seinem Tod 1697 wurden Zeitungsverlag und Botenanstalt von seinem Schwiegersohn Jakob Mevius übernommen, der 1712 zum *Postfactor* ernannt wurde. Sein Nachfahre Christian Mevius gründete 1751 das Gothaische Intelligenzblatt mit eigener Verteilung. 1802 versorgten die Meviusschen Zeitungsboten 75 Ortschaften, 1842 unterhielten sie sieben reitende Boten für den regelmäßigen Postdienst nach Eisenach, Nordhausen, Eisleben, Leipzig, Saalfeld, Coburg und Schweinfurt.
Für die beabsichtigte Errichtung einer thurn und taxisschen Landbotenpost im Herzogtum Sachsen-Coburg-Gotha war der Erwerb der Mevius-Madelungischen Botenanstalt in Gotha Voraussetzung. Im vorliegenden Vertrag zwischen Oberpostkommissar Freiherrn von Roeder und dem herzoglichen Rat August Zachariae als Bevollmächtigten der Meviusschen Erben verzichteten letztere zum 31. März 1858 gegen 1 000 Taler Entschädigung auf das ihrem Vorfahren Christian Mevius verliehene landesherrliche Privileg, Briefe, Zeitungen und Päckereien mittels eigener Boten einzusammeln, zu befördern und einzusammeln.
Nach der landesherrlichen Ratifikation wurde ab 1. Juli 1858 im Gothaer Bereich die thurn und taxissche Landbotenpost eingerichtet.

Lit.: Haberkamp-Probst Bd. 2 (1977) S. VII/18–20.

Regensburg, FZA, Posturkunden 426

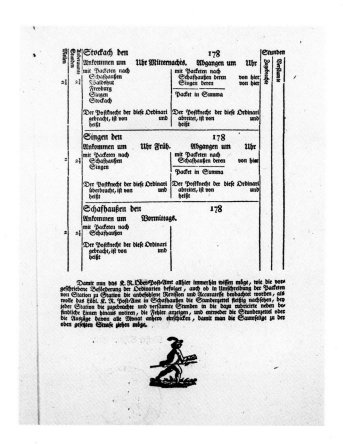

F. Thurn und Taxis–Philatelie, eine Tochter der Post

Die *Philatelie*, die Briefmarkenkunde, hat sich im letzten halben Jahrhundert, besonders in den letzten Jahrzehnten, mehr und mehr auch der Postgeschichte zugewendet. *Philatelie und Postgeschichte – oder je nach den Schwerpunktinteressen des Betrachters die Umkehrung* – treten in dieser Verbindung gerade in jüngerer Zeit immer stärker in den Vordergrund: bei philatelistischen Ausstellungen, bei der Bewertung privater philatelistischer Sammlungen, und vor allem in der Literatur. Nicht mehr die Briefmarke allein ist Sammelobjekt: es wurde der Aussagewert des Poststempels, handschriftlicher Beförderungsvermerke, der Versendungsarten, der Leitwege, und anderer Kriterien der *ganzen* Postsendung ins Blickfeld gerückt. Der organisierten Philatelie – für Deutschland seien der Deutsche Altbriefsammler-Verein oder die verschiedenen Arbeitsgemeinschaften des Bundes Deutscher Philatelisten e.V. als Beispiel genannt – wie dem einzelnen Philatelisten sind zahlreiche Erkenntnisse zu verdanken, die sich heute oft nicht mehr aus Akten rekonstruieren lassen. Hier sei nur die Verwendungszeit bestimmter Poststempel erwähnt.

Auf der anderen Seite ist Philatelie, wenn sie sich ernsthaft mit der Postgeschichte auseinandersetzt, nicht ohne Archivforschung denkbar. Dies gilt für größer angelegte Untersuchungen ebenso wie für den lokalen Bereich.

Die Dreiteilung des Abschnitts *Thurn und Taxis–Philatelie* im Rahmen dieser Ausstellung ist sachlich bedingt. Überschneidungen in den Bereichen *Vorphilatelie* – also *markenlose Zeit* – und *Thurn und Taxis–Briefmarkenzeit* – sie beginnt 1852 – lassen sich grundsätzlich nicht vermeiden, da ja, zunächst wenigstens, auch die Taxis–Briefmarken mit den „alten" Poststempeln entwertet wurden. Der zwischen diesen Teilen eingefügte Abschnitt *Entwürfe, Essays und Druck von Postwertzeichen* bezieht erstmalig die Vorarbeiten zur Drucklegung von Thurn und Taxis–Postwertzeichen, die Druckereiverträge, Markenvorzeichnungen, in größerem Maße Druckproben usw., vor allem aber das technische Material, die Druckstöcke der verschiedenen Markenausgaben, in eine derartige Ausstellung ein.

Bei den philatelistischen Belegstücken wurde in den folgenden Abschnitten auf die Angabe des Lagerorts verzichtet. Das Material entstammt ausschließlich den Beständen des Fürst Thurn und Taxis Zentralarchivs. Die Vielzahl der einschlägigen Literatur zwang hier ebenfalls zur Begrenzung. Einige grundsätzliche Veröffentlichungen und weiterführende bibliographische Hinweise seien abschließend genannt. Hinzu kommen noch die *Stempelhandbücher* der Bereiche, in denen die Thurn und Taxis–Post – sei es zur Zeit der kaiserlichen Reichspost, sei es während der Lehenposten im 19. Jahrhundert – wirkte.

Die vielfältigen Erscheinungsformen des Materials aus *Vorphilatelie, Phase des Briefmarkendrucks und Philatelie* – von den handschriftlichen Vermerken über die Stempelarten, Frankaturvarianten u. a. hin bis zu den verschiedenen Versendungsarten – gestatten es hier lediglich, *Beispiele* zu zeigen. Für die Briefmarkenzeit (F.III.) wurde dazu ein *Philatelistisches Alphabet* gewählt, das von den Schlagworten *Auslandspost* bis *Zustellungsurkunde* eine möglichst breite Überschau vermitteln soll. Lücken in der Darstellung ließen sich grundsätzlich nicht vermeiden.

Die Beschriftung der gezeigten Blätter – sie sind ausschließlich Bestandteil der Philatelistischen Dokumentation des Fürst Thurn und Taxis-Zentralarchivs – wurde weitgehend von Prof. Dr. Max Piendl, dem am 19. Dezember 1989 verstorbenen langjährigen Direktor des Fürstlichen Zentralarchivs, abgefaßt. Ihm waren Aufbau und Ausbau der Philatelistischen Dokumentation über zwei Jahrzehnte hindurch ein besonderes Anliegen. Wertvolle Hinweise und ergänzendes Material vermittelten dabei u. a. die Herren Arthur Salm (†), Chicago, Dr. Erwin Sommer, Braunwald, und Alfred Greiner (†), Oeslau b. Coburg, wofür auch an dieser Stelle sehr zu danken ist.   E. P.

Lit.: Bund Deutscher Philatelisten e.V. / Bundesstelle Literatur (Hrsg.), Literatur–Nachrichten 1 ff. (1951 ff.).
Deutscher Altbriefsammler–Verein e.V. (Hrsg.), Rundbriefe; mit Beilage: Postgeschichte und Altbriefkunde 1 ff. (zuletzt H.99, 1989) – Arbeitsgemeinschaft Thurn und Taxis e.V. im BDPh. (Hrsg.), Mitteilungen und Sonderveröffentlichungen, 1967 ff. – Arbeitskreis Postgeschichte (Hrsg.), Studien und Quellen zur Postgeschichte 1 ff., Kallmünz 1979 ff.
W. Münzberg, Leitfaden zur Postgeschichte und Briefkunde 1 ff., Seeshaupt (zuletzt Regensburg) 1981 ff. – W. Münzberg, Thurn und Taxis 1490–1867, Tl. 1 ff., Regensburg 1989 f. – H. Haferkamp u. E. Probst, Thurn und Taxis–Stempelhandbuch 1–3, Schwandorf u. Soest 1976–1978.
P. Feuser u. W. Münzberg, Deutsche Vorphilatelie. Stationskatalog, Katalog der Aufgabestempel, Bd. 1, Stuttgart 1988 – P. Feuser (Hrsg.), Nachverwendete Altdeutschland-Stempel. Spezialkatalog und Handbuch, Stuttgart 1983 – P. Sem, Thurn und Taxis Spezialkatalog, 3. Aufl. Bamberg 1982 – H. Grobe, Altdeutschland Spezial-Katalog und Handbuch, 5. Aufl., Hannover 1975 – Michel Deutschland-Spezial-Katalog, München 1989.
H.H. Hennig, Michel-Atlas zur Deutschland–Philatelie, München 1989 – H.H. Gerlach, Weltatlas zur Philatelie, Braunschweig 1980.

F. Thurn und Taxis-Philatelie, eine Tochter der Post

F. I. Vorphilatelie: Als es noch keine Briefmarken gab

Die Vielfalt der Erscheinungsformen der Vorphilatelie können nur angedeutet werden. Die Palette reicht von der einfachen Briefhülle, die nicht einmal den Absendeort erkennen läßt, und von den ersten handschriftlichen Angaben des Versendungsortes – über *von/v.*– und *de/d'*–und sog. Rayonstempeln – bis hin zu den unterschiedlichsten Stempelformen, Tax- und sonstigen Behandlungsvermerken aus der Mitte des 19. Jahrhunderts.

Mit den ersten Poststempeln bei der kaiserlichen Reichspost etwa im ausgehenden zweiten Jahrzehnt des 18. Jahrhunderts wird nach und nach die *locus unde*-Zeit der handschriftlichen Angabe des Aufgabeorts abgelöst von einfachen Ortsstempeln. Frankreich diente hier als Vorbild. Der Prozeß der Stempeleinführung zog sich allerdings über Jahrzehnte hin, und zunächst bedienten sich in erster Linie größere Poststellen mit entsprechendem Postaufkommen des neuen Betriebsmittels *Poststempel*. Daß dann mit Einführung der ersten Briefmarken nicht über Nacht die *vorphilatelistischen* Stempel verschwanden, wurde bereits betont.

E. P.

Lit.: vgl. die unter F. genannten grundsätzlichen Veröffentlichungen.

1 *TAXIS-BRIEFE* DES 17. UND 18. JAHRHUNDERTS

a) 1612
Schreiben an den Postmeister Ottavio von Taxis (Augsburger Linie).

b) 1616 Mainz
Schreiben an den Generalpostmeister Freiherrn Lamoral von Taxis.

c–d) 1631 und 1633
Schreiben an die Gräfin Alexandrine von Taxis.

e) 1674 April 2 Brüssel
Brief des Grafen Lamoral Claudius von Thurn und Taxis an den Postmeister *Coesfeldt* in Köln. Mit Verschlußsiegel des Grafen.

f) 1776 Dezember 14 Innsbruck
Brief des Grafen Joseph von Thurn und Taxis (Innsbrucker Linie) an Fürst Carl Anselm von Thurn und Taxis. Handschriftlicher Aufgabevermerk *d'Insprouc*. Schwarzes Verschlußsiegel: doppelköpfiger Adler, belegt mit Taxis-Wappen V (vier Felder mit Herzschild).

2 *FÜRSTENBRIEFE* DES 18. UND 19. JAHRHUNDERTS

a) 1747 Januar 19
Brief des Kaisers Franz I. an Fürst Alexander Ferdinand von Thurn und Taxis. Verschlußsiegel unter Papierdecke.

b) 1793 März 20
Brief des Königs Friedrich Wilhelm von Preußen an Fürst Carl Anselm. Bezeichnet *H.S.* (herrschaftliche Sache).

c) 1793 April 17 Rudolstadt
Brief des Fürsten Schwarzburg an Fürst Carl Anselm. Einzeiliger Aufgabestempel *v. Rudolstadt* (irreführend als „adelige" Stempel bezeichnet). Unten links Franco- und Recommandiert-Vermerke.

d) 1822 Februar 11 Neustrelitz
Brief des Herzogs Georg von Mecklenburg-Strelitz an Fürstin Therese. Nachsendung von Schloß Taxis nach Regensburg: Einzeiler *NERESHEIM* und *CHARGÉ-*

Stempel. Handschriftliche Auslagevermerke und Datumberichtigung der Jahreszahl im Zweizeiler von Neustrelitz.

3 LOCUS UNDE – HANDSCHRIFTLICHE AUFGABEVERMERKE

Handschriftliche Angaben des Aufgabeortes, des Ortes, *woher* ein Brief kam, waren die „Vorläufer" des Ortsstempel. Sie dienten nicht zuletzt auch der Gebührenfeststellung, vor allem, wenn die Sendung mit *porto* belastet war, das der Empfänger zu entrichten hatte. Die Ortsangaben, meist mit vorgesetztem *de/d'* oder *von/v.*, erfolgten in Tinte, teilweise auch mit Rötelstiften; gleiches gilt für *NB*– bzw. Rekommandierungsvermerke, Gitterkreuze usw.

a) 1775 Regensburg
de Ratisbonne und Gitterkreuz (rote Tinte), zusätzlich Rötelkreuz. Schreiben nach Stuttgart.

b–c) 1771 Januar 23 und 1780 November 20 Rudolstadt
de Rudolstadt und *v. Rudelstatt* (Tinte). Sog. *Fürstenbriefe* an Fürst Alexander Ferdinand bzw. Carl Anselm von Thurn und Taxis.

d–e) 1775 und 1781 Dezember 1 Ludwigsburg
de Louisbourg und Leitvermerk über Geislingen (Tinte) nach Donzdorf – *von Ludwigsburg* auf Brief nach Augsburg.

f) 1791 Juni 5
v. Duderstat (Tinte) und *v Nbrg* mit Gitterkreuz (rote Tinte) auf Postsache, die in Nürnberg einen zusätzlichen Durchgangsvermerk erhielt.

g) 1808 Juni 9 Hildburghausen
Hildburghausen (Tinte) auf Brief an Fürst Karl Alexander von Thurn und Taxis.

Lit.: Hans Wolfgang Kraus, „Locus unde" Herkunftsbezeichnungen auf Briefen bei der Kaiserlichen Reichspost im 18. Jahrhundert. In: Mitteilungen der Arbeitsgemeinschaft Thurn und Taxis, 3 (1969) Nr. 3, S. 1–8.

4 ORTSSTEMPEL DES AUSGEHENDEN 18. UND DES 19. JAHRHUNDERTS

a) *Von*–Ortsstempel vor Einführung der Rayons
Einzeiler *Von München*
Schrift Fraktur.

b) *De*–Ortsstempel vor Einführung der Rayons
Einzeiler *DE DULLMEN*
Wegen Schreibfehlers wurde der Stempel offensichtlich nicht eingesetzt. Er wurde durch den Stempel *DE DULMEN* ersetzt.

c) Rayonstempel *R4 MÜNCHEN*
Eingeführt auf Grund des 1801 abgeschlossenen Postvertrages zwischen Frankreich und der kaiserlichen Reichspost. Der Stempel ist stark abgenutzt.
Der Rayon 4 verlief etwa von der Linie Hof–Amberg–Deining Augsburg nach Osten bis zur Grenze des Reichspostgebietes.

d) Rayonstempel *R2 ESS N*
Das zweites *E* ist ausgebrochen.
Der Rayonstempel wurde 1802/03 in Essen verwendet

Lit.: D. Pflitsch, Philatelistische Spurensicherung „Essener Stempelkladde", Essen 1978, S. 11.

e) Rayonstempel *RIED.R.4. A*
Ried gehörte wie Altheim, Mattighofen und Schärding – von denen ebenfalls Rayonstempel erhalten blieben – zum Innviertel, das 1779 nach dem Bayerischen Erbfolgekrieg an Österreich kam, trotzdem aber von der kaiserlichen Reichspost betreut wurde. Die Koalitionskriege, der enge Anschluß Bayerns an Napoleon und der Verlust der Post in Bayern zwangen Taxis schließlich zur Aufgabe dieses Gebietes. Innerhalb welchen Zeitraums bzw. in wieweit diese taxisschen Rayonstempel des Innviertels verwendet wurden, bedarf noch einer Klärung.

Lit.: Probst in AK Halbturn (1985) S. 97 f., 100: C 97.

f) Landpoststempel (Rahmenstempel)
OBER–KLINGEN
Ober-Klingen war einer der zahlreichen Landpostorte im Großherzogtum Hessen. Derartige Stempel waren mit einer Doppelkette an den Landpost–Briefkästen befestigt: Die Regierung hatte sich verpflichtet, an jenen Orten, die für den Postverkehr von Bedeutung waren, auf Gemeindekosten die Briefkästen mit Zubehör zu beschaffen. Die Bürgermeister waren verpflichtet, die Leerung der Kästen durch die Landpostboten zu überwachen.

Lit.: Haferkamp–Probst, Stempelhandbuch Bd. 2 (1977) S. VIII/3 16.

Regensburg, FZA, Typare: a) B 200 – b) B 202 – c) B 201 – d) 203 – e) 207 – f) 212/0

5 VORPHILATELISTISCHE NEBENSTEMPEL

a–b) Chargé–Stempel
Chargé in Schreibschrift und Versalien

Lit.: Haferkamp–Probst, Stempelhandbuch Bd. 2 (1977) S. X/6 f.

c) Herkunfts– bzw. Durchgangsstempel
d'autriche in Schreibschrift

d) Gebührenstempel
PP (Port Payé) zur Kennzeichnung von Sendungen, die nach Frankreich und Belgien bzw. darüber hinaus gin-

gen und deren Porto einschließlich der Zustellgebühr vom Empfänger voll bezahlt war.

Lit.: Haferkamp–Probst, Stempelhandbuch Bd. 2 (1977) S. XII/3 ff.

Regensburg, FZA, Typare: a) B 215 – b) B 216 – c) B 214 – c) 217

6 MÜNCHENER STEMPEL–BELEGE VOR UND NACH EINFÜHRUNG DER RAYONS

a–b) 1789 und 1791: Stempelbelege *Von München* (vgl. Nr. 4a).

c–d) 1804: Stempelbelege *R4. MÜNCHEN* (vgl. Nr. 4c).

7 POSTVERTRAG FRANKREICH / REICHSPOST 1801:

RAYON-STEMPEL – CHARGÉ-STEMPEL – PP-STEMPEL
1801 Dezember 14 Paris
Ausf. franz., Libell m. 16 Bl. u. Petschaft;
aufgeschlagen fol. 6: Art. 27

Der Vertrag von 1801 war für die Folgezeit von grundsätzlicher Bedeutung. Die in ihm vereinbarten Rayon-Grenzen bildeten auch in der nachnapoleonischen Zeit Grundlagen der Portobemessung. Bezüglich der Abstempelung wurde vereinbart:

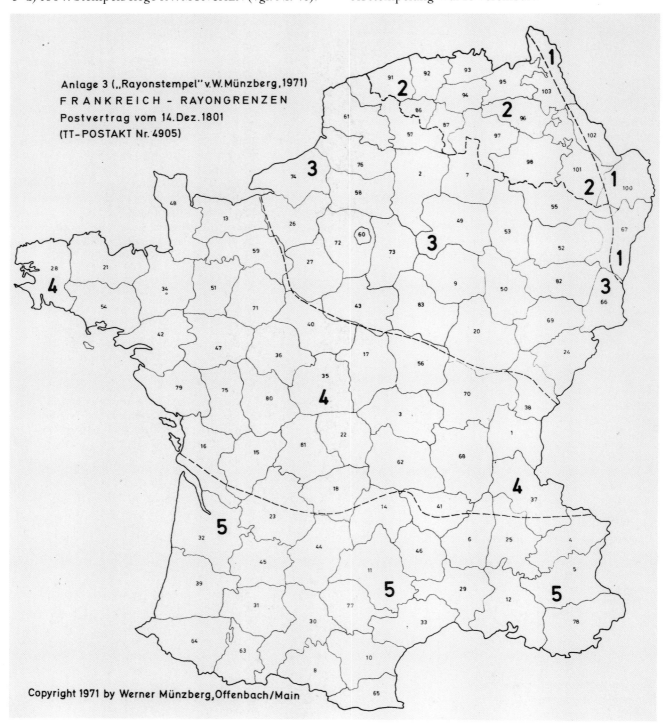

F. I. Thurn und Taxis – Vorphilatelie

Kennzeichnung der frankierten und eingeschriebenen Sendungen (*Port payé*) durch P.P.–Stempel (Art. 24) – Jeder Brief muß den Stempel des Aufgabeorts tragen (Art. 25) – Gliederung der Französischen Republik in 5 Rayons (Bezirke), ausgehend vom Rhein nach Westen, und der des Reiches in vier Rayons, ausgehend vom Rhein nach Osten (Art. 27).

Festgelegt wurde u.a. auch der Frankaturzwang bzw. die Frankaturermäßigung für Zeitungen u.a. (Art. 16–20). Für Einschreibesendungen bestand eine Versiegelungspflicht.

Der Austausch der Poststücke beider Verwaltungen war an sechs Grenzpunkten, für die gemäß ihrer Einzugsbereiche auf deutscher Seite ein *Generaltarif* für die Korrespondenz nach Frankreich erstellt werden mußte. Erst am 10. September 1802 wurden den Oberpostämtern der Vertragstext und die Ausführungsbestimmungen bekanntgegeben.

Lit.: Dallmeier 1977/II, S. 644–650 – R. Freytag, Das Aufkommen der Aufgabestempel und die Postkonvention zwischen Thurn und Taxis und Frankreich vom 14. Dezember 1801. In: APT 54 (1926) S. 2–39.

Regensburg, FZA, Posturkunden 840

8 RAYONKARTEN FÜR DAS FRANZÖSISCHE UND FÜR DAS REICHSPOSTGEBIET NACH DEM POSTVERTRAG VON 1801

a) Rayongrenzen Frankreich
b) Rayongrenzen Kaiserliches Reichspostgebiet

Lit.: W. Münzberg, Leitfaden zur Postgeschichte und Briefkunde 1 ff., 1981 ff.

Regensburg, FZA, Fotodokumentation   W.M.

9 ORTSSTEMPEL DER HANSESTÄDTE

Die jüngeren Ortsstempel der Hansestädte – auch später die der Markenzeit – unterscheiden sich von fast allen anderen Taxis-Ortsstempeln durch den Stempelzusatz *TH & T* o.ä. Teilweise haben diese Stempel auch von der Norm abweichende Formen (Segment–Stempel u.a.).

a–d) 1817–1842 Stempelbelege Bremen
1842 und 1843 mit Zusatzstempel *TT.R4* und Grenzübergangsstempel *TOUR–T / GIVET* (rostrot)

e–g) 1842–1851 Stempelbelege Hamburg
1842 mit braunem Lacksiegel, Verschlußsiegel des Oberpostamts (Wappen VI: sechs Felder mit Herzschild) – 1851 mit Nebenstempel *NACH ABGANG DER POST* und Grenzübergangsstempel *TOUR–T / VALENCIENNES* (rostrot)

h–m) undatiert und 1818–1852 Stempelbelege Lübeck
Dabei Dienstbrief mit schwarzem Lacksiegel, Verschlußsiegel des Postamts (Wappen VI: sechs Felder mit Herzschild) – *Chargé* Schreibschriftstempel – 1852 Grenzübergangsstempel von Valenciennes (rostrot)

10 TAXISSCHE NEBENSTEMPEL

a–e) *Chargé*–Stempel
Hildburghausen (1808 u. 1810, mit Rayonstempel) – Meßkirch (1810, mit *MOSKIRCH.R.2* und Verschlußsiegel der Postverwaltung) – Schaffhausen (1834 u. 1835 *Chargée* in Schreibschrift.

f–i) Verspätungsstempel *Nach Abgang der Post*
Frankfurt (1830 mit weiterem zweizeiligen Zusatzstempel *RECOMMANDIRT / VON FRANKFURT* – 1835). – Hamburg (1848 in der Type dem Frankfurter Stempel entsprechend; 1850 Text in Versalien, ausgeschrieben *NACH ABGANG DER POST*. Beide Briefe mit Grenzübergangsstempel von Valenciennes).

k–l) Verspätungsstempel *Nachmittag*
Diese kursive Schreibschrift–Type kommt nur in Schaffhausen vor; es gibt zwei Schriftvarianten (Brief nach Nürnberg 1844 zusätzlich mit Auslage–Stempel von Augsburg).

Lit.: Rehm (1987) S. 212.

11 GRENZÜBERGANGS–, TRANSIT– UND PP–STEMPEL

a–h) 1814–1833 Stempelbelege aus Hamburg
PP (schwarz) und *PPPP.* (in Rahmen, rot), *L.T.* (schwarz) – *ALLEMAGNE PAR GIVET* (Rahmenstempel) – *T.T.R.4.* – *A.E.D.* im Doppeloval – *Allemagne / P. Givet* (kursiv, rot) – *T.T.R.4 / HAMBOURG – DANEMARCK / PAR HAMBOURG*

i) 1826 Stempelbeleg auf Frankfurt
Rahmenstempel *ALLEMAGNE PAR STRASBOURG*

12 ÜBERRHEIN – VERLUST UND WIEDERGEWINNUNG TAXISSCHER POSTGEBIETE

Mit dem Verlust der linksrheinischen Gebiete durch den Frieden von Lunéville gingen dem Fürstlichen Haus die dortigen Reichsposten verloren. Die zentral geleitete französische Administration führte in den besetzten Gebieten Departement–Stempel ein. Die Departement–Nummer wurde in der ersten Zeile der zweizeiligen neuen Ortsstempel genannt. *PP*–Briefe hatten zusätzlich vor und hinter der Departement–Nummer ein *P*.

Nach der Schlacht bei Leipzig übernahm Thurn und Taxis die Reorganisation des linksrheinischen Postwesens. Das Aufkommen aus diesen Posten war teilweise an die Hohen Verbündeten Mächte abzuführen. Am 25. April 1814 kam zwischen den Alliierten Mächten und Frankreich eine Vereinbarung zustande, nach der die Tätigkeit der Thurn und Taxis–Post auf dem französischen Staatsgebiet innerhalb seiner Grenzen vom 1. Januar 1792 beendet wurde. Im heutigen Belgien ergriff im Namen des Staates die neugebildete niederländische Regierung am 1. März 1815 vom Postwesen Besitz. Bayern übernahm die Post in seinen linksrheinischen Landesteilen am 1. Mai 1816, Preußen in seinen wiedervereinigten Gebieten am 1. Juli 1816 von Thurn und Taxis.

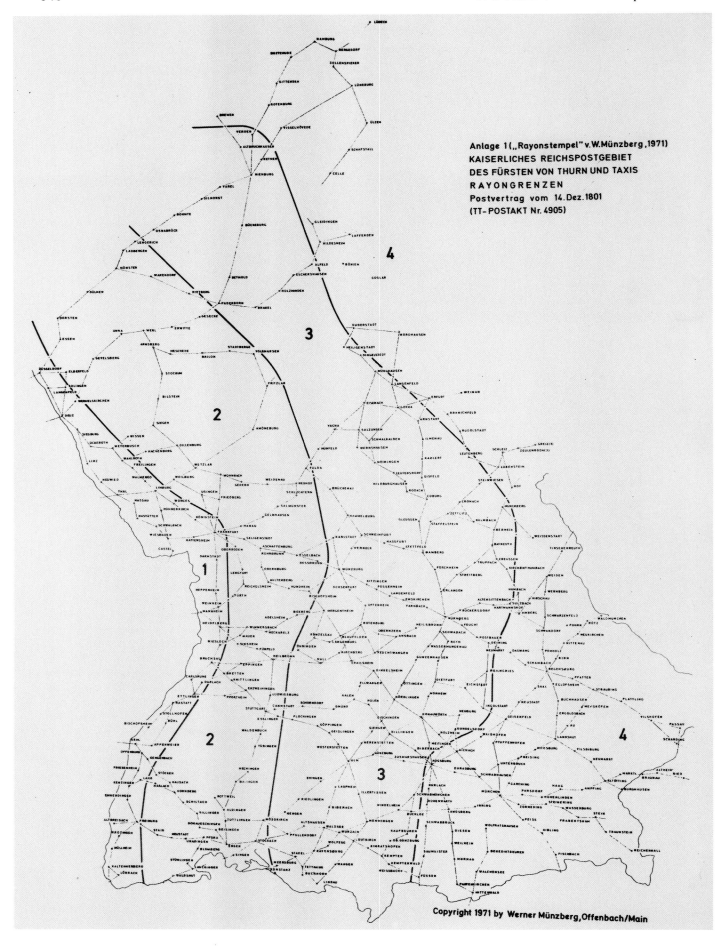

F. I. Thurn und Taxis – Vorphilatelie

a–c) Französische Departementstempel

a) Departementstempel Krefeld
103 / CREFELD (1807)

b–c) Departementstempel Worms
100 / WORMS (1809) und *P.100.P / WORMS* (1810).

d–e) Departement Kreuznach
102 / CREUTZNACH (1801 u. 1806).

f–m) Die überrheinischen Posten im Kartenbild

Bearbeitung und Kartographie: W. Münzberg

f) Thurn und Taxis – Frankreich: Austauschpunkte nach dem Postvertrag vom 30. April 1814

g) Postdistrikt Nancy

h) Postdistrikt Brüssel 1814/15 mit Veränderungen

i) Postdistrikt Lüttich, Stand 17. März 1814

k) Postdistrikt Mainz, Stand März/Mai 1814

l) Postdistrikt Koblenz, Stand 7. September 1814

m) Oberpostamt Köln, Stand 5. Oktober 1814

Die vom *Zentralverwaltungsrat für Deutschland* bewilligte Rückübertragung der linksrheinischen Posten verlangte von der Taxis–Post innerhalb kürzester Zeit den Neuaufbau einer eigenen Organisation. Die verschiedenen Gebietsabgänge zwangen andererseits zu wiederholten Änderungen der Postdistrikte. Das Ende dieses Sonderbereichs war aber abzusehen. Die Restbereiche, die dann den taxisschen Lehenposten zugeschlagen wurden, erstreckten sich auf das Großherzogtum Hessen und auf Hessen–Homburg; hinzu kamen als Lehengeber das Großherzogtum Oldenburg (wegen des Fürstentums Birkenfeld) und Sachsen–Coburg–Gotha (wegen St. Wendel).

Lit. W. Münzberg, Leitfaden zur Postgeschichte und Briefkunde Bd. 8/I, Regensburg 1989, S. 197–263; Bd. 1 (Überrhein), Seeshaupt 1981 – Probst, Postorganisation (1977) S. 21–24.

13) POSTSACHEN – DIENSTBRIEFE

a) 1784 Juni 16 Kempten
Brief mit gedrucktem Verschlußsiegel: Reichsadler im Kreis, Herzschild mit der Abkürzung *K.R. / P.A.* (für Kaiserliches Reichspostamt), darunter *KEMPTEN*.

b) 1786 Januar 27 [Berlin]
Brief des Preußischen Generalpostdirektoriums, preußischer Stempel *P:S* (für Postsache), über Duderstadt an die fürstliche Regierungskanzlei nach Regensburg.

c) 1803 August 8 Nürnberg
Anschriftenseite eines gedruckten Zirkulars des Nürnberger Postamtskommissariats an die *Kaiserliche Reichs= fahrende (Haupt) Post-Expedition* in Regensburg; *Von Nürnberg* vorgedruckt.

d) 1798 Juli 10 Würzburg
Rekommandierter Brief an das Reichspostkommissariat Nürnberg: Verschlußsiegel des Reichspostamtes (Reichsadler mit kaiserlichem Wappen als Brustschild, darunter fürstliches Wappen); Ortsstempel *VON / WÜRZ- / BURG* in großem Kreis (Fahrpoststempel).

e) 1810 März 31 Würzburg
Brief an die Großherzogliche Oberpostamtsdirektion in Frankfurt: Verschlußsiegel der Oberpostamtsdirektion mit neuem großherzoglichen Wappen, darunter fürstliches Wappen. Rayonstempel *R.3 Würzburg* (rot) in Schreibschrift.

14 VARIA DER VORPHILATELIE

a) 1803 Februar 10 Augsburg
Brandbrief an das Postamt Kempten
Die Oberpostamtsdirektion unterrichtet die ihr unterstellten Posthaltereien von dem Brandunglück, von dem der Posthalter Johann Limmayer in Fischbach am 21. März 1802 heimgesucht wurde. Er hatte ohne eigenes Verschulden einen gerichtlich auf 24 000 Gulden geschätzten Verlust. Die Generaldirektion erlaubte *eine im ganzen K.R. Postgeneralat auszuschreibende Brandkollekte*. Der Kemptener Postmeister Kolb übermittelte seinen Beitrag – 5 fl 4 Kr. – unter gleichzeitiger Rückreichung des Zirkulars.

b) 1835 Februar 4 Frankfurt
Portovorschuß–Brief an das fürstlich thurn und taxissche Zivilgericht in Regensburg: Verwendung eines Vordruck–Umschlags mit Zudruck *vom Postamte vorgeschossene / Einrückungs–Gebühren fl. ... kr. ...* Der jeweilige Vorschuß– bzw. Auslagenbetrag war handschriftlich nachzutragen.

c) 1849 März 8 Stuttgart
Frankierter Stadt–Brief innerhalb Stuttgarts. Derartige Umschläge – „Vorläufer" der Ganzsachen in philatelistischer Zeit – gibt es in drei Größen; benützte Umschläge sind kaum bekannt (Stuttgart). Hinsichtlich der Verwendungsorte klaffen die Angaben zwischen archivalischer Überlieferung und der Fachliteratur auseinander.

Lit.: E. Probst, Stadtposten und Stadtpost–Umschläge der Thurn und Taxis–Post in Württemberg. In: AK NAPOSTA '81, Nationale Postwertzeichen–Ausstellung, Stuttgart 1981, S. 281 ff.

F. Thurn und Taxis – Philatelie: eine Tochter der Post

F. II. Entwürfe, Essays und Druck von Postwertzeichen

Nachdem die meisten von der Thurn und Taxis-Post betreuten Bundesglieder 1851 bereit waren, dem Deutsch-Österreichischen Verein zum 1. Januar 1852 beizutreten, mußte die Generalpostdirektion in Frankfurt wie die anderen deutschen Postverwaltungen *Franco- oder Freimarken* zumindest für den Verkehr zwischen den „Vereinsstaaten" einführen.

Schon Ende 1850 anläßlich der Markeneinführung in Preußen vorgeschlagen, Thurn und Taxis solle seine Postwertzeichen in Berlin herstellen lassen. Nach Ausräumung verschiedener Bedenken, besonders wegen der unterschiedlichen Währungsgebiete, wegen vermuteter Fälschungsmöglichkeiten u.a., beantragte endlich im Oktober 1851 die Generalpostdirektion, doch Marken zum 1. Januar 1852 einzuführen. Die Ermächtigung dazu wurde in Regensburg am 4. November erteilt. Schon am 10. November wurde der erste Druckauftrag an die Druckerei Naumann in Frankfurt erteilt. Während der Weihnachtsfeiertage kamen bereits Marken an die Postanstalten zur Verteilung. Ab 1. Januar 1852 konnten die Wertzeichen, soweit es die Versendungsart zuließ, verwendet werden.

In der Folge erschienen bis 1867 vier weitere Ausgaben, jeweils in unterschiedlichen Auflagen. Die erste Ausgabe hatte schwarzen Druck auf farbigem Papier, alle übrigen Serien wurden in Farbe auf weißem Papier gedruckt. Die vierte und fünfte Ausgabe unterscheidet sich von den vorigen auch durch die Trennungsart; diese Marken hatten einen zunächst „farblosen", dann einen der Markenfarbe entsprechenden „Durchstich", mußten also nicht mehr vom Bogen abgeschnitten werden. In diesem Zusammenhang sind auch die sog. „Ganzsachen", die in den frühen sechziger Jahren neu eingeführt wurden, zu sehen: Briefumschläge in unterschiedlichen Formaten, mit eingedrucktem Wertzeichen, wie die Briefmarken für beide Währungsbereiche.
E.P.

Lit.: M. Schnell, Die Bogendruckformen der Thurn und Taxisschen Freimarken. In: Mitteilungen der Arbeitsgemeinschaft Thurn und Taxis e.V., N.F. 45 (1989); Nachdruck in: Philatelie und Postgeschichte 24 (1990) S. 38–49 – E. Probst, Einführung der Postwertzeichen und Vorschriften über ihre Entwertung. In: Haferkamp-Probst Bd. 1 (1976) S. IV/1–4 – E. Probst, Druck und Neudruck Thurn und Taxisscher Postwertzeichen. In: Polygraph Jahrbuch 1968, Frankfurt 1967, S. 61–73; Nachdruck in: Mitteilungen der Arbeitsgemeinschaft Thurn und Taxis e.V., N.F. 17 (1981) S. 391–398 – E.F. Hurt u. J.R. Hollick, Thurn & Taxis. Founders of the Posts of Europe. With a History of ... the Stamps and Postal Markings. In: Billig's Philatelic Handbook, Bd. 8, Jamaica N.Y. 1948 – A.E. Glasewald, Thurn und Taxis in Geschichte und Philatelie, Gössnitz 1926 – C. Lindenberg, Beiträge zur Geschichte der Marken von Thurn und Taxis. In: Deutsche Briefmarken-Zeitung 1921, S. 72–75, 86–89, 104–107, 122–127, 137–140 – H. Krötzsch, Entwürfe und Probedrucke. In: W. Berchelmann, Die Thurn und Taxis'schen Postwertzeichen ... im Großherzogtum Hessen (In: Deutsche Briefmarkenzeitung 1914, S. 7–11, 1915, S. 51–53) – C. Lindenberg, Die Briefumschläge der deutschen Staaten, H. 4: Thurn und Taxis. Leipzig 1892 (erweiterter Nachdruck aus DBZ 1891) – C. Lindenberg [unter Pseudonym D. Richter] Die Briefumschläge von Thurn und Taxis. In: Deutsche Briefmarken-Zeitung 1891, S. 28–29, 40–41, 52–54, 65–67.

1 NICHT ANGENOMMENE BRIEFMARKENENTWÜRFE
1851 Anfang Oktober Frankfurt
Vier Bleistiftzeichnungen,
jeweils ca. 22 x 22 mm, für die Werte 6 Kr., 3 Sgr., 2 Sgr. und 1 Kr., auf weißem Kartonblatt 100 x 77 mm aufgeklebt und mit schwarzer Tuschelinie umrandet; Entwurf für 3 Sgr. grau übertuscht. Aus C. Naumann's Druckerei in Frankfurt

Die vier Zeichnungen sind das älteste erhaltene technische Dokument von der Herstellung taxisscher Freimarken. Sie stammen aus Naumann's Druckerei, die Ende November 1851 den Auftrag zur Markenerstellung erhielt.

Die Ziffern 5, 6, 7 und 8 über den einzelnen Zeichnungen deuten darauf hin, daß es ein weiteres Kartonblatt mit den Zeichnungen Nr. 1 bis 4 gegeben hat. Dieses Blatt ist verschollen. Es lag wahrscheinlich zusammen mit dem erhaltenen Kartonblatt dem Bericht bei, in dem die Generalpostdirektion am 17. Oktober 1851 Fürst Maximilian in Regensburg ihre Vorstellungen zur Markenherstellung unterbreitete. Der Bericht spricht von *8 Probezeichnungen, von welchen sich besonders die ... Zeichnungen sub 2, 3 u. 4 am meisten zur Annahme empfehlen dürften.*

Das verschollene Kartonblatt dürfte folglich der Druckerei als Vorlage für die weitere Bearbeitung gedient haben. Dort ist es dann möglicherweise abgegriffen und vernichtet worden. Das erhaltene Blatt kam Ende 1890 durch einen Sohn des damals noch in Wies-

F. II. Thurn und Taxis – Briefmarkendruck

baden lebenden Postinspektors a.D. Jakob Hoffmann, der seinerzeit die Herstellung der taxisschen Freimarken betreut hatte, in die Hände von Briefmarkensammlern. Zusammen mit anderen Entwürfen erwarb es der Philatelist Friedrich Breitfuß aus St. Petersburg.

Lit.: Krötzsch (1914) S. 7–11 – Lindenberg (1896) S. 168 – Lindenberg (1921) S. 87/88 – Zur Vorgeschichte der Markenherstellung: Probst (1967) – Zu Naumann: N. Klüssendorf, Wertpapier- und Geldscheindruck in Frankfurt am Main. Der Bestand *Druckerei Carl Naumann* im Frankfurter Stadtarchiv. In: Archiv für Frankfurts Geschichte und Kunst Bd. 59, 1985, S. 377–400.

Regensburg, FZA, Postdokumentation 019   M.S.

2   ENTWURF DER MARKE ZU ZWEI
     SILBERGROSCHEN
     1851 Ende November Frankfurt
     Silberstiftzeichnung, ca. 23 x 23 mm,
     auf Kartonblatt 37 x 37 mm
     Rückseitiger Bleistiftvermerk *Wagner / bei Carl
     Naumann / später bei / Delarue & Co.*
     Aus C. Naumannn's Druckerei in Frankfurt

Der Entwurf entstammt einer zweiten Phase der graphischen Gestaltung. Die Zeichnung kommt den später gedruckten Marken der Silbergroschen–Währung schon sehr nahe. Nur der Hintergrund der großen Wertziffer ist bei den gedruckten Marken anders gestaltet, die Wertbezeichnung im unteren Rahmen auf *Silb.-Grosch.* gekürzt worden. Anhand dieses Entwurfs dürfte das endgültige Muster der Marken festgelegt worden

sein. Der handschriftliche Vermerk auf der Rückseite wird dem Philatelisten Friedrich Breitfuß aus St. Petersburg zugeschrieben, dem die Zeichnung vor der Jahrhundertwende gehörte. Er soll mit dieser Notiz den Zeichner des Entwurfs festgehalten haben. Bei C. Naumann waren mehrere Mitarbeiter mit Namen Wagner tätig.
Die Zeichnung kam zusammen mit den vier nicht angenommenen Entwürfen und weiterem Material Ende 1890 in die Hände von Briefmarkensammlern. Ein Ankauf durch das damalige Reichspostmuseum scheiterte am geforderten Preis.

Lit.: Krötzsch (1914) S. 7–11 – Lindenberg (1896) S. 168 – Lindenberg (1921) S. 87/88.

Regensburg, FZA, Postdokumentation 019   M.S.

3   ESSAYS MIT WAPPEN- UND
     FRANKOFURTIA-MOTIVEN
     [1859 Januar Greiz]
     Drucke mit der Bezeichnung *Portozeichen* und
     Wertangabe *6 Kreuzer* in drei Motiven; Thurn
     und Taxissches Wappen im Oval; idealisierter
     Frauenkopf, die sogenannte Frankofurtia, mit
     Blick nach rechts im Oval; Frankofurtia im Kreis
     mit Blick nach links. Drucke ein- und zweifarbig
     in unterschiedlichen Farben auf verschiedenen
     Papieren
     Wappen-Motiv 19 x 22,5 mm,
     Kopf-Motiv 21 x 21 mm

Die Drucke mit Wappen und Frankofurtia-Motiven gelten in der philatelistischen Literatur als Entwürfe, die bei Naumann im Zusammenhang mit der Herstellung der ersten Thurn und Taxisschen Briefmarken angefertigt worden sind. Diese Vermutung ist nicht haltbar.
Schon Carl Lindenberg hat 1921 darauf hingewiesen, daß die erfahrene Druckerei Naumann, die bereits die

Druckformen für die Badischen Marken hergestellt hatte, Briefmarken kaum als *Portozeichen* bezeichnet hätte. Er vermutet, daß Entwerfer und Drucker keine Erfahrungen mit der Briefmarkenherstellung gehabt haben. Ein Aktenfund im Fürst Thurn und Taxis Zentralarchiv bestätigt Lindenbergs Zweifel. Hier liegt ein Briefwechsel zwischen der Generalpostdirektion und dem Hofbuchdrucker Otto Henning aus Greiz (Fürstentum Reuß) vor. Henning wollte mit Thurn und Taxis dringend ins Geschäft kommen, d.h. Marken drucken. Am 28. Januar 1859 stellte Henning ein neues technisches Verfahren vor. Dem Brief waren allgemeine Druckproben und besondere *Markenproben* beigefügt, die in den Postakten allerdings nicht mehr enthalten sind. Die technische Beschreibung läßt jedoch vermuten, daß es sich dabei um die Drucke mit Wappen- und Frankofurtia-Motiven handelt.

Ein im Auftrag der Generalpostdirektion von Naumann am 21. April 1859 angefertigtes *technisches Gutachten* über Hennings Verfahren fiel vernichtend aus, und Otto Henning bekam eine Absage.

Die Druckproben von Henning sind möglicherweise bei Naumann verblieben. Jedenfalls fand das Wappenmuster 1890 seinen Weg an die Öffentlichkeit, in demselben Jahr, in dem auch die tatsächlich von Naumann stammenden Entwürfe und Zeichnungen auftauchten. Ob alle Drucke von 1859 stammen, ist fraglich. Einige Unterschiede legen den Verdacht nahe, daß auch später noch Drucke hergestellt wurden. Die Druckformen sind verschollen.

Lit.: Krötzsch (1914) S. 7f. – Lindenberg (1921) S. 74 – Eine detaillierte Veröffentlichung dieser Forschungsergebnisse ist in Vorbereitung.

Regensburg, FZA, Postdokumentation 019　　　M.S.

4　ORIGINALPLATTEN OHNE SEITENINSCHRIFTEN

1851 November　Frankfurt
Acht Platten aus Kupfer, vier für die Kreuzer-Marken und vier für die Silbergroschen-Marken. Alle Platten seitenrichtig und vertieft geätzt, ohne Seiteninschriften links und rechts. Rückseiten unbearbeitet. Aus C. Naumann's Druckerei in Frankfurt.
Silbergroschen-Platten ca. 70 x 60 mm,
Kreuzer-Platten ca. 60 x 70 mm, Plattenstärke ca. 1,5 mm, in Kassette

In einem erhaltenen Verzeichnis der Druckmaterialien vom 31. Januar 1852 werden die Platten als *vertieft geäzte* [!] *Originalplatten* [aus] *Kupfer* bezeichnet. Auf dem Wege von den Entwürfen bis zur fertigen Briefmarke stellen sie die erste weitgehend fertig bearbeitete Umsetzung des maßgeblichen Entwurfs in metallischer Form dar.

Die Markenzeichnung ist seitenrichtig auf die Platten übertragen und dann eingeätzt bzw. graviert worden. Ergebnis war die tiefer gelegte Zeichnung. Anstelle der kleinen Seiteninschriften links und rechts ist noch freier Raum gelassen. Von diesen Originalplatten stammt letztlich alles weitere Material ab, das zur Herstellung der Bogenformen für den Druck von jeweils 150 Marken diente. In einer zweiten Arbeitsphase sind von den Originalplatten seitenverkehrte, positive (erhabene) Abformungen gemacht worden, in die dann die kleinen Seiteninschriften eingesetzt wurden. Dazu diente das damals noch recht neue galvanoplastische Verfahren. Erst in der dritten Arbeitsphase wurden die Formen zum Druck ganzer Markenbögen hergestellt.

Lit.: Krötzsch (1915) S. 51. – Zum Verzeichnis der Druckmaterialien: Lindenberg (1921) S. 123.

Regensburg, FZA, Druckstöcke K.1　　　M.S.

5　ORIGINALSTEMPEL FÜR DIE SILBERGROSCHEN-MARKEN

1851 November bis 1865 Juni　Frankfurt
Sieben Kupfergalvanos für die Marken in Silbergroschen-Währung, mit Schriftmetall hintergossen und in Schriftmetall bzw. Messing gefaßt. Aus C. Naumann's Druckerei in Frankfurt
Formen jeweils ca. 35 x 35 x 3,5 mm, in Kassette

Die Formen für die Werte zu 1/2, 1, 2 und 3 Sgr. entstammen dem zweiten Arbeitsgang bei der Herstellung der Bogendruckformen im November 1851. Im Verzeichnis des Druckmaterials vom 31. Januar 1851 werden sie als *Originalstempel* bezeichnet. Sie sind durch galvanoplastische Abformung von den Originalplatten

F. II. Thurn und Taxis – Briefmarkendruck

entstanden. Die kleinen Seiteninschriften *Deutsch-Oestr. Postverein* und *Thurn und Taxis* wurden nachträglich eingesetzt. Diese Schrifteinsätze waren aus einzelnen Lettern zusammengesetzt. Als Block wurden sie ebenfalls auf galvanoplastischem Wege vervielfältigt.

Die Marke zu 1/4 Sgr. ist erst Anfang 1854, die zu 1/3 Sgr. 1858 eingeführt worden. Entsprechend ist der Originalstempel für 1/4 Sgr. Ende 1853 entstanden. Die beiden Originalstempel für 1/3 Sgr. stammen von Anfang 1858 und vom Juni 1865. Bei diesen drei Stempeln sind die kleinen Seiteninschriften nicht gesondert eingesetzt, sondern fester Bestandteil der Kupfergalvanos. Für die Originalstempel zu 1/4 und 1/3 Sgr. gibt es keine Originalplatten. Sie sind durch Kopieren und Überarbeitung des Stempels zu 1/2 Sgr. hergestellt worden.

Alle sieben Originalstempel haben rundum einen breiten Metallrand und sind nicht auf die erforderliche Schrifthöhe gebracht worden. Sie waren mithin zum Druck nicht geeignet, stellen also eine Zwischenform dar, die als Grundlage für die Vervielfältigung von Druckstöcken diente.

Lit.: Krötzsch (1914) S. 10/11, (1915) S. 51 – M. Schnell, Einführung und Auflagen der 1/4 Silbergroschen-Marke. In: Mitteilungen der Arge Thurn und Taxis. N.F. 41 (1986) S. 1424–1427.
Zur Galvanoplastik: Hurt (1948) S. 121 – Müller-Mark, Altdeutschland unter der Lupe, Bd. 2, 1963, 5. Aufl., S. 536 f. – Schnell (1989) S. 1557/1558.

Regensburg, FZA, Druckstöcke K. 2   M. S.

6 ORIGINALSTEMPEL FÜR KREUZER-MARKEN
1851 November Frankfurt
Vier Kupfergalvanos für die Marken in Kreuzer-Währung, mit Schriftmetall hintergossen und in Schriftmetall gefaßt. Aus C. Naumann's Druckerei in Frankfurt
Formen jeweils ca. 35 x 35 x 3,5–5 mm in Kassette

Diese Formen für die Kreuzer-Werte stammen, wie die der Silbergroschen-Werte, aus der zweiten Phase bei der Herstellung der Bogendruckformen. Sie sind ebenfalls durch galvanoplastische Abformung von den Originalplatten angefertigt worden. Die kleinen Seiteninschriften *Deutsch= Oestr. Postverein* und *Thurn und Taxis* sind bei den Formen zu 3 und 9 Kr. nachträglich eingesetzt worden, bei den Formen zu 1 und 3 Kr. sind sie fester Bestandteil der Galvanos.

Auch die Originalstempel der Kreuzer-Werte haben einen breiten Metallrand und sind nicht auf die erforderliche Schrifthöhe gebracht worden. Sie waren mithin zum Druck nicht unmittelbar geeignet. Es ist ebenfalls eine Zwischenform, die als Grundlage für die Vervielfältigung von Druckstöcken diente. Im Verzeichnis des Druckmaterials vom 31. Januar 1851 werden diese Stücke gleichfalls als *Originalstempel* geführt.

Lit.: Krötzsch (1915), S. 10 – Lindenberg (1921), S. 123 – Vgl. auch Angaben unter Kat.Nr. 5.

Regensburg, FZA, Druckstöcke K. 3   M. S.

7 EINZELSTÖCKE ZU PROBEDRUCKEN 1851 UND VORLAGEBLATT DER PROBEDRUCKE

a) 1851 Ende November / Anfang Dezember Frankfurt
Acht Kupfergalvanos, auf Metall in Schrifthöhe montiert, für vier Kreuzer- und vier Silbergroschen-Werte. Aus C. Naumann's Druckerei in Frankfurt
Druckstöcke 22 x 22 x 24 mm in Kassette

Die acht Druckstöcke sind auf galvanoplastischem Wege von den Originalstempeln abgeformt und dann zum Druck aufgearbeitet worden. Die Ränder wurden bis an die Markenzeichnung beschnitten, und die Formen wurden auf Metallwürfel in der erforderlichen Schrifthöhe von ca. 24,5 mm montiert.

Laut dem Verzeichnis vom 31. Januar 1852 wurden mit dem gesamten Druckmaterial auch *8 Stempel, von jeder Sorte ein Stück, von welchem die Probedrucke gemacht sind,* archiviert. Die Anordnung dieser acht Druckstöcke in aufsteigender Reihe für beide Währungen und die getrennte Aufbewahrung von allem anderen Druckmaterial sprechen dafür, daß sie zur Herstellung dieser ersten Probedrucke der Thurn und Taxis-Briefmarken gedient haben.

Lit.: Krötzsch (1915) S. 51/52 – Lindenberg (1921) S. 123 – Schnell (1989) S. 1559/1560.

Regensburg, FZA, Druckstöcke K. 4   M. S.

b) 1851 Dezember Frankfurt
Schwarzblauer Karton mit acht aufgeklebten Probedrucken in schwarzer Farbe, angeordnet in zwei Reihen und eingerahmt mit goldenen Linien, Karton-Rückseite weiß. Hergestellt in C. Naumann's Druckerei, Frankfurt. Aus der Sammlung von Arthur Salm, Chicago
Drucke 22 x 22 mm, Kartonblatt 122 x 176 mm

Die acht Einzeldruckstöcke sind in der Druckerei zu einem Block mit zwei waagrechten Reihen, getrennt nach den beiden Währungen, zusammengebunden worden. Dann wurden in der Druckpresse Abzüge auf dem bereits gelieferten farbigen Markenpapier und auch auf weißem Papier gemacht. Die Drucke auf weißem Papier sind säuberlich auseinandergeschnitten

und für Präsentationszwecke auf schwarzblauen Karton mit Goldlinien montiert worden. Die gediegene Aufmachung spricht für eine Vorlage an höchsten Stellen, also wahrscheinlich bei der Generalpostdirektion oder Fürst Maximilian Karl in Regensburg, um die Druckgenehmigung zu erwirken. Der eigentliche Auflagendruck begann am 11. Dezember 1851.

Lit.: Krötzsch (1915) S. 51/52.

Regensburg, FZA, Postdokumentation 019   M.S.

8 SECHSER–FORMEN AUF SCHRIFTMETALL

Ab 1851 Dezember Frankfurt
Sieben Formen, zusammengesetzt jeweils aus sechs galvanoplastisch erzeugten Einzelklischees und in Schriftmetall gefaßt. Aus C. Naumann's Druckerei in Frankfurt
Sechserformen jeweils ca. 85 x 65 x 4 mm in Kassette

Mit diesen Sechserformen sind keine Marken gedruckt worden, worauf schon die fehlende Schrifthöhe hinweist. Sie dienten als Zwischenform zur Herstellung der Bogendruckformen. Ein Bogen sollte 150 Marken umfassen, und dementsprechend mußte auch die Druckform aufgebaut werden.
Die ersten fertigen Bogendruckformen sind jeweils aus 150 Einzelklischees zusammengesetzt worden. Dabei mußte für jede Marke im Bogen ein Druckstock hergestellt werden. Die 150 Einzeldruckstöcke wurden dann in einem Rahmen zusammengeschlossen. Das 150malige Abformen der Originalstempel, das Einhängen der Abformung in das galvanische Bad, das Zuwarten, bis das Kupferplättchen unter Stromeinfluß dick genug geworden war, das Einrichten und Beschneiden der Kupferplättchen und das Hintergießen mit Metall erforderte einen erheblichen Zeit– und Arbeitsaufwand. Deshalb wurden bei C. Naumann bald von jedem Originalstempel auf galvanoplastischem Wege nur noch sechs Abformungen gemacht. Sie wurden zu einem Block in der Anordnung von drei Reihen zu je zwei Stück als Zwischenform zusammengestellt. 25 Abformungen von diesem Block ergaben dann die Bogendruckform von 150 Marken.

F. II. Thurn und Taxis – Briefmarkendruck

Die gezeigten sieben Formen sind nicht zur selben Zeit entstanden. Die Sechserform für 1 Kr. stammt vermutlich noch von Ende 1851. Die Form für 1/3 Sgr. wurde Anfang 1858 hergestellt, die Formen für die Marken zu 5 und 10 Sgr. sowie 15 und 30 Kr. stammen aus dem Sommer 1859. Die Form für 3 Kr. dürfte im März 1863 als Ersatz hergestellt worden sein, da die alte Form unbrauchbar geworden war.

Lit.: Schnell (1989) S. 1564/1565.

Regensburg, FZA, Druckstöcke K. 6   M.S.

9 PAPIER– UND FARBPROBEN ZUR ERSTEN UND ZWEITEN MARKENAUSGABE

1851 Dezember – 1859 Juni Frankfurt
Probedrucke in diversen Farben und auf verschiedenen Papieren, Drucke von C. Naumann in Frankfurt. Aus der Sammlung Arthur Salm, Chicago, u.a.

Probedrucke wurden nicht nur vor der Herstellung der ersten Thurn und Taxis–Briefmarken 1851 gemacht. Immer wenn neue Werte eingeführt oder andere Farben gedruckt werden sollten, wurden Probedrucke in mehreren Farben hergestellt, um die Wirkung der beabsichtigten Neuerung oder Änderung beurteilen zu können.

Anfang 1854 wurde die 1/4 Silbergroschen–Marke eingeführt, mit der auch das Bestellgeld vom Absender vorausbezahlt werden konnte; bis dahin war es vom Empfänger zu entrichten.

Ab 1. Juli 1858 wurde das Porto für Drucksachen im Postgebiet mit Groschenwährung von 1/2 auf 1/3 Sgr. ermäßigt, wofür eine weitere neue Marke eingeführt werden mußte. Für beide Wertstufen stellte Naumann neue Druckformen und davon Probedrucke her. Im Jahr 1859 entschloß sich die Postverwaltung, die Briefmarken nicht mehr in schwarzer Farbe auf farbigem Papier zu drucken, denn die Stempel waren auf dem Schwarzdruck und dem zum Teil recht dunklen Papier häufig schlecht zu erkennen. Fortan wurden die Marken farbig auf weißem Papier gedruckt. Wiederum wurden zunächst Probedrucke hergestellt, allerdings nur mit der Druckform eines Wertes (3 Kr.). Zur Beurteilung der Wirkung reichte dies aus.

Lit.: Krötzsch (1915) S. 52/53 – K.K. Doberer, Essais und Probedrucke altdeutscher Staaten, Nürnberg 1963, S. 42.

Regensburg, FZA, Postdokumentation 019   M.S.

10 ENDGÜLTIGER DRUCK DER ERSTEN MARKENAUFLAGE

a) 1851 November 10/21 Frankfurt
1851 November 25 Frankfurt (Genehmigung)
Ausf., 7 S. m. 2 Petschaften

Vertragsabschluß zwischen Generalpostdirektionssekretär Jakob Hoffmann namens der Generalpostdirektion und C. Naumann's Druckerei in Frankfurt, mit Genehmigung durch die Generalpostdirektion.

Naumann verpflichtete sich unter entsprechenden Auflagen, die Druckmaterialien *in approbirten beiden Zeichnungen* zu liefern und von den Originalplatten Probedrucke anzufertigen. *Auf jeden guten Bogen des zu liefernden Papiers werden zwei Abdrücke, jeder mit 150 Freimarken, gedruckt.* Die Bogen waren zu gummieren. Mit dem Markendruck sollte Anfang Dezember begonnen werden. Bis 18. Dezember sollten mindestens 3 Millionen Marken, der Rest der Auflage in der zweiten Monatshälfte *in tadelloser Beschaffenheit* geliefert werden. Naumann erhielt für den Druck von je 1 000 Blatt (Bogen zu 150 Marken) 8 Gulden, für das Gummieren und Satinieren dieser Bogen nochmals 8 Gulden.

b) 1852 im Januar Frankfurt
Ausf.; Dankschreiben der Generalpostdirektion

Die Generalpostdirektion dankt der C. Naumann's Druckerei für die *bei der gegebenen kurzen Zeitfrist besonders schwierige Aufgabe* der Druckplattenherstellung, ferner für den *Druck der ersten, 10 1/2 Millionen starken Auflage, der ... so schnell, so gewissenhaft und in so tadelloser Weise ausgeführt* worden ist.

Lit.: Probst (1967).

Regensburg, FZA, Postdokumentation   E.P.

11 FÜNF BRIEFMARKEN–AUSGABEN

1852–1866
Geschnittene, farblos und farbig durchstochene Freimarken aus der gesamten Markenzeit. Druck von C. Naumann's Druckerei, Frankfurt. Farbiges Papier von C.P. Fues, Hanau, weißes Papier von Gebr. Buhl, Ettlingen

Die Marken sind von Ende 1851 bis zum Sommer 1866 in 14 verschiedenen Druckauflagen hergestellt worden. In einigen Auflagen wurden alle Wertstufen neu gedruckt, in manchen auch nur wenige Werte, von denen die Vorräte an der Oberpostkasse auszugehen drohten. Insgesamt sind, wenn die überlieferten Zahlen nicht korrigiert werden müssen, ca. 1,1 Millionen Bögen zu je 150 Marken, also 165 Millionen Marken, gedruckt worden.

Fast anderthalb Jahrzehnte mußten die Marken an den Postschaltern mit Schere oder Messer vom Bogen geschnitten werden. Da die Zwischenräume sehr schmal waren, wurden die Marken dabei meistens *angeschnitten*. In der vorletzten Auflage im Sommer 1865 wurden deshalb die Bögen erstmals *durchstochen*, und zwar in einem gesonderten Arbeitsgang nach dem Druck. Dadurch kam der Durchstich jedoch nicht zentrisch um die einzelnen Marken, sondern zum Teil sogar ins Markenbild. Bei der letzten Auflage im Sommer 1866 wurden die Durchstichleisten gleich in die Druckform eingebaut. Druck und Durchstich erfolgten jetzt in einem Arbeitsgang. Der nunmehr farbige Durchstich saß im Gegensatz zur vorletzten Auflage zentrisch um die Marken.

Philatelisten ordnen die Verschiedenheiten, die in 15 Jahren Markendruck entstanden sind, allerdings nicht

nach den 14 Auflagen, sondern nach fünf Ausgaben. Dabei werden alle Marken aus einem bestimmten Zeitraum nach gemeinsamen äußeren Merkmalen zusammengefaßt:
1. Ausgabe: Marken in schwarzem Druck auf farbigem Papier.
2. Ausgabe: farbiger Druck auf weißem Papier.
3. Ausgabe: Farbänderungen in Anlehnung an die entsprechenden Wertstufen bei allen Postverwaltungen im Deutsch-Österreichischen Postverein.
4. Ausgabe: Marken mit farblosem Durchstich.
5. Ausgabe: Marken mit farbigem Durchstich.

Dieses System hat sich zwar zur allgemeinen Orientierung als recht praktisch erwiesen, wird aber den historischen Verhältnissen nicht gerecht. Unterschiede, die durch den Druck in verschiedenen Auflagen bedingt sind, werden durch die Zusammenfassung zu *Ausgaben* verwischt. Erst in den letzten Jahren hat sich die Philatelie der Erforschung der Auflagen zugewendet.

Lit.: M. Eckardt u. G. Stail, 100 Jahre Thurn und Taxis'sche Freimarken. In: APB 22 (1952/1) S. 31–32 u. Anlagen – Lindenberg (1921) – Probst (1967) – M. Schnell, Die Auflagen der Thurn und Taxisschen Freimarken. In: Mitteilungen der Arge Thurn und Taxis, N.F. 31 (1985) S. 933–940.

Regensburg, FZA, Postdokumentation 020   M. S.

12 MARKENBESCHREIBUNGEN IN OFFIZIELLEN BEKANNTMACHUNGEN

1853 Juni 15 Frankfurt
Drucke:
a) *Instruction über die Frankirung der Correspondenz durch Marken* – 10 S. u. Beilagen
b) *Bekanntmachung. Die Frankirung der Correspondenz durch Marken betreffend.* 2 S.

Die beiden für den Innendienst bzw. für die breite Öffentlichkeit bestimmten Drucke beschreiben in § 2 ausführlich die für die beiden Währungsgebiete erschienenen Briefmarken. § 17 erwähnt, daß sich das Hauptdepot der Freimarken bei der Fürstlichen Oberpostkasse in Frankfurt befand. Nach § 18 sollte jeweils der überschlägige Bedarf von zwei Monaten bezogen werden. Der Instruktion sind – neben einem Verzeichnis der neu eingeführten taxisschen Nummernstempel – Formularmuster zur Markenbestellung und zur Abrechnung bezogener Briefmarken beigegeben.

Regensburg, FZA, Postakten 2439   E.P.

13 ZUSATZVEREINBARUNGEN MIT DER NAUMANN'SCHEN DRUCKEREI

1853 Oktober 27/31 Frankfurt
Ausf. 3 S. m. 2 Petschaften;
Ergänzungsvereinbarungen zum Vertrag vom 10./21. November 1851
aufgeschlagen Schlußseiten mit Genehmigung

Die Vertragsergänzungen wurden durch die Herausgabe eines 1/4 Sgr.-Wertes, für den erst Druckplatten erstellt werden mußten, nötig. Es waren *mindestens 170 galvanoplastische Vervielfältigungen der Platte zu machen, 150 Stück waren zu einer Druckplatte zu vereinigen.*

Die Kosten hierfür wurden auf 125 Gulden festgelegt. Hinweise auf den bevorstehenden Druck der neuen Marke auf orangefarbigem Papier, ferner der 1 Kr. auf blaßgrünem, der 3 Kr. und 1 Sgr. auf blauem Papier.

Lit.: Probst (1967).

Regensburg, FZA, Postdokumentation   E.P.

14 HOHE PORTOSÄTZE VERLANGEN HOHE BRIEFMARKEN-WERTSTUFEN

1858 August 23 Frankfurt
Bericht der Generalpostdirektion, Antrag auf Druckbewilligung; 7 S.

Der Antrag wird u.a. mit der umfangreicheren Korrespondenz nach Übersee, nach Nordamerika und Australien begründet, wo je nach Route 33–58 Kr. bzw. 9 3/4 – 16 3/4 Sgr. schon im einfachen Satz anfielen. Die Generalpostdirektion versprach sich auch durch die höheren Wertstufen eine leichtere Portokontrolle. Vorgeschlagen wurden für die süddeutsche Währung Marken zu 15 und 30 Kr., für die Talerwährung Marken zu 5 und 10 Sgr. Die Regensburger Entscheidung fiel bereits am 31. August positiv aus. Für die Drucklegung sollten die früher festgesetzten Bedingungen maßgebend sein.

Lit.: Probst (1967)

Regensburg, FZA, Postakten 2490   E.P.

15 ORIGINALPLATTEN DER HOHEN WERTE

1858/59 St. Petersburg
Zwei Platten aus Kupfer, eine für 5 und 10 Silbergroschen und eine für 15 und 30 Kreuzer. Markenzeichnung inklusive Seiteninschriften seitenrichtig und vertieft graviert. Rückseite unbearbeitet. Entwurf und Gravur von Franz Michaelowitsch Kepler, St. Petersburg
Platten jeweils ca. 61 x 42 mm in Kassette

Die Druckerei griff für die Gestaltung der neuen hohen Wertstufen auf einen hervorragenden Fachmann zurück, der 1836 bis 1844 bei C. Naumann in Frankfurt ausgebildet worden war, inzwischen aber in St. Petersburg lebte: Franz Michaelowitsch Kepler. Er war dort seit Anfang 1853 Chef der Graveurabteilung in der russischen Staatsdruckerei. Kepler entwarf eine völlig neue Zeichnung und gravierte auch die Originalplatten selbst. Ob das in St. Petersburg geschah oder vielleicht anläßlich eines Besuches in Deutschland, ist ebensowenig bekannt wie weitere Details der Kontakte zwischen Naumann und Kepler. Von den beiden Originalplatten wurden bei Naumann nach der inzwischen offensichtlich bewährten Methode über Einzel- und Sechserformen die Bogendruckformen hergestellt. Die Platten sind später mit einem bräunlichen Schutzlack überzogen worden.

Lit.: H. Krötzsch, Franz Michaelowitsch Kepler † und Jacques Wiener †, zwei berühmte Postwertzeichen-Graveure. In: DBZ 1909, S. 67–69 – s. dazu auch M. Schnell, Wer entwarf

F. II. Thurn und Taxis – Briefmarkendruck

die Thurn und Taxisschen Freimarken? In: Mitteilungen der Arge Thurn und Taxis, N.F. 28 (1984) S. 828–830 u. N.F. 29 (1985) S. 869–870 – Zum Termin, wann die Überlegungen zur Herstellung hoher Werte einsetzten: M. Schnell, Auflagezahlen der ersten drei Marken–Auflagen. In: Mitteilungen der Arge Thurn und Taxis, N.F. 38 (1987) S. 1283–1289.

Regensburg, FZA, Druckstöcke K. 5   M.S.

16   DRUCKPROBEN UND FARBPROBEN ZU DEN HOHEN WERTSTUFEN
1859 April Frankfurt
a) Andrucke der neuen Wertstufen, noch mit zwei Randlinien
b) Probedrucke in zehn verschiedenen Farben auf Albumblatt. Hergestellt in C. Naumann's Druckerei, Frankfurt. Aus der Sammlung von Arthur Salm, Chicago, u.a.

Im Jahr 1859 wurden die Marken erstmals in farbigem Druck auf weißem Papier hergestellt. Zur Farbauswahl fertigte die Druckerei von allen hohen Werten vor dem eigentlichen Auflagendruck Probedrucke in verschiedenen Farben an. Darunter waren auch die Farbtöne, für die man sich dann endgültig entschied: Lila für 15 Kr. und 5 Sgr., Orange für die höchsten Werte zu 30 Kr. und 10 Sgr. Die Farbproben dürften im April 1859 entstanden sein, denn Naumann hatte seinem Gutachten vom 21. April 1859 über ein fremdes Druckangebot (s. oben Kat.Nr. 3) bereits Probedrucke der 5 Silbergroschen–Marke in Schwarz und mehreren Farben beigefügt. Bereits am 25. Mai wurde für den Druck der hochwertigen Marken der Vertrag mit C. Naumann's Druckerei geschlossen. Der Auflagendruck begann am 23. Juli 1859.

Lit.: Krötzsch (1915) S. 52/53.

Regensburg, FZA, Postdokumentation 019   M.S.

17   BOGENDRUCKFORM DER 30 KR.–MARKEN
1859 Mai/Juni Frankfurt
25 Sechsergalvanos, jeweils auf hohle Metallstege aufgeblockt, Stege mit Punzen an der unteren Schmalseite von 1 bis 25 durchnumeriert.
Aus C. Naumann's Druckerei, Frankfurt
Sechsergalvanos jeweils 44,5 x 68 x 25 mm,
Bogendruckform 30 x 20 x 2,5 cm

Bei der Anfertigung der Bogendruckformen für die hochwertigen Briefmarken konnte Naumann auf eine fast achtjährige Erfahrung im Druck und in der Herstellung der Druckformen für die Thurn und Taxis–Marken zurückblicken, man hat sich also bewährter Verfahren bedient. Von den Originalplatten sind auf galvanoplastischem Wege Einzelstempel hergestellt worden, die zu einer Sechserform zusammengesetzt wurden. Diese Sechserform wurde galvanoplastisch vervielfältigt, und 25 dieser Vervielfältigungen wurden sorgsam bearbeitet, auf Metallstege geblockt und zur Bogendruckform zusammengesetzt. Damit die Bogendruckform beim Druck weiterer Auflagen immer wieder in gleicher Weise zusammengesetzt werden konnte, sind die Sechser–Druckstöcke von 1 bis 25 durchnumeriert worden. Sie wurden in waagrechten Reihen, beginnend links oben, auf eine Platte mit einem Rahmen rundum – das Druckschiff – gesetzt. Durch Holzkeile zwischen Rahmen und äußeren Druckstöcken wurden alle Teile auf der Platte fest zusammengeklemmt. Nach dem Druck gingen alle Druckstöcke zur sicheren Aufbewahrung in die Oberpostkasse der Generalpostdirektion zurück. Die Druckschiffe gehörten der Druckerei und verblieben dort zur anderweitigen Benutzung. Beim Druck einer neuen Auflage mußten die Bogendruckformen also stets neu aufgebaut werden; deshalb die Numerierung.

Lit.: Schnell (1989) S. 1556 f., 1563 ff.

Regensburg, FZA, Markendruckmaterialien   M.S.

18   DRUCKBOGEN DER 30 KR.–MARKEN
1859 Juli/August Frankfurt
Original–Druckbogen zu 150 Marken,
in 15 waagrechten Reihen zu je zehn Marken.
Druck von C. Naumann, Frankfurt,
Papier von Gebr. Buhl, Ettlingen

Die vier hochwertigen Marken sind – jeweils knapp 10 000 Blatt – zwischen 23. Juli und 19. August 1859 nur in *einer* Auflage gedruckt worden. Es war die fünfte der insgesamt 14 Druckauflagen. Das Papier wurde nicht mehr, wie bisher, von C.P. Fues aus Hanau bezogen, sondern von der Papierfabrik Gebr. Buhl im badischen Ettlingen. Nach einer Aktennotiz kamen die Marken bereits ab 23. August an die Poststellen zur Versendung. Bisher war als offizielles Ausgabedatum in der Literatur für die Silbergroschen–Marken der 14. September und für die Kreuzer–Marken der 2. Oktober angegeben worden.

Lit.: W. Eisenbeiß, Die Forschung ist noch lange nicht am Ende. In: Festschrift zur Bayerischen Landesbriefmarken–Ausstellung, Regensburg 1965, S. 31–39 – Lindenberg (1921) S. 138 – Probst (1967) – Zum Ausgabetermin vgl. M. Schnell, Wann erschienen die hochwertigen Freimarken? In: Mitteilungen der Arge Thurn und Taxis, N.F. 34 (1986) S. 1079–1083.

Regensburg, FZA, Postdokumentation, Druckbogen   M.S.

19   MARKENDRUCK UND MARKENAUFLAGEN ZWISCHEN 1853 UND 1859
Nach 1859 [Frankfurt]
Interne Aufzeichnungen zur Drucklegung

Das Schriftstück, in diesem Zusammenhang wegen der darin genannten Zahlen aufschlußreich, verdankt sein Entstehen personellen Umständen beim Aufsichtspersonal während des Markendrucks. Nachgewiesen werden neben den fünf Druckphasen zwischen November

1853 und November 1859 mit einem Zeitaufwand von 28 bis 51 Tagen die Frankaturwerte der jeweils gedruckten Marken, dann aber auch – in drastischen Worten – die Schwierigkeiten, die mit den Überwachungsaufträgen verbunden waren: *bei 26–30 Grad Hitz in einem kleinen Local mit 16 Personen, einem fast unausstehlichen Terpentin–, Farben und –––– Geruch.* Weiterhin beklagte der Verfasser der Notizen, daß *die Drucker und die bei der Fabrikation beschäftigten Arbeiter ... ansehnliche Gratifikationen von der Verwaltung bekommen, abgesehen aber davon, so werden sie für jede Stunde Mehrarbeit über die vorgeschriebene Zeit auch noch von der Druckerei besonders honoriert.* Diese unterschiedliche Behandlung führte zu Klagen.

Lit.: Probst (1967).

Regensburg, FZA, Postakten 2436   E.P.

20 „GRÖSSTE BEKANNTE EINHEITEN" DER ERSTEN UND ZWEITEN AUSGABE

Bei den ersten Markenausgaben sind „ungebrauchte" Bogenteile äußerst selten. Es gibt u.a. sogar Wertstufen, von denen schon Viererstreifen oder Viererblocks Raritäten sind. Die Briefmarken waren damals keine Sammelobjekte; sie wurden so lange am Schalter verbraucht, bis alle Reste aufgebraucht waren und durch eine neue Ausgabe ersetzt wurden. Diesem Umstand verdankt auch der Neudruck taxisscher Marken 1909 (s. unten Kat.Nr. 29) sein Entstehen. Bei den *jüngeren* Ausgaben, der vierten und fünften Emission, ist das Verhältnis gerade umgekehrt.
Beispiele: a) 1. Ausgabe 1852/58: 1/3 Sgr., 56er–Einheit 7:8 – b) 1. Ausgabe: 1 Kr., 40er–Einheit, oberer Bogenteil 10:4, mit allen drei Rändern – c) 2. Ausgabe 1859/61: 3 Kr., 25er–Block vom linken Rand.

Regensburg, FZA, Postdokumentation   E.P.

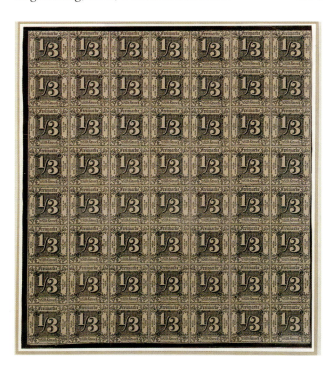

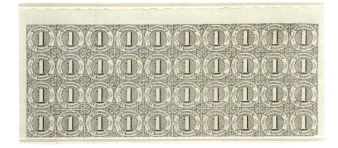

21 DRUCKABARTEN UND DRUCKZUFÄLLIGKEITEN BEI DER DRITTEN AUSGABE

Farbunterschiede bei Taxis–Marken sind vor allem durch mehrfache Druckauflagen einer Wertstufe bedingt. Es kann allerdings nicht ausgeschlossen werden, daß auch andere momentane Umstände, so z.B. die Lichtverhältnisse oder die Farbzusammensetzung, eine Rolle spielen konnten. Dies führte dann meist zu helleren oder dunkleren Farben. Im Gegensatz zu „gebrauchten", also abgestempelten Postwertzeichen lassen sich Farbunterschiede bei ungestempelten Marken, gerade bei Blocks und größeren Einheiten, deutlicher zeigen.
Beispiele: a) 1/3 Sgr. linke obere Bogenecke (4:4); ebenso rechte obere Bogenecke (5:4) – b) 2 Sgr. Rand– und Eckrandeinheiten (3:3, zweimal 5:2) – c) 3 Sgr. (5:3 und kleinere Einheiten).

Regensburg, FZA, Postdokumentation 021   E.P.

22 DRUCKABARTEN UND DRUCKZUFÄLLIGKEITEN BEI DER FÜNFTEN AUSGABE

Beispiele: a) 1/4 Sgr., 16er–Eckrandblock, schmaler Rand, Farbabklatsch; 9er–Eckrandblock unten rechts, sehr breiter Rand, mit Papierfalte in der untersten Reihe – b) 1 Sgr., linke Randstücke: fehlender Durchstich – c) 6 Kr. rechtes unteres Eckrandpaar: dickes Papier; rechtes oberes Eckrandpaar: dünnes Papier – d) 1/3 Sgr., 20er–Eckrandeinheit, breiter Rand: Farbabklatsch – e) 1 Sgr., 25er linke obere Bogenecke, extrem breite Ränder: fehlender Farbdruck durch umgeschlagene Bogenecke – f) 2 Sgr., 30er-Einheit, links mit extrem breitem Bogenrand: fehlender Farbdruck bei einer Marke der vierten senkrechten Reihe; Einzelmarken mit „Spieß" am oberen Markenrand.

Regensburg, FZA, Postdokumentation 022   E.P.

23 *COUVERT*-ESSAY VON C. NAUMANN
1861 Frühjahr Frankfurt
Weißer Briefumschlag mit Abdruck des Druckstempels der ½ Silbergroschen–Marke in Hellgrün. Aus C. Naumann's Druckerei, Frankfurt
Umschlag 87 x 147 mm

Im Gegensatz zu vielen anderen *altdeutschen* Staaten zögerte Thurn und Taxis, Briefumschläge mit eingedrucktem Wertstempel einzuführen. Die Herstellung erschien zu kostspielig und der Nutzen zu gering, denn das Publikum faltete seine Briefbögen lieber nach alter Manier zusammen, ehe es erst am Postschalter einen Umschlag kaufte. Behörden stellten sich teilweise noch in den siebziger Jahren aus alten Aktenblättern ihre Umschläge selbst her. Die positiven Erfahrungen der Postverwaltungen von Preußen, Hannover, Braunschweig, Oldenburg, Mecklenburg-Schwerin, Sachsen und Baden bewogen die Generalpostdirektion Anfang 1861 endlich, ebenfalls sogenannte *Franko-Couverte* einzuführen. Am 17. März erteilte Fürst Maximilian Karl dazu die Genehmigung. Man wandte sich an die Stelle, die am meisten Erfahrung mit der Herstellung solcher Umschläge hatte: an die Preußische Staatsdruckerei. Diese druckte die Franko-Couverte für fast alle anderen deutschen Postverwaltungen.

Ob zu diesem Zeitpunkt auch offizielle Verhandlungen mit Naumann geführt wurden, ist nicht bekannt. Auf jeden Fall hat diese Druckerei vom Entschluß der Generalpostdirektion erfahren. Sie bedruckte daher Umschläge mit dem Druckstempel der 1 Silbergroschen-Briefmarke und legte sie als Muster der Generalpostdirektion vor. Den Auftrag zur Herstellung der Franko-Couverte erhielt allerdings die Preußische Staatsdruckerei. Von den Naumann'schen Umschlägen sind nur zwei Exemplare bekannt. Sie wurden 1890 im Nachlaß des taxisschen Postregie-Verwalters Johann Gottfried Stoer in Frankfurt gefunden.

Lit.: W. Berchelmann, Die Thurn und Taxis'schen Postwertzeichen, Poststellen und Abstempelungen im Großherzogtum Hessen. In: DBZ 1912, S. 35–37, S. 102/103 – Glasewald S. 49–52 – Lindenberg (1891), (1892). M.S.

24 COUVERT-ESSAYS DER PREUSSISCHEN STAATSDRUCKEREI

1861 Frühjahr Berlin
Zwei Umschläge zu 1 Sgr. und 3 Kr., Wertstempel in Karmin, mit schräg gestelltem grünem Überdruck, Stich von H.G. Schilling, Druck der Preußischen Staatsdruckerei, Berlin
Couverte jeweils 84 x 147 mm

Die Wertstempel für die Umschläge fast aller Länder stammen von H.G. Schilling. Damit die Umschläge der beiden Währungen schon bei flüchtigem Hinsehen zu unterscheiden waren, gab er den Wertstempeln unterschiedliche Formen: achteckig für Silbergroschen, oval für Kreuzer. Bei den endgültig hergestellten Umschlägen wurden diese Stempelformen dann allerdings ausgetauscht. Der Überdruck in kleiner Schrift, der die Wertangabe wiederholt, ist bei den Essays noch grün, beim späteren Auflagendruck war er dann lila. Wahrscheinlich legte die Generalpostdirektion auf eine bestimmte Farbe zunächst keinen besonderen Wert, und die Preußische Staatsdruckerei wählte aus eigenem Antrieb Lila als Farbe des Überdrucks. Von den beiden Couvert-Essays mit grünem Überdruck waren Lindenberg vor hundert Jahren nur jeweils drei Exemplare bekannt.

Der Druckvertrag mit der Preußischen Staatsdruckerei wurde am 10. Juni 1861 geschlossen. Im August und September wurden annähernd eine Million Umschläge geliefert, und vom 1. Oktober an konnten sie benutzt werden. Die Preußische Staatsdruckerei stellte bis Ende 1865 Umschläge her, dann ging der Druckauftrag doch noch an Naumann in Frankfurt.

Lit.: Lindenberg (1891 u. 1892).

Regensburg, FZA, Postdokumentation 019 M.S.

25 DRUCK- UND PRÄGESTEMPEL FÜR FRANKO-COUVERTE

1861 Sommer Berlin
34 Stahlstempel für die Herstellung von Franko-Couverten in Silbergroschen- und Kreuzer-Währung, in Holzkasten mit Aufschrift *Thurn und Taxis*, Stich von H.G. Schilling, hergestellt in der Preußischen Staatsdruckerei, Berlin
Holzkasten der Zeit, 255 x 450 x 54 mm

Der 1861 abgeschlossene Vertrag mit der Preußischen Staatsdruckerei wurde am 10. November 1865 auf Naumann übertragen. Die Druckstempel zur Herstellung der Umschläge gingen am 13. Dezember 1865 von Berlin nach Frankfurt. Außer den Formen, die in der Preußischen Staatsdruckerei in Gebrauch gewesen waren, wurden auch neue Formen für neu eingeführte Umschläge im Werte von 1 Kr. und 1/4 Sgr. geliefert. Die Stahlringe für den Überdruck mußten für Naumann in Berlin extra angefertigt werden. Ob möglicherweise auch die übrigen Stahlformen für den Frankfurter Druck in Berlin 1865 neu hergestellt worden sind, ist ungeklärt.

Der Holzkasten aus Berlin enthält für jede Wertstufe mehrere vertieft und seitenverkehrt geschnittene Stahlformen (Matrizen) sowie eine erhabene und seitenrichtige Gegenform aus Stahl (Patrize). Der Druck erfolgte als Weißprägedruck, d.h. alle erhaben geprägten Teile der Zeichnung blieben weiß, der Grund und die Schrift wurden farbig. Farbdruck und Prägung erfolgten in einem Arbeitsgang: Die Matrize wurde eingefärbt und übertrug die Farbe nur in den nicht vertieften Teilen aufs Papier, während zugleich die erhabene Gegenform von der Rückseite her das Papier in die nicht eingefärbten Vertiefungen der Matrize preßte. Die Stahlformen gingen nach dem Druck an die Oberpostkasse der Generalpostdirektion in Frankfurt zurück. Von dort kamen sie nach 1867 nach Regensburg.

Lit.: Lindenberg (1891) S. 65/66, (1892) S. 39–41.

Regensburg, FZA, Druckstöcke K. 16 M.S.

26 KONKURRENZ IM DRUCKGEWERBE: OSTERRIETH UND NAUMANN
1864 April 20 Frankfurt
Bericht und Kostennachweis der
Generalpostdirektion

Mit dem Bericht legte die Generalpostdirektion eine Punktation zu einem Vertrag über die Lieferung von *Couverten* durch die Buchdruckerei Osterrieth vor. Gleichzeitig wird ausgeführt, daß im Kalender-Jahr 1863 insgesamt 19 900 große und 2 062 300 kleine *Couverte* bezogen wurden. Die Herstellungskosten beliefen sich auf 8 918 fl. (Gulden) 48 Kr., die Transportkosten auf 483 fl. 22 1/2 Kr.

In Regensburg wollte man indes abwarten: es sollte noch geklärt werden, *ob nicht etwa die Naumann'sche Druckerei in Frankfurt ... mit einem günstigeren Angebot herantritt.*

Regensburg, FZA, Postakten 2429   E.P.

27 GANZSACHEN-DRUCKVERTRAG MIT DER NAUMANN'SCHEN DRUCKEREI
1864 November 10/18 Frankfurt
Ausf., Vorvertrag; aufgeschlagen 3. und 4. Seite

Entsprechend der Regensburger Ansicht kam noch 1864 mit Naumann und B. Dondorf eine Vereinbarung zustande, die für drei Jahre den Druck der *Franko-Couverte* durch Naumann sicherstellte. Als Herstellungspreis wurden vereinbart für je 1 000 Umschläge, *muster- und vertragsmäßig gut ausgeführt und gut verpackt*, im kleineren Format 3 fl. 35 Kr., bei der größeren Sorte 4 fl. 8 Kr.

Regensburg, FZA, Postdokumentation   E.P.

28 FRANKO-COUVERTE
1861 bis 1866 Berlin und Frankfurt
a–f) Briefumschläge mit Wertstempel-Aufdruck in drei verschiedenen Formaten. Druck der Preußischen Staatsdruckerei, Berlin, und von C. Naumann's Druckerei, Frankfurt; Umschlagformate 84 x 147, 115 x 149 und 63 x 147 mm
d–f) zusätzlich mit Druckzufälligkeiten (Blinddrucke)

Nach längerem Zögern machte das Publikum doch recht regen Gebrauch von der Neuerung. Die Preußische Staatsdruckerei mußte in rascher Folge immer wieder Umschläge nachdrucken. Bis zum November 1865 stellte sie in elf Auflagen weit über 5 Millionen *Franko-Couverte* in zwei verschiedenen Formaten her. Der schräg gestellte Überdruck in kleiner Schrift war nur bei der ersten Auflage in Lila erfolgt. Mit dieser Farbe unterschied die Staatsdruckerei die taxisschen Umschläge von denen der anderen deutschen Staaten. Bereits für die zweite Auflage 1861 ordnete die Generalpostdirektion jedoch den Überdruck in der Farbe des Wertstempels an. Dadurch sollte die Kontrolle beim Sortieren der verschiedenen Umschläge erleichtert werden.

Im November 1865 ging der Auftrag zur Herstellung der Franko-Couverte an Naumann's Druckerei über. Er stellte neben dem normalen Format noch etwas kleinere Umschläge im sogenannten Damenformat (63 x 147 mm) her. Außerdem wurde der Prägestempel auf der Couvertklappe geändert. An die Stelle der preußischen Rosette trat ein Posthorn im Strahlenkranz. Naumann druckte 1865/66 mindestens drei Auflagen. So sind insgesamt 14 zeitlich klar getrennte Auflagen zu verzeichnen. Philatelisten unterscheiden allerdings, ähnlich wie bei den Marken, nur vier Ausgaben nach äußeren Merkmalen, wie Farbe des Überdrucks, Form

F. II. Thurn und Taxis – Briefmarkendruck

und Gummierung der Briefklappe, Art des Klappenstempels usw. Die ersten drei Ausgaben der Preußischen Staatsdruckerei werden als *Berliner Druck*, die letzte als *Frankfurter Druck* bezeichnet.

Lit.: W. Beckhaus, Neuer Ganzsachen-Katalog, 2. Lieferung: Die altdeutschen Staaten, Baden bis Thurn und Taxis und Helgoland, Berlin 1956, S. 64–66 – Glasewald (1926) S. 49–52 – Lindenberg (1891 u. 1892).

Regensburg, FZA, Postdokumentation 032/033   M. S.

29 BRIEFMARKEN-NEUDRUCKE 1909

1909 April bis Juni Regensburg
a–c) Neudrucke der ersten bis dritten Markenausgabe
d) Farbunterschiede bei den Neudrucken
e) Offiziell nicht in die Neudruckserie aufgenommener Wert 3 Kr. der vierten Ausgabe
Alle Drucke der Buch- und Akzidenz-Druckerei Georg Brand, Regensburg, Papier von diversen Herstellern

In den siebziger Jahren des vergangenen Jahrhunderts war das Sammeln von Briefmarken bereits so populär geworden, daß zahlreiche Postverwaltungen von ihren ersten Marken Neudrucke herstellen ließen, um die Bedürfnisse von Philatelisten zu befriedigen, so etwa in Österreich, Preußen, Bayern, Hamburg usw. Dies geschah zum Teil sogar auf Bestellung von Briefmarkenhändlern hin.

Die Thurn und Taxissche Verwaltung hielt sich lange zurück. Erst 1906 begann man in Regensburg, sich mit der Möglichkeit eines Neudruckes zu befassen. Die Anregung dazu gab der Regensburger Briefmarkensammler-Verein Ratisbona. Da die Fürstliche Verwaltung zwar die alten Druckformen, aber keine kompletten Bögen von ihren ersten Briefmarken besaß, griff sie schließlich die Anregung auf. In erster Linie sollte der Neudruck dem Zentralarchiv zur Dokumentation eine geschlossene Reihe von Druckbögen aller Werte vermitteln; darüberhinaus sollte ein Teil der Neudrucke auch an Philatelisten abgegeben werden. Den Druckauftrag erhielt die Regensburger Buch- und Akzidenzdruckerei Georg Brand, der hierzu die entsprechenden zehn originalen Bogendruckformen mit jeweils 150 Klischees ausgehändigt wurden. Der Neudruck umfaßte 33 Werte. Er stellte die Druckerei vor erhebliche technische Schwierigkeiten und dauerte, vom ersten Reinigen der alten Druckformen über Zurichtung und Druck bis zum Verpacken, 70 Tage. Anfang Juli 1909 wurden die letzten Bögen an das Zentralarchiv ausgeliefert.

Insgesamt sind 5 480 Bogen gedruckt worden, die erst im Zentralarchiv nach brauchbaren Reindrucken, Fehldrucken und Makulatur sortiert wurden. Damit die neu gedruckten Marken eindeutig von den älteren zu unterscheiden waren, erhielten sie rückseitig den Aufdruck *ND* in violetter Schreibschrift. 825 Bögen, 25 von jeder Markensorte, wurden dem *Sammelsport* zugänglich gemacht. Mit dem Vertrieb wurde der Verein Ratisbona betraut, der schließlich den Rest an den Berliner Händler Kosack verkaufte. Aus dem Erlös konnte die Fürstliche Verwaltung 1918 der Witwen- und Waisenkasse 16 875 Mark zur Verfügung stellen.

Lit.: H. Krötzsch, Thurn und Taxis-Neudrucke. In: DBZ (1911) S. 29/30 – Probst (1967) – O. Rommel, Thurn und Taxis – Restbestände und Neudrucke. In: Berliner Briefmarken-Zeitung (1911) S. 78 f., 99 f., 140 f., 161 f., 203 f. – J. Rübsam, Postgeschichtliche Dokumente aus dem fürstlich Thurn und Taxisschen Archiv. In: DBZ (1910) S. 101 f., dort S. 102/103.

Regensburg, FZA, Postdokumentation 023   M. S.

30 BRIEFMARKEN-NEUDRUCKE 1965

1965 Oktober Kallmünz
Block mit den vier Marken zu 5 und 10 Sgr., 30 und 15 Kr. auf weißem Papier. Druck von Michael Laßleben, Kallmünz. Blocks 104 x 148 mm
a) Text- und Papierprobe
b) Offizielle Auflage zur Förderung der Philatelie
c) Interne Auflage

Anläßlich der Bayerischen Landesbriefmarkenausstellung 1965 wurde auf Anregung der Philatelistenvereinigung Regensburg ein weiterer Neudruck von Thurn und Taxis-Marken hergestellt. Er umfaßte die vier hohen Wertstufen, die 1909 nicht als Neudruck aufgelegt worden waren. Mit dem Druck war die Druckerei Michael Laßleben in Kallmünz betraut. Für diesen Neudruck wurden nicht die alten, bereits benutzten Druckplatten herangezogen, sondern ungebrauchte Reserve-Druckstöcke, die bereits 1859 bei Naumann angefertigt worden sind. Dadurch ist der Neudruck in der Markenzeichnung feiner ausgefallen als die Originale.
Die Auflage betrug 6 000 Stück und diente der Finanzierung und Werbung für die Landesbriefmarkenausstellung. Der Block hat auf der Rückseite den Aufdruck *Das Fürstlich Thurn und Taxissche Zentralarchiv Regensburg zur Förderung der Philatelie,* die Kennzeichnung *ND 1965* und die fortlaufende Nummer, alles in grauer Druckschrift. Für interne und nicht kommerzielle Zwecke hatte das Zentralarchiv weitere 4 000 Neudrucke herstellen lassen, ohne Inschrift, aber mit Aufdruck *ND 1965* und Nummerneindruck. Als die offiziellen Blocks bei der Ausstellung überraschend schnell ausverkauft waren, wurde ein Teil dieser Drucke zum Verkauf freigegeben.

Lit.: K.K. Doberer, Die Neudrucke von Thurn und Taxis vom Oktober 1965. In: Der Sammler-Dienst, Coburg 1966, S. 70; mit Ergänzung in: Berner Briefmarken Zeitung 1966/H. 6–7, S. 81 f. – Probst (1967).

Regensburg, FZA, Postdokumentation   M. S.

360 F. II. Thurn und Taxis – Briefmarkendruck

zu Kat.Nr. F. II.11

F. Thurn und Taxis – Philatelie: eine Tochter der Post

F. III. Thurn und Taxis-Briefmarkenzeit
Ein Philatelistisches Alphabet von der Auslandspost bis zur Zustellungsurkunde

Am 22. Dezember 1851 erließ die Generalpostdirektion in Frankfurt ein Generale, das die Frankierung der Briefe mit Freimarken regelte. Ende Dezember wurden die Marken an die Poststellen verteilt. Ausgenommen waren die Hohenzollernschen Lande, die erst am 1. Juni 1852 dem Postverein beitraten, und die Fürstentümer Lippe, die sich hierzu zum 1. Juli 1853 entschlossen; andererseits erhielten Bückeburg und Stadthagen von Anfang an Freimarken. Anfangs durften nur Postsendungen innerhalb des taxisschen Postgebietes und in die dem Deutsch–Österreichischen Postverein beigetretenen Länder frankiert werden. Einschreibebriefe und Vorschußbriefe waren von der Markenfrankatur zunächst ausgeschlossen, ebenso alle Fahrpostsendungen.

Besonderer Wert wurde auf die Markenentwertung gelegt, um eine wiederholte Benützung zum Schaden der Post zu vermeiden. Bis zur Einführung der sog. Ringnummernstempel mußte jede Marke *durch den Orts- und Datumstempel kräftig bedruckt* werden. Diese Stempel waren auf den Marken und zusätzlich daneben auf der Adressenseite nochmals anzubringen. Hierzu benutzte eine ganze Anzahl von Poststellen zwei verschiedene Ortsstempel, teilweise auch ältere vorphilatelistische Stempel. Das Jahr der Markeneinführung brachte zugleich eine Anzahl von „Versuchsstempeln", zu deren bekanntesten die von Gammertingen, Frankfurt, Hanau und Worms zählen. Die dann ab Januar 1853 eingesetzten Nummernstempel – ähnlich den in Preußen 1850, in Baden 1851 eingeführten Stempeln – erfüllten *durch sichere Markenentwertung* ihren Zweck weit besser als die bisherigen Orts- und Datumstempel. E.P.

Lit.: Haferkamp-Probst Bd. 1 (1976) S. IV/1–4: Einführung der Postwertzeichen und Vorschriften über ihre Entwertung; S. V/1–5: Ortsstempel; S. V/29–33: Versuchsstempel; S. V/43–48: Nummernstempel – E. Probst, Die Einführung der Thurn und Taxisschen Ringnummernstempel und Stempelerfahrungen anderer, insbesondere altdeutscher Staaten. In: Philatelie und Postgeschichte 3, Frankfurt 1967, 1ff.

1 DIE FÜNF POSTWERTZEICHEN-AUSGABEN 1852–1867

Geschlossene Sätze Michel-Nr. 1–54, weitgehend mit der seit 1853 üblichen Ringnummernstempel-Entwertung.

Lit.: Haferkamp-Probst Bd.1–3, 1976–1978.

„Philatelistisches Alphabet"

2 AUSLANDSPOST: BRIEFE FÜR EUROPA

„Markenbriefe" a) nach Großbritannien: nach Glasgow, *TOUR–T FORBACH*, bzw. nach Manchester, *Via Belgium*, (mit *P.D.*-Stempel) – b) nach Italien: nach Florenz und Turin (*P.D.*-Stempel) – c) nach Luxemburg, hdschr. *frco.* – d) in die Niederlande: nach Amsterdam und Rotterdam *Franco* (zwei Stempeltypen) – e) nach Polen: Radom und Warschau – f) nach Rußland: Riga und Reval – g) nach Spanien: Rivadeo (*TOUR–T VALENCIENNES*; *P.P.*-Stempel) und Madrid (*P.D.* Stempel) – h) in die Schweiz: nach *Clarens via Vernex, Canton de Vaud*, und nach Genf.

Lit. zu P.D.- u. P.P.-Stempel: Haferkamp-Probst Bd. 2 (1977) S. XII/1–5 – Deninger (1963) S. 71 u. 74.

3 BAHNHOFSSTEMPEL

Bahnhofsexpeditionsstempel waren teilweise schon vor Markeneinführung im Gebrauch. Es handelt sich hierbei um echte *Ortsstempel* im Gegensatz zu den Streckenstempeln (sonstige *Eisenbahnstempel* s. Kat.Nr. D.IV.e. 20).
In Mainz wurde 1853 im Bahnhof der Hessischen Ludwigsbahn eine Bahnhofs-Postexpedition errichtet. Der große Einkreisstempel ist 1860 eingeführt worden.

Lit.: Haferkamp-Probst Bd. 2 (1977) S. VIII/8–22.

4 BARFRANKIERUNG AUCH NACH EINFÜHRUNG DER BRIEFMARKEN

Vor Einführung der Marken war das Porto vom Absender oder Empfänger nach den entsprechenden Portovermerken bar zu entrichten. Frankierungszwang bestand seit 22. Juli 1858. Für bestimmte Versendungsarten war zunächst die Verwendung von Freimarken nicht möglich.
a) Portonotierung Hohenhausen, 3. August 1852: Porto 1/2 Sgr., Bestellgeld 1/4 Sgr. – b–c) zusätzlich auf der Briefvorderseite *franco* oder *fr.* bzw. im Auslandsverkehr *P.D.* für die vollständige Portoentrichtung.

5 BESTELLGELD

Das Porto setzte sich aus Briefporto und Bestellgeld zusammen. Letzteres betrug einheitlich 1/4 Sgr. bzw. 1 Kr. Vor 1. Januar 1854 Barerhebung des Bestellgeldes vom Absender oder Empfänger. Dann war es möglich, das Bestellgeld bei der Aufgabe durch Marken zu entrichten. Das „geklebte" Bestellgeld mußte deutlich als solches bezeichnet werden. Am 1. Januar 1856 wurde das Bestellgeld, dessen Erhebung immer wieder Anlaß zu Differenzen gab, ganz aufgehoben.

6 BOTENLOHN-STEMPEL

Stempel *2xr.BOTL.* ist u.a. auf Briefen zwischen Fürth im Odenwald und Lindenfels zwischen 1852 und 1858 nachweisbar. Lindenfels wurde nicht durch reguläre Taxis-Briefposten bedient; hier durfte dem vom Staat eingesetzten und bezahlten *Bezirksboten* die Post mitgegeben werden, der dafür in der Regel 1 Kr. vom Empfänger zu erheben hatte. Möglicherweise wegen der größeren Distanz der beiden Orte betrug hier der Botenlohn 2 Kr.

Lit.: Haferkamp-Probst Bd. 2 (1977) S. VII/13 f.

7 DISTRIBUTIONSSTEMPEL AUF BRIEFMARKEN

An größeren Postorten waren ankommende Briefe rückseitig mit einem Distributionsstempel zu versehen. Diese auch *Briefträgerstempel* genannte Stempelart war im taxisschen Bereich seit etwa 1840 an größeren Orten in Gebrauch. Die Stempel wurden nach dem Übergang an Preußen weiter benützt. Vereinzelt kommen derartige Stempel auch auf Briefmarken vor.

Lit.: Haferkamp-Probst Bd. 2 (1977) S. XI/1-12.

8 EINZELFRANKATUREN 1/4 SILBERGROSCHEN PORTOSTUDIE DR. E. SOMMER, BRAUNWALD

Die am Anfang der sechziger Jahre erstellte Studie kennt sieben Varianten derartiger Frankaturen. Erwähnt seien Sendungen im Ortsverkehr, Kreuzband- oder Streifbandsendungen, die *ermäßigte Taxe* im Nahverkehr zwischen in den Tarifen namentlich genannten Orten, Bestellgeldbegleichung bei sonst barfrankierten Briefen, aber auch *spezielle Portoermäßigungen*, zeitlich begrenzt, wie die anläßlich der Brandkatastrophe von Schleiz 1856.
Im Prinzip gilt die Untersuchung in gleicher Weise auch für 1 Kr.-Einzelfrankaturen, wobei sich, bedingt durch das 1 Kr.-Porto in Hohenzollern lt. Generale von 1864, noch weitere Varianten ergeben.

9 EINZELFRANKATUREN HOHER WERTSTUFEN

a) Mit 5 Sgr. frankierte Einschreibebriefe Gotha-Berlin und Hamburg-Tölz (*Chargé*)- u. bzw. *Recommandirt*-Stempel) – b) 10 Sgr.-Frankaturen Bückeburg-London *Via Ostende* (*P.D.*-Stempel) und Neudietendorf-Zeist b. Utrecht, Holland (*Franco*-Stempel) – c) 15 Kr.-Frankatur nach München (*Chargé*-Stempel) – d-e) 30 Kr.-Frankaturen: Wiesbaden-Madras, TOUR-T ANVERS, mit *P.P.*- und *PD*-Stempel.; „gemachte", d.h. philatelistisch verfälschte Einzelfrankatur Darmstadt-Löwen mit *P.D.*- und Chargé-Stempel, Leitvermerk Köln-Lüttich; die zweite Marke wurde abgelöst, um so eine seltene Einzelfrankatur vozutäuschen.

10 ERSTTAG UND LETZTTAG TAXISSCHER UND PREUSSISCHER POSTWERTZEICHEN

a) Briefstück Gotha vom 1. Januar 1852, 1-11 Uhr; mit Faksimile einer undatierten Bekanntmachung über den Schalterverkauf taxisscher Freimarken ab 29. Dezember 1851 und Gültigkeit ab 1. Januar 1852 – b) Briefstück Frankfurt vom 1. Januar 1852, 12-12 1/2 Uhr – c) Letzter Tag der Gültigkeit taxisscher Marken: 30. Juni 1867: Briefstück Creuzburg und Brief von St. Goarshausen nach Castel, letzterer mit der an diesem Ort vorherrschenden blauen Stempelfarbe – d) Nach Übernahme der Post durch Preußen: Erstverwendung preußischer Freimarken in Wiesbaden am 1. Juli 1867 – Verwendung in Hechingen: Brief vom 2. Juli in dem schon seit 1849 preußischen Hohenzollern, in dem trotzdem noch bis 30. Juni 1867 die Post durch Thurn und Taxis wahrgenommen wurde – Letzter Verwendungstag preußischer Marken im ehemals taxisschen Postgebiet: 31. Dezember 1867 in Reinheim. Die preußischen Postwertzeichen wurden ab 1. Januar 1868 von denen des Norddeutschen Postbezirks abgelöst.
Beiliegend Generale über Einführung der Postwertzeichen im taxisschen Postgebiet.

11 „FARBIGE" ORTS- UND NUMMERNSTEMPEL AUF TAXIS-FREIMARKEN

Nach den Vorschriften durfte zur Markenabstempelung nur mit Leinöl verdünnte Buchdruckerschwärze oder wenigstens solche schwarze Farbe verwendet werden, die einen starken Zusatz von Kienruß hatte. Trotzdem hielten sich eine Reihe von Orten vor allem in den ersten Jahren nach Einführung der Marken nicht an diese Anweisungen. Einzelne Postorte stempelten während eines längeren Zeitraumes oder in der ganzen Markenzeit die Marken in blauer, zwischendurch sogar mit roter Farbe. „Grüne" Stempelfarbe für die Abstempelung taxisscher Marken ist in der Literatur sehr umstritten; es wird davon ausgegangen, daß es sich um chemische Veränderung blauer Stempelabdrucke handelt.
a) 1853 Hanau: Nummernstempel *29* zweifarbig einmal rot, einmal schwarz; Ortsstempel rot – b) 1852 und 1853 Gammertingen: Nummernstempel *303* und Ortsstempel (Segmentstempel) rot – c) 1854 Schleiz:

F. III. Thurn und Taxis – Briefmarkenzeit

Nummernstempel *298* und *SCHLEITZ*, rot/rostfarben – d) 1856 *Schleiz* ebenso beide Stempel *blau-grün* – e) 1863 Georgenthal: Nummernstempel *312* und Ortsstempel in der für diesen Ort typischen „wässerig-blauen" Farbe – 1853/55 Stadtilm: blau.

Lit.: Haferkamp–Probst Bd. 2 (1977) S. XV/1–5.

12 FREMDMARKEN MIT TAXIS–STEMPELN – FREMDSTEMPEL AUF TAXIS-POSTWERTZEICHEN

Postwertzeichen fremder Verwaltungen mit taxisschen Poststempeln – gleiches gilt für Taxis-Marken mit Stempeln fremder Postanstalten – verdanken ihr Entstehen oft unterschiedlichen Umständen: es können nachträgliche Entwertungen sein, es können auch andere Gründe maßgebend gewesen sein. Auf Einzelmarken ist eine Beweisführung praktisch nicht möglich.

Fremdmarken:
a) Taxis–Stempel auf Briefmarken von Baden, Hannover und Sachsen – b) Ganzsache Braunschweig mit nachträglicher Entwertung *259* von Pösneck – c) 4 Pfg.–Preußen Streifbandfrankatur von Dillenburg (Taxis) nach Rheinberg (Preußen); 2 Sgr.–Preußen mit Taxis–Entwertung Hamburg: Brief nach Schierbach.

Lit.: Haferkamp–Probst Bd. 3 (1978) S. XVII/1–10.

Fremdstempel:
d) Preußischer Vierring–Nummernstempel auf 1 Sgr. der 1. Ausgabe – Stempel *Entlastet / Aachen* auf 1 und 6 Kr. der letzten Ausgabe – e) Hannoversche Ortsstempel: Hannover, Lingen – f) Preußische Ortsstempel: *Berlin PE 28* auf 9 Kr. und Berlin *P.E.7* auf 3 Sgr.–Ganzsache – g) Zweizeiler Rahmenstempel von Bingerbrück auf 3 Kr.; hdschr. Zusatz *ungültig*. – h) Sächsischer Ring–Gitterstempel Nr.11 auf 1 Sgr., Ortsstempel Altenburg. Der Absender war lt. Firmenstempel aus Mannheim; der Brief war nach Gera adressiert. Altenburg gehörte zunächst zum taxisschen Postbezirk; ab 1. August 1847 war die Postadministration auf das Königreich Sachsen übergegangen.

Lit.: Haferkamp–Probst Bd. 3 (1978) S. VIII/1–9.

13 FREMDSTEMPEL UND FREMDMARKEN IN DEN HANSESTÄDTEN: KONFUSION IN BREMEN UND HAMBURG

Besonders in den Hansestädten mit ihren Stadtpostämtern und Poststellen anderer Staaten gab es beim Publikum immer wieder Verwechslungen beim Frankieren; bisweilen kam die Sendungsaufgabe beim falschen Postamt erschwerend hinzu. Umspedition, Umrechnung der Franco–Sätze und Rückvergütungen an andere Postverwaltungen waren die automatische Folge.
a) Brief mit Taxis–Frankatur nach Marienbad; vom taxisschen Postamt zuständigkeitshalber dem preußischen Postamt übergeben. Dort irrtümliche Abstempelung des Briefes mit dem Stadtpoststempel; das Stadtpostamt und das preußische Postamt wurden in Personalunion verwaltet – b) Taxissche 3 Sgr.–Frankatur nach Bruchsal: Markenentwertung mit taxisschem Nummernstempel *301*, zusätzlich mit *BREMEN / Bahnhof*–Rahmenstempel der hannoverschen Post – c) Preußische 3 Sgr.–Frankatur auf Brief nach München, zunächst mit Bremer Stadtpoststempel, dann mit taxisschem Nummernstempel entwertet. Der Brief lief zunächst über die Taxis–Post; deswegen Frankaturersatz durch Preußen und hdschr. Zusatz *gültig Th.u.Tax.* – d–e) Briefe nach Lyon und Linz mit Frankaturen des Stadtpostamtes; wegen der Routen Übergabe der Sendungen an die Taxis–Post – f) Mit 3 Sgr. Taxis frankierter Brief nach Grafenhaig i. Vogtland, irrtümlich zunächst beim preußischen Postamt aufgegeben; der preußische Ortsstempel wurde durchstrichen.

14 GANZSACHEN–AUSSCHNITTE

Wertzeichen–Ausschnitte aus Ganzsachen (Umschläge mit eingedrucktem Wertzeichen) durften zunächst nicht verwendet werden, wurden aber fallweise geduldet. Erst eine Verfügung vom 29. Oktober 1864 gestattete die Verwendung von Ausschnitten.
a–c) Sgr.–Bereich: 1/4, 1/2, 2, 3 Sgr., z.T. mehrfach – d–h) Kr.–Bereich: 1, 2, 3 6, 9 Kr., z.T. mit Briefmarken–Zusatzfrankaturen.

15 GRÖSSTE BEKANNTE EINHEITEN AUF BRIEFEN

1. Ausg.: a) 3 Kr. (Sechserstreifen): Brief von Frankfurt nach Bordeaux; b) 6 Kr. (Neunerstreifen): Briefstück, nach Frankreich, mit Zusatzfrankatur – 2. Ausg.: c) 1 Sgr. (Siebenerstreifen): von Gera nach London – 3. Ausg.: d) 1 Sgr. (Sechserstreifen): Briefstück aus Lage – 4. Ausg.: e) 1/4 Sgr. (Fünferstreifen): von Hamburg nach Paris, mit Zusatzfrankatur – 5. Ausg.: f) 2 Sgr. (Viererstreifen): *recommandirt, expreß zu bestellen*, von Münchenbernsdorf nach Oberschöna; g) 6 Kr. (Dreierstreifen): von Frankfurt nach Sheffield.

Lit.: P. Sem, Thurn und Taxis Spezialkatalog 1983, Bamberg 1983, S. 29f. – Grobe (1975) S. 564 ff.

16 GROSSE EINHEITEN DER ERSTEN AUSGABE AUF BRIEF

a) 1/4 Sgr. (Zwölferblock 5/4/3), von Schmalkalden nach Altena/Westf. – b) 1/3 Sgr. (Zwölferblock 6x2 senkrecht + Sechserblock), *Chargé)*, von Hamburg nach Schweinfurt.

17 HALBIERUNGEN

Halbierungen verdanken ihre Entstehen oft Zufälligkeiten. Sie waren weder durch besondere Portosätze bedingt, noch amtlich gestattet oder verboten; meist lassen sie sich taxmäßig auch nicht erklären.
a) Griesheim 1852 nach Homburg: 3 Kr. senkr. halbiert, daneben 1 Kr. – b) Halbierungen zum Schaden der Post. Aufgabeorte Mainz, nach Potsdam, und Friedberg, nach Vilbel – c) Halbierungen mit Fragezeichen: Nummernstempel 134 , Mainz, und Barntrup nach Lemgo.

18 HANDSCHRIFTLICHE ENTWERTUNGEN

Handschriftliche Entwertungen treten vor allem bei Bahnposten auf, dann aber auch bei eiliger Abfertigung oder beim momentanen Fehlen des Stempels. Meist Federkreuzentwertungen, oft mit Nummernstempel-Entwertung am Zielort, teilweise Gitterkreuz.
Beispiel für Ortsangabe mit Datum: *Wasungen 26/9*. Die an der Bahnstation Wasungen (Werra–Bahn Eisenach–Coburg–Lichtenfels) aufgegebenen Sendungen wurden handschriftlich entwertet.

Lit.: Haferkamp–Probst Bd. 1 (1976) S. IX/1–4; zu Wasungen S. VIII/39.

19 LANDPOSTBOTENWESEN UND BRIEFKASTENSTEMPEL

Der Beginn des taxisschen Landpostdienstes war in den einzelnen Vertragsstaaten unterschiedlich. Die Generalpostdirektion handelte mit den von ihr postalisch betreuten Ländern Verträge aus, um das staatliche und private Botenwesen jeweils in eigener Regie zu übernehmen. So kamen Verträge zustande mit Nassau 1853, mit Sachsen–Coburg–Gotha 1858, mit der Großherzoglich Hessischen Regierung 1861 und mit den Hohenzollernschen Landen 1864. Auch die Mevius-Madelungische Botenanstalt innerhalb der thüringischen Lande, 1858 für die taxisschen Posten erworben, mit dem Briefstempel *C.M.E.* (Christian Mevcius Erben) ist u.a. hier erwähnen.
Die Stempel tragen im Regelfall nur den Ortsnamen im Rahmen. Sie durften im allgemeinen nur neben der Marke auf den Brief gesetzt werden. Lediglich wenn die Sendung innerhalb des Ortsbezirkes wieder ausgeliefert werden sollte, entwertete der Zusteller die Marke. Teilweise wurden die Stempel in nachtaxisscher Zeit weiterverwendet, auch als Formularstempel.
a) *KLEIN–UMSTADT: Rahmenstempel schwarz, Markenentwertung in Großumstadt mit Nummernstempel 157* von Großumstadt; 1882 weiterverwendet in blau, Freimarke des Deutschen Reichs mit Federkreuz und Datum entwertet – b) Dienstbrief und Kr.-Frankatur mit Briefkastenstempel *LENGFELD* – c) Dienstbrief *NDR-BEERBACH* nach Darmstadt; *NDR-ERLENBACH* neben den in Vilbel mit Nummernstempel *158* ordnungsgemäß entwerteten Kr.-Marken; *NDR-FLÖRSHEIM* auf 3 Kr.-Briefstück – d) *OBR-MOSSAU* auf Dienstbrief, ferner auf 1 Kr. letzte Ausg. e) *OBR-RODEN* auf Dienstbrief nach Langen; OBERSCHMEIEN blau, offensichtlich als Besitzstempel der örtlichen Gemeindeverwaltung für eine Statutensammlung verwendet.
f–g) Innerdienstliche Weiterverwendung des Stempels *NDR-FLORSTADT 1879* auf einem Posteinlieferungsschein der Reichspost; ebenso 1884 als Quittungsstempel für eine Abonnementquittung des Oberhessischen Anzeigers.

Lit.: Haferkamp–Probst Bd. 2 (1977) S. VII/1–17, Kat. K–LP 1–10 u. Verzeichnisse, S. VII/Anh.1.

20 LAUFSCHREIBEN – LAUFZETTEL

Laufschreiben, teils formlos, teils als gedrucktes Formular, dienten der Ermittlung vermißter Postsendungen. Sie wurden auf Antrag des Absenders vom Absendepostamt den Unterwegsstationen bzw. dem Zielort zugeleitet mit dem Ersuchen, *über die Beförderung und Bestellung oder den Verbleib dieser Sendung auf dem gegenwärtigen Laufschreiben gefällige Auskunft zu ertheilen*.
Die für die Nachforschung angefallenen Gebühren wurden durch Freimarken nachgewiesen.
a) Postexpedition Hirschhorn 1862: 3 Kr.-Frankatur – b) Postamt Coburg 1866: 9 Kr.-Frankatur – c) Postamt Sigmaringen 1867: 6 Kr.-Frankatur.

21 „MISCHFRANKATUREN" IN VARIATIONEN

Der philatelistisch vielfach mißbrauchte Terminus der *Mischfrankaturen* wird hier an drei unterschiedlichen Beispielen gezeigt:

a–b) Mischfrankaturen zwischen zwei verschiedenen Ausgaben taxisscher Freimarken. Beispiel Geisa: Porto 1 Sgr. 2. Ausgabe (farbiger Druck auf weißem Papier); Bestellgebühr 1/4 Sgr. 1.Ausgabe (schwarzer Druck auf farbigem Papier) – Beispiele Kassel und Frankfurt: Mischfrankaturen der 4. (farblos durchstochenen) und 5. (farbig durchstochenen) Taxis–Briefmarkenausgabe.
c) Nicht beanstandete Mischfrankatur von 1/2 Sgr. + 1 Kr. in Eisenach, das zum „norddeutschen" Sgr.-Bereich gehört.
d) Mischfrankaturen mit fremden Postwertzeichen (keine Nachsendebriefe): Preußen 2 Sgr. + Taxis 1 Kr. auf Brief, 1865 von Trier nach Frankfurt, Ringstempel Trier, mit Postvermerk *aus Briefkasten*. – Taxis 1 Sgr. (entwertet mit Nummernstempel *31*) + Preußen 1 Sgr. (hdschr. überschrieben: *frei*) auf Brief, 1859 von Hersfeld nach Marburg.

22 NACHSENDE-BRIEFE MIT POSTWERTZEICHEN ZWEIER POSTGEBIETE

„Pseudo–Mischfrankaturen" entstanden bei Nachsendebriefen, bei denen das Ergänzungsporto in Postwertzeichen des Nachsende- bzw. Empfangslandes nachträglich aufgeklebt wurde.
a) Zusatzfrankatur zu Taxis in Mannheim: Baden 6 Kr. –

F. III. Thurn und Taxis – Briefmarkenzeit

b) Zusatzfrankatur zu Preußen in Jena: Taxis 1 bzw. 1/2 Sgr. wegen Weitersendung nach Sonneberg bzw. Weimar – c) Englische Zusatzfrankatur zu Taxis: 1 P. – d–e) Taxis 16 Kr. auf Brief von Frankreich nach Wiesbaden, weitergeleitet nach Brüssel; 1 Sgr. auf Brief aus der Schweiz, von Detmold weitergeleitet nach Pyrmont – f) Österreichische Zusatzfrankatur zu Taxis: 6 Kr., weitergeleitet von Wien nach Graz – g) Sächsischer Feldpostbrief (1866) nach Wiesbaden mit Taxis-Frankatur wegen Nachsendung nach Runkel und Diez.

Lit.: Haferkamp–Probst Bd. 3 (1978) S. XVI/1–8.

23 NACHTAXIERUNG WEGEN UNGENÜGENDEN PORTOS

Sendungen mit hdschr. Zusatz *reicht nicht*.
a) 2 Sgr.-Frankatur von Fulda nach Bamberg –
b) 6 Kr.-Frankatur von Wiesbaden nach Friedrichshafen.

24 NEBENSTEMPEL IM AUSLANDSVERKEHR – FRANCO- UND PORTOSTEMPEL

Basis der Portostempel ist der 1801 zwischen Frankreich und der Reichspost abgeschlossene Postvertrag, der zur Vereinfachung der gegenseitigen Postabrechnungen bereits Portostempel vorsah. Die 1846 und 1847 zwischen Frankreich und Baden, Bayern, Preußen und Thurn und Taxis erweiterten Postverträge boten die weitere Richtschnur.
Zu unterscheiden sind u.a. PD-Stempel (*Port Destination* – Porto bis zum Bestimmungsort bezahlt), PP-Stempel (*Port Payé* – Porto bezahlt) und Franco-Stempel, jeweils in verschiedenen Schriftarten, teils ohne, teils mit Rahmen usw., in roter, in rostfarbener oder in schwarzer Stempelfarbe. Vereinzelt kommen derartige Stempel auch auf Freimarken vor.
Stempelbelege in die Niederlande, nach Frankreich und in die Vereinigten Staaten, u.a. aus Hanau (*Franco*; *P.D.*), Fulda (*P.D.*, völlig farbabweichend in violettrosa), und Blomberg (Grenzübergang Aachen, *via Ostende mit der geschlossenen preußischen Post*, und PAID-Stempel von Boston).

Lit.: Haferkamp–Probst Bd. 2 (1977) S. XII/1–6 – Deninger (1963) S. 71 u. 74..

25 NEBENSTEMPEL UND HANDSCHRIFTLICHE NEBENVERMERKE IM „INLANDSVERKEHR": BRIEFLADEN- UND VERSPÄTUNGSSTEMPEL

Briefladen-Stempel und *Verspätungsstempel* bilden eine besondere Nebenstempelart. Auch hier handelt es sich um Stempel oder Vermerke, die schon seit langem üblich waren. *Aus dem Briefkasten* oder *Aus der Brieflade* sollten vor allem die Berechtigung erhöhter Portoerhebung nachweisen. *Verspätete Aufgabe* oder *Nach Abgang der Post* wurde dann auf Sendungen angebracht, wenn die entsprechenden Posten bereits abgegangen waren. Dadurch sollten Beschwerden wegen verzögerter Briefzustellung von vorne herein abgewehrt werden. Beide Stempelsorten, vor allem an Orten mit größerem Postaufkommen eingesetzt, gibt es in unterschiedlichen Variationen.
Belege aus Frankfurt: AUS DER BRIEFLADE in zwei Typen; Hamburg: NACH ABGANG DER POST; Hechingen: *Verspätete Aufgabe*; Zusatzstempel aus Frankfurt: VORM[ITTAG]. – Das kleine Michelstadt brachte den Vermerk *Aus dem Briefkasten* 1860 mit blauer Tinte handschriftlich an.

Lit.: Haferkamp–Probst Bd. 2 (1977) S. XIII/1–2 u. XIV/1–2.

26 ORTSSTEMPEL AUF FREIMARKEN UND ORTSSTEMPEL-SONDERFORMEN DER MARKENZEIT

Bis zur Einführung der Ringnummernstempel wurden zur Markenentwertung *vorphilatelistische* bzw. erst im Laufe des Jahres 1852 neu angefertigte Ortsstempel verwendet: ein- oder zweizeilige *Langstempel*, Ein- oder Zweikreisstempel (letztere auch Ringstempel genannt), Segmentstempel und Rahmenstempel (letztere auch als Kastenstempel bezeichnet). Seit der Nummernstempeleinführung dienten derartige Ortsstempel – abgesehen von den überalterten *Einzeilern* ohne Aufgabedatum – zur Kennzeichnung von Aufgabeort und -datum.
Nach 1852 dauerte es noch gewisse Zeit, bis den einzelnen Postanstalten über die Generalpostdirektion oder über Oberpostämter einander ähnliche Ortsstempel geliefert wurden, sodaß dann von kurhessischen, thüringischen, nassauischen oder ähnlichen Stempelformen gesprochen werden kann.
a–e) Ein- und Zweizeiler Hechingen und Schleiz; Einzeiler und Zweikreisstempel Worms – Sonderformen: f–g) zweizeilige Rahmenstempel Apolda (zeitweise als preußischer Stempel gehalten) und Laubach – h) dreizeilige Postexpeditionsstempel von Frankfurt

Lit.: Haferkamp–Probst Bd. 1 (1976) Abschnitt V; für die einzelnen Orte vgl. a.a.O. Kat.-Teil.

27 ORTSSTEMPEL-WEITERVERWENDUNG NACH ÜBERGANG DER THURN UND TAXIS-POST AN ANDERE POSTVERWALTUNGEN

Der Wechsel in eine andere Postverwaltung löste nicht automatisch eine Beseitigung der taxisschen Poststempel aus. So wurden Taxis-Stempel in Württemberg

1851 und ab 1. Juli 1867 auch in Preußen, dann sogar noch zur Zeit des Norddeutschen Postbezirks, fallweise sogar unter der Kaiserlichen Reichspost (Deutsches Reich) weiterverwendet, hier allerdings z.T. mit gewissen Veränderungen. Lediglich die taxisschen Nummernstempel entfielen ganz.
Beispiele aus Württemberg: a) Wurzach 1853 auf 3 Kr. – b) Winnenden 1860 auf 6 Kr.
Preußen bzw. Nachfolgepostverwaltungen: c) Hattersheim: zunächst Federkreuzentwertung, dann Wiederverwendung des Ortsstempels – d) Hanau (zwei Typen) – e–h) Hildburghausen, Dermbach, Hattenheim und Rudolstadt, z.T. bis einschl. Reichspost.

Lit.: P. Feuser (Hrsg.), Nachverwendete Altdeutschland-Stempel. Spezialkatalog und Handbuch, Stuttgart 1983.

28 POSTABLAGESTEMPEL

Die Postablagen waren Filialen größerer Poststellen. Sie wurden dort errichtet, wo sich eine Postexpedition nicht lohnte, andererseits aber ein Bedürfnis zur Postannahme oder -verteilung bestand. Die Bezeichnungen *Briefabgabestelle, Briefablage, Briefkollektion, Postkollektion* waren, vor allem bis zur Dienstinstruktion vom 15. März 1865, schwankend.
a) Dortelweil–Vilbel: Kreisstempel – b) Eilsen–Bückeburg: Einzeiler *EILSEN*); ab Juni 1865 wurde die Postablage zur *Brunnen–Postexpedition* erhoben und erhielt den Nummernstempel 406 – c) Lindheim: Stempelsonderform, Datum teilweise hdschr. eingetragen; der Stempel wurde 1864 durch einen Rahmenstempel abgelöst – d) Mönchehof–Cassel: Zweizeiler-Rahmenstempel – e) Mörlenbach: Einzeiler-Rahmenstempel ohne Nennung der übergeordneten Poststelle Fürth i.Odw. – f) Ebersdorf b.Coburg: Kreisstempel.

Lit.: Haferkamp–Probst Bd. 1 (1977) S. V/1–12.

29 POSTANWEISUNGEN – GELDANWEISUNGEN

Der Revidierte Postvereinsvertrag von 1851 enthielt in § 64, also innerhalb der Fahrpostbestimmungen, erstmals Normen über Bareinzahlungen. Danach konnten Beträge bis 10 Taler oder 15 Gulden (17 1/2 Gulden rheinischer Währung) zur Wiederauszahlung an im Vereinsgebiet wohnende Empfänger eingezahlt werden. Spätere Nachträge ließen höhere Einzahlungsbeträge zu. Jeder Einzahlung mußte *ein Brief oder eine Adresse* beigegeben werden. Instruktionen zum Vereinsvertrag von 1860 führten die *Auszahlungs–Anweisung* als neues Formular ein.
a–b) Anweisungsformulare für Taler- und Gulden-Bereich (1866 Postablage Flieden; 1867 Vöhl) – c) Neues Anweisungsformular mit *Coupon* als Zahlungsnachweis, entsprechend dem Reglement § 21 zum Nachtrag von 1866. Dem Annahmebezirk (*Fürstlich Thurn und Taxis'scher Postbezirk*) wurde jetzt die Überschrift *Deutscher Postverein* vorangestellt.

Lit.: Haferkamp–Probst Bd. 1 (1976) S. III/12–17.

30 REBUTBRIEF–VERSCHLUSSMARKEN

Schon um 1820 wurde in Frankfurt eine *Haupt–Rebut–Commission* eingerichtet; ähnliche Stellen gab es in den Hansestädten und für den Sächsischen Postdistrikt in Eisenach. Ihnen oblag durch Öffnen nicht zustellbarer Briefe die Feststellung des Absenders. Nach neuerlichem Verschluß, in der Regel durch Lacksiegel, gingen die Sendungen an das Ursprungspostamt zur Aushändigung an den Absender zurück.
Die Rebutkommission in Hamburg ließ 1852 eigene Verschlußmarken drucken. Bei der ersten Auflage waren 24 derartige Zettel in vier waagerechten Reihen mit unterschiedlichem Abstand auf einem gummierten Blatt angeordnet. Bei einer zweiten Auflage stehen die nicht gummierten Marken in weiterem Abstand mit vorgedruckten Schnittlinien regelmäßig im Bogen; hiervon sind bisher lediglich zwei Sechserblocks und einige Einzelstücke bekannt.

Lit.: Haferkamp–Probst Bd. 3 (1978) S. XXII/1–5 – K.K. Wolter, Der Retour–Brief, Bd.1, Deutsche Postgebiete. Hamburg 1976.

31 RINGNUMMERNSTEMPEL MIT UNTERSCHIEDLICHER ZIFFERNGRÖSSE

Die zunächst eingeführten Nummernstempel hatten relativ kleine Ziffern. Später verwendete und neu hergestellte Stempel hatten gewöhnlich größere Zahlen in einem größeren Innenkreis oder bei Fortfall eines Kreises (*Dreiringstempel*). Besonders größere Postämter mit erheblichem Postaufkommen hatten Nummernstempel mit unterschiedlicher Ziffernhöhe.
a–b) Beispiele Mainz (*134*) und Lübeck (*302*).

Lit.: Haferkamp–Probst Bd. 1 (1976) S. V/48–71 – E.A. Scheibe, Thurn und Taxis Ringstempel mit gleicher Nummer. Braunschweig 1976.

32 RINGNUMMERNSTEMPEL MIT „DURCHBROCHENEN" RINGEN: AUCH EIN FRANKFURTER VERSUCHSSTEMPEL

Längere Zeit nach Einführung der Nummernstempel wurde 1864 in Frankfurt ein neuer stahlgehärteter *scharfkantiger Ringstempel* verwendet. Er hatte ein kleineres Format; seine schmalen Kreislinien waren 26mal scharf und tief quer durchschnitten. Der von Oktober 1864 bis Februar 1865 am Frankfurter Filialpostamt eingesetzte „Versuchsstempel" entsprach offensichtlich nicht den ursprünglichen Vorstellungen. Stempelbeleg vom 29. November auf 9 Kr.-Brief nach Wien.

Lit.: Haferkamp–Probst Bd. 1 (1976) S. V/26.

33 RINGNUMMERNSTEMPEL MIT HOHEN NUMMERN

Die Erstvergabe der Nummernstempel sah für Kurhessen Nr. 1–87, für das Großherzogtum Hessen Nr. 88–165, für den Postbezirk Frankfurt mit Nassau und

F. III. Thurn und Taxis – Briefmarkenzeit

Hessen–Homburg Nr. 166–220, für den Sächsischen Postbezirk Nr.221–299, für die Hanseatischen und die Hohenzollernschen Poststellen Nr. 300–302 bzw. 303–309 vor. Am 1. Juli 1853 war die Erstausstattung abgeschlossen, nachdem auch das eben dem Postverein beigetretene Fürstentum Lippe seine Stempel, Nr. 316–334, erhalten hatte. Die folgenden Jahre bis 1867 brachten noch fast 90 weitere Nummern, wobei die *hohen Nummern* teilweise nur eine kurze Verwendungszeit hatten. Nr. 418–420 (Rastenberg, Neuhaus b. Sonneberg) und 422 (Oelze) kamen nicht mehr zur Verteilung, dagegen noch Nr. 423 und 424.
a) Nr.394 Esseratsweiler – b) Nr. 409 Imnau – c) Nr. 417 Bromskirchen – d) Nr. 421 Merxheim – e) Nr. 424 Johannisberg.

Lit.: Haferkamp–Probst Bd. 1 (1976) S. V/46–48.

34 STREIFBAND– UND KREUZBANDSENDUNGEN

Art. 20 des Vereinsvertrags von 1850 kannte nur die Kreuzbandsendungen, die außer Adresse, Datum und Namensunterschrift nichts Geschriebenes enthalten durften. Für sie wurden ohne Unterschied der Entfernung 1 Kr. bzw. 1/4 Sgr. je Loth erhoben, wenn der Absender das Porto entrichtete; sonst war das gewöhnliche Briefporto zu erheben (s. oben). § 13 des Nachtrags von 1855 definierte erstmals näher, was jetzt unter Kreuzband verschickt werden konnte: *Zeitungen, Journale, periodische Werke, Druckschriften, durch Druck, durch Lithographie oder Metallographie vervielfältigte Musikalien, Kataloge, Prospekte, Preiscourante, Lotteriegewinnlisten, Ankündigungen und sonstige Anzeigen, Korrekturbogen ohne beigefügtes Manuskript.* Der Nachtrag 1866 ersetzte den Begriff *Kreuz– oder Streifband* erstmals durch *Drucksache*, bei einer gleichzeitig großzügigeren Fassung der Bestimmungen.
a) Streifbandsendungen aus Allendorf und Zeulenroda – b) Streifbänder aus Hamburg (*Verzeichnis der Mitte Oktober 1865 in Hamburg für transatlatische und entferntere europäische Plätze in Ladung liegenden Segelschiffe*) und Gotha – c) Kursblatt–Sendung vom 6. Juli 1861 von Frankfurt nach Wien.

Lit.: Haferkamp–Probst Bd. 1 (1976) S. III/3–5.

35 TAXQUADRAT–AUFKLEBER (BEGLEITBRIEF–AUFKLEBER)

Die Berechnung der Paketportis erfolgte auf Grund einer Mitteleuropa umfassenden Aufteilung in sog. Taxquadrate. Die schmalen, langen Streifen enthielten die Nummer des Stückguts, den Aufgabeort und das Taxquadrat. Damit war jederzeit auch eine Kontrollmöglichkeit bei weiter entfernten Empfangsorten gegeben.
a) Taxquadrate 430 (Blankenhain) u. 431 (Jena); b) 725 (Stadt Lengsfeld) – c) Kartenausschnitt aus Münzberg (1969).

Lit.: W. Münzberg: Taxquadrat und Gebührenfeld 1857–1964. Offenbach 1969.

36 TELEGRAMM–UMSCHLÄGE – DEPESCHEN

Die Thurn und Taxis–Post mußte sich der staatlichen Telegrafen–Linien bedienen. Da nur in größeren Orten und einigen Bahnstationen Telegrafen bestanden, brachte die Post die Depeschen zum endgültigen Bestimmungsort. Dies hatte unter *Recommandation* und *Per Expressen* zu geschehen. Die Frankaturen entsprachen lediglich den Zustelltaxen der Post. Diese wurden zusammen mit den Telegrammkosten vom Auftraggeber am Aufgabeort erhoben. Waren die Postgebühren im voraus nicht bekannt, so mußte ein Betrag deponiert werden. Er wurde dann mit dem Absender verrechnet, nachdem das Ziel-Telegrafenamt die angefallenen Portokosten telegrafisch zurückgemeldet hat.
a) *Kurfürst Friedrich Wilhelms Nordbahn. Station Bebra* 1864 nach Fulda – b) *Von der Kgl. Bayerischen Telegraphen Station in F[rank]furt / Telegraphische Depesche* 1857 im Ortsverkehr, ohne Frankatur – c) *Telegraphische Depesche* von Weimar nach Dornburg 1859 – d) *Von der Kgl. Bayerischen Telegraphen–Station in Mainz Telegramm* 1862 nach Oppenheim – e) *Telegraphische Depesche* 1860 von Giessen nach Wetzlar – f) *Von der Staats–Telegraphen–Station frankfurt a.M … Franco gegen Empfangsbescheinigung* 1854 im Ortsverkehr, ohne Frankatur – g) *Von der Königl. Preuss. Telegraphen–Station in Hechingen* 1861 im Ortsverkehr, ohne Frankatur – h) Preußische *Telegraphische Depesche* 1865 von Hechingen nach Haigerloch, ohne Frankatur.

Lit.: Grobe (1975) S. 671 f.

37 „UNGÜLTIGE" POSTWERTZEICHEN: IM FREMDEN POSTGEBIET VERWENDETE POSTWERTZEICHEN

Verwendung fremder Postwertzeichen konnte – gerade bei Landesfremden – durch Unkenntnis der postalischen Verhältnisse oder mangels *gültiger* Freimarken geschehen. Derartig falsch frankierte Briefe wurden jeweils nachtaxiert.
a) Taxis–Marken 3 x 1/3 Sgr. auf Brief von Altenburg nach Apolda; Marken nicht abgestempelt – b) Einwurf eines Taxis Briefes, 2 Sgr., in der Bahnpost Minden–Berlin – Taxis–Zusatzfrankatur 2 x 1 Sgr. auf Preußen–Ganzsache 1 Sgr., für ungültig erklärt – c) „Mischfranka-

tur" Taxis 3 Kr. + Baden 3 Kr.von Frankfurt nach Moosbach a.Neckar – Verwendung einer 3 Kr. Marke von Baden auf Brief von Frankfurt nach Offenbach – d) Hannover-Ganzsache 1 Groschen von Nenndorf (Taxis) nach Lüneburg; hdschr. *ungültig in Taxis;* Nachfrankatur von 2 Sgr. in Nenndorf – e) 3 Kr.-Marke von Württemberg auf Brief von Hechingen (Taxis) nach Stuttgart, hdschr. Zusatz *ungültig,* aber mit Nummernstempel *305* entwertet – f) Französische Frankatur auf Brief von Bensheim nach St. Pons, entwertet mit dem Darmstädter Nummernstempel *104.* Trotz des hdschr. Zusatzes *Ungültig* wurde der Brief in Frankreich nicht nachtaxiert.

38 UNGÜLTIGE TAXIS-FREIMARKEN SEIT DEM 1. JULI 1867

Mit dem Inkrafttreten des Abtretungsvertrages am 1. Juli 1867 hatten die taxisschen Briefmarken ihre Gültigkeit verloren. Bekanntgeworden sind trotzdem Briefe, die – sei es mit Absicht, sei es irrtümlich – nach diesem Zeitpunkt mit Taxis-Marken frankiert wurden. Diese Frankatur wurde von Preußen nicht toleriert, zumal ja ein *Rücktausch* möglich war.
Briefbeleg aus Apolda, 27. Juli 1867 mit 3 x 1 Sgr.-Frankatur, eine Marke mit Ortsstempel entwertet. Offensichtlich bemerkte der Postbeamte erst während des Stempelns die nicht mehr gültigen Taxis-Marken und vermerkte *ungültig.*

39 UNGÜLTIGE TAXIS-FREIMARKEN: ERSATZ NACH DEM 1. JULI 1867

Durch den Übergang der Post an Preußen ungültig gewordene Freimarken konnten innerhalb einer festgelegten Zeit an den Schaltern bar ersetzt werden. Die Marken wurden als Beleg aufgeklebt, teils mit Federzug entwertet, und mit der Kasse des Oberpostdirektionsbezirks abgerechnet.
a) 1867 August 31 Dresden: Ersatz von 1 x 1 Kr., 10 x 3 Kr., 1 x 3 Sgr. – b) 1867: Nachweisung für die im September bei der Briefpost-Annahme-Expedition eingelösten Freimarken: 10 x 6 Kr., 4 x 15 Kr. – c) 1867 November 17: Nachweisung über die von den Postanstalten des [Preußischen] Oberpostdirektionsbezirks im Oktober eingeschickten taxisschen Freimarken: 14 Stück im Nennwert von 18 Sgr. 10 Pfg, umgerechnet auf 1 fl. 6 Kr.

40 „VERSUCHSSTEMPEL" UND STEMPELPROVISORIEN NACH EINFÜHRUNG DER FREIMARKEN

Der Begriff des Versuchsstempels ist unterschiedlich gefaßt: In engerem Sinne sind als solche lediglich die Versuche in Frankfurt, Mainz, Hanau, Worms und Gammertingen zu betrachten, mit Einschränkung der T.T.-Stempel von Bremen und die Verwendung des alten Cholera-Stempels von Greiz (s. Kat.Nr. D. IX. b. 15 f).
a) Versuchsstempel Mainz, in Paris hergestellt, erste Januarwoche 1852 – b-c) Hanau Juli u. September 1852, Stempel mit herausgenommenem Datum, mit Vergleichsstück 1847; teilweise auch Stempelabdrucke in roter Farbe – d) Worms Dezember 1852, mit herausgenommenem Mittelstück wie bei Hanau (Dezember 1852) – e) Stempelprovisorium Bremen, Februar und Juli 1852, Kreisstempel mit *T.T.* und Datum – f) Acht-Ring-Versuchsstempel Gammertingen, 5. Juni 1852; Entwertungs– und Ortsstempel rot. Bekannt sind Briefe vom 5. Juni (2), 11. Juli, 18. November und 2. Dezember letzterer gilt als verschollen.

Lit.: Haferkamp-Probst Bd.1 (1976) S. V/29–42 u. Kat.

41 DIE FRANKFURTER VERSUCHSSTEMPEL UND IHR PREUSSISCHES VORBILD
a) 1852 November 1 Schleiz
Bericht des Postmeisters Melcher aus Schleiz; Kostenangebot für die Anfertigung von Ringnummernstempeln

Vorlage des Probestempels 53, den Schlossermeister Broßmann Jr. anfertigte. Nach dessen Angebot kamen Stempel mit einer Ziffer auf 5 Sgr., mit zwei Ziffern auf 7 1/2 Sgr. und mit 3 Ziffern auf 8 1/2 Sgr. – Beilage: Vergleichsabdruck des preußischen Vierring-Nummern-

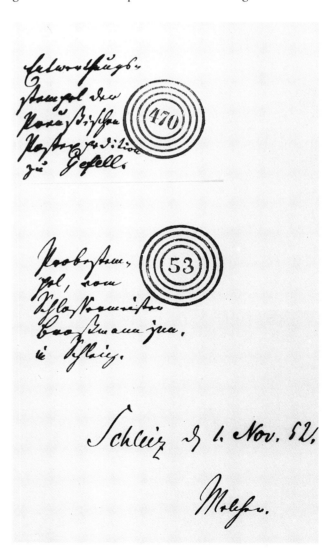

F. III. Thurn und Taxis – Briefmarkenzeit

stempels *470* der Expedition zu Gefell mit dem Probestempel *53* von Broßmann.

Lit.: Haferkamp–Probst Bd. 1 (1976) Abb. S. V/44.

b) Verwendung des Versuchsstempels *53* in Frankfurt: Brief vom 10. November 1852 nach Homburg – c) Kleiner dimensionierter Vierringstempel ohne Zahl: Frankfurter Belege vom 21. und 23. November – d) Verwendung des Frankfurter Vierringstempels ohne Zahl in Schleiz zwischen 2. und 6. Januar 1853; Beleg vom 3. Januar.

Lit.: Haferkamp–Probst Bd. 1 (1976) S. V/29–42 u. Kat. – E. Probst, Regesten zur Einführung der Thurn und Taxisschen Ring-Nummernstempel. In: Mitteilungen der Arbeitsgemeinschaft Thurn und Taxis, NF 16 (1980) S. 359–368.

42 VORAUSENTWERTUNG BLANKENHAIN

Der thüringische Ort Blankenhain, der den Nummernstempel 225 führte, benützte für Briefsendungen – wenn auch nur vereinzelt – vorausentwertete Briefmarken. Eine derartige Praxis war weder ausdrücklich gestattet noch verboten, wurde aber anscheinend stillschweigend geduldet oder einfach übersehen. Die Zahl der erhalten gebliebenen Stücke dürfte sehr klein sein. Beleg Juli 1857.

Lit.: Haferkamp–Probst Bd. 1 (1976) S. V/69 – AK Deutscher Altbriefsammler-Verein e.V./Philatelistenvereinigung Regensburg e.V. (Hrsg.), Regensburg 1989, S. 40.

43 WEITERFRANCO-VERMERKE FÜR ERSATZKOSTEN

Die Bezeichnung *Wfr.* (Weiterfranco) diente einerseits zur Kennzeichnung des Auslandsportos, soweit es über die Grenzen des Postvereins hinaus berechnet und bezahlt war, anderseits auch zur Notierung zuviel bezahlten Portos, das nach Möglichkeit dann dem Absender zurückvergütet wurde, da der Fehler meist bei der Annahmestelle passierte.

a) Brief von Trochtelfingen nach Gammertingen, mit 1 Kr. überbezahlt; entsprechende rote Markierung bei der Portokontrolle – b) Überfrankierter Brief von Weimar nach Ramsla, innerhalb des Nahbereichstarifs. Der zunächst nach Remda fehlgeleitete Brief – der Irrtum wurde unterwegs in Berka festgestellt – erhielt den Vermerk *1/2 W.* als zurückzubezahlendes Weiterfranco.

44 ZUFALLSABSTEMPELUNG IMMELBORN

Die Normalabstempelung in Immelborn war der Postablage-Rahmenstempel *LIEBENSTEIN / IMMELBORN*; in Liebenstein wurden dann die Marken mit dem Ringnummernstempel *257* entwertet. Der wohl direkt zum Bahnhof Immelborn gebrachte Brief erhielt dort den Stempel der Güter- und Gepäck-Expedition Immelborn. Diese Abstempelung ist als *Zufallsentwertung* anzusehen.

45 ZUSTELLUNGSURKUNDEN – *POSTINSINUATIONSDOCUMENTE*

Postinsinuations-Documente dienten zum Nachweis der Zustellung von Postsendungen, besonders in gerichtlichen Angelegenheiten.
Ausfertigung der Postverwaltung Ohrdruf für das Kreisgericht in Gotha. Das ursprünglich als Brief gefaltete Formular ist rückseitig mit 1/2 + 1/4 Sgr. frankiert.

G. Thurn und Taxis Philatelie – modern
Das Fortleben der Taxis-Post in der modernen Philatelie

Die Thurn und Taxis-Post, die am 1. Juli 1867 nach fast 400jährigem Wirken ihr Ende fand, ist für den philatelistisch Interessierten hauptsächlich durch die Thurn und Taxis-Briefmarken aus dem 19. Jahrhundert lebendig geblieben. Die zwischen 1852 und 1867 in fünf Ausgaben gedruckten 54 Postwertzeichen bilden innerhalb der *Altdeutschen Staaten* das klassische Sammelgebiet **Thurn und Taxis**.

Mit den Mitteln der modernen Philatelie, die sich seit einigen Jahrzehnten vor allem im Sammeln nach thematischen Gesichtspunkten ausdrückt, ist es möglich, das klassische Sammelgebiet **Thurn und Taxis** unter postgeschichtlichen Kriterien zu erweitern und abzurunden. Anregungen zu dieser Art Philatelie soll in der Ausstellung der Abschnitt *Thurn und Taxis-Philatelie – modern* aufzeigen.

Vor allem **Franz von Taxis**, der Begründer des internationalen Postwesens wurde mit Porträtsondermarken verschiedener Postverwaltungen geehrt. Neben Belgien, das 1935 einen Block und 1952 eine Marke zu Ehren des seit 1500 in Brüssel ansässigen *Postgründers* herausgab, haben die Bundesrepublik 1967 – davon wird auch die Reinzeichnung zur Sondermarke gezeigt –, Italien 1982 und zuletzt Spanien 1988 Franz von Taxis auf Sondermarken abgebildet. Das exotische Markenland Äquatorial-Guinea brachte zum selben Thema 1974 einen Block heraus.

Zum Jubiläum 1990 **500 Jahre Post** emittierten fünf europäische Postverwaltungen eine bildgleiche Sondermarke an den Postschaltern mit dem sogenannten *Kleinen Postreiter* von Albrecht Dürer. Sein Kupferstich von 1496 diente bereits 1956 als Hintergrund für eine Sondermarke von Frankreich, Algerien und Tunesien mit dem Bild des Franz von Taxis. Das Musée Postal in Paris hat die Reinzeichnung zur Marke für die Ausstellung als Leihgabe zur Verfügung gestellt. Eine Sonderausgabe Belgiens von 1952 zur UPU-Tagung in Brüssel zeigt die Porträts sämtlicher taxisscher *Generalpostmeister*.

Zusätzlich ist **Alexandrine von Taxis**, die von 1628 bis 1646 vormundschaftsweise die taxissche Post leitete, auf einer belgischen Marke 1960 abgebildet. **Torquato Tasso**, der berühmte Dichter aus der Bergamasker Familie Taxis, wurde 1932 von Italien mit einer Porträtmarke geehrt.

Kaiser Maximilian I. und sein Enkel **Kaiser Karl V.**, Auftraggeber und Förderer der taxisschen Postmeister in der Zeit der Postanfänge, finden sich auf Briefmarken von Belgien, Liechtenstein, Österreich, Spanien und vom Vatikan wieder.

Die **Residenzen und Schlösser der Thurn und Taxis** lassen sich auf Briefmarken, Sonder- und Werbestempeln sowie auf Ganzsachen nachweisen. Ein Wert der belgischen UPU-Serie 1952 zeigt das taxissche Sommerschloß Beaulieu in Mechelen bei Brüssel. Auf zwei Marken der Bundesrepublik Deutschland zur IFRABA 1953 ist der Torbau des Palais Thurn und Taxis in Frankfurt dargestellt.

Das **Wappen der Thurn und Taxis** ist in seinen verschiedenen Entwicklungsstufen auf Ersttags-, Sonder- und Werbestempeln sowie auf Privatganzsachen festgehalten. Auf einer DDR-Sondermarke von 1990 ist das Taxis-Wappen von 1695 zu sehen.

Posthäuser sind bildlicher Gegenstand einer Sondermarke der Bundespost 1984 und einer Privatganzsache zur Briefmarkenausstellung Kassel'81. Jubiläen ehemaliger taxisscher **Poststationen** schlagen sich philatelistisch in einer Reihe von Sonderstempeln nieder. Eine bundesdeutsche Sondermarke zum Tag der Briefmarke 1976 und eine Sondermarke der Deutschen Demokratischen Republik zeigen taxissche **Posthausschilder**. Bei dem philatelistischen Motiv **Postkurse** ist im Postjubiläumsjahr 1990 das Hauptaugenmerk auf den 1490 eingerichteten ersten festen taxisschen Postkurs von Innsbruck nach Mechelen gerichtet. Dieser Kurs wird durch Erinnerungskarten Österreichs, der Bundesrepublik Deutschland und Belgiens dokumentiert.

Auch **Briefmarken und Poststempel** der Taxis-Post finden sich auf einer Reihe von Sondermarken, auf Sonder- und Werbestempeln, auf Privatganzsachen und Sonderumschlägen. Als Kuriosum muß ein Kleinbogen aus Togo genannt werden, der 1978 verausgabt wurde. Den Abschluß der *Thurn und Taxis-Philatelie – modern* bilden Darstellungen von **Postreitern, Postillionen, Briefträgern, Postkutschen und Postmeilensäulen** auf Briefmarken, Sonderstempeln, Maximumkarten, Privatganzsachen und Sonderumschlägen der Bundesrepublik Deutschland, Belgiens und der Deutschen Demokratischen Republik.

H.A.

G. Thurn und Taxis-Philatelie – modern

Lit.: Michelkataloge: Deutschland–Spezial 1989; Europa–West 1989/90; Übersee 3–Afrika; Ganzsachen–Deutschland 1989; Bildpostkarten– und Motivganzsachen–Deutschland 1989; Ganzsachen Europa–West 1986 – H. Meier zu Eissen, Ganzsachen–Spezial–Katalog Deutschland ab 1933 – M. Piendl, Thurn und Taxis 1517–1967, Braunschweig 1967 – M. Piendl, Das fürstliche Wappen. In: Thurn und Taxis–Studien 10 (1978) S. 108–123 – AK Thurn und Taxis. Zum Gedächtnis des 450. Todestages Franz von Taxis, Frankfurt a. Main 1967 – E. Probst, Thurn und Taxis–modern. In: Der Blasturm 22, (1983) Nr. 32 S. 8–19, Hrsg. Briefmarkenfreunde Schwandorf – W. Münzberg, Stationskatalog der Thurn und Taxis–Post. Thurn und Taxis–Studien 5 (1967).

1 FRANZ VON TAXIS (1459 – 1517), GENERALPOSTMEISTER UND BEGRÜNDER DES INTERNATIONALEN POSTWESENS

Bundesrepublik Deutschland

1-4 Sonderausgabe zur 450. Wiederkehr des Todes von Franz von Taxis

Michel–Nr.: 535
Erstausgabetag: 1967 Juni 3
Entwurf: Prof. Karl Oskar Blase, Kassel
Stich: Hans–Joachim Fuchs, Berlin
Druck: kombinierter Stichtiefdruck und Offsetdruck
Vorlage: Franz von Taxis; Tafelbild des beginnenden 16. Jahrhunderts, dem sog. Frankfurter Meister zugeschrieben, Regensburg, Schloß Thurn und Taxis

Vier Werte vom rechten unteren Bogenrand mit den Formnummern 1-4

5 Taxismarke auf Karte des Postmuseums in Brüssel mit Reproduktion des farbigen Wappens des Franz von Taxis aus seinem Stundenbuch und der Briefmarke des belgischen Blocks anläßlich der Briefmarkenausstellung SITEB 1935

Sonderstempel Bonn 3.6.1967 *Zum 450. Todestag von Franz von Taxis*

6 Reinzeichnung zur Taxis–Gedenkmarke

Bonn, Deutsche Bundespost – Postdienst – Wertzeichenarchiv

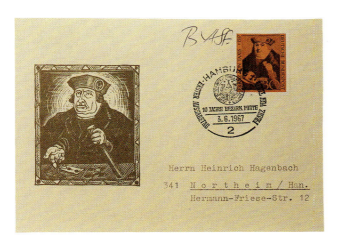

7 Ersttagsbrief mit Ersttagsstempel Hamburg 3.6.1967

Signiert vom Markenentwerfer Prof. Blase

8-30 Nicht angenommene Entwürfe zur Gedenkmarke der Deutschen Bundespost für Franz von Taxis

Die Entwürfe stammen von Karl Oskar Blase, Bert Jäger, Gedo Dotterweich, Herbert Kern, Hans Michel.

31 Ersttagsbrief mit Ersttagsstempel Bonn 3.6.1967

Stempelbild: Wappen aus dem Stundenbuch des Franz von Taxis

32 Ersttagsbrief mit Ersttagsstempel Frankfurt am Main 3.6.1967

Stempelbild: Wappen aus dem Stundenbuch des Franz von Taxis

33 Ersttagsbrief mit Sonderstempel Frankfurt am Main 3.6.1967 *Thurn und Taxis Ausstellung 1967*

Stempelbild: Portal des Thurn und Taxis Palais in Frankfurt am Main

34 Gedenkmarke der Deutschen Bundespost 1967

Schalterbogen – 50 Stück. In der rechten unteren Bogenecke Formnummer 4

Franz von Taxis

35 Tafelbild des beginnenden 16. Jahrhunderts, dem sogenannten Frankfurter Meister zugeschrieben, Regensburg, Schloß Thurn und Taxis

Foto: Wilkin Spitta
Reproduktion: Deutscher Kunstverlag, München

Belgien

36 Sonderausgabe zur philatelistischen Ausstellung SITEB 1935

Michel–Nr.: Block 3 (405)
Erstausgabetag: 1935 Mai 25
Entwurf und Stich: J. de Bast
Druck: Stichtiefdruck
Darstellung: Porträt des Franz von Taxis, Tafelbild des beginnenden 16. Jahrhunderts, Regensburg, Schloß Thurn und Taxis

37 Aus der Sonderausgabe zur 13. Tagung des Weltpostvereins in Brüssel 1952

Michel–Nr.:   929 – 0.80 BFr.
Erstausgabetag: 1952 Mai 14
Entwurf: J. de Best und W. Golfin
Druck: Stichtiefdruck
Darstellung: Porträt des Franz von Taxis
Vorlage: wie Kat.Nr. 35

Viererblock vom unteren Bogenrand

Spanien

38 Sonderausgabe zum Tag der Briefmarke 1988

Michel–Nr.:   2826
Erstausgabetag: 1988 April 29
Druck: Stichtiefdruck
Darstellung: Porträt des Franz von Taxis
Vorlage: wie Kat.Nr. 35

Viererblock vom unteren Bogenrand

Italien

39 Sonderausgabe 1982 zur Erinnerung an die Einrichtung des organisierten Postwesens durch Franz von Taxis vor 500 Jahren

Michel–Nr.:   1815
Erstausgabetag: 1982 Oktober 23
Entwurf: Centro Filatelico dell'Istituto Poligrafico e Zecca dello Stato
Stich: Valerio Puliti
Vorlage: Franz von Taxis, Porträt des 16. Jahrhunderts aus Zogno bei Bergamo

Das Geburtsjahr des Franz von Taxis fälschlich 1450 statt 1459

Viererblock von der linken unteren Bogenecke

Belgien

40 Maximumkarte

Sonderausgabe zur 13. Tagung des Weltpostvereins in Brüssel 1952

Michel–N.:   929

Mit Sonderstempel *Bruxelles – Congres Postal Universel*

41 Bildkarte *Franz von Taxis* zum 25jährigen Bestehen des Briefmarkensammlervereins *De Tassis* 1962 in Borgerhout

Mit Sonderstempel *Postzegelvereniging De Tassis – Borgerhout 1962*

42 Brief des Postmuseums Brüssel mit Werbestempel

Stempelbild: Porträt Franz von Taxis

Italien

43 Maximumkarte

Sonderausgabe 1982 zur Erinnerung an die Einrichtung des organisierten Postwesens durch Franz von Taxis vor 500 Jahren

Michel–Nr.:   1815

Sonderstempel 24.10.1982 *Camerata Cornello (BG) Celebrazioni Tassiane* und Taxiswappen, geteilter Schild mit Posthorn und nach rechts schreitender Dachs

44 Ersttagsbrief vom 23.10.1982

Mit Ersttagsstempel *Camerata Cornello (BG) – Francesco Tasso 1450–1517 – Istituzione Servizio Postale in Europa*

45 Dreiteiliges Faltblatt der Italienischen Post- und Telegraphenverwaltung

Eindruck der Taxis–Gedenkmarke und Darstellung der Postentwicklung unter den Taxis in Italienisch und Französisch

Schweiz

46 Faltblatt zur Briefmarkenausstellung Internaba 1974 in Basel

Links: Offizieller Internaba–Block der Schweiz (Michel–Nr. Block 22) mit Sonderstempel
Rechts: Entwurfsvariante von Werner Christen, Spreitenbach, mit Bildnissen berühmter Männer aus Postgeschichte und Philatelie
Rechts unten: Franz von Taxis

Äquatorial–Guinea

47 Sonderausgabe *100 Jahre Weltpostverein*

Michel–Nr.:   Block 110 (A389–B389)
Erstausgabetag: 1974 Mai 30
Links: Porträt Fürst Anselm Franz von Thurn und Taxis (1681–1739) nach einem Gemälde in Regensburg, Schloß Thurn und Taxis
Rechts: Porträt Franz von Taxis (1459–1517)

Im Hintergrund Wiedergabe von Thurn und Taxis–Briefmarken

Italien

48 Vignette anläßlich der Sondermarkenausgabe am 23.10.1982 *Francesco Tasso – Organizzatore del Servizio Postale in Europa*

Rechts oben: gezähnt die Thurn und Taxis–Briefmarke Michel–Nr. 6 – 3 Kreuzer Schwarz auf Gelb – 1852 und gezähnt Franz von Taxis

G. Thurn und Taxis-Philatelie – modern

2 FRANZ VON TAXIS UND SEINE STIFTUNG VON WIRKTEPPICHEN FÜR DIE KIRCHE NOTRE DAME DU SABLON IN BRÜSSEL

Belgien

49-53 Gedenkmarken zur 1000-Jahr-Feier der Stadt Brüssel 1979

Michel-Nr.: 1984–1987 und Block 48
Erstausgabetag: 1979 Mai 14
Entwurf und Stich: J. Malvaux
Darstellung: 4 Briefmarken und 1 Block geben Ausschnitte aus den Wirkteppichen wieder, die Franz von Taxis für die Kirche Notre Dame du Sablon als Begräbnisstätte der Familie Taxis gestiftet hat. Auf den Wirkteppichen ist die Legende von Notre Dame du Sablon mit dem Stifter und seinem Neffen Johannes Baptista von Taxis dargestellt.
Vorlage: Wirkteppiche von 1518, gefertigt von Barend van Orley, Brüssel, Musée Comunal und Brüssel, Musées royaux d'Arts et d'Histoire

54-58 Maximumkarten der Gedenkserie *1000 Jahre Brüssel* mit Ersttagsstempel Brüssel 14.5.1979

59 Aus der Gedenkserie *1000 Jahre Brüssel* 1979

Michel-Nr.: 1985
Schalterbogen – 30 Stück

Brüssel, Ministerium für Verkehrswesen, Post, Telegraphie und Telefon

3 FRANZ VON TAXIS UND DER *KLEINE POSTREITER* VON ALBRECHT DÜRER

60 Albrecht Dürer, 1471–1528

Der kleine Postreiter – Kupferstich von 1496
Reproduktion: Bundesministerium für das Post- und Fernmeldewesen, Bonn, 1985

Frankreich

61 Sonderausgabe zum Tag der Briefmarke 1956

Michel-Nr.: 1082
Erstausgabetag: 1956 März 17
Entwurf und Stich: Pheulpin
Druck: Stichtiefdruck
Darstellung: Porträt des Franz von Taxis mit Dürers „kleinem Postreiter"
Vorlage: Vordergrund – Franz von Taxis wie bei Kat.Nr. 35. Falsches Geburtsjahr 1450 statt 1459. Hintergrund – Albrecht Dürer, *Der kleine Postreiter*, Kupferstich 1496

62 Sonderausgabe zum Tag der Briefmarke 1956

Michel-Nr.: 1082
Reinzeichnung
Paris, Musée de la Poste

373

Algerien

63 Sonderausgabe zum Tag der Briefmarke 1956

Michel-Nr.: 349
Daten: wie Kat.Nr. 61
Ersttagsbrief mit Ersttagsstempel Algier 17.3.1956
Stempelbild: Albrecht Dürer, Kleiner Postreiter

Auf dem ETB-Umschlag: Fantasiewappen des Franz von Taxis

Tunesien

64 Sonderausgabe zum Tag der Briefmarke 1956

Michel-Nr.: 464
Ersttagsbrief mit Ersttagsstempel Sfax 17.3.1956
Stempelbild: Albrecht Dürer, Kleiner Postreiter

Auf dem ETB-Umschlag: Fantasiewappen des Franz von Taxis

Bundesrepublik Deutschland

65 Sonderpostwertzeichen *500 Jahre Post*

Michel-Nr.: 1445
Erstausgabetag: 1990 Januar 12
Entwurf: Graphische Werkstätten der Bundesdruckerei Berlin
Stich: Jacek Kanior
Druck: kombinierter Stichtief- und Offsetdruck
Vorlage: Albrecht Dürer, *Der kleine Postreiter*, Kupferstich 1496

Reinzeichnung

Bonn, Deutsche Bundespost – Postdienst – Wertzeichenarchiv

66 Sonderpostwertzeichen *500 Jahre Post*

Michel-Nr.: 1445
Schalterbogen – 50 Stück

67 Sonderpostwertzeichen *500 Jahre Post*

Ersttagsbrief mit Ersttagsstempel Bonn 12.1.1990
500 Jahre Post

Stempelbild: Jubiläumssignet der Bundespost

Berlin

68 Sonderpostwertzeichen *500 Jahre Post*

Michel-Nr.: 860
Erstausgabetag: 1990 Januar 12
Daten: wie Kat.Nr. 65

Viererblock vom linken unteren Bogenrand

69 Sonderpostwertzeichen *500 Jahre Post*

Ersttagsbrief mit Ersttagsstempel Berlin 12.1.1990
500 Jahre Post
Stempelbild: Jubiläumssignet der Bundespost

Deutsche Demokratische Republik

70	Sonderpostwertzeichen *500 Jahre Post*	

Michel-Nr.: 3299
Erstausgabetag: 1990 Januar 12
Entwurf: Graphische Werkstätten der Bundesdruckerei Berlin – Kößlinger
Druck: Offsetdruck
Vorlage: Albrecht Dürer, *Der kleine Postreiter*, Kupferstich 1496

Waagrechtes Paar von der linken unteren Bogenecke

71   Sonderpostwertzeichen *500 Jahre Post*

Ersttagsbrief mit Ersttagsstempel Berlin 12.1.1990
1490–1990 Europäische Postverbindungen

Stempelbild: Posthorn mit Blitzen

72   Sonderpostwertzeichen *500 Jahre Post*
Ersttagseilbrief mit Sonderstempel Leipzig 12.1.1990
500 Jahre Postwesen

Stempelbild: Abbildung des 1. deutschen Sonderstempels Leipzig 1863

Österreich

73   Sonderpostwertzeichen *500 Jahre europäische Postverbindungen*

Michel-Nr.: 1978
Erstausgabetag: 1990 Januar 12
Entwurf: R. Gerstette
Stich: W. Seidel
Druck: Komb.-Druck
Vorlage: Albrecht Dürer, *Der kleine Postreiter*, Kupferstich 1496

Waagrechtes Paar von der linken unteren Bogenecke

74   Sonderpostwertzeichen *500 Jahre Europäische Postverbindungen*

Ersttagsbrief mit Ersttags- und Sonderstempel Innsbruck 12.1.1990 *500 Jahre Europäische Postverbindungen 1490–1990*

Stempelbild: Kaiser Maximilian I. nach Albrecht Dürer

Belgien

75   Sonderpostwertzeichen *500 Jahre Europäische Postverbindungen*

Erstausgabetag: 1990 Januar 12
Entwurf und Stich: P. Huybrecht
Druck: kombinierter Kupferstich und Heliogravur
Vorlage: Albrecht Dürer, *Der kleine Postreiter*, Kupferstich 1496

Senkrechtes Paar von der rechten oberen Bogenecke

76   Sonderpostwertzeichen *500 Jahre Post*

Ersttagsbrief vom 12.1.1990 mit Ersttagsstempel Mechelen *1490–1990*

Stempelbild: *Der kleine Postreiter* nach Albrecht Dürer

4   DIE GENERALPOSTMEISTER AUS DEM HAUSE THURN UND TAXIS NACH FRANZ VON TAXIS

Belgien

Sonderausgabe zur 13. Tagung des Weltpostvereins in Brüssel 1952 mit Porträts der Generalpostmeister aus dem Hause Thurn und Taxis

Michel-Nr.: 929–940
Erstausgabetag: 1952 November 3
Entwurf: J. de Best und W. Goffin
Druck: Stichtiefdruck

77   Michel-Nr.: 930 – 1.75 BFr.

Johannes Baptista von Taxis, ca. 1470–1541
Generalpostmeister seit 1517, Neffe des Franz von Taxis

Vorlage: Votiv-Flügelaltar, mittelniederländisch, um 1540

Regensburg, Schloß Thurn und Taxis

Viererblock von der rechten unteren Bogenecke
Maximumkarte mit Sonderstempel *12.7.52 – Congres Postal Universel Bruxelles*

78   Michel-Nr.: 931 – 2 BFr.

Freiherr Leonhard I. von Taxis, 1521–1612
Generalpostmeister seit 1543
1608 Erhebung in den Freiherrnstand

Vorlage: Porträt auf der Rückseite des Triptychons *Der Tod Mariens* von Michel de Coxcie; Musées Royaux des Beaux-Arts, Brüssel

Viererblock von der rechten unteren Bogenecke
Maximumkarte mit Sonderstempel *12.7.52 – Congres Postal Universel Bruxelles*

79   Freiherr Leonhard I.von Taxis

Porträt auf der Rückseite des Triptychons *Der Tod Mariens* von Michel de Coxcie
Foto: Musées Royaux des Beaux-Arts, Brüssel

80   Brief des Postmuseums Brüssel vom 23.12.1985 mit Werbestempel

Stempelbild: Porträt des Freiherrn Leonhard I. von Taxis

81   Michel-Nr.: 932 – 2.50 BFr.

Graf Lamoral von Taxis, ca. 1557–1624
Generalpostmeister seit 1612
Durch kaiserliche Privilegien von 1615 und 1621 wird das Generalpostmeisteramt erblich.
1624 Erhebung in den Grafenstand

Vorlage: Kupferstich von Lucas Kilian 1619

Viererblock von der rechten unteren Bogenecke
Maximumkarte mit Sonderstempel *12.7.52 – Congres Postal Universel Bruxelles*

G. Thurn und Taxis-Philatelie – modern

82   Michel–Nr.: 933 – 3.00 BFr.

Graf Leonhard II. von Taxis, 1594–1628
Generalpostmeister seit 1624

Vorlage: Abbildung auf dem Hochzeits– oder Reiterteppich von 1646

Regensburg, Schloß Thurn und Taxis

Viererblock von der rechten unteren Bogenecke
Maximumkarte mit Sonderstempel *12.7.52 – Congres Postal Universel Bruxelles*

83   Graf Leonhard II. von Taxis

Ausschnitt aus dem Hochzeits– oder Reiterteppich von 1646

Regensburg, Schloß Thurn und Taxis
Foto: Wilkin Spitta, Regensburg

84   Michel–Nr.: 934 – 4.00 BFr.

Graf Lamoral Claudius Franz von Thurn und Taxis, 1621–1676
Generalpostmeister seit 1646
1646 Recht auf Führung des Namens *Torriani* = Torre = Thurn

Vorlage: Kupferstich von Paulus Pontius nach Nicolaus VanderHorst

Viererblock von der rechten unteren Bogenecke
Maximumkarte mit Sonderstempel *12.7.52 – Congres Postal Universel Bruxelles*

85 Michel–Nr.: 935 – 5 BFr.
Fürst Eugen Alexander von Thurn und Taxis, 1652–1714
Generalpostmeister seit 1676
1695 Erhebung in den Reichsfürstenstand

Vorlage: Kupferstich von C. Vermeulen nach F. de Cook, Brüssel 1709

Viererblock von der rechten unteren Bogenecke
Maximumkarte mit Sonderstempel *12.7.52 – Congres Postal Universel Bruxelles*

86 Michel–Nr.: 936 – 5.75 BFr.
Fürst Anselm Franz von Thurn und Taxis, 1681–1739
Generalpostmeister seit 1715
1731 Baubeginn für das Thurn und Taxis–Palais in Frankfurt unter dem französischen Baumeister Robert de Cotte

Vorlage: Kupferstich von Franciscus Harrewijn

Viererblock von der rechten unteren Bogenecke
Maximumkarte mit Sonderstempel *12.7.52 – Congres Postal Universel Bruxelles*

87 Michel–Nr.: 937 – 8.00 BFr.
Fürst Alexander Ferdinand von Thurn und Taxis, 1704–1773
Generalpostmeister seit 1739
1742 Ernennung zum Kaiserlichen Prinzipalkommissar beim Immerwährenden Reichstag
1748 Übersiedlung nach Regensburg

Vorlage: Kupferstich von Bernhard Gottlieb Fridrich, Regensburg

Viererblock von der rechten unteren Bogenecke
Maximumkarte mit Sonderstempel *12.7.52 – Congres Postal Universel Bruxelles*

88 Sonderstempel Simmern, Hunsrück, 15.10.1969 *225 Jahre Post*

Stempelbild: Porträt Fürst Anselm Franz von Thurn und Taxis als Generalpostmeister
Vorlage: Gemälde in Regensburg, Schloß Thurn und Taxis

89 Michel–Nr.: 938 – 10.00 BFr.
Fürst Carl Anselm von Thurn und Taxis, 1733–1805
Generalpostmeister seit 1773

Vorlage: Kupferstich von Jean Theophil Fridrich nach Waldraf

Viererblock von der rechten unteren Bogenecke
Maximumkarte mit Sonderstempel *12.7.52 – Congres Postal Universel Bruxelles*

90 Michel–Nr.: 939 – 20.00 BFr.
Fürst Karl Alexander von Thurn und Taxis, 1770–1827
Generalpostmeister seit 1805

Vorlage: Gemälde von Bach – Stich von Ph. von Stubenrauch, 1808

Viererblock von der rechten unteren Bogenecke
Maximumkarte mit Sonderstempel *12.7.52 – Congres Postal Universel Bruxelles*

5 GRÄFIN ALEXANDRINE VON TAXIS

Gräfin Alexandrine von Taxis, geb. de Rye, 1589–1666
Gemahlin des Grafen Leonhard II. von Taxis. Nach dessen Tod leitet sie von 1628–1646 für den minderjährigen Sohn Lamoral Claudius Franz das gesamte Postwesen.

Belgien

91 Sonderausgabe zum Tag der Briefmarke 1960

Michel–Nr.: 1178
Erstausgabetag: 1960 März 20
Entwurf: J. van Noten und W. Goffin
Stich: J. de Bast
Druck: Stichtiefdruck
Darstellung: Gräfin Alexandrine zu Pferde
Vorlage: Ausschnitt aus dem Hochzeits– oder Reiterteppich von 1646, Regensburg, Schloß Thurn und Taxis

Schalterbogen – 30 Stück

Brüssel, Museum für Post– und Telekommunikation

92 Gräfin Alexandrine von Taxis

Ausschnitt aus dem Hochzeits– oder Reiterteppich von 1646, Regensburg, Schloß Thurn und Taxis
Foto: Wilkin Spitta, Regensburg

Belgien

93 Bekanntmachung der Belgischen Postverwaltung zur Sonderausgabe vom 20.3.1960 zum Tag der Briefmarke
Flämische Textfassung mit Biographie der Gräfin Alexandrine von Taxis

Aufgeschlagen: Schwarzdruck der Sondermarke und Sondermarke mit Ersttagsstempel vom 20.3.1960

94 Ersttagsbrief mit Sonderstempel *Namur 20.3.1960 – Journee du Timbre*

Stempelbild: Wappen der Familie de Rye

6 TORQUATO TASSO

Torquato Tasso, 1544–1595
Sohn des Bernardo Tasso
Italienischer Dichter, Schöpfer des Epos *Das befreite Jerusalem*

Italien

95 Aus der Sonderausgabe zugunsten der Dante–Gesellschaft 1932

Michel–Nr.: 381 – 1.75 L.
Erstausgabetag: 1932 März 14
Entwurf: F. Chiapelli
Druck: Rastertiefdruck
Darstellung: Porträt des Dichters
Vorlage: Porträt von A. Allori

Schalterbogen – 50 Stück

G. Thurn und Taxis-Philatelie – modern 377

7 DIE TAXIS–POSTMEISTER UND IHRE KAISERLICHEN AUFTRAGGEBER IM 16. JAHRHUNDERT

Kaiser Maximilian I., 1459–1519 – Kaiser von 1493–1519
Von Kaiser Maximilian werden die Mitglieder der Familie Taxis mit dem Aufbau des Postwesens in Maximilians Machtbereich beauftragt.
1490 Einrichtung eines Postkurses von Innsbruck nach Mechelen.

Deutsches Reich

96 Privatpostkarte – Drucksachenkarte – des Sammlervereins *Ratisbona* Zum Tag der Briefmarke 1938

Michel–Nr.: PP 122 C 65
Darstellung: der Kaiserliche Generalpostmeister Franz von Taxis vor Kaiser Friedrich III. und König Maximilian I.
Vorlage: Ausschnitt aus einem von Franz von Taxis für die Kirche Notre Dame du Sablon in Brüssel gestifteten Wirkteppich

Liechtenstein

97 Aus der Sonderausgabe *Gemälde berühmter Gäste in Liechtenstein* 1982

Michel–Nr.: 809 – 40 R p.
Erstausgabetag: 1982 Dezember 6
Entwurf: Böcskör
Stich: Seidel
Druck: kombinierter Stichtiefdruck und Rastertiefdruck
Darstellung: Porträt Kaiser Maximilians I.
Vorlage: Gemälde von Bernhard Strigel

Kleinbogen mit Ersttagsstempel Vaduz 6.12.1982

Österreich

98 Brief vom 21.9.1985 mit Ausstellungssonderstempel *2000 Jahre Post Halbturn – Kaiser Maximilian I. – Begründer des Reichspostwesens vor 500 Jahren*

Stempelbild: Porträt Kaiser Maximilians I.
Vorlage: Zeichnung von Albrecht Dürer

99 Erinnerungsblatt der Österreichischen Postverwaltung zum Jubiläum *500 Jahre europäische Postverbindungen*

Sondermarke zum gleichen Anlaß mit Ersttagsstempel Innsbruck 12.1.1990

Stempelbild: Porträt Kaiser Maximilians I.
Vorlage: Holzschnitt von Albrecht Dürer um 1519

Abbildung der Stadt Innsbruck und Verlauf des 1490 errichteten Postkurses Innsbruck–Mechelen

Belgien

100 Sonderausgabe zum Tag der Briefmarke 1957

Michel–Nr.: 1056
Erstausgabetag: 1957 Mai 19
Entwurf und Stich: C. Leclercqz
Druck: Stahltiefdruck
Darstellung: Kaiser Maximilian I. erhält einen Brief durch einen Boten
Vorlage: Holzschnitt von Burgkmair

Österreich

101 Sonderausgabe zur Maximilian I. – Ausstellung 1969

Michel–Nr.: 1302
Erstausgabetag: 1969 Mai 30
Entwurf: Pilch
Stich: Fischer
Druck: kombinierter Rastertiefdruck und Stahltiefdruck
Darstellung: persönlicher Harnisch Kaiser Maximilians I.

Kaiser Karl V., 1500–1558
Als Karl I. König von Spanien bis 1519
Kaiser von 1519 bis 1555 (Abdankung)
Der Kaiser verleiht mit Dekreten von 1518 und 1520 Johann Baptista von Taxis das Generalpostmeisteramt.
1541 ist Johann Baptista von Taxis im Gefolge des Kaisers beim Reichstag in Regensburg.

Belgien

102 Sonderausgabe zum Tag der Briefmarke 1959

Michel–Nr.: 1146
Erstausgabetag: 1959 März 15
Entwurf und Stich: J. de Bast
Druck: Stahltiefdruck
Darstellung: Johann Baptista von Taxis leistet den Eid vor Kaiser Karl V. 1520
Vorlage: Wandgemälde von J.E. van den Bussche

103 Bekanntmachung der Belgischen Postverwaltung zur Sonderausgabe vom 15.3.1959 für den Tag der Briefmarke

Flämische Textfassung mit Biographien von Johann Baptista von Taxis, seiner Frau Christine von Wachtendonck und von Kaiser Karl V.

Schwarzdruck der Sondermarke und Sondermarke mit Ersttagsstempel vom 15.3.1959

Stempelbild: Allianzwappen des Johann Baptista von Taxis und seiner Frau Christine

Belgien

104 Aus der Sonderausgabe zur Ausstellung *Karl V. und seine Zeit*

Michel–Nr.: 1014 – 2.00 BFr.
Erstausgabetag: 1955 März 25
Entwurf: J. Malvaux
Druck: Rastertiefdruck
Darstellung: Kopfbild Karls V.
Vorlage: Gemälde von Tizian, 1477–1576

Vatikan

105 Aus der Sonderausgabe zur 400–Jahr–Feier des Tridentinischen Konzils

Michel–Nr.: 136 – 5 L.
Erstausgabetag: 1946 Februar 20
Entwurf: C. Mezzana
Druck: Rastertiefdruck
Darstellung und
Vorlage: wie Kat.Nr. 104

Viererblock von der linken unteren Bogenecke

Spanien

106 Sonderausgabe zum 400. Todestag von König Karl I., ab 1519 Kaiser Karl V.

Michel–Nr.: 1121 und 1125
Erstausgabetag: 1958 Juli 30
Entwurf: T. Miciano
Druck: Rastertiefdruck
Darstellung: Kopfbild Karls I.
Vorlage: Bild von Bernhard Strigel, 1460–1528

Viererblöcke

Michel–Nr.: 1122 und 1126
Daten: wie oben
Darstellung: Kopfbild Karls V.
Vorlage: Gemälde *Schlacht von Mühlberg* von Tizian

Viererblöcke

Michel–Nr.: 1123 und 1127
Daten: wie oben
Darstellung: Kopfbild Karls V.
Vorlage: Büste von Leone Leoni, 1509–1590

Viererblöcke

Michel–Nr.: 1124 und 1128
Daten: wie oben
Darstellung: Kopfbild Karls V.
Vorlage: Gemälde von Tizian

Viererblöcke

8 RESIDENZEN UND SCHLÖSSER DER FAMILIE THURN UND TAXIS

Cornello im Brembotal, nördlich von Bergamo, Heimat der Familie Taxis

Italien

107 Bildkarte mit Ortsansicht von Cornello im Brembotal

Herausgegeben vom Circolo Filatelico Bergamasco
Zeichnung von Vito Sonzogni
Sondermarke Italien Michel–Nr. 1815 mit Sonderstempel vom 24.10.1982 *Camerata Cornello Francesco Tasso 1450–1517 – Postarum Magister – Celebrazioni Tassiane*

Schloß Beaulieu bei Brüssel, Sommerresidenz der Grafen Thurn und Taxis. Erbaut um 1680 unter Graf Lamoral Claudius Franz von Thurn und Taxis

Belgien

108 Aus der Sonderausgabe zur 13. Tagung des Weltpostvereins in Brüssel 1952

Michel–Nr.: 940 – 40 + 10 BFr.
Darstellung: Schloß Beaulieu bei Brüssel
Vorlage: Kupferstich von Gasp. Bouttats nach J. van Croes

Maximumkarte mit Sonderstempel Brüssel 12.7.1952 *Congres Postal Universel*

109 Brief der Vereinigung *Les Amis du Chateau de Beaulieu* in Brüssel

Links: Wappen der Grafen Thurn und Taxis

110 Gedenkblatt 1957 mit Wiedergabe der belgischen Europamarken 1956 – Michel–Nr. 1043 und 1044

Zudruck: Schloß Beaulieu – Thurn und Taxis–Wappen – Familienwappen Hornes – Postreiter

Thurn und Taxis–Palais in Frankfurt am Main. Ab 1730 von Robert de Cotte für Fürst Anselm Franz von Thurn und Taxis erbaut. Im 2. Weltkrieg weitgehend zerstört.

G. Thurn und Taxis-Philatelie – modern

Bundesrepublik Deutschland

111-112 Sonderausgabe zur Internationalen Briefmarkenausstellung *IFRABA 1953* in Frankfurt am Main

Michel–Nr.: 171 und 172
Erstausgabetag: 1953 Juli 29
Entwurf: Brudi
Druck: Offsetdruck
Darstellung: 10 Pfg. + 2 Pfg.: Portal des Palais Thurn und Taxis in Frankfurt am Main
20 Pfg. + 3 Pfg.: Torbau mit Eckpavillons des Palais Thurn und Taxis und Fernmeldehochbauten der Deutschen Bundespost

Viererblöcke vom unteren Bogenrand

113 Sonderausgabe zur *IFRABA 1953*

Michel–Nr.: 171
Reproduktion der Briefmarke

Bonn, Deutsche Bundespost – Postdienst – Wertzeichenarchiv

114 Sonderausgabe zur *IFRABA 1953*

Michel–Nr.: 171
Auf Brief mit 10 Pfg. *Posthornserie*

115 Privatganzsache zum 32. Bundestag des Bundes Deutscher Philatelisten in Frankfurt 1978

Links: Abbildung des Torbaus des Thurn und Taxis-Palais mit Fernmeldehochhaus
Sonderstempel: Frankfurt am Main 13.10.1978

116 Offizieller Umschlag der Thurn und Taxis-Ausstellung in Frankfurt am Main mit Taxissondermarke und Sonderstempel vom 11.6.1967

Stempelbild: Portal des Thurn und Taxis–Palais

117 Sonderstempel vom 7.4.1968 zur Briefmarken-Werbeschau *MOENUS 1911*

Stempelbild: Portal des Thurn und Taxis-Palais

Schloß Trugenhofen bei Dischingen in Württemberg, erworben 1734 durch Fürst Anselm Franz von Thurn und Taxis, 1819 umbenannt in Schloß Taxis. Sommersitz der Fürsten von Thurn und Taxis

118 Werbestempel Dischingen 1972

Stempelbild: In der Mitte Kirche von Dischingen, rechts oben Schloß Taxis

9 DAS WAPPEN DER THURN UND TAXIS

Italien

119 Doppelkarte zur Sonderausgabe 1982 – Michel–Nr. 1815 – *Einrichtung des organisierten Postwesens durch Franz von Taxis vor 500 Jahren*

Vorderseite: Wappen der Taxis aus Cornello bei Bergamo um 1500
Geteilter Schild mit gekreuzten Füllhörnern, Posthorn und zwei nach rechts schreitenden Dachsen

120 Doppelkarte des *Circolo Filatelico Bergamasco* zur Sonderausgabe 1982 – Michel–Nr. 1815

Vorderseite: Sondersstempel Camerata Cornello (BG) 24.10.1982
Stempelbild: Wappen der Taxis aus Cornello bei Bergamo um 1500
Geteilter Schild mit Posthorn und nach rechts schreitendem Dachs

Bundesrepublik Deutschland

121 Jahresvorschau 1984 des Bundespostministeriums mit einem Andruck der Sondermarke zum Tag der Briefmarke 1984 – Michel–Nr. 1229 – und mit Sondermarke samt Ersttagsstempel

Stempelbild: Taxis–Wappen I, verliehen 1512 durch Kaiser Maximilian I.
Geteilter Schild mit wachsendem schwarzen Adler auf Silber und silbernem, nach rechts schreitenden Dachs

Wappendarstellung auf der Sondermarke: Taxis–Wappen II von 1534. Wappenmehrung durch Kaiser Karl V. Geteilter Schild mit wachsendem, doppelköpfigem schwarzen Adler auf Silber und silbernem, nach rechts schreitenden Dachs auf blauem Feld

122 Ersttagsbrief zur Sonderausgabe *450. Todestag Franz von Taxis* 1967 – Michel–Nr. 535

Ersttagsstempel Frankfurt am Main 3.6.1967

Stempelbild: Taxis–Wappen I von 1512

380

Italien

123 Ersttagsbrief zur Sonderausgabe 1982 – Michel–Nr. 1815

Ersttagsstempel Bergamo 23.10.1982

Links:	Abbildung des Taxis–Wappens II von 1534

Frankreich

124 Sonderstempel zur Ausstellung *Une Poste Europeenne* im Postmuseum Paris, 1978

Stempelbild:	Taxis–Wappen II von 1534

Belgien

125 Ersttagsbrief zum Tag der Briefmarke 1959 – Michel–Nr. 1146 – mit Ersttagsstempel Antwerpen 15.3.59

Stempelbild:	Allianzwappen des Johann Baptista von Taxis und seiner Gemahlin Christine von Wachtendonk. Taxis–Wappen II von 1534 und Wappen der Familie Wachtendonk (Lilie)

126 Wappen des Hauses Thurn und Taxis aus der Kaiserurkunde von 1695 anläßlich der Erhebung in den Reichsfürstenstand – Taxis–Wappen V

Abbildung aus dem Katalog der Thurn und Taxis–Ausstellung Frankfurt am Main 1967

Deutsche Demokratische Republik

127 Aus der Sonderausgabe *Historische Posthausschilder*

Michel–Nr.:	3306
Erstausgabetag:	1990 Februar 6
Entwurf:	Bertholdt
Druck:	Offestdruck
Darstellung:	Posthausschild Blankenburg Fürstl. Thurn und Taxissche Lehenspost Expedition Im unteren Teil des Schildes das Taxis–Wappen von 1695

Zusammendruckviererblock

Bundesrepublik Deutschland

128 Brief der Arbeitsgemeinschaft Thurn und Taxis e.V.

Sonderstempel Mainz–Kastell 3.10.1987 zu Ausstellung und Seminar *Mainzer Phila Spätlese*

Links: Vereins–Emblem – Taxis–Wappen V von 1695

129 Sonderstempel Birkenfeld, Nahe 25.4.1968 zum Jubiläum *150 Jahre 1. Thurn und Taxissche Postanstalt*

Stempelbild:	Taxis–Wappen V von 1695

G. Thurn und Taxis-Philatelie – modern

130 Privatganzsache – Borek 110/D 10a – zum Jubiläum *25 Jahre Briefmarkenfreunde Schwandorf e.V.*

Links:	Siegel der Kaiserlichen Reichsposthalterei Schwandorf
Darstellung:	Taxis–Wappen von 1695
Vorlage:	Regensburg, FZA, Siegeltypar B 155

10 POSTHÄUSER – POSTSTATIONEN – POSTHAUSSCHILDER

Bundesrepublik Deutschland

131 Sonderausabe zum Tag der Briefmarke 1984

Michel–Nr.:	1229
Erstausgabetag:	1984 Oktober 18
Entwurf:	Fischer–Nosbisch
Druck:	Offsetdruck
Darstellung:	Posthaus der Kaiserlichen Reichspost in Augsburg
Vorlage:	kolorierter Kupferstich von L. Kilian, 1616 Frankfurt am Main, Deutsches Postmuseum

Viererblock vom linken Bogenrand

132 Sonderausgabe zum Tag der Briefmarke 1984

Michel–Nr.: 1229

Reinzeichnung
Bonn, Deutsche Bundespost – Postdienst – Wertzeichenarchiv

133 Sonderausgabe zum Tag der Briefmarke 1984

Michel–Nr.: 1229

Maximumkarte mit Ersttagsstempel Bonn 18.10.1984

Postmuseumskarte 002–06, Frankfurt am Main, Bundespostmuseum

134 Sonderausgabe zum Tag der Briefmarke 1984

Michel–Nr.: 1229

Schwarzdruck 1984 der Bundesdruckerei

135 Privatganzsache: Michel–Nr. PU 154 – Luftpostumschlag – zur Briefmarkenausstellung *Kassel '81*

Sonderstempel Kassel 12.9.1981

Stempelbild:	Thurn und Taxis-Ortsstempel *Cassel*
Links:	Abbildung des Posthauses zu Kassel um 1841

136 Sonderstempel Buxtehude 2.10.1977 *Buxtehude 350 Jahre Postort*

Stempelbild:	Kirche

137 Sonderstempel Cochem 26.9.1970 *350 Jahre Post Cochem – 1620 Lamoral v. Taxis*

Stempelbild:	Taxis–Wappen II von 1534

G. Thurn und Taxis-Philatelie – modern

138 Sonderstempel Dienheim 21.5.1969 *275 Jahre Post Dienheim*

Stempelbild: Postbote des 17. Jahrhunderts und Wappen von Dienheim

139 Sonderstempel Goslar 22.6.1973 *Drei Jahrhunderte Post in Goslar – Sonderausstellung Goslaer Museum*

Stempelbild: Postkutsche

Österreich

140 Sonderstempel Halbturn 14.5.1985 *2000 Jahre Post – Ausstellung / Schloß Halbturn*

Stempelbild: Kaiserkrone und stilisierte Posthörner

Bundesrepublik Deutschland

141 Sonderstempel Hildburghausen 30.11.1976 *1676–1976 – 300 Jahre Post Hildburghausen*

Stempelbild: Postreiter

142 Sonderstempel St. Goar 12.8.1968 *250 Jahre Post St. Goar*

Stempelbild: Postbote und historische Gebäude von Goslar

143 Sonderstempel Offenbach am Main 1.11.1967 *1.11.1817 – 1.11.1967 – 150 Jahre Postamt Offenbach am Main*

Stempelbild: Postkutsche mit blasendem Postillion

144 Sonderstempel Winningen 2.9.1967 *325 Jahre Post Winningen*

Stempelbild: Postkutsche und Wappen von Winningen

145 Gedenkblatt der Oberpostdirektion Saarbrücken zum Jubiläum *250 Jahre Postvertrag zwischen Thurn und Taxis und dem Herzogtum Pfalz–Zweibrücken*

Sonderstempel Zweibrücken 16.9.1989 *250 Jahre Reichspost im Herzogtum Pfalz–Zweibrücken – Ausstellung*

Stempelbild: Taxis-Wappen V von 1695

146 Sonderausgabe zum Tag der Briefmarke 1976

Michel-Nr.: 903
Erstausgabetag: 1976 Oktober 14
Entwurf: Schillinger
Druck: Offsetdruck
Darstellung: Posthausschild (SalvaGuardia) der Kaiserlichen Reichs-Post-Expedition Höchst am Main um 1770
Vorlage: Posthausschild Frankfurt am Main, Deutsches Postmuseum

Viererblock vom oberen rechten Bogenrand

147 Posthausschild (Salva Guardia) der Kaiserlichen Reichs–Post Expedition Höchst am Main um 1770

Reichsadler mit Habsburgerwappen
Markenmotiv zum Tag der Briefmarke 1976
Museumskarte A2, Frankfurt am Main, Deutsches Postmuseum

Deutsche Demokratische Republik

148 Sonderausgabe *Historische Posthausschilder*

Erstausgabetag: 1990 Februar 6
10 Pfg. in 2 Formaten auf Brief mit Sonderstempel Leipzig 6.2.1990 *500 Jahre Postwesen*
Darstellung: Posthausschild Blankenburg – Fürstl. Thurn und Taxissche Lehenspost-Expedition bis 1867

Bundesrepublik Deutschland

149 Ersttagsbrief zur Sondermarke *450. Todestag von Franz von Taxis* mit Ersttagsstempel Frankfurt am Main 3.6.1967

Links: Abbildung eines Posthausschilds der Fürstl. Thurn und Taxisschen Lehenspost im Fürstentum Reuß um 1830
Vorlage: Posthausschild, Frankfurt am Main, Deutsches Postmuseum

11 POSTKURSE

Einrichtung des ersten festen Postkurses 1490 von Innsbruck nach Mechelen

150- Erinnerungskarten der Postverwaltungen
152   Österreichs, der Bundesrepublik Deutschland und Belgiens mit dem geographischen Verlauf des Postkurses Innsbruck–Mechelen und Darstellungen der Städte Innsbruck, Speyer und Mechelen

Österreich

153 Bildpostkarte von 1927

Michel-Nr.: 278a
Darstellung: Innsbruck

Innsbruck war Ausgangspunkt des Postkurses nach Mechelen

Bundesrepublik Deutschland

154 Bildpostkarte von 1988 mit Werbestempel Speyer

Michel-Nr.: P 138
Darstellung: Blick zum Kaiserdom von Speyer

Am 14. Juli 1490 gab Kaiser Maximilian an die Stadt Speyer die Anweisung, für die Beförderung der kaiserlichen Post einen reitenden Boten und einen Fußboten einzustellen.

155 Sonderausgabe *2000 Jahre Speyer*

Michel-Nr.: 1444
Erstausgabetag: 1990 Januar 12
Entwurf: Steiner
Druck: Offsetdruck
Darstellung: Speyer mit Kaiserdom

Ersttagskarte mit Ersttagsstempel Bonn 12.1.1990

Italien

156 Doppelkarte zur Sonderausgabe 1982 – Michel. Nr. 1815 – *Einrichtung des organisierten Postwesens durch Franz von Taxis vor 500 Jahren*

Aufgeschlagen:
    Postkurs von Mailand nach Venedig über Bergamo
Vorlage: Postkarte von Carlo Barbieri, Bologna 1789

Bundesrepublik Deutschland

157- Sonderstempel Leverkusen, Langenfeld
159 (Rhld.) und Opladen 8.6.1968 zum 300jährigen Bestehen der Fahrpost Düsseldorf–Köln

160 Sonderstempel Gifhorn 28.3.1980 zum Bestehen der Postlinie Celle–Gifhorn seit 1779

161 Sonderumschlag zur Briefmarkenausstellung *Lympurga 2* 1978

Ortsstempel Diez 29.10.1978 mit Kastenstempel *350 Jahre Post in Diez Postkutschenfahrt Limburg–Diez–Limburg*

162 Sonderumschlag zur Briefmarkenausstellung *Lympurga 2* 1978

Ortsstempel Limburg a.d. Lahn 29.10.1978 mit Kastenstempel *350 Jahre Thurn und Taxis Poststation in Dietkirchen – Postkutschenfahrt Limburg–Dietkirchen–Limburg*

12 THURN UND TAXIS-BRIEFMARKEN ALS MOTIV FÜR POSTWERTZEICHEN, STEMPEL UND REPRODUKTION

Bundesrepublik Deutschland

163-
165 Sonderausgabe *125 Jahre Briefmarken*

Michel-Nr.: 482
Erstausgabetag: 1965 August 28
Entwurf: Erwin Poell
Druck: Offsetdruck
Darstellung: Thurn und Taxis-Briefmarken 1 Kreuzer, 2 und 5 Silbergroschen – Michel-Nr. 5, 7 und 18 zusammengestellt zur Jubiläumszahl 125

Viererblock und zwei Eckrandstücke vom rechten unteren Bogenrand mit Formnummern 1 und 2

G. Thurn und Taxis-Philatelie – modern

166 Reproduktion der Sonderausgabe *125 Jahre Briefmarken*

Michel-Nr.: 482

Bonn, Deutsche Bundespost – Postdienst – Wertzeichenarchiv

167 Sonderausgabe *125 Jahre Briefmarken*

Michel-Nr.: 482

Ersttagsbrief mit Ersttagsstempel Essen 28.8.1965

168 Offizieller Umschlag zur 2. Westeuropäischen Postwertzeichenausstellung ASSINDIA 1965

Michel-Nr.: 482

Eilzustellung mit Sonderstempel Essen 4.9.1965 *66. Deutscher Philatelistentag*

Links: Reproduktion der Thurn und Taxis-Briefmarken 1 Kreuzer, 2 und 5 Silbergroschen in verkleinerter Wiedergabe

169 13 nicht angenommene Entwürfe zur Sonderausgabe *125 Jahre Briefmarke* von Erwin Poell, Arthur Schraml, Eduard J. Sauer und Eugen Weiß

Italien

170 Ersttagskarte zur Sonderausgabe *500 Jahre Einrichtung des organisierten Postwesens durch Franz von Taxis*

Michel-Nr.: 1815

Ersttagsstempel Camerato Cornello 23.10.1982

Links: Farbreproduktion von 12 Thurn und Taxis Briefmarken. Jeweils 6 Werte in Groschenwährung (Nördlicher Bezirk) und in Kreuzer Währung (Südlicher Bezirk)

Dänemark

171 Sonderumschlag zur Briefmarkenausstellung Brophila 1972 und zu den Juniordagen

Sonderstempel Bagsvaerd 8.4.1972

Links: Abbildung der Thurn und Taxis-Briefmarke 1/2 Silbergroschen – Michel-Nr. 3, ausgegeben am 1. Januar 1852

Bundesrepublik Deutschland

172 Vignette zum Kasseler Salon 1971 – Heimat und Philatelie

Sonderstempel Kassel 4.9.1971

Wiedergabe des Stadtbildes von Kassel nach einem Kupferstich

Rechts oben: Nachdruck der Thurn und Taxis-Briefmarken 1/4 Silbergroschen und 1 Silbergroschen mit farbigem Durchstich, Michel-Nr. 45 und 48

G. Thurn und Taxis-Philatelie – modern

Togo

173 Sonderausgabe zur Briefmarkenmesse Essen 1978 und zur Briefmarkenausstellung Philexafrique II 1979 in Libreville

Michel-Nr.:	1322 und 1323 A
Erstausgabetag:	1978 November 1
Druck:	Offsetdruck
Darstellung:	Thurn und Taxis-Briefmarke 1/4 Silbergroschen – Michel-Nr. 1 mit Ringstempel und falschem Ausgabejahr 1851

Kleinbogen mit 5 mal 2 Werten durch Zierfelder verbunden

Bundesrepublik Deutschland

174 Privatganzsache – Borek 29/C3 – Postkarte – zum Jubiläum *60 Jahre Verein Coburger Briefmarkensammler e.V. 1903 – 1963*

Sonderstempel Coburg 18.5.1963

Links:	Abbildung der Thurn und Taxis-Briefmarke 6 Kreuzer – Michel-Nr. 19 mit Ringstempel Nr. 270

175 Privatganzsache: Borek 46/C5 – Postkarte zum Jubiläum *70 Jahre Verein Coburger Briefmarkensammler e.V. 1903–1973*

Links:	Abbildung der Thurn und Taxis-Briefmarke 9 Kreuzer – Michel-Nr. 10

176 Privatganzsache: Borek 2/B–1 – Drucksachenumschlag – des Klubs der Ersttagsbriefsammler *FIDACOS* in Mülheim a.d.Ruhr

Links:	Abbildung einer Postkutsche mit Thurn und Taxis-Briefmarke 1 Silbergroschen – Michel Nr. 48 – im Hintergrund

177 Sonderdruck zur Briefmarkenausstellung NAPOSTA 1978 in Frankfurt am Main

Nachdruck einer Repräsentationsvorlage vom November 1851 mit den 1852 ausgegebenen Thurn und Taxis-Briefmarken in Silbergroschen- und Kreuzerwährung
Rückseitige Kennzeichnung: NACHDRUCK 1979 auf jeder Marke

Vorlage:	Ehemals Sammlung Salm

178 Sonderdruck zur Briefmarkenausstellung AMERIPEX '86 in Chicago

Nachdruck mit englischem Text
Weitere Angaben: Kat.Nr. 177

13 THURN UND TAXIS-STEMPEL ALS MOTIV FÜR REPRODUKTION UND SONDERSTEMPEL

179 Bacherach

Sonderstempel Bacherach 7.10.1967 *300 Jahre Post 1667–1967*

Links oben:	Reproduktion des Einzeilers *DE BACHARACH* mittels Gummistempel

180 Bremen

Privatganzsache: Borek 20/D1a – Postkarte – zur Postwertzeichen-Werbeschau des Vereins Bremer Briefmarken–Sammler e.V. gegr. 1909

Sonderstempel Bremen 6.11.1960

Stempelbild:	Vierring-Nummernstempel 301
Verwendungsdauer:	1853–1867

181 Detmold

Sonderstempel Detmold 13.3.1977 *30 Jahre Detmolder Briefmarkenfreunde*

Stempelbild:	Vierring-Nummernstempel 321
Verwendungsdauer:	1853–1867

182 Eisenach

Sonderstempel Eisenach 15.1.1990 *500 Jahre Postwesen*

Stempelbild:	Vorphilatelistischer Stempel
Verwendungsdauer:	1822–1838

183 Hachenburg

Ganzsache: Michel-Nr. P94.A – Anwortpostkarte –

Sonderstempel Hachenburg 6.10.1968 *225 Jahre Post*

Links oben:	Reproduktion des Vierring-Nummernstempels 179 mittels Gummistempel
Verwendungsdauer:	1853–1867

184 Kronberg

Sonderstempel Kronberg 27.10.1973 *Briefmarkenausstellung*

Stempelbild:	Vierring-Nummernstempel 171
Verwendungsdauer:	1853–1867

185 Mainz

Sonderstempel Mainz 25.5.1975 *90 Jahre Verein für Briefmarkenkunde*

Stempelbild:	Vierring-Nummernstempel 134
Verwendungsdauer:	1853–1867

186 Marburg a.d.Lahn

Privatganzsache: Borek 43/D1 – Postkarte – zum Jubiläum *75 Jahre Verein für Briefmarkenkunde Marburg/Lahn 1892 e.V.*

Sonderstempel Marburg 15.10.1967

Links:	Reproduktion historischer Marburger Poststempel, darunter der Thurn und Taxis-Vierring Nummernstempel 39 und Einkreisstempel von 1854

187 Neustadt bei Coburg

Privatganzsache: Borek 110/C17 – Umschlag – zur Briefmarkenausstellung RÖPOSTA 78

Sonderstempel Neustadt b. Coburg 23.4.1978

Stempelbild:	Vierring-Nummernstempel 275
Verwendungsdauer:	1853–1867

188 Offenbach am Main

Sonderstempel Offenbach 28.9.1963 *2. Werbeschau Briefmarkensammlergilde Offenbach/M.*

Stempelbild: Vierring–Nummernstempel 142
Verwendungsdauer: 1853–1867

189 Rodach bei Coburg

Ganzsache: Michel–Nr. P131 – Postkarte

Sonderstempel Rodach 7.6.1981 *Jubiläums–Ausstellung des Vereins der Briefmarken– u. Münzfreunde e.V.*

Stempelbild: Einkreisstempel Rodach
Verwendungsdauer: 1852–1867

190 Sigmaringen

Sonderumschlag mit Tagesstempel Sigmaringen 17.1.1967

Links: Stadtbild Sigmaringen, Thurn und Taxis–Briefmarke 3 Kreuzer und Vierring–Nummernstempel 306
Verwendungsdauer: 1853–1867

191 Weilburg

Sonderstempel Weilburg 18.10.1970 *Briefmarkenausstellung WILINBURGIA*

Stempelbild: Vierring–Nummernstempel 213
Verwendungsdauer: 1853–1867

192 Wiesbaden

Sonderstempel Wiesbaden 28.6.1970 *Großtauschtag Wiesbadener Briefmarkensammler–Verein v. 1895 e.V.*

Stempelbild: Vierring–Nummernstempel 215
Verwendungsdauer: 1853–1867

193 Winningen

Sonderstempel Winningen 2.9.1967 *325 Jahre Post*

Zusatzstempel: Reproduktion des Zweizeiler–Kastenstempels Winningen mittels Gummistempel

14 POSTREITER – POSTILLIONE – BRIEFTRÄGER – POSTKUTSCHEN – POSTMEILENSÄULEN

Bundesrepublik Deutschland

194 Sonderausgabe *100 Jahre Thurn und Taxis–Briefmarken*

Michel–Nr.: 160
Erstausgabetag: 1952 Oktober 25
Entwurf: Fa. Bagel
Druck: Offsetdruck
Darstellung: Karriol– (Felleisen–)Post mit Posthorn blasendem Postillion um das Jahr 1852
Vorlage: aus einer kolorierten Bildtafel des thurn und taxisschen Postillions C. Scheiffele, Ulm
Steindruck, Frankfurt am Main, Deutsches Postmuseum

Viererblock vom rechten Bogenrand

195 Reproduktion der Sonderausgabe *100 Jahre Thurn und Taxis – Briefmarken*

Bonn, Deutsche Bundespost – Postdienst – Wertzeichenarchiv

196 Aus der Wohlfahrtsausgabe 1989 *Posthistorische Motive*

Michel–Nr.: 1437 – 60 Pfg. + 30 Pfg.
Erstausgabetag: 1989 Oktober 12
Entwurf: Peter Steiner
Druck: Offsetdruck
Darstellung: thurn und taxisscher Postreiter im 18. Jahrhundert
Vorlage: Original, Frankfurt am Main, Deutsches Postmuseum

197 Aus der Wohlfahrtsausgabe 1989 *Posthistorische Motive*

Michel–Nr.: 1437 – 60 Pfg. + 30 Pfg.

Sonderstempel Füssen 2.1.1990 *500 Jahre Post 1490/1990 Innsbruck–Mechelen Historische Postreiter Stafette*

Stempelbild: Postreiter

198 Gedenkausgabe *500 Jahre internationale Postverbindungen in Europa*

Michel–Nr.: 1445
Darstellung: Postreiter mit Felleisen um 1496
Weitere Angaben: Kat.Nr. 65

Ersttagsbrief mit Ersttagsstempel Bonn 12.1.1990

Belgien

199 Sonderausgabe zum Tag der Briefmarke 1962

Michel–Nr.: 1272
Erstausgabetag: 1962 März 25

G. Thurn und Taxis-Philatelie – modern

Stich: J. de Bast
Druck: kombinierter Stichtiefdruck und Rastertiefdruck
Darstellung: Postreiter des 16. Jahrhunderts
Vorlage: Zeichnung von J. Thiriar

200 Aus der Sonderausgabe zur Internationalen Briefmarkenausstellung BELGICA '82 in Brüssel

Michel–Nr.: 2127 – 20 + 9 BFr.
Erstausgabetag: 1982 Dezember 11
Druck: kombinierter Stichtiefdruck und Rastertiefdruck
Darstellung: Thurn und Taxisscher Postreiter um 1800

Deutsche Demokratische Republik

201 Sonderausgabe zum Tag der Briefmarke 1957

Michel–Nr.: 600
Erstausgabetag: 1957 Oktober 25
Entwurf: A. Bengs
Druck: Offsetdruck
Darstellung: Postreiter um 1563

202 Sonderausgabe zum Tag der Briefmarke 1957

Michel–Nr.: 600

Mehrfachfrankatur auf Brief

Bundesrepublik Deutschland

203 Detmold

Sonderstempel Detmold 28.9.1966 *350 Jahre Post*

Stempelbild: Postreiter

204 Sonderblatt

Sonderausgabe zum Tag der Briefmarke 1984

Michel–Nr.: 1229

Ersttagsstempel Bonn 18.10.1984

Links: Reproduktion eines Postreiters, der vom Reichspostamt Münster aus 1648 die Nachricht vom Ende des Dreißigjährigen Krieges verkündet
Vorlage: Flugblatt von 1648

205 Ganzsache: Michel–Nr. P139 – Postkarte

Sonderstempel Limburg a.d.Lahn 1.11.1978 *Rang 2 Landesverbands–Briefmarkenausstellung Lympurga 2*

Grüner Zusatzstempel der Ausstellungsleitung *Befördert mit Postreiter*

206 Sonderausgabe zum Tag der Briefmarke 1984

Michel–Nr.: 1229

Maximumkarte mit Sonderstempel Augsburg 28.10.1984 *Tag der Briefmarke – Briefmarkenschau*

Stempelbild: Postkutsche

207 Duderstadt

Sonderstempel Duderstadt 23.8.1968 *275 Jahre Postreisen im Eichsfeld*

Stempelbild: Postkutsche

208 Lage

Sonderstempel Lage, Lippe 2.11.1969 *1. Briefmarken–Ausstellung*

Stempelbild: Postkutsche

209 Mainz

Sonderstempel Mainz 19.6.1973 *9. Ordentlicher Kongress Verband Deutscher Posthalter*

Stempelbild: Postkutsche

210 Sonderkarte

Sonderstempel Regensburg 24.11.1984 *Jubiläumsausstellung 90 Jahre Briefmarkensammlerverein in Regensburg*

Darstellung: Postillion des 16. Jahrhunderts
Vorlage: Kupferstich aus dem Jahr 1698

211 Postmuseumskarte

Darstellung: Michael und Alois Bizel, Briefträger des Kaiserlichen Reichs–Oberpostamts Augsburg von 1755
Vorlage: kolorierter Kupferstich 1755, Frankfurt am Main, Deutsches Postmuseum

212 Sonderumschlag

Sonderstempel Sigmaringen 1.10.1967 *Hohenzollerische Briefmarkenausstellung*

Links: Darstellung eines preußischen und eines thurn und taxisschen Postillions

213 Privatganzsache – Umschlag –

Sonderstempel Limburg a.d.Lahn 17.6.1983 *Nationale Briefmarken–Ausstellung Lympurga '83*

Stempelbild: Postmeilensäule von 1789
Links: Postkutsche und Postmeilensäule

Stammtafel

Roger von Taxis　　　　　　Janetto von Taxis　　　　　　Franz von Taxis
c. 1445 – c. 1514　　　　　　† c. 1517　　　　　　　　　　1459 – 1517

Johannes Baptista von Taxis, c. 1470 – 1541
∞ 1514 Christina von Wachtendonk zu Hemissem, † 1561

Freiherr Leonhard I. von Taxis, 1521 – 1612
∞ I. 1546 Margareta Damant, † 1549
∞ II. vor 1556 Louise Boisot de Rouha, † 1610

Graf Lamoral von Taxis, c. 1557 – 1624
∞ c. 1584 Genoveva von Taxis, † nach 1627

Graf Leonhard II. von Taxis, 1594 – 1628
∞ 1616 Alexandrine de Rye, 1589 – 1666

Graf Lamoral Claudius von Taxis, 1621 – 1676
∞ 1650 Anna Franziska Eugenia Gräfin von Hornes, c. 1630 – 1693

Fürst Eugen Alexander von Thurn und Taxis, 1652 – 1714
∞ I. 1678 Anna Adelheid Prinzessin zu Fürstenberg-Heiligenberg,
1659 – 1701
∞ II. 1703 Anna Augusta Gräfin zu Hohenlohe-Langenburg-Schillingsfürst, 1675 – 1711

Fürst Anselm Franz von Thurn und Taxis, 1681 – 1739
∞ 1703 Maria Ludovica Prinzessin Lobkowitz, 1683 – 1750

Fürst Alexander Ferdinand von Thurn und Taxis, 1704–1773
∞ I. 1731 Sophie Christine Louise
Markgräfin von Brandenburg-Bayreuth, 1710–1739
∞ II. 1745 Charlotte Louise Prinzessin von Lothringen,
Gräfin von Lambesc, 1724 – 1747
∞ III. 1750 Maria Henriette Josepha, Prinzessin von Fürstenberg-Stühlingen, 1732 – 1772

Fürst Carl Anselm von Thurn und Taxis, 1733 – 1805
∞ 1753 Auguste Elisabeth Herzogin von Württemberg,
1734 – 1787

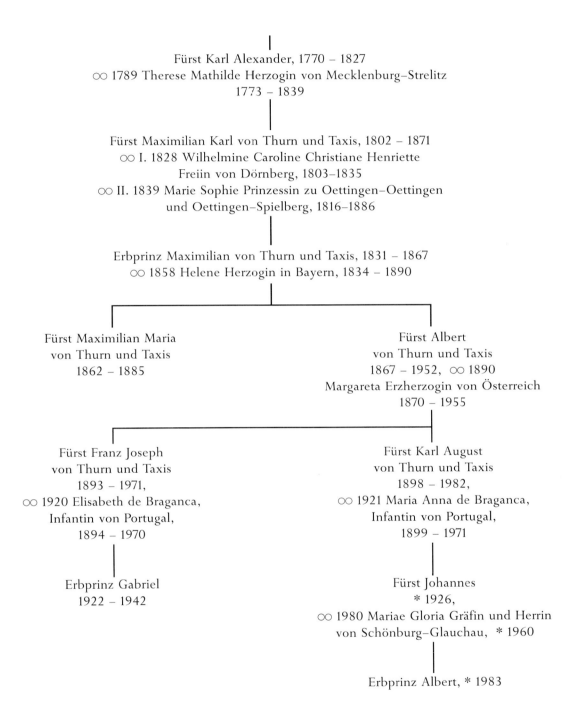

Abkürzungsverzeichnis

Abschr.	Abschrift	hrsg.	herausgegeben
ADB	Allgemeine Deutsche Biographie	Inv.Nr.	Inventar-Nummer
ADP	Archiv für Deutsche Postgeschichte	ital.	italienisch
AK	Ausstellungskatalog	Jh.	Jahrhundert
APB	Archiv für Postgeschichte in Bayern	Kat.Nr.	Katalog-Nummer
APT	Archiv für Post und Telegraphie	Kr.	Kreuzer
Ausf.	Ausfertigung	lat.	lateinisch
Bd. Bde.	Band, Bände	Michel-Nr.	Michel-Briefmarkenkataloge, Nummer
bez.	bezeichnet	MIÖG	Mitteilungen des Instituts für Österreichische Geschichtsforschung
Bl. Bll.	Blatt, Blätter		
DBZ	Deutsche Zeitung für Briefmarkenkunde	ndl.	niederländisch
		NF.	Neue Folge
DÖPV	Deutsch-Österreichischer Postverein	Nr.	Nummer
Dchm	Durchmesser	Orig.	Original
Ders.	Derselbe	Pap.	Papier
f., ff.	folgende Seite(n)	Perg.	Pergament
FHB	Fürst Thurn und Taxis Hofbibliothek Regensburg	Rs.	Rückseite
		Rtl.	Reichstaler
fl.	Gulden (Florenus)	S	Siegel
fol.	Folio	S.	Seite(n)
franz.	französisch	Sgr.	Silbergroschen
FZA	Fürst Thurn und Taxis Zentralarchiv Regensburg	sign.	signiert
		St.E.	Schloß St. Emmeram, Regensburg, Inventarnummer
gez.	gezeichnet		
GGr.	Gute Groschen	UPU	Union Postale Universelle
H.	Heft	Vs.	Vorderseite
Hg.	Herausgeber		

Abgekürzt zitierte Literatur

AK Bruchsal (1981)
: Barock in Baden–Württemberg, (Ausstellung Schloß Bruchsal), hrsg. v. Badischen Landesmuseum, Karlsruhe 1981

AK Halbturn (1985)
: Zwei Jahrtausende Postwesen. Vom cursus publicus zum Satelliten (Ausstellung Schloß Halbturn), Halbturn 1985

AK Melk (1980)
: Österreich zur Zeit Kaiser Josephs II. Mitregent Kaiserin Maria Theresias, Kaiser und Landesfürst (Ausstellung Stift Melk), Katalog der Niederösterreichischen Landesmuseums, NF Nr. 95, 3. erg. Aufl., Wien 1980

AK NAPOSTA '81
: NAPOSTA '81 – Nationale Postwertzeichen-Ausstellung, Stuttgart 1981, Katalog

AK Schönbrunn (1980)
: Maria Theresia und ihre Zeit (Ausstellung Schloß Schönbrunn), hrsg. v. Bundesministerium für Wissenschaft und Forschung, Wien 1980

AK Thurn und Taxis (1967)
: Thurn und Taxis Ausstellung Frankfurt/Main. Gedächtnisausstellung zum 450. Todestag Franz von Taxis, Frankfurt 1967

AK Zug der Zeit (1985)
: Zug der Zeit – Zeit der Züge. Deutsche Eisenbahn 1835–1985, 2 Bde., Berlin 1985

Bauer (1988)
: Karl Bauer, Regensburg. Aus Kunst-, Kultur- und Sittengeschichte, 4. Aufl., Regensburg 1988

Behringer (1990)
: W. Behringer, Thurn und Taxis. Die Geschichte ihrer Post und ihrer Unternehmungen, München 1990

Dallmeier (1977/I–II)
: M. Dallmeier, Quellen zur Geschichte des europäischen Postwesens 1501–1806. Tl. 1, Quellen, Literatur, Einleitung, Tl. 2, Urkunden-Regesten. Thurn und Taxis-Studien Bd. 9/I–II, Kallmünz 1977

Deninger (1963)
: H. Deninger, Handbuch der abgekürzten vorphilatelistischen Stempel, Nürnberg 1963

Freytag (1921)
: R. Freytag, Zur Geschichte der Poststrecke Rheinhausen–Brüssel. In: APT 49 (1921) S. 289–295

Glasewald (1926)
: A.E. Glasewald, Thurn und Taxis in Geschichte und Philatelie, Gössnitz 1926

Grobe (1975)
: H. Grobe, Altdeutschland Spezialkatalog und Handbuch, 5. Aufl., Hannover 1975

Haferkamp–Probst (1976–1978)
: H. Haferkamp u. E. Probst, Thurn und Taxis Stempelhandbuch 1–3, Die Thurn und Taxisschen Poststempel auf und neben der Briefmarke, Schwandorf 1976, Soest 1977–1978

Huber, Verfassungsgeschichte (1957/1961)
: E.R. Huber, Deutsche Verfassungsgeschichte seit 1789, Bd.1, Reform und Restauration 1789–1830. Stuttgart 1957 u. 1961

Huber, Dokumente (1978)
: E.R. Huber (Hrsg.), Dokumente zur deutschen Verfassungsgeschichte Bd.1, Deutsche Verfassungsdokumente 1803–1850, Stuttgart 1961, 3. Aufl. 1978

Hurt (1948)
: E.F. Hurt, u. J.R. Hollick, Thurn & Taxis. Founders of the Posts of Europe. In: Billig's Philatelic Handbook Bd. 8, Jamaica N.Y. 1948

Jezler (1978)
: R. Jezler, Das Post-Patent des Stadtstaates Schaffhausen, die Postregale des Kanton Schaffhausen und Nicolaus Klingenfuß, Wiederbegründer des Schaffhauser Postwesens, Schaffhausen 1978

Kalmus (1937)
: L. Kalmus, Weltgeschichte der Post mit besonderer Berücksichtigung des deutschen Sprachgebietes, Wien 1937

Koch 1967)
A. Koch, Die deutschen Postverwaltungen im Zeitalter Napoleons. Der Kampf um das Postregal in Deutschland und die Politik Napoleons I. (1798–1815). In: ADP 1967/2, S. 1–38

Krötzsch (1914/1915)
H. Krötzsch, Entwürfe und Probedrucke. In: W. Berchelmann, Die Thurn und Taxis'schen Postwertzeichen ... im Großherzogtum Hessen (DBZ 1914, S. 7–11, 1915, S. 51–53)

Lindenberg (1891/92)
(C. Lindenberg) Die Briefumschläge von Thurn und Taxis. In: DBZ 1891; erweiterte Fassung: Die Briefumschläge der deutschen Staaten, H. 4, Thurn und Taxis, Leipzig 1892

Lindenberg (1896)
Beiträge zur Geschichte der Marken von Thurn und Taxis. In: DBZ 1896 (unvollendet)

Lindenberg (1921)
C. Lindenberg, Beiträge zur Geschichte der Marken von Thurn und Taxis. In: DBZ 1921, S. 72–75, 86–89, 104–107, 122–127, 137 140

Löffler (1910)
K. Löffler, Geschichte des Verkehrs in Baden, insbesondere der Nachrichten- und Personenbeförderung, Heidelberg 1910

Moser (1949)
M. Moser, Das Schaffhauser Postwesen, Thayngen 1949

Münzberg (1989/1990)
W. Münzberg, 500 Jahre Post, Thurn und Taxis 1490–1867, Tl. 1–2 (Leitfaden zur Postgeschichte und Briefkunde 8/1–2), Regensburg 1989–1990

North (1967)
G. North, Die Übernahme des Thurn und Taxisschen Postwesens durch Preußen 1867. In: Archiv für Post- und Fernmeldewesen 19 (1967) S.389–407

Piendl (1961)
Das Ende der Thurn und Taxis-Post. In: Tradition. Zeitschrift für Firmengeschichte und Unternehmerbiographie 6 (1961) S. 145–154

Piendl (1980)
M. Piendl, Das Fürstliche Haus Thurn und Taxis. Zur Geschichte des Hauses und der Thurn und Taxis-Post, Regensburg 1980

Probst (1967)
E. Probst, Druck und Neudruck Thurn und Taxisscher Freimarken. In: Polygraph Jahrbuch 1968, Frankfurt 1967, S. 61–72

Probst (1975)
E. Probst, Thurn und Taxis. In: H. Rössler u. G. Franz (Hrsg.), Biographisches Wörterbuch zur Deutschen Geschichte, 2. Aufl. Bd. 3, München 1975, Sp. 2898–2905

Probst, Postorganisation (1977)
E. Probst, Postorganisation, Behördliche Raumorganisation seit 1800 (Grundstudie 3), Akademie für Raumforschung und Landesplanung Bd. 14, Hannover 1977

Probst, Verwaltungsorganisation (1978)
E. Probst, Die Entwicklung der fürstlichen Verwaltungsstellen seit dem 18. Jahrhundert. In: Thurn und Taxis-Studien Bd. 10, Kallmünz 1978, S. 267–386

Probst (1989)
E. Probst, Thurn und Taxis. Das Zeitalter der Lehenposten im 19. Jahrhundert. In: W. Lotz (Hrsg.), Deutsche Postgeschichte, Essays und Bilder, Berlin 1989, S. 123–147

Rehm (1987)
R. C. Rehm (Hrsg.), Postgeschichte und klassische Philatelie des Kantons Schaffhausen, Schaffhausen 1987

Schembs (1987)
H.O. Schembs, Kaiserkrönungen im historischen Frankfurt, Frankfurt 1987

Schnell (1989)
M. Schnell, Die Bogendruckformen der Thurn und Taxisschen Freimarken. In: Mitteilungen der Arbeitsgemeinschaft Thurn und Taxis e.V., N.F. 45, 1989, S. 1555–1570

Schilly (1983)
E. Schilly, Nachrichtenwesen. In: Deutsche Verwaltungsgeschichte Bd. 2, Vom Reichsdeputationshauptschluß bis zur Auflösung des Deutschen Bundes, Stuttgart 1983, S. 257–285

Sem (1983)
P. Sem, Thurn und Taxis Spezialkatalog 1983. Markenausgaben, Stempel. Bamberg 1983

Stephan–Sautter (1928)
H. v. Stephan, Geschichte der Preussischen Post, nach amtlichen Quellen bis 1858 bearbeitet; neubearb. u. fortgesetzt von K. Sautter (Geschichte der Deutschen Post, Tl. 1), Berlin 1928

Thieme–Becker
U. Thieme, F. Becker u. H. Vollmer (Hrsg.), Allgemeines Lexikon der bildenden Künstler von der Antike bis zur Gegenwart, Bd. 1–37, Leipzig 1907–1950

Wurzbach
C. v. Wurzbach, Biographisches Lexikon des Kaiserthums Österreich, Bd. 1–60, Wien 1856–1891

Wyss (1987)
A. Wyss, Die Post in der Schweiz. Ihre Geschichte durch 2000 Jahre, Bern u. Stuttgart 1987

Bildnachweis

Augsburg, Staats- und Stadtbibliothek 200, 227, 334
Bad Soden/Taunus, V. Albus 15, 19
Bolligen, Stiftung Schloß Jegenstorf 155 (Foto Bürgerbibliothek Bern)
Bonn, Deutsche Bundespost – Postdienst – Wertzeichenarchiv 384
Brüssel, Bibliothèque Royale Albert Ier 93 oben
Brüssel Musées Royaux des Beaux-Arts 109
Coburg, Kunstsammlungen der Veste Coburg 141 (2)
Frankfurt, Deutsches Postmuseum 255, 328 unten
Frankfurt, Historisches Museum 190, 209, 299, 336 re; 242, 257 (Foto U. Seitz-Gray, Frankfurt)
Frankfurt, Stadtarchiv 333 (2) (Foto U. Seitz-Gray, Frankfurt)
Fürstenfeldbruck, Herr Ludwig Weiß 196, 197 (2), 198 (2), 199 (2), 220 li
Heidelberg, Deutsches Apothekenmuseum 321 unten
Herrliberg, Hans von Meyenburg 159 (Foto A. Lutz, Herrliberg)
Ingolstadt, Deutsches Medizinhistorisches Museum 320, 324 (Becker-Studios, Ingolstadt)
Innsbruck, Tiroler Landesarchiv 62
Innsbruck, Tiroler Landesmuseum Ferdinandeum 78
Kollbrunn, Klaus von Meyenburg-Ulrich 158 (Foto Glattfelder, Winterthur)
Konstanz, Rosgartenmuseum 338
Lindau, Städtisches Museum *Haus zum Cavazzen* 201 oben (Foto R. Böcher, Lindau)
Marburg, Bildarchiv 186
Memmingen, Stadtarchiv 215 oben (Foto Kroll, Memmingen)
Memmingen, Stadtbibliothek 63 (Foto Kroll, Memmingen)
Mindelheim, Stadtmuseum 215 unten
München, Bayerische Versicherungskammer 143 (Aufnahme: Ruth Richter)
München, Bayerisches Nationalmuseum 210 unten
München, Deutsches Museum, Sondersammlungen 261
München, Stadtmuseum, Maillingersammlung 111
Nürnberg, Germanisches Nationalmuseum 194, 243, 308, 319, 335, 336 li
Nürnberg, Verkehrsmuseum Bahn-Post, Bahnarchiv 256 unten
Nürnberg, Verkehrsmuseum Bahn-Post, Postarchiv 219, 310
Patsch, Franz Graf von Thurn, Valsassina und Taxis 79 li, 203 re (Fotostudio S. Hofer, Innsbruck)
Regensburg, Fürst Thurn und Taxis-Zentralarchiv 185 (D. Nübler) – 66, 106 (W. Spitta, Zeitlarn) – 67, 68, 71, 72, 73, 76, 77, 79 re (2), 85 (2), 86, 87, 88, 89, 90, 92, 93 unten, 96, 97 (2), 98, 99, 101, 104 (2), 107, 112, 114, 115 (2), 116 unten, 118, 119, 120, 122, 123, 126, 128, 130, 133 (2), 134, 135 (2), 136 (2), 137, 140, 144, 146, 147, 148, 150, 151, 152 (2), 156, 160, 162 re, 167, 168, 169, 171, 172, 173, 174, 176 (2), 177 (2), 180, 184, 187, 189 re, 191, 192, 195, 201, 203 li, 204, 205, 208 (2), 210 oben, 212, 213, 217 (2), 218, 221, 222, 225, 230, 233, 234, 235, 236, 239, 240, 241, 244, 245, 246, 248, 252, 253, 256 oben, 258, 260 (2), 262, 266, 267, 268, 269, 270, 271, 273, 274, 275, 276 (2), 277, 278, 280, 282, 286, 290, 292, 293, 294, 295, 296, 300, 301, 302, 305, 307, 309 (2), 312 (2), 313 (2), 316, 317, 318 (2), 321 oben, 323, 326, 328 oben, 329, 331, 337, 340, 344, 346, 347, 349 (2), 350, 351, 352 (2), 356 (2), 357, 358, 365, 368, 371, 375, 377, 378, 379 (Photo-Atelier Wagmüller, Regensburg) – Fotosammlung 81, 183, 224, 232, 250, 284, 287, 342, 343, 360, 363, 367
Schaffhausen, Museum zu Allerheiligen 189 li
Schwerin, Staatliches Museum, Kunstsammlungen 322
Stein a. Rhein, R.C. Rehm 163 (2) (Verlag P. Meili, Schaffhausen)
Wien, Graphische Sammlung Albertina 61 (Kunstverlag M.D. Reiser, Wien)
Wien, Studio 2/Fotografie Grafik AV Kontakt, Fred Peer KG 188, 220 re
Wolfenbüttel, Herzog August Bibliothek 116 oben
Zürich, Zentralbibliothek 161, 162 li